Meinen Eltern

in Liebe und Dankbarkeit

Saskia John

Grenzerfahrung Dunkelretreat

In den Tiefen meiner Seele

Die Überarbeitung meiner Erfahrungsaufzeichnungen erfolgte in Zusammenarbeit mit Gabriele Fröhlich

Überarbeitete Neuauflage des Buches „In den Tiefen meiner Seele – Erfahrungen in völliger Dunkelheit“ Juni 2016

Autor: Saskia John
Umschlaggestaltung: Saskia John und WerbeFactory Luckenwalde
Umschlagfoto: Saskia John
Korrektorat: sinntext literaturagentur
Verlag: tao.de in J. Kamphausen Mediengruppe GmbH, Bielefeld,
www.tao.de, e-Mail: info@tao.de

Bibliografische Information der Deutschen Nationalbibliothek:
Die Deutsche Nationalbibliothek verzeichnet diese Publikation
in der Deutschen Nationalbibliografie; detaillierte bibliografische
Daten sind im Internet über http://dnb.d-nb.de abrufbar.

ISBN Hardcover: 978-3-96051-108-3
ISBN Paperback: 978-3-96051-107-6
ISBN e-Book: 978-3-96051-109-0

Inhaltsverzeichnis

Vorwort

Nepal 1968. Hippiezeit. Eine Pferdekarawane schlängelt sich bei Mondschein über schmale Bergpfade in Richtung tibetische Grenze: Ziel ist Lo Mustang, ein kleines, selbstständiges Königreich innerhalb Nepals. Ein befreundeter Lama und ich – 18 Jahre alt, lange Haare, Ketten um den Hals, indische Kleidung und voller naiver Träume – befinden sich in der Truppe von Kampas, tibetischen Guerillas, die von Nepal aus ihren Widerstand gegen die chinesische Besatzung führen. Nach mehreren Wochen Marsch gelangen wir nach Lo Mustang. Das kleine Königreich Lo Mustang ist zu dieser Zeit der westlichen Welt völlig unbekannt, noch nie war ein Westler dort. Ich werde neugierig beäugt und angefasst. Aus einem Haus dringen Zimbel- und Trommeltöne, und auf mein Fragen macht man mich in einem dunklen Keller mit einem Mann bekannt, der hier seit Langem in vollkommener Dunkelheit lebt. Sein Anliegen: Auflösung des beschränkten Ich-Bewusstseins. Das war mein erster Kontakt mit Yangtik, der Dunkeltherapie, wie ich diese heute nenne.

Ich hörte, Yangtik wird bei einigen buddhistischen Schulen als Abschluss der Mönchsausbildung durchgeführt. Da mein Aufenthalt in dieser Region gefährlich und verboten ist, suche ich eine Unterkunft bei einem Bauern, dunkle alles ab und beginne meine erste Dunkeltherapie. Sieben Wochen allein, Yoga, Meditation, täglich ein Gespräch mit einem Lama.

In den ersten Tagen geschieht nichts Dramatisches, ich schlafe und döse, Gedanken jagen durch den Kopf, durchlebe eingeschliffene Denkmuster, dann wieder bin ich eine Zeit lang „weg", fühle mich in der Dunkelheit mal geborgen, dann wieder allein, langweile mich, traumartige Gedanken gleiten vorbei, symbolische dreidimensionale hyperreale Bilder und Filme an den Wänden. Es kommt zu tiefen Selbsterkenntnissen und hinter meinem Rücken arbeitet unbemerkt ein Entleerungsprozess – ich werde reiner, nur noch Dasein, ewiges Jetzt, Sein tritt auf der Stelle, eine Art Energie pulsiert, abwechselnd wird mir heiß und kalt.

Das zentrale Geschehen im Dunkeln ist die Zunahme von Bewusstseinsklarheit. Mein Bewusstsein ist im Allgemeinen verdunkelt und überlastet mit mentalen Handlungen. Mit dem Leerlaufen geht eine verschärfte Erfahrung für Seelenprozesse einher. In Tibet behauptet man, im Dunkeln werde das Bewusstsein siebenmal schärfer.

Dunkelheit bewirkt in mir Leere, sprich Abwesenheit von Gedanken und Gefühlen, was sich im fortgeschrittenen Stadium als Lichterfahrung ausdrückt, weshalb Licht und Leere zwei Worte für dieselbe Sache sind. In diesem Zustand erfahre ich die Welt als wahr und schön und gut.

Mein Körper schläft ein, aber der Geist bleibt wach; dadurch entwickelt sich Klarheit im Wachen wie im Träumen, denn die Klarheit des Wachzustandes wird mit in den Traum hineingenommen, der Traum wird zu einer Art Tagtraum, ich erlebe meine Träume bewusster.

Bald treten Wesen auf, die meiner Imagination entspringen und zunächst nur mit geschlossenen, dann auch mit offenen Augen klar zu sehen sind. Sie flattern wie Tücher und verformen sich schnell zu anderen Wesen und Szenen. Doch bald setzt eine Stabilisierung des Bilderflusses ein, ich kann ein inneres Bild länger halten.

Immer wieder erfahre ich Seinsblitze, erkenne Sinn und Wesen des ganzen Seins. Ein Lebewesen, erfahre ich, kann nur leben, wenn es alle paar Sekunden einen unbewussten Blick auf den reinen Seins-Zustand erhascht. Seins-Zustände sind im Alltagsleben des Menschen heruntergekommen auf Seinsblitze, die zwischen zwei Augenblicken unbemerkt auftauchen. So wie wir den Tiefschlaf benötigen, um uns zu erholen, so benötigen wir Seinsblitze, um uns vom Dauerkampf des Alltags zu erholen. Später reißt das reine Sein ab und zu wie ein Vorhang auf, ich erfahre für Sekunden die unbeschreibliche Urnatur der Welt. Danach sind Wissen und Weisheit der Menschwelt vernichtet und erscheinen wie ein verschwommener Traum. Nach längerer Dunkelheit meine ich sehen zu können. Das Licht ist zunächst neblig-hell wie Dämmerungslicht. Gelegentlich tritt ein bläulicher Lichtschimmer auf. Meine Wahrnehmung hat sich verfeinert und nimmt pure Energie wahr.

Davon zu unterscheiden ist das innere klare Licht des Geistes. Das tauchte etwa nach vier Wochen auf – nach dem Verlust aller Konzepte und nachdem ich mich nur noch gelegentlich als Einzel-Ich erfuhr. Dieses Licht ist alles, alles ist dieses Licht, es ist in mir und überall.

Als ich nach 49 Tagen ins Tageslicht trete, erfahre ich das Sonnenlicht als das Geistlicht, die Natur enthüllt in jedem Blatt und Stein als Miniaturkosmos die ganze Welt. Eine Welt, in der jedes alles ist. Nach einigen Tagen nehme ich mein Bündel, schaue meinem Lama, diesem ewigen Wanderer durch den Himalaya, in die Augen, stumm trennen sich unsere Wege. Wir sahen uns nie wieder. Was blieb? Nun, die Natur des Geistes blieb in mir!

Viele Jahre später und nach zwei weiteren Dunkelaufenthalten in Kinnauer (Nordindien) und Tibet fragte mich ein Journalist, ob er bei mir eine Dunkeltherapie machen könnte. Ich sagte, es sei keine Therapie und ich hätte gar keinen Platz für ihn im Haus. Aus Freundschaft richtete ich ihm dann doch ein Zimmer ein, und so kam es zur ersten Dunkeltherapie. Später gab ich meine Arbeit als Psychotherapeut auf, kaufte ein größeres Haus und begann, Leute für ein Dunkelretreat aufzunehmen. Und auf diese Weise landete auch Saskia John bei mir, die Frau, die in diesem Buch ihre umfangreichen Erfahrungen im Dunkeln darstellt.

Es ist einige Jahre her, seitdem Saskia bei mir war, und sie war mehrmals hier. Im Dunkeln erzählte sie mir ihre Eindrücke und wir nahmen das auf Tonband auf. Dieses Material, das täglich aus ihr floss und das wir dann abends besprachen, wirft Licht auf eine neue Psychologie, zumindest gibt es einen Blick auf bisher unbeachtete Gebiete unserer Seele frei. Saskia hat einige Zeit benötigt, ihre Erlebnisse niederzulegen, nun aber liegt das Werk vor. Jeder, der versteckte Hintertüren seines Geistes öffnen möchte, dem legen diese ganz persönlichen Erfahrungen einen roten Faden durchs Labyrinth der Seele in die Hand. Saskia war lange Zeit die Enthüllung einiger ihrer Seelenzustände peinlich, doch ist die Wahrheit einfach immer nur wahr und Dunkelheit führt eben ins Licht.

Holger Kalweit
Januar 2011

Einleitung

Ich wurde im Jahr des Mauerbaus in der ehemaligen DDR geboren. Meine Eltern waren Kriegskinder, beide Lehrer. Ich wuchs innerhalb der Mauern in der gottlosen Welt des Materialismus, Gehorsams und einer Energie von „Machen-was-gesagt-Wird“ auf. Mein Weg war immer vorgeplant, und so wanderte ich auf den vorgegebenen Etappen zielstrebig von einer zur nächsten: Schulabschluss, Lehre, Abitur, Studium, Heirat, Kinderkriegen, Berufausüben. Bis zum Mauerfall arbeitete ich als Tierärztin, und die Welt lief für mich in „geordneten“ Bahnen. Ich hatte diese Welt nie infrage gestellt. Das Jahr des Mauerfalls wurde nicht nur für Deutschland und die Welt zu einem bedeutenden Ereignis, sondern es war zugleich das Jahr, das meine persönliche Wende einleitete – ich begann, den Blick nach innen zu richten. Damals ahnte ich allerdings nicht, wie sehr dies mein Leben einmal verändern sollte.

Das Thema „Mauer“ begleitet mich also seit meiner Geburt. Vielleicht investiere ich deshalb so viel Energie, Mauern in mir fallen zu lassen und meine inneren Grenzen zu erweitern. All mein Tun ist ausgerichtet auf die Werte des Lebens, auf inneren Reichtum und Souveränität, auf Mitmenschlichkeit und bedingungslose Liebe. In mir ist ein tiefes Bedürfnis nach Freiheit und Erwachen, das mich Dinge tun lässt, die nicht unbedingt jeder tut. In vielen Jahren erkundete ich über Meditation, Tai Chi Quan, Reisen, Selbsterfahrungsworkshops, therapeutische Sitzungen und zwei Dunkelretreats das innere Universum meiner Seele und gelangte so zu einem Erfahrungswissensschatz, durch den sich mir immer wieder die Aussagen weiser Menschen bestätigten, sodass ich meine inneren Zweifel an dem Wirklichkeitscharakter meiner Erfahrungen überwinden konnte und meine eigene Wahrheit fand.

Das Erkunden der psychischen Landschaft war und ist ein tiefer Lernprozess, der mit inneren Loslass- und damit verbundenen Wachstumsprozessen und Bewusstseinserweiterungen einherging und noch immer geht. Es ist ein innerer Reinigungsprozess, der sich überaus schwierig und sehr schmerzvoll gestaltete – ich musste dafür alte Sicherheiten aufgeben und mich dem Unbekannten anvertrauen. Infolge dessen erhielt ich über eigene Erfahrungen tiefere Einblicke in das psychische Universum und das Wechselspiel zwischen Körper, Seele und Geist und die sich daraus ergebenden

Auswirkungen auf die Gesundheit, wodurch sich mir auf dem Gebiet der Heilkunst neue Möglichkeiten eröffneten, weil ich vieles klarer und in einem größeren Bild sehen konnte.

Aber zurück zur Jahrtausendwende, dem Jahr, in welchem mein Leben nach dem Mauerfall erneut eine Richtungsänderung erfuhr. Im Sommer 2000 begegnete ich Gabriele Fröhlich, was einer Schicksalsbegegnung gleichkam. Die innere Arbeit, die ich über sie kennenlernte, fesselte mich so tief, dass sich daraus über viele Jahre eine intensive Zusammenarbeit entwickelte. Ich lernte ihr Modell „Das intelligente Herz“ und die Auswirkungen seiner Anwendung tief in mir selbst kennen und ließ meine Erkenntnisse und Erfahrungen zunehmend in die Arbeit mit Patienten einfließen. Dabei zeigte sich, dass sich nicht nur in mir tiefe Wachstums- und Wandlungsprozesse vollzogen, sondern ebenso in vielen anderen Menschen, die es schafften, sich auf sich selbst einzulassen.

Parallel zur Arbeit mit G. Fröhlich lernte ich das Familienstellen kennen, wobei sich die Erfahrungen, die ich dabei machte, und das, was ich in der Ausbildung bei Bert und Sophie Hellinger lernte, in die Arbeit mit G. Fröhlich wundervoll einfügten und sie ergänzten.

Auf meinem Weg des inneren Wachstums begegnete mir im Jahr 2002 in einer Fachzeitschrift ein Artikel über Dunkeltherapie, der mich sofort fesselte und nicht mehr losließ. Ich war einerseits neugierig, was sich dahinter verbarg, andererseits machte mir der Artikel auch Angst – allein über eine längere Zeit in absoluter Dunkelheit! Ich brauchte fast ein Jahr, ehe ich Holger Kalweit, den Autor des Artikels, kontaktierte und um einen Termin bat.

Vom 02. – 14.07.2003 begab ich mich für zwölf Tage in das erste Dunkelabenteuer. Alle meine Erfahrungen nahm ich mit einem Diktiergerät auf, um sie später für mich vertiefend nacharbeiten zu können. Während dieser Zeit kam ich in eine tiefe Krise und drückte Holger bei einem seiner Besuche das Aufnahmegerät in die Hand, damit er im Bilde darüber war, was in mir ablief. Er erkannte den Wert der Aufzeichnungen und regte mich an, ein Buch über meine Erfahrungen zu schreiben. Zunächst begeistert von der Idee, setzte ich mich nach Ende der Dunkelzeit daran, die Kassetten abzuschreiben. Dabei vertieften sich die inneren Prozesse und ich erhielt weiterführende und neue Einsichten über mich, die ich in Kursivschrift dem Manuskript hinzufügte. Der ganze Prozess dauerte zwei Jahre.

Zwischenzeitlich hatte ich mich zu einer zweiten Dunkeltherapie über 25 Tage (19.08. – 12.09.2005) entschieden. Ich dachte, an die Erfahrungen des ersten Dunkelretreats anknüpfen zu können und diese zu vertiefen. Dass alles auch ganz anders kommen könnte, hatte ich nicht in Erwägung gezogen.

Nach Ende des zweiten Dunkelaufenthaltes transkribierte ich monatelang das umfangreiche Material und ergänzte es wiederum mit den dabei gewonnenen Erkenntnissen und Einsichten über mich selbst. Im Zuge dieser Arbeit wurde ich immer wieder mit der Angst konfrontiert, die Erfahrungsinhalte mit all meinen Gedanken und Gefühlen zu veröffentlichen. Ich hatte das Gefühl, mich zu entblößen und mit meinem ganzen Wesen nackt vor der Welt dazustehen. Auch waren viele Ereignisse mit so viel Schmerz für mich verbunden, dass ich sie nicht mit der Welt teilen wollte. Den Ängsten und dem Schmerz stellte ich mich und löste beides in vielen Einzelsitzungen nach und nach immer mehr auf.

Nach ungefähr drei Jahren Integrationsarbeit und mehreren Überarbeitungen der Aufzeichnungen hielt ich diese endlich für druckreif. Da ich in der Dunkelheit das Modell „Das intelligente Herz“ anwandte, um die Erfahrungen zu integrieren, bat ich G. Fröhlich im Sommer 2008 um eine Rückmeldung zum Manuskript, um sicherzugehen, dass ich das Modell in ihrem Sinne anhand meiner Erfahrungen und Träume interpretiert und erklärt hatte. Ihr Feedback regte mich an, die Erfahrungen nochmals zu überarbeiten und weitergehende Erkenntnisse und Einsichten aus heutiger Sicht einzufügen. Es ergab sich über E-Mails, Gespräche und unzähligen Einzelsitzungen mit ihr über für mich schwierige Themen ein intensiver Austausch, der eine weitere Runde in meinem Wachstumsprozess einleitete.

Parallel dazu begegnete ich im Frühjahr 2008 dem spirituellen Lehrer Thomas Hübl und meldete mich für sein dreijähriges Timeless-Wisdom-Training (TWT 1) an. Die Arbeit mit Thomas fügt(e) sich nahtlos in meine bisherige Arbeit ein und unterstützt(e) meinen inneren Prozess auf wunderbare Weise. Im Rahmen des Trainings war im zweiten Jahr eine Projektarbeit umzusetzen, die mir am Herzen liegen und der Welt zugutekommen sollte. Ich entschied, das Buch als Projekt zu nehmen – der gesetzte Zeitrahmen ließ mich intensiver daran arbeiten. In der Zwischenzeit war ich auch so weit, der Veröffentlichung vom Herzen her zustimmen zu können, ohne das Gefühl zu haben, vor Angst und Scham im Erdboden zu versinken.

Das Buch gliedert sich in seiner jetzigen Form in drei Teile. Als Erstes stellt G. Fröhlich das von ihr entwickelte Modell „Das intelligente Herz" als Grundlage für den psychodynamischen Aufarbeitungsteil der Aufzeichnungen vor und verweist auf die im Buch aufscheinenden Übergänge zwischen psychodynamischen und transpersonalen Aspekten in ihrer Relevanz für den westlichen Kulturkreis.

Es folgen die transkribierten Erfahrungsberichte aus den beiden Dunkelaufenthalten über 12 bzw. 24 Tage, die ich im Wesentlichen so belassen habe, wie sie seinerzeit entstanden sind. Sehr intime Passagen, in denen es um meine Ehe ging, wurden jedoch entfernt. Gemachte Zeitangaben sind immer geschätzt und entsprangen meiner Empfindung in dem Moment. Die Auslassungspunkte „…" bitte ich an den jeweiligen Stellen als fließende, energetisch nicht durchbrochene lange Pause zu verstehen. Ich behielt die Erzähl- und Ich-Form bei, weil sie das unmittelbare Geschehen viel lebendiger wiedergeben als ein eher unpersönlicher Stil. Es werden sowohl die Auseinandersetzung mit dem dunklen Unbewussten (nach C. G. Jung der „Schatten") als auch transpersonale Erlebnisse beschrieben und wie ich damit umgegangen bin, um die Erfahrungen auf eine gesunde Weise zu integrieren. Dadurch bleibt es nicht aus, dass sich im Zuge des ganzen Prozesses Wiederholungen ergeben, da mich verschiedene Themen immer wieder beschäftigten, bis sich das, was ich mein Leben lang verdrängt hatte, ganz an die Oberfläche meines Bewusstseins gearbeitet und in kleinen Dosen entknäuelt, verändert, aufgelöst und integriert hatte.

Im Erlebnisteil eingebunden sind als Drittes die nachträglichen Einfügungen (Erkenntnisse, Einsichten und psychodynamische Analysen aus heutiger Sicht), die einerseits während der jahrelangen Manuskriptüberarbeitung und andererseits in enger Zusammenarbeit mit G. Fröhlich entstanden und alle in Kursivschrift und mit Datum gekennzeichnet sind. So kann der Leser wählen, entweder nur den reinen Erfahrungsbericht zu lesen oder sich auch über tiefere psychodynamische Hintergründe zu informieren.

Das Buch ist mein Beitrag für eine Welt, in der Hektik, Stress, Machtausübung sowie materielles Denken und Handeln vorherrschend sind und die geistig-seelischen Wirklichkeiten und wahren Werte des Menschen meinem

Empfinden nach viel zu wenig Berücksichtigung finden. Das Ausblenden des authentischen Selbst im Menschen führt zum rücksichts- und lieblosen Umgang mit sich selbst, mit anderen und unserer Umgebung, mit der Erde und dem Weltraum und erzeugt einen Spannungszustand, der sich in jedem Menschen selbst und darüber hinaus weltweit über kriegerische Spannungsherde und Naturkatastrophen unübersehbar bemerkbar macht.

Es ist ein sehr persönliches Buch, in welchem ich intime Details offen darlege und dem Leser im Grunde Einblick in mein ganzes Wesen gebe. Um die Schwierigkeiten auf dem Weg der Selbsterkenntnis für den Leser besser nachvollziehbar zu machen, habe ich alle wesentlichen Details und Themen im Buch so belassen, wie sie in mir auftauchten. Ich verbinde mit der Veröffentlichung dieser Inhalte die Hoffnung und den tiefen Wunsch, dass diese Informationen Menschen helfen mögen, die bereits auf dem Weg der ernsthaften Selbsterforschung sind, die damit verbundenen Gefahren und Irrwege besser erkennen zu können, und möchte Anregungen geben, wie damit umgegangen werden kann. Vielleicht geben meine Erfahrungen anderen auch Mut und Anstoß, sich selbst auf den Weg in die Tiefen des eigenen Universums hin zu innerer Wahrheit, Heilung, Empathie, Mitgefühl, bedingungsloser Liebe und Weisheit zu machen. Wenn das Buch auch nur einer kleinen Anzahl von Menschen in einer (spirituellen) Krise oder ihrem persönlichen Erkenntnis- und Veränderungsprozess weiterhilft, hat sich für mich persönlich sowohl der Preis der Offenbarung meines innersten Wesenskerns als auch die Mühe und der Aufwand gelohnt, den mich dieses Buch gekostet hat (abgesehen davon, dass es meinem eigenen Wachstumsprozess auch zugutekam).

Falls Sie sich durch das Buch angeregt fühlen, sich in das Modell „Das intelligente Herz“ einarbeiten und es in ähnlicher Weise anwenden zu wollen, wie ich dies tat und hier beschreibe, so weise ich darauf hin, dass meiner Fähigkeit, in den beiden Dunkelaufenthalten das Konzept des Modells so selbstverständlich anzuwenden, ein jahrelanger Übungsprozess unter Anleitung und Feedback von G. Fröhlich vorausging, sodass ich bereits eine gute Übung darin hatte. Meines Erachtens braucht es zumindest in der Anfangszeit Anleitung und Hilfe, um einerseits vom Erwachsenen-Ich aus in eine echte und lebendige Kommunikation mit dem *Inneren Kind* zu kommen und andererseits die Fähigkeit zu entwickeln, die einzelnen Energien (Pig Parent,

Anpasser, *Inneres Kind*, Positives Eltern-Ich usw.[1]) innerhalb der eigenen Person unterscheiden und angemessen mit ihnen umgehen können zu lernen. Die genauen Beschreibungen dienen der Nachvollziehbarkeit und dem besseren Verständnis für den Leser, ersetzen aber weder ärztliche noch psychotherapeutische Hilfe und selbstverständlich kann auch keine Haftung übernommen werden.

Sollte das Buch zu irgendeinem Zeitpunkt auf tiefe Gefühle in Ihnen stoßen, wäre es ratsam, sich an dem Punkt zu fragen, ob jetzt der rechte Zeitpunkt ist, es zu lesen, und ob Sie weiterlesen möchten. Sie haben jederzeit die Wahl und lesen das Buch in Eigenverantwortung sich selbst gegenüber.

Ich wünsche Ihnen von Herzen viel Spannung, viele Erkenntnisse, vielleicht auch tiefe Erfahrungen oder einfach nur Freude beim Lesen dieses Buches.

Saskia John
März 2011

---

1 Die genannten Begriffe, auf die ich mich im Erfahrungsbericht immer wieder beziehe, sind auf den Seiten 27 - 30 genauer erklärt.

Vorwort zur Neuauflage

Als ich das Buch 2012 veröffentlichte, hatte ich nicht die Absicht, es nach 3 Jahren zu überarbeiten. Die überraschende Insolvenz des bisherigen Verlages veranlasste mich jedoch, dem Buch erneut meine Aufmerksamkeit zu schenken. Im Zuge der Überarbeitung zeigte sich, dass einige Wiederholungen, die mir damals wichtig erschienen, aus heutiger Sicht entfernt werden konnten, ohne dass dadurch dem Buch Inhalt und Tiefe verloren ging. Alle bisherigen, in der ersten Auflage kursiv dargestellten Einfügungen wurden von mir geprüft und ggf. an mein heutiges Verständnis über die komplexen Zusammenhänge von Körper, Geist und Seele angepasst. Im Rahmen der Überarbeitung bewusst gewordene neue Erkenntnisse oder weiterführende Anmerkungen habe ich, soweit ich dies für hilfreich erachtete, in der üblichen Weise kennzeichnend hinzugefügt, sodass das Buch diesbezüglich auf den neuesten Stand gebracht ist. Auf manche intrapsychische Dynamiken bin ich in der Neuauflage ausführlicher eingegangen, um dem Leser ein leichteres Verständnis für die Arbeit mit dem *Inneren Kind* (im Sinne nachhaltiger Änderung emotionaler Reaktionen auf die eigene Vergangenheit) zu ermöglichen. Einige Erfahrungsinhalte, die in der 1. Auflage aus persönlichen oder Platzgründen weggefallen oder stark gekürzt worden sind, habe ich in das Buch wieder aufgenommen, wenn dies dem Gesamtverständnis diente, was den Einblick in die damaligen Dunkelerfahrungen nunmehr vervollständigt.

Insgesamt habe ich mich in der Neuauflage um einen bildlicheren Schreibstil bemüht, sodass mehr Leichtigkeit in das Buch getragen ist und die Beschreibungen für den Leser, so hoffe ich, einfacher nachvollziehbar sind.

Kürzlich las ich das Buch „Kriegsenkel“, in dem vieles beschrieben wird, was ich in jahrelanger Therapie und meditativer Selbsterforschung, so auch in den beiden Dunkelaufenthalten, in meiner Seele ausgegraben hatte – Inhalte, die meine Eltern, beide Kriegs- und Flüchtlingskinder, aus verständlichen Gründen bis heute nicht aufarbeiten konnten.

Die gegenwärtige Flüchtlingskrise holt viele der im 2. Weltkrieg verdrängten Emotionen (z. B. Existenzangst und Wut bis zum Hass hin) an die Oberfläche. So fühlte ich eine große Todesangst, die für mein eigenes Leben keinen Sinn ergibt, wohl aber sehr viel Sinn für die Erfahrungen im Leben meiner Eltern und Großeltern macht. Indem ich es schaffte, diese gigantische Angst wirklich zu fühlen und ihr offenen Herzens zu begegnen, wandelte sie sich mehr und mehr in Kraft, die dem Leben bis in das Heute hinein dient. Dieser Wandlungsprozess heilt sowohl mich als auch meine Kinder und Enkel und – das ist bemerkenswert – auch ein Stück weit meine Eltern. Sie wirken offener, weicher und, wie mir scheint, auch gesünder. Die emotionale Beziehung zwischen uns wird immer wärmer und lebendiger, was der gesamten Familie guttut.

Die heutige Zeit ist also eine große Chance für uns, die Kriegsenkel, dem dunklen Schatten der deutschen Vergangenheit – die in jedem Einzelnen von uns steckt, ob wir uns dessen bewusst sind oder nicht – liebevoll in die Augen zu schauen, um ihn verarbeiten zu können (statt die aufbrechenden Gefühle aus unserer Vergangenheit auf die „anderen", z. B. die heutigen Flüchtlinge, zu projizieren). Indem wir Verantwortung für alle unsere Gefühle übernehmen, diese aus einer größeren Perspektive mitfühlend anschauen (= Erwachsenen-Ich) und richtig dort zuordnen, wohin sie gehören, ist ein erlösendes Wieder-Fühlen der damals im Krieg verdrängten Gefühls-Energie und damit eine Transformation dieser möglich. In meinem Buch „Grenzerfahrung Dunkelretreat" werden über das psychologische Integrationsmodell „Das intelligente Herz" und die dazu beschriebenen Beispiele aus meinem eigenen Leben Lösungsmöglichkeiten zur Integration und Heilung persönlicher und kollektiver Schatten aufgezeigt. Ebenso kann das Modell eine Ressource für Menschen in spirituellen Krisen sein.

Die Gesellschaft, also „wir", setzt sich aus vielen Einzelindividuen zusammen. Wenn die Einzelnen in sich selbst reifen, wachsen und zum Frieden im eigenen Herzen finden, dann transformiert sich in der Folge die Gesellschaft und wiederum darüber die Menschheit als Ganzes. Diese heilsame bewusste innere Auseinandersetzung mit uns selbst darf meines Erachtens nicht mehr als „Luxus" oder „Marotte" einzelner Suchender betrachtet werden, sondern ist vielmehr zur dringenden

Notwendigkeit für die Menschheit geworden, um in eine erwachsenere, reifere Ebene des Menschseins hineinwachsen und den globalen Herausforderungen dieser Zeit angemessen begegnen zu können. Mit diesem Buch möchte ich einen Anstoß dazu geben.

Saskia John

April 2016

Kapitel 1 – „Das intelligente Herz“

Ein psychologisches Modell zur Integration transpersonaler Erlebnisse

(geschrieben von Gabriele Fröhlich)

Als ich vor Jahren meine Rebirthing-Ausbildung – eine Form der transpersonalen Atemtherapie – in Vollzeit über drei Monate antrat, wurde mir bald bewusst, wie hilfreich sich meine zuvor absolvierte kognitiv orientierte Psychotherapieausbildung und die Erfahrung mit der Materie auswirken würde.

Die transpersonale Psychologie befasst sich mit Aspekten der persönlichen Erfahrungswelt, die das Individuelle in Bereiche archetypischer und höherer geistiger Zugangsebenen transzendieren, und sie wird als eine zugänglichere Form der spirituellen Erfahrung gegenüber den älteren esoterischen Traditionen betrachtet.

Mir war vor Beginn der Ausbildung klar, dass das Anliegen war, sich auf weitgehend transpersonale, nicht mit der Ratio erfassbare innere Bilder, Erlebnisse und Prozesse einzulassen; das Ziel war nicht, Probleme des Alltags zu lösen, gezielt Kindheitstraumata aufzuarbeiten oder freie Assoziationen zu interpretieren. Der „Stoff“ würde sich von selbst einstellen und seine Auflösung auf der Erlebnisebene häufig auch. Was hier gebraucht wurde, war in erster Linie eine begleitende Beobachterposition, die es möglich machen würde, eine Identifikation (und damit das Risiko einer inneren Überwältigung durch das Erlebte) zu verhindern. Nun ist diese Art von Beobachterfunktion integraler Bestandteil einer jeden Meditationspraxis und damit kein neuer Gedanke. Im Zuge der Rebirthing-Ausbildung und anderer verwandter Trainings zur Persönlichkeitsentwicklung mit einem starken Erfahrungsanteil wurde für mich aber zunehmend klarer, dass diese so wichtige Beobachterfunktion auf innere Integrationsprozesse zurückgeht und daher gewissermaßen erst erworben werden muss. Bei einer starken emotionalen Belastung, entweder durch die Lebenssituation der Person oder durch akute Aufarbeitungsphasen psychischer Prozesse, wie sie in derartigen Intensiverfahrungen ja an der Tagesordnung sind, kann dieser Beobachterposten eine große Herausforderung darstellen. Der Vorgang der Beobachtung in diesem Zusammenhang ist in sich selbst ein subjektiver Prozess, relativ zur aktuellen inneren Balance, in der die Person sich befindet oder eben auch nicht. Intrapsychisch hängt der Beobachtungsprozess von der emotionalen „Ladung“ des Beobachteten ab. Ein in dieser Hinsicht ungeschulter Mensch wird tröpfelnden Regen auf buntes Herbstlaub aller Wahrscheinlichkeit nach mit einiger innerer Gelassenheit registrieren und auf Nachfrage diesen Vorgang auch recht realitätsgetreu wiedergeben können. Wenn es sich um einen schweren Autounfall handelt, dürfte sich die objektive Beobachtung des Vorgangs hier schon deutlich schwieriger gestalten. Die übliche Divergenz zwischen Zeugenaussagen verschiedener Anwesender bei derartigen Geschehen ist ein deutlicher Hinweis für die subjektive Wahrnehmung und innere Verarbeitung von Beobachtetem in Abhängigkeit von seiner emotionalen Belastung. Im Extremfall mag es zu einer totalen Blockierung des Beobachteten kommen, d. h. es stellt sich ein innerer Schutzmechanismus ein, wonach unbewusst das sehr wohl registrierte traumatisierende Erlebnis quasi als nicht stattgefunden „erinnert“ wird. In weniger dramatischer Form finden vergleichbare Vorgänge durch die gesamte Lebensspanne hindurch statt; Unangenehmes aus Erwachsenensicht wird in der Frühkindheit häufig als existenziell bedrohlich empfunden und entsprechend dem beschriebenen Mechanismus oft weit ins Unbewusste verdrängt.

Zum Verständnis unserer Wahrnehmungen und Erfahrungen bedarf es der inneren Kommunikation zwischen verschiedenen Persönlichkeitsaspekten in uns, die die gleiche Situation oft auf jeweils unterschiedliche Weise wahrnehmen. Je besser diese innere Kommunikation innerhalb einer Person funktioniert, desto besser ist auch ihre Aussicht auf Erfolg in der Kommunikation mit anderen. Um die wichtigsten Persönlichkeitsanteile, ihre Funktionen und die Dynamik im Umgang mit uns selbst und anderen zu veranschaulichen, habe ich das „Intelligente-Herz-Modell“ entwickelt.

Leser, die mit der Transaktionsanalyse von Eric Berne vertraut sind, werden im umseitig stehenden Schema einige ihnen schon bekannte Namen oder Zuordnungen in ähnlicher Form wiedererkennen.

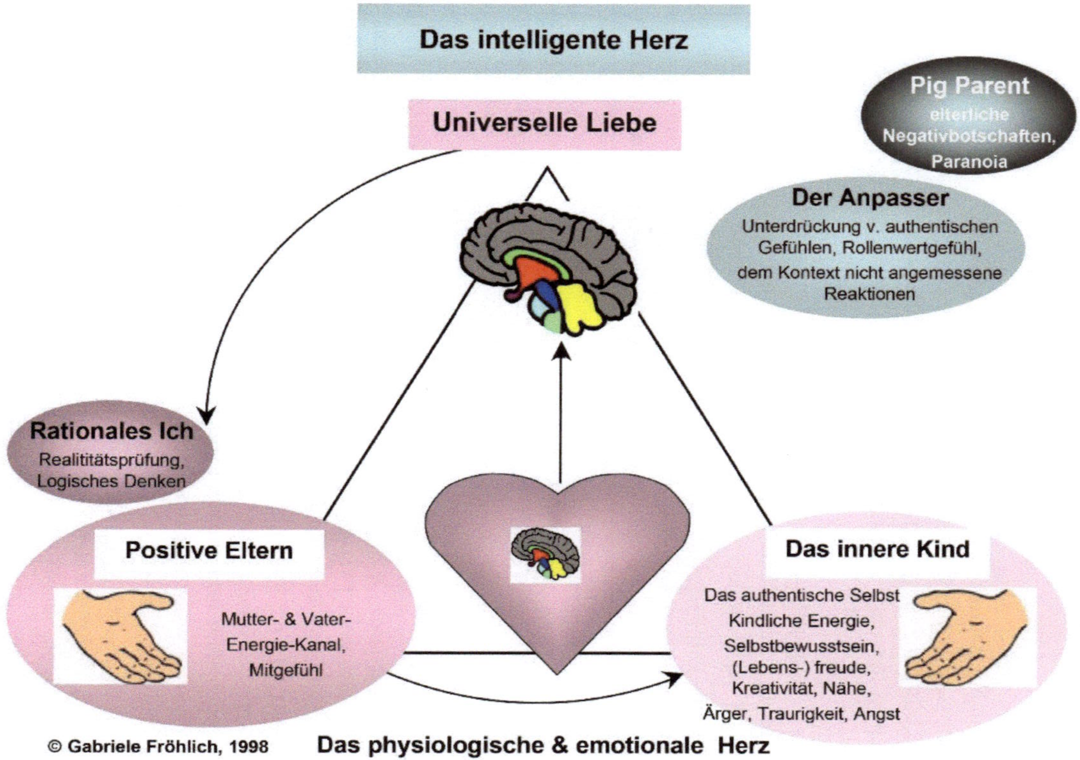
Das intelligente Herz
Universelle Liebe
Pig Parent
elterliche
Negativbotschaften,
Paranoia
Der Anpasser
Unterdrückung v. authentischen
Gefühlen, Rollenwertgefühl,
dem Kontext nicht angemessene
Reaktionen
Rationales Ich
Realititätsprüfung,
Logisches Denken
Positive Eltern
Mutter- & Vater-
Energie-Kanal,
Mitgefühl
Das innere Kind
Das authentische Selbst
Kindliche Energie,
Selbstbewusstsein,
(Lebens-) freude,
Kreativität, Nähe,
Ärger, Traurigkeit, Angst
© Gabriele Fröhlich, 1998
Das physiologische & emotionale Herz

Die Beschaffenheit dieses Modells orientiert sich eng an dem Konzept der emotionalen Intelligenz. Der Begriff „emotionale Intelligenz“ hat sich im alltäglichen Umgang inzwischen so eingebürgert, dass er uns allen einigermaßen geläufig sein dürfte. Er wurde zum ersten Mal Mitte der 90er-Jahre von Daniel Goleman in seinem gleichnamigen Bestseller vorgestellt, in dem Goleman zur Vereinfachung auch die Abkürzung „EQ“ für einen emotionalen Intelligenzquotienten einführte. Der EQ umschreibt die Fähigkeit zum Mitgefühl, zur Empathie, des inneren Antriebs, des Selbstbewusstseins (im Sinne von: sich seiner selbst bewusst zu sein), des Altruismus, zu angemessenen inneren Reaktionen auf emotionale Impulse und die Kompetenz, geeignete Entscheidungen im Umgang mit allen Lebenssituationen treffen zu können. Sinn des „Intelligenten-Herz-Modells“ ist es, die Energieflüsse nachvollziehbar zu erfassen, die einen emotional intelligenten Umgang mit intra- und interpersönlichen Prozessen (solche, die sich auf uns selbst und den Umgang mit anderen beziehen) ausmachen.

Das folgende Erklärungsschema beschreibt die Persönlichkeitsanteile im Modell „Das intelligente Herz“ (IH-Modell, siehe S. 27), wofür sie stehen und worin ihre Funktion besteht.

Universelle Liebe – spirituelle Quellen-Energie. Das persönliche Erleben in der inneren Verbundenheit mit einer höheren Quelle der Weisheit, innerhalb eines religiösen Glaubenssystems oder völlig unabhängig davon. Die übergeordnete geistige Instanz, innerhalb derer sich Lebenserfahrungen in einen größeren, karmischen Gesamtkontext einordnen, was eine Perspektivenänderung zum eigenen Erleben ermöglicht.

Rationales Ich (RI) – die Fähigkeit zum logischen Denken, Realitätsprüfung; die Fähigkeit, rationale Entscheidungen zu treffen, zur Kooperation mit anderen, weil es „Sinn macht“, weil gemeinsam genutzte Ressourcen allen zugutekommen, weil sich in gegenseitigem Einvernehmen mehr erreichen lässt.

Der Anpasser (AP) – Anpassung an die empfundene emotionale Realität der Person, als „Überlebensmechanismus“. Verinnerlichte Opferrollen: Kannst du nicht sehen, dass ich ein Holzbein habe? Verinnerlichte

Negativbotschaften: Ich würde das nie schaffen; ich bin nicht intelligent genug; ich muss gerettet werden; ich muss andere retten. Wenn ich mich aufopfere, wird man mich mögen. Wenn ich niedlich (kindlich) bleibe, werde ich nicht zur Verantwortung für meine Handlungen gezogen werden. Das Rationalisieren traumatisierender Ereignisse oder unsere eigene Rolle darin; posttraumatische Überlebensmechanismen verschleiern unsere realistische Einschätzung einer Sachlage.

Positives Eltern-Ich (PE); „Mutter- und Vater-Energie-Kanal" – umfasst alle verinnerlichten elterlichen Positiv-Botschaften (-Introjekte); auch die anderer wichtiger Bezugspersonen, wie Verwandte, Lehrer, Nachbarn; ermöglicht es – in Zusammenarbeit mit dem Rationalen (Erwachsenen-) Ich (RI) über dessen Fähigkeit zur Realitätsprüfung –, sich selbst und anderen Fürsorge zuteilwerden zu lassen. Meine eigenen Bedürfnisse erkennend und mich gleichzeitig in die Lage einer anderen Person versetzen könnend.

Pig Parent (PP) – verinnerlichte elterliche Negativ-Botschaften (die nicht unbedingt je verbalisiert worden sein müssen). Negative Introjekte; angstbesetzte, eigene Unzulänglichkeit fürchtende Grundhaltungen. „Du bist viel zu dumm dafür, du wirst nie einen Mann finden, du bist nicht hübsch genug, du bist ja nur ein Mädchen. Du bist genau wie dein Vater. Alle Männer sind gleich." Auch: kulturell informierte Vorurteile über Menschen anderer ethnischer Herkunft oder kulturell bestimmter Wertesysteme.

Das *Innere Kind* (IK); authentisches Selbst – der authentische, natürliche, essenzielle Persönlichkeitsteil eines Menschen, der altersunabhängig ist. Sitz der natürlichen Spiritualität, der Intuition, spontaner Geistesblitze und von authentischen Gefühlen wie Freude, Angst, Trauer, Ärger oder Überraschung. Es ist kreativ und lebensbejahend sich selbst und anderen gegenüber; es erkennt den Unterschied zwischen Liebe und Hass (wenn ihm von der Person der Raum dazu gelassen wird); es geht die Exploration von Neuem mit kindlicher Neugierde an, ist fasziniert von dem, was das Leben zu bieten hat; es ist an Vielfältigkeit interessiert und schätzt eigene Erkundungen mehr als Nachahmung.

Die rechte und linke Hand repräsentieren die beiden Hirnhemisphären in ihren neurologischen Zuordnungen.

Die rechte Hand steht mit der linken Hirnhemisphäre in Verbindung, die für strukturierte, analytische Denkprozesse zuständig ist.

Die linke Hand steht entsprechend mit der rechten Hirnhemisphäre in Verbindung, die für kreative, imaginative Prozesse und Vorstellungen sowie für die künstlerisch-musischen Fähigkeiten zuständig ist. Sie steht auch mit den Hirnarealen für höhere Bewusstseinsentwicklung und spirituelles Erleben in Zusammenhang.

Das langsame Zusammenbringen beider Hände (Handfläche zu Handfläche) vor dem Gesicht, in dem Bewusstsein, dass (bei Rechtshändern) die rechte Hand für die Erwachsenenseite, die linke Hand für das *Innere Kind* steht, verstärkt die entsprechenden Neuronenbahnungen im Gehirn und kommt dem *Inneren Kind* zugute, besonders, wenn die Verbindung zur spirituellen Quellen-Energie (universelle Liebe) dabei in der inneren Vorstellung mit einbezogen wird.

Das „Intelligente-Herz-Schema" berücksichtigt andere Darstellungs- und Erklärungsmodelle, die sich zur Veranschaulichung unserer inneren (intrapersönlichen) Kommunikation schon anderswo bewährt haben. Wie schon erwähnt, enthält es Elemente, wie sie ähnlich in der Transaktionsanalyse (mit ihren Eltern-/Erwachsenen-Ich- und Inneren-Kind-Anteilen) vorkommen; es veranschaulicht aber auch die zugrundeliegenden energetischen Prozesse, wie sie in etwas anderer Form im NLP berücksichtigt werden. Vor allem aber bezieht es auch die spirituelle Erlebensebene als Faktor mit ein, wie sie in ihrer psychologischen und geistigen Wirkungsfunktion neurowissenschaftlich vielfach belegt wurde.

Für allgemeine Anwendungsbeispiele des IH-Modells sowie Informationen zu seinen neurophysiologischen- und Entstehungshintergründen siehe: http://www.global-develop.com/intel2.4.html

In den Anmerkungen und psychodynamischen Reflektionen zu ihren Dunkeltherapie-Erlebnissen bezieht Saskia John sich im vorliegenden

Buch durchgehend auf das IH-Schema und bietet Anwendungsbeispiele für die psychologische Aufarbeitung auch von transpersonalen Erlebnissen mithilfe des Modells.

Unter dem Untertitel „Frühe Kindheitserinnerungen und ihre Veränderung“ (siehe S. 81 – 88) verweist sie auf typische psychodynamische Beispiele für ihren inneren Kampf mit elterlichen Introjekten (verinnerlichten Botschaften), die sie anschaulich anhand des IH-Modells erklärt.

Der Einsatz des IH-Schemas im psychotherapeutischen und Mediationskontext, wie auch im Umgang mit schwer traumatisierten Menschen, hat mir viele wichtige Zuordnungs-Einblicke darüber vermittelt, wie die betroffenen Personen durch ihre negativen Intensiverlebnisse auf psychodynamischer Ebene beeinträchtigt waren und innerhalb welcher intrapsychischen Mechanismen sich scheinbar nicht-nachvollziehbare Schwierigkeiten in ihnen verankert hatten. Besonders, wenn gleichzeitig ein starker Bezug zu einer spirituellen Tradition besteht, stellt sich durch dieses Verstehen oft das Gefühl ein, dass es ein übergeordnetes Prinzip zu all diesem Geschehen gibt, dass ein Weg aus dem Leiden heraus möglich wird und Anlass zu neuer Hoffnung auf eine erfreulichere Zukunft besteht. Das IH-Modell ermöglicht es, dass traumabedingte Selbstzweifel bei entsprechend religiös orientierten Menschen nicht z. B. einem „Versagen Gottes“ zugeordnet werden, sondern dass Zusammenhänge zwischen Erlebtem und Interpretiertem für die betroffenen Personen psychodynamisch nachvollziehbar und auf Gefühls- und Empfindungsebene energetisch spürbar werden.

In ähnlicher Form eignet sich das IH-Modell auch für die Aufarbeitung transpersonaler Erlebnisinhalte. Auch hier besteht die Gefahr, dass aktuell Erlebtes unbewusst aus der (Übertragungs-) Sicht von traumatisierenden Kindheitserlebnissen interpretiert wird. Das IH-Schema trägt dazu bei, dass Historisches von Aktuellem getrennt interpretiert werden kann und sich somit die Ebenen nicht vermischen oder es im Extremfall aufgrund einer Überwältigung durch ungewohnte Erfahrungs- und Empfindungsinhalte gar zu psychotischen Wahrnehmungs-Entgleisungen kommt. Die inneren Strukturen, die es einer Person ermöglichen, das erforderliche Maß an innerer Autonomie zu erwerben, müssen weitgehend in der Frühkindheit angelegt werden. Peter Breggin erklärt, dass, wenn persönliche

Bedürfnisse nicht von frühestem Kindesalter an befriedigt werden und die in unserer Kultur übliche persönliche Autonomie nicht früh entwickelt und gefördert wird, sie der Person sehr wahrscheinlich ein Leben lang Probleme bereiten werden.

Während traumatische Kindheitsprägungen über die Projektionen alter Ängste zu fehlinformierten Interpretationen transpersonalen Erlebens führen können, kommen bei diesen Interpretationen darüber hinaus auch noch Prägungen archetypischer oder tiefenstruktureller, kulturell vorbestimmter Art mit zum Tragen. In kollektivistischen Gesellschaften besteht häufig ein sehr offener Zugang zur geistigen Welt, da er durch die spirituelle/schamanische/religiöse kulturelle Vorprägung sozusagen schon „im System" ist. Zu diesen Vorprägungen gehören komplexe Ahnenbeziehungen, schamanische Rituale, fetischistische Strukturen, Hexenjagden oder die auch in westlich-esoterischen Kreisen an Bedeutung gewinnenden bewusstseinserweiternden Erfahrungen mit der Droge Ayahuasca; die Wahrnehmung transpersonalen Erlebens für Menschen anderer kultureller Prägung kann daher eine völlig andere Bedeutung haben als für eine Person aus dem westlichen Kulturkreis im Zuge ihrer Individuations-Explorationen. Die Individuation umschreibt direkt den inneren Prozess der Person hin zu ihrer Unabhängigkeit von der Psychologie ihres Kollektivs. Dieser innere Emanzipationsprozess ist wiederum Voraussetzung für die Fähigkeit zur Beobachtung erlebter transpersonaler Phänomene, um von ihnen nicht psychisch überwältigt zu werden.

Für Mitglieder vieler kollektivistischer Gesellschaften könnte das Dunkelerlebnis aufgrund ihres kulturell vorbestimmten Verständnisses von dem, was ihre Welt ausmacht, daher als ungeheuer bedrohlich empfunden werden. Transpersonale Erlebnisse mögen integraler Bestandteil ihres Gesellschaftslebens sein, indem sie oft in ritueller Form evoziert werden; für gewöhnlich werden sie aber ausschließlich an die Kompetenz von Schamanen delegiert. Als Ausflüge in die Welt des Transpersonalen auf unabhängige Initiative einzelner Gesellschaftsmitglieder hin wären sie aber eher undenkbar. Innerhalb des westlichen Kulturkreises geht es bei der Exploration des Transpersonalen dagegen um das Erleben-Beobachten von Elementen, die in ihrer Mehrdimensionalität für den menschlichen Geist nur schwer erfassbar sind, die sich aber in ihrer inneren Verarbeitbarkeit für die Person nicht auf schamanische Initiationsriten oder Geisterbeschwichtigungen verlassen kann. Sie braucht daher ein Referenzsystem, das imstande ist, eine Bewusstseinsvereinnahmung zu verhindern, die so nachhaltig wäre, dass sie ein

Funktionieren im Alltag erschweren würde. Eine Exploration der transpersonalen Erlebniswelt, wie Saskia John sie über ihre Erfahrungen in der Dunkeltherapie beschreibt, setzt somit einen relativ hohen Individuationsgrad der interessierten Person voraus, der weitgehend von rigiden gesellschaftlichen Normen und Wertungssystemen unbeeinflusst bleibt.

Es gibt aber auch Übergänge zwischen der schamanischen Zugangswelt und sich spontan einstellenden Erlebnissen im westlichen Bewusstseinsraum. In den schamanistischen Ritualen vieler Kulturen werden Seelenreisen in entfernte Erfahrungswelten unternommen, um mit den Geistern von Lebenden und Toten zu kommunizieren, zum Beispiel, um Informationen zu Heilzwecken in die Alltagsrealität zurückzubringen. Oft werden dabei in rituellen Vorgängen mittels rhythmischen Trommelns die Schläfenlappen des Gehirns und mit ihnen in Zusammenhang stehende Anteile des limbischen Systems in Erregung versetzt. In erstaunlicher Analogie zu diesen rituell evozierten Erlebnissen zitiert Dana Zohar einen ihrer Patienten mit Epilepsie, der ihr diese aufgeregte Beschreibung gab: „Frau Doktor, auf einmal war mir alles kristallklar. … Es gibt eine endgültige Wahrheit, die sich völlig außerhalb des Zugangs normaler Gemüter befindet, die viel zu beschäftigt mit dem Alltagstreiben sind, um die Schönheit und Großartigkeit dieser Erkenntnis wahrzunehmen." (meine Übersetzung) Beschreibungen dieser Art sind typisch in Situationen, in denen eine verstärkte elektrische Aktivität in den Temporal-Lappen des Gehirns ausgelöst wird, und man findet sie daher neben den erwähnten schamanistischen Kontexten auch in spezifischen pathophysiologischen, mit Krankheiten des Gehirns einhergehenden Zusammenhängen. Sie können aber auch spontan, jenseits jeder Neuropathologie, ausgelöst werden, und sie sind typisch für den Erfahrungsbereich der neueren, im westlichen Kulturkreis entstandenen geistig-evokativen Disziplinen, zum Beispiel der (westlichen Variante der) Dunkeltherapie oder des Rebirthings.

Wie eingangs erwähnt, haben mich die Erfahrungen aus meiner transpersonalen Ausbildungszeit und Praxis zu der Ansicht gebracht, dass die Auseinandersetzung mit dem inneren Integrationsprozess von unbewussten emotionalen Inhalten eine essenzielle Voraussetzung ist, sich tief gehenden transpersonalen Prozessen risikofreier zu öffnen. Durch die Erfahrung der Transformierbarkeit von negativen Befindlichkeitszuständen wird eben gerade die Beobachterposition ermöglicht, die transpersonales Geschehen gleichzeitig erfahren und im Geiste Revue passieren lassen kann und erst damit die Öffnung in einen neuen Raum des Erlebens und der geistigen Expansion ermöglicht.

Saskia Johns Bericht über ihre Dunkeltherapie-Erfahrung ist somit mehr als nur ein Narrativ ihrer Erlebnisse, denn er erfüllt parallel dazu eine wichtige Vorbildfunktion der intrapsychischen Integrationsmöglichkeit von konsensrealitätsfremden Erlebnisinhalten.

Saskias besondere Fähigkeit besteht in ihrer überdurchschnittlich ausgeprägten Wahrnehmungs- und Empfindungsfähigkeit, sowohl auf Körperebene als auch im Hinblick auf Veränderungen innerhalb ihres eigenen Energiekörpers und dem ihres Umgebungs-Energiefeldes. Somit ist sie imstande, Erlebensinhalte oft in sehr subtilen Nuancen der sie begleitenden physiologisch-energetischen Vorgänge zu erfassen und mitzuteilen, wodurch sich dem Leser das Erleben in einer besonders plastischen, empfindungsmäßig nachvollziehbaren Form präsentiert. Durch diese Form der Vermittlung erschließt sich beim Lesen eine Form der Erfahrungswelt, die bei bestimmten Menschen auf ungeahnte Resonanz stoßen und einen Trainingseffekt für ihre eigene Wahrnehmungsfähigkeit erwarten lassen kann.

Es ist daher zu hoffen, dass Neu-Interessierte an der Materie sich durch diesen Erfahrungs- und psychischen Aufarbeitungsbericht gleichzeitig zu eigenen Explorationsabenteuern ermutigt, aber auch mit mehr Informationen über eine angemessene innere Vorbereitung ausgestattet fühlen mögen.

In „The Invitation" („Die Einladung") umschreibt Oriah Mountain Dreamer den Übergang zwischen der eigenen emotionalen Realität und der inneren Öffnung zu schamanisch-unterweltlichen Sphären, die jenseits der Gesetzmäßigkeiten normaler menschlicher Existenz liegen.

„Ich will wissen, ob du bereit bist, für die Liebe, für deine Träume, für das Abenteuer, lebendig zu sein, den Spott der anderen auf dich zu nehmen … … Ich will wissen, ob du den Kern deines eigenen inneren Schmerzes berührt hast, ob du dich durch die Verratsmomente des Lebens geöffnet hast, oder ob du eingeschrumpft bist und dich eingeschlossen hast aus Angst vor noch mehr Schmerz!

Ich will wissen, ob du Schmerz aushalten kannst, meinen oder deinen eigenen, ob du ausgelassen tanzen kannst und dich bis in die Finger- und Zehenspitzen mit Ekstase füllen lassen kannst, ohne uns zur Vorsicht zu mahnen, dass wir realistisch sein müssten oder uns der Begrenzungen des Menschseins gewahr zu sein hätten …

Ich will wissen, ob du mitten im Feuer mit mir stehen wirst, ohne zurückzuschrecken." (Oriah Mountain Dreamer, Mai 1994, meine Übersetzung aus dem Englischen)

***

Gabriele Fröhlich ist Ärztin, transpersonale Psychotherapeutin, Coach und Konfliktmediatorin im internationalen Bereich. Ihr besonderes Interesse gilt der Erforschung paranormaler und interdimensionaler Phänomene im Kontext ihrer Chancen und Gefahren für die Menschheit im aktuellen kosmischen Geschehen. Sie arbeitet an einem Buch zu diesem Thema und ist Autorin verschiedener akademischer Artikel im Kontext der angewandten emotionalen Intelligenz.

www.global-develop.com

Kapitel 2 – Erste Dunkeltherapie

1. Tag – Angst

Ich bin unheimlich aufgeregt, in Erwartung dessen, was da auf mich zukommt. Siebeneinhalb Stunden Autofahrt von der Heimat in den Schwarzwald liegen hinter mir. Für die herrliche Umgebung habe ich kaum ein Auge übrig und auch in den nächsten Tagen werde ich nichts davon sehen, denn ich bin gekommen, um in die Dunkelheit zu gehen.

Ich habe Angst. Vor allem davor, Dinge zu sehen oder zu erfahren, die es eigentlich dem „normalen" Menschenverstand nach nicht gibt, z. B. Geister. Und ich habe riesige Angst davor, dass dann in mir eine Sicherung durchbrennt und ich verrückt werde oder vor Schreck auf der Stelle tot umfalle.

Es ist später Nachmittag. Mein Herz schlägt aufgeregt, und ich folge Holger, meinem Betreuer, nach der ersten Begrüßung mit äußerst gemischten Gefühlen in mein Appartement. Er wird mich in diesen zwölf Tagen begleiten, indem er mir Tee bringt und eine Stunde am Tag für Gespräche zur Verfügung steht. Die restlichen 23 Stunden werde ich mit mir und der Dunkelheit allein sein.

Ich schaue in ein ganz kleines, schlicht eingerichtetes Zimmer mit einer gemütlichen Dachschräge. Rechts an der Wand das Bett, ein kleiner flacher Tisch direkt gegenüber, links neben dem Tisch ein heller Korbsessel und eine Matratze zwei Schritt vor mir auf dem Boden – das ist alles. Die Schlichtheit und Enge wirkt ernüchternd auf mich. *(Den Vorteil dieser schlichten Einrichtung für den Aufenthalt in der Dunkelheit kann ich momentan noch nicht sehen.)* Holger zeigt mir das Bad, das im Gegensatz zum Zimmer groß und geräumig wirkt. Badewanne, Toilette und Waschbecken, alles da, was ich brauche. Alle Fenster und Schlitze in den Räumen und auf dem Flur sind sorgfältig abgedunkelt.

Holger geht und kündigt an, dass er in einer halben Stunde wiederkommt, um das Licht auszuschalten. Ich schlucke bei dem Gedanken daran, habe aber keine Zeit, mich mit meinen Gefühlen zu befassen. Ich packe meine Waschsachen aus, ziehe mir bequeme Kleidung an und präge mir genauestens den Ort der Ablage meiner persönlichen Sachen ein. Außerdem stelle ich die Saftflaschen, Mineralstofftabletten und das Pulver für Brühe bereit, denn ich werde in den zwölf Tagen fasten.

Kaum bin ich fertig, steht Holger auch schon in der Tür. Oh Gott! Jetzt wird es ernst. Er erklärt mir, dass er die Sicherungen für das Licht rausdreht, damit ich nicht aus Versehen im Dunkeln an die Lichtschalter komme und das Licht einschalte. Mir wird ganz mulmig, keine Chance zum Schummeln! Als er gehen will, erzähle ich ihm von meiner Angst. Dass ich ihn am liebsten festhalten und nicht weglassen möchte und mich in diesem Moment wie ein kleines Kind fühle, das Schutz und Geborgenheit bei Papa sucht, verschweige ich ihm – kommt mir zu lächerlich vor. Er beruhigt mich und meint, das ginge jedem vorher so mit der Angst; sei man aber erst mal in der Dunkelheit, möchte man gar nicht mehr heraus. Ich nehme es hin, nach außen hin so gelassen wie möglich, es innerlich jedoch nicht so recht glaubend und mit aufkommenden Tränen und meiner Angst kämpfend. Am liebsten wäre ich auf der Stelle auf Nimmerwiedersehen in einem Mäuseloch verschwunden. Ich befinde mich in einem inneren Kampf zwischen Sofort-Gehen und Die-Sache-Abblasen einerseits und Bleiben und voller neugierig gespannter Erwartung auf die Erfahrung andererseits. Da ich mir ziemlich albern vorkäme, wenn ich jetzt vor Holger zu weinen anfinge, schlucke ich die Tränen „tapfer" runter und schweige. Holger verabschiedet sich und knipst das Licht aus – in dem Moment gibt etwas in mir auf, und ich füge mich in mein selbst gewähltes „Schicksal".

Sofort untersuche ich ziemlich hektisch meine Umgebung, rufe mir alles ins Gedächtnis zurück, was ich mir gemerkt hatte, prüfe, ob ich die Dinge wiederfinde. Dadurch werde ich innerlich ruhiger, alles ist an seinem Platz.

Da ich total k. o. bin, gehe ich gleich schlafen.

Alles, was im Folgenden geschieht, nehme ich mit einem Diktiergerät auf. Die Knöpfe am Gerät kenne ich schnell in- und auswendig. Wie leicht das im Dunkeln geht, hätte ich nie gedacht.

2. Tag – Unzufriedenheit

Mein Herz schlägt wild und laut gegen meine Brustwand. Ich fühle mich aufgedreht; der Kopf ist zugezogen und schmerzt. Die Augen tun weh und auf dem Klo war ich trotz Abführmittel auch noch nicht. Mir ist hundekalt. Wie geht es mir mit der Dunkelheit? Nun, meine Angst ist weg – oder verdränge ich sie nur? Egal, ich fühle sie jedenfalls nicht mehr. Jetzt finde ich es spannend, von der Dunkelheit umgeben zu sein. Alles, was ich tue, ist neu und anders. So muss ich mich bei jedem Vorhaben, z. B. etwas trinken, beim Laufen, vorwärts tasten.

Mit der Zeit weiß ich intuitiv sehr genau, wo sich meine Utensilien befinden. Ich handele ungewohnt achtsam und bin beim Laufen hochgradig präsent, um nirgendwo anzustoßen. Die pechschwarze Dunkelheit beansprucht all meine Aufmerksamkeit und schürt meine Spannung und Neugier auf „größere“ Erfahrungen.

Da ich absolut nichts sehe, wird mir bewusst, wie sehr ich mich vorher auf meine Augen verlassen habe. Ich vergleiche mich mit einem Blinden. Eine vollkommen andere Welt – zuvor unwichtige Dinge sind plötzlich bedeutsam, und die anderen Sinne, v. a. Tasten und Hören, treten eindrucksvoll in den Vordergrund. Meine Hände werden zu meinen Ersatzaugen, und am liebsten hätte ich riesige Ohren, um noch besser zu hören. Sie erscheinen mir einfach zu klein.

Meine ersten Tai-Chi-Übungen erweisen sich als unglaublich herausfordernd. Immer wieder habe ich das Gefühl, vollkommen falsch zu stehen – eine Kontrolle ist ausgeschlossen, da meine Augen fehlen. Fußspitzenkick? Aussichtslos, da ich das Gleichgewicht auf einem Bein nicht halten kann. Wie in meiner Anfängerzeit vor acht Jahren! Ich bin leicht angesäuert.

Da ich trotz der Schwierigkeiten mit ganz langsamen Bewegungen weitermache, um nirgendwo hart anzustoßen, komme ich tiefer in meinem Körper an und fühle ihn auf eine mir bislang unbekannte Weise. Der sehr kleine Raum, das fehlende Sehen und der durch die Dunkelheit veränderte Gleichgewichts- und Orientierungssinn lassen mich in eine andere Art von Aufmerksamkeit – hochgradig konzentriert und wacher als gewöhnlich – gleiten, die mich den äußeren Raum und zugleich den Körperinnenraum deutlicher wahrnehmen lässt. Ganz gesammelt im unteren Bauchraum spüre ich, wie von der Hüfte aus alle Bewegungen ihren Ausgangspunkt nehmen. Ich habe ein Aha-Erlebnis und weiß plötzlich, was mein chinesischer Tai-Chi-Lehrer meinte, wenn er auf das harmonische Zusammenspiel zwischen Hüfte, Armen und Beinen hinwies. Dass sich mir diese Aussage nie wirklich in ihrer Bedeutung erschlossen hatte, wird mir erst jetzt bewusst. Ich hatte sie nur vom Kopf her verstanden, aber nicht vom Inneren heraus. Spannend!

Wenig später grummle ich völlig unzufrieden vor mich hin. Mir wird deutlich bewusst, wie sehr ich hierher gekommen bin, um etwas zu erleben. Es fällt mir schwer, dieses Erleben-Wollen, diese Erwartungshaltung loszulassen. Ich erinnere mich, warum ich hier bin: um in der Dunkelheit zu erfahren, wer ich bin, was mich ausmacht, woher ich komme, wohin ich gehe. Ich möchte tiefer in das SEIN eintauchen.

Und nun werde ich gleich zu Beginn hart mit den beiden Seiten in mir konfrontiert. Einerseits denke ich: „So ein Mist, für das viele Geld sitzt du jetzt hier im Dunkeln rum und kannst nichts tun. Wärst du doch bloß nach Indien geflogen, da hättest du bestimmt mehr erlebt!“, anderseits ist zugleich das Bewusstsein da, dass alles, was ich anderes tun würde, nur eine Ablenkung wäre von dem, was IST. Nichts wollen, nichts erwarten, nichts begehren …, loslassen! Wie geht das nur?

Ich schätze, es ist nachmittags: Mein Herz schlägt wieder ruhiger; die Aufregung, die alles Neue begleitet, hat sich größtenteils gelegt. Der Kopf ist nach wie vor zugezogen und fängt regelrecht zu lärmen an, wenn ich das dicke, schwarze, schwere Tuch um den Kopf binde, das meine Augen vor dem Tageslicht schützt, wenn ich das Badfenster zum Lüften öffne.

Wie fühle ich mich? Wie bestellt und nicht abgeholt! Unzufriedenheit und Unmut füllen mich gänzlich aus. Ich kriege das mit dem Loslassen nicht hin! Wenn das die ganze Zeit so weitergeht, werde ich überhaupt keine tiefen Erfahrungen machen …

Nachdem mir klar wird, dass ich mir mit meiner Unzufriedenheit selbst im Weg stehe und schon wieder mitten drin bin im Wünschen, Wollen und Erwarten, rede ich mir selber gut zu: „Es ist doch erst der erste richtige

Dunkeltag. Versuche, einfach nur zu sein und die Zeit zu nutzen, um auszuruhen. Die Gedanken einfach kommen lassen, alles darf sein."

Die Konzentration für eine Meditation fällt schwer, und ich kann im Sitzen nicht tief in den Bauch hinunteratmen.

Die erste Gesprächsrunde mit Holger liegt hinter mir. Er hat mir viele Fragen gestellt, so z. B.: „Was ist das Ich? Was sind Gedanken? Woher kommen die?" Unsere Unterhaltung zieht noch einmal durch meinen Kopf und ich stelle fest, dass ich von dem, was er über das Ich erzählte, nichts behalten habe. Ich nehme mir vor, noch einmal nachzufragen.

[07/2010: Die ersten Gespräche hatte ich noch nicht aufgenommen; die Idee dazu kam mir erst später, als ich merkte, dass ich vieles von dem, was Holger sagte, nicht behalten konnte. Ich fand das schade, und da ich für mich die Erfahrungen und Gespräche später nachbearbeiten wollte, bat ich Holger um seine Zustimmung, die Sitzungen aufzeichnen zu dürfen.]

Die Gedanken kommen, wie ich Holger verstanden habe, aus dem Nichts, springen hoch wie Delfine, und ich solle versuchen, bevor der nächste Gedanke hochspringt, in die kleine Pause oder Lücke dazwischen einzutauchen – dann würde ich in eine andere Dimension kommen.

Weiter erklärte Holger, dass man in der Seelenwelt ganz real vorhanden und genau an dem Ort ist, wo man sich hindenkt. Man sei, was man denke. In der Seelenwelt gebe es weder Ort, Raum noch Zeit, deshalb könne die Seelenwelt nur ganz schwer mit normalen Worten beschrieben werden. Nach der Seelenebene käme die Geistwelt, die auch eine Realität sei. Es gebe also drei Ebenen – als Erstes den Körper, zweitens die seelische Welt und als dritte und höchste Ebene die geistige Welt.

Ich gehe ins Bett. Der „Tag" kam mir heute unendlich lang vor, als ob er 36 Stunden gehabt hätte.

Von einem Traum wache ich auf, gehe auf die Toilette und sehe überall Lichtstreifen, als ob sanftes Licht durch die Schlitze eines nicht vollständig heruntergelassenen Rollos scheint. Ich bin irritiert, die Streifen sind mir unklar.

In meinem Bett denke ich noch ein wenig über die Streifen nach und sinke dabei wieder in den Schlaf …

3. Tag – Die Maus auf dem Heuboden

Ich erwache mit einem klaren Kopf, fühle mich richtig gut und bin total euphorisch und voller Freude auf den „Dunkeltag".

Holger ist gerade gekommen, um mir Tee und heißes Wasser zu bringen; leise geht er wieder.

Erinnerungen tauchen auf, wie extrem mein Körper auf die ersten beiden Dunkeltage mit Spannung reagierte: Ich konnte nicht tief durchatmen, alles in mir fühlte sich eng an, und das Herz schlug schnell und stark gegen die Brustwand – alles körperliche Zeichen einer Angst, obwohl ich sie nicht fühlte. Sie ist mir nicht bewusst, doch mein Körper scheint es besser zu wissen. Wie muss es Menschen, v. a. Kindern, erst gehen, die gegen ihren Willen – als Strafmaßnahme – in dunkle Räume gesperrt werden? Ich bin ja freiwillig hier drin, wissend, dass ich jederzeit abbrechen kann. Das ist ein entscheidender Unterschied. Vor meinem inneren Auge tauchen Kriegsbilder auf. Ich sehe Menschen in Luftschutzbunkern sitzen, um sich vor Bombenangriffen zu schützen und bekomme eine Vorstellung davon, dass man vor Angst sterben kann.

Ich erzählte Holger gestern von meiner Angst vor dem Tod und von meinem Kindheitswunsch, berühmt zu sein, damit nach meinem Tod der Nachwelt etwas von mir erhalten bleibt und sich die Welt auch Jahrhunderte später noch an mich erinnert und ich nicht ganz „verloren oder vergessen" bin. So, wie heute über längst verstorbene Staatsoberhäupter, Goethe und Schiller geredet wird.

Holger meinte, das könnte auch karmisch bedingt sein, und die Angst vor dem Tod sei wie der Stachel im Fleisch, der mich dazu bewegen würde, mich tiefer damit zu beschäftigen, Leute zu heilen und Vorträge darüber zu halten. Dadurch könnte ich die Angst mit der Zeit auflösen, was sozusagen eine Lebensaufgabe für mich sei. Und wenn ich das gelöst habe, dann würde ich sterben …

Hhuuuu. Mich durchzieht ein grausiges Gefühl, ich schüttle mich, und alle meine Körperhaare stellen sich kerzengerade auf. Indem ich die Forschungen über den Tod durch Vorträge und andere Öffentlichkeitsarbeit weitergebe, würde lt. Holger nebenbei auch mein Berühmtheitswunsch erfüllt. Es sei Quatsch, das Berühmtsein-Wollen zu unterdrücken, sondern es müsse einfach gelebt werden.

Ich denke eher, dass der Berühmtheitswunsch aus der Angst vor dem Tod und dem Gedanken, dann **niemals** je wieder zu leben, seine Kraft zieht.

Ich setze mich zu einer Meditation. Die Atmung ist oberflächlich, der Körper angespannt, die Beine tun weh. Kurze Zeit später wird die Atmung schneller und flacher, das Herz immer aufgeregter und ich fange an zu schwitzen. Angstreaktion!? Ich rede mir gut zu, mich auf das erste und zweite Chakra konzentrierend: „Spannend, wie du reagierst. Bleib einfach dabei, egal, wie der Körper reagiert, und schau, wie es weitergeht!" Durch diese Gedanken werde ich ruhiger.

Ich stelle eine Flut an Gedanken fest, die mich pausenlos durchziehen. „O. k.", sage ich mir, „alle Gedanken dürfen sein, haben ihre Berechtigung, und ich mache einfach weiter." Die Gedankenflut bleibt jedoch, als ob sie mein Abtauchen in die Tiefe verhindern wolle.

Unglaublich, diese Schwierigkeiten! Ich fühle mich wie ein Anfänger, als ob ich noch nie meditiert hätte.

Durch weitere unbeirrbare Konzentration auf die Chakren komme ich beim vierten Chakra an, in meinem Herzen. *(Das Ankommen im Herzraum erinnerte mich an ein Seminar bei Bert Hellinger, wo es darum ging, der Mutter oder anderen wichtigen Personen einen Platz im Herzen zu geben.)*

Ich sehe, wie sich mein engster Familienkreis vor mir versammelt. Andächtig führe ich meine Eltern und Großeltern zu einem eigens für sie bestimmten Ehrenplatz in meinem Herzraum – ein Podest mit fein gewebtem Teppichbelag, auf dem geschwungene, mit rotem edlem Samt bezogene Lehnsessel platziert sind. Ein berührender Moment!

Den Großeltern väterlicherseits stelle ich meine Familie vor, da ich die beiden nie kennengelernt habe. Wie sehr sie sich freuen, uns sechs zu sehen! Wellen von Liebe und Zuneigung durchströmen mich …

Ich nehme alle Ahnen gleichzeitig in den Blick und bitte sie, freundlich auf mich und meine Familie zu schauen. Ein zustimmendes freudiges Nicken lässt mein Herz strömend warm und weit werden.

Aus dem Hintergrund kommt meine verstorbene Stiefmutter direkt auf mich zu. Diese Frau hat mir viel gegeben und ich habe sie als Zweit-Mutter sehr lieb gewonnen. Wir umarmen uns lange sehr innig und ich danke ihr noch einmal für die gemeinsame Zeit. Ich schaue in die große Runde, mich sehr bereichert und auf berührende und ganz neue Art und Weise wunderbar vollständig fühlend. Ich denke an meinen Mann – auch er ist in meinem Herzen, obwohl ich mich kürzlich von ihm trennte.

Nach einer Weile konzentriere ich mich auf das fünfte Chakra im Halsbereich und lande in meiner Klause im Himalaja, die ich schon aus früheren Meditationen kenne. In 4.000 Meter Höhe, vor dem Eingang meiner Höhle sitzend, schweift mein Blick über hohe, in amethystfarben strahlendes Blau eingerahmte goldene Berggipfel und tief eingeschnittene satt dunkelgrün schimmernde Täler. Ich genieße die Stille, die Weite und die erfrischende Klarheit der Luft.

Im Innern der Höhle befindet sich ein Gang, der in einer Rechtskurve nach oben geht. Ich komme an jene Stelle, an der eine Klappe den weiteren Weg versperrt. Seit zwei Jahren versuche ich sie zu öffnen, was mir jedoch nie gelang. Ich weiß: Wenn ich es schaffe, die Klappe zu öffnen, gelange ich in den nächsten Raum *(sechstes Chakra)*.

Ich untersuche die Klappe. Sie sieht anders aus als sonst … wie eine schwere Eisenfalltür, die ich mit einiger Kraftanstrengung bewegen kann. Ich kann es kaum glauben … Hurra!!!

Doch noch bevor ich sie öffne, schiebt sich eine geheimnisvoll klingende Frage in den Vordergrund: „Was verbirgt sich hinter der Eisenklappe?“ Ein beklemmendes Gefühl verdrängt die anfängliche Freude und mein Herz reagiert mit ein paar auffallend lauten und schnelleren Schlägen.

Eine plötzliche Erkenntnis trifft mich: Es war meine Angst, die in den vergangenen zwei Jahren verhindert hat, dass ich die Klappe öffnen kann. Ich bin baff.

Mit klammen Händen öffne ich langsam die Klappe und erblicke eine Treppe, die ich langsam und vorsichtig mit intensiv pochendem Herzen nach oben gehe. Ich komme auf einen riesengroßen Heuboden, dessen Wände aus alten dicken Holzlatten bestehen. Ein angenehmer Heugeruch zieht in meine Nase, den ich trotz starker Zugluft deutlich wahrnehme. Anderthalb Meter vor mir sitzt eine dunkelbraune Maus mit einem schwarzen Strich auf dem Rücken und schnabbelt an einer Kornähre herum – sie wirkt dick, zufrieden und glücklich. Ungefähr 15 Meter weiter liegen etliche Heuballen an der Holzwand; die gegenüberliegende Seite ist von dicken, großen, bis zur Decke hoch ordentlich gestapelten Strohballen verdeckt. Der Wind scheint mit den unzähligen Heufusseln auf dem Boden zu spielen und wedelt sie an den Seiten des Heubodens hin und her, während sich in der Mitte kunstvolle Kreise bilden. Einerseits ist es hier urgemütlich, aufgrund der kalten Zugluft jedoch zugleich sehr ungemütlich.

Ich frage die kleine Maus, warum sie so viel frisst. Sie meint, sie müsse sich Winterspeck anfressen, weil es im Winter hier kaum Futter zu fressen gäbe und es zudem furchtbar kalt wäre.

Ich schaue mich genauer um: Rechts von mir befindet sich ein weit offenstehendes großes Schiebetor. An der linken Wand klafft ein beträchtliches Loch – eine der großen Holzlatten ist kaputt. Auch die anderen Latten sind an mehreren Stellen undicht nebeneinandergesetzt, sodass der Wind durch die Ritzen ungehindert hereinblasen kann.

Ich frage die Maus, ob es ihr gut täte, wenn ich den Heuboden repariere. Sie meint, nein, denn dadurch gäbe es im Winter auch nicht mehr zu fressen. Daher müsse sie sich den Winterspeck jetzt schon anfressen, um den Winter gut zu überstehen.

Ich folge meinem Impuls, ihr Milch, Korn und Käse hinzustellen und Heu bereitzulegen, damit sie es kuschelig und warm hat. Nachdem ich alles fertig habe, wende ich mich wieder an sie: „Ist das o. k. für dich, Mäuschen?“

Da guckt mich die Maus mit ihren großen tiefschwarzen Kulleraugen längere Zeit ganz direkt an und geht kurz darauf weg. Ich deute es so, dass sie sich sicher fühlt und nicht mehr alles so „zur Vorsorge“ in sich hinein fressen muss.

[02/2010: Aus heutiger Sicht würde ich sagen, dass die Maus auf unbewusste Ängste hinweist, an die ich in der Dunkelheit tiefer herankam. („Am liebsten vor Angst im Mäuseloch zu verschwinden“, war ja mein Grundgefühl, bevor Holger das Licht ausknipste – in dem Moment fühlte ich mich auch nicht größer als eine Maus.) Die Aussagen der Maus sprechen dafür, dass ich mir in einem sehr frühen kindlichen oder auch vorgeburtlichen Stadium einer kontinuierlichen Versorgung und dauerhaften (emotionalen) Wärme nicht sicher war und deshalb etwas ändern („einen Vorrat anlegen“) wollte, um diesem Zustand möglichst weniger ausgesetzt zu sein, weil er als furchtbar empfunden wurde. Es geht um eine existenzielle Angst, denn die Maus weist immer wieder darauf hin, wie wichtig es ist, sich Winterspeck anzufressen, um die (emotionale)

Kälte und Hungerszeit zu überstehen. Indem ich mich der Maus liebevoll zuwandte, erhielt sie, was sie brauchte an Zuwendung, Nähe, Nestwärme (über das Heu), Genährt-Werden in Form des „Lieblingsfutters". Das Weggehen der großen Maus und (später) auch das Verschwinden der kleineren Mäuse zeigt m. E. die zunehmende Transformation der tief liegenden Ängste in mehr existenzielle Sicherheit an.]

Ich nehme mir vor, den Heuboden sauber zu machen, zu reparieren, aufzuräumen und gemütlich herzurichten. Mir gefällt es hier.

Wenig später habe ich die kaputte Latte repariert und schaue, an die Holzwand gelehnt, zu dem geöffneten Tor hinüber. Ich muss recht weit oben sein, denn außer grauem Himmel kann ich nichts weiter erkennen. Es ist ziemlich diesig und stürmisch draußen. Bei der Vorstellung, dichter an das Tor heranzutreten, zieht sich mein Magen zusammen. Heftiger Wind weht auf Kosten der Gemütlichkeit herein. Ich spüre den Wunsch aufsteigen, das Tor zu schließen.

Ängstlich gehe ich langsam auf das Tor zu und werfe aus zwei Metern Entfernung einen kurzen Blick nach unten – schwindelerregend! Der Wind streift hart mein Gesicht und meinen Körper.

Gedanken überschwemmen mich – „Ich könnte das Gleichgewicht verlieren und runterfallen, wenn ich noch näher herangehe …, … wenn der Wind mich zu fassen kriegt, zieht er mich raus" – und verstärken meine Angst. Das ist mir bewusst, ich kann sie jedoch nicht ausschalten. Die Gedanken und die daraus folgende Angst, die ich im Bauch als mulmiges Gefühl spüre, haben mich „im Griff".

Ich bleibe im Sicherheitsabstand zur Öffnung, gehe an das Rückteil vom Tor, stemme mich dagegen und versuche, es zuzuschieben. Der Wind pfeift laut um mich herum … brrrrr … ich bekomme das Tor trotz größter Kraftanstrengung nicht zu. Dann bleibt es eben erst mal offen.

Da es mir jedoch keine Ruhe lässt, schaue ich mir wenig später das Tor noch einmal näher an: Ein großes schweres Eisentor, das nach rechts aufgeschoben ist, ruht auf völlig eingerosteten Rollen. Da ich es erneut nicht schließen kann und es wegen des Windes so ungemütlich und mittlerweile auch kühler geworden ist, verlasse ich den Heuboden wieder. Ich schließe die Klappe und gehe den Weg zurück, sitze wieder in meiner Klause mit dem fantastischen Ausblick auf die Berge und fühle mich sauwohl. Der Ruf meiner Blase nach einer Toilette lässt mich die Meditation beenden.

Auf dem Rückweg von der Toilette ins Zimmer verliere ich die Orientierung und lande, in der Meinung, es gehe geradeaus, an der Wand. Im 45°-Winkel rechts von mir finde ich die gesuchte Badtür, und es dauert einige Zeit, bis ich mich neu orientiert habe. Selbst in dem kleinen Flur finde ich mich nur schwer zurecht.

Ich habe mich zum Meditieren ins Bett gelegt, um mich sowohl den Gedanken als auch den Lücken dazwischen zu widmen und zu schauen, woher sie kommen. Lange Zeit fokussiere ich vergeblich: Die Gedanken sind immer plötzlich schon da; ich kann sie nicht zu ihrem Ursprung zurückverfolgen.

Nach intensivierter Konzentration bekomme ich vereinzelte, von vorn auf mich zukommende Gedanken in den Blick. Sie sind von einer Hülle umgeben und erinnern mich an Seifenblasen. Ich schnappe mir jeweils den Gedanken, der mir am nächsten ist, und hefte ihn an die Zimmerdecke, damit er mich nicht weiter ablenkt. Als ich nach einer Weile nach oben schaue, muss ich lachen, denn die Decke sieht aus wie ein mit mindestens 50 Schröpfgläsern bedeckter Körper. Die in den Blasen steckenden Gedanken beschweren sich über ihre Gefangenschaft; wütend schlagen einige von innen gegen die Blasenwand.

Ich grinse triumphierend, gelassen und siegessicher zurück, da sie mich nicht mehr belästigen und ablenken können. Jetzt ist die Entscheidungskraft auf meiner Seite – ich kann entscheiden, ob und wann und wie lange ich mich mit ihnen beschäftige oder auch nicht. Ich kann, wenn ich meine Aufmerksamkeit auf die einzelnen Gläser richte, genau erkennen, welcher Gedanke darin gefangen ist. Es erstaunt mich, was sich da an verschiedenen Themen so alles angesammelt hat.

Kaum habe ich jedoch einen Gedanken an die Decke „geheftet", bin ich schon verfangen in einem nächsten. Der steht entweder einfach vor mir, oder ich bin sofort mit ihm verwickelt, durch ihn abgelenkt und weggetragen, ohne zu sehen, woher er kommt.

Es ist, als ob mir die Gedanken nicht erlauben wollen, frei von ihnen zu sein. Immer neue Gedanken kommen, die ich an die Decke hefte, jedoch bin ich nur für einen kurzen Moment frei, bis der nächste kommt, mich in sein Thema verwickelt und fortträgt. Es ist ein Kampf zwischen den Gedanken und mir – ich möchte frei sein und meine Ruhe haben, während die Gedanken versuchen, genau dies zu verhindern. Ich fühle mich bedrängt und belästigt, ohne eine Ahnung, wie ich das ändern kann. Es sind so viele!

Von irgendwoher taucht plötzlich ein dreidimensionaler Dinosaurierkopf auf. Ich schaue mir seine riesigen Zähne genauestens an – sie sind beeindruckend spitz und scharf. Unwillkürlich spreche ich den Dinosaurierkopf an: „Was hast du nur für große Zähne!" Der Kopf verschwindet und erscheint wenig später wieder. Ich finde das spannend und fühle mich in der gleichen Situation wie Rotkäppchen, das angstfrei mit dem bösen Wolf redet. Ich bekomme nur keine Antwort. Nach einiger Zeit verblasst der Kopf und verschwindet im Nichts.

Ich schaue noch einmal auf den Heuboden und hebe die Klappe gerade so weit an, dass ich mit dem Kopf und Oberkörper durchpasse. Mein kurzer Blick zum geöffneten Tor erfasst, dass es draußen regnet und stürmt. Halb auf der Treppe stehend und die Klappe mit meinem Rücken hochhaltend, fülle ich die Näpfe für das Mäuschen nach. Schon alles aufgefressen! Ich gieße frische Milch ein und lege ein extra dickes Stück Käse in die Schale. Danach schließe ich die Klappe wieder, da es mir zu ungemütlich ist.

Mir fallen immer wieder die Fahrräder ein, von denen Holger mir erzählt hat. *(Er hatte mal einen Mann in der Dunkeltherapie, dem zeigten sich tagelang Fahrräder, die von der Decke fielen. Der ganze Raum war schon voll, sodass er kaum noch laufen konnte und er wusste nicht, was er damit anfangen sollte. Ich konnte mich kaum halten vor Lachen, es war zu drollig, wie Holger das erzählte.)*

Es geht mir mit den Fahrrädern jetzt wie dem Mann, der beim Meditieren bloß nicht an Kamele denken sollte, da ihm sonst die Meditation nicht gelingen würde. So, wie dieser Mann freilich nur noch an Kamele dachte, gehen mir die Fahrräder nicht mehr aus dem Kopf. Anfangs fand ich die Fahrradstory sehr amüsant und musste wieder und wieder darüber lachen, bis mir die Tränen kamen. Jetzt jedoch, wo sich die Fahrräder in meinem Kopf so richtig eingenistet haben und ich sie nicht mehr loswerde, ist es sehr nervend! Ich komme mir echt bestraft vor, weil ich so über den Mann mit den Fahrrädern gelacht habe.

Ich liege nur faul herum. Ich glaube, so faul war ich noch nie in meinem ganzen Leben! Währenddessen gehen die Gedanken kreuz und quer, völlig sinn- und zusammenhangslos – dem einen Sohn die Haare schneiden, mit dem anderen über die Schule sprechen, mit einer Freundin philosophieren, meine Eltern, meine Tochter in Amerika … Alles taucht nur ganz kurz auf, dann gleich wieder ab, und ein neuer Gedanke kommt. So geht das eine lange Zeit.

Zwischen all den Gedanken erscheint direkt vor mir erneut ein dreidimensionaler Dinosaurierkopf, beträchtlich größer als der erste. Die gigantischen Zähne beeindrucken mich; sie sind so klar und nah zu sehen, als würde ich sie in einem Museum studieren. Wenn ich die Aufmerksamkeit auf einen bestimmten Zahn lenke, kommt dieser sofort näher herangezoomt, sodass ich ihn bis ins kleinste Detail studieren kann. Spannend! Ich bin ganz in die Betrachtung der Zähne versunken. Sie strahlen in ihrer immensen Größe Erhabenheit, Macht, Kraft und Stärke aus. Obwohl sie auch Furcht einflößend sein können und ich ihnen geradezu ehrfürchtig Respekt zolle, lösen sie keine Angst in mir aus, da mir trotz ihres lebendigen und realen Aussehens ihr Bildcharakter zugleich sehr bewusst ist.

Eine bunte Blume, deren Namen ich nicht kenne, löst den Dino-Kopf ab, gefolgt von weißlich leuchtenden Sternchen. Es ist, als säße ich im Kino. Am Ende des Films tauchen erneut Gedanken auf, hin und her, zusammenhangslos. Ich bin müde.

Beim Tai Chi verliere ich zu meiner Verwunderung noch immer schnell das Gleichgewicht. Es braucht meine volle Sammlung im Körper, um überhaupt im Stand bleiben zu können. Diese Situation zwingt mich in eine um ein Vielfaches erhöhte Form von konzentrierter Aufmerksamkeit, wie ich sie sonst beim Üben nie aufzubringen brauchte. Bislang dachte ich, eine wache Aufmerksamkeit und die Konzentration bereits gut im Körper und in der Hüfte zu haben. Im Nachhinein betrachtet waren das jedoch nicht mal 50 % dessen gewesen, was ich jetzt empfinde. Weder war es eine hohe Aufmerksamkeit noch war ich gut **im** Körper.

Nach dem Tai Chi stärke ich mich mit lecker schmeckendem Kamillentee. Der Körper fühlt sich ganz und gar locker an; ich spüre überall ein starkes, warmes Strömen.

Zur Abwechslung werde ich mal wieder meditieren. Sekunden später muss ich lachen über diese Gedanken, denn mir scheint, ich würde die ganze Zeit nichts anderes tun, als genau das.

Ich sitze im halben Lotussitz, fühle mich vollkommen zufrieden, vermisse absolut nichts und tauche ab in meine Innenwelt … Mein Herz schlägt schnell, als ob es Angst hat …, oder? Ich weiß es nicht. Ich nehme eine innere Aufregung wahr, als ob irgendetwas bevorsteht. Gleichwohl fließt die Atmung ruhig und tief in den weichen, lockeren Bauch hinunter.

Ich öffne die Luke zum Heuboden und schaue direkt auf das Mäuschen. Sie knabbert an dem dicken Käse, den sie zwischen ihren Pfötchen hält. Es schmeckt ihr sichtlich gut. Die Milch ist bis auf wenige Tropfen ausgetrunken.

Es hat durch das offene Eisentor hereingeschneit. Der Schnee glitzert in reinstem Weiß – ich fege ihn mit einem Besen hinaus. Mich schaudert ob der Tiefe, in die ich ihn fallen höre …

Danach entferne ich, so gut es geht, den Rost von den Rollen der Schiebetür und öle sie ein. Ich löse den dicken, schweren Eisenhaken, der das Tor sichert, und versuche erneut, es zu schließen. Dabei riskiere ich einen flüchtigen Blick nach draußen und sehe dichten weißen Nebel. Laut quietschend schiebe ich das Tor langsam zu und stehe auf einmal völlig im Dunkeln. Daher öffne ich es wieder einen Spalt breit, um nach Fenstern zu suchen. Auf der linken Seite sehe ich zwei geschlossene Fensterläden – mit einem Vorhang voller Spinnweben, als ob hier seit Jahrhunderten niemand mehr war.

Der Heuboden ist ca. 30 Meter lang und 15 bis 20 Meter breit. Ich fege die Heufusseln am Boden zusammen und die Spinnweben vom Holz, öffne die Fensterläden und schiebe das Tor vollständig zu. Wie gemütlich jetzt!

Körperlich macht es sich bemerkbar, dass ich hier nur herumsitze oder liege. Beim Tai Chi schwitze ich schnell, und mit Mühe und Not schaffe ich 20 Liegestütze. Danach bin ich völlig k. o.

Alles, was ich in diesem unkonventionellen „Kino“ zu sehen bekomme (Punkte, Stäbchen, Blume, Drachenkopf …), schaue ich mit geöffneten wie mit geschlossenen Augen, ohne Unterschied. Immer online. Das ist mir neu.

Gespräch mit Holger

Beim heutigen Abendgespräch hat Holger viele spannende Dinge erzählt, zu viel, um alles zu behalten.

Er meinte, Materie sei geronnener Geist und Seele sei alles, was du gedacht und gefühlt hast. Dies würde übrig bleiben, wenn der Körper gestorben ist. Holger sagte zu Seele „Plasma“, und dieses Plasma sei ein offenes System und mit allem verbunden.

Ich erinnere weiter von seinen Erklärungen, dass das Seelenreich die Hölle sei, weil man im Seelenreich **das sei**, wie zu Lebzeiten gedacht und gefühlt worden sei. Im Moment des Sterbens würde man durch einen Tunnel gehen. Kurz davor gäbe es einen Rückblick über das gesamte Leben, wodurch dieses plötzlich verstehbar sei: Warum du umgebracht oder verprügelt wurdest oder warum du diese oder jene Entscheidung getroffen hattest. Du würdest erkennen, dass alles in deinem Leben einen Sinn hatte und wie sich die einzelnen Lebenssituationen aus den vorangegangenen ergeben haben. Durch dieses Erkennen könne sich Hass, Wut, Angst oder Traurigkeit wandeln und der Frust auf den anderen auflösen, weil du genau verständest, warum er dir etwas antat oder warum du bestimmte Dinge getan hast oder warum sich auch unschöne Dinge für dich oder den anderen ereigneten. Du verständest, dass alles Erlebte mit dir zusammenhängt und nichts ein „Zufall“ war. Alles, was du als Lebender gedacht oder getan hast – aus falschen Überlegungen oder Überzeugungen heraus –, komme wieder auf dich zu, wenn du gestorben bist, und deshalb sei das Seelenreich die Hölle. Nach dem Lebensrückblick gehest du dann in das geistige Reich ein.

Das Wort „Hölle“ leitet sich lt. Holger von dem griechischen Wort „Hel“ ab. Hel sei ein Zustand von Dämmerlicht, ähnlich der Morgen- und Abenddämmerung. Wenn jemand erzähle, er habe etwas erlebt, das von einem Gefühl der Nebeligkeit und Diesigkeit draußen begleitet war, dann weiß Holger, dass derjenige im Begriff sei, diese Dimension zu verlassen. Gleiches würde gelten, wenn von Wasser (Fluss, Strömung, See etc.) berichtet würde. Das sei auch ein Hinweis für den Übergang; man solle dann achtgeben und wissen, dass die Person im Begriff sei, ins Totenreich zu gehen. Laut Holger hat die Seele den Körper dann schon verlassen.

Ich frage mich: Wie kann ein Mensch berichten, wenn er doch gar nicht mehr in seinem Körper ist? Den Körper zu verlassen, heißt für mich, tot zu sein. Mein Verstand produziert ein Knäuel von Fragezeichen.

Laut Holger gibt es drei Möglichkeiten, eine Gotteserfahrung zu machen:

1. über ein Nahtoderlebnis,
2. über Meditation,
3. spontan.

Nur ganz wenige Personen hätten eine wirklich mediale Begabung. Oft sei es der einfache Bauer oder Bürger von nebenan, der auf einem bestimmten Gebiet medial ist. Diese Menschen würden meist nur ein, zwei oder drei Richtungen haben, in denen sie medial sind, z. B. der Bauer, der die frische Kuhmilch in einer bestimmten Weise umrührt, sodass sie nicht sauer wird. Holger meint, es gäbe nur eine Handvoll Menschen, die rundum medial begabt sind.

Holger fand es gut, dass ich heute so faul war, denn Faulheit sei der beste Weg zur Seele. Am Ende der Sitzung ließ er eine gefühlte halbe Stunde lang seinen großen Gong, der zwei Etagen unter mir im Flur steht, erklingen. Es war berauschend schön, dem Gesang der Töne zu lauschen. Nach einiger Zeit sah ich mit jedem Schlag einen weißen spiralartigen Lichtkreis, der immer wieder verblasste, um mit dem nächsten Gong erneut kraftvoll aufzuleuchten, als gäbe es da einen Zusammenhang. Ich folgte dem An- und Abschwellen der Töne mit voller Aufmerksamkeit und war ganz in deren Beobachtung versunken, bis der letzte Ton so leise verhallt war, dass er sich aus meinem Wahrnehmungsbereich ausklinkte.

Nach den Klängen fiel ich in einen wohligen Schlaf und wachte von folgendem Traum auf:

Ich bin mit noch jemandem auf einer Ausbildungstour und wir sind auf dem Heimweg. Das gerufene Taxi kommt sofort. Es sollte uns nach Berlin-Adlershof fahren, wo ich wohne *(vom 10. bis zum 14. Lebensjahr lebte ich wirklich dort)*. Plötzlich ändert sich die Szene und ich stehe vor meinem Postauto. Meine Frau macht sich über irgendetwas lustig und meint, ich sei doch blöd. Es fängt an, riesig große Regentropfen zu regnen, als würden

Steine vom Himmel fallen. Ich nehme meine Frau am Arm und renne mit ihr unter ein Schutzdach. In Sicherheit angekommen, rege ich mich fürchterlich auf und sage ihr, wenn sie zu mir noch mal so was sagt, dann lasse ich mich scheiden. Woraufhin sie völlig ausklinkt und zu weinen beginnt. Ich wache auf.

Mir wird bewusst, dass ich die Worte „dann lasse ich mich scheiden“ zu einer Frau sagte, zu meiner Frau! Eigenartig ... – dann muss ich ja wohl ein Mann sein. Ich bin sehr verwundert und für einen Moment unklar über mein Geschlecht.

4. Tag – Sexuelle Dämonen

Es ist wunderschön, wieder ins Bett zu krauchen, bin echt lustlos und faul. Ein Flackern in den Augen, ähnlich dem einer Kerze, mal links, mal rechts, dann wieder beiderseits. Irgendwann ringe ich mir 30 Liegestütze und 28 Kniebeuge ab und bin restlos erschöpft danach.

Ich meditiere und gleite in unermessliche Tiefen. Die Gedankenschicht liegt weit über mir und belästigt mich nicht mehr. Je tiefer ich sinke, umso mehr fühle ich eine unbestimmte Angst. Mein Herz drängt sich laut gegen die Brustwand hämmernd in den Vordergrund, die Atmung ist flach ...

Ich spüre Energie vom untersten Chakra in der Wirbelsäule nach oben steigen. Als sie den Nacken erreicht, sinke ich um eine weitere Ebene abwärts, als ob ein Fahrstuhl eine Etage tiefer fährt, was das Herzklopfen verstärkt und die Atmung weiter abflacht. Ich bin in einem unbekannten Bereich ungeheuerlicher Tiefe und konzentriere mich weiter intensiv auf die Atmung, um mit der Angst besser sein zu können ...

Währenddessen streckt sich meine Wirbelsäule ohne mein Zutun. Jeder einzelne Wirbel richtet sich, teilweise laut knackend, kerzengerade auf, sodass die gesamte Wirbelsäule eine vollkommen gerade Linie ergibt. Als ob der Körper sein eigenes Ding macht und alle Wirbel eigenständig die Entscheidung getroffen haben, in Vollkommenheit ausgerichtet zu stehen.

Später nehme ich den Körper wie eine Hülle wahr und habe das Gefühl, nur noch im obersten Schädelbereich direkt unter der Schädeldecke zu sein. Nach einiger Zeit tauchen in der Stirn leichte Kopfschmerzen auf, während sich die Schmerzen in den Knien und in der Hüfte vollständig auflösen. Die Wirbelsäule fühlt sich gänzlich frei an und strahlt Wärme in den gesamten Körper aus.

Nach und nach verschwindet auch die „Körperhülle", bis auf das Herz und den Atem. Als ob das Herz ohne Körper schlägt und die Atmung ohne Körper atmet. Diese beiden Signale sagen meinem Verstand, dass der Körper noch da sein muss.

Nach stundenlanger Meditation vibriert, rauscht und strömt pure Energie in unbeschreiblicher Lebendigkeit durch alle wahrnehmbaren Schichten meines Seins, was sehr anregend ist. Gegen den immer stärker werdenden Wunsch, den sexuellen Gefühlen nachzugeben, kämpfe ich an. Ich weiß, dass, wenn ich nachgebe, der Orgasmus mich zwar in den siebten Himmel befördert, nach einem kurzen Moment jedoch alles vorbei und die Energie raus ist. Da ich möchte, dass mir die Energie für geistige Prozesse zur Verfügung steht, fokussiere ich auf diesen Gedanken, wodurch sich die Lustgefühle beruhigen, was jedoch meine äußerste Konzentrations- und Willenskraft braucht. Lasse ich mit dem gedanklichen Fokus, meiner Konzentration und meinem Willen auch nur wenig nach, stehen die sexuellen Gedanken und Wünsche sofort wieder „auf der Matte". Als ob sie nur darauf warten, dass meine Konzentration erschöpft und mein Wille zermürbt ist. Jetzt weiß ich, was Dämonen sind!

Ich lenke mich mit Gemüsesuppetrinken ab und setze mich danach wieder auf mein Meditationskissen. Da ich noch immer in einem sehr tiefen Zustand bin, setzt sich die vorherige Meditation nahtlos fort, als hätte es gar keine Unterbrechung gegeben – keinerlei Gedanken, die die Stille stören. Ich fühle mich sehr, sehr zentriert …

Während ich noch tiefer tauche, verschwindet allmählich der Fußboden und ein bodenloser schwarzer Abgrund tut sich auf. Wenn Holger jetzt käme, könnte er nicht bis zu mir laufen. Nur der Platz, auf dem ich sitze, und die Wand links neben mir sind noch vorhanden …

Ich schaue in das satte, brillante Schwarz der vor und rechts von mir aufscheinenden grenzenlosen Tiefe. Meine Atmung ist universal tief und ruhig, mit sehr ausgedehnten Pausen nach unendlich langsamer und umfassend tiefer Ausatmung. In meinem Kopf ist es hell, als würde eine Glühlampe brennen; Sternchen und Punkte flimmern bisweilen auf.

Sexuelle Energie – und mit ihr einhergehende heiß begehrende Lust – drängt sich mit eindrucksvoller Kraft in den Vordergrund. Ich versuche, sie in die Wirbelsäule umzuleiten, damit sie nach oben strömen kann. Wohligste Wärme steigt langsam im Rücken auf. Unablässig fokussiere ich auf die Atmung, wodurch Trieb und Lust verschwinden.

Kaum wird mir bewusst, den Trieb besiegt zu haben – zumindest für ein paar Minuten –, und erfüllt mich diese Erkenntnis mit Freude und einem Siegesgefühl, bringt er mich auch schon wieder in Versuchung. Ein faszinierendes Wechselspiel. Über höchste Konzentration kann der Dämon vertrieben werden. Ich darf mich nur nicht einlassen auf die sexuellen Gedanken und Vorstellungen und schon gar nicht auf das körperliche Lustgefühl. Gelingt mir dies, verschwinden die sexuellen Gedanken und mit ihnen die körperliche Lust. Aber es ist ein schwerer Kampf. Wer ist stärker? Wer hat den längeren Atem? Wer kämpft da eigentlich? „Ich" gegen den Trieb. Wer oder was ist denn dieses „Ich"? Bewusstsein. Trieb und Bewusstsein sind also getrennte Dinge. Verrückt. Habe ich noch nie so wahrgenommen.

[02/2010: Sexuelle Gedanken gehen mit sexuellen Vorstellungen einher und lösen sexuelle Gefühle aus, die wiederum zu unmittelbaren Körperreaktionen führen. Es geht also weniger darum, „wer gegen wen kämpft", sondern darum, in welchem Maße mir diese Zusammenhänge bewusst sind und welcher Grad an Gedankenbeherrschung erreicht ist, d. h. inwieweit ich frei bin in meiner Entscheidung, mich auf sie einzulassen oder nicht.]

Ich bin von Wärme erfüllt. Bei der Ausatmung fließt die Luft gleich einem stetig ruhig fließenden Wasser anhaltend aus mir heraus, so lang, als würden mehrere normale Atemzüge zusammenfallen. Wo kommt nur die ganze Atemluft her? Ich bin über die Länge der Ausatmung sehr erstaunt. Als ob sie gar nicht aufhört … Der Atem fließt unendlich lang aus mir heraus … ganz langsam … als ob sich ein volles Gefäß langsam bis auf den Grund entleert …

Die nach der Ausatmung folgende Pause dauert lange … sehr lange … Es verlangt mich nicht nach Einatmung … Ruhe … Stille … SEIN …

Irgendwann bewertet der Verstand die Pausenlänge als „gefährlich". Sofort taucht Angst auf, mein Herz fängt wild an zu klopfen. Ich schnappe in mehreren schnellen Atemzügen nach Luft, als ob ich nach einem tiefen Tauchgang endlich wieder an die Wasseroberfläche komme …

[07/2010: Die Wertung „gefährlich" basierte auf den Gedanken „Jetzt musst du aber Luft holen, sonst nimmt dein Gehirn Schaden aufgrund des Sauerstoffmangels und du könntest sterben!" Ich hatte mich dieser Lehrmeinung gefügt, weil sie Angst in mir auslöste. Aber wäre ich wirklich gestorben oder habe ich mich hier um die Möglichkeit einer sehr tiefen Erfahrung gebracht? Wie wäre es weitergegangen, wenn diese Gedanken nicht aufgekommen wären? Ich habe über Yogis gelesen, die über Stunden, Tage, sogar Wochen ohne Luft auskommen – ist das nicht ein Hinweis, dass dies weder zum Tod noch zum Gehirnschaden führen muss?]

Es wird zunehmend schwieriger, mich auf die Atmung zu konzentrieren. Aufdringlich wie Schmeißfliegen kommen die sexuellen Gedanken und Vorstellungen wieder und wieder und stürzen sich regelrecht wie Furien auf mich. *(Die „Furien" sind Spiegel für den verdrängten Wunsch.)* Die gewaltige Lust überwältigt mich, ich kann ihr nicht mehr standhalten, kann das Verlangen nicht mehr verdrängen – oder will ich es nicht mehr? Will ich mich überwältigen lassen? Ja! Es ist viel einfacher, nachzugeben.

Ich schwebe … trunken vor Freude und Erfüllung … kaum beschreibbar … abgehoben … starkes Strömen und Fließen im ganzen Körper … sehr warm … heiß … Schwitzen … Rauschzustand …

Später überfällt mich eine dumpfe Trägheit und Schwere. Kopfschmerzen tauchen im Stirnbereich und in der Mitte der Schädeldecke auf. Gleichzeitig fühle ich mich „sauwohl", erschöpft und zutiefst zufrieden. Weiterhin ein intensives, lebhaftes Prickeln im gesamten Körper … die Empfindung, an eine Starkstromleitung angeschlossen zu sein … Es strömt …

Mir scheint, ich liege seit Stunden im Bett. Ich fühle mich müde und schlapp, wie eine Trantüte. Würde am liebsten weiter einfach nur herumliegen. Aber ich werde jetzt ein wenig trinken *(obwohl ich keinen Durst habe)*, Toilette ist auch wieder dran und Holger wird wohl auch bald kommen.

[02/2010: „Wie eine Trantüte" ist nach dem IH-Modell (S. 27) eine Wertung seitens der PP-Energie, die das Gefühl des Schlappseins und der Müdigkeit negativ bewertet (faul, träge, zu langsam) und erwartet, dass dies nicht so zu sein hat. In Anpassung an diese unbewusst verinnerlichten elterlichen Negativbotschaften werde ich aktiv (stehe auf, trinke etwas, gehe zur Toilette, raffe mich zu einer erneuten Meditation auf), um nicht als „Trantüte" oder „faul" abgestempelt zu werden, obwohl es nicht mein

Bedürfnis war und ich viel lieber liegen geblieben wäre. Diese Diskrepanz zwischen Liegen-bleiben-Wollen und dem Zwang, etwas tun oder machen zu „müssen", zeigt sich noch an mehreren Stellen, auf die ich aber nicht weiter eingehe.]

Nach Brühe und Tee raffe ich mich zu einer weiteren Meditation auf. Die frische Luft tut gut, die durch das geöffnete Badfenster hereinkommt. Während meiner Konzentration stattet mir ein Brummer einen Besuch ab. Spontan begrüße ich ihn freudig: „Hallo, guten Tag! Schön, dass du da bist." Aufmerksam verfolge ich ihn mit verbundenen Augen, tauche ein in seine Energie, die einigen Wirbel im Raum zwischen uns verursacht. Es klingt, als wäre er riesig. Ich lausche andächtig den unterschiedlichen Tönen in seinem Brummen, bis er durch die Badluke meine Gemächer wieder verlässt. Das war ein netter Besuch. Danke!

Ich wende meine konzentrierte Bewusstheit wieder nach innen und stelle erschrocken fest, dass die Energie, die vom Steiß aus in der Wirbelsäule nach oben fließt, jetzt im Gegensatz zu vorher (stark, kräftig, leicht fließend) lediglich noch ein dünner, mickriger Strahl ist, der sich mental nur mit Mühe nach oben leiten lässt. Ich hatte nicht erwartet, dass die durch den Orgasmus eingetretene Energieentladung so deutlich spürbar sein würde.

Ich hatte darüber gelesen und rein rational machte es Sinn, dass sich am höchsten Punkt der Lust Energie entlädt, doch hatte ich nie darüber nachgedacht, ob hinter solch nüchtern-theoretischen Feststellungen auch Erfahrungen stehen könnten. Nun weiß ich, dass an der Aussage was dran ist, zumindest bringe ich diesen Unterschied damit in Verbindung.

Meine Tai-Chi-Bewegungen sind heute deutlich sicherer; ich kann auf einem Bein stehend den Fußspitzenkick ausführen. Mein Herz macht ein paar Freudensprünge.

Kreative Energie lässt mich mit viel Spaß einen Kopfstand machen. Die Gammelphase und die Lustlosigkeit vom Nachmittag scheinen vorbei zu sein.

Holger macht mir gerade frischen Tee und heißes Wasser – ich freue mich auf die bevorstehende Unterhaltung.

Gespräch mit Holger

Holger sagt, die Seele umfasse Gefühle und Gedanken und diese seien auch Energie. Gedanken und Gefühle bestimmen den Energiefluss. Wenn der Geist unruhig werde, entstehen Gedanken, Gefühle und das Ich.

Auf meine Frage, was das „Ich" sei, erklärt Holger, dass Seele und Geist identisch seien. Ich bin verwirrt über die Antwort, auch wegen der vielen Begriffe für ein und dasselbe.

„Wir sprechen doch von Körper, Geist und Seele, wie können Geist und Seele da identisch sein?", frage ich und versuche ernsthaft, Holgers Gedankengängen zu folgen, was mir nur teilweise gelingt.

Ich fasse laut zusammen, was ich verstanden habe, um ihm die Möglichkeit zu geben, mich zu korrigieren: „Am Anfang ist reiner Geist, wenn der sich verdunkelt, dann sind wir Seele, und wenn es noch dunkler wird, geht die Seele in den Körper." Holger bestätigt das, aber für mich sind es nur Sätze, wirklich verstanden habe ich sie nicht.

Dämonen

Wir kommen auf Dämonen zu sprechen. Laut Holger sind das real existierende Wesen, die nie irdisch inkarnieren und von Energie leben. Sie würden sich auf verschiedenste Art und Weise darstellen – z. B. Angst einflößend, erotisch, schrecklich – und sich sehr subtil in unsere Gedanken und Gefühle einschleichen. Deswegen gäbe es bei der Meditation auch immer die verschiedensten Versuchungen, z. B. erotischer Art oder ein Gefühl der Müdigkeit oder des Krankseins usw., um nicht weiterzukommen. Diese Versuchungen wären so stark, dass es unheimlich schwer sei, sich dagegen zu wehren. Absolute Willenskraft und die Beherrschung der Gefühle und Gedanken seien notwendig, um stärker als die Dämonen zu sein.

Ich weiß, wovon er redet, habe ich doch die erotische Art gerade sehr eindrucksvoll kennengelernt. Vielleicht waren meine Müdigkeit und Faulheit ja auch nichts anderes als Dämonen?

Die Todesreise Sterbender

Holger lenkt das Gespräch erneut auf das Thema „Sterben“ und die Todesreise. Ich lausche seiner bildlichen Beschreibung, wonach der Sterbende in einen Nebel und nach dem Durchschreiten dessen an den Totenfluss komme. In diesem würden Tote schwimmen, die ein Bild des Jammers abgeben und um Hilfe schreien. Nach Holger gibt es verschiedene symbolisierte Möglichkeiten, über diesen Fluss zu kommen: durch Überfliegen, das Erscheinen einer Brücke oder durch direktes Überqueren des Flusses, wobei die letzte die unangenehmste Variante wäre. Auf der anderen Fluss-Seite würde der Tunnel kommen, durch den der Sterbende in das geistige Reich gelange, wo Licht, Liebe und universales Wissen sei. In der Regel würden sich die Seelen dort nicht lange halten können und nach einer gewissen Zeit wieder zurück in das seelische Reich fallen. Es gibt, so Holger, auch noch die Variante, mit dem Nebel gleich im seelischen Reich zu sein. In diesem Seelenreich können die toten Verwandten auftreten, und hier würden auch die Dämonen, Feen und Alpen (Elfen) existieren. Dies seien alles Energieformen, die im Seelenreich real leben.

Weiter, so Holger, sei das Seelenreich keine Spielwiese und aufgrund der Dämonen, die einen Lebenden ziemlich schnell gefangen nehmen können, nicht ganz ungefährlich – „gefangen“ in dem Sinne, dass sie mit dir herumspielen oder dich erschrecken oder schlimmstenfalls deine Energie aussaugen; in dem Fall wäre das der sichere Tod.

Kundalini-Meditation

Ich wechsle das Thema und frage Holger nach der Durchführung der Kundalini-Meditation. Er meint, ich solle die Energie aus den verschiedenen Körperteilen im Afterbereich sammeln, dann würde sich, wenn genug Energie gesammelt sei, die Aftermuskulatur spontan zusammenziehen und dabei die Energie in die Wirbelsäule drücken. Dabei könnten all die Phänomene auftreten, die auch der Yogi Muktananda beschrieben hat. Mit ein wenig mentaler Kraft ließe sich die ganze Energie nach oben zum Herzchakra ziehen. Ich könne sie auch bis zum Scheitelchakra weiterleiten, was noch mehr Phänomene verursache. Holger findet, dass Muktananda die körperlichen Phänomene übertrieben bewertet habe und man nichts darauf geben solle, sie wären halt interessant, mehr aber nicht, einfach völlig normal.

Holger ist gegangen. Das Thema „Dämonen" löst jetzt, wo ich in der Dunkelheit wieder allein bin, Angst aus. Ich möchte einerseits das Seelenreich näher erkunden, will andererseits jedoch keinen Dämonen begegnen.

Um mich von der Angst abzulenken, fliehe ich in Tai-Chi-Übungen, ein heißes Bad sowie Haarewaschen und Haaretrocknen.

Ich entdecke, welch spannendes Puzzlespiel es ist, den Föhnstecker mit aller Aufmerksamkeit in die Steckdose zu stecken! Im Alltag vollkommen unbeachtet, kommt dies in der Dunkelheit einem aufregenden Abenteuer gleich. *(Ich spürte, wie wichtig Abwechslung ist, wie sie mich wieder lebendiger fühlen ließ – für Langzeitisolierte m. E. nach ein wesentlicher Fakt, um seelisch stabil zu bleiben oder auch wieder zu werden.)* Ich bin voll und ganz bei der Sache und sehr bewusst in meinem Tun. Welche Freude solche einfachen Tätigkeiten auslösen können …

5. Tag – Visualisationsreise in das Totenreich

Ich habe sehr wenig, aber gut geschlafen, von Familienaufstellungen geträumt, fühle mich rundum wohl und spüre großen Tatendrang in mir – ich könnte Bäume ausreißen. Werde jetzt mein Frühstück trinken und dann meditieren …

Entsprechend Holgers Hinweisen versuche ich lange Zeit, Energie im Afterbereich zu sammeln. Doch außer einem Kribbeln und Druckgefühl in der Umgebung des Schließmuskels nehme ich keine weiteren körperlichen Reaktionen wahr.

Nach einer kurzen Trinkpause meditiere ich weiter. Die Sitzhaltung im halben Lotussitz fühlt sich so normal an, als säße ich auf einem Stuhl. Nach mehreren Stunden unbeirrter höchster Konzentration auf das erste Chakra kommt der Körper in eine äußerst heftige sexuelle Erregung. Er vibriert, als bestünde er nur aus reiner wogender Energie … ein einziges

Strömen … bebender, lebendiger Energiefluss … ich lege mich hin … sacke in tiefere Bewusstseinsschichten ab … bin direkt vor Ort im Bereich des ersten Chakras und in höchstem Maße entschlossen, es nicht zu einem Orgasmus kommen zu lassen.

Eine breite kraftvolle Energiewoge fließt aus Richtung der Geschlechtsorgane auf mich zu und erreicht mich binnen Sekunden. Sie strömt, gleich einer anmutig geschwungenen Surfwelle, über mich hinweg, bis ich vollkommen unter „Wasser" bin. Ich drohe von ihr weggeschwemmt zu werden und fühle für den Bruchteil einer Sekunde nackte Angst, habe aber weder Zeit, mich darauf einzulassen, noch Zeit, um nachzudenken, was ich tun könnte. Spontan leite ich den Energiestrom in Richtung Steißbeinspitze um, mich dabei wie ein Verkehrspolizist fühlend – den linken Arm nach vorn und den rechten seitlich ausstreckt, den ununterbrochenen Fluss umleitend.

Im Moment der höchsten Erregung kommt es – statt der üblichen Entladung – zu einer „umgekehrten Presswehe", die sich täuschend ähnlich denen bei der Geburt anfühlt: genauso spontan, überraschend und gänzlich autonom, nur die Richtung ist genau andersherum – statt heraus- wird „etwas" in mich hineingepresst. Die Schließmuskeln im Bereich des ersten Chakras (vaginal und im Afterbereich) kontrahieren mit größter Bestimmtheit, als wollten sie Urinfluss und Stuhlgang um jeden Preis verhindern. Ich höre ein lautes Geräusch, analog einem „Geschoss", das mit hohem Druck das Blasrohr verlässt. Im gleichen Moment wird in Steißbeinhöhe ein dicker „Pfropfen" durch eine Membran nach innen in die Wirbelsäule gepresst, der infolge der Druckwelle mit immenser Kraft wie ein Blitz innerhalb der Wirbelsäule hinauf bis zur Mitte der Schulterblätter schießt. *(Die „Membran" wirkt wie ein dickes, gut verschlossenes Tor und ist der Eingang zum Wirbelsäulenkanal. Sie befindet sich nach meiner Erfahrung vor dem letzten Steißbeinwirbel bzw. direkt über dem After, ein Stück nach innen in den Körper hinein.)*

Ich fühle mich, als sei mir ein langer glühend heißer Draht in den Wirbelsäulenkanal geschossen worden, dessen Hitze sich schnell im gesamten Körper ausbreitet. Plötzlich ist der Kampf vorbei, die sexuelle Erregung ist schlagartig abgeflaut. Wohltuende Ruhe und tiefste Stille breiten sich in mir aus. Zugleich ein starkes Strömen und Fließen im Körper, unendliche Weite, himmlische Glückseligkeit, tiefste Dankbarkeit, erhabenste Ergriffenheit …

Die Intensität der Hitze beeindruckt mich zutiefst. Ich spüre lange Zeit dem Geschehen in mir nach, fühle mich außerordentlich wach, munter, frisch und euphorisch und könnte die ganze Welt umarmen. Dieses Erlebnis ist ein großes Geschenk!

Ich will eine außerkörperliche Erfahrung machen und lege mich zum Meditieren hin. Schnell gleite ich in mir nach unten … auf Herzhöhe … in den Raum der Stille. Eine beeindruckend große dreidimensionale Hand taucht aus der Tiefe des Nichts vor mir auf, als ob Gott mir die Hand hinhält. Es scheint, als ob sich Wasser in der leicht gebogenen Handfläche befindet und sie mir etwas reichen möchte. Ein umfassend friedliches Gefühl geht von ihr aus, das sich auf mich überträgt. Ich fühle mich sehr geborgen, tief im Herzen berührt und genieße diesen innigen Kontakt.

Ich sehe die Hand auch mit offenen Augen. Nach einer Weile entfernt sie sich, zieht sich wie in ein endloses Universum langsam zurück und ich fühle, wie müde ich bin.

Ich bin absolut begeistert von dem traumhaften Körpergefühl, dass ich seit zwei Tagen habe. Rücken, Nacken und Schultern fühlen sich ungewohnt leicht und locker an, die Nasennebenhöhlen, der Hals und die Lungen sind weit und frei. Der Atem fließt mit sanfter Leichtigkeit leise ein und aus. Alles ist so herrlich entspannt und gelöst, völlig frei von Schmerzen, einfach toll!!!

Kopfstand, Dehnungsübungen, Tai Chi – alles geht wie von allein. Die Muskeln brauchen keine Dehnung, weil bereits alle ganz elastisch und geschmeidig sind. Ich fühle mich wie neugeboren, habe ein völlig neues Gefühl – als ob überall im Körper mehr Raum ist. Das ist so ungewohnt, dass es richtig auffällt. Dadurch wird mir überhaupt erst bewusst, was vorher im Körper alles zu eng, verspannt und blockiert war. Ich hatte mich über Jahrzehnte so daran gewöhnt, dass ich das für den Normalzustand hielt und nicht darüber nachdachte, ob das noch „normal" ist. Mir war nicht klar, dass es auch anders geht und der jetzige Zustand der Normalzustand ist.

Den gesellschaftsüblichen Tenor „… ist ja normal, dass es hier und da mal zwickt, weh tut oder verspannt ist; das sind Verschleißerscheinungen usw." hatte ich unreflektiert übernommen und geglaubt. Nun stelle ich fest: Dem ist nicht so! Der Körper kann sich regenerieren und Spannungen und Schmerzen abbauen, wenn ihm die Gelegenheit gegeben wird. Psychohygiene und bedingungslose Liebe sich selbst, einschließlich des Körpers, und anderen gegenüber kann vieles heilen, davon bin ich überzeugt. Hier ist jeder selbst in seinem Tun gefragt.

Ich gönne mir eine wohltuende Fußreflexzonenmassage und lasse meine Seele baumeln.

In einer weiteren Meditation besuche ich den Heuboden und öffne die Klappe. Ein kleines schwarz-weißes Kätzchen kommt sofort auf mich zu und streicht schnurrend um meine Beine. Ich nehme es in meine Arme und nach ausgiebigem Schmusen und Kuscheln stelle ich ihr Milch und Futter hin. Die Mäuse bekommen frischen Käse, obwohl im Napf noch Krümelreste liegen – scheinbar sind sie schon etwas gesättigt.

Nachdem die Tiere versorgt sind, nehme ich mir erneut das Tor vor, schrubbe auch den letzten Dreck und Rost von den Rollen und fette sie gründlich ein. Sie blinken wieder wie neu.

Nach wie vor habe ich nicht den Wunsch, das Tor zu öffnen. Einerseits traue ich mich nicht, andererseits habe ich das klare Gefühl, dass die rechte Zeit dafür noch nicht gekommen ist.

Nachdem ich die alte Staubschicht von der Klappe gewischt habe, verlasse ich den Heuboden und greife mein Vorhaben, den Körper zu verlassen, wieder auf.

Ich fokussiere auf das Kronenchakra und finde mich im Inneren am Boden einer wundervollen weißen Blüte wieder, die an das Erhabene einer Seerose erinnert, schaue nach oben und überlege, wie ich die einige Meter hohen und weitausladenden Blätter hinaufkomme. Am Innenrand der Blüte erblicke ich eine ausfahrbare Leiter, die ich behutsam gegen die Blütenblätter lehne. Langsam und vorsichtig klettere ich die Stufen hinauf und schaue über den äußeren Blütenrand in die unendliche Weite des dunklen Weltraums. Ich traue mich nicht, die Blüte zu verlassen und in die kosmische Unendlichkeit zu springen. Diese WEITE! Beeindruckend!

Mental rufe ich mein Krafttier. Rasch nähert sich der Adler mit majestätischem Flügelschlag und setzt sich auf meine rechte Schulter und den ausgestreckten Oberarm. Aber er fliegt nicht, wie sonst üblich, mit mir los, sondern startet wenig später wieder – ohne mich.

Nach einer Weile verlasse ich meinen Ausguck und versuche, mich aus dem Körper herauszurollen oder umzudrehen und einfach auszusteigen – ohne Erfolg. Ich spüre unüberwindbare Angst, nicht mehr in meinen Körper zurückzukommen, die alle Versuche scheitern lässt.

Ich werde Holger bitten, mir zu helfen, den Körper zu verlassen.

Gespräch mit Holger

Holger schlägt vor, mich über eine Visualisierungsreise in das Totenreich zu führen, und ich stimme zu.

Zur Einstimmung geht er für ein paar Minuten den Gong schlagen, während ich die Zeit nutze, mich zu entspannen.

Holger kehrt zurück und führt mich suggestiv tiefer in mein Inneres. Ich fühle, wie mein Körper schwerer und allmählich steifer wird und sich mehr und mehr in die Unterlage presst, bis er völlig starr *(wie eine unnachgiebige Hülle, in der „ich" mich befinde)* und zugleich sehr warm und locker ist. Die Aufregung *(wohl eher Angst)* legt sich langsam und je ruhiger ich werde, desto freier und lockerer kann ich bis tief in den Bauch hinein atmen.

Holger entwickelt ein Bild, in welchem ich eine Seele bin, die sich im Wasser befindet. Nach kurzer Zeit fühle ich mich von Wasser umgeben. Angst kommt kurz auf, im Wasser keine Luft zu bekommen, aber ich lasse mich auf sie nicht ein.

Holger regt die Vorstellung an, dass ich im Wasser wie ein Pendel hin- und herschwinge. Einen kurzen Moment später fühle ich mich leicht und sanft schwingen. Ein schönes Gefühl …

Holger beschleunigt: „Das Schwingen wird immer schneller und schneller." Das stört mich; ich möchte meinen Rhythmus beibehalten und einfach weiterschwingen, wie ein Kind auf einer Schaukel. Schließlich folge ich ihm doch und stelle mir vor, schneller zu schwingen. *(Aber es war nur eine Vorstellung, ohne das Gefühl, dass es so ist.)* Ich höre ihn sagen, ich solle mich um die eigene Achse drehen, immer schneller und schneller, wie eine Schaukel, die sich überschlägt. Dann so schnell wie ein Autoreifen. Ich sehe einen sich schnell drehenden Autoreifen vor mir, habe aber nicht das Gefühl, dass **ich** mich drehe …

Holger meint, jetzt solle ich einen Satz machen und außerhalb des Körpers **sein**. Ich setze zum Sprung an … springe aber nicht wirklich. Ich traue mich nicht. Die Angst ist viel größer als mein Mut. Ich stehe da wie angewurzelt …

Da Holger mich bereits suggestiv aus dem Raum rausführt, stelle ich mir stattdessen einfach vor, ich sei draußen. Ich folge ihm in die Umgebung seines Hauses und komme in mir unbekannte herrliche Landschaften, die an mir vorbeifliegen. Felder in den verschiedensten Grüntönen, Berge, Seen, Flüsse, Hügel weit unter mir, in der Ferne eine Stadt. Ich fühle mich wie ein Vogel. Wundervoller Überblick … Freiheitsgefühl …

Holger redet plötzlich von Nebel. Wie kommt er nur darauf? Es ist doch überall strahlender Sonnenschein und klare Sicht, so weit mein „Adlerauge" reicht.

Um seiner Vorstellung von Nebel zu folgen, springe ich in eine Erinnerung. Dichtester Nebel um mich herum, ich kann die Hand vor den Augen nicht sehen. Vorsichtig taste ich mich voran. Holger meint, da wäre ein Fluss, den ich mir genauer anschauen soll. Ich schaue angestrengt in den weißlichen Nebel, der sich etwas lichtet und unweit vor mir viele kleine Wellen aus wolkenartiger Konsistenz preisgibt – ein Wolkenfluss. Aus der Entfernung habe ich den Eindruck, dass Leute darin schwimmen, als ich jedoch näherkomme, sehe ich, dass es die weißlichen Knochen etlicher Totenschädel sind. Ich bekomme, im Gegensatz zur zuvor überflogenen Landschaft, nur ein verschwommenes Bild.

Holger schlägt vor, dass ich mich dem Fluss anvertrauen und selbst Wasser sein solle. Kaum ausgesprochen, befinde ich mich unmittelbar in einem klaren Gebirgsbach. Ich fühle mich nur noch so groß wie ein Tropfen und werde von der Wasserströmung mitgenommen …

Holger weist mich auf eine Hand hin, die sich mir helfend entgegenstreckt. Ich weiß nach ein paar Sekunden, dass sie zu meiner Stiefmutter gehört, die vor einem Jahr binnen kürzester Zeit gestorben ist. Sie steht auf einer Brücke und reicht mir ihre Hand. Ich ziehe mich mit ihrer Hilfe aus dem Wasser und stehe direkt vor ihr … schaue sie lange Zeit an und drehe mich dann, um zu sehen, wer noch alles da ist. *(Holger ließ mir viel Zeit an der Stelle.)* Nacheinander sehe ich viele meiner verstorbenen Verwandten.

Meine Oma mütterlicherseits kommt aus der Ferne auf mich zu, der kleine Sohn meiner Tante, die Eltern meines Vaters *(die ich nie kennengelernt habe)* und zum Schluss entdecke ich auch meinen Opa mütterlicherseits.

Meine Stiefmutter nimmt mich voll in Anspruch und fragt, wie es mir, meiner Familie und ihren drei Kindern geht. Sie möchte alles haargenau wissen. Als sie nach meinem Vater fragt, nimmt ihr Gesicht einen besorgten, bekümmerten, ja, fast ängstlichen Ausdruck an – als hätte sie Angst vor meiner Antwort. Ich bestelle ihr liebe Grüße von ihm und berichte, dass es ihm jetzt recht gut gehe. Das beruhigt sie und ihr Gesicht glättet sich zu einem strahlenden glücklichen Ausdruck. Wundervoll, sie so zu sehen. Ich frage sie, wie es ihr geht, und glaube ihr sofort, dass sie sich wohl fühlt, da es deutlich zu sehen ist: Ihre Haut sieht rosig und gepflegt aus, was sie viel jünger aussehen lässt. Insgesamt macht sie einen erholten und zufriedenen Eindruck auf mich. Sie hat sich mit ihrem Tod arrangiert und wünscht sich nichts sehnlicher, als dass dies mein Vater und ihre Kinder auch tun.

Ich wende mich meiner Oma zu, drücke sie freudig und fest und genieße die warmherzige Nähe in ihren Armen. Danach stelle ich mich meinen Großeltern väterlicherseits vor *(was überflüssig war, da sie wussten, wer ich bin)* und stammle etwas unbeholfen: „Schön, euch wirklich zu sehen. Schade, dass ich euch zu Lebzeiten nie kennengelernt habe." Die folgende innige Umarmung ergibt sich wie von selbst. Ich bin freudig bewegt in meinem Herzen. Es ist schön, auf die Gruppe zu schauen, und ich umarme dann auch meinen anderen Opa mit einem guten Gefühl.

Plötzlich zieht die noch lebende Mutter meiner Stiefmutter meine Aufmerksamkeit auf sich. Ich sehe sie halb von unten kommen; sie scheint auf dem Weg zu sein und hat die Richtung von der Erde nach oben zum Himmel eingeschlagen, kommt aber nicht da an, wo wir alle stehen. Als ich sie sehe, erschrecke ich: „Mensch, sie ist doch noch gar nicht gestorben!" Sie ist auch noch nicht ganz im Totenreich, aber weit über die Hälfte des Weges dahin hat sie schon hinter sich. Es sieht so aus, als ob sie weiter nach oben zu uns schweben möchte, sie schafft es aber nicht, da sie kurz vorher gegen eine durchsichtige, feinstoffliche Barriere stößt, die sie nicht durchdringen kann. Sie bewegt sich hoch und runter, wie ein Ball, der, wenn er auf der Erde aufkommt, wieder nach oben springt – nur hier umgekehrt. Sie hängt zwischen Seelenlandschaft und Erde fest und kann die unsichtbare Grenze nicht überwinden. Meine toten Verwandten sehen sie offensichtlich nicht; auch meine Stiefmutter reagiert nicht auf ihre Mutter, was ganz untypisch für sie ist. Als ich versuche, mit der Stiefoma zu reden, wird mein Kontakt zu den Toten unterbrochen. Ich sehe sie zwar weiterhin, aber sie beachten mich nicht mehr und wundern sich scheinbar auch nicht, mit wem ich versuche zu sprechen. Sie können mich nicht mehr hören, und ich habe das Gefühl, als sei ich für sie nicht mehr anwesend.

Es ist ein wundersamer Moment für mich, die Leute zu sehen und direkt vor ihnen zu sein, aber selbst nicht gesehen und gehört zu werden.

Ich frage mich, ob mit der Stiefoma in der Zwischenzeit etwas passiert ist, immerhin ist sie schon 90 Jahre alt *(sie ist ein Jahr später gestorben).*

Holgers Stimme reißt mich aus meinen Überlegungen: „Und jetzt passiert was." Im gleichen Augenblick werden alle meine toten Verwandten weggezogen – wie eine Seelengruppe, die sich geschlossen entfernt. Ich stehe wieder allein da.

Holger meint, dass ich jetzt zu einem warmen, herrlichen und liebevollen Licht hingezogen werde. Doch bevor ich in das Licht eintauche, gäbe es einen Rückblick über mein gesamtes Leben. Alles würde mir mit einem Mal klar werden, ebenso der Sinn meines Lebens. Er lässt mir viel Zeit …

Ich sehe mich in meiner Kinderstube mit vielen Spielsachen wieder, erblicke mich in den verschiedenen Altersstufen bis zum heutigen Tag, bekomme ein klares Bild über die Zeit mit meinem Mann und erkenne, dass ich in der Ehe gewachsen bin. Große Dankbarkeit ihm und unseren Kindern gegenüber erfüllt mich. Die Vorausschau zeigt klar, dass sich unsere Wege trennen und ich ihn verlasse. Ich fühle tiefsten Schmerz darüber, und doch weiß ich, dass alles genau richtig ist.

Zu der Frage nach dem Sinn meines Lebens bekomme ich einerseits klare Antworten, anderes bleibt noch offen, wer oder was ich bin und was meine wahre Bestimmung ist. Ich spüre, dass das Wissen, dass ich eine Seele bin, nach wie vor nur rationales Buchwissen und keine eigene Erfahrung und Wirklichkeit ist.

Es fällt mir schwer, in das Licht vor mir einzutauchen. Ich stelle mir vor, dass ich mich auf das Licht zubewege, und fühle mich kurz darauf immer schneller werden … schneller … rasend schnell bewege ich mich in einem Tunnel auf das Licht zu. Die Tunnelwand fliegt in so hohem Tempo an mir vorbei, dass ich nichts Genaues erkennen kann. Merkwürdigerweise kommt das Licht trotz meiner hohen Geschwindigkeit nicht wirklich näher. Holger kündigt an, ich würde durch einen schwarzen Tunnel rasen. Eigenartig, es passierte schon, bevor er es erwähnte. Das Licht am Ende des Tunnels sieht wie ein runder heller Fleck aus, nicht wie ein warmes, strahlendes, liebevolles Licht, wie ich es von der „Lichtfrau" kenne (siehe Anmerkung S. 189 unten). Ich fliege und fliege, doch die Distanz zum Licht wird kaum geringer.

Ich höre Holgers Stimme sagen, ich sei jetzt im Licht. Plötzlich bin ich mitten in dem hellen Kreis, als hätte ich einen Sprung hinein gemacht. Ich wundere mich, dass alle meine vorherigen Anstrengungen, dem Licht einfach nur näher zu kommen, nicht gelungen sind, in das Licht einzutauchen jedoch quasi von allein ging.

Holger meint, es komme jetzt eine Lichtfigur auf mich zu, die mich abholt. Meine „Lichtfrau" kommt aus der Ferne auf mich zu und führt mich entsprechend Holgers Vorschlag in einen Raum des Wissens.

In diesem Raum, der wie eine riesige hohe Halle auf mich wirkt, wird das gesamte Wissen des Universums vermittelt. Als ich mich im Raum umschaue, sehe ich viele andere Seelen und mich selbst, irgendwelche Bücher studierend. Weitere Informationen erhalte ich nicht, was mich etwas enttäuscht. Ich hatte gehofft, dass ein Lehrer mich in die Geheimnisse des Lebens und des Universums einführt. Vielleicht bin ich noch nicht reif genug dafür oder muss tatsächlich erst all die Bücher lesen, welche auch immer es sind, tröste ich mich selbst.

Nach langer Zeit höre ich Holgers Stimme, die Lichtfigur käme und führe mich wieder aus dem Raum. Dann würde ich wieder durch den Tunnel zurückgezogen werden … und nach einem lauten Knall wieder in meinem Körper sein.

Die „Lichtfrau" kommt prompt auf mich zu und gemeinsam verlassen wir den Raum des Wissens. Ich sause durch den Tunnel zurück zu meinem Körper. Einen lauten Knall hat es nicht gegeben, ich nehme aber meinen Körper wieder wahr.

Holger verabschiedet sich mit den Worten, ich solle jetzt noch für mindestens zehn Minuten in diesem Zustand – als Seele in dieser Flüssigkeit – bleiben. Dann sei alles wieder, wie es vorher war.

Leise geht er aus dem Raum und ich liege wie angenagelt im Bett. Ich will ihn zurückrufen und ihm erzählen, was ich erlebt habe, aber seine Aussage, noch mindestens zehn Minuten so zu verbleiben, wirkt und ich bin unfähig, zu sprechen oder mich zu bewegen. Ich tauche wieder ab in die Flüssigkeit und das wohlige Gefühl darin …

Nach schätzungsweise zehn Minuten recke ich mich und öffne die Augen für einen kurzen Moment. Aber ich bin noch nicht wirklich aufgetaucht und drifte wieder in tiefere Sphären ab. Der Körper verfällt wieder in Starre.

Ich sehe einen Paravent vor mir, über dessen obere Begrenzung ein sehr helles, weiß strahlendes Licht hervorlugt und denke erfreut: „Toll, jetzt kommt das Licht!" Aber kaum gedacht, verschwindet es wieder.

Kurze Zeit später wird es links von mir einen Moment lang hell, als ob ein Auto sein grelles Fernlicht angeschaltet hat. Danach wechseln sich wieder die üblichen Punkte, Kreise und Figuren vor meinem inneren Auge ab.

Stundenlang bin ich in der Starre. Der Körper ist in das Bett hineingepresst und so steif, wie Tote es sind. Es strengt mich unglaublich an, meine Körperlage zu verändern und die Fingerspitzen, Zehen oder etwas anderes zu bewegen – alles ist hart wie Beton, was sich teilweise sehr schmerzhaft anfühlt.

In diesem Zustand schlafe ich ein …

6. Tag – Sisyphusarbeit: Die zwei Seiten in mir

Wachtraum „Pfirsiche und Weintrauben"

Ich werde mir meines ersten Traumes bewusst: Ich kaufe Pfirsiche für 10 €; die Verkäuferin reicht sie mir auf einem kleinen transparenten Glasteller. Es sind höchstens zwei Pfirsiche, die in Scheiben geschnitten auf dem Teller in zwei Reihen angeordnet sind. Ich fühle, dass der Preis für die Ware viel zu hoch ist. Weil sie so teuer sind, will ich sie mir „aufsparen" und stelle den Teller auf einem der vielen Tische ab. Manche Tische sind leer, auf einigen steht benutztes Geschirr. Es sind viele Leute anwesend (ich weiß nicht mehr, ob das eine Feier war oder ein Markt). Ich stehe ungefähr einen Schritt neben „meinem“ Tisch, als eine Frau kommt und sich meinen Pfirsichteller schnappt. Ich rufe ihr zu: „He! Das sind meine Pfirsiche! Gib die wieder her!“ Die Frau macht sich aber einen Jux daraus und rennt mit den Pfirsichen weg. Anfangs sprinte ich hinterher, aber dann ist mir das zu blöd, mit ihr um die Tische zu rennen, um sie zu fangen. Ich bleibe stehen, sie auch. Sie schaut mich direkt an und bietet mir dann ihre auf einem weißen Porzellanteller liegenden Billig-Weintrauben im Tausch gegen die saftigen, süßen, wohlschmeckenden Pfirsiche an. Ich erkenne die Weintrauben wieder, da ich sie am Verkaufsstand bereits probiert hatte, bevor ich auf die leckeren Pfirsiche stieß, und wusste daher, dass sie viel billiger und zudem sauer waren und mir nicht schmeckten. Da die Frau schon von ihren Weintrauben und auch bereits eine Scheibe von meinen Pfirsichen gegessen hatte, muss sie den deutlichen Geschmacksunterschied bemerkt haben und will nun tauschen, denke ich. Riesige Wut steigt in mir auf und ich schreie sie an, sie soll mir unbedingt meine Pfirsiche wiedergeben. Aber diese dumme Kuh isst einfach vor meinen Augen bis auf die letzten beiden Scheiben alle Pfirsiche mit einem sehr provozierenden Blick in meine Richtung auf. Ich bin stinksauer und könnte sie umbringen!

Vom Traum wechselt mein Bewusstsein in die Gegenwart. Ich kann danach stundenlang nicht wieder einschlafen.

Wahrscheinlich bin ich doch kurz eingenickt, denn mir wird ein zweiter Traum bewusst. Inhalt des Traumes war meine Familie und die damalige schwierige Situation in der Trennungsphase von meinem Mann. Nach diesem Traum bin ich fix und fertig.

Ich fühle mich total erschlagen. Mir tun Rücken, Hintern und Kreuzbein weh. Vielleicht vom langen Sitzen gestern, überlegt der Kopf. Das Gefühl meint, es hänge wohl eher mit der gestrigen Kundalini-Erfahrung zusammen. Jedenfalls ist das tolle Körpergefühl komplett weg. Ich bin sehr müde. Wahrscheinlich bin ich nur kurz eingeschlafen, um diese beiden blöden Träume zu haben! Ich bin ziemlich sauer.

Ich kann nicht wieder einschlafen. Es muss noch vor 9 Uhr sein, denn Holger war mit dem Tee noch nicht da. Während ich wach bin, habe ich weitere Träume:

Wachtraum „Ich bin ein Mann"

Ich sehe mich als einen hübschen Mann nackt dastehen und schaue auf die männlichen Geschlechtsorgane.

Ich habe starken Muskelkater im Rücken und Hintern. Zu viel Tai Chi gestern gemacht? Nee! So viel Tai Chi war das nämlich nicht bei ehrlicher Betrachtung. Vielleicht hat es mit dem sexuellen Erlebnis oder der Visualisationsreise, als ich steif wie Beton war, zu tun? Ach, liegen und bloß nicht bewegen! Dann geht es mir gut.

Holger erzählte mir gestern, dass es nicht so einfach sei, den Körper zu verlassen, wie es sich vielleicht anhört. Es gäbe einen natürlichen Schutzmechanismus, damit die Seele nicht ständig raus- und reingeht, und dieses Schloss gelte es zu knacken. Eine Methode wäre, rauszuspringen, aber auch Herausdrehen oder Herausrollen sei möglich. Jeder müsse da seinen eigenen Weg finden.

Als Holger den Morgentee bringt, rät er, schon wieder im Begriff zu gehen, zu einem heißen Bad, nachdem ich ihm kurz über mein Befinden berichtet hatte.

Nach einer Tasse Tee setze ich mich zur Meditation und betrete den Heuboden. Erschrocken sehe ich das Kätzchen mit einer sehr kleinen Maus spielen. „Die Maus hat doch gegen die Katze keine Chance", denke ich. Dennoch greife ich nicht ein – ich bin mir sicher, dass die Maus nicht in Gefahr ist. Lange schaue ich dem Spiel der beiden zu und bin echt beeindruckt von der Sanftheit der Katze im Umgang mit der Maus. Zwischendurch halte ich immer wieder Ausschau nach der dicken großen Maus, die ich schon lange nicht mehr gesehen habe. Aber ich kann sie nirgends entdecken.

Still verlasse ich den Heuboden wieder.

Ich habe Holgers Vorschlag aufgegriffen und liege in der Wanne. Laut läuft das angenehm heiße Wasser zu meinen Füßen ein. Das Plätschern trägt mich zu einer auf einem Berg liegenden Quelle, deren Nass über den breit auslaufenden Felsenvorsprung in die Tiefe zieht. Ich liege geschützt direkt unter dem langen Ausläufer. Im Rücken sowie links und rechts hüllt mich die kraftvolle Energie der Bergwände ein. Mein Blick verliert sich in dem durchscheinenden breiten Wasservorhang wenige Meter vor mir, der die geräumige Höhle lichtdurchlässig abschließt. Einzelne kühle Spritzer perlen auf meiner Haut ab. Ich bin gerührt von der Schönheit der Umgebung.

Große Wärme steigt in mir auf – sofort sehe und fühle ich mich in einer Sauna schwitzen. Zugleich erkenne ich, dass diese Bilder auftauchen, weil der Verstand aufgrund dessen, dass alle anderen Reize fehlen, nun das gegenwärtige Geschehen für neue Kreationen nutzt, indem er die aktuelle Situation mit bereits gemachten Erfahrungen verbindet und sich daraus „etwas strickt". Das ist mir noch nie so bewusst geworden.

Als ich einige Zeit nach dem Bad vom Bett aufstehe, ist mir schwindlig. „Scheint wohl ein wenig zu heiß gewesen zu sein", denke ich, obwohl es mir gar nicht so vorkam.

Um den Kreislauf anzukurbeln, trinke ich Brühe, Tee, heißes Wasser und den Rest Pflaumensaft. Körperlich geht es mir wieder besser, der Muskelschmerz hat etwas nachgelassen.

Ich habe keinen Bock, mich zu bewegen, und sitze viel im Meditationssitz, da ich einfach nicht mehr liegen kann! Laufen ist auch blöd – zum einen, weil alles stockdunkel, zum anderen, weil wenig Platz ist. Außerdem fehlt die Lust, die mittlerweile bestens bekannten Räumlichkeiten hin und her zu spazieren. Ferner macht Tai Chi aufgrund der Enge nicht wirklich Spaß, obwohl gerade das meine Aufmerksamkeit und Achtsamkeit fördert.

Nein! Wenn ich ehrlich bin, sind es nicht die kleinen Räume, die die Bewegung verhindern, sondern es fehlt ganz einfach die Motivation.

Wachtraum „Schlamm auf der Treppe"

Ich gleite in folgenden Wachtraum: Ich bin Studentin und stehe vor der Turnhalle einer Grundschule, um dort gleich Sport zu machen. Doch zuvor muss ich eine Treppe säubern, die voller Schlamm ist. Sie steht im Freien auf dem Schulhof vor einer Wand, ist ca. zwei bis drei Meter breit und hat fünf Stufen. Während ich arbeite, kommt ein dicker großer Kerl und legt sich auf der obersten Stufe schlafen. Rücksichtsvoll, um ihn nicht zu wecken, wische ich leise und vorsichtig um ihn herum die gesamte Treppe sauber. Den Schlamm von der Treppe und deren näherer Umgebung schiebe ich auf dem Schulhof zu mehreren großen Haufen zusammen.

Als ich fertig bin, erwacht der Mann und kommt die Treppe herunter. Seine Schuhe sind voller Modder, und mit jedem Schritt fällt angetrocknete Pampe von seinen Sachen ab, sodass er eine breite Dreckspur auf der sauberen Treppe hinterlässt. Ich ärgere mich darüber, sage aber nichts.

Die Schulklingel schrillt – Unterrichtspause. Eine Kinderschar strömt aus der Schule direkt auf die Schlammhaufen zu; sie wollen ausgerechnet damit spielen. Ein Kumpel meiner neunjährigen Zwillinge kommt fröhlich auf mich zugerannt und will mit mir schmusen. Ich schiebe ihn sanft mit dem Hinweis weg, dass ich müde bin vom Saubermachen und jetzt keinen Nerv für Schmusen und auch keine Zeit habe, weil der Schlamm noch aufgeladen werden muss. Den anderen Kindern rufe ich zu, sie mögen aufpassen, die Schlammhaufen nicht wieder breitzutreten, und bitte sie, mir beim Aufladen zu helfen, was sie auch gerne tun, weil sie dabei im Schlamm herummatschen können.

Ich schaue über den Schulhof und stelle irritiert fest, dass ich zwei Autos an der Turnhalle stehen habe: mein privates und einen gemieteten LKW, mit dem ich den Schlamm wegbringen will. Ich weiß nicht, wie ich mit zwei Autos zugleich nach Hause kommen soll und entscheide mich, auf meine Freundin zu warten und sie um Hilfe zu bitten. Sie macht es möglich. Ende des Traumes.

Meinem Gefühl nach muss es jetzt langsam auf Mittag zugehen und ich bin immer noch total müde und schlapp. Gestern war ich voller Tatendrang und Elan, wovon heute überhaupt nichts mehr übrig ist.

Ich überlege, meine Willenskraft zu nutzen, um mich zum Tai Chi oder Sport zu motivieren, oder ob ich doch lieber einfach weiter herumliege. Nein, Zwang fühlt sich nicht gut an – ich bleibe weiter liegen. Das Leben draußen ist eh schon Zwang genug – Zwang, den ich mir aus den verschiedensten Gründen heraus selber mache. Früher bestand mein Leben hundertprozentig aus solchem Selbstzwang, ohne mich dabei schlecht gefühlt oder im Geringsten bemerkt zu haben, wie ich mich dabei selbst übergangen, nicht ernst genommen und an mir vorbeigelebt habe. Das findet heute schon viel weniger statt; ich habe mich mehr in den Blick bekommen. Diese Betrachtungen vor Augen, fällt es mir leicht, mich für Weitergammeln zu entscheiden, es entspricht meinem gegenwärtigen Gemüt. Die Energie, mich für irgendetwas „Sinnvolles“ *(Wer entscheidet denn, was sinnvoll ist und was nicht?)* zu motivieren, habe ich jetzt nicht und will sie auch nicht von Weiß-nicht-Woher mobilisieren. Ja! Gammeln und Faulsein ist soooo schön!

Pausenlos ziehen Gedanken und Erinnerungen durch meinen Kopf. Mir wird deutlich der Unterschied zur Ruhe in der Meditation bewusst. Ich kann förmlich das Hervorbringen der Gedanken sehen und erlebe meinen Geist als Produktionsstätte. Im Alltag wurden mir die Gedanken durch äußere Ablenkungen entweder gar nicht bewusst, oder sie waren eben einfach da, um dann wieder zu verschwinden. Vielleicht ein Drittel der Gedanken, die ich im Augenblick wahrnehme, sind mir zuvor bewusst geworden, deshalb fühlt sich mein Geist jetzt viel unruhiger an. Es liegt am Bewusstsein, und momentan, ohne jegliche äußere Reize, scheint mir wirklich *jeder* einzelne Gedanke bewusst zu werden. Ich habe den Eindruck, als würden sie unaufhörlich aus einer Art Quelle hervorsprudeln. Staunend schaue ich dem wallenden Gedankengeburtsprozess zu.

Der Muskelkater ist besser und mein Kreislauf wieder stabil, ich fühle mich jedoch müde, träge und faul. Irgendwann raffe ich mich zu einer Meditation auf.

Mir wird bewusst, dass, obwohl es stockdunkel ist, die Augen fast immer geschlossen sind. Besonders wenn ich etwas tue, z. B. trinke, zum Bad gehe oder mit Holger rede, schließen sie sich unwillkürlich. Ob das ein Schutzreflex ist? Besonders fest ist der Lidschluss beim Lüften, obwohl die Augen durch den schwarzen Schal vor dem hereinfallenden Licht geschützt sind. Ich mag nicht den kleinsten Lichtschimmer sehen. Holger erzählte mir, dass es ihm und den Leuten vor mir auch so erging.

Ich habe ziemlichen Durchfall und es stinkt, als ob sich eine Jauchegrube neben mir befindet. Oder deutlicher gesagt: Jauchegrube riecht noch gut dagegen. Meine Konzentration auf die subtile Innenwelt ist miserabel, weil es den überwiegenden Teil meiner angespannten Aufmerksamkeit immer wieder zu dem lauthals in verschiedensten Tönen rumorenden

Bauch zieht, um – die Dunkelheit mit einkalkulierend – den rechten Zeitpunkt, zum Klo zu stürmen, nicht zu verpassen. Irgendwann entschließe ich mich, Tai Chi zu machen.

Tai Chi – die Übung selbst sein

Überrascht stelle ich fest, dass sich mein Muskelkater in so kurzer Zeit vollständig gelegt hat. Ich bin körperlich gut drauf und fühle mich wieder sehr wohl, was mit Sicherheit zum großen Teil an der Bewegung liegt und an der Dankbarkeit über das soeben beim Tai Chi erfahrene Geschenk. Ich hatte dieses Mal in meinem viel kleineren Zimmer statt im Flur geübt. Die Enge darin zwang mich, die Bewegungen noch langsamer, bewusster und mit höchster Achtsamkeit auszuführen, um nicht schmerzhaft gegen die Wände oder die Dachschräge zu stoßen. Dadurch glitt ich in einen tiefen meditativen Zustand. Es zählte nur noch die Übung selbst; gleichzeitig war mir alles um mich herum kristallklar bewusst. Die Aufmerksamkeit führte den Körper durch die Übung – dabei wie ein Anführer vornweggehend – und der Körper folgte ihr „auf dem Fuß", ganz unmittelbar und direkt, als ob er an ihr klebte. Dies lässt sich beschreiben mit „die Übung selbst sein". Ich nahm den denkenden Kopf deutlich „außen vor" wahr und erkannte, dass der Weg über das Denken ein großer Umweg ist. Es enthüllte sich mir, dass Aufmerksamkeit steigerbar ist und was es bedeutet, wirklich *ganz* Übung *zu sein.* In Momenten, als ich wieder mit Denken anfing und mich z. B. freute, „wie gut das klappt", riss die „klebende" Verbindung zwischen Aufmerksamkeit und Körper ab, und ich kam aus dem Gleichgewicht.

Leer-Sein

Das war eine sehr spannende und vollkommen neue Erfahrung, in der ich viel über Aufmerksamkeitsgrade, Konzentration und das unmittelbare Zusammenspiel zwischen gerichteter Aufmerksamkeit und Körper lernte. Ich erfasste präzise, dass Materie (Körper) immer – auf den Punkt genau! – dem Bewusstsein folgt und was es bedeutet, innerlich „leer" und weder von äußeren noch inneren Dingen abgelenkt zu sein. Mir wurde erschreckend bewusst, wie vieles mich noch ablenkt – von außen und vor allem von innen über das Denken.

Die Dunkelheit und das Alleinsein ohne äußere Ablenkungen fördern die Sammlung – das Tiefergehen nach innen, ins Zentrum. Jede noch so kleine Ablenkung zieht die Aufmerksamkeit vom Zentrum weg nach außen und ins Denken.

Für mich ist „Leer-Sein“ ein Zustand fokussierter Aufmerksamkeit und klarster Bewusstheit. Der Schwerpunkt der Aufmerksamkeit ist in diesem Moment im Herzen, nicht mehr im Kopf. Wiederum ist sie auch nicht nur im Herzen, sondern im gesamten Inneren und gleichzeitig auch außerhalb dessen allgegenwärtig. Der Begriff „Wahrnehmung“ scheint es am besten zu treffen. Diese Aufmerksamkeit oder Wahrnehmung oder klare Bewusstheit ist jenseits des üblichen Denkens und Fühlens und daher von diesem aus nicht erkennbar; es braucht die unmittelbare Erfahrung, um den Unterschied erfassen zu können. Intellektuell ist das Ganze zwar in gewisser Weise verstehbar, doch gibt es einen großen Unterschied zwischen dem urteilenden Verstand und der direkten Erfahrung.

Nach dem Tai Chi gönne ich mir eine Fußreflexzonenmassage, wobei mir der Gedanke kommt, dass meine Kreuzbein- und Lendenschmerzen von heute Morgen auch eine Reaktion auf die gestrige Massage gewesen sein könnte, da die Reflexzonen dieser Bereiche sehr schmerzempfindlich waren und ich sie deshalb intensiv massiert hatte.

Frisch motiviert setze ich mich zur Meditation und nehme währenddessen im linken Lungenbereich leichte Spannungen wahr; der Körper ist nicht ganz so locker wie gestern …

Gespräch mit Holger

Nachdem Holger den Tee für die Nacht bereitgestellt hat, analysieren wir meine Träume.

Analyse: Wachtraum „Pfirsiche und Weintrauben“

Holger meint: „Du bist die Frau, die sich teure Pfirsiche besorgt, also gut in sich investiert, gleichzeitig bist du aber auch die Frau, die sich alles wieder wegnimmt und sich zum Ausgleich dafür saure Weintrauben anbietet. Du gibst dir und nimmst dir hinterher wieder. Es sind Gegensätze im ganzen Traum zu sehen: die gute Frau und die böse stehlende andere; teure und gut schmeckende Pfirsiche gegen billige, lange nicht so köstliche

Weintrauben; süß – sauer; transparenter Teller – nichttransparente weiße Schüssel, wie Licht und Schatten. Schöner Dualismus, was immer das bedeutet."

Schlagartig fängt mein Gehirn an zu arbeiten – es stimmt, dass ich viel in mich investiere, ich kann aber nicht sehen, wo im Leben ich mir das alles größtenteils wieder wegnehme. Das stimmt mich sehr nachdenklich.

Holgers Analyse meines zweiten Traums, der von meiner Familie handelte, wirkt wie ein Schlag auf mich, bringt mich zu meinem Schmerz, den ich schon verarbeitet zu haben glaubte – nur diesmal eine Etage tiefer. Die vergangenen 14 Jahre stehen mir mit einem Mal klar vor Augen und ich erzähle Holger davon.

Ich frage mich selbst und Holger, warum dieser Traum jetzt kommt? „Ich habe doch alles geklärt und bereinigt. Oder mache ich mir mal wieder etwas vor?"

Holger lässt diese Frage zunächst im Raum stehen und wir kommen auf den dritten Traum zu sprechen.

Analyse: Wachtraum „Schlamm auf der Treppe"

Dazu meint Holger, dass auch dieser Traum Sisyphusarbeit ausdrückt: „Du machst sauber und deine Arbeit wird von dem dicken Mann zerstört, der alles wieder schmutzig macht. Die Kinder mahnst du an, den Schlamm nicht wieder zu verteilen. Bei dem Mann greifst du nicht ein, du findest es lediglich nicht nett. Die Treppe ist dein Lebensweg, das bist du. Du bist voller Schlamm – Seelenschlamm. In eigenem Auftrag machst du sauber und hast mit dem LKW alles gut organisiert. Du bist auch der Mann, der den Schlamm nach dem Wischen wieder verbreitet. Auch hier Dualität: Du machst sauber und gleichzeitig wieder dreckig – wie bei den Pfirsichen –, du kaufst dir was und nimmst es dir wieder weg; also tust du was für dich und zerstörst es gleichzeitig wieder – eben Sisyphusarbeit!"

Saskia (S.): „Aber ein Fortschritt ist dennoch darin, erkenne ich. Ich bekomme immerhin zwei Pfirsichstücke ab, und die Treppe ist zwar wieder schmutzig, aber nicht so schmutzig wie vor dem Säubern. Mit ein wenig mehr Durchsetzungsvermögen dürfte ich es leichter haben und die Früchte meiner Arbeit auch mehr ernten. Ich mache es mir selbst zu schwer."

[03/2010: Seine Analyse tat mir weh und ich suchte sofort nach Möglichkeiten, mich in ein besseres Licht zu stellen – ein unbewusster Versuch, den aufkommenden Schmerz mir „vom Leibe" zu halten. (AP)]

Holger (H.): „Du reinigst dich und dann kommt der Rückschlag, indem du in Form des Mannes und der Kinder alles wieder dreckig und kaputt machst. Du bist auch der Kumpel, der schmusen will, und du schiebst ihn weg – du hast also keine Zeit für dich, gibst dir keine Eigenliebe."

Autsch! Das hat gesessen! Er traf genau ins Schwarze.

[04/2004: Jede weitere Rechtfertigung war zwecklos. So viel hatte ich immerhin schon begriffen: Wenn etwas wehtut oder ich versuche, mich zu verteidigen oder zu rechtfertigen, dann ist mehr Wahres dran, als dass es nicht stimmen würde. Aber es war das Letzte, was ich nach drei Jahren harter Arbeit an mir selbst von ihm hören wollte. Hatten die Menschen in meiner nächsten Umgebung vielleicht doch recht, die immer anmerkten, wie lange ich denn noch Therapie machen wolle, was es mir denn bringe, wenn ich in der Vergangenheit rumkrame? Aus ihrer Sicht war es tatsächlich schwer oder kaum nachvollziehbar, warum ich an der Therapie festhielt. Sahen sie mich doch in den letzten drei Jahren so oft weinen, was nicht mal ich selbst in den letzten 35 Jahren von mir kannte. Ich war unausgeglichen und unzufrieden und fühlte einen permanenten Schmerz. Die Fröhlichkeit war aus meinem Leben gewichen. Dennoch hatte ich das Gefühl, dass die Therapie mir guttat und mich stabilisierte, auch wenn **niemand** *außer mir selbst das so sah. In mir wuchs durch die Therapie ein Pflänzchen wahren Selbstvertrauens und der Stärke heran, das äußerlich wohl noch nicht sichtbar, aber innerlich für mich gut fühlbar war. Das war „ich" und das fühlte sich* **so gut** *an. Doch wie sollte ich das meiner Umwelt vermitteln? Ich hatte Angst, für verrückt erklärt zu werden, wenn ich ihnen was von „Pflänzchen" und „Ich" erzählt hätte. Versucht hatte ich es, hatte aber nie das Gefühl, verstanden zu werden. Oft genug war ich mit diesen Selbstzweifeln, ob die Therapie richtig ist oder nicht, konfrontiert gewesen und Holgers Bemerkung ließ die Zweifel und den damit verbundenen alten Schmerz binnen Sekunden in mir auflodern, ich sagte aber nichts zu ihm, hielt alles in mir unten. Ich wollte und konnte mir in dem Moment nicht eingestehen, dass er recht hatte. Immerhin bildete ich mir ein, „wie weit ich schon bin", und diese Illusion wollte ich mir von ihm nicht kaputt machen lassen.]*

[03/2010: Aus heutiger Sicht schätze ich ein, dass die Zweifel und der innere Schmerz daher rührten, dass ich mich an der Einschätzung anderer über meine therapeutischen Bemühungen orientierte. Ich stellte also meine Entscheidung für die Therapie und das, was mir zugutekommen sollte, wieder infrage, weil andere in meinem Umfeld das taten. Darin bestand die „Selbstsabotage" und das tat weh. Dass ich noch nicht so

weit war, wie ich dachte, und deswegen so betroffen war von Holgers Analyse, ist ja kein Hinweis auf die „falsche Spur", sondern ggf. nur darauf, auf dieser noch nicht weit genug gekommen zu sein.]

Holger spürt offensichtlich den Volltreffer, denn er setzt nach und fasst unbarmherzig klar zusammen: „Dein Lebensweg ist voller Schlamm – der Traum ist eine Wiederholung des Traumes mit den Pfirsichen und Weintrauben –, du tust was für dich und gleichzeitig zerstörst du es wieder. Auch eine Wiederholung im Vergleich zum zweiten Traum, in dem deine Familie im Mittelpunkt steht. Du machst alles und doch endet es im Chaos, du hast keine Hilfe, machst alles allein und deine Arbeit wird wieder zerstört. Das Grundprinzip aller drei Träume ist dauernde Selbstaufhebung, du arbeitest quasi für nichts. Aus irgendeinem Grund, der hier in den Träumen nicht genannt wird, nimmst du all deine Bemühungen wieder zurück. Alle drei Träume zeigen dir immer wieder das Gleiche: ‚Meine Liebe, so geht das nicht.' Aber du kriegst jetzt keine Lösung. Du erwachst vorzeitig aus den Träumen, dann nämlich, wenn es kritisch wird. Im ersten Traum wachst du auf, nachdem die Frau alle Pfirsichstücke bis auf eines aufgegessen hat; im zweiten Traum *(Familie)* erwachst du im totalen Chaos. Im dritten Traum *(Schlamm auf der Treppe)* ist über die Freundin die Lösung angedeutet, indem sie dir hilft, ein Auto nach Hause zu fahren. Diesmal ist es nicht ganz so drastisch. In allen drei Träumen wird durch die Wiederholung ein Grundproblem in dir aufgezeigt, das du jedoch nicht nennst. Die Träume zeigen dir: Schau doch mal hin! Da stimmt doch was nicht!"

„Wie recht er hat!", denke ich.

Wir reden beide noch über meine familiäre Situation und Holger gibt mir viele Denkanstöße. Ich bin fix und fertig nach dem Gespräch. Holger verabschiedet sich und ich bin wieder allein mit der Dunkelheit.

Holger gab mir in der Sitzung heute noch Feedback. Er hatte, als er mich am ersten Tag gesehen und in meine Augen geschaut hatte, den Eindruck, ich hätte etwas Engelhaftes an mir. Außerdem meinte er, dass ich wahrscheinlich so eine große Angst vor dem Tod habe, damit ich mich damit beschäftige. Über die Beschäftigung mit dem Tod könne ich diese Angst überwinden und die Blockade lösen. Alles weit weg Verdrängte solle man sich besonders gut anschauen. Es sei vielleicht der Sinn meines Lebens, mich ganz intensiv und tiefgründig mit dem Tod zu beschäftigen.

Wer nicht erkenne im Leben, dass es den Tod nicht wirklich gibt, sondern dass dies nur ein anderer Seins-Zustand ist, der sei einfach dumm.

Der letzte Satz wurmt mich noch immer, denn dann bin ja auch ich in seinen Augen dumm.

Ich gehe ins Bett, bin aber zu aufgewühlt, um schlafen zu können – ich spüre den großen Unterschied zur vorhergehenden Ruhe. Auch bin ich erstaunt, wie sehr mich dieses Thema innerlich doch noch bewegt. Ist die Trennung von meinem Mann der richtige Schritt? Ich frage mich das wieder und wieder.

7. Tag – Bewusste Änderung von Träumen und Schatten

Melodisches Vogelgezwitscher signalisiert mir den Anbruch eines neuen Morgens. Geschlafen habe ich nicht, bin aber nur wenig müde. Ansonsten geht es mir sehr gut. Ich höre noch einmal die Kassette an, was Holger über meine drei Träume gesagt hat. Das bewegt mich sehr.

An welchem Punkt lasse ich es zu, dass ich mir das, was ich mir gebe, auch wieder wegnehme? In welchen Momenten geschieht dies in meinem Alltag, wodurch es Sisyphusarbeit wird wie in den Träumen? Ich gebe zu schnell auf und rede zu viel, bin nicht konsequent in mancherlei Hinsicht, nehme noch zu oft falsche Rücksicht. Ich finde mich auch immer wieder dabei, mich zu rechtfertigen *(AP)*. Dadurch mache ich mir selbst alles wieder kaputt. Dieses Muster, aus meinem Harmoniebedürfnis *(IK)* heraus gewisse unschöne Situationen zu überspielen oder gar nicht erst wahrzunehmen *(Überlebensmechanismus; AP)*, scheint noch sehr präsent zu sein und macht mich blind für die Wahrheit. Ich bin mir jedoch sicher, dass die Alltagssituationen zeigen werden, an welchen Punkten ich mich noch in Situationen bringe, die mir nicht guttun, wo ich noch nicht zu mir stehe und mich nicht abgrenze *(AP)*, obwohl es angemessen wäre, dies zu tun. Ich weiß: Wie innen in mir, so kommt es auch im Außen auf mich zu.

Mein Kopf arbeitet pausenlos, immer wieder und wieder gehe ich die Träume durch, suche nach Lösungen …

Holger bringt neuen Tee und ich erzähle ihm, was mich seit der letzten Sitzung beschäftigt. Er meint: „Eine Seite in dir macht sauber, die andere verhindert, dass es sauber bleibt. Und diese andere Seite lässt auch die vollständige Reinigung nicht zu. Diese andere Seite ist auch die Frau mit den Weintrauben. Also Schlamm, saure Weintrauben und Chaos stellen dein Unbewusstes dar, das dir auf diese Art deutlich sagt: Da stimmt etwas nicht." Er geht, als hätte er es eilig.

Ja, ja – das liebe Unbewusste! Hat mehr Macht und Kraft, als ich jemals dachte. Es ist für mich immer wieder erschreckend zu sehen, wie ich größtenteils aus unbewussten Prozessen heraus das Leben gestaltet habe – bis hin zur Partner- und Berufswahl, zum Kinder-in-die-Welt-Setzen, zu Hobbys usw. Ein Trugschluss, zu glauben, dass dies alles bewusst geschieht. Es gibt auch keine Zufälle!

Ich habe das Gefühl, eine Spielfigur auf einem Schachbrett zu sein. Einerseits versucht das Unbewusste, seine Züge durchzusetzen, zum anderen gibt es eine höhere Kraft, die übergeordnet alles steuert. Vor dem Hintergrund stelle ich mir die Frage: Habe ich dann überhaupt so etwas wie einen freien Willen und eine Wahl?

Bewusste Änderung des Traumes „Pfirsiche und Weintrauben"

Ich entschließe mich, in alle drei Träume noch einmal einzusteigen und sie zum Positiven zu verändern.

Ich gehe in den ersten Traum und kaufe neue Pfirsiche. Es ist nicht mehr als ein Pfirsich, der mir in Scheiben geschnitten auf dem gleichen transparenten Glasteller gereicht wird. Dieses Mal setze ich mich sofort an den Tisch und beginne zu essen, die Umgebung aufmerksam im Blick haltend. Aus der Ferne sehe ich die Frau mit ihrer mit Weintrauben gefüllten weißen Schale auf mich zukommen. Sie setzt sich an meinen Tisch und bietet mir von ihren Weintrauben an. Ich bin angesichts der neuen Situation irritiert und grübele, ob ich das Angebot annehmen soll. Mein erster Impuls ist, aus der Verärgerung heraus abzulehnen. Doch bevor ich mein grollendes „Nein, danke!" aussprechen kann, erinnere ich mich, dass sie ja zu mir gehört und ich eine Annäherung haben möchte. Ich entscheide mich für den Austausch. Süß und sauer gehört auch wieder zusammen, warum soll ich ihr nicht von den leckeren Pfirsichscheiben abgeben und von ihr ein paar saure Trauben nehmen? Gedacht, getan. Die Weintrauben schmecken besser, als ich noch in Erinnerung hatte, was mich überrascht. Wir unterhalten uns beim Essen über belanglose Dinge.

Frühe Kindheitserinnerungen und ihre Veränderung

(Siehe Anmerkungen S. 265 unten, S. 266 oben)

Während unseres Gespräches fühle ich mich in eine Kindheitserinnerung hineingezogen. Ich sehe mich plötzlich angeschnallt als ca. Fünf- bis Sechsjährige im Bett liegen. *(Als Kind hatte ich ein Klappbett, das an den Seiten weiße Bänder zum Festschnüren des Bettzeugs hatte, damit dieses beim Hochklappen nicht herunterrutschte. Außerdem hatte es einen Vorhang, der vor das hochgeklappte Bett gezogen wurde.)* Die Bänder sind äußerst straff über dem Bauch und dem Brustkorb festgezogen, ich habe mich selbst gefesselt.

Ich gehe *(fühlbar)* als Erwachsene in die Situation, trete an das Bett des Kindes, schaue sie liebevoll an und rede mit ihr, während ich die breiten Bänder durchschneide. Die Kleine schaut mich völlig ängstlich und verstört an, als ob sie ein Donnerwetter erwartet. Ich frage, ob es in Ordnung ist, dass ich da bin. Sie nickt und wirkt etwas beruhigter, das kleine Gesicht sieht offener aus. „Wollen wir nicht ein neues Bett, eins, was man nicht hochzuklappen braucht und was auch keine Schnüre hat, in das Zimmer stellen?“, frage ich sie. Kopfschüttelnd gibt sie mir zu verstehen, dass sie das nicht möchte, da sie sich dann ja nicht mehr anschnallen könne. Als Erwachsene bin ich äußerst betroffen von dieser Aussage. Mir kommen die Tränen.

Eine andere Kindheitserinnerung taucht auf, wo ich mit meiner Mutter zum Arzt muss, weil ich wieder mal krank war. *(Ich war oft krank, bis zum neunten, zehnten Lebensjahr. Bronchitis, Mittelohrentzündung, Angina wechselten sich ständig ab. Das Wort Arzt war wie ein rotes Tuch für mich. Manchmal halfen die Antibiotikatabletten, die ich immer sofort bekam, nicht. Als letzte Lösung bekam ich dann eine Penicillinspritze verpasst – völlig gegen meinen Willen. Ich war vielleicht zwei, drei, höchstens vier Jahre alt, als das öfter der Fall war. Ich habe geschrien, so laut ich konnte, mich gewehrt und gebettelt, sie sollen mir keine Spritze geben, weil das immer soooo weh tut!!! Aber es half nichts, ich wurde einfach von der Krankenschwester, meiner Mutter (?) und der Ärztin festgehalten und drin war die Spritze in meinem völlig verkrampften Hintern, was mir heute noch wehtut, wenn ich nur daran denke.)*

Ich sehe, wie die kleine, ca. drei Jahre alte Saskia auf dem Bauch liegt, festgehalten wird und verzweifelt schreit. *(02/2010: Das gewaltsame Festhalten ist auch eine Form des Fesselns.)* Auch hier gehe ich als Erwachsene in die Situation und trete an die Liege, um dem Kind zu helfen. Entschlossen schiebe ich die Ärztin und die Arzthelferin beiseite, nehme die vollkommen verängstigte und verkrampfte Kleine auf meinen Arm und sage zu ihr: „Zu dieser Ärztin musst du nie wieder, dafür sorge ich!" Der Ärztin und der Krankenschwester ist das Entsetzen ins Gesicht geschrieben – sie machen große Augen und wissen nicht, was sie dazu sagen sollen. Zu meiner Mutter sage ich: „Du kannst ruhig arbeiten gehen, ich passe in der Zwischenzeit auf die Kleine auf und pflege sie. Mach dir also keine Sorgen." Überrascht und erstaunt schiebt sie ihre Brille hoch, schluckt aber, was ich in vollem Ernst und mit äußerster Entschlusskraft, die keinen Widerspruch zulässt, zu ihr gesagt habe.

Große Erleichterung überkommt mich und breitet sich im Körper aus. Mein Brustraum dehnt sich aus und fühlt sich deutlich weiter an, im Bauch entknotet sich etwas – ich spüre, wie wieder Energie durch diese Regionen fließt, die vorher offensichtlich blockiert waren. Ein warmes Empfinden im gesamten Körper, verbunden mit einem Gefühl von Leichtigkeit und Freude. Fühlt sich klasse an! Ich schaue in die glücklichen und dankbaren Augen der kleinen Saskia. Sie kann es noch nicht wirklich fassen. „Nie wieder?", fragt sie mich, noch etwas ungläubig. „Nie wieder, versprochen!" Ich meine das ernst.

[02/2010: Diese Stelle eignet sich sehr gut, um das IH-Modell (s. S. 27) anhand dieses praktischen Beispiels zu erklären. Mutter, Ärztin und Arzthelferin stehen hier für verinnerlichte PP-Stimmen, die ich als Kind als bedrohlich und angstauslösend im Unterbewusstsein abgespeichert hatte und die bis in die Gegenwart unterschwellig meine Gefühle und Handlungen beeinflussten. Das zeigte sich z. B. darin, dass, wenn ich als Erwachsene auf Aggressivität bei anderen Menschen traf, ich sofort mit den Gefühlen aus der Kindheit reagierte und mich ausgeliefert, hilflos, ohnmächtig, ängstlich, klein und bedroht fühlte (AP). In Anpassung an diese Angst vor Aggressivität (d. h. um die Angst und Ohnmacht nicht zu fühlen) fand ich (unbewusst) verschiedene Möglichkeiten, diesen Gefühlen aus dem Weg zu gehen:

a) Ich flüchtete vor dem Menschen, ging einer Begegnung aus dem Weg.

b) Die Begegnung fand statt, ich versuchte aber, es dem anderen recht zu machen, um nicht mit seiner (vermuteten) Aggressivität konfrontiert zu werden, indem ich z. B. Sachverhalte nicht ansprach, die mir missfielen. Oder ich ordnete mich dem anderen unter, indem ich Dinge tat, wenn ich meinte, dass diese dem anderen gefallen und ihn „bei Laune" halten (ich für mich allein hätte diese Handlung aber nicht getan). Oder ich unterließ eigene Aktivitäten (obwohl ich sie gern getan hätte), wenn ich dachte, sie könnten den anderen ärgerlich machen. Meine Handlungen orientierten sich am anderen, entsprechend der Devise: „Bloß nicht auffallen und keinen Ärger heraufbeschwören!" Energetisch war ich nicht bei mir, nicht präsent – dadurch gab ich dem anderen Macht über mich.

c) Ich war in der Begegnung in innerer Verteidigungshaltung, d. h., ich war auch aggressiv, um mich mächtiger als der andere zu fühlen. So spürte ich die Angst nicht, die sich hinter dem Machtgefühl verbarg. Ich versuchte, den anderen „unterzubuttern", und hielt das für kraftvoll. Zugleich war es ein Energieabzug vom anderen und innerhalb meines Selbst. Vor allem schwächeren Menschen gegenüber (z. B. meine Kinder) habe ich mich oft unbewusst so verhalten. Wenn andere Erwachsene sich mir gegenüber aggressiv verhielten, traute ich mich nicht, dagegen Grenzen zu setzen, sondern hielt den Mund und kuschte, hielt es aus, genau wie in der Kindheit. Meinen angemessenen Ärger über deren unangemessenes Verhalten mir gegenüber schluckte ich herunter, woraufhin er sich in mir ansammelte. Kam ich dann abends von der Arbeit nach Hause, steckte ich manches Mal voll mit angestautem Ärger, der sich dann an den Kindern bei Lappalien entlud, denn vor ihnen hatte ich keine Angst und traute mich, ihnen zu zeigen, wie wütend ich werden kann (was für eine „Glanzleistung", sich das vor hilflosen und schwächeren Kindern zu trauen!!!) Ich hielt es zudem für „richtig", ihnen meinen Ärger zu zeigen, wenn sie sich nicht so verhielten, wie **ich** *es wollte. Damit verhielt ich mich als Erwachsene genauso einschüchternd, machtausübend und erpresserisch, wie sich Erwachsene mir gegenüber in meiner Kindheit verhalten hatten. Einstmals selbst Opfer, wurde ich nun zum Täter. Was für ein Unrecht an den Kindern!*

Diese Erkenntnis tut echt weh, ist ziemlich bitter und macht mich sehr traurig, dass ich es als junge Mutter nicht anders konnte. Es ist an mir, Verantwortung dafür zu übernehmen und dazu zu stehen, ihnen emotional und körperlich wehgetan zu haben. Es gehört zu meiner und ihrer Realität, dass ich es heute weder ändern noch rückgängig machen kann. Und es ist heilsam für die Kinder (egal in welchem Alter, auch erwachsenen Kindern tut das gut), wenn sie von ihren Eltern hören, dass ihnen das Problem heute bewusst ist, es ihnen im Nachhinein von Herzen leidtut, und das Kind über den Schmerz offen mit den Eltern reden kann, ohne Gefahr zu laufen, dass die Eltern die Sache bagatellisieren, abwerten, sich rechtfertigen, verteidigen oder dem Kind noch immer die Schuld zuschieben. Ein Kind ist im Grunde genommen nie schuldig, da die Verantwortung immer bei den Eltern liegt, egal was passiert ist. Wenn das Kind die Wut und die Traurigkeit über die erfolgte Verletzung ausdrücken darf und von den Eltern aufrichtiges Verständnis für seine Position bekommt, ist das im Nachhinein heilsam und das Kind muss nicht länger diese Emotionen verdrängen. Ich spreche das hier so deutlich an, da genau das Problem, wie lieblos wir mit unseren Kindern umgehen, auch in unserer heute „fortgeschrittenen" Gesellschaft häufig auftritt. So ist die Sprache der Erwachsenen den Kindern gegenüber oft eine fordernde, erwartende, unterstellende, schuldzuweisende und aggressive, was für eine hochgradige innere Überforderung der Erwachsenen spricht. Auch vermitteln wir Erwachsene den Kindern oft, dass ihre Sorgen, Nöte und Ängste nur Lappalien wären, die es nicht wert sind, ernst genommen zu werden. Überall sind überforderte Eltern und Erwachsene anzutreffen: in der Kaufhalle, der S-Bahn, auf der Straße, dem Flughafen, in der Schule und der Kita … Und wie sieht es erst zu Hause in den eigenen vier Wänden aus, wo die Gewalt niemand sieht? Ausrastende und um sich schießende Jugendliche sind das Ergebnis unserer Erziehung und unseres Umgangs mit ihnen in der frühen und späten Kindheit. Wenn wir daran gesellschaftlich etwas ändern wollen, müssen wir Erwachsene Verantwortung übernehmen und bei uns selbst anfangen und nicht von den Kindern etwas abverlangen (Achtung, freundlicher Ton, Höflichkeit …), was wir ihnen gegenüber und im Umgang unter uns Erwachsenen selbst nicht leisten.

Die Aufarbeitung und Lösung emotionaler Blockaden besteht darin, die in der Kindheit entstandenen und verdrängten Gefühle als Erwachsene wieder zu fühlen. Ich gehe dazu als Erwachsene (PE und RI) in die Kindheitssituation hinein, d. h. ich bin „vor Ort" in der damaligen Zeit, rieche den Krankenhausgeruch, fühle die Atmosphäre des Ortes und die Hilflosigkeit meiner Mutter und der Ärztin, weil keine Medikamente halfen; ich höre die Ärztin reden und die kleine Saskia schreien und nehme wahr, dass sie sich den drei Erwachsenen gegenüber hilflos und ohnmächtig fühlt und verzweifelt versucht, durch heftigste Gegenwehr der Panik, die diese Situation in ihr auslöst, zu entkommen; ich kann deutlich den Griff der Erwachsenen an meinen Beinen und Armen fühlen, mit dem sie mich als Kind festgehalten hatten. Alles, was ich damals als Kind fühlte, ist wieder so deutlich spürbar, als ob es gerade erst stattfindet (in der Seele gibt es keine Vergangenheit – es ist immer alles JETZT da). Zugleich kann ich aus der erwachsenen Perspektive logisch und emotional erfassen, was das Kind in der Situation braucht, um sich wieder wohler fühlen zu können, und kann dieser Erkenntnis entsprechend im Sinne des Kindes handeln. In der o. g. Situation brauchte mein Inneres Kind Schutz, um sich sicherer fühlen und dadurch beruhigen zu können. Durch meine Handlung (PE/RI – Beenden der angstauslösenden Situation) erhielt das IK die neue Botschaft: Hier ist jemand für dich da, der dich in deinem Bedürfnis nach Schutz, Sicherheit und Geborgenheit sieht. Das entspannte das Kind sofort. Durch die Grenze, die das Erwachsenen-Ich (PE/RI) den verinnerlichten Negativ-Stimmen (PP) gegenüber setzte, wurden diese in ihrer Macht entschärft und das Kind verstand und fühlte: „Die Gefahr ist vorbei, es findet nie wieder statt." An die Stelle der Panik, die zur hochgradig körperlichen Verkrampftheit führte, trat ein mit physischer Entspannung und Wärme einhergehendes Sicherheitsgefühl, was zugleich die Basis von Vertrauen ist.

Wenn auf die oben beschriebene Weise jene schmerzhaften Kindheitssituationen, die emotional wirklich von Bedeutung waren, geändert werden, dann wird sich aufgrund des zunehmenden Sicherheitsgefühls im IK dem Erwachsenen-Ich gegenüber die Angst des Kindes mehr und mehr in Vertrauen wandeln. Das wiederum wird mit der Zeit zu mehr gelebter Authentizität führen, was sowohl von der Person selbst als auch (später) vom sozialen Umfeld wahrgenommen wird.

Ein Mensch, der seine Kern-Energie wieder mehr und mehr lebt, wird in den Alltagssituationen, die früher emotional schwierig waren, zunehmend gelassener werden – wobei Gelassenheit von Gleichgültigkeit zu unterscheiden ist. Er wird mehr in der inneren Mitte, Liebe und Kraft bleiben können und immer öfter in der Lage sein, verantwortungsbewusster und souveräner handeln zu können, als ihm dies zuvor möglich war.]

Danach befinde ich mich wieder bei der fünfjährigen Saskia *(die auf das Bett mit den Schnüren nicht verzichten möchte)* und versuche ihr freudestrahlend schmackhaft zu machen, dass wir das Kinderzimmer völlig anders einrichten können … „Wir können alles so gestalten, wie du es magst, kleine Saskia." Diese Aussage weckt schließlich ihre Begeisterung und sie stimmt zu.

Ausgelassen tanzen wir in Schlangenlinien und im Kreis singend durch das Zimmer, schmieren mit unseren Händen leuchtende Farben an die Wände, schmeißen den alten, dunklen Teppich hinaus, tauschen die altmodischen Schränke gegen helle bunte Kinderzimmermöbel aus. Voller Freude gestalten wir das Kinderzimmer komplett um und setzen beide Teddys auf das neue Bett, das jetzt groß genug ist, um darin zu kuscheln und Märchen vorzulesen. Gemeinsam schleppen wir die heiß geliebte große stählerne Eisenbahn aus dem dunklen Keller nach oben und stellen sie direkt vor das Bett; die bunt schillernden Murmeln bekommen im Regal gegenüber einen Platz, wo sie wirklich gut zu sehen sind.

Die freigesetzten Erinnerungen aus meiner Kindheit wühlen mich stark auf, ich bin sehr bewegt.

[02/2010: Dass das Kind meinem Vorschlag, das Bett auszutauschen, letztlich zustimmte, bedeutet, dass sie sich ein Stück weit sicherer mit meinem Erwachsenen-Ich (RI/PE) fühlte. In der Zustimmung zeigt sich auch das Nachlassen des Wunsches, sich

zu fesseln. Das Fesseln mit den Bettschnüren war ein Hinweis darauf, dass das Kind das traumatische Erlebnis, gegen seinen Willen festgehalten worden und dadurch in die Position gekommen zu sein, „den Erwachsenen ausgeliefert zu sein", nicht verarbeitet hatte.

Als meine Mutter mich einmal im Bett gefesselt „erwischte", fragte sie mich entsetzt, was ich da mache. Ich antwortete ihr: „Ich spiele Doktor." Das waren deutliche Zeichen, was die Seele des Kindes belastete und wo es Hilfe zur Verarbeitung benötigt hätte, die meine Mutter jedoch nicht erkennen konnte.]

Während wir im Kinderzimmer eine Idee nach der anderen überglücklich umsetzen, blendet sich zwischendurch, ähnlich einem Werbespot, immer wieder eine aktuelle Sequenz aus dem Pfirsichtraum ein. Erstaunt sehe ich, dass die Pfirsiche und Weintrauben immer weniger werden und sich der Traum auch ohne mein Dazutun in meinem Sinne fortsetzt. Als das Kinderzimmer fertig ist und das alte Bett mit dem Möbelwagen davonfährt, ist auch der Pfirsichtraum beendet: Ich habe mich gut mit der Frau unterhalten, während wir langsam die Früchte im gegenseitigen Austausch aufaßen. Zum Schluss trennten wir uns im guten Einvernehmen. Ich spüre keinerlei Wut oder Frust mehr auf diese Frau. Der Traum ist verändert.

[02/2010: Der Pfirsichtraum zeigte den Fortschritt an und entwickelte sich parallel zur aktiven Veränderung der Kindheitserlebnisse weiter. Indem ich meine Vergangenheit fühlbar änderte und das IK sich wohler und sicherer mit dem Erwachsenen-Ich fühlte, wurde es in dem Maße auch harmonischer zwischen den beiden Frauen. Intrapsychisch deutet das eine Stärkung des Energieflusses zwischen der Erwachsenen und dem IK und damit ein Nachlassen der Macht und Kraft der verinnerlichten PP-Stimmen an. Die Frau, die mir die Pfirsiche wegnahm, ist PP-Energie, der Teil, der sich die Pfirsiche wegnehmen ließ, ist AP-Energie. Die Wut der Frau gegenüber entstand aus der empfundenen Hilflosigkeit und der inneren Zuordnung, dass ich hilflos bin und mir hier etwas „angetan" wird.]

Eine weitere Kindheitserinnerung taucht auf: Mit 15 bekam ich von meinem Onkel „aus dem Westen" zum ersten *(und letzten)* Mal ein großes Paket voller Kaugummis geschickt. Diese Kaugummis waren ein bedeutender Schatz für mich und ich sparte sie auf, weil ich nicht mit Nachschub rechnete. Mit ihnen konnte ich fantastisch große Blasen machen, die nicht im Gesicht festkleben blieben – solche gab es in der DDR nicht. Trotz meiner Sparmaßnahmen nahmen sie rapide ab, da sich mein kleiner fünfjähriger Bruder heimlich fleißig bediente, ohne mich zu fragen. Ich war mächtig wütend und hätte ihn am liebsten lauthals zur Rede gestellt. Aber das durfte ich nicht, da meine Mutter das nicht duldete. Am Ende war ich die Dumme und wurde ausgeschimpft, warum ich so ein Theater wegen der blöden Kaugummis mache! Ich fühlte mich bestohlen und obendrein ungerecht behandelt und wusste nicht, wohin mit meiner enormen Wut.

Plötzlich sehe ich klar den Zusammenhang zu den gestohlenen Pfirsichen – das Gefühl der riesigen Wut ist absolut identisch. Ich ändere auch diese Kindheitserfahrung, indem ich (Erwachsene) zu der 15-Jährigen (IK) gehe und ihr leise, als wäre sie meine Verbündete, zuflüstere: „Ich kann genug Westkaugummis besorgen. Du kannst essen, so viel du magst, brauchst nicht mehr zu sparen. Und für den kleinen Bruder ist auch noch was da.“ Die Wut wandelt sich in Erstaunen; sie schaut mich an, als wollte sie sagen: „Was, da gibt es jemanden, der mir hilft und der versteht, warum ich wütend bin?“ Mitfühlend rede ich weiter: „Ja, ich verstehe, warum du wütend bist, und kann das absolut nachvollziehen. Es wäre ja geradezu merkwürdig, wenn du nicht wütend wärst, wenn dir ungefragt etwas weggenommen wird und du das nicht mal mit deinem Bruder klären darfst!“ Die 15-Jährige ist gerührt, lösende Tränen sammeln sich in ihren Augen, sie fühlt sich zutiefst gesehen und verstanden. Nach kurzer Überlegung gibt sie dem in der Nähe stehenden und sehnsüchtig schauenden Bruder einen Kaugummi ab, jedoch nicht, ohne sich nochmals bei mir Rückversicherung zu holen, dass ich halte, was ich ihr in Aussicht gestellt habe. Sie hat Angst, dass ich mein Versprechen brechen könnte. Ich versichere ihr mit Handschlag, dass ich es sehr ernst meine. Sie schaut jetzt glücklicher, ist aber immer noch eine Spur skeptisch. Doch letztendlich vertraut sie mir. Ich fühle große Erleichterung im gesamten Körper, vor allem aus dem Kopfbereich fließt Energie fühlbar ab.

[02/2010: Wut- und Ärger-Energie sammelt sich üblicherweise im Kopf und im Hals an und führt dort mit der Zeit zu einem Stau, wenn die verursachende Situation nicht aufgelöst wird. Daran ändert sich auch nichts, wenn das Ereignis – oder mehrere – und der Ärger darüber zunächst verdrängt wurde. Die energetische Blockade bleibt bestehen, bis sie in der Situation wieder aufgelöst wird, in der sie ursprünglich entstanden ist. Ich hatte in der Jugend einen „dicken Hals“, was ärztlicherseits auf eine Fehlfunktion der Schilddrüse zurückgeführt worden war, und bekam Jodtabletten, was am Symptom jedoch nichts änderte. Aus meiner heutigen Sicht war der „dicke Hals“ die Folge der jahrelang angestauten Wut, die ich „heruntergeschluckt“ hatte.

Die hervortretenden Halsschlagadern bei wütenden Menschen und auch das Sprichwort „Ich krieg' so'n Hals, wenn ich das sehe/höre!", das von Personen verwendet wird, wenn eine Situation sie wütend macht, verdeutlichen den Zusammenhang zwischen Psyche und Körper ganz klar. Jeder Mensch könnte diese Körperreaktionen im ganz normalen Alltag an sich selbst beobachten, wenn darauf geachtet würde.]

Bewusste Änderung des Traumes „Schlamm auf der Treppe"

Der dritte Traum kommt mir in den Sinn. Ich steige die Treppenstufen hinauf und schaue auf den schlafenden Mann. Mir bewusst machend, dass er hier nicht hergehört, schüttle ich ihn vorsichtig an der Schulter und spreche ihn leise an. Da er nicht reagiert, rüttle ich ihn deutlich stärker, doch ohne Erfolg. Ich hole vom Gartenzaun einen Grashalm und kitzle ihn damit im Gesicht und an der Nase. Der Mann holt tief Luft. „Geschafft!", denke ich. Aber er muss nur niesen, dreht seinen Kopf zur anderen Seite und schläft tief und fest weiter. Mein Blick fällt auf die Kinder, die in einiger Entfernung auf dem Schulhof spielen.

„Hey Kinder, habt ihr eine Idee, wie ich den Mann aufwecken könnte? Ich habe schon alles versucht, aber er wacht nicht auf!", rufe ich ihnen laut zu.

Vier Kinder kommen neugierig angelaufen, stellen sich ganz selbstverständlich hinter den Mann und setzen gemeinsam an, ihn die Treppe herunterzurollen. Erschrocken bitte ich sie, zu warten. Ihn Stufe für Stufe runterplumpsen zu lassen, tut ihm sicher weh. Die Idee selbst finde ich genial. Ich hole aus dem Geräteschuppen der Schule ein breites Brett, lege es quer über die Stufen und breite auf dem Boden davor eine weiche Matte aus. „Fertig, jetzt kann es losgehen." Mit vereinten Kräften kullern wir den großen, schweren Mann wie eine Teppichrolle die Rampe hinunter. Er scheint nicht das Geringste zu spüren. Ich decke ihn zu und wische mit einem Scheibenwischer den dünnflüssigen Schlamm von den Stufen. Helles, wunderschön gemasertes und kraftvoll strahlendes Holz kommt zum Vorschein, das mein Herz anrührt.

Wohin nur mit all dem Schlamm? In die Eimer? Nein, zu schwer zum Tragen, wenn sie voll sind. Mein Blick schweift hinüber zum Schul-Gemüsegarten, der gleich hinter der Schule liegt, und bleibt an der alten Badewanne hängen. Kommt auch nicht infrage … Genau – wegspritzen! Ich ziehe den langen gelben Wasserschlauch, der gleich neben der Wanne zum Bewässern der Beete bereitliegt, zur Treppe. Den groben Schlamm fege ich mit einem alten Besen in den Gully und spritze abschließend den Schulhof und die Treppe ab. Alles sieht blitzblank aus – bis auf den schlafenden Mann auf der Matte.

Ich schaue zufrieden und versunken auf die prächtige, nass funkelnde Holztreppe. Nach einer Weile finde ich, dass sie hier draußen völlig fehl am Platz ist. Das ist doch keine Außentreppe! Das Holz ist viel zu edel, um bei Wind und Wetter zu vergammeln. Ich gehe zig Möglichkeiten durch, wohin ich die Treppe bringen könnte. In meine Wohnstube oder mein Zimmer? Nein, da passt sie nicht rein. Doch draußen stehen lassen und mit einer Plane abdecken? Fühlt sich nicht gut an, diese außergewöhnliche Treppe unter einer Plane verschwinden zu lassen. Die Turnhalle! Da könnte sie gut stehen.

Ich rufe die beiden Männer, die gerade die Straße entlangkommen, zu mir und bitte sie, die Treppe genau in die Mitte der hinteren Längsseite der Turnhalle zu tragen und direkt an die Wand zu schieben. So können die Kinder bei Wettkämpfen die Treppe mitbenutzen, indem z. B. der Schiedsrichter auf ihr seinen Platz einnimmt. Da die Kinder nur mit Turnschuhen oder barfuß in die Halle dürfen, kann das Schmuckstück nicht beschmutzt oder zerkratzt werden. Ich stelle zwei Rankpflanzen links und rechts auf die oberste Stufe und genieße den satten Farbkontrast zwischen dem hellen Holz und den lang herunterhängenden dunkelgrünen Ranken. Fertig! Die Treppe ist gut geschützt, hat einen passenden Platz und dient zudem noch einem guten Zweck. Zufrieden verlasse ich die Turnhalle.

Der Mann liegt noch immer tief schlafend auf der Matte. Was mache ich nur mit ihm? Ohrfeigen oder Tritte sind mir zu brutal. Die Kinder schlagen vor, ihm einen Eimer Wasser über den Kopf zu gießen oder ihn mit dem Schlauch nass zu spritzen. Ich schüttle den Kopf. Mein Innerstes wehrt sich dagegen, da ihn das schocken könnte. Ich fühle mich hilflos und weiß nicht, was ich mit ihm machen kann. Ihn einfach liegenlassen? Nein, es könnte regnen oder schneien, die Nächte sind noch ziemlich kalt. Bevor der aufwacht, erfriert er eher! Die Klingel ruft die Kinder wieder zum Unterricht, sodass ich jetzt allein mit ihm bin. Vielleicht doch einfach liegen lassen, nach dem Motto: Wenn ihm zu kalt wird, wird er schon aufwachen? Ich kann mich mit der Idee nicht anfreunden, sie löst kein gutes Gefühl in mir aus – ich kann doch nicht einfach gehen! Da bis zur Nacht noch viel Zeit ist, hole ich mir einen Schreibtisch und einen Stuhl aus der

Schule, setze mich neben den Schlafenden in die Mittagssonne und schreibe alle meine Träume, die ich bis jetzt hatte, auf. Im Traum ist es jetzt 14 Uhr. Mit der Zwischenlösung fühle ich mich erst einmal gut.

Ich habe das Gefühl, als hätte ich stundenlang schwer gearbeitet. Seit dem Morgen, als Holger mir Tee brachte, war ich durchweg innerlich aktiv, mein Kopf raucht, dazu die schlaflosen letzten beiden Nächte. Ich fühle mich total erschöpft und lege mich ins Bett, um zu schlafen.

Doch statt in einen selig-erholsamen Schlaf komme ich stattdessen in sexuelle Erregung. Ich leite die sexuelle Energie erneut um und erlebe einen ähnlich starken Energiestoß in die Wirbelsäule hinein wie beim ersten Mal. Danach bin ich energiegeladen, vollkommen frisch und wach und gehe in den Traum mit dem schlafenden Mann zurück.

Ich sitze an meinem Schreibtisch. Es ist schon später Nachmittag, die Sonne steht schon tief und wird in der nächsten Viertelstunde untergehen. Plötzlich bewegt sich der Typ, wacht auf und setzt sich hin. Ich schaue zu ihm rüber und bin völlig verblüfft: Das ist kein Mann mehr, sondern eine Frau! Eine Patientin von mir. Ich frage sie erstaunt, was sie denn hier mache? Sie schaut mich an und sieht aus, als sei sie noch immer nicht richtig wach. Sie meint, sie musste schlafen und wüsste auch nicht so genau, was sie hier mache. Nachdem ich mich von meinem Erstaunen erholt habe, packen die Frau und ich alles zusammen und räumen Matte, Schreibtisch und Stuhl wieder in die Schule. Dann verabschiedet sich die Patientin von mir mit einer fast verlegenen Entschuldigung, jetzt nach Hause zu müssen. Ich schaue ihr nach und weiß ganz sicher, dass der Traum jetzt geändert und beendet ist.

Das Ende verwundert mich sehr, denn sowohl auf der Treppe als auch auf der Matte liegend war es eindeutig ein Mann. Und dann entpuppt „er" sich als Frau.

Ich bin total fasziniert von der anhaltenden Wärme in mir, vor allem im Bereich des Herzchakras … nicht zu fassen … einfach irre wundervoll … Was so ein Energiestoß in die Wirbelsäule alles bewirkt …

[2004: Es ist ein so wunderbares Gefühl, dass mein Ego beim Lesen sofort denkt: „Das will ich wieder haben!" Ich empfinde das Ego gerade wie eine diebische Elster, die alles, was ihr gefällt, sofort vereinnahmt, festhält und nicht wieder hergibt.

Diesem Festhalten des Egos ist sehr schwer beizukommen. Ein Kreislauf zwischen festhalten und loslassen. Kaum ist es mir gelungen, in einem schweren inneren Prozess etwas loszulassen, findet das Ego – wie mir scheint, mühelos – Ersatz, was es stattdessen einkrallen und festhalten kann. Wenn das Loslassen doch nur auch so mühelos wäre!]

Mein Muskelkater ist wieder weg. Beim Tai Chi schwitze ich wie ein Teufel und bin beeindruckt von der zunehmenden Stimmigkeit, fast Harmonie, im Bewegungsablauf der Form. Körperlich merke ich im Gegensatz zu den ersten beiden Tagen keinerlei Schwäche, ich kann auch gut auf einem Bein stehen. Nach 30 Liegestützen, die ich gerade so schaffe, setze ich mich zur Meditation.

Vielleicht eine halbe Stunde später breche ich die Meditation ab wegen starker Schmerzen im linken Knie, in der linken Hüfte und überhaupt im ganzen linken Bein und linken Fuß. Gerade, als ich mich ins Bett lege, kommt Holger zum Gespräch.

Gespräch mit Holger

Todesangst

Ich lenke das Gespräch auf meine Todesangst und Holger gibt mir dazu Feedback: „Du hast etwas sehr Klares, sehr Nüchternes, Liebevolles, Arbeitsames, Fleißiges. Zu arbeitsam, zu fleißig, zu ordentlich. Alles gute Eigenschaften, aber zu viel des Guten. Da ist irgendwo eine zu starke Ich-Kontrolle. Andererseits bist du auch wieder ganz offen. Du machst so etwas wie Dunkeltherapie, Meditation, Tai Chi. Also wieder zwei Seiten in dir, so, wie die zwei Frauen in dem Pfirsichtraum. Licht und Schatten, beides beieinander. Du bist sehr offen und dann doch wieder nicht." Holger meint, dass das mit der Todesangst zusammenhänge und ein tief greifendes Problem sei. Was sich bis jetzt gezeigt habe, sei nur die Spitze des Eisberges. Er meint weiter, dass Tiere, Bäume und Pflanzen keine Angst hätten und die Menschen auch keine Todesangst zu haben bräuchten.

Dann fragt er mich, wovor genau ich denn Angst hätte, das Sterben betreffend. Ich erzähle noch mal meine Albträume aus der Kindheit (viertes bis ca. zehntes Lebensjahr), in denen ich verfolgt, erschossen, gewürgt, erstochen, erhängt wurde und ertrunken bin.

S.: „Wirklich gestorben bin ich (ca. fünf Jahre) nur in dem Traum, wo ich erschossen wurde. Ich spürte den Einschlag der Kugel in meinem Brustraum, sah und fühlte das warme Blut an meinem Körper herunterlaufen, wunderte mich, dass das alles gar nicht wehtat und spürte, wie meine Kräfte mich verließen und mir langsam das Bewusstsein schwand, weil mein Herz nicht mehr schlug. Ich dachte, Erschossen-Werden ist ja gar nicht so schlimm, tut ja gar nicht weh. *(Diese Erkenntnis erleichterte mich damals, offensichtlich gab es eine Angst vor Schmerzen.)* Dann wachte ich auf und begann zu weinen, weil ich das Erlebte furchtbar fand; vor allem das viele Blut ängstigte mich. Es dauerte eine Zeit, ehe ich realisierte, dass ich gar kein Blut am Körper hatte und ‚alles gar nicht wahr war', wie meine Eltern zu sagen pflegten, wenn sie mich beruhigen wollten. Beim Erhängen wachte ich in dem Moment auf, als mir der Klotz unter den Beinen weggehauen und das Seil um den Hals straff wurde. Ertrinken war schrecklich – ich versuchte verzweifelt, unter Wasser Luft zu bekommen, und wachte an dem Punkt auf. Bei allen anderen Träumen stand die Angst, umgebracht zu werden, im Vordergrund. ‚Ein Böser' verfolgte mich, aber bevor er mich erwischte, erwachte ich jedes Mal.

Die Hauptangst ist, dass ich nach dem Tod *nie mehr* auf der Welt bin und nicht sehe und erlebe, wie es weitergeht auf der Erde – und das für *immer, endgültig.* Diese Endgültigkeit ist das Erschreckende und löst die Angst aus, ein Ende ohne neuen Anfang. Die Erde entwickelt sich immer weiter, über Millionen von Jahren und viel weiter, und alles das erlebe ich niemals wieder. Keiner wird sich mehr an mich erinnern, es gibt mich dann einfach nicht mehr – *nie mehr!* Ich kriege keine Luft mehr (grauenvoll!!!) vor dem Tod, liege dann in der kalten nassen Erde und die Würmer fressen mich auf. Spätestens an dem Punkt meiner kindlichen ‚Fantasien' krümmte ich mich vor seelischer Qual zusammen, es trieb mich fast in den Wahnsinn und ich fing meistens an zu weinen, wenn es mir nicht gelang, diese lebendigen Bilder zu verdrängen. Auch die Vorstellung, nach dem Tod verbrannt zu werden, war mir nicht angenehmer."

[02/2010: Ich bekam als Kind die Vorstellung nicht hin, ***wirklich*** *tot zu sein und von der Beerdigung, auf welche Art auch immer, nichts mitzukriegen. Bei allen Beerdigungsvorstellungen kam immer Zweifel auf: „Was ist, wenn ich doch noch nicht tot bin und dann lebendig begraben oder verbrannt werde, weil die Leute nicht merken, dass ich noch lebe?" An dem Punkt kam die Angst vor dem Schmerz bei der Verbrennung oder davor, keine Luft zu kriegen unter der Erde – also eine Angst vor Qual und Schmerz. Vielleicht wollte mein Unbewusstes mir damals in Form der Zweifel sagen,*

dass es in Wirklichkeit keinen Tod gibt; weil ich es jedoch nicht verstanden hatte, löste es Angst aus.

Bezüglich der Todesangst habe ich zwischenzeitlich weitere tiefe Einsichten für mich gewonnen, die so komplex sind, dass ich sie hier bewusst weglasse, um den Rahmen des Buches als Erfahrungsbericht nicht zu sprengen.]

S.: „Diese Fantasien quälten mich fast jeden Abend vor dem Einschlafen. Ich nahm mir vor, berühmt zu werden, damit nach meinem Tod wenigstens die Erinnerung an mich bleibt, wenn ich schon nicht mehr da bin. Nur über berühmte Leute spricht man noch lange Zeit nach ihrem Tod, wodurch sie in gewissem Maße lebendig bleiben. Mein Vater sprach immer in einer besonderen Energie von berühmten, aber bereits verstorbenen Leuten, insbesondere von Goethe, Schiller, Mozart und Rembrandt. Dann drückte er sehr lebendig Hochachtung, Freude, Lob, Anerkennung, Wertschätzung und Begeisterung aus. Die machten nie was falsch! Da stimmte jeder Pinselstrich und jede Note. ‚Wie schlau die waren und was die alles konnten!', dachte ich oft als Kind, wenn ich ihn über diese Leute reden hörte. Genau **so** wollte ich auch von ihm gelobt werden. Was mir nie gelungen ist, denn seinen perfekten Maßstäben konnte ich nie gerecht werden und ich war auch nicht berühmt."

[02/2010: Mein Vater redete mit mir immer sehr ernst und belehrend, jedoch nie in der bewundernden und freudigen Energie, in der er über die „Größen vergangener Jahrhunderte" sprach. Da ich aber auch diese freudige und einfach schöne Energie wollte, die er z. B. Rembrandt zukommen ließ, dachte ich als Kind, die Lösung liege im Berühmtsein. So verknüpfte ich als Kind die Fantasien und Ängste vor dem Tod mit dem Wunsch nach Berühmtsein, „damit mein Vater so mit mir redet, wie er über diese berühmten Leute redet." Durch diese Beschreibungen wird klarer, dass es nicht um einen „Berühmtheitsimpuls" geht, sondern dass anscheinend nur über Berühmtheit die Anerkennung vom Vater erreicht werden kann – und das wiederum nur, wenn ich schon tot bin.]

Holger meint, die Todesangst könnte auch karmisch bedingt sein.

Ich erzähle ihm, dass ich bis zum ca. fünften Lebensjahr in Abständen immer wieder mal ins Bett nässte. Meine Mutter schimpfte dann und war sichtlich enttäuscht, was sich für mich wie ein Weltuntergang anfühlte. Da ich wusste, was auf mich zukommt, hatte ich Angst davor und stand so (unbewusst) unter einer Dauerspannung. Eines Morgens, bevor sie wieder ihre üble Laune über mich ergießen konnte, erzählte ich ihr unter Angst und Tränen, dass ich immer das Gefühl habe, ich würde zur Toilette gehen und sogar jeden Schritt auf dem Gang dorthin und auch den Griff der Klospülung spüren würde. Selbst den Toilettendeckel unter meinem Hintern fühlte ich. Meine Mutter war überrascht und riet mir, mich beim nächsten Mal zur Kontrolle in den Arm und ins Bein zu kneifen. So würde ich unterscheiden können, ob ich wach bin oder träume. Von da an wendete ich ihren Rat an und entleerte mich, wenn ich wirklich sicher war, auf der Toilette zu sitzen, und merkte meinen Irrtum erst, wenn das Bett bereits wieder nass war. Es war alles so real, dass mir auch der Kneiftest nicht half. Doch mit der Schimpfe war es vorbei. Meine Mutter hatte von da an Verständnis für mich und ich verlor allmählich meine Angst vor dem Einnässen, wodurch sich das Problem nach und nach auflöste.

Holger findet das interessant und fragt mich, ob ich eine Todessehnsucht habe. Ich muss fast lachen, denn meine Devise lautet, am besten unsterblich zu sein oder das Sterben so weit wie möglich rauszuschieben, so alt, wie es nur geht, zu werden. 120 Jahre – oder noch älter – habe ich als Wunsch im Visier.

[03/2010: Der Wunsch, so alt zu werden, speist sich aus der Angst vor dem Tod, die wiederum verinnerlichte PP-Energie ist – mein Vater hat die Angst heute noch. Und der Wunsch, so lange wie möglich zu leben, ist eine Gegenreaktion darauf (AP). Die Angst vor dem Tod kann auch auf spezifische PP-Botschaften zurückgehen (z. B: „Du bist es nicht wert zu leben.") oder geburtstraumatisch bedingt sein (wenn vielleicht durch meine Steißlage und die Drehung während der Geburt ein Risiko für mich bestand und meine Existenz bedroht war) – dann wäre sie eine IK-Funktion.]

H.: „Was hast du davon, wenn du immer lebst?"

S.: „Dann kann ich Erfahrungen machen und sehe, wie es weitergeht auf der Erde. Das ist doch alles ganz spannend, wie die Welt sich entwickelt."

H.: „Ich kann deine Gedanken gut nachvollziehen. Die meisten Menschen haben im Alter eher eine Todessehnsucht, die wollen gehen und nicht mehr leben."

S.: „Ich kenne viele Leute, die große Angst haben vor dem Tod. Nur Leute mit starken körperlichen Beschwerden, und wo keine Besserung in Sicht ist, wollen oft nicht mehr leben."

H.: „Du möchtest doch aber außerkörperliche Erfahrungen machen."

S.: „Ja, aber doch nicht, um zu sterben, sondern um der Erfahrung willen. Ich glaube, wenn ich einmal eine echte außerkörperliche Erfahrung hätte, könnte sich meine Todesangst auflösen. Das wäre für mich der Beweis, dass ich außerhalb des Körpers existieren und leben kann. So steht das zwar in vielen Büchern, z. B. in solchen über Nahtoderlebnisse, aber da es keine eigene Erfahrung ist, löst sich mein Zweifel dadurch nicht auf."

H.: „Das ist ein Widerspruch, denn den Körper zu verlassen, heißt Tod."

S.: „Ja. Deshalb habe ich auch große Angst davor. Angst, nicht wieder in meinen Körper zurückzukommen – die verhindert die Erfahrung. Also ich will die Erfahrung machen und doch wieder nicht, weil ich Angst habe, dabei zu sterben. In einem Seminar über außerkörperliche Erfahrungen, an welchem ich im Herbst 2000 teilgenommen hatte, lag ich freiwillig in der Mitte, um mithilfe der Suggestionen des Seminarleiters und der Gruppenenergie aus dem Körper zu gelangen – davon ausgehend, dass dies eine interessante Visualisierungsreise werden könnte. Das wurde es auch, aber ganz anders, als ich dachte. In tiefer Trance fühlte ich mich nämlich plötzlich von ‚etwas' körperlich angehoben. Ich erschrak heftig und bekam panische Angst. Das Gefühl war so ungeheuerlich real, dass ich mich vehement gegen den starken Zug nach oben wehrte, indem ich zappelte und meine Hände abwehrend nach oben ausstreckte. Ich hatte doch nicht im Ernst daran geglaubt, dass man **wirklich** den Körper verlassen könne, dachte, dass dies nur eine Vorstellung, aber doch keine Realität sei!!! Sprechen konnte ich nicht, die Idee dazu kam mir auch gar nicht. Ich war viel zu sehr damit beschäftigt, mich unter Aufbietung aller Kräfte gegen ein weiteres Höhergehen zu stemmen. Außerdem nahm ich an, dass die Gruppe und der Seminarleiter meinen Kampf sehen. Zumindest vom Leiter erwartete ich, dass er mich im Auge behielt. Ich wurde wütend, weil er den Versuch nicht sofort abbrach – ich selbst war nicht in der Lage dazu. Die enorme Wut gab mir die Kraft, die Übung bis zum Ende durchzustehen, und ich war heilfroh, als sie endlich zu Ende war. Nachdem ich mich beruhigt hatte, fragte ich ziemlich vorwurfsvoll, warum der Versuch nicht sofort abgebrochen worden sei. ‚Ihr müsst doch gesehen haben, dass mit mir etwas nicht stimmte? Oder habt ihr mich vielleicht hochgehoben?' Aber alle versicherten mir, mich weder berührt noch hochgehoben zu haben. Ich konnte das kaum glauben – niemand hatte etwas bemerkt. Ich hätte ganz ruhig und vollkommen entspannt dagelegen, weswegen sie keinen Anlass gehabt hätten, anzunehmen, dass es mir nicht gut ginge. Diese Aussagen passten überhaupt nicht mit meiner Erfahrung zusammen, aber ich spürte, dass sie die Wahrheit sagten.“ (*An diesem Widerspruch hatte ich lange zu knabbern, weil ich es mir nicht erklären konnte.*)

Holger meint, ich solle mir als Übung mal vorstellen, ich würde sterben, dann in mich hineinspüren und schauen, was alles auftaucht.

Sofort kommt großer Widerstand auf: „Alles, was man sich vorstellt, passiert auch – früher oder später. Nein, Holger, das stelle ich mir nicht vor!“ Ich will es mir nicht vorstellen, schiebe das weit von mir.

H.: „Es gibt keinen Tod, sondern nur einen anderen Seins-Zustand.“

Mein innerer Zweifler fragt ihn mit scharfem Unterton, woher er das weiß. Holger meint, dass das nicht beweisbar sei. Es gäbe aber viele Leute, die Nahtoderlebnisse hatten und laut Ärzten schon tot waren. Und alle würden ähnliche Dinge berichten: Licht, Tunnel, sich außerkörperlich wahrzunehmen und trotzdem alles zu sehen und zu hören, was passiert, aber keine Möglichkeit zu haben, sich mit den Leuten zu unterhalten. Auch das Sehen von verstorbenen Familienmitgliedern, Gott, Jesus oder Engeln.

Wie gern möchte ich das glauben. Ich würde mich so sehr erlöst von meiner Todesangst fühlen. Aber es bleibt nur ein Wunschtraum – mein Inneres nimmt diese Version einfach nicht an.

Holger würdigt meinen Werdegang, was ich schon alles geschafft habe: das Veterinärmedizinstudium, vier kleine Kinder, die Vollzeitarbeit im Veterinäramt, die Prüfung nebenbei zum Heilpraktiker. Obendrein auch noch Hausbau, großen Garten und Haus sauber halten, Mutter und Ehefrau sein, Praxisgründung. Er könne sich nicht mal vorstellen, wie das gehen soll. Der Sprung vom Veterinärmediziner zum Heilpraktiker – und das neben der 40-Stunden-Arbeitswoche und den Kindern – sei in seinen Augen eine große außergewöhnliche Leistung. (*Es tut mir echt gut, so gewürdigt zu werden, wundere mich aber auch darüber. Für mich war das „normal“.*) Er meint, mir fehle irgendwie die Möglichkeit, mich in das Mystische einfach hineinfallen zu lassen.

S.: „Ja, der starke Kontrollfaktor verhindert das.“

Ich erzähle Holger, was mir in den letzten drei Jahren rückblickend über mich bewusst wurde und dass ich bereits im Spannungsfeld meiner Eltern stand, bevor ich überhaupt geboren war. Holger meint, der Kontrollfaktor würde durch die Angst erzeugt. Andererseits wirke ich gar nicht kontrolliert auf ihn, sondern eher im Fluss, sehr locker und sehr ruhig. In der Tiefe sei der Kontrollfaktor aber eben noch da.

S.: „Ich mache mir auch Gedanken über die innere Diskrepanz zwischen ‚alles unter Kontrolle haben wollen' und ‚innerer Ruhe und Gelassenheit'. Kontrolle, Todesangst und Berühmtheitswunsch hängen irgendwie eng miteinander zusammen. Wenn ich berühmt wäre, könnte ich mir sagen: Wenn du stirbst, dann bleibst du der Nachwelt aufgrund deiner Berühmtheit auf jeden Fall erhalten. Aber die Angst wäre nicht wirklich gelöst – es wäre nur ein ‚Gut-Zureden', um die Angst vor mir selbst herunterzuspielen, unter Kontrolle zu halten."

[02/2010: Im Berühmtheitswunsch zeigt sich unbewusst der Wunsch nach Anerkennung, indem die Nachwelt noch von mir redet, weil ich etwas „Besonderes und Großes für die Gesellschaft" geleistet habe, sodass „ich es wert bin", nach meinem Tod erwähnt und erinnert zu werden. Unbewusst habe ich hier meinen Wert als Mensch an Leistungen gekoppelt, die auch noch groß und bedeutend sein müssen, um von der Gesellschaft (stellvertretend für Vater und Mutter) Beachtung zu finden und als wertvoll eingestuft zu werden.]

H.: „Wenn Gefühle stark unterdrückt worden sind, ist auch gleichzeitig immer eine Angst vor dem Tod da. Das hängt beides miteinander zusammen und du hast das intuitiv schon sehr clever gelöst durch deinen Berufswechsel. Als Heilpraktikerin hast du viel mehr mit Gefühlen zu tun und wirst anders mit dem Tod konfrontiert, als wenn du bei den Tieren geblieben wärst."

S.: „Weißt du, warum ich Tierärztin geworden bin? Ursprünglich wollte ich Humanmedizin studieren, wusste aber, dass im Studium Verstorbene seziert werden müssen. Den Gedanken, Tote zu sehen, konnte ich nicht ertragen. Bei den Tieren hat mir der gleiche Fakt nichts ausgemacht. Es war mir nicht egal, aber damit konnte ich eher umgehen."

Holger meint, über die neue Arbeit würde ich mich mehr mit diesem Thema auseinandersetzen, als ich dies als Veterinärin getan hätte. Dadurch könne sich wahrscheinlich mit der Zeit auch diese Angst auflösen.

Nach einer kurzen Pause fragt Holger mich: „Was ist denn das Dasein?"

Ich werde von der Frage aus meinen Gedanken gerissen und stammle, total überrascht von dem abrupten Themawechsel, nach einer Antwort suchend: „Meine Gefühle, meine Gedanken, dass ich mir meiner selbst bewusst bin, meine Erfahrungen, die ich mache usw., einfach das Gefühl, dass ich vorhanden bin.“

H.: „Hast du manchmal das Gefühl, dass du mehr bist, als das? Dass du etwas GANZES bist?“

Spontan fällt mir ein, dass ich früher in manchen Meditationen ein Ausdehnungsgefühl im Umkreis von ca. sieben Metern hatte und ich diesen Bereich als zu mir zugehörig wahrnahm.

S.: „Es ist aber kein Gefühl von Gesamtheit oder Ganzheit da. Ich bin dies, das Weltall ist das, ich bin zwar da eingebunden, aber ich **bin** es nicht, bin nicht eins mit dem Raum um mich, sondern nur ein Teil davon, solange ich da bin. Und wenn ich gestorben bin, rücken andere nach und nehmen meinen Platz ein. Ich fühle mich getrennt vom Ganzen.“

Seit etwa einem Jahr trage ich mich mit dem Gedanken, eine Ausbildung zum Hospizhelfer zu machen und vielleicht auch in der Richtung aktiv zu werden, um mich den Themen „Tod“, „Sterben“, „Sterbeprozess“ anzunähern.

Holger findet die Idee klasse und meint, er stelle sich das schrecklich vor, solche Angst vor dem Tod zu haben, weil man dann auch gar nicht richtig leben könne. Für ihn gebe es keinen wirklichen Unterschied zwischen Leben und Tod, es sei alles Sein. Todesangst sei auch eine Angst vor dem Leben.

Den Satz kenne ich schon aus meiner Therapie und er macht mich erneut nachdenklich. Da ist was dran. Ich fühle etwas Neid in mir aufsteigen, als Holger erzählt, er wäre jederzeit bereit zu sterben und hätte alles geregelt und sein Testament gemacht, weil er wisse, dass jeden Moment der Tod da sein könne und das für ihn auch noch in Ordnung sei.

Holger sagt, er habe ein tiefes Gefühl von Vertrauen, dass das Dasein wisse, was richtig sei. Er brauchte sich über nichts Gedanken zu machen, habe über nichts die Kontrolle, könne überhaupt nichts tun. Er sei wie ein kleiner Wurm, der das Vertrauen in das Dasein habe, dass alles, was komme, richtig für ihn sei, das Gute wie das Schlechte. Er könne weder etwas dafür noch etwas dagegen tun, er lasse alles geschehen, sei ganz passiv und alles sei o. k. für ihn. Mein Denken dagegen sei anders: Ich würde meinen, ich habe die Kontrolle und müsse immer alles machen und tun.

Anhand seiner Worte wird mir meine Aktivität bewusst und wie sehr ich darüber alles kontrolliere. Ich bin keinesfalls passiv – im Gegensatz zu ihm.

Holger meint, wenn er sich vorstelle, dass er das alles **tun** müsste, was so in seinem Leben passiere, dann würde er sich restlos überfordert fühlen. Ich stimme ihm zu. Wenn ich mich in seine Position hineinversetze, spüre ich eine große Entlastung. Wie leicht das Leben wäre, wenn ich einfach mit dem Lebensfluss mitfließen würde. Ich merke, dass mich die Angst vor dem Tod und mein Kontrollfaktor mehr belasten, als ich es bislang wahrgenommen habe. Im normalen Alltag spüre ich die Angst ja nicht.

[10/2004: Während ich die Kassette abschreibe, sehe ich, dass mein Kontrollfaktor in der tiefsten Tiefe mit der Angst vor dem Tod zusammenhängt. Ich ***muss*** *mein Leben unter Kontrolle haben und planen und tun. Darüber grenze ich den Tod aus, indem ich alles für mein Leben tue. Indem ich alles plane, meine ich, über alles die Kontrolle zu haben, denn den Tod plane ich ja nicht mit ein. Was ich nicht gesehen habe, ist die Tatsache, dass ich keine Kontrolle über den Tod habe und auch nie haben kann. Deshalb macht er mir auch solche Angst. Ich erschaue, dass der Tod so ziemlich das Einzige ist, was ich* ***nicht*** *unter Kontrolle habe. Langsames Entsetzen kriecht in mir hoch, über das, was ich mit großer Klarheit so plötzlich sehe: Wie sehr ich mich selbst eingrenze über meine Kontrollmechanismen. Wie sehr mein Leben von einer tiefen Angst bestimmt und gesteuert wurde und wird, ohne dass ich es je merkte, denn im Alltag habe ich keine Ängste. Jetzt zu sehen, dass mein* ***ganzes*** *Leben von dieser tief liegenden Angst bestimmt wird, erschreckt mich. Ich fühle Ernüchterung, Entsetzen, Traurigkeit, Panik, ein flaues Gefühl im Magen, Hilflosigkeit und tiefste Erschütterung. „Wie soll ich das nur ändern, um es wieder unter Kontrolle zu bekommen?" Ein Kreislauf, in dem ich mich plötzlich gefangen sehe. Es ist, als ob ich von oben plötzlich über mein bisheriges Leben schaue und sehen kann, wie die Angst mich dirigiert hat, ohne dass ich es bemerkte. Ich hielt mich für stark, mutig, alles schaffend … und für alles war die treibende Kraft mehr oder weniger eine tiefe Angst. Das schockiert mich bis in jeden Winkel meines Selbstes, tut echt weh und macht mich sehr nachdenklich. Komplett* ***nichts*** *von dem stimmt, wie ich mich bislang in der Welt gesehen habe. Alles, was ich bisher erreicht habe, steht plötzlich von einer Sekunde auf die andere in völlig anderem Licht da … Alles kein echter Mut, keine wahre Kraft und Stärke, sondern der tief sitzenden Angst entsprungen. War alles nur eine rosarote Brille über einem Zwangsjackett, in dem ich mich sehr wohl fühlte und mit der Angst nicht auseinanderzusetzen brauchte? Ich fühle mich, als hätte mir jemand eine kräftige Ohrfeige gegeben, damit ich endlich aufwache. Meine Augen füllen sich mit Tränen – ich vergrabe mein Gesicht in den Händen und krümme mich vor Schmerz; ich bin völlig schockiert.]*

H.: „Dein kleines Ich verhindert den Durchbruch deines großen Ich. Es ist dein Lebensthema, dies zu erkennen. Daraus ergeben sich alle deine Probleme, auch die Stellung in deiner Familie usw. Diese Todesangst ist nicht echt – die ist was Intellektuelles, künstlich erschaffen."

Das sagte meine Therapeutin auch, aber es war für mich bislang nicht erkennbar gewesen, jedenfalls nicht in dieser Tiefe und Tragweite.

Nachdem Holger gegangen ist, gehe ich schlafen.

In dieser Nacht wache ich sehr zeitig auf. Durch das geöffnete Badfenster dringt noch keine aufkommende Helligkeit bis in mein Zimmer, und auch die Vögel sind noch ruhig. Ich schätze es im Nachhinein auf 3:00 Uhr, da einige Zeit später ein einzelner Vogel sein Morgenlied zu singen beginnt. Er hat eine schöne klare Stimme.

Traumserie „In der Metamorphose"

Wachtraum „Zweifelderballspiel"

Wir spielen Zweifelderball; es geht darum, die Spieler aus der anderen Mannschaft mit einem Ball zu treffen. Wer abgeschmissen ist, ist „tot" und muss das Spielfeld verlassen. Die Kinder sind ca. zehn bis zwölf Jahre alt. Ein Junge wird von einem Mädchen getroffen. Ich (erwachsen) befinde mich in der Mannschaft des Mädchens, das gerade den Jungen abgeworfen hat. Der Junge bleibt ganz erstaunt auf der Erde sitzen, als wollte er sagen: „Äh? Mich kann doch kein Mädchen abschmeißen!" Ich habe den Ball in der Hand und warte, dass er aus dem Feld geht. Aber er will nicht gehen, will den Treffer nicht anerkennen. Ich spiele nicht weiter und verlange, dass der Junge aus dem Spiel geht. Ich bin wütend und sauer, weil er sich weigert. In dem Moment wird mir, obwohl ich wach bin und nicht geschlafen habe, bewusst, dass dies ein Traum ist.

Nach dem gestrigen Gespräch mit Holger ist deutlich geworden, wie viel Kontrolle in der Tiefe immer noch da ist, obwohl ich schon so viel losgelassen und an mir verändert habe. Nur nicht die Kontrolle, wie mir scheint. Mir fällt in meinem Leben nicht auf, dass ich mich oder andere kontrolliere. O. k., insofern stimmt das auch mit dem Eindruck von Holger überein, dass ich nicht kontrolliert auf ihn gewirkt habe. An der

Oberfläche scheint das gelöst zu sein, aber in der Tiefe ist es eben noch da. Ich fühle Ärger in mir aufsteigen, dass ich immer noch mit den Kontrollmechanismen zu tun habe. JA, ich bin sauer! Gleichzeitig fühle ich mich hilflos, wie ich das jemals schaffen und verändern soll. Weil es einfach so tief in mir drin steckt – in jeder Zelle! „Wie bekomme ich das nur unter Kontrolle, die Kontrolle abzulegen?“ Scherz …

[Gedanken beim Schreiben 10/2004: Da bin ich schon wieder dabei, mich unter Kontrolle haben zu wollen. Ein Teil gibt vor, zu erkennen, dass es mir nicht guttut, alles zu kontrollieren, und will die Kontrolle abschaffen – also die Kontrolle, das Ego, will die Kontrolle scheinbar abschaffen, damit sie wieder alles in einer anderen Form unter Kontrolle hat. Paradox, aber genau nichts anderes als Kontrolle, das Kind bekommt nur einen anderen Namen. Wie ich mich auch drehe und wende, die Kontrolle hat mich fest im Griff. Sie zeigt sich in immer anderer Ausdrucksform, erscheint in immer neuen Gewändern und ist doch unterm Strich immer dasselbe.]

Holger sagte doch, er fühle sich nur als kleiner Mensch und könne gar nichts tun. Alles, was komme, das komme eben und er bleibe passiv und lasse es geschehen und sei damit einverstanden … Mir werden erneut die Zwänge bewusst, denen ich mich ausgesetzt hatte, und was ich dadurch auch meiner Familie angetan habe. Autsch, das tut weh …

Plötzlich spielt sich, ähnlich einer Werbung, ein Traum ein.

Wachtraum „Tomaten“

Ich sehe in einem Netz fünf kleine, blassrote Tomaten im Kreis um eine in der Mitte befindliche große Tomate liegen. Kurz danach befinden sich alle Tomaten in einer mich an eine Eierschachtel erinnernden Pappschale. Ich habe vor, sie abzuwaschen, und wundere mich über die große Tomate, die nicht zu all den kleinen passt. Während sich die kleinen Tomaten noch sehr fest anfühlen, ist die große kräftig rot, sehr weich und überreif.

Ich habe keine Ahnung, was das bedeutet. Die Anzahl der Tomaten weist auf meine Gegenwartsfamilie hin.

Meine Gedanken springen zu meinen Patienten und mir wird klarer bewusst, wie sehr diese Menschen auch mir in meinem Lebensprozess helfen. Ich kann von jedem Einzelnen viel lernen und fühle tiefste Dankbarkeit ihnen gegenüber. Gleichzeitig spüre ich Wehmut und Schuldgefühle meinen Kindern gegenüber, die ich unbewusst in meine Kontrollmechanismen hineingezogen habe. Nun, es ist ihre Aufgabe, das in ihrem Leben zu erkennen und zu lösen. Ich habe schon versucht, den Kindern zu sagen, dass sie ein Paket von mir tragen, es kommt aber irgendwie nicht an. Das ist schon blöd, wie das alles abläuft, aber mir selbst ging es ja auch nicht anders.

[02/2010: Jeder Mensch durchläuft in seiner Zeit die für ihn nötigen Entwicklungsschritte; ich kann den Kindern nichts abnehmen. Das ist auch nicht nötig, da sie ja an den Herausforderungen wachsen wollen. Es ist angemessener, ihnen in Liebe ihr Schicksal zuzumuten. Je mehr ich zu meinen Handlungen in der Vergangenheit stehe und die Verantwortung dafür trage, umso kleiner werden die Schuldgefühle. Ich weiß: Schuldgefühle sind nicht hilfreich, weder für mich noch für die Kinder. Als junge Mutter wusste ich es nicht besser – meine Überlebensmuster waren mir nicht bewusst. Von Ordnungen der Liebe hatte ich keine Ahnung und Helfen verwechselte ich mit Retten. Es ging mir wie meiner Mutter: „Ich dachte, ich mache alles richtig und fiel aus allen Wolken, als ich sah, dass sich die ‚Fehler' wiederholten." Es macht keinen Sinn, mich im Nachhinein für etwas zu verurteilen, wofür das Bewusstsein zuvor nicht da war. Aus damaliger Sicht habe ich es gemacht, so gut ich konnte, und dazu stehe ich. Heute handle ich mit dem heutigen Bewusstsein und mir ist bewusst, dass es schon morgen wieder ganz anders sein kann.]

Ich fühle mich plötzlich winzig, gleich einem stecknadelkopfgroßen Pünktchen, im gigantischen Wirbel des Lebens und erkenne, dass ich wirklich nichts „machen" kann. Es ist eben einfach alles so, wie es kommt. Sinnlos, sich dagegen zu wehren. Ich bin viel zu unbedeutend, viel zu klein und viel zu schwach, um gegen die Kräfte des Lebens irgendetwas ausrichten zu können. Es macht auch keinen Sinn, sich gegen das Leben zu stellen … das sind tatsächlich andere Kräfte … beeindruckende bildende Urkräfte. Ich kann es sein lassen, so aktiv zu sein, hat keinen Zweck.

Ich spüre, wie sehr ich das Aktivsein verinnerlicht habe, um vermuteten bösen Folgen aus dem Weg zu gehen. Die ernüchternde Erkenntnis, gar nichts tun zu können, weil eben alles so ist, wie es ist, ist eine völlig andere Perspektive und 180 Grad entgegengesetzt zu dem, wie ich bisher mein Leben angegangen bin. Mir wird auch bewusst, wie sehr ich **kontrolliert** spirituelle Erfahrungen machen wollte!

Die Kontrolle will natürlich alles kontrollieren. Alles muss planmäßig, zielgerichtet und kontrolliert ablaufen – wie zu DDR-Zeiten! Jetzt wird Dunkeltherapie gemacht, „damit das Ziel erreicht wird", irgendwas, Hauptsache etwas und vor allem unter Kontrolle! „Jawohl, Genosse Parteivorsitzender, wir kommen mit der Planerfüllung gut voran!"

[10/2004: Das Ego wollte etwas kontrolliert tun, und zwar unter Mithilfe von Holger, der die inneren Schritte bereits durchlaufen hat und sich im Dunkelretreat auskennt. Da kann es gleich mal kurz seine Kontrolle ein wenig abgeben und sich „kontrolliert" öffnen, um spirituelle Erfahrungen zu machen. Wenn es kritisch wird, ist Holger schon da und weiß Hilfe.

Riesige Wut wallt nach oben und richtet sich auf den hartnäckigen Kontrollmechanismus, der ständig Pläne zu erfüllen hat! Tränen der Verzweiflung rinnen über meine Wangen, während ich mit gigantischer Wut die Faust in ein Kissen schlage.]

[03/2010: Mit meinem heutigen Verständnis würde ich sagen, dass der Kontrollfaktor so stark ist, weil zusätzlich zu meiner familiären Prägung der kollektive „Kulturmantel" noch hinzukommt. In der DDR spielte die Ziel- und Planerfüllung immer eine große Rolle und jeder Mitbürger war bemüht, sein Bestes zu geben – dafür gab es dann Prämien und Auszeichnungen. Im umgekehrten Falle musste man mit sehr unangenehmem Ärger, bis hin zur Ausgrenzung, rechnen. Wir – mein Umfeld und ich – waren Meister darin, Pläne zu erfüllen, auch wenn es in Wahrheit Augenwischerei und Lügen waren, die wir hinter unserem „Erfindergeist" versteckten.]

Ach, das ist wirklich ein Kreuz! Ja, wenn ich sowieso nichts machen kann, auch keine geplanten spirituellen Erfahrungen, dann kann ich jetzt eigentlich auch schlafen. Es ist immer noch vor 9 Uhr, Holger war noch nicht da. Ich versuche, einzuschlafen …

Doch daraus wird nichts, da die Gedanken pausenlos weiterfließen. Ich kann aufhören, mich **so** anzustrengen, brauche mir für **nichts** Mühe zu geben! Es kommt eben einfach oder es kommt nicht, egal was in meinem Leben. Das ist … irgendwie erleichternd. Ich muss nicht mehr aktiv sein. Oh Mann! *(tiefes schweres Durchatmen)* Mir wird so viel bewusst auf einmal. Wie sehr habe ich gekämpft in meinem ganzen Leben! Ich fühle, wie sich aus der tiefsten Tiefe langsam Tränen einen Weg nach oben bahnen …

Das *Innere Kind* liebevoll im Arm haltend, sehe und fühle ich glasklar, wie sehr ich mich früher abgestrampelt habe. Schwarze Schlacke quillt aus der Tiefe nach oben … … Weltenschmerz und ein Meer an Traurigkeit, eingebettet in Mitgefühl für mich selbst. Die Tränen brechen in strömenden Flüssen aus weit geöffneten Kanälen hervor.

Ich erkenne, wie sehr ich dieses unbewusste kindliche Überlebensmuster auch als Erwachsene weitergelebt habe. Die Erkenntnis, obwohl mir nicht neu, trifft mich in ihrer Ungeschminktheit wie eine Flutwelle und konfrontiert mich mit ihrer ganzen Wucht und nackten Wahrheit …

Nach der Traurigkeit darüber, dass es so war, spüre ich Erleichterung, jetzt nichts mehr tun zu **müssen**. Wo habe ich nur diese ganze Energie hergenommen, um immer alles zu tun und vor allem immer alles **richtig** zu tun? Das ist ja noch das Schlimmste – es musste immer alles richtig, perfekt und gut sein. Oh mein Gott, diese Kraft und Energie, die dazu notwendig ist! Das ist ja Wahnsinn! Wo nahm ich die nur her? Aber ich hatte oder habe sie! Wie habe ich meine kostbare Energie in diesem Zwang verschleudert!

[10/2004: Wenn alles zu viel wird und ich das Viele nicht mehr unter Kontrolle habe oder nicht weiß, wie ich es regeln und unter Kontrolle haben kann, dann fühle ich mich in die Enge getrieben, möchte davonlaufen, dem Wahnsinn nahe, wie ich das alles schaffen und in die Reihe kriegen soll. Ein Zustand, der geeignet ist, dass alle Kontrollsicherungen durchbrennen, mein ganzes System zusammenbricht. Funkstille … Und dann?

Jedoch ist es meinem Kontrollsystem bisher gut gelungen, genau das zu verhindern, aber ich fühlte mich am Rande, im Grenzbereich dessen, wo es keinen Haltegriff mehr gibt.]

Wenn ich Holger als Spiegel für mich nehme, dann zeigt mir seine Art: „Hey, lass sein! Alles ist im Fluss. Fließ einfach mit dem Leben! Alles, was kommt, geschieht, um die Erfahrungen deiner Seele zu vervollständigen."

Holger empfinde ich als sehr mitfühlend. Er hat was Liebevolles, Anteilnehmendes, Warmherziges, Verständnisvolles, Ruhiges, Ausgeglichenes. Ich fühle mich von ihm sehr unterstützt. Er drängelt mir nichts auf, macht Vorschläge, versucht, für mich alles herauszuholen, indem er anspricht, was ihm über mich in den Sinn und ins Gefühl kommt. Vor allem schätze ich ihn sehr als Austauschpartner für tiefe meditative Erfahrungen. Er ist der Erste, mit dem ich über Kundalini und andere die feinstoffliche Welt betreffende Inhalte im Detail reden kann. Seine Bereitwilligkeit zur Auskunft, wie er innerlich vorgeht und was er fühlt, ist für mich sehr wertvoll. So kann ich seine Aussagen mit meinen Erfahrungen abgleichen.

Ich fühle den starken Wunsch nach mehr Austausch über derlei Erfahrungen. Vieles kann ich „draußen" zwar in Büchern nachlesen, aber das ist anders, als wenn Fragen im menschlichen Miteinander so lange hin- und herbewegt werden können, bis sie sich in kristallklarer Erkenntnis auflösen.

Wachtraum/Film „Schnürschuh"

Während ich meinen Gedanken nachhänge, wird es plötzlich so hell, als ob Licht angeknipst wurde. Ein dreidimensionales Bein liegt vor mir, an dessen Fuß eine aus hellbraunem Weichgummi bestehende Schuhsohle mit bleistiftdicken, langen dunklen Lederbändern geschnürt ist – mich an Indianer erinnernd und fast bis unter das Knie reichend. Als ich genauer schauen möchte, um es zu untersuchen, verschwindet es.

Wachtraum/Film „Karate-Kids"

Es wird erneut sehr hell und ich schaue aus ungefähr zehn Meter Abstand auf eine dreidimensionale, sehr real wirkende Bühne, auf der sich vier Jugendliche in Karateanzügen gegenseitig ankicken, wegschubsen und mit Ausdrücken belegen; zugleich ist klar, dass sie es nicht wirklich ernst meinen. Sie erinnern mich in ihrem Verhalten an meine Kinder. Im gleichen Moment, als ich beginne, sie bewusst zu betrachten und mir zu überlegen, welche Hintergrundinformation diese Szene für mich haben könnte, bleiben alle vier abrupt in ihrer Bewegung erstarrt stehen, als ob der Kinofilm angehalten wurde, sodass nur noch das Standbild zu sehen ist. Die Szene löst sich auf und es ist wieder zappenduster.

Erinnerungen an die Faulheitsphasen in den letzten Tagen steigen auf und ich erkenne rückblickend, dass selbst in diesem wohligen Zustand von Nichtstun und Herumliegen die Kontrollenergie und Erwartungshaltung enthalten war, dass etwas geschehen möge, z. B. Erkenntnisse zu bekommen oder Erfahrungen zu machen. Es war ein „kontrolliertes, aktives Faulsein", ohne dass es mir bewusst war.

[10/2004: Es ist erstaunlich und zugleich erschreckend, wie ich mich selbst betrügen kann, ohne es zu merken.]

Ich bin noch immer wach und schaue auf die lange Kette von verrückten Bildern und Filmen, um sie mir einzuprägen: Zweifelderballspiel, Tomaten, Schnürschuh, Karate-Kids. Das Träumen scheint kein Ende zu nehmen …

Bild „Waschbecken"

Ich schaue auf das Waschbecken aus dem hiesigen Bad. Der Wasserhahn ist nach links unten abgeknickt und liegt zur Hälfte im Waschbecken. Ende.

Was soll der Quatsch? Ich würde viel lieber schlafen.

Wachtraum „Holzstuhl"

Ich sehe einen wunderschönen, hellen Holzstuhl, dessen Armlehnen und Beine mit gelblichen Lederriemchen überlappend umwickelt sind. Aus den Ritzen dazwischen quellen in großer Vielzahl Würmer, Käfer und Ameisen hervor. Ich kann sie nicht einfach wegwischen, da der ganze Stuhl innerlich aus dem Kleingetier zu bestehen scheint. Ende des Traums.

Die oft nur wenige Sekunden dauernden, sehr klaren Bilder und Filme tauchen auf, während ich mir Gedanken um meine Kontrollmechanismen mache. Da ihre Qualität unterschiedlich ist, versuche ich sie zu klassifizieren. Als „Bild" benenne ich eine Szene, wenn keine lebendige Bewegung darin wahrzunehmen ist. „Wachträume" sind lebendige Sequenzen mit Bewegung; ich bin während des Traumes wach und gestalte ihn zum Teil selbst aktiv mit *(auch als luzides Träumen bekannt)*. Davon zu unterscheiden sind die zusätzlich mit hellem Licht einhergehenden „Filme".

Wachtraum „Strudel des Lebens"

Ich werde von einer Windhose erfasst und in den riesigen, trichterförmigen Strudel des Lebens hineingezogen, gelange auf den Grund und werde in der langen röhrenförmigen Enge des Trichters zwischen zwei riesigen, glattflächigen Walzen vollkommen platt gewalzt. Auf der anderen Seite komme ich als Wurm heraus, der mit großen Augen in den Weltraum starrt …

Krise

Ich habe von den wirren Bildern und Filmen die Nase voll und will meine Ruhe haben. Ich habe auch überhaupt keine Lust mehr, über die Bedeutung der Träume nachzudenken, sondern will einfach nur noch schlafen! Stattdessen jagt mein Geist einen Traum nach dem anderen hoch … pausenlos … keine Ruhe … das ist selbst mir als Perfektionistin zu viel. Ich will nichts mehr wissen, wünsche mir Ruhe im Kopf … einfach nur RUHE! Das habe ich nun davon, dass ich immer alles bis ins Detail wissen möchte … NEIN, ICH WILL NICHT MEHR, mein Bedarf ist übererfüllt!!! Oh, mein Kopf fühlt sich an wie im Bienenstock, es wirbelt und hummelt alles durcheinander, SCHRECKLICH!

Holger kommt, um meine leeren Teekannen abzuholen und fragt wie üblich, ob alles klar ist. Ich drücke ihm das bereits zurückgespulte Diktiergerät einfach in die Hand mit dem Hinweis, er möge sich das anhören, dann wisse er, wie es mir geht. Ich bin völlig fertig, es fühlt sich an, als ob jeden Moment die Sicherungen durchbrennen …, als ob ich durchdrehe.

Holger geht mit den Kannen los, das Diktiergerät mitnehmend. Nach einiger Zeit kehrt er mit frischem, heißem Wasser und fruchtigem Tee zurück und lässt mich kurz angebunden ziemlich trocken wissen: „Na ja, versuche einfach zu schlafen, das ist eben so! Bei manchen Leuten ist dieser Zustand ganz schlimm. Vielleicht nimmst du ein Bad.“ Dann geht er. Einfach so! „Na toll!“ Es geht mir nicht gerade besser damit. Ich hatte erwartet, er kenne ein Mittel, wie ich meinen Kopf ausschalten und endlich zur heiß ersehnten Ruhe finden kann.

Ich halte es nicht mehr aus. Es ist, als ob ich im breiten, glatten Trichter einer großen Mühle langsam tiefer rutsche und Stück für Stück zermalmt werde. Während die Gedanken wie aufgescheuchte Bienen wild und unkontrolliert in alle Richtungen durcheinanderwirbeln, um ihrem Ende zu entkommen, werden sie gnadenlos geschluckt und scharenweise in der Mühle zermahlen, die angesichts der nicht enden wollenden chaotischen Masse bereits heiß gelaufen ist. Alle Drähte im Kopf glühen … Es kann nicht mehr lange dauern, bis sie durchbrennen. Am liebsten würde ich meinen Kopf absetzen und in die Ecke stellen. Doch leider geht das nicht. Ich bekomme größtes Verständnis für Menschen, die sich in solchen Situationen das Leben nehmen. Der Tod erscheint als einziger und sehr willkommener Ausweg, zur Ruhe zu kommen.

Ich lasse Wasser in die Wanne und hoffe, dass das Bad mich ablenkt.

8. Tag – Zeitloses Sein

Zermartert und mit dem schrecklichen Gefühl, wahnsinnig zu werden, liege ich im heißen Wasser, mich vollkommen ausgeliefert, ohnmächtig und hilflos fühlend, und beginne zu weinen. (*Alle meine geistigen Mittel und Methoden fielen mir nicht ein. Mein doch sonst recht klarer Verstand, der immer für alle Situationen Hilfe wusste, auf den ich mich immer verlassen konnte, funktionierte nicht mehr. Ich konnte einfach nicht denken, nicht mal über Hilfe nachdenken.*)

Im Moment der größten inneren Not fühle ich mich plötzlich auf einen hohen Posten gehoben, von dem aus ich die Situation überblicken kann, und höre statt des Gedankenlärms eine leise sanfte Stimme: „Beobachte einfach! Du bist in der Badewanne, alles ist schön warm, du bist im Jetzt. Und wenn der Bienenstock wieder kommt, dann ist eben der Bienenstock."

Ich hadere mit der Stimme: „Dieser Bienenstock ist GRAUENHAFT!"

„Ja", antwortet die verständnisvolle, warmherzige Liebe verströmende Stimme, „aber es ist nur schrecklich, wenn du die Situation als schrecklich bewertest. Wenn du alles nur beobachtest und nichts wertest oder beurteilst, dann ist es gar nicht furchtbar."

Die Worte brauchen nicht lange, um anzukommen. Mir fällt es wie Schuppen von den Augen. „Wie recht du hast!" Erleichterung … Stille …

Ich genieße den abrupten Wandel, erhole mich auf dem Beobachterposten … entspanne spürbar tiefer … gebe mich offen der himmlischen Ruhe hin … wie wohltuend …

Immer wieder lasse ich, mich an der Tiefe der Stille und der behaglichen Wärme labend, in größeren Zeitabständen heißes Wasser nachlaufen.

Als ich Stunden später aufstehe, merke ich trotz der Dunkelheit, dass mir schwarz vor den Augen wird. Kreislauf! Den ersten Gedanken, mich sofort wieder hinzulegen, verwerfe ich angesichts der Angst, bewusstlos zu werden und in der randvollen Badewanne zu ertrinken. Mit viel Mühe rede ich mir ein, dass mein Geist über den Körper herrscht und der Körper immer dem Geist folgt, wie beim Tai Chi. Mit diesen Selbstgesprächen halte ich mich bei Bewusstsein und verlasse so schnell es geht die Wanne. Der nächste Gedanke schlägt vor, mich sofort, so nass, wie ich bin, auf die kalten Fliesen zu legen, damit ich nicht auf den harten Boden knalle, wenn ich ohnmächtig werde. Ich schiebe bewusst diesen Gedanken beiseite und wanke, die Selbstgespräche weiterführend, mit zittrigen Beinen und wie auf Eiern laufend, ins rettende Bett, das Badetuch um den Körper gelegt und mit beiden Händen festhaltend; zum Abtrocknen fehlt die Kraft.

Ich glaube, ich wäre ohne die Selbstgespräche zusammengebrochen. Auch eine Form von Kontrolle? In diesem Fall rettend …

[02/2010: Es war, als ob die Ohnmacht sehr nah, ich schon „auf dem Weg dorthin" war, sie sich aber durch das pausenlose Reden und Konzentrieren auf das JETZT nicht umsetzen konnte, sodass ich bei Bewusstsein blieb.]

Ich schaue von der Zimmerdecke aus auf mich, im Bett liegend, herab und beobachte, wie die Gedanken immer wieder weggehen und das Bewusstsein aus der Gegenwart ziehen.

Ungefähr zehn Minuten später krieche ich in Zeitlupe aus dem Bett und auf allen vieren zu dem kleinen Tisch hin. Die zwei Meter kosten mich viel Kraft und erscheinen mir sehr weit. Nach einer Tasse heißer Brühe und einem Glas Pflaumensaft hocke ich noch eine ganze Weile an dem kleinen Tisch, bis ich das Gefühl habe, wieder stabiler zu sein. Ich richte mich langsam auf und mache mich auf den Weg ins Bad, um meine Haare zu föhnen, die so nass geschwitzt sind, als ob sie frisch gewaschen wären. Aber schon bei den ersten zwei Schritten merke ich, dass mir immer noch schwarz vor Augen wird. Ich drehe sofort um und gehe, wieder im Bett liegend, abermals auf den Beobachterposten …

Saskia sieht, von oben betrachtet, so, wie sie auf dem Rücken daliegt, ganz schön k. o., breit und geschafft aus, völlig ausgelaugt, am Ende …

Nach einiger Zeit krabble ich erneut zum kleinen Tisch und trinke kauernd eine zweite Tasse Brühe. Da mir beim Aufrichten aus der Hocke wieder schwarz vor Augen wird, konzentriere ich mich mit höchster Aufmerksamkeit auf die Gegenwart: Ich stehe … fühle den Kontakt der Füße auf dem Boden … spüre das Körpergewicht und meinen inneren Schwerpunkt … erfasse bis in jede einzelne Faser, welche Muskeln bei jeder beginnenden Bewegung in Aktion treten und wie sich ihre Gegenspieler zugleich entspannen … wie sich bei der Vorwärtsbewegung der Standort der Beine ändert … an welcher Stelle der Hacke der vordere Fuß im Augenblick des Schrittsetzens aufsetzt … Ich gewahre die beginnende Gewichtsverlagerung und sich fortwährend fein abgleichende, höchst präzise Gleichgewichtsänderung … spüre das Abrollen der Fußsohle und die langsame, gleichmäßige Verlagerung des Körpergewichtes auf den Vorderfuß, während parallel dazu das Gewicht aus dem hinteren Bein abnimmt, bis mit Vollendung des Schrittes der Fuß im rechten Moment vom Boden abhebt und der nächste Schritt eingeleitet wird.

Überdeutlich klar wird mir jede kleinste Einzelheit der Gesamtbewegung bewusst: die Bewegung der Hüfte und das Zusammenspiel aller Muskeln und Gelenke im Körper, ebenso die erstaunliche Perfektion und Weisheit, in welcher sich der Körper bewegt. Ein wahres Wunderwerk des Zusammenspiels von so vielen Komponenten!

In stark verlangsamter Zeitlupe bewege ich mich mit überwachem Bewusstsein zum auf dem Bett liegenden schwarzen Tuch und verbinde mir die Augen, um das Badfenster öffnen zu können. Dabei fällt mir auf, dass während der paar kleinen Schritte der Schwindel ausblieb, was mich sehr erstaunt und ermutigt, weiter in dieser hoch konzentrierten Art bis ins Bad zu laufen, was wirklich gut geht. *(Mir wurde danach nicht mehr schwarz vor Augen.)*

Ich liege, mich noch sehr schwach fühlend, wieder im Bett und habe eine noch nicht ganz greifbare Erkenntnis … dass ich doch ein geistiges Wesen in einem Körper bin und diesen nutze, um Erfahrungen zu machen …

Ich realisiere, dass ich mit den Gedanken meist irgendwo bin, nur nicht im Sein, und daher das, was gerade JETZT stattfindet, gar nicht richtig wahrnehme: dass ich sitze, wo ich bin oder die inneren Bewegungen beim Laufen. Sitzen, Laufen, Stehen, Essen – alles läuft mehr oder weniger automatisch im Hintergrund ab, während ich gedanklich woanders verweile; es bleibt unbewusst, bis mich die Gegenwart wieder einholt – wenn ich z. B. stolpere, weil ich den im Weg liegenden Stein nicht bemerke.

Ich erfasse die tiefe Bedeutung der Zen-Weisheit „Wenn ich esse, dann esse ich; wenn ich laufe, dann laufe ich.“ Das mit dem geistigen Wesen ist noch nicht ganz klar, aber ich habe eine Ahnung bekommen.

[02/2010: Nicht-im-Jetzt-Sein bedeutet für mich, in „Gedankenblasen“ zu schweben, die sich mit der erinnerten Vergangenheit oder noch nicht vorhandenen Zukunft, z. B. Schwarzmalerei, beschäftigen. Diese „Blasen“ sind ungeerdet, ohne Füße. Durch die Aufmerksamkeit bekommen sie Energie, wodurch sie enorm große Gebilde mit starker Auswirkung auf den Menschen werden, indem sie permanent unauthentische Ersatz-

gefühle hervorrufen, die wiederum zu Körpersymptomen führen, die ihrerseits erneut Gedanken und Gefühle auslösen. Dieses sich ständig wiederholende Hamsterrad gibt den „Blasen" immer mehr Kraft und eine Bedeutung, die ihnen vom Realitäts- und Wahrheitsgehalt her nicht zusteht. Der Mensch glaubt, diese gedachte Scheinrealität wäre die Realität. Das, was gerade wirklich ist, wird nicht mehr oder nur verzerrt wahrgenommen, wenn alle Aufmerksamkeit in diese „Blasen" geht und das Leben, der normale Alltag, von diesem Platz aus gelebt wird. Das rationale Ich kann diese festgefahrenen Gedanken-Gefühls-Kreisläufe erkennen.]

Ich bin heilfroh über die Erfahrung des Beobachterpostens – sie kam zur rechten Zeit. Wer aus dem furchtbaren Zustand des Bienenstocks nicht wieder herauskommt … Grüß Gott, Irrenhaus oder Friedhof.

Vom Beobachterposten aus bezeuge ich: Ich liege im Bett und sehe total fertig aus von dem Stress, den ich mir selber machte. Mehr ist nicht! Kein Bienenstock, kein Gefühl, verrückt zu werden. Der Beobachterstandpunkt ist frei von Gefühlen. Der Beobachter nimmt die Gegenwart, das SEIN, nur wahr, lässt alles, wie es ist, tut nichts dazu, lässt auch nichts weg, kein Bewerten, Beurteilen, Verurteilen … Ich liege im Bett und Punkt.

Auf Haareföhnen verzichte ich, fühle mich zu schwach. Ich trinke Traubensaft, der wird mich sicher wieder hochbringen; wahrscheinlich fehlt doch ein wenig Energie … Ach, schon wieder Gedanken, die meinen „Fühle-mich-schwach-Zustand" neutralisieren, erklären und verbessern wollen.

Zweifel schleichen sich ein und nagen kräftig an mir, ob der Beobachterstandpunkt, auf den ich mich gerettet habe, nicht doch wieder die Kontrolle ist, die alles unter Kontrolle haben will. Ganz schön was los in meinem Kopf – ein ständiges Überwachen, Analysieren, Bewerten und, je nach befundener Lage, ein ständiges Verbessern-Wollen dieser durch Erklärungen-Finden und Schönreden.

Weitere Gedanken vergrößern mit purer Verständnislosigkeit und lautstarker Entrüstung die Zweifelgemeinde: „Warum bringe ich mich in so einen extremen psychischen Zustand? Warum mache ich das alles?" Ich habe keine Antwort darauf.

Ich fühle mich sehr, sehr kraftlos, fast ohne die erforderliche Kraft, um aufzustehen und etwas zu trinken. Ich schätze, es ist mittags. Meine Lippen sind seit heute Morgen aufgesprungen und rissig, was sehr unangenehm ist.

Ich bekomme einen Überblick über die gesamte Erde und sehe, wie sich so viele Menschen für irgendetwas abstrampeln, wie sie gleich einer Fliege im Spinnennetz in ihren selbstgesponnenen Problemnetzen gefangen sind und dort nicht herauskommen. Sie befinden sich im Hamsterrad ihrer selbst gewobenen und leidverursachenden Gedankenkonstrukte.

Das Geschaute löst tiefes Mitgefühl in mir aus.

Ich erkenne das Leben als etwas Bedeutsames, Großes, in das ich als Mensch eingewoben bin …, und die Sinnhaftigkeit, sich dem Lebensstrom anzuvertrauen und das Leben zu nehmen, wie es ist, ohne Wertung in „gut oder schlecht“. Im großen GANZEN hat alles einen tieferen Sinn. Gegen den Lebensstrom zu schwimmen verursacht das Leid, irgendetwas erreichen oder erzwingen zu wollen, und diese Spannungen machen auf Dauer krank.

Ich bin ein Wassertropfen im Fluss

Ein Bild blendet sich ein, auf dem ich ein Wassertropfen bin, der in einem Fluss schwimmt. Wenn ich mich dem anvertraue und einfach in der Geschwindigkeit des Flusses mitfließe, dann bleibt meine „Fahrrinne“ ruhig und ich kann viel sehen, lernen, erkennen, erfahren und komme wie von allein irgendwo an. Schwimme ich gegen den Strom, kommt es zu einem Stau, es kostet viel Energie und die Gefahr des Untergangs ist groß, wenn die Kraft am Ende ist. Falls ich nicht untergehe und mich ans Ufer retten kann, bin ich zwar am Ufer, mache aber nur begrenzte Ufererfahrungen. Ich lerne nicht die ganze Länge des Flusses kennen. Für weitere Erfahrungen müsste ich das Ufer wieder loslassen und ins Unbekannte weitertreiben …

Schwimme ich mit dem Fluss, kommt das Leben auf mich zu. Insofern hat Holger völlig recht und viele andere, die das schon gesagt haben: „Der größte Lehrmeister ist das Leben selbst.“ Die Bedeutung dieses Satzes – und das Leben selbst – wird mir tiefer bewusst. Ich habe die Größe des Lebens jetzt mehr im Überblick, es ist, als ob ich staunend vor dem LEBEN stehe und mich frage: „Was habe ich eigentlich die ganze Zeit gemacht mit meiner Kämpferei?" Ich stand im Prinzip mehr als 30 Jahre am Ufer und habe, abgewandt vom Fluss, gegen den dichten Urwald gekämpft. Eine bittere Pille! Und Erleichterung über die Erkenntnis.

Mich dem Fluss hingeben, bedeutet Ausruhen und Kraftsparen … das hat die Qualität von Leichtigkeit und zugleich Stärke. Der Fluss ist etwas Größeres … er hat so viel Kraft … und trägt mich locker über alle Klippen und Barrikaden hinweg. Diese Kraft! Ich bleibe kurz an einem quer im Wasser liegenden Baumstamm hängen, wenig später versperrt mir ein rund geformter, mächtiger Felsbrocken den Weg. Hier verweile ich eine Zeit lang in engem Kontakt, bis ich, meine Angst überwindend, vertrauensvoll wieder loslasse und mich dem ungestümen Wasserfluss, getragen werdend, überlasse.

Es ist total aufregend, mit dem kraftstrotzenden lebendigen Fluss zu schwimmen. Ich, Tropfen dieses Stromes, fließe einen großen Wasserfall herunter … huui, geht das tief und schnell im freien Fall nach unten … wie abenteuerlich und spannend … immer neue Orte und sich ständig verändernde Landschaften tauchen auf. Ich fließe geradeaus oder ziemlich kurvenreich und turbulent, dann wieder in sanfterem, stetigem Tempo.

Zeitloses SEIN im Meer

Der Fluss wird langsam breiter … ich münde in ein riesiges Meer … bin Teil dessen … fühle mich getragen im Meerwasser, bin einfach darin enthalten, schwimme im großen Ganzen mit … wohin weiß ich nicht, spielt auch keine Rolle … bin Teil dieser Gesamtheit … spüre keine große Bewegung mehr … es ist ruhig … das Fließen ist nicht mehr wie im Fluss zu spüren. Es ist eine andere Bewegung … ich schwimme nicht mehr als Tropfen mit dem schnellen Fluss, sondern fließe, eingebettet in die Gesamtheit … das Fließen ist kaum zu spüren … es ist ein ruhiges Dahinfließen … oder stehe ich still? Es hat was von beidem, das Gefühl von Stillstand und Ruhe, und zugleich nehme ich wahr, dass diese riesige, grenzenlos erscheinende Gesamtheit auch in Bewegung ist … Ich bin geschützt hier mittendrin, keine Hindernisse oder Kurven mehr da … rings um mich herum nur noch Wasser … auch keine Ufer mehr zu sehen. Ich fühle mich absolut sicher, geborgen und eingehüllt, umgeben von ungeheurer Kraft und Stärke …

Wachtraum „Reagenzglas mit trüber Brühe"

Ein Traum schiebt sich dazwischen: Ich sehe ein Reagenzglas mit sehr trüber Brühe, aus dem ich einen mit viel Moos und lang herunterziehenden Algen besetzten Stab heraushole und quer oben auf das Reagenzglas lege.

Bin wieder im Meer … fließe in der Gesamtheit zeitlos dahin … zeitloses SEIN … inmitten des Ganzen … bin einfach …

Ich fühle mich schlapp, habe Magenschmerzen und muss häufig aufstoßen. Der heiße Kamillentee tut gut. Mein Herz arbeitet bei jedem Schritt, den ich tue, auf Hochtouren. Ich liege den ganzen Tag einfach nur im Bett, ohne Zeitgefühl. Ich kann nicht annähernd schätzen, wie spät es ist.

Mir kommen Fantasien zum Tod: Ich sterbe, letzter Atemzug, vielleicht noch ein wenig kämpfen, um nicht zu sterben, ein Kämpfen um Luft, wenn ich noch die Kraft dazu habe. Aber dann ist es doch aus, das Herz bleibt stehen und der Verwesungsprozess beginnt. Ich bin weg vom Fenster – ein für alle Mal. So sieht meine innere Realität aus.

Parallel dazu gibt es eine Wunschvorstellung: Mit dem letzten Atemzug, den ich selbst steuere und einleite, wenn ich mich dazu entscheide, verlässt die Seele den Körper und „ich" lebe weiter in einer anderen Dimension. *(In dieser Variante gibt es keinen Kampf um Luft oder gegen den Tod; den Tod gibt es nicht, es ist nur ein Übergang in eine andere Ebene, den ich bewusst steuern kann.)* Aber das ist nur ein Strohhalm, an den ich mich klammere, in der Hoffnung, dass es vielleicht doch auch so sein könnte. Diese Realität würde eine große Erleichterung bringen. In mir ist es jedoch nicht so, ich kann es so nicht fühlen.

Gespräch mit Holger

Die Bedeutung von Schauen

Holger ist gekommen. Ich berichte ihm, wie es mir heute ergangen ist, und frage ihn, woher ich weiß, dass mein Beobachterposten nicht doch wieder Ego ist.

Er erklärt, Schauen hieße, ohne jegliche Konzepte die Schönheit des Daseins zu genießen – frei von Angst und Wertung. Die Schau drücke sich durch die Erkenntnis der Schönheit aus. Wer das Dasein tief erkenne, für den sei es makellos richtig und dadurch auch makellos schön. Laut Holger gibt es drei Sachen, die dann zu spüren sind: Es ist hundertprozentig wahr und schön und gut – Platon habe das schon gesagt. Das gelte auch dann, wenn etwas vom Ego her gesehen „böse" sei. Das sei der wirkliche Beobachter und wer das wisse und erkenne, der erkenne auch den Ego-Beobachter als solchen. In diesem Prozess der Erkenntnis gebe es Stufen – der wahre Beobachter könne bis zu einem gewissen Grad mehr und mehr realisiert werden. Am Anfang könne es sein, dass immer noch ein bisschen Ego darin ist. Wenn das Schöne, Wahre und Gute tief aus der Seele kommend heraufdämmere, dann würde ich wissen, dass ich auf dem richtigen Pfad bin.

Wir kommen auf meine Träume zu sprechen.

Analyse der Traumserie „In der Metamorphose"

Analyse: Wachtraum „Zweifelderballspiel"

Holger meint, dass meine Seele ganz schön raffiniert sei, indem ich so eine banale Situation so tiefgründig darstelle. Ich sei hier sehr ehrlich und kritisch und würde konsequent dafür sorgen, dass der Junge das Feld verlässt, damit das Spiel korrekt weitergespielt werden kann. Das sei ein Zeichen von Reife: Ich würde mich umbringen (Mädchen wirft Junge ab) und sterben (Junge ist getroffen und muss gehen) und jede Gegenrede vonseiten des Jungen würde ich nicht zulassen. Vor Verwunderung darüber, dass er von einem Mädchen getroffen werde, würde der Junge ausdrücken, dass die Mädchen nichts können, während die Erwachsene durch ihr Handeln richtigstelle, dass die Mädchen gut seien. Indem ich darauf bestehe, dass der Junge das Spiel verlassen muss, würde ich sagen, er solle jetzt sterben. Das drücke auch aus, dass das Weibliche gut sei.

S.: „Vielleicht steht der Junge für die Identifikation mit meinem Vater. Er hat auch diese Todesangst."

H.: „Das wäre eine Möglichkeit, eine andere Möglichkeit wäre vielleicht auch: Deine Angst vor dem Tod ist gewissermaßen eine männliche Angst. Das Weibliche hat keine Angst vor dem Tod. Du glorifizierst schon das

Weibliche. Es stehen zwei Frauen gegen einen Jungen. War das ein Mädchen und eine Frau?“

S.: „Das Mädchen und der Junge sind beide in der vierten Klasse, und ich als Erwachsene.“

H.: „Als kleines Mädchen wirfst du den Jungen ab und als Erwachsene bist du recht weise und sagst zu ihm: ‚Du musst raus, sonst geht das Spiel nicht weiter.‘ Also setzt du auf Weiblichkeit oder weibliche Größe, bist ja auch eine Frau, und das ist o. k.“

[02/2010: Der Junge hat dem Spiel zugestimmt, hält sich aber nicht an die Regeln, wenn es darum geht, der weiblichen Seite Gleichrangigkeit zuzubilligen, womit ich richtigerweise nicht einverstanden bin und weswegen ich darauf bestehe, dass er das Feld verlässt.]

Analyse: Wachtraum „Tomaten“

H.: „Das ist deine Familie, ihr seid ja sechs zusammen. Du bist außenstehender Beobachter des ganzen Dramas, so könnte man sagen. Das ist dein wahres Wesen, das hier beobachtet; das beobachtet auch dein kleines Ich, wie das in der Familie herumtanzt und herummacht. Das ist auch wieder sehr tiefgründig, mein lieber Mann! In Gestalt von Tomaten! Du hast dich gewundert, dass du doch so eine große Tomate bist!“

Wir lachen uns über die Philosophie auf Tomatenebene halb kaputt.

S.: „Der erste Gedanke, der mir zu der großen Tomate kam, war: Das muss mein großes ICH *(Erwachsenen-Ich)* sein.“

H.: „Ja, das ist auch meine Deutung. Da muss man sich schon wundern, du bist mehr, als du denkst! Du bist aber auch mehr, als du dich gibst! Das gilt es halt zu lernen im Leben, dass man dieses Mehr ist und nicht das kleine Ego. Das wären die interessanten Leute, die sich als Mehr darstellen und gleichzeitig sagen: ‚Ich habe auch ein kleines Ego‘, und sich – relativ ehrlich – darüber lustig machen können. Das ist der Lebensprozess. Die Leute wollen immer ihr kleines Ego wegnehmen – das geht nicht so einfach! Das bleibt meistens im Leben. Aber wir haben ja das große Ego! Und beides zusammen, das sind wir. Das sind die reifen Leute, selbstreflektierend, sich ein bisschen wie kleine Narren oder Joker darstellend.“

[02/2010: Die fünf kleinen festen Tomaten sind in dem Eierkarton „zu Hause". Die sechste Tomate ist überreif, unterscheidet sich von den anderen, gehört nicht mehr dazu, ist ausgewachsen.]

Analyse: Bilder „Waschbecken" und „Wasserhahn"

Zunächst fällt uns dazu nichts ein.

S.: „Ich dachte zuerst: So ein Quatsch!" *(Ich hatte mich darüber geärgert, was ich Holger aber nicht sagte.)*

H.: „Aber wir sehen ja, das sind tiefe Weisheiten. Da ist ein Wasserhahn, aus dem normalerweise Wasser kommt, und der ist nach links abgebogen."

S.: „Ja, wenn ich davorstehe, nach links."

H.: „Wenn du der Wasserhahn bist, geht das nach rechts – aber für dich ging er nach links. Links war das Wort. Also du als Wasserhahn, du als Seele, als Wasser, gehst nach links, sprich ins Seelische. Darüber wunderst du dich. Und er ist noch nach unten abgeknickt."

S.: „Ja, der Teil, wo das Wasser herauskommt, liegt fast auf dem Boden des Waschbeckens auf. Wenn ich der Wasserhahn bin, dann bin ich auch das Waschbecken, vielleicht ist das Waschbecken mein Körper."

Holger überlegt: „Das ist schwer. Aber das ist wie mit den Tomaten: Da steckt eine tiefe Weisheit drin. Die Richtungspsychologie ist immer ganz aussagekräftig. Auf jeden Fall ist es das Seelische, das steht fest. So könnte man vielleicht sagen: Das Seelische berührt sehr nah, ganz direkt. An sich dürfte ein Wasserhahn nicht so verbogen sein, aber es ist jetzt so bei dir. Dein Seelisches und dein Körperliches verbinden sich, das haben wir ja heute auch gehabt. Das eine reagiert sofort auf das andere. Die ganzen Umstände, die du hast/hattest, werden in dem Bild ausgedrückt!"

S.: „Ja. Was mir noch kommt: Das Waschbecken ist von der Form her wie eine Schale, etwas Empfangendes. Und der Wasserhahn ist in die Schale des Waschbeckens hineingebogen. Normalerweise ist er ja oben, über der Schale."

H.: „Das Becken ist auch noch mal symbolisiert – raffiniert. Mit so einem eigenartigen Bild. Da siehst du mal, wie die Seele arbeitet, sie nutzt einfach alles, was da ist, und dreht das entsprechend dem Zustand, in dem du dich befindest. Das ist genial! Da dreht die Seele den Wasserhahn einfach um. Sie kann alles benutzen und symbolisch alles so hinbiegen, dass damit der aktuelle Zustand beschrieben wird. Man muss sich mal überlegen, was das heißt! Das ist so umfassend und gigantisch."

Wir stehen beide sprachlos und staunend vor diesem Wunder …

[02/2010: Der abgebogene Wasserhahn (ich) deutet darauf hin, dass das Wasser (ich) nicht seinen normalen (geraden) Fluss nehmen kann. Ich biege „vom eigenen Weg" ab, die Emotionen sind zu sehr von der Ratio (links) gelenkt. Ich verbiege mich (gegen den Strom schwimmen, im Urwald kämpfen, es allen recht machen mein ganzes Leben lang; AP), dadurch ist der Wasser- bzw. Energiefluss blockiert (Stau). Das Waschbecken symbolisiert die Einheit oder Urmutter (das Meer), in die ich leicht auf geradem Weg münden kann, wenn ich aufhöre, mich für andere zu verbiegen, und einfach die bin, die ich bin.

Gedanken an meine Geburt kommen: Ich lag unmittelbar vor der Geburt in Steißlage (‚falsche' Richtung, gegen den Strom) und wurde zwischen den Wehen in die ‚richtige' Richtung gedreht. Das Waschbecken kann auch symbolisch das Geburtsbecken sein, in welchem ich (Wasserhahn) falsch liege. Meine erste Reaktion: „So ein Quatsch!", ist die verinnerlichte PP-Stimme, die sofort abwehrte und an deren Meinung ich mich anpasste – indem ich wegschaute (das Bild verwarf), bog ich von meinem Weg ab, der ja darauf ausgerichtet ist, tiefer hinzuschauen. Holger, als Hilfe von außen, merkte: Hier stimmt etwas nicht, das ist kein „Quatsch" – ähnlich der Hebamme bei meiner Geburt: Auch sie war die Hilfe von außen, die merkte, dass etwas nicht stimmt. Sie war nötig, um mich in die richtige Lage (Richtung) zu bringen. So verlief meine Geburt nicht geradlinig, sondern es brauchte erst die Drehung, bevor ich in die Welt schlüpfen konnte (= Umweg). Der verdrehte (gebogene) Wasserhahn weist auf diese „Ver-Drehung" hin.

Erst indem Holger auf die tiefere, sehr verschlüsselte Wahrheit verwies, schaute ich näher hin. Ich selbst hätte dieses Bild damals nicht weiter verfolgt und es einfach weiter als „Quatsch" abgetan und verworfen (= Abbiegen von meiner Wahrheit).

Seit knapp zehn Jahren hat meine Therapeutin die Funktion der „Hebamme"; sie half mir „aus dem Sumpf" und steht – neben vielen anderen Menschen – für die Hilfe von außen, um mir als Wegweiser zu dienen, wenn ich mal wieder „nicht durchsehe und verdreht" bin, wenn „kein Land mehr in Sicht" ist – den Ausdruck habe ich oft verwendet, wenn ich in Schwierigkeiten war. Für mich heißt es ab jetzt „kein Wasser mehr in Sicht" (Wasser = Ich, authentisches Selbst).

Es ist schon erstaunlich, wie stark dieses alte Muster (falsche Richtung) mein Leben bestimmt hat und mich immer wieder unbewusst beeinflusst(e). Auch beim Autofahren nehme ich unbewusst Umwege, selbst dann, wenn ich mir zuvor den kürzesten Weg überlegte. Im Nachhinein erwies er sich meistens dennoch als Umweg. Das hat keine großen Konsequenzen für mich, ich bringe das Beispiel nur, um zu zeigen, wie sehr die erste Prägung (Geburt) das ganze Leben beeinflusst.

Ich verstehe jetzt, weshalb ich im Dunkeln Schwierigkeiten hatte, auf einem Bein zu stehen – in dieser inneren Verdrehung war das schwer möglich. Eine starke innere Bewegung kommt auf … als ob sich etwas aufdreht, auflöst, weiter wird … eine Hitzewelle durchflutet meinen gesamten Körper … tiefe Berührung durch die Erkenntnisse … Dankbarkeit und Freude durchströmen mich. Im für mich zuvor unbedeutsamsten Bild steckt tiefste Weisheit und Wahrheit drin. Ich fühle mich, als ob etwas Grundlegendes zum Abschluss und damit zur Ruhe kommt.]

[12/2015: Eine weitere Deutungsmöglichkeit: Der Wasserhahn steht für Vater, das Waschbecken für Mutter (beides PP). Während der Wasserhahn den Weg für das Wasser (Ich, IK) vorgab (negativ im Sinne von starr, bestimmend), sammelte das Waschbecken das Wasser und hielt es fest (negativ im Sinne von Vereinnahmung). Beidem gegenüber passte ich mich an.]

Analyse: Wachtraum „Holzstuhl"

Holger fragt genauer nach und ich lasse ihn wissen: „Es waren kurze, schmale schwarze Würmer, 2 bis 7 Millimeter lang, ähnlich Gewitterfliegen, manche etwas größer; sie gehören dem Erdreich an. Ich wollte sie mit der Hand wegwischen, doch es wurden immer mehr. Irgendwann merkte ich, dass das gesamte Innenleben des Sessels aus diesen Viechern besteht."

H.: „Das ist klarer. Der Sessel, ein schönes Symbol für dich selbst, ist mit Leder umwickelt. Aus den Ritzen kommt dein gesamtes Innenleben heraus, dargestellt als diese kleinen Biester. Alle möglichen Gedanken kommen jetzt hervor – Würmergedanken. Das ist ein häufiges Bild bei Menschen in einer solchen Phase. Wie empfindest du das mit den Würmern? Ekelhaft?"

S.: „Zum Anfang war Ekel da, dann dachte ich aber: Na, ist eben so."

H.: „Das ist ein reifer Standpunkt. Die meisten Leute bleiben beim Ekel stehen. Also die Würmer sind all deine Gedanken und Gefühle, die durch dich hindurchkreuzen. Warum das jetzt Leder ist …"

S.: „Das sind vielleicht Konstrukte, Dinge, mit denen ich mich selbst fessele."

H.: „Ja, das könnten Fesseln sein. Du bist der Sessel, eingebunden in die Lederriemen."

S.: „Zumindest kam mir der Gedanke Fessel, als ich das Bild sah."

H.: „Dann könnte man sagen: **Weil** du gefesselt bist, kommen die Würmer heraus. Bei einem nicht gefesselten Stuhl wären wohl keine Würmer da."

[02/2010: Leder kann auch zur Verzierung und ein Ledersessel zum Ausruhen genutzt werden. In diesem Falle ist das Lederband aber Fassade für das Innenleben. Auch wenn der Holzstuhl von außen wunderschön verziert aussieht, drücken die Würmer aus, dass etwas nicht stimmt. Mit den Würmern wird das Ausruhen auf diesem Sitzmöbel unmöglich gemacht, sodass ich gezwungen bin, hinzuschauen.]

Analyse: Wachtraum „Strudel des Lebens"

Holger hinterfragt den Traum. Ich beschreibe ihm den Trichter und wie ich oben hinein- und am anderen Ende als etwas anderes herauskomme. Mir kommt der Gedanke an einen Wandlungsprozess.

H.: „Ja, kann man so sagen. Das ist positiv, dass du rausgekommen bist. Es ist auch eine andere Welt jetzt."

S.: „Und eine andere Figur – ich bin jetzt ein Wurm!"

H.: „Gut, den Wurm hatten wir schon mal in Form der Gedankenwürmer. Jetzt bist du schon wieder ein Wurm."

Lachend bestehe ich darauf, dieses Mal ein anderer Wurm, einer mit ganz großen Augen zu sein.

Holger findet das interessant und meint, ich wäre zwar noch ein Wurm, aber einer in einem Entpuppungsstadium, in der Metamorphose.

S.: „Ja. Auf der breiten Trichterseite wurde ich wie vom Erdreich verschlungen und auf der anderen, schmalen Seite komme ich als Wurm heraus und schaue in einen großen freien Raum, ähnlich dem Weltraum. Meine ersten Gedanken dazu waren, dass das das Todesreich ist. Auf der einen Seite Leben, auf der anderen das Todesreich."

H.: „Ein Strudel zieht nach unten – da ist die Unterwelt oder die andere Welt. Tief unten, ähnlich dem Wasserstrudel am Wassergrund, ist die Sphäre der reinen Seele. Da bist du, was du bist. So etwas deutet sich auch hier bei dir an, aber du bist noch Wurm. Es ist keine volle Erleuchtung oder Realisierung, aber du bist auf dem Weg. Als Wurm mit schönen großen Augen … und das ist ja auch was wert."

Ich biege mich vor Lachen bei der Vorstellung, wie der Wurm zur Erleuchtung gelangt.

H.: „Das ist sehr ehrlich. Wie fühlst du dich dabei, wenn du da so herauskommst?"

Ich fühle in mich hinein. „Kein besonderes Gefühl. Ich schaue einfach in den Raum oder Weltraum oder was immer das ist."

[02/2010: Nach der Erkenntnis über die Bedeutung des abgebogenen Wasserhahns wird mir auch dieser Traum noch mal anders klarer. Die Richtung des Trichters/Strudels ging nur bis zur Hälfte senkrecht nach unten, bog am Übergang zu seinem schmalen Trichterteil im 90°-Winkel nach vorn ab und verlief ab da waagerecht weiter. Das war mir damals schon aufgefallen, ich kam aber davon ab, es zu sagen.

Der Trichter könnte ein Hinweis auf die Gebärmutter und den Geburtskanal sein. Die Gefühle (in die Enge zu kommen und in der Enge „platt" gewalzt zu werden) sprechen auch für die Geburt. Die Wehen pressen den Säugling zusammen und drücken ihn durch den schmalen Geburtsweg hinaus, sodass dieser sich im Moment des Durchtritts platt gewalzt fühlen könnte. Der Wurm steht für den Säugling, der gerade das Licht der Welt erblickt. Er „starrt" in den Raum, nicht wissend, was los ist, und noch benommen vom Geburtsgeschehen – deshalb sind keine Gefühle wahrnehmbar, gleich einem Trauma.

Der Strudel, von dem ich erfasst wurde, sind die Geburtswehen, von denen ich in den Geburtsweg hineingezogen wurde. Die Enge des Trichters ist der Geburtskanal, „die andere Seite" bedeutet: Ich bin draußen. Der Wurm hing mit seiner hinteren Hälfte noch im schmalen Trichterteil fest (Mutter, Nabelschnur) – ich bin noch nicht abgenabelt und noch nicht ganz draußen, ähnlich der Perle (siehe S. 173, 178, 180), die noch nicht ganz durch die Garnrolle (Geburtsweg) durch ist. Ich fühle mich vollkommen „EINS" mit der Mutter; Kopf und Oberkörper bis zum Bauch gucken schon raus und ich starre, noch mit Mutter verbunden, in die „neue Welt", die mir nach der Enge im Mutterleib groß wie der „Weltraum" erscheint.

Dass ich nach der Geburt ein Wurm bin (eine andere Form angenommen habe; nicht mehr das bin, was ich vorher war), könnte mein Lebensthema andeuten und darauf hinweisen, dass ich von meinem Lebensweg abgekommen bin. Vielleicht bedeutet „Wurm" aber auch einfach nur Säugling. Schaut man auf ein Baby, das gerade geboren wird und erst zur Hälfte draußen ist, dann sieht das meinem Bild mit dem Wurm, der „da unten" oder „da vorne" (je nach Lage der Mutter) rausguckt, sehr ähnlich.

Gegenüber der großen Mutter ist der Säugling ein Wurm. Auch wenn mir die „andere Form" noch nicht bis ins Letzte klar ist, deutet die Sequenz einen Wechsel, eine klare Veränderung an – vielleicht von einem Leben in ein anderes, neues? Ich war vorher offensichtlich etwas anderes. Es könnte aber auch einfach bedeuten, dass ich vorher rein seelisch war, in Verbindung mit der Mutter und im Einheitsgefühl mit ihr innerhalb ihres Körpers, und dass nach der Geburt mein eigenes Leben, getrennt von der Mutter, beginnt, was die Seele über das Bild „Wurm mit ganz großen Augen" ausgedrückt haben mag.

Ich (RI/PE, Erwachsene) trete in die Geburtssituation ein und nehme Kontakt zu dem Würmchen (IK; Säugling, der gerade geboren wird) auf. Die Kleine steckt noch etwas fest. Mit meinen geübten Geburtshelferhänden helfe ich ihr auf die Welt. Ich nabele sie ab und nehme sie in liebevoller Sanftheit an meinen warmen Körper. Ein sehr berührendes Gefühl durchflutet mich! Mir wird bis in jede Zelle bewusst, dass meine Mutter und ich zwei verschiedene Personen sind. Das war mir (IK, Baby) überhaupt nicht klar, sondern die Mutter fühlte sich zu mir gehörig an (vollkommen EINS mit ihr, wie eine Person). Mehr noch: Mir (dem Wurm) war nicht einmal klar, dass das, wo ich ‚drinhänge', meine Mutter ist. Ich (Erwachsene) nehme jetzt deutlich einen energetischen Abnabelungsprozess von der Mutter wahr, wodurch ich fühlbar mehr bei mir ankomme, begleitet von einer starken Bewegung im gesamten subtilen Energiefeld, insbesondere jedoch in meinem Bauch. Ich fühle mich sehr geerdet, sehr präsent. Die Kleine (IK) fühlt sich wohl und trocknet in meinen Armen (PE/RI). Sie wirkt sehr erschöpft, aber ich weiß, dass sie sich schnell von den Strapazen der Geburt erholen wird. Sie spürt meine Nähe und fühlt sich geborgen, sicher und aufgehoben. Für mich (Erwachsene) fühlt es sich an, als würde ein Teil zu mir zurückgekehrt sein. Ich danke der Hebamme und meiner Mutter – beide sehen ebenfalls erschöpft aus, aber sie lächeln mich zufrieden an … ich bin tief berührt. Auch meine Mutter (in Form des Introjekts in mir) kann sich jetzt von der Anstrengung erholen – sie wird mitfühlend von der Hebamme betreut. Beiden ist vollkommen klar, dass sie sich um das Neugeborene (IK) nicht zu sorgen brauchen – sie wissen es gut bei mir (Erwachsene) aufgehoben. Ich bin eingebettet in tiefes Vertrauen.

Der Traum kann neben der existenziellen (Geburtserinnerung) auch noch auf der mehr metaphorisch-seelenbezogenen Ebene gedeutet werden. Man könnte sagen, der Wurm scheint vom Nichts verschlungen zu werden und kommt auf der anderen Seite, sich seinem Sein stellend und imstande, sich als Teil des großen Kosmos zu sehen, wieder heraus. Das Risiko des Ablebens (plattgewalzt zu werden) musste eingegangen werden, um dahin zu kommen (= erste Anzeichen der Überwindung der Todesangst).]

H.: „Das ist eine beeindruckende Serie! Du bist in der Metamorphose. Lass uns mal einen kurzen Überblick machen, ob man bei den Bildern einen gemeinsamen Nenner findet:

Bei dem Lebensstrudel bist du in der Metamorphose, beim Stuhltraum noch nicht, da bist du noch gefesselt. Im Tomatentraum bist du die große Tomate, der Familie enthoben. Beim Zweifelderballspiel bist du auch schon auf dem Weg zum Tod, ähnlich dem Lebensstrudel, nur anders dargestellt. Das Bild mit dem Waschbecken ist auch in diesem Sinne – du bist auf dem Weg zur Seele.

Man könnte jetzt noch mal genauer untersuchen, ob alle Träume aufeinander abgestimmt sind, ob sie eine Folge enthalten – es ist ja eine Entwicklung. Sie sind alle genial in sich selbst, aber vielleicht ist noch eine Übergenialität da. Der letzte Traum, der Lebensstrudel, ist der Höhepunkt – ein Wurm mit zwei großen Augen! Ein Höhepunkt, absolut geistig, der sagt: ‚Ja, völlige Wurmerleuchtung mit großen Augen.'"

Schallendes Lachen trägt eine fröhliche Welle durch den kleinen Raum, die meine Bauchmuskeln ungewöhnlich strapaziert …

H.: „Die Summe des Ganzen ist: Du bist in der Metamorphose, du bist noch Wurm, aber du solltest nicht ewig Wurm bleiben."

Ich halte mir den Bauch vor Lachen.

H.: „Ich sehe jetzt nicht unbedingt den Zusammenhang, was allen eigen ist. Bei der Tomatenfamilie wird angedeutet, dass du die Familie jetzt von außen sehen kannst. Das ist ein positiver Traum, deutet aber auch eine Problemstruktur mit der Familie an und dass du lernen musst, die große, weiche, reife Tomate zu sein. Im ersten Traum *(Zweifelderball)* bist du schon recht weit."

Analyse: Lichtbild „Schnürschuh"

S.: „Es gab noch das Lichtbild mit dem Schnürschuh und der Wachttraum ‚Karate-Kids' ging auch mit Licht einher."

H.: „Licht tritt immer dann auf, wenn du keine Konzepte mehr im Kopf und keine positiven oder negativen Gefühle mehr hast – wenn du in der Schau bist. Das ist schon ein realisierter Zustand; der ist jetzt am Anfang nur kurz, aber darum geht es. Hier steht der Schuh wohl symbolisch für die Seele, die eingeschnürt ist wie vorher auch der Stuhl. Das ist eine

Wiederholung. Du bist quasi schon im Licht, in der Konzeptlosigkeit, aber nur erst ansatzweise und dann kommt gleich wieder das Bild: Meine Seele ist ja doch eingeschnürt. Warum nennst du das Licht*bild*?"

S.: „Weil es mit Licht einherging. Ein Bild mit Licht oder im Licht. Die anderen waren alle ohne Licht. Bild und Licht sind zur gleichen Zeit."

Analyse: Wachtraum „Karate-Kids"

S.: „Ich hatte mein Bewusstsein auf die vier Kinder fokussiert und mir die Frage gestellt, was sie mir zeigen wollen. In dem Moment stand die Szene still, wie abrupt angehalten, die Kinder wie erstarrt, als ob auf der Bühne vier große Pappfiguren aufgebaut gewesen wären. Das ganze Bild verblasste nach einer Weile langsam, als ob mit einem Dimmer das Licht ausdreht wurde. Die Kinder schienen sich von mir beobachtet gefühlt zu haben. Wenn ich also etwas herausbekommen möchte, geht das Licht aus."

H.: „Und das wird auch dargestellt, indem das Bild stehen bleibt."

S.: „Ja. Mit anderen Worten: Aktivsein ist gar nicht der Sinn."

H.: „Wenn du etwas tust, geht das Bild weg. Du warst wieder der kritische Beobachter – nicht schauend, sondern kritisch."

S.: „Ja. Und beobachtet verhalten sich Kinder anders als unbeobachtet."

H.: „Ja, da werden sie analysiert, kritisiert …"

S.: „… und bleiben stehen, weil sie das nicht wollen."

H.: „Ja. Vorher hast du leger zugeguckt – ohne Beurteilung –, jetzt kommt der kritische Beobachter und schon bleiben sie stehen; sie sind erstarrt, nicht mehr natürlich. Also nicht das wirkliche Leben. Da hast du eine Widerspiegelung deines kritischen Verstandes in Gestalt dieser Salzsäulen. Und damit geht auch das Licht weg."

[02/2010: Aktivität ist es bereits, wenn ich mich konzentriere, um etwas herauszubekommen. Dabei ging der Fokus von mir weg auf die Kinder (statt bei mir zu bleiben und zu schauen, was in mir geschieht, oder auch einfach nur zu schauen). Die Kinder fühlten sich beobachtet und änderten daraufhin ihr Verhalten, um mir gerecht zu werden (Anpassung: nicht kicken, keine Ausdrücke sagen, „brav" sein). Der kritische Beobachter ist verinnerlichtes PP. PP schaut auf die Kinder, als wenn die Kinder dem PP gegenüber eine Aufgabe oder Bedeutung zu haben hätten. Energetisch wirkt sich das als unangemessene Erwartungshaltung seitens des PP den Kindern (IK und leibliche Kinder) gegenüber aus. Das setzt sie unter (Leistungs-) Druck, weil sie Aufmerksamkeit in einem für sie

inadäquaten Zusammenhang bekommen. Im Moment dieser Erwartung werden sie zu Standbildern, hören auf, authentisch zu sein (Kontrollelement, AP), und das Licht geht aus (ihre eigene Identität). Damit sind sie meine Marionetten; das stinkt sie an – zu Recht!

Ich (PP) knips(t)e also ständig bei meinen Kindern wie auch bei mir (IK) selbst das Licht aus! Bittere Pille, dennoch erleichternd, es zu erkennen. Die kritische PP-Stimme ist mir schon seit Jahren bewusst, welche drastischen Folgen das jedoch für mein Inneres Kind und die Kinder hat(te), wird mir gerade eben erst auf tiefere Weise klarer.]

Holger ist gegangen und ich lege mich schlafen.

Wachträume „Tankstelle", „Erdbeerfeld", „Spiegeltüren"

Viele kurze Träume tauchen auf: Ich stehe an einer Tankstelle und muss tanken …, jetzt bin ich auf einem Erdbeerfeld und ernte leckere, reife Erdbeeren …, ich sehe eine breite Schrankwand mit großen Spiegeln vor mir. Wenn ich die Falttüren ein wenig anziehe, kann ich mich vom Rücken und von allen Seiten in diesen Spiegeln sehen …

Ich liege im Bett auf der Seite und bin hellwach. Mir tun nach kurzer Zeit die Hüfte und das ganze Bein weh, sodass ich mich auf die andere Seite drehe, doch das Ganze wiederholt sich. Tief seufzend stelle ich fest, nicht mehr liegen zu können. Ich drehe ich mich von einer Seite auf die andere, auf den Bauch, auf den Rücken, um dem Schmerz aus dem Weg zu gehen. Ich kann nicht schlafen, bin aber auch nicht müde.

Stunden später habe ich das Gefühl, mich die ganze Nacht nur gedreht zu haben. Die Vögel sind noch ruhig, doch der Morgen beginnt schon zarte Vorstufen von Dämmerungslicht zu zeigen – ich schließe das Badfenster.

Ich kann nicht, wie sonst üblich, klar aussagen: ‚Ja, ich habe – gut oder schlecht – geschlafen.' Mir fehlt das klare Wissen, geschlafen zu haben. Aber vielleicht habe ich ja doch geschlafen? Ich kann mir kaum vorstellen, drei Nächte hintereinander wach gewesen zu sein, und doch ist das mein Gefühl und Eindruck. Mir geht es jedoch nicht schlecht deswegen – es ist einfach so und ich stelle es verwundert fest. Und noch etwas Merkwürdiges fällt mir auf: Üblicherweise ist Gähnen bei mir ein Zeichen von

Müdigkeit, mich zugleich müde fühlend. Hier drin gähne ich bei gleichzeitig großer innerer Wachheit und Klarheit.

9. Tag – Initiationsreise – Wächter der Unterwelt

Figurproblem und dessen Auflösung

Gegen Morgen, Holger war noch nicht da, drängelt sich mir immer wieder das Thema „Weiblichkeit und meine schlanke Körperfigur" auf. Erinnerungen an China mit seinen zierlichen Dorfbewohnern, unter denen ich mich bei meinem Besuch sehr wohl und zugehörig fühlte, auch weil ich das Gefühl hatte, dass ihnen meine Figur völlig egal ist, tauchen vor mir auf. Ich stelle mit großer Klarheit fest: Wenn ich allein auf der Welt wäre oder sich kein Mensch um mein Äußeres kümmern würde, hätte ich ein gutes Gefühl mit meiner Figur, weil meine Körperformen für mich selbst völlig o. k. sind, so, wie sie sind. Mein Problem ist, dass ich seit meiner Kindheit bis heute ständig darauf angesprochen werde, wie dünn ich aussehe und ob ich abgenommen habe. Das nervt mich und tut weit unten, in der Tiefe, weh.

*[02/2010: Dass ich mich über 40 Jahre so genervt fühlte (AP), hing damit zusammen, dass ich nicht zu mir gestanden habe. Das Innere Kind fühlte sich von PP-Stimmen kritisiert (z. B.: „Du bist so dünn, komm, iss mal noch was, damit du groß und stark wirst!" Oder: „Du bist so dünn, du musst aufessen, damit du ein bisschen zunimmst!"). Ein anderer Versuch war, das Kind (mit Lügen!) zu erpressen: „Wenn du nicht aufisst, gibt es morgen schlechtes Wetter." Weil das Kind das „Problem, zu dünn zu sein", trotz aller Anstrengung nicht ändern konnte und es über Jahre immer die gleiche Bemerkung hörte, kam es zu der (unbewussten) Einschätzung, dass mit ihm „etwas nicht stimme". Das Kind konnte – gemäß seiner Entwicklungsstufe – diese Aussagen nur auf sich selbst beziehen und unbewusst nur in die Schublade von „Ich bin nicht richtig, wenn ich zu dünn bin" einordnen, da die Fähigkeit einer erwachsenen Reflexion, erkennen zu können, wer hier wirklich ein Problem hat, noch nicht genug ausgereift war. Diese Fehlzuordnung wurde durch die abschätzenden kritischen Blicke und die sorgenvolle Miene der Erwachsenen zusätzlich verstärkt. Durch die Einschätzung „***ich** bin nicht richtig" stellte sich das Kind aber selbst infrage, was wiederum dazu führte, sich weniger wertvoll und daher nicht zugehörig zu fühlen. Um dieses schmerzhafte Gefühl nicht zu fühlen, rechtfertigte und verteidigte es sich: „Doch, ich esse ganz viel, bestimmt mehr als du! Ich nehme eben einfach nicht zu, kann machen, was*

ich will!" (AP). Später sagte ich: „Ich habe gar nicht abgenommen, wiege immer noch das Gleiche." (= Erkenntnis, dass die Aussage, ich hätte abgenommen, nicht stimmt – beides RI-Positionen) Die emotionale Ebene war mit dieser Erkenntnis jedoch noch nicht geheilt, weshalb das Thema „ich bin zu dünn" energetisch weiterhin ausgestrahlt wurde, sodass ich jahrzehntelang Menschen anzog, die mit der Frage „Hast du abgenommen, du siehst ja so dünn aus!?" immer wieder den Finger in die emotionale Wunde steckten. Solange diese Bemerkungen wehtaten, drehte sich das alte „Sich-angegriffen-fühlen-und-verteidigen-Müssen"-Hamsterrad.

Die Auflösung des Musters erfolgte über das Erwachsenen-Ich, das die Fehlzuordnung des Kindes erkannte. Um diese ändern zu können, ging ich (Erwachsene) in den fühlbaren Kontakt mit der frühen Kindheitsstufe (IK), dorthin, wo das Drama seinen Beginn hatte, und stellte in vielen Gesprächen mit dem IK konsequent wieder und wieder die Fehlzuordnung richtig, indem ich z. B. zum IK sagte: „Ich merke daran, wie du dich rechtfertigst und verteidigst, dass dir die Bemerkung sehr wehtut, weil du glaubst, dass mit dir etwas nicht stimmt, dass du nicht richtig bist. Ich kann dir versichern, dass du vollkommen o. k. und richtig bist, so, wie du bist und aussiehst." Es dauerte Jahre, bis mein IK diese neue Wahrheit tief annehmen konnte. Auch gab zwischen mir (PE/RI) und den verinnerlichten PP-Stimmen, die dem IK anderes suggerierten, zahlreiche Gespräche. Ich (Erwachsene in Verbindung mit dem IK) schaute ihnen (PP) in die Augen und ließ sie (ohne Vorwurf!) meine Wahrheit wissen: wie weh mir ihre Bemerkungen taten und welche Konsequenzen diese für mich hatten (ihnen das zu offenbaren, war am schwierigsten, da ich dazu erst meine kindliche Angst vor deren Reaktion überwinden musste). Ich machte ihnen meinen Standpunkt klar und was ich mir von ihnen stattdessen gewünscht hätte. Dadurch änderte sich die Haltung der PP-Stimmen; sie waren regelrecht erschrocken darüber, da sie dies nicht beabsichtigt hatten. Dies bewirkte, dass sie aufhörten, mich „mästen" zu wollen. Ja mehr noch, sie wurden zu einer positiven und kraftvollen Ressource für mich, indem sie erkannten, dass das gesamte Essens- und Figurthema vor allem sie selbst und ihre eigenen Hintergrundthemen mit ihren Eltern (statt mich) betrafen, wodurch sie mich mehr sehen und nehmen konnten, wie ich war/ bin. Diese Veränderungen taten dem IK wirklich gut.

Diesen inneren Prozess führte ich zugleich auch im „Außen" mit realen Personen durch, wann immer das Figur- und Essensthema aufkam. Ich schluckte nichts mehr herunter, war als Erwachsene bereit, offen und ehrlich zu mir und meiner Figur (und damit zum IK) zu stehen und auszusprechen, was Sätze, wie: „Sie sehen aber dünn aus!", in mir bewirkten. Mein Mut wurde belohnt – die Aussagen über mein Aussehen hörten auf und das Thema entspannte sich im Laufe der Zeit zunehmend bis dahin, dass es irgendwann auch nicht mehr wehtat. Wenn das IK sich mit dem Erwachsenen-Ich sicher fühlt, ändert sich die Energie in Bezug auf das Problem und es löst sich auf.]

Wachtraum „Ameisen im Erdboden"

Ich sehe im Erdboden viele kleine Löcher, in denen es vor Ameisen nur so wimmelt, die rein- und rausgehen. Vor allem aber kommen sie raus – aus allen Löchern.

Etliche Stunden später ziehe ich das Resümee, mich heute den halben Tag lang körperlich schlapp gefühlt zu haben. Seelisch geht es mir gut. Es zieht mich überhaupt nicht zur Meditation, zum Tai Chi oder zu sportlichen Übungen. Am liebsten ziehe ich mich immer wieder ins Bett zurück und liege einfach da …

Ich gleite in einen meditativen Zustand und spüre den Energiestrahl vom Steißbein aus in der Wirbelsäule aufsteigen. Oberhalb des ersten Halswirbels fließt er geradlinig weiter in den Kopf hinein – bis ein Stück weit oberhalb seiner Mitte. Das ist eine neue Erfahrung für mich. Zuvor floss die Energie außen um den Kopf herum, den Schädelknochen folgend, weiter nach vorn zur Stirn, um dann ihren Weg an der Körpervorderseite wieder nach unten zu nehmen.

Bewusste Änderung des Traumes „Holzstuhl"

Der mit Leder umwickelte Stuhl taucht wieder in meinen Gedanken auf und ich steige in das Traumbild ein, um es zu ändern. Lehne und Beine sind mit einem gelblichen, daumenbreiten, weichen Leder überlappend bandagiert, aus dessen engen Zwischenräumen sich massenweise Würmer herauszwängen. Ich wickle es sehr vorsichtig und behutsam von einem Teil der Lehne ab – es entpuppt sich als eine Art Lederklebeband. An den freigelegten Stellen erscheint wunderschönes helles Holz – keine Würmer zu sehen. Meine Hand gleitet sanft über die warme, seidig weiche und glatte Oberfläche. Ich wickele den gesamten Stuhl aus, reinige die fest anhaftenden dunklen Klebestellen mit einer speziellen Reinigungslösung und poliere das Holz mit einem Pflegeöl. So verändert und gereinigt ähnelt er jetzt mehr einem Sessel als einem Stuhl, der fantastisch, geradezu stolz aussieht – als wüsste er um seine wahrhaftige Schönheit! Das Lederklebeband werfe ich in den Mülleimer.

Wachtraum „Schwingtür mit Drachen-Löwenkopf"

Während ich mit dem Holzstuhl/Sessel beschäftigt bin, blendet sich zwischendurch eine über zwei Meter hohe Schwingtür ein. An ihrem oberen Ende befindet sich ein reich verzierter Drachen-Löwenkopf. Staunend bewundere ich das meisterhafte Kunststück mit den großen hervorstehenden Augen, der halb heraushängenden Zunge und dem zähnefletschenden Gesicht. Es sieht so interessant und ungewöhnlich aus, dass ich mich angezogen fühle, es genauer zu betrachten.

Die Lippen sind wieder besser; meine Haut fühlt sich seit vorgestern sehr weich und zart an. Die Woche ist wie im Flug vergangen.

Angstauslösender Wachtraum „Besuch einer Patientin"

Ich will eine Patientin besuchen, um mit ihr zu reden. Im Treppenhaus ist es dunkel. Ich klingle an ihrer Haustür. Als ich die Tür öffne, höre ich das tiefe drohende Knurren ihres Hundes und ziehe schnell die Tür bis auf einen kleinen Spaltbreit wieder zu. Sie ruft mir aus ihrem stockdunklen Flur zu: „Ja, kommen Sie ruhig rein." Vorsichtig trete ich einen kleinen Schritt über die Türschwelle und sehe vor mir das orange glimmende Orientierungslicht eines Lichtschalters. Meine linke Hand tastet bereits nach dem Lichtschalter, während ich in die Dunkelheit hineinfrage: „Kann ich Licht anmachen?" „Ja", ruft sie mir einladend zu, „machen Sie ruhig an." Ich drücke auf den Schalter, aber er lässt sich nicht herunterdrücken. Schlagartig sind meine Arme schwer wie Blei, meine Beine zittern und mir ist furchtbar schlecht. Ich bin wie gelähmt und sage mit zittriger Stimme: „Machen Sie mal lieber Licht an." Ende des Traums.

Ich zittere am ganzen Körper und bin klitschnass. Die Lähmung ging mit der furchtbaren Angst einher, nicht zu wissen, was geschieht. Der Traum war unheimlich und macht mir große Angst … als ob das irgendwie mit einem Geist zu tun hat *(der Traum hatte magische Energie)*.

Öffnung des dritten Auges

Die Qualität der Wachträume ändert sich – sie werden immer realer. Und es taucht ein weiteres, sehr interessantes Phänomen auf: Wenn die Augen geschlossen sind, sehe ich nach ein, zwei, drei Minuten, wie sich bei einem Auge (oder auch bei beiden) das Augenlid ganz langsam, in Zeitlupe, öffnet, sodass ich in ein tiefes Dunkel schaue – obwohl beide Augenlider nach wie vor real geschlossen sind. Wieder und wieder öffne und schließe ich die Augen und habe das Gefühl und **sehe** gleichzeitig, dass sich ein Auge (oder beide) öffnet, obwohl sie wirklich real geschlossen sind – ich habe das immer wieder kontrolliert. DIE AUGENLIDER SIND GESCHLOSSEN und gleichzeitig doch sichtbar und gefühlt – untrüglich – offen! Auch meine fest auf die Augenlider gedrückte Hand, die eine Lidöffnung unmöglich macht, ändert nichts daran. Es ist höchst eigenartig! Ich habe nicht das Gefühl, durch die Augenlider durchzuschauen, sondern schaue ganz deutlich mit geöffneten Lidern, obgleich diese real geschlossen sind. Also schaue ich doch durch die Augenlider und auch durch die Hand durch!?!? Mein Verstand versteht es nicht, denn nach seiner Logik geht das nicht. Immer wieder glaubt er, sich zu irren, aber meine auf die Lider gedrückte Hand signalisiert ihm das Gegenteil: **Die Augenlider sind geschlossen! Und doch schaue ich mit offenen Augen in eine kosmische, lebendige Tiefe.**

Ich gehe den Traum „Besuch bei der Patientin" erneut durch. Bevor ich auf den Lichtschalter drückte, waren kurz die Gedanken da, dass ich etwas Schreckliches sehen könnte. Der Körper hatte gänzlich von allein reagiert – ich konnte nichts dagegen tun.

Eine Kindheitserinnerung steigt auf. Im Alter von ca. vier bis sieben Jahren hatte ich abends, im Bett liegend, oft das Gefühl, dass hinter der Tür ein böser Mann steht, der mir etwas antun möchte. Die Angst im Traum ist diesem Gefühl sehr ähnlich.

Tai Chi – Innere Kraft

Kurzentschlossen binde ich das schwarze Tuch um meinen Kopf und lasse frische Luft durch das Badfenster herein. Fasziniert schaue ich durch das Tuch durch in die Dunkelheit! Das ist so neu, spannend und ungewohnt, dass meine Aufmerksamkeit immer wieder neugierig zu diesem Phänomen lugt, während ich achtsam die 85er Tai-Chi-Form laufe …

Das viele Liegen macht sich schnell bemerkbar. Ich fühle die Anstrengung der energielosen Muskeln bei jedem Schritt, um die Bewegung auszuführen. Die Versuchung ist riesengroß, der empfundenen Schwäche nachzugeben und Tai Chi abzubrechen. Doch je mehr ich ganz in die Übung eintauche, je mehr ich die Form, die Übung bin, umso mehr wird der Körper von einer inneren Kraft geführt, die **nicht** aus den Muskeln kommt. Gleichzeitig entschlüsselt sich mir in vielen Figuren sehr detailliert, wie die Hüfte die Bewegungen der Arme und Beine koordiniert und welchen Sinn die einzelnen Bewegungen haben könnten. Ich bin tief in meinem Inneren versammelt ... wahre Freude ... Indem ich leer bin und mit hochgradig fokussierter Achtsamkeit von Augenblick zu Augenblick die Tai-Chi-Bewegung präzise ausführe, folgt der Körper in gleichem Maße exakt und in fließender Harmonie der Vorstellung nach; er tut es einfach, ohne dass ich aus dem Gleichgewicht komme. Lasse ich jedoch mit meiner Aufmerksamkeit auch nur ein kleines bisschen nach und schweife gedanklich von der Übung und dem Körper ab, wenn also Körper, Geist und Seele nicht makellos zusammenspielen, dann komme ich aus der Balance. Ein krasser Effekt mit enormen Konsequenzen für die Gesundheit und das Leben per se.

Ich meditiere im Lotussitz. Schnell bin ich tief entspannt und stocke, als ich die Klappe zum Heuboden öffne. Kühle Luft schlägt mir entgegen, es sieht merkwürdig dunkel, ja geradezu gruselig aus. Am liebsten würde ich sofort wieder umdrehen, aber ich stelle erst Milch und Futter für die Tiere bereit. Der Boden ist mir heute nicht geheuer, also gehe ich wieder ... Oder? Nein. Ich setze mich neben das Katzenbaby, lehne meinen Rücken an die Holzwand und ziehe die aufgestellten Beine dicht an mich heran. Mein Blick schweift langsam und aufmerksam durch den Raum. Direkt vor mir ist die Klappe, sodass ich im Notfall gleich verschwinden kann. Grabeskühle und dämmriges Licht verleihen dem Dachboden einen mystischen Hauch. Ab und zu raschelt es hinter den Heuballen. Das werden wohl die Mäuse sein, beruhige ich mich. Ich hülle mich zum Schutz vor der Kälte in eine flauschige Wolldecke ein. Das kleine Kätzchen liegt auf meinem Bauch und tritt behaglich schnurrend mit den Pfötchen sanft gegen meinen Brustkorb. Ich streichle behutsam das weiche, warme Fell – es gibt mir das Gefühl, nicht allein zu sein, wodurch ich mich sicherer und mutiger fühle. Während ich, nun schon ruhiger, in das stille, lebendig-magische Dunkel starre, tauchen ablenkende erotische Fantasien auf, die ich nicht weiter beachte. Nach einer Weile rolle ich die Decke wieder zusammen, streichle das Kätzchen zum Abschied und verlasse den Heuboden wieder.

Ich höre Holger die Treppe heraufkommen, also ist es Zeit für unseren Austausch.

Gespräch mit Holger

Analyse: Wachtraum „Besuch einer Patientin"

H.: „Da ist eine Wache, der Hund. Der Hund ist immer ein Wächter. Du willst zu dir selbst kommen und du sprichst zu dir selbst in Form der Frau. Du musst, um zu dir selbst zu kommen, den Weg durch die Dunkelheit antreten. Seltsamerweise klappt das mit dem Lichtschalter nicht. Die Dunkelheit und die Frau stehen für den Weg zu deiner Seele. Nachdem eindeutig wird, dass du keine Chance hast, dem Seelenweg zu entfliehen, weil der Lichtschalter nicht funktioniert, werden dir die Arme und Beine schwer und du wirst ganz zittrig, denn du musst nun den Weg gehen. Aber du willst doch noch ein bisschen in die Rationalität, indem du dir in Gestalt der Patientin zurufst, sie solle das Licht anmachen. Doch das wird nicht passieren, denn der Traum bricht hier ab, weil klar ist: Da kommt kein Licht! Der Seelenweg wird dir dann zu heiß."

S.: „Ich hatte Angst, etwas Schreckliches zu sehen, wenn ich das Licht anmache. Dass die Frau dann wie ein Geist aussieht oder ganz schrecklich."

H.: „Das würde auch noch in meine Deutung passen, denn die Frau bist du. Wenn du dich dann real betrachten würdest, bist du gar kein Mensch, denn du bist ja quasi im Unbewussten, fast im Todesreich, und da bist du Geist! Du hast quasi Angst vor dir selbst – Angst, dein wahres Seelenbild zu sehen. Im Traum hat sich deine Urangst so formuliert."

Analyse: Wachtraum „Drachen-Löwenkopf"

H.: „Du siehst die Schwingtür, das ist der Eingang zur Seelenhalle, der Nachbarwelt – da sind immer Wächterfiguren. Vorher war es der Hund im Flur, hier haben wir ihn wiederholt als Drachen-Löwenkopf, den du bewunderst. Die Wächter sind die Pforte zur Anderswelt. Das ist ein klassischer Versuch, die Einweihung zu gehen, aber hier misslingt sie, denn du bleibst schon vor der Tür stehen – also die Vorbereitung auf die Einweihung. Das war der vorige Traum ja auch, denn wenn solche Tiere auftauchen, sind das immer Wächterfiguren – die bewachen die andere Welt. Auch bei Todeserfahrungen kommt oftmals ein Hund vor, der die andere Dimension bewacht – da kann man nicht so ohne Weiteres hinein. So ist es hier auch. Die Schwingtür ist vielleicht auch ganz interessant: Manchmal kommen in Träumen Türen vor, wo du den richtigen Moment, die Schwingszene, abpassen musst – und zack, musst du dann ganz schnell durch. Wenn du das verpasst, zerquetscht sie dich. So etwas deutet sich hier vielleicht an, also beginnende Initiation."

Analyse: Wachtraum „Erdbeerfeld und Tankstelle"

H.: „Du siehst dich selbst, die wunderbaren, roten, schmackhaften, saftigen Erdbeeren – also das Leben selbst bist du. Du pflückst das Leben. Mit dem Erdbeerfeld tust du mal was für dich. Ob Erdbeeren oder Tanken, du füllst dich auf mit Lebenskraft, mit roter Fruchtbarkeit. Du bist durch alle möglichen Einweihungen, Halbeinweihungen und Vorbereitungen gegangen. Der Lebensauftrag wird vor allem erreicht, wenn die Initiation gelungen ist oder man sich auf den Weg zur Initiation begibt. In dem Sinne: Greif rein ins volle Leben und nimm dir, was du kriegen kannst! Viele Leute sagen: ‚Nein, das darf ich nicht und das nicht und das nicht und wir müssen ja und ich weiß nicht, ob ich das Fleisch essen darf usw.' Das ist alles Käse."

Analyse: Wachtraum „Schrankwand mit Spiegeln"

H.: „Du siehst dich von allen Seiten. Du bist auf dem Weg, zumindest dich von allen Seiten zu sehen. Nicht nur so einseitig wie am Anfang. Das ist ein initiatisches Traumbild. Du bist jetzt in einer Phase mit Wachträumen."

Wachträume, Augenphänomen und Zeitfalle

H.: „Also nicht Träumen, sondern Wachträumen. In der ersten Phase träumst du normal. In der zweiten Phase werden es Wachträume. Obwohl du nicht schläfst, scheinst du ja trotzdem zu träumen, das ist schon eine Steigerung der Wachheit. Dann gibt es noch eine ganze Reihe weiterer Stufen und eine beginnt mit diesem Lid- und Augenphänomen, das nur zeigt: Du kannst auch sehen, obwohl die Lider zu sind. Wir begeben uns jetzt auf eine höhere Ebene. Das ist der Anfang, es leitet eine neue Phase ein, wo man halt auch durch die Lider schauen kann. Es ist noch mehr Klarheit da, so viel Klarheit, dass die Augenlider wie transparent sind. So ist der ganze Dunkelprozess: Die zunehmende Klarheit drückt sich in solchen Stufen, in solchen zunächst merkwürdigen Phänomenen, aus. Aber die sind gar nicht merkwürdig, sondern absolut logisch. Das Phänomen, dass man durch die geschlossenen Augenlider gucken kann, steigert sich später noch weiter, indem man rausgucken und sehen kann, was passiert. Manche Leute sehen, was ich unten treibe, und dann vergleichen wir das und stellen fest, es stimmt. Oder sie sehen, was bei ihnen zu Hause abläuft. Ich muss dann teilweise das Telefon bringen und anrufen. Die wollen unbedingt vergleichen, was da abgegangen ist zu Hause."

Ich finde das total spannend und muss über meine bildliche Vorstellung lachen, wie Holger eilig das Telefon bringt.

H.: „Und es stimmt oft. Das ist eine weitere Steigerung der Klarheit. Ganz banal und harmlos kommt das einher – das sind nicht die großen paranormalen Schritte, sondern das kommt mit einer ganz präzisen Logik, die nachverfolgbar ist. Ich sehe es ja immer wieder in der Dunkelheit. Das kommt gesetzmäßig und ist wie eine Wissenschaft. Das ist an sich eine neue Wissenschaft, das wurde ja noch nie beschrieben. So muss man diesen Entkonditionierungsprozess sehen, der mit zunehmender Klarheit einhergeht. Klarheit heißt hier ganz einfach: Du wirst zunehmend Seele! Früher warst du auch Seele, aber überschattet vom Licht, vom Körperlichen, vom Rationalen. Das tritt jetzt in den Hintergrund. Da gehört auch das mit der Zeit hinein. Du sagtest, die Zeit geht sehr schnell rum. Wenn man noch länger in der Dunkelheit bleibt, wird die Zeit noch knapper und bei sieben Wochen wird die Zeit extrem knapp, da fangen die Leute an, mit der Zeit zu haushalten, und sagen: ‚Scheiße, geht die Zeit schnell um, kaum gehe ich zur Toilette, sind zwei Stunden um.'"

Ich muss lachen. „Das kann ich wirklich gut nachvollziehen. Ich dachte auch schon: Nur noch drei Tage! So ein Mist!"

[10/2004: Ich bemerkte in den letzten drei Tagen eine immer mehr zunehmende Unruhe in mir, die damit zusammenhing, dass die Zeit viel zu schnell vorbeiging und ich noch in der Dunkelheit bleiben wollte. Diese Unruhe allein verhinderte schon die weitere Entkonditionierung, da die Gedanken immer mehr dahin gingen, dass das Ende der Dunkelzeit naht und was dann wieder kommt, z. B. der Alltag usw. Es fühlte sich wie eine aufgedrehte Aufregung an. Wenn diese Unruhe im Alltag mein

„Normalzustand" ist – ohne es zu merken, da es ja ein Dauerzustand ist –, dann staune ich, was der Körper alles an Spannungen kompensiert, von denen ich vorher nicht im Geringsten eine Ahnung hatte. So ist es kein Wunder, dass mit der Zeit die verschiedensten Wehwehchen und Krankheiten auftreten. Ich hielt mich für ruhig, locker und ausgeglichen, aber wirkliche Ruhe ist anders.]

Angst vor dem Urgrund des Daseins

H.: „Ja, und dann werden die Leute ein bisschen panisch und ich muss sie beruhigen, was aber nichts bringt, weil die Zeit irrsinnig schnell vergeht. Sie sagen: ‚Ich war ja kaum hier!' Dann muss ich ihnen klarmachen: ‚Hör mal, du warst jetzt schon sechs Wochen hier!' Die Antwort: ‚Aber das war ja soooo kurz!' Das ist die Naturwissenschaft der Psyche, das geht in Wellen. Bei manchen Leuten zieht sich das sehr lange hin, immer wieder beginnende Initiation und immer wieder verhindert aus Angst. Dann kommt irgendwann doch der Durchbruch. Bei manchen geht der Prozess ganz flüssig, die haben gleich zu Anfang eine große Initiation, die gleiten sofort hinein, bei denen ist gar kein Tor, die sind sofort in der anderen Welt, in der Nachbardimension. Aber die haben dann vielleicht dort bestimmte Blockaden. Also in der anderen Welt gibt es auch wieder bestimmte Blockaden. Im Grunde immer wieder das Gleiche, aber doch individuell recht verschieden."

S.: „Wie machen diejenigen das, die gleich in die andere Welt kommen?"

H.: „Das liegt begründet in ihrer Denkweise – die diskutieren für sich selbst gar nicht ihre persönliche Problematik, sondern kicken diese einfach weg und gehen schnurstracks in die andere Welt. Es geht ja gar nicht so sehr um die Angst vor dem Tod, sondern das ist ja nur das Schlagwort für ein breites Spektrum an Gefühlen, die man nennen kann: ‚Ich möchte nicht die Nachbarwelt kennenlernen!', denn, nehmen wir mal diesen Flurtraum, es könnte ja da ein Gespenst sein. Das ist also nicht nur einfach Angst vor dem Tod, sondern Angst vor dem Urgrund des Daseins. Die mystischen Typen lassen sich einfach in diesen Urgrund hineinplumpsen und überspringen die psychodynamische Phase; sie stürmen einfach hinein in den Urgrund. Du musst dir das erarbeiten. Du stehst jetzt vor der Initiation mit der Drehtür, den Wächtern usw. Du gehst hinein, gehst aber nicht durch. Du gehst zwar in den Flur hinein oder bist quasi schon drin, willst aber wieder Licht machen. Das ist die Art deiner Existenz, dein zentraler Fokus, scheint mir, verstehst du, wie ich meine?“

S.: „Erklärst du es mir bitte noch mal?“

H.: „Dein Lebensgrundgefühl ist, in der Realität zu sein, aber das ist dem Menschen grundsätzlich verwehrt, weil er zusätzlich, neben der Realität, auch in der Nachbarrealität der Seele sein sollte. Wer das nicht macht, bekommt seelische Probleme, *damit* er in die seelische Welt geht. Die Leute haben nicht Probleme, weil sie Probleme haben, sondern weil sie nicht in die seelische Welt gehen. Das ist auch keine Strafe, sondern nur ein Trick, sie doch in die Seelenwelt hineinzuführen. Und das ist bei dir auch so. Das ist deine existenzielle Problematik derzeit. Du willst und willst auch nicht.“

S.: „Ja, die Angst hemmt mich. Die Angst ist da, das weiß ich und ich spüre sie auch, aber ich kann nichts dagegen tun?“ Ich fühle mich fast verzweifelt und hilflos.

[10/2004: Ich möchte in die Seelenwelt und habe Angst vor dem, was dort auf mich zukommt, vor dem Unbekannten. „Hüh und Hott“, wieder zwei Seiten, wie beim Traum mit den Weintrauben und Pfirsichen.]

H.: „Das ist ja nicht nur bei dir so, sondern das geht allen so, alle haben davor Angst. Jeder – der eine mehr, der andere weniger. Jeder auf seine Art. Weil es alles Menschen der traditionellen materiellen logischen Welt sind. Doch das Leben zeigt: ‚Das ist aber nicht nur so, mein Freund, du musst auch die andere Welt kennenlernen.‘ Wer das nicht macht, kriegt heftige Probleme. Alle müssen kennenlernen, dass es ein Tor gibt, und da muss man durch, da kommt keiner darum herum. Und wer drumherum kommt, kriegt halt Probleme.“

S.: „Kann ich noch irgendetwas tun?“ Ich bin ein wenig resigniert.

H.: „Nein. Aber du machst ja schon was, du bist in der Dunkelheit, du gehst deinen Weg, du bist ein echter, tiefer Sucher. Man muss wissen, wo man steht. Wenn man das nicht weiß, kommt man nicht voran, steht man neben sich.“

S.: „Ich habe heute anhand der Träume gemerkt, dass jetzt langsam tiefe Ängste hochkommen. Das ist nackte Angst!“

H.: „Die müssen hochkommen, da geht nichts dran vorbei, bis alles aufgearbeitet ist.“

S.: „Ich fühle nacktes Gruseln, Abstand-halten-Wollen davon, mir genau das Vom-Leib-halten-Wollen. Angst vor der Angst und vor der Tretmühle."

H.: „Man kriegt die Sachen, die man lösen kann, lässt sich darauf ein und stellt dann hinterher fest: alles halb so wild."

S.: „Ja, das habe ich heute mit dem Dachboden schon gemacht. Erst wollte ich gehen, blieb dann aber doch und es war gar nichts Schlimmes."

H.: „Meistens stellt sich das als Joke heraus – erst böhmische Dörfer und dann ist gar nichts. Die Welt ist eine Illusion. Vor diesen Illusionen haben wir alle möglichen Ängste und wenn wir genauer hingucken, lösen die sich in Wohlgefallen auf. Das ist mit allen Dingen des Daseins so."

[12/2004: Was wir in der Welt erleben, ist oft das, was wir nicht wollen – wir ziehen es unbewusst an, weil wir es verdrängt haben. Was wir nicht erleben – obwohl wir es erleben wollen –, erleben wir nicht, weil wir es uns unbewusst verwehren, uns vom Hals halten. Unterm Strich ist es eine tiefe Angst, von der wir anfangs nicht mal ahnen, dass sie existiert, später dann höchstens eine vage Vorstellung haben, dass sie da sein könnte, und dann noch später, bei tieferer Betrachtung, spüren und wissen wir genau, dass sie wirklich da ist, ganz weit unten in der Tiefe sitzend und lauernd. Das löst Angst aus über die Größe der Angst und es ist schwer, sie aufsteigen zu lassen, um sie zu fühlen – die Angst vor der Angst verhindert es. Gelingt es doch, ist erkennbar, dass nur die Angst vor der Angst so groß war, nicht jedoch die Sache an sich. Das fühlt sich um Tonnen erleichtert an, auch stark, groß, kraftvoll, energiereich und der Welt und dem Leben gewachsener.]

Über Initiation

S.: „Initiation – was genau heißt das?"

H.: „Initiation beginnt, wenn du vor der Pendeltür stehst. Die meisten kommen nicht mal so weit, sie straucheln davor in irgendwelche Seen hinein. Bei der Initiation gehen sie durch die Tür durch, am Wächter vorbei. Da gibt es keine Angst mehr vor dem Nebligen, sondern es ist die Erkenntnis da, dass das alles nur Luftblasen, vage Einbildungen, Phantasmen sind. Man macht das Licht an, um zu erkennen: ‚Da ist ja gar nichts da!' Dann kommen aber neue Ängste auf: ‚Mein Gott, wenn da nichts da ist! Da muss doch was da sein! Woran soll ich mich festhalten?' Also die Initiation besteht aus einer Reihe von Stufen. Auf jeder Stufe wird die Erfahrung der vorhergehenden Stufe tiefgründiger wiederholt. Das wird nur wiederholt, ist immer gleich. Die Initiation ist ein unheimlich langer

Weg, scheint überhaupt nicht aufzuhören, immer wieder neue Prüfungen. Das ist wie eine Schule, jedes Jahr ein Test und Prüfungen. Das ist schon verrückt. Kaum hast du Abitur, musst du schon wieder ‚studieren'. Kaum hast du Erleuchtung erlangt, stellst du fest: ‚Nein! Das war ja nur eine Vorerleuchtung! Die erste Stufe der Erleuchtung!' Was dabei heraufdämmert, ist dann die Sprache der Nachbardimension, die keine akustische Wortsprache ist, sondern eine Symbol- oder Zeichensprache, die akustisch nicht gesprochen wird. Sie besteht aus Zeichen und Symbolen. Und die ist tiefgründiger als Wachträumen."

S.: „Was kann ich noch tun … oder kann ich gar nichts machen?" *(Ich bin schon wieder mittendrin im Kontrollmechanismus, im Machen- und Tun-Wollen.)*

H.: „Ich weiß es nicht. Das gesamte Dasein erschließt sich – was ist Dasein? Egal was du anguckst, kannst du dich fragen: ‚Was ist Dasein?' Was sollst du dazu sagen? Da kannst du zunächst gar nichts sagen. Gehst du aber tief in die Zusammenhänge hinein, kannst du sehr wohl Tiefgründiges sagen. Das ist die Hauptaufgabe des Lebens – das ist der geheime Auftrag, den die meisten nicht realisieren."

Wir reden kurz über meinen letzten Tag, an dem ich nach Holgers Meinung etwas essen müsste, da ich doch eine lange Heimfahrt vor mir habe. Er macht sich Sorgen. Ich bin ganz anderer Meinung und vollkommen frei von Sorge. Ich weiß einfach, dass ich gut ankomme, auch nach dem langen Fasten und ohne vor der Autofahrt zu essen.

Sterbebegleitung

Unser Gespräch landet beim Thema „Sterbebegleitung" und ich frage Holger, wie er Sterbebegleitung macht, wenn jemand unmittelbar vor dem Tod steht, aber verdrängt, dass er in Kürze sterben wird.

Er erzählt mir, dass seine Art sehr direkt und bodenständig sei, er die Leute mit ihrem nahenden Tod konfrontiere, ihnen schildere, wie der Sterbeprozess gehe, und auch über Nahtoderfahrungen berichte. Holgers Erfahrungen nach sei dies sehr hilfreich, weil dieses Wissen, wenn es im Kopf sei, bereits den Sterbeprozess beeinflusse. Mit dem Wissen würden die Leute ihre innere Unsicherheit verlieren, die auch aus der Unwissenheit herrühre; sie können dann leichter loslassen und dadurch leichter sterben. Weiterhin geht Holger mit der Person die entscheidenden Stationen ihres Lebens durch, was sie erlebt hat, und rundet das Ganze damit ab, dass das

Leben in seiner Ganzheit perfekt war und nicht etwa ein fehlerhaftes oder gar kein Leben, wie viele Leute am Ende ihres Lebens meinen. Der Sterbende müsse erkennen, dass alles in seinem Leben genau richtig war, um mit sich selbst ins Reine zu kommen und sterben zu können. Manchmal macht Holger auch ein kleines Ritual, wenn die Leute das wünschen.

Meine Frage, ob Holger den Sterbenden im Krankenhaus besuche, bestätigt er. Oft dauere so ein Besuch länger als eine Stunde, was aber ganz individuell gehandhabt werde. Er frage auch nach, ob der Wunsch nach einem weiteren Besuch bestehe. Manche Leute wären aufgeschlossener, bei anderen wiederum sei das nicht so einfach. Er sage immer, wie für ihn der Sterbeprozess sei, und die Leute würden das dann in ihre eigene Version umdeuten. Die Mehrzahl der Menschen würde sich jedoch keine Gedanken machen über die großen Fragen des Lebens und viele wüssten gar nicht, dass sie leben und was das Leben sei.

Zum Abschluss meint Holger, die meisten Leute würden den Zusammenhang zwischen ihrem Leben – Tagesablauf: Arbeiten, Kinder-Versorgen, Vor-dem-Fernseher-Sitzen – und ihren Krankheiten nicht bemerken. Sie würden sich irgendwann in ihrem Leben wundern, warum sie plötzlich krank sind, und wären dann der Meinung, das könne doch gar nicht sein, dass müsse eben Schicksal sein. Er finde es traurig, dass der Zusammenhang nicht gesehen wird. Ich kann ihm da nur zustimmen.

Holger ist gegangen. Auf dem Weg ins Bad bin ich mit einer starken Orientierungslosigkeit konfrontiert. Alles um mich herum sieht aus wie auf dem Heuboden und ich frage mich, wo es zum Bad entlanggeht. Tastend finde ich mit einiger Mühe den Weg. Plötzlich, aus dem Bad wieder herauskommend, sehe ich rechts von der Badtür klar und deutlich eine Treppe. Aber da ist doch eigentlich gar keine Treppe!?

Meine Hündin beamt sich zu mir

In tiefer Meditation sitzend, sehe ich plötzlich Cassy, unsere Schäferhündin, schräg links vor mir in ca. einem Meter Entfernung stehen. Sie ist aus unzähligen kleinen, dunkel leuchtenden, flirrenden Energiepünktchen zusammengesetzt. Der in seiner Gesamtheit tiefschwarz schimmernde, anmutige Energiekörper ist ringsherum von einem fünf Zentimeter breiten, hell strahlenden Lichtstreifen gesäumt. Ich bin von der flimmernden Erscheinung stark beeindruckt, die trotz der vielen Einzelpunkte wie eine kompakte Gestalt wirkt und nicht einfach in alle Einzelteile auseinanderfließt. Mir scheint, als ob die Energiepünktchen von „Etwas“, von einer magnetischen Kraft, zusammengehalten werden. Das erinnert mich an her- oder weggebeamte Personen in Science-Fiction-Filmen, was diesem Phänomen hier sehr ähnlich sieht. *(Ist das doch alles keine Science-Fiction, sondern Realität?)* Nur bleibt Cassy in ihrer energetischen Präsenz, die sich, im Unterschied zum Film, in meinem Zimmer nicht weiter verkörpert. Ich spreche sie spontan, völlig überrascht und erstaunt an: „Cassy, was machst du denn hier?“ Eine Antwort erhalte ich nicht. Sie verschwindet nach einem kurzen Augenblick, als hätte sie genug gesehen und erfahren, was sie wissen wollte, und „beamt“ sich als ein aus zusammenhängenden und -gehörenden Punkten bestehender „Energiekomplex“ wieder weg. Die unerwartete Begegnung hat vielleicht eine halbe Minute gedauert.

Ich liege verärgert im Bett und kann wegen der ständig „offenen“ Augen nicht schlafen. Stattdessen kommen viele Träume.

Bilder und Wachträume „Betonröhren“, „Ameisen“, „Kaffeetasse“

Ich sehe aufgeschichtete Röhren aus Beton. Kurz danach erscheinen Mengen von auf dem Boden herumkrabbelnden Ameisen. Als nächstes erblicke ich auf einem Kaffeetisch eine gefüllte Tasse mit einem weißen Sahnehäubchen obendrauf, über das diagonal ein kleiner schwarzer Käfer krabbelt. Er ist ca. zwei bis drei Millimeter lang.

Wachtraum „Weißes Haus; Erdreich“

Ich schaue auf ein weißes Haus mit einem kleinen Garten davor, der von einem kunstvoll geschwungenen Torbogen abgegrenzt wird. Davor und daneben befindet sich ein Wald mit großen, kräftigen Nadel- und Laubbäumen. An einem schmal zulaufenden, steinigen Vorsprung springe ich einen wenige Meter tiefen Abhang hinunter. Unten teilt sich die Ansicht: Oben befindet sich das weiße Haus mit Garten und Wald, in der unteren Hälfte schaue ich auf dunkles, sattes Erdreich, durchzogen von langen, dicken und dünnen Wurzeln, die zu den Bäumen von oben gehören. Das Erdreich, vor dessen Eingang ich stehe, ist gleich einer Muschel zur Hälfte geöffnet, sodass vom Wurzelgeflecht gebildete unterirdische Gänge und Räume sichtbar sind, die meine Neugier wecken und zum

Erforschen einladen. Doch ich gehe nicht hinein, da ich Angst habe, dass die Muschel zuklappen könnte und ich nicht mehr hinauskomme. Die verschlungenen, tiefschwarzen Gänge sind mir zu unheimlich.

Wachtraum „Cassy voller Ameisen"

Meine Hündin Cassy ist an den Hinterbeinen völlig mit Ameisen übersät. Sie versucht krampfhaft, die Ameisen loszuwerden, und dreht sich im Kreis.

Wachträume „Schamane" und „Stadion"

Ein als **Schamane** gekleideter Mann erscheint, umgeben von einer großen Gruppe Menschen, die alle mit verschiedenen Ritualwerkzeugen „bewaffnet" sind. Ein schamanisches Ritual soll stattfinden, wahrscheinlich ein Initiationsritual. Im nächsten Moment stehe ich in einem großen **Stadion** in der obersten Reihe und schaue über und in das weite, große Stadion, in die Tiefe des Stadions hinein, die mich sehr beeindruckt.

Wachtraum „Naturkundemuseum"

Ich betrete ein Naturkundemuseum und sehe etliche Vögel an der Wand hängen. Ihre Flügel sind in voller Länge gespreizt und mit Nägeln an der Spitze in der Stellung befestigt. Sie sind alle tot, bis auf den einen links oben, dessen in größeren Abständen erfolgende Flatterbewegungen verraten, dass noch ein Funken Leben in ihm ist. Er wirkt bereits ziemlich entkräftet. Ich bin zutiefst schockiert, dass die Vögel scheinbar lebendig zur Besichtigung für Menschen an die Wand genagelt wurden.

Wachtraum „Bunker; Das strahlende Kind"

Ich stehe in einem Bunker in einem schmalen Gang aus dicken, kalten Steinwänden. Vor mir wird ein schweres Eisentor hochgezogen – ich kann durchgehen, nach draußen in die Freiheit. *(Als hätte ich lange Zeit im Gefängnis verbracht und werde jetzt entlassen.)* Ich gehe hinaus und sehe eine Frau mit einem kleinen Kind, vielleicht zwei bis drei Jahre alt. Das Kind möchte irgendetwas von der Frau haben, die jedoch in ablehnender Haltung „Nein" sagt. Daraufhin kommt das Kind auf mich zugelaufen und guckt mich von unten nach oben mit ganz strahlenden, freundlichen, schönen, blauen Augen an, mit so einem reinen Lächeln im Gesicht, dass ich tief beeindruckt und berührt bin von dieser ausgestrahlten Reinheit und Schönheit.

Wachtraum „Wiese; Sonnenuntergangslicht"

Ich schaue direkt vor mir auf eine Wiese, die in ein schwach leuchtendes, warme Geborgenheit ausstrahlendes Sonnenuntergangslicht eingetaucht ist. Im Schein der sich in meinem Rücken befindenden Sonne schaue ich auf die Gräser und sinniere, ob Sonnenuntergang oder Sonnenaufgang ist. Es ist jedenfalls nicht ganz hell. Mein erster Gedanke war aber Sonnenuntergang. Ich erfasse, dass ich im Bett liege und zugleich ebenso real vor der Wiese stehe. Mein Kopf ist nach links gewandt, von rechts hinter mir kommt die Sonne. Die Gräser wiegen sich sanft im Wind, ich fühle mich „direkt vor Ort" und genieße die Harmonie der Natur. Nach einer Weile vergeht das Gefühl, real auf der Wiese zu sein *(bzw. der Traum ging weg, ich konnte ihn nicht halten).*

Bei diesem Wachtraum war mir, als ob ich vorher geschlafen habe und durch das Licht aufgewacht bin.

Einige Gedanken zum Dasein huschen durch mich hindurch. Dasein ist hell und dunkel, Licht und Schatten, stürmischste Bewegung und absolute Ruhe, Stille – links und rechts, oben und unten, Leben und Tod. Dasein ist im Prinzip alles. Das gesamte sichtbare und unsichtbare Universum und darüber hinaus. Alles im Prinzip unfassbar, nicht vorstellbar, nicht greifbar. Es ist eben alles da. Das ganze SEIN, materiell wie immateriell.

Wachtraum „Drachen-Krokodilkopf"

Meine Betrachtungen über das Dasein werden plötzlich unterbrochen von einem links an der Wand erscheinenden Kopf, der einem Gemisch aus Drachen und Krokodil sehr ähnlich sieht. Unheimlich! *(Ende Traum)*

Ich habe die Wand nicht gesehen, sondern nur gedacht, dass da eine sein müsste, weil der Kopf im Dunkel „hing".

Tier am Koffer – Panik

Ich bin an meinem Koffer, der in der hinteren rechten Ecke vom Zimmer steht, packe meine benutzten Sachen in die Tüte und taste, da ich in der Dunkelheit nichts sehe, die nähere Umgebung und die gesamte Ecke ab, ob noch irgendwo etwas herumliegt. Plötzlich fasse ich in ein Tier, etwas lebendiges, kaltes Weiches. Igitt! Etwas Krabbliges, Ekliges! Sofortige Panik! Zitternd fingere ich, so schnell es mir möglich ist, die Taschenlampe aus dem Koffer und leuchte ringherum alles aus – aber da ist nichts. *(Ende der Erfahrung)*

Das nackte Grauen steckt mir im gesamten Körper, die Magen- und Herzgegend ist zu Stein erstarrt, die Haare stehen mir zu Berge, ich bin klitschnass.

Sowohl mein Gefühl, in etwas hineinzufassen, als auch die körperlichen Reaktionen sind so hyperreal, dass ich auf weitere solche Erfahrungen liebend gern freiwillig verzichte. Das löst große Angst aus in mir. *(Ich bin tief beeindruckt von dem Erlebnis, es bewegt mich ganz lange.)*

Wachtraum „Holzhaus auf Pfählen"

Hoch oben auf einem Berg steht ein mich anziehendes Holzhaus auf Pfählen. Eine Holztreppe führt direkt dorthin, die ich langsam hinaufsteige. Je höher ich komme, umso mehr kommt die makellose Schönheit des rechts der Treppe stehenden Hauses in meinen Blick. Sein geschwungenes Dach erinnert mich an einen Tempel.

Das Erlebnis mit dem ekligen Tier lässt mir keine Ruhe. Ich schaue mir die Masse noch einmal genauer an: Sie ist klebrig, glitschig, glibberig, kalt und nass. Wenn ich die Hände hebe, bleibt sie kleben und zieht lange Fäden. Scheinbar doch kein Tier. Ich weiß nicht, was das sein soll. Es ist jetzt nicht so schrecklich wie beim ersten Mal, ich habe lediglich ein wenig Herzklopfen. *(Die Angst verhinderte, dass ich noch einmal die „Masse" real fühlen konnte. Was ich beim zweiten Mal fühlte, war eindeutig anders als beim ersten Mal – es fehlte der lebendige Charakter.)*

Im Nebel

Ich stelle mir vor, wie es sein wird, Montag früh *(das Ende meines Dunkelretreats)* bei beginnendem Sonnenaufgang mein Zimmer zu verlassen. Ich laufe durch das Haus bis nach draußen, weiter auf dem aus erbsengroßen grauen Kieselsteinchen gestalteten Weg, der in den Wald führt, und komme in unbekanntes Gebiet. *(Ab hier ist es keine Vorstellung mehr, sondern ein Wachtraum.)* Nach einem kurzen Dauerlauf tauche ich in eine mir vertraute Masse ein, die ich jetzt deutlicher wahrnehme als sonst. Ich bin mittendrin in ihr, ebenso der Wald, der Boden … Diese Masse ist überall … was ist das? Energie, das Feinstoffliche … es ähnelt durchsichtigem Nebel *(nicht so feucht wie Nebel, eher wie heiße, flirrende Luft, aber nicht heiß)*. ALLES ist in dieser Masse enthalten, auch mein Körper. Was ich sonst als Luft, als leeren Raum, wahrnehme, ist jetzt voll … die Leere ist voller Fülle … und gleichzeitig doch für das normale Auge leer, je nach Wahrnehmungsfähigkeit. Beim Atmen fließt die lebendige Masse in mich hinein …

„Das wird Lebensenergie sein", geht es mir durch den Kopf. Die Masse verändert sich zu einem dichter werdenden Nebel … ich bin in einer Nebelwelt und atme all das ein. Innerhalb kurzer Zeit stehe ich mitten in dichtem, undurchdringlichem Wrasen, mich sehr allein fühlend. Die Bäume sind hinter dem feinkörnigen Dunstvorhang verschwunden, den Weg kann ich gerade noch erahnen. Weiße, feuchtkühle Nebelschwaden, die sich schnell immer mehr verdichten, wabern gleich einem lebendigen Wesen geisterhaft um mich herum. Ich bleibe stehen, der Boden ist nicht mehr erkennbar. Mittlerweile sehe ich nicht einmal mehr die Hand direkt vor meinen Augen. Langsam und hochgradig aufmerksam tappe ich wie blind in kleinsten Schritten weiter, ein wenig ängstlich ob der mystischen Atmosphäre. Ich orientiere mich an den kleinen Kieseln, die ich deutlich unter meinen Füßen spüre. Ein paar Schritte weiter scheine ich an den linken Wegrand gekommen zu sein, denn unter meinem linken Fuß fühle ich plötzlich federnden, nachgiebigen, moosigen Waldboden, während rechts noch immer die harten Steinchen knirschen. Ich frage mich, wie ich den Weg wohl wieder zurückfinden soll? Ein äußerst beklemmendes Gefühl kriecht in mir hoch und weitet sich zur Panik aus. Ich erinnere mich sofort an meinen Beobachterposten und bin im gleichen Moment schon dort oben. Die beklemmende Angst fällt sofort von mir ab und ich stelle sehr erleichtert fest, dass ich in meinem Bett liege. Gott sei Dank! Ich hatte ganz vergessen, wo ich wirklich bin.

[01/2010: Im Nachhinein könnte gesagt werden, dass dieser Traum in Ansätzen eine Vorausschau auf Montagmorgen, das Ende meines Dunkelretreats, war, an welchem ich die durchsichtige Masse genauso wahrgenommen habe, wie zu Beginn dieses Traumes bereits erlebt.]

10. Tag – Schauen

Der Mechanismus der Angst

Blinzelnd öffne ich die Augen. Gefühlt scheint die Morgendämmerung jeden Moment die gütige Sanftheit und friedvolle Stille der Nachtenergie abzulösen. Verschlafen taste ich mich ins Bad, um das Fenster zu schließen. Auf dem Weg zurück zieht rechts die Treppe meine Aufmerksamkeit magnetisch an, obgleich ich genau weiß, dass real an dieser Stelle der Flur ist. Ich kann sie aber so klar und deutlich sehen, dass ein Irrtum ausgeschlossen ist – sie geht mehrere Stufen in die Tiefe und wirkt gespenstisch in der geheimnisvoll schimmernden Dunkelheit. Angst kraucht in mir hoch, mein Herz klopft laut und schnell. Ich verkrieche mich wieder im Bett und wünsche mir irgendwelche Bilder zum Angucken, um von der lebendig-dunklen Unheimlichkeit, die mich ringsherum umgibt, abgelenkt zu werden. Ich fühle mich in meine Kindheit zurückversetzt. *(Auch damals bin ich in „schöne" Vorstellungen geflüchtet, um die Angst vor der Dunkelheit nicht zu fühlen. Meine Eltern hatten mir diesen Rat gegeben und ich konnte ihn mehr oder weniger gut umsetzen.)*

Ich gehe auf den Beobachterposten – zum Glück habe ich den! – und „sehe" von oben, dass ich im Bett liege und es einfach dunkel ist … Dunkle, tiefe, lebendige Gegenwart. Mehr ist *jetzt* nicht. Punkt. Im gleichen Augenblick schlägt mein Herz wieder deutlich ruhiger.

Erleichtert erkenne ich, die Dunkelheit als unheimlich und gespenstisch bewertet und mich darauf dann eingelassen zu haben, was wiederum die Angst auslöste – Angstblasen, die wie Seifenblasen zerplatzen, wenn sie erkannt werden.

[10/2004: Stecke ich Energie in die Blase, indem ich den Angstgedanken und Angstvorstellungen weiterhin Aufmerksamkeit gebe, würde die Angstblase gut genährt und dadurch die Angst und die damit verbundenen Körperreaktionen – wie Herzklopfen,

Herzrasen, Kloßgefühl im Hals, zugeschnürter Hals, kalte nasse Hände, „Knoten“ im Bauch – größer werden.]

Die Vögel beginnen trällernd ihr Morgenlied, ich schätze, es ist 4 Uhr oder 4:30 Uhr. Ich versuche weiter, mir klar zu werden, wie meine Angst entstehen konnte:

Als Erstes sind Gedanken da, auf die sich die Aufmerksamkeit richtet, das heißt, ich ziehe in dem Moment den Fokus aus der Gegenwart raus. Die Gedanken sind mit bestimmten Vorstellungen verbunden, die die Angst auslösen, die ihrerseits wiederum unmittelbar zu Körperreaktionen führt. Richtet sich der Fokus der Aufmerksamkeit wieder auf die Gegenwart, verschwindet die Angst. Wahrscheinlich ist das auch so mit all den anderen Gefühlen.

[12/2015: Gedanken, Gefühle und Körperreaktionen hängen so eng zusammen und greifen so schnell ineinander, dass – in Abhängigkeit vom Bewusstseinsgrad – dieses Wechselspiel oftmals vom normalen Tagesbewusstsein nicht getrennt in seinen einzelnen Aspekten wahrgenommen werden kann. Reflektiere ich das Geschehen im Nachhinein und verlangsame es meditativ in einer Art Zeitlupe so, dass mir der Mechanismus tief bewusst wird, verliert die Angst bereits dadurch ihre Macht, die ich ihr zuvor durch meine Unbewusstheit gegeben habe.

Für die Heilung und Transformation von Gefühlen ist meiner Erfahrung nach das Bewusstsein über das wechselseitige Zusammenspiel der Aspekte des Gedanken-Gefühls-Körperreaktionskomplexes wichtig. Am Gedanken hängt immer ein Gefühl und Gefühle sind immer mit Gedanken und Vorstellungen verbunden, auch wenn weder die authentischen Gefühle noch die gefühlsauslösenden Gedanken bewusst sind. Der Körper als Dritter im Bunde reagiert unmittelbar auf die Gedanken und Gefühle.]

Ich bedauere gerade zutiefst, dass ich am Montag schon wieder losfahren muss. Ich würde gern die sieben Wochen vollmachen. Es ist jetzt Freitag in der Frühe und ich habe nur noch heute, Samstag und Sonntag.

Ich fühle mich sehr erleichtert, den Mechanismus der Angstentstehung und -auflösung so deutlich sehen zu können. Es ist nicht so, dass ich das vorher nicht wusste, aber da war es eher theoretisches Wissen. Jetzt ist es erlebtes und geschautes Wissen – das ist ein großer Unterschied. Zuvor war die Angst immer so schnell da, dass ich nur das Ende, nämlich ihre Auswirkungen im Körper, mitbekam, wodurch ich ihr ausgeliefert war.

Soeben konnte ich den ganzen Vorgang direkt vor meinen Augen erkennen, entlarven und als Seifenblase zerspringen sehen … bfff. Darin liegt eine andere Klarheit. Hoffentlich vergesse ich das nie!

Tiefe und Anziehungskraft der Dunkelheit

Die Dunkelheit strahlt eine große Tiefe und eine Anziehungskraft aus, als könnte ich in sie hineinfallen oder hineingezogen werden. Das verleiht der Atmosphäre im Raum eine gespenstische Unheimlichkeit, auf die meine Magengrube sofort wieder mit ängstlicher Verknotung reagiert.

Vom Beobachterposten aus sehe ich die in die Tiefe gehende Dunkelheit und weiß um deren magnetische Anziehungskraft, ohne dass ich etwas Unheimliches hineinzuprojizieren brauche. Ich erinnere mich erneut an die Fallträume in meiner Kindheit. Regelmäßig fiel ich abends vor dem Einschlafen mit hoher Geschwindigkeit in ein bodenloses Dunkel … und fiel … bis ich weinte und mich im Bett aufsetzte, um dieses schreckliche Fallgefühl loszuwerden. Das Schlimmste war damals, nicht zu wissen, wie ich das mit Panik und Grauen verbundene Fallen verhindern kann.

Die Tiefe hat, vom Beobachter aus nüchtern betrachtet, eine grenzenlose Weite … also die Dunkelheit ist tief und weit.

Erkenntnis über Kommunikation und Konflikte

Ich schaue auf ein Dreieck: Der obere Punkt (1) steht für den Beobachter. Darunter, ein wenig rechts vom oberen, liegt Punkt (2), der den Verstand (Gedanken, Vorstellungen) und die Gefühle vertritt, während der im senkrechten Lot zu Punkt (1) auf der unteren Spitze sitzende Punkt (3) den Körper repräsentiert.

Zwei Personen, in Gestalt solcher Dreiecke, sind in einer „hitzigen“ Diskussion. Von jedem Dreieck fließt ein tennisballgroßer, weißlicher Energieball zu der anderen Person, die wiederum darauf antwortet. Der Ball steht für das ausgesendete Gefühl. Die Punkte (2) und (3) in den beiden Dreiecken leuchten fast gleichzeitig auf. Blitzschnell springen die Gefühle an und zu der anderen Person hinüber. Der Energiefluss zeigt mir sehr deutlich die enge Vernetzung zwischen Gedanken, Gefühlen und Körper. Die sich bedroht fühlende Person reagiert auf den ankommenden Gefühls-Energieball, nicht auf das, was gesagt wurde (Sachverhalt), und

„schießt" sofort Gefühls-Energie zurück, vergleichbar mit einem Ball, der beim Auftreffen auf ein Hindernis unmittelbar zurückspringt. Die energetische Interaktion läuft nur auf der unteren Ebene zwischen den Punkten (2) und (3) ab, während Punkt (1), der Beobachter, unbeteiligt ist – er leuchtet nicht auf.

Das Einbringen der eigenen Gefühle in einen Sachverhalt verändert diesen zu einem „gefühlsbeladenen neuen Sachverhalt", sodass sich die Bedeutung und damit die Richtung und das Ergebnis eines Gespräches ändert. Das kann so weit gehen, dass am Ende über „etwas" gestritten wird, was mit dem ursprünglichen Fakt an sich nichts mehr zu tun hat. Durch das Einbringen der Gefühle entsteht sofort ein neues Gedanken- und Gefühlsnetz, in welchem sich die Parteien verfangen und schwer wieder herauskommen – zumindest geht der Überblick oft verloren.

Wenn ich mir vorstelle, es würde einem der beiden, z. B. Person A, gelingen, innerlich auf ihrem Beobachterposten zu bleiben (oder bewusst dorthin zu gehen) und alles von dort aus zu betrachten und zu beantworten, dann würde die Gesprächsdynamik anders ablaufen. Auf dem Beobachterposten würde Person A sich nicht in ihren eigenen Gedanken und Gefühlen verstricken und könnte ruhig, sachlich und gelassen bleiben, auch wenn der andere „hitzig" ist. Durch die Ruhe und Klarheit von Person A würde dem feurig ankommenden Energieball von Person B „der Wind aus den Segeln genommen", sodass dieser zur Ruhe kommen könnte, was sich rückwirkend auf Person B beruhigend auswirken würde. Umgekehrt jedoch, wenn es Person A nicht gelänge, der Beobachter und damit gelassen zu bleiben, gäbe sie dem von Person B bereits hitzig ankommenden Energieball das Feuer der eigenen Gefühle noch hinzu, was die Energie im Ball weiter erhöhen würde – der „Wind" nähme zu, das Gespräch heizte sich auf – mit all den daraus resultierenden Verletzungen. Wir Menschen schaffen uns unser Leid selbst und schimpfen darüber, wie schlecht doch die Welt sei, ohne uns selbst als Verursacher zu erkennen. Ein wirklich „blödes" Spiel.

[03/2010: Authentischsein heißt für mich: Kopf (Zunge), Herz und Bauch sprechen die gleiche Sprache. Inwieweit eine Person authentisch ist, zeigt sich auch an ihrer Körpersprache und daran, ob ihr Handeln mit dem übereinstimmt, was sie sagt.]

Schau: EIN Supergehirn

Ich schaue unzählige Dreiecke von Milliarden Menschen … Es sieht aus wie ein Netz, das den Erdball umgibt, der sich in einiger Entfernung vor mir befindet. Milliarden Menschen sind über energetische Fäden miteinander verbunden – Energie fließt zwischen ihnen hin und her, sodass es ununterbrochen hier und da und überall leuchtet und aufblitzt, gleich einem Fotografen-Blitzlichtgewitter. Die von einem Dreieck ausgesendete Energie hat eine unmittelbare Wirkung auf alle. Der Energieaustausch erfolgt pausenlos; ständig werden neue Energieimpulse in das Netz gegeben, das jetzt wie EIN Supergehirn ausschaut, in dem Informationen mit hoher Geschwindigkeit hin- und herfließen.

Ich bin ich mächtig beeindruckt von dem Geschauten.

Schau: Der Körper ist eine Hülle

Ich betrachte das Dreiecksnetz noch einmal genauer. Es ist ein riesiges Netz in einer gigantischen Ausdehnung, die schwer fassbar ist; dieses Netz ist überall! Mir wird klarer, dass der Körper eine Art Ausführungsorgan ist, wie ein … Wie kann ich das sagen? Holger sagt „Schiff"… Wie ein bewegliches Haus, in das ich einziehe, um darin Erfahrungen zu sammeln … Jetzt habe ich einen passenderen Vergleich: Der Körper gleicht einer Hülle, die ich *(Seele)* mir umlege, um Erfahrungen mit und innerhalb dieser Hülle zu sammeln. Sie ermöglicht mir *(Seele)* auch das Handeln in der materiellen Welt. Wenn ich *(Seele)* jetzt auf den Tod schaue, sehe ich, dass diese Hülle beim Tod praktisch nur wieder abgelegt wird, weil ich *(Seele)* beim Tod wieder aus dieser Hülle ausziehe, mich im Moment des Todes einfach wieder von ihr trenne.

Und dann? Was bin ich dann?

Wenn der Körper, Punkt (3), wegfällt, dann bleiben vom Dreieck noch Punkt (2) – Gedanken und Gefühle – und der Beobachter, Punkt (1), übrig. Ich sehe und fühle mich jetzt als Zweiheit – Punkt (1) und (2) – im Kosmos herumschweben, in welcher Dimensionierung auch immer. So betrachtet, ohne die Körperhülle, gibt es tatsächlich keinen Tod. Und ich kann mir ja jederzeit eine neue Hülle „nehmen" – oder?

Ich kann nicht sagen, dass meine Angst vor dem Tod weg ist, aber sie hat sich doch irgendwie verändert … sie hat an Schrecken verloren.

[12/2004: Der Beobachter nimmt wahr, was ist, und lässt sein, wie es ist, ohne zu werten – er durchschaut das Spiel der Illusionen. Reine Wahrnehmung – bleibt das nach dem Tod? Der Beobachter ist nicht der Körper, aber er ist doch auch mit dem Körper verbunden bzw. hat eine Wirkung auf ihn, denn wenn ich auf den Beobachterposten gehe, beruhigen sich die Emotionen und damit die Körperreaktionen sofort.]

Eigentlich ist es ganz einfach. Wenn es gelingt, im Hier und Jetzt zu sein und zu bleiben, dann gibt es kein Problem. Probleme entstehen aus der Bewertung der Wirklichkeit und der daraus resultierenden Gefühle und der Endlosschleife von weiteren Gedanken und Gefühlen, die wiederum in das, was ist, hineinprojiziert werden. Mit der so veränderten Realität bin ich dann konfrontiert und tue mich schwer damit, obwohl ich selbst sie gestaltet habe. So schaffe ich meine Illusionen, die ich für die Wahrheit und die Realität halte, und so erliege ich ihnen auch. Ich „kämpfe" gegen mich selbst, ziehe – wie eine Spinne – die Fäden des Netzes, verfange mich darin und arbeite *(unbewusst)* daran, das Netz auch noch richtig fest zuzuziehen. Und dann ersticke ich fast in dieser Enge und wundere mich, warum ich keine Luft mehr kriege oder es mir anderweitig schlecht geht, da ich oftmals noch nicht einmal sehe, dass ich überhaupt in einem Netz bin und dass ich das alles auch noch selbst erschaffen habe.

Holger hat mir gerade Tee und Saft gebracht und stellte einen Satz vom Dalai Lama in den Raum: „Die Erleuchteten sind weise, aber sie wissen nichts."

Schau über den Sexualtrieb

Fast wie zur „Abwechslung" mal wieder sexuelle Erregung. Ich glaube, die Erregung ist auch nur ein weiteres Gedankenkonstrukt. Denn wenn ich vom Beobachterposten aus auf den Körper schaue, dann ist da einfach nur der Körper und der – für sich allein – erregt sich überhaupt nicht. Der ist einfach nur Körper und schaut wie eine leere Hülle aus. Es sind also die Gedanken und Wünsche, die die sexuellen Gefühle auslösen, und der Körper reagiert „nur" darauf.

[12/2009: Wie ist das mit den Tieren? Haben die auch Gedanken, Vorstellungen und Wünsche? Oder wird der Sexualtrieb durch eine andere Kraft gesteuert – durch das Leben selbst?]

Nach wie vor sehe ich rechts, wenn ich aus dem Bad komme, eine nach unten in die Tiefe führende Treppe – die in Wirklichkeit nicht da ist. Doch das muss ich mir ständig bewusst sagen, denn der Eindruck, dass die Treppe existiert, ist sehr stark – sie sieht einfach total real aus. So real, dass ich nicht mal prüfen möchte, ob sie da ist oder nicht. Ich könnte ja einfach dorthin gehen – aber ich tue es nicht. Ich will die Treppe nicht hinuntergehen, trotz des Wissens, dass sie nicht da ist. Meine Angst hindert mich. Das hört sich jetzt merkwürdig an – aber es ist so.

[03/2006: Aus heutiger Sicht würde ich sagen, ich hatte (und habe!) eine ganz tief liegende Angst, dass sich die Treppe doch als real herausstellen, ich sie tatsächlich hinuntersteigen könnte. Das hätte komplett mein Weltbild auf den Kopf gestellt und riesige Angst ausgelöst, weil ich mich dann nicht mehr auf meine Wahrnehmung und mein Wissen verlassen könnte. Ich wüsste nicht mehr, was wirklich meine Wirklichkeit ist, hätte keinerlei Orientierung, keinen Halt mehr. Indem ich das nicht überprüfte, konnte ich mein Weltbild aufrechterhalten und mir sagen: „Die Treppe ist nicht real, hier wird dir nur was vorgegaukelt."]

Meine Träume ähneln mit Inhalt gefüllten Blasen, die kurz vorbeiziehen, mir etwas zeigen und dann auf Nimmerwiedersehen in den Weiten des Weltraums verschwinden. Ich muss sie im Moment ihres Auftauchens sofort auf der Kassette festhalten, da ich sie mir nicht merken kann, obwohl ich es mir vornehme.

[03/2004: Die Gedankenwelt ähnelt dem Kosmos: grenzenlos, weit, tief, unendlich. Die wenigsten Gedanken werden bewusst wahrgenommen – es ist eine wahre Flut, gleich der Sternenanzahl. Die meisten ziehen im normalen Alltagsbewusstsein als Information vorüber, ohne dass sie beachtet werden. Das Unterbewusstsein reagiert jedoch darauf, was wiederum Auswirkungen auf die biochemischen Abläufe im Körper hat. Es kann also zu Körperreaktionen kommen, die „scheinbar" unerklärlich sind, weil sie auf einer bestimmten Entwicklungsstufe vom Tagesbewusstsein nicht nachvollzogen werden können.]

Das Skelett

Ich sah ein echtes menschliches Skelett. Die „Präsentation" erinnerte mich an einen Schwarz-Weiß-Film. Die Kamera fuhr das Skelett ganz langsam aus der Nähe Abschnitt für Abschnitt ab, um alle Details einmal genau und groß zu erfassen. Zunächst wurde die Wirbelsäule vom Rücken aus sichtbar, dann zeigten sich nacheinander die Hüfte, die Beine und zuletzt der Kopf. Danach drehte sich das Skelett, sodass ich es auch von vorn zu sehen bekam. Ich dachte: „Ah, jetzt wird es endlich mal medizinisch, jetzt bekomme ich etwas gelehrt!“, was mich freute. Mir kamen aber auch Gedanken an den Tod: „Der sieht ja aus wie ein Toter!“

[03/2004: Leider verschwand das Skelett, nachdem jede Stelle einmal gezeigt worden war, ohne dass sich mein Wunsch nach einer Unterrichtsstunde erfüllte. Oder ich bekam ganz viel gelehrt, habe es jedoch nicht verstanden.]

[03/2010: Es war mein eigenes Skelett. Und es war das ‚Haben-Wollen‘, mit dem ich mir den Wunsch nach einer Unterrichtsstunde verbaute.]

Während ich zur Toilette gehe, fühle ich mich zugleich in eine dunkle Tiefe gehen. In einem größeren Raum ließe sich das Gefühl viel intensiver auskosten, da es in der Enge hier drinnen sofort verschwindet, sobald ich gegen die Wand stoße. Ich finde das irre spannend.

Ich fühle gerade ganz tiefe Liebe und Dankbarkeit zu meinen Eltern. *(03/2004: Während ich das abhöre, schreit es laut in mir. Ablehnung/Abwehr steigt auf, als ob diejenige, die das sagt, lügt.)* In Gedanken verbeuge ich mich vor ihnen. *(Oh Gott! Hör auf zu spinnen!)* In mir ist überhaupt nichts mehr an Groll oder Vorwürfen, wie: „Was haben die mir angetan!“ oder „Verdammt noch mal, sehen die mich denn nicht?“ Kein Ärger mehr da. *(Also das klingt ehrlich.)* Ein richtiger tiefer Frieden zu meinen Eltern. *(Das dürfte mehr eine Wunschvorstellung sein oder der Anfang von dem, was ich da sage. Ich glaube, da machte ich mir etwas vor.)*

[10/2004: Ja, ich hatte mir etwas vorgemacht. Zwischenzeitlich habe ich noch viele tiefe Prozesse durchgemacht. Vor allem mein Mutterthema ist gerade sehr aktuell und wieder und wieder erkenne ich, wie schwer es ist, die Mutter zu lassen, wie sie ist, sie zu nehmen und zu achten, wie sie ist, ohne sie sich anders zu wünschen.]

Es ist eine ganz bestimmte Trägheit und Faulheit, die Körper und Geist in der Dunkelheit befällt. Ich liege einfach nur da, starre mit offenen Augen durch die geschlossenen Augenlider ins Dunkel und wundere mich immer noch darüber, wie das geht. Es gibt aber auch noch den Teil in mir, der sagt: „Los, beweg deinen Körper, sonst wird der ja immer schlapper, der braucht Bewegung. So schnell kommst du nicht wieder dazu, Tai Chi im Dunkeln zu üben.“

Aber es fällt mir total schwer, mich dazu aufzuraffen. „Aufstehen?! Um Gottes willen!“ Jegliche Bewegung strengt mich restlos an und es artet regelrecht in Arbeit aus, auf Toilette zu gehen oder die anderthalb Meter zu dem kleinen Tisch, um mir Tee zu holen. Ja, es scheint, als ruhe ich mich grundlegend aus vom sonstigen Aktivsein im Leben, als lebe ich die andere Seite – die TOTALE INAKTIVITÄT. Und das 24 Stunden am Tag.

Tai Chi in Zeitlupe

Ich habe mich doch zum Tai Chi aufgerafft und bewege mich langsam wie nie zuvor, in langsamster Zeitlupe, dabei vollkommen auf mein Inneres, das untere Dantian *(= Energiezentrum im Unterbauch)* und auf die Hüfte konzentriert. Aus der Hüfte kommt jede Bewegung, es ist ein ständiges Kreisen. Ich bekomme mehr inneres Verständnis für die Bewegungen und das ist eine ganz besondere Erfahrung.

Ich bedauere nun, so wenig geübt zu haben. Die Dunkelheit ist wirklich ein guter Lehrmeister! Ich weiß jetzt, warum die alten Meister ihre Schüler mit verbundenen Augen haben üben lassen. Da wird etwas trainiert, was nicht auf die fünf Sinne begrenzt ist – das Fühlen des inneren Körpers, das Fühlen außerhalb des Körpers, das Sehen ohne Augen, Fühlen ohne Hände, Hören ohne Ohren, Verstehen ohne Denken, das Zusammenspiel von Körper und Geist. Ohne diese Übungen ist die Aufmerksamkeit mehr auf das Außen konzentriert und es fällt schwer, die inneren Zusammenhänge zu erkennen. *(03/2004: Meine Stimme hört sich auf der Kassette total ruhig an, ich spreche ganz langsam, auch wie in Zeitlupe.)*

Ein nicht zentrierter Geist lenkt den Körper anders als ein zentrierter Geist. *(05/2011: Das wirkt sich auch auf alle biochemischen Abläufe, die Hormone, die gesamte Funktionalität im Körper aus.)* Ist der Geist wirklich zentriert, folgt der Körper unmittelbar der Vorstellung, ohne dass der Umweg über das Denken genommen wird. Dieses andere Verstehen hat nichts mit dem normalen Denken zu tun, sondern ist ein tieferes, unmittelbares Verstehen, indem das Innere jeder einzelnen Bewegung erspürt, erfühlt, erfasst und wahrgenommen wird.

Meiner Erfahrung nach geht das am besten in der Dunkelheit oder in absoluter Einsamkeit, wo äußere Reize fehlen. Sonst ist sofort das Denken wieder da und lenkt vom Inneren ab. Das übliche Denken ist mit der Aufmerksamkeit nach außen gerichtet, vom Inneren und dem JETZT weg.

Gespräch mit Holger

Ich berichte Holger von meinem Gefühl der Tiefe.

Er meint dazu: „Schließlich wird der Raum irgendwann zum Universum, ringsum Milliarden von Kilometern von Nichts. Da kannst du dir noch so sehr sagen, du bist hier in deinem Zimmer drin, alles spricht dagegen!"

S.: „Das kenne ich. Immer wenn ich aus dem Bad komme, sehe ich rechts die nach unten führende Treppe, obwohl ich genau weiß, dass dort keine ist. Sie ist so real da, dass es unmöglich ist, zu sagen, sie sei nicht da."

H.: „Hattest Angst, du fällst herunter."

S.: „Nein, ich hatte Angst vor dem, was da unten ist – es kommt so kalt von der Treppe hoch und es sieht aus, als führe sie zu einem Keller. Es wirkt dunkel und unheimlich, typischer Kellergeruch weht herauf. Gestern Abend war es so schlimm, dass ich einen Bogen um die Treppe gemacht habe, weil ich nicht in ihre Nähe kommen wollte, und voll mit dem Kopf gegen die geöffnete Badtür gestoßen bin. Aber heute habe ich mir gesagt: ‚Nein, da ist keine Treppe', und habe mich gewagt, mal drei Meter in ihre Richtung zu laufen, jeden Schritt prüfend, ob ich Boden unter den Füßen habe. Und da war tatsächlich auch der Flur, was mich sehr erleichtert hat."

H.: „Das sind jetzt alles Vorstufen, bis der dreidimensionale Raum sich entkonditioniert. Das Gleiche passiert mit der Zeit – man weiß dann nicht mehr, wie viel Uhr es ist. Man findet dann auch einen eigenen Schlafrhythmus – manche schlafen tagsüber länger oder kürzer. Es entsteht wieder der normale Rhythmus, wo du jede Stunde ein bisschen schläfst. So will es der Körper – immer wenn er zu erschöpft ist, will er sich hinlegen und schlafen. Dadurch sind die Leute immer quicklebendig. Im normalen Alltag haben wir einen künstlichen Schlafrhythmus – du gehst arbeiten, dann schläfst du acht Stunden. Wir schlafen lange und sind dann wieder lange wach. Dadurch haben wir immer Ermattungskrisen. Also Raum, Zeit, Schlafrhythmus verändern sich, alles wird entkonditioniert."

Analyse: Wachträume „Cassy mit Ameisen" und „Kaffeetasse"

Wir sprechen meine Wachträume durch. Zu den Betonröhren fällt uns zunächst nichts ein, deshalb machen wir sofort mit den Ameisen weiter.

H.: „Bei den meisten Leuten sind Ameisen und Kleintiere aller Art immer ein Hinweis auf Unruhe, d. h. es sind noch seelische Probleme da."

S.: „Ja. Das kenne ich auch von Patienten, die wegen innerer Unruhe kommen. Sie haben das Gefühl von Ameisenlaufen, z. B. auf dem Kopf, der Haut oder den Beiden. Wenn wir das dahintersteckende seelische Problem lösen können, geht die innere Unruhe weg."

Ich leite über zur Kaffeetasse und dem diagonal über die Sahneschicht krabbelnden kleinen schwarzen Käfer.

H.: „Wieder das Käfersymptom. Betonröhren, Ameisen, Kaffeetasse, innere Unruhe, Hund mit Ameisen, Schamane … Warten wir mal ab, vielleicht bekommen wir einen Gesamtzusammenhang."

Analyse: Wachträume „Schamane" und „Stadion"

H.: „Schamane bedeutet Initiationsritual, warten wir auch noch ab."

S.: „Dann stand ich in der obersten Reihe in einem Stadion und schaute über das große weite Stadion nach unten in die Tiefe. Es war leer und von der Form her oval. Diese Tiefe war sehr beeindruckend."

H.: „Mein Gefühl ist, dass wir das Stadion nicht deuten sollten. Da muss man aufpassen, wenn bestimmte Phasen kommen, nichts mehr zu deuten, sondern es so zu lassen. Du hast das Gefühl von Weite und Tiefe und das ist alles. Es scheint mir jetzt in andere Bereiche zu gehen."

Analyse: Wachtraum „Naturkundemuseum"

H.: „Die Vögel waren in Vitrinen?"

S.: „Ja. Als ich die Flügelbewegung bei dem einen Vogel gesehen habe, fragte ich mich erschrocken, ob etwa alle Vögel lebend angenagelt wurden."

H.: „Du bist dieser noch lebende Vogel, da können wir auf eine Deutung hingehen. Aber da kann man unheimlich viel hineindeuten. Da sträubt sich etwas in mir, ich möchte das jetzt nicht deuten."

Analyse: Wachtraum „Bunker; Das strahlende Kind“

S.: „O. k. Mit dem Bunker geht es weiter.“

H.: „Bunker, mit Rundungen?“

S.: „Ja. Das Tor, durch das ich ging, hatte oben eine Rundung.“

H.: „Die Rundungen bedeuten immer den Zugang zum Seelenbereich. Dreimal haben wir das jetzt. Du wiederholst das, weil dir das wichtig ist. Du willst den Zugang zum Seelenreich erreichen oder hast ihn schon erreicht. Am Anfang sind es nur einfach Betonringe, aber dann wird es konkreter – Weite und Tiefe im Stadion, jetzt wird es noch konkreter. Ich weiß nicht, ob du noch außerhalb des Seelenbereiches oder schon drin bist. Du warst im Bunker und kommst jetzt heraus?“

S.: „Ja, ich konnte durch das geöffnete Tor ins Freie gehen. Das fühlte sich an, als habe ich es geschafft und darf jetzt aus dem Gefängnis raus.“

H.: „Es scheint, als ob du aus dem Seelenreich hinaus- oder hineingehst, das ist noch nicht so klar. Auf jeden Fall haben wir eine Motivwiederholung; es geht um den Übergang von einer Welt in die andere. Du siehst das Kind zwar von außen, aber es ist auch deine eigene innere Erfahrung: Du machst die Erfahrung des strahlenden Kindes.“

S.: „Es hatte ein so bezaubernd strahlendes Lächeln.“

H.: „Wie nennt man so etwas, das Erhabene oder das Schöne?“

S.: „Ja, schön, es war einfach schön. Ich habe so einen Gesichtsausdruck noch nie gesehen. Ich war davon verzaubert, es war etwas Großartiges.“

H.: „Die Psyche arbeitet so: Die sagt nicht, ich bin dieses strahlende Kind, sondern sie projiziert das nach außen und dann erscheint dir ein Kind. Das ist an sich ein schönes Bild. Dein rationales Ego hat das Kind gewissermaßen abgelehnt, obwohl es etwas von dir wollte. Daraufhin geht es zu deinem tiefen Ich, also zu deiner Seele, wo es akzeptiert wird, und du erkennst sofort: ‚Es ist ein schönes Kind, die Schönheit selbst.‘ Du bist die Schönheit selbst, so muss man das sicherlich sagen – verstehst du, wie ich meine? Das ist schon toll. All die Bilder, wenn man jetzt ein bisschen den Überblick versteht, abgesehen von den Ameisen, die ein bisschen Unruhe anzeigen, signalisieren, wenn man es in einem Satz fassen will: ‚Ich stehe vor dem Umbruch, ich bin dabei, in das Seelenreich zu gehen – durch die Röhren, das Stadion, die Initiation bei dem Schamanen –, ich erlebe eine Initiation, indem ich durch das Loch in die andere Welt gehe, und da erfahre ich die Schönheit.' Das wiederholt sich jetzt immer wieder in neuen Bildern. Du bist aber noch nicht ganz in der Erfahrung drin, sondern projizierst es noch in Bilder hinein, statt es im Grunde selbst zu erleben."

An dieser Stelle unterbricht Holger das Gespräch und schlägt vor, dass ich nach der Dunkelheit einen Artikel über die Erlebnisse veröffentlichen könnte, da ich es ja für mich sowieso aufschreibe. Alles könnte schön dargestellt werden, „die Entwicklungszyklen in der Dunkelheit und alle Details, gute wie schlechte, alle Auf und Abs. Wenn man das Ganze im Nachhinein analysiert, ist das für Psychologen schon interessant." Ich stimme zu und wir besprechen noch einiges dazu, bevor wir mit der Traumanalyse weitermachen.

Analyse: Wachtraum „Drachen-Krokodilkopf"

H.: „Der Drachenkopf warnt: ‚Meine Liebe, du kommst jetzt in einen anderen Bereich.' Die ganzen Erfahrungen oder Bilder, wie Kreise oder Schwingtür, wiederholen sich nur in anderer Gestalt – sie drehen sich darum: Du bist dabei, in einen anderen Bereich zu gehen, bist auf dem Weg zur Initiation und manchmal guckst du schon so ein bisschen hinein."

Analyse: Tier am Koffer

Ich erzähle Holger das schreckliche Erlebnis mit dem ekligen Tier an meinem Koffer und erkläre ihm auf seine Nachfrage, dass ich die Taschenlampe nicht in Wirklichkeit angeschaltet habe, sondern nur im Traum.

H.: „Wenn die Leute ins Jenseits kommen, tauchen alle möglichen Wächterfiguren und archetypischen Figuren auf, um die Ankommenden abzuwehren, denn so einfach kann man nicht in die Seelenwelt – nur wirklich Berufene können da hin. Dafür gibt es diese ganzen archetypischen Abwehrfiguren. Dazu gehört auch der Drachenkopf, der zuerst kam, jetzt kommt die lebendige Glibbermasse, die genau in diese Linie gehört. Je näher man der Seelenwelt kommt, je mehr sich die Tür öffnet oder das Loch, desto mehr Wächterfiguren der dramatischsten Art erscheinen."

Ich gebe ein trockenes „Aha“ von mir. Was ich ihm nicht sage, ist, dass mir durch seinen letzten Satz die Haare zu Berge stehen. Die eklige Masse reichte mir echt! Es war alles so verdammt real, ich habe doch wirklich in das Tier gefasst! Auf derlei Erfahrungen und die Panik dabei verzichte ich liebend gern.

H.: „Nur wirklich Berufene und nur die wirklich Initiierten kommen in die Seelenwelt. Viele tun nur so, als ob sie initiiert sind, oder sie sind es nur ein bisschen, und die kommen nicht hinüber. Das ist eine hermetische Kontrolle, das sind Kontrolleure, die Zöllner. Aber du wirst ja initiiert, das kann deine Initiation sein, du stehst noch am Anfang. Aber das strahlende Kind deutet wiederum an, dass du schon ein bisschen hinter die Zöllner gerutscht bist. Du schwankst so ein wenig hin und her.“

Ich will nicht mehr zu den „Berufenen“ gehören.

Analyse: Wachtraum „Holzhaus auf Pfählen“

Wir reden über das Haus, hoch oben auf dem Berg.

H.: „Wir hatten vorhin das zweigeteilte Bild – oben Haus mit Garten und Wald und unten das Erdreich mit den Wurzeln. Das ist, ähnlich den Rundungen, auch der Einstieg in die Unterwelt, in die Nachbardimension. Du hast die Oberwelt mit dem Haus gesehen und die Unterwelt, das Erdreich, und hattest Angst, da hineinzugehen. Das gehört auch zu den ganzen Initiationsdingen. Das Holzhaus auf Pfählen ist das Haus des Ichs. Du stehst auf dem Berg und bist da oben vom Irdischen entfernt. Von links führt die Treppe hoch. Du hast eine tiefe Erfahrung und es ist ein schönes Haus. Ähnlich wie das Kind schön. Also hier gehst du schon in das Geistige oder zumindest das schöne Seelische hinein. Du bist schon jenseits der Initiationstür – die Tür wird sozusagen noch mal als Treppe dargestellt. Das schöne Haus steht nicht umsonst auf Pfählen, was ganz ungewöhnlich ist. Es ist ein göttliches Bild für deinen Erhabenheitszustand. Du bist schon initiiert. Du hast das schöne Kind, die Schönheit – das Kind steht ja oft für die andere Welt, für Einheit. Und hier wird es noch einmal dargestellt auf Pfählen, dem Irdischen enthoben. Jetzt bist du schon ein bisschen drin. Merkst du, was da los ist?“

S.: „Ja. Es ist wie eine Reise.“

H.: „Ja, das ist eine echte Reise – eine dolle Reise. Eine Initiationsreise.“

H.: „Das ist hochinteressant! Ich hatte gesagt, dass, wenn man tatsächlich ins Totenreich kommt, weil man tot ist, du dann in eine Nebelzone kommst, die neblig, düster, regnerisch, windig ist. Das ist eine reale Zone, die gibt es. Das ist die erste Weise, wie sich der Urstoff oder das Plasma oder die Energie ausdrückt."

S.: „Wo du gerade Energie sagst, fällt mir ein, dass ich, als es noch der durchsichtige Nebel war, fühlte, wie diese durchsichtige Masse beim Einatmen in meinen Körper hineinging, und dachte, dass dies Energie sein muss, Lebensenergie. Ich fühlte, dass diese Energie den Körper belebt."

H.: „Ja, und du hast das ja auch toll beschrieben – alles ist darin eingebunden, alles ist sozusagen belebt. Man kann das real erfahren als eine Todeserfahrung, wenn man also stirbt, und man kann es auch rein imaginativ-symbolisch erfahren. Das war hier bei dir der Fall. Du hattest eine tiefe Erfahrung, aber es war keine Todeserfahrung, du warst noch nicht real tot, sondern das war sozusagen ein Echo der realen Nahtoderfahrung. Das gehört auch zu dieser ganzen Welt von Initiation oder versuchter Initiation oder erreichter Initiation. Du bist jetzt schon jenseits deiner Pendeltür, die Drachen und andere Wächterfiguren sind überwunden und jetzt erfährst du das, was die andere Welt zusammenhält oder was sie ist, und das ist dieser Feinstoff, der sich zunächst als Nebel darstellt. Das ist für jene, die davon nichts wissen, schwer oder gar nicht zu deuten. Also das war eine symbolische initiatische Todesreise, die die echte Todesreise, wo du wirklich tot bist, sozusagen widerspiegelt. Deswegen ist das ein sehr treffendes Bild für das Ganze und eine Bestätigung, dass wir uns wirklich in den Initiationsbereich begeben haben. Und was war dann?"

S.: „Die Erfahrung war dann zu Ende. Ich hatte mich auf den Beobachterposten gerettet. Ich erlebte es ganz real, konnte mich nicht mehr orientieren, wusste nicht mehr, wo ich bin und wie ich in diesem dichten Nebel zurückfinde. Der hatte auch etwas Lebendiges, wie ein Wesen, und war mir unheimlich. Alles zusammen hatte die Panik in mir ausgelöst. Aber dann fiel mir der Beobachterposten ein und ich ging unmittelbar dorthin. Sofort wurde mir klar, dass ich im Bett war. Es war sehr erleichternd, das zu erkennen."

H.: „Das rundet die Initiationsreise ab. Das ist meines Erachtens auch das höchste Bild, da bist du am Tiefsten in der Nachbarwelt drin, es ist die tiefgründigste Erfahrung. Diese Reise kannst du nur deuten, wenn du dich mit den Todes- und initiatischen Erlebnissen auskennst, du merkst ja, das ist nicht so ohne. Also eine sehr schöne Entwicklung, der Versuch hier ist, einzusteigen in die Nachbarwelt. Nebelzone heißt immer, dass du deinen Körper verlassen hast und jetzt die Energie erfährst – aber nicht irgendeine Energie, sondern die stellt sich als Teil eines Nebels dar, als Feuchtigkeit. Und der Nebel begleitet einen dann meistens zum Totenfluss. Das wäre die nächste Initiation."

Analyse: Das Skelett

H.: „Das ist ziemlich klar, das Skelett bist natürlich du. Das ist eine kleine Initiation, eine kleine Todesreise im Taschenbuchformat, könnte man sagen. Du bist ein Skelett, aber kein medizinisches Skelett. Du bist tot und stellst das als Skelett dar. Das machen übrigens sehr viele, sich als Skelett darzustellen, weil die reine Transzendenz uns zu abstrakt wäre. Interessant, wie unser Bewusstsein das macht. Weil wir noch in der Bilderwelt sind, kann sich noch keine reine Transzendenz darstellen, stattdessen erhalten wir irdische Sinnbilder wie das Skelett. Das ist noch nicht die direkte Erfahrung."

Die Nachbardimension

Holger kommt noch einmal auf die Nachbardimension zu sprechen, und wenn ich ihn richtig verstanden habe, meint er, dass es das ORIGINAL gibt, das er Nachbardimension nennt. Von diesem würden sogenannte Echos oder Duplikate in die Seelendimension herunterstrahlen und von dieser wiederum in die materielle Welt. Also unsere materielle Welt sei nur ein Duplikat der Seelendimension, gewissermaßen ihr Echo.

H.: „Und dann gibt es noch ein Echo, indem wir uns etwas vorstellen, wenn wir im materiellen Körper sind. Aber das alles sind Echos, die alle mit den Daseinsprinzipien des Jenseits verbunden sind. Das sind sozusagen die echten Archetypen, Urformen, aus denen unsere materielle Welt gebaut ist in Gestalt von festen Stoffen. Das ist die große Erkenntnis dahinter. Die ganze Welt ist nicht unterschieden von der Seelenwelt, sondern nur geronnene Seelenwelt, gewissermaßen ein Echo, das in fester Form ist. Das ist das Geheimnis des Daseins. Man muss tief hineingehen, um das zu verstehen."

S.: „Kannst du noch was zur echten Todeserfahrung sagen?"

H.: „Bei einer realen Nahtoderfahrung stirbt definitiv der Körper weg, der Körper ist quasi am Ende, geht kaputt. Aber manchmal, wenn du Glück hast, kommst du halt doch noch zurück. Dann hast du diese Nahtoderfahrung und siehst, wie das Jenseits strukturiert ist. Es ist alles das gleiche, weil die Seelenwelt der Urstoff, das Plasma, dieser Nebel ist, verstehst du?"

Ich deute ein „Hm" an, aber wenn ich ehrlich bin, ist es mir nicht ganz klar, verschweige es aber. *[03/2010: Statt klar zu sagen, dass ich gerade schwer folgen kann (RI/PE), verschweige ich es bzw. lüge, um nicht als „dumm" dazustehen (AP).]*

Holger erklärt weiter: Wenn der Urstoff gerinne, würde dieser unsere Welt oder mein Körper werden. Wenn wir die Seelenwelt verständen, dann würden wir auch die Zusammenhänge der materiellen Welt verstehen. Lt. Holger müsste die heutige Wissenschaft bei ihren Forschungen diese Todeszone mit berücksichtigen, um zu einem Verständnis der materiellen Welt zu gelangen. Würde das weiterhin nicht berücksichtigt, bliebe alles, wie es sei: Was heute entdeckt werde, stelle sich später entweder als falsch heraus oder sei eine imaginäre Hypothese.

Ich fasse zusammen, was bei mir bisher von seinen Erklärungen ankam: „Das Selbst produziert ständig aus sich selbst heraus Spiegelbilder *(04/2004: Wie macht das Selbst das?)* und der Geist ist mittendrin im ‚Ich' und wir müssen durch dieses ‚Ich' hindurch, um uns als Geist zu erkennen. Richtig?"

H.: „Ja."

S.: „Das habe ich zwar jetzt richtig wiedergegeben, aber es ist noch nicht greifbar für mich. Ich verstehe es nicht."

H.: „Normalerweise denkt man ja mechanisch und sagt: ‚Ich bin jetzt hier.' Oder: ‚Jetzt kommt hier jemand.' Das erscheint alles logisch, doch das ist falsch – das geht überhaupt gar nicht. Denn: Alles, was in der materiellen Welt ist, ist ein Spiegelbild der Seelenwelt. Die Seelenwelt ist ein Spiegelbild des Geistes. Also ist die materielle Welt nichts anderes als geronnener Geist, sprich geronnene Seele – wir haben ja Geist und Seele. Alles in der materiellen Welt ist nur geronnen, nur verfestigt zu Zeit, Raum und Kausalität. Also Zeit, Raum und Kausalität sind nichts anderes als das Seelische. Wenn es in der Welt Kriege oder Böses gibt, dann sind das

Spiegelbilder der Seele. Der Krieg in unserer materiellen Welt ist geronnene seelische Feindschaft. Im Jenseits finden seelische Kriege statt. Man muss den Krieg ganz tief verstehen. Die Leute wollen immer, dass das Böse weggeht. Das Geistige enthält aber auch das Böse, ganz in subtiler und supersubtiler Form. Es gibt immer Krieg im Seelenland *(und damit auch in der Materie?).* Man muss den Krieg einfach anders sehen. Der Krieg in der Welt entsteht im Seelenreich, im Feinstofflichen. Es ist die normale Form des Daseins und da gibt es Kriege und auch gute Sachen."

Holger ist wieder gegangen und damit ist der Freitag auch vorbei.

Orientierungslosigkeit

Ich war duschen und stelle fest, dass der Weg zum und vom Bad immer abenteuerlicher wird. Nachdem ich anfangs immer wusste, wo ich bin und wie ich von A nach B komme, fällt mir genau das jetzt immer schwerer. Ich bin immer mehr orientierungslos, sehe Balken, die mir im Weg sind, ducke mich, um nicht anzustoßen, oder will mich festhalten und greife ins Leere; sehe Fenster, die gar nicht da sind, weiß nicht mehr, wo die Tür ist, und nur der Tastbefund bringt mich immer wieder in die Realität zurück. Ohne diesen würde ich in irgendwelchen sichtbaren Räumen umherirren und nie im Bad ankommen.

Selbst mit Tasten fällt es mir schwer zu erkennen, wo ich mich befinde und wo es entlanggeht. Ich suche nach Worten, um das Ertastete überhaupt benennen zu können. Ich fühle z. B. den Türpfosten und versuche mich angestrengt zu erinnern, was ‚das' ist und wie ‚das' heißt. Sobald mir der Name einfällt, überlege ich: ‚Türpfosten … was war das nochmal?!'

[12/2015: Es war, als könnte ich mit dem Ertasteten und den Bezeichnungen nichts anfangen; ähnlich einem Baby fehlten mir teilweise Sinn und Bedeutung der Dinge.]

Auch kann ich nicht wie vorher sagen, wenn ich die Wand oder den Türrahmen fühle: ‚Aha, das ist der Türrahmen, dann muss ich jetzt dort entlang, um z. B. ins Bad zu kommen.' Sobald ich den Türpfosten und seine Bedeutung erkannt habe, muss ich stark überlegen, wie ich ins Bad komme. Und wenn ich mich dann vorantaste in der geglaubt richtigen Richtung, stellt sie sich hinterher als falsch heraus. Ich laufe gegen den Türpfosten, die Wände oder das Bett, was mir all die Tage vorher nicht einmal passierte. Heute habe ich mir eine große Beule am Kopf zugezogen, als ich gegen die Dachschräge lief. Ich lief geradewegs darauf zu im sicheren Glauben, dass dort die Tür sei *(und damit keine Dachschräge)*. Die Tür war aber genau 180 Grad hinter mir. *[03/2010: Hier scheint sich wieder meine Geburtssituation zu zeigen – falsche Richtung.]*

Ich bin zum ersten Mal froh darüber, dass die Räume so klein sind. Andernfalls wäre ich wohl ziemlich verloren und müsste mich schon eine Stunde vorher auf den Weg zur Toilette machen.

Während ich im Bett liege, sehe ich, wie schon in den Tagen zuvor, oberhalb von mir deutlich Licht durch ein Fenster hereinscheinen, obwohl sich dort nur die Wandschräge befindet.

Es ist schon normal geworden, dass ich das Fenster und den Lichtschein sehe, auch wenn ich die Augen geschlossen habe. Es macht keinen Unterschied mehr, ob ich die Augen offen oder geschlossen habe, was ich sehe, ist immer gleich. Dieses Phänomen erschwert mir sehr das Einschlafen, weil ich einfach nicht mit „geöffneten" Augen schlafen kann. Ich habe den Eindruck ständiger Aktivität, weil ich immer die Innenwelt „sehe", und zwar genauso real wie sonst die Außenwelt. Üblicherweise bin ich es gewohnt, beim Einschlafen die Augen zu schließen und nichts mehr zu sehen, Ruhe zu haben von der Außenwelt – alles dunkel und fertig. Aber genau das ist jetzt nicht der Fall.

Wachtraum „Unfall"

Ich habe einen Unfall und mein Körper ist fertig, dahin. Ich sehe mich über meinem Körper schwebend, wahrnehmend, wie die Ärzte und umstehenden Personen sich um meinen Körper bemühen. Durch irgendein Ereignis werde ich mit einer Affengeschwindigkeit in den Körper zurückgezogen und bin wieder drin.

Wachtraum „Schwein"

Der nächste Wachtraum schließt sich unmittelbar an: Ich habe ein kleines Ferkel, ca. 10 bis 12 Kilo schwer und dementsprechend groß. Weil ich am nächsten Tag zur Dunkeltherapie will, nehme ich es mit in mein Zimmer. Das Schwein legt sich sofort in mein Bett, kuschelt sich ins Kopfkissen, steht wieder auf und schmiert und schubbert mit seiner kleinen Rüsselscheibe an meinem Kopfkissen herum, bis alles richtig zurechtgerückt ist, legt sich erneut hin und schläft. Das ganze Kissen ist dreckig. Ich lege mich außerhalb des Bettes auf den Boden daneben und denke: „Gott sei Dank hast du dein Bett noch nicht neu bezogen, sondern machst das ja erst morgen." Mir fällt vor dem Einschlafen noch auf, dass ich es nicht so schlimm finde, dass das Schwein jetzt in meinem Bett schläft. Eigentlich sollte es umgedreht sein: Ich schlafe in meinem Bett und das Schwein da, wo ich jetzt bin. Am nächsten Morgen wache ich eher auf und wecke das Schwein. Ich weiß nicht mehr, warum ich das tat. Der Wecker zeigt 5 Uhr. Danach sollte sich das Schwein eigentlich wieder hinlegen. Ich glaube, ich habe das Schwein geweckt, damit es mal pullern geht *(ich bekomme einen Lachanfall, als ich das auf die Kassette spreche)*. Jedenfalls ist das Schwein jetzt putzmunter und läuft im Zimmer umher, springt ins Bett rein und wieder heraus und verbreitet eine ziemliche Unruhe. Ich versuche ständig, das Schwein zur Ruhe zu bringen, damit es sich wieder hinlegt und schläft. Das gelingt aber nicht – es ist gar nicht mehr müde, sondern sehr unruhig. Ich bereue, dass ich es überhaupt geweckt habe.

Es sieht so aus, als ob es immer noch auf die Toilette, also Wasser lassen muss. Ich sehe jetzt nur das Hinterteil, aus dessen Scheide plötzlich ganz viel Schleim herauskommt, als ob es kurz vor einem Geburtsvorgang ist. Es hat dick geschwollene Schamlippen und das Schwein presst so, wie Sauen pressen, wenn sie ferkeln. Allerdings liegen die Sauen gewöhnlich dabei, während dieses Ferkel steht und presst. Es hat den Anschein, als ob jeden Moment etwas aus der Scheide herauskommt, aber es kommt nur Schleim. An dem Punkt wird mir bewusst, dass dies gerade ein Traum ist.

Erinnerungen an meine Lehre und Facharbeiterzeit steigen auf, wo ich mit viel Freude in der „Abferkelung" arbeitete. Während meiner Lehrzeit erwachte in mir der Wunsch, Tierärztin zu werden, was ich danach sofort umsetzte.

Wachtraum „Schlagzeile in der Zeitung"

Eine große, fettgedruckte Schlagzeile erscheint in der Zeitung: „Gefühlvoller Vater von vier Kindern hat Dunkeltherapie bestens überstanden."

Wachtraum „Trauer, Abschied"

Ich sitze mit den Händen vor dem Gesicht zusammengekauert und bin ganz traurig, weil ich Abschied nehmen muss.

Wachtraum „Mann ans Kreuz genagelt"

Ein Mann hängt am Kreuz. Jesus? Keine Ahnung. Auf jeden Fall ein Mann mit langen Haaren.

Wachtraum „Mann oder Frau von hinten"

Ich sehe einen Mann oder eine Frau von hinten, ganz allein, im Nebel, wie stehen gelassen.

11. Tag – Die tiefere Seelenwelt

Es ist sehr früh am Morgen. Draußen ist es noch fast ganz dunkel, was ich bemerke, wenn ich mit geschlossenen Augen zum Bad gehe, um das Fenster zu schließen. Ich bin zu faul, mir dafür extra das Tuch um den Kopf zu binden. Am Tage allerdings benutze ich es immer, weil selbst durch die geschlossenen Augenlider die Tageshelligkeit zu sehen ist. Ich mag absolut kein Licht, reagiere ganz empfindlich darauf.

Gestern Abend im Bett spürte ich die Erwartungshaltung, dass noch so viel wie möglich „passieren" möge, weil Montag früh ja schon alles zu Ende ist. Die tiefe innere Ruhe wie in den Tagen zuvor ist weg. Ich kann die Erwartungshaltung nicht ablegen, sie ist einfach da. Zwar kann ich mich kurzzeitig davon lösen, indem ich beobachte und sehe: „Ah, liegst einfach nur im Bett und mehr ist nicht", aber ich kann das nicht lange halten. Die Gedanken ziehen mich immer wieder weg *(besser gesagt, ich ließ mich auf sie ein)*, dahin, dass es bald zu Ende ist hier. Ich fühle eine gewisse Unruhe und ein Bedauern darüber, dass ich die sieben Wochen jetzt nicht vollmachen kann.

Ich erinnere mich an einen Familienurlaub und den Besuch einer Attraktion (U-Boot-Simulation) in einem Vergnügungspark. Es war der Horrortrip für einen meiner Söhne, vielleicht sogar für alle Kinder.

Meine Kinder haben gerade Sommerferien. Irgendwas müsste ich mit ihnen unternehmen, damit sie nicht die ganzen Ferien nur vor dem Computer verbringen. In meiner Fantasie fahre ich mit ihnen an die Ostsee.

Der Geist scheint sich bereits wieder auf die Realität draußen einzustellen, denn mein Denken ist aktiv mit Alltagsdingen beschäftigt. Ich habe den Eindruck, dass dadurch die tieferen Erfahrungen bereits ein wenig blockiert und verhindert werden. Alles in mir fühlt sich aufgewirbelter an. Ich wälze mich von einer Seite auf die andere und kann natürlich erst recht nicht schlafen. Ich bin schon fast wieder in einer Tretmühle: Ich will in Ruhe sein und etwas erfahren, doch wird das verhindert, indem die Gedanken mich in die Zukunft oder Vergangenheit ziehen *(04/2004: Besser gesagt: indem ich mich von den Gedanken wegziehen ließ)* – in das, was kommt, oder in Erinnerungen an das, was war. Die nicht erfüllte Erwartung löst Ärger aus und mit diesem gehen Unzufriedenheit und Unruhe einher. Ich bin raus aus meiner Mitte. Der mit dem Ärger verbundene Spannungszustand fühlt sich stark zerfleischend an.

Vom Beobachterposten aus sehe ich, dass ich im Bett liege, es stockdunkel und mehr nicht da ist. Die Erkenntnis, wie ich mir mein Leid *(Unruhe, Unzufriedenheit, Ärger)* selbst erschaffe, indem ich ins „Anders-haben-Wollen" und „Erwarten" einsteige und mich gegen das wehre, was ich nicht haben will, statt es anzunehmen, wie es ist, und auf die Realität *(ich bin im Bett; die Gedankenwelt ist mit dem „Außen" beschäftigt)* zurückzukommen, beruhigt mich sofort. Die Schwierigkeit liegt darin, im Beobachten zu bleiben und nicht auf die Ebene abzusinken, wo der Verstand den Augenblick mit Gedanken an gestern oder morgen oder wie das Jetzt „sein sollte" vollstopft und verzerrt *(das ist vergleichbar damit, Steine in einen ruhigen See zu werfen).*

Ich beobachte **sofortige** Körperreaktionen auf den Ärger: Die linke Lunge hat sich zusammengezogen und ihr Volumen um ein Drittel verringert, der Bauch ist angespannter, die Atmung eher oberflächlich, deutlich flacher und im Fluss schwerer – also weniger leicht, frei und tief. Der gesamte Brustraum fühlt sich enger an. Ich atme häufig tief seufzend durch, als würde ich nicht genug Luft bekommen und als hätte ich es verdammt schwer. Das Herz schlägt in einem unruhigeren Rhythmus. Alles ist anders als in den letzten Tagen. Ich bin mächtig beeindruckt über die Unmittelbarkeit der Körperreaktionen. So deutlich wie in diesem Moment, aus einem Grundzustand tiefer Ruhe langsam aufsteigend, habe ich das noch nie wahrgenommen.

[10/2004: Es ist kein Wunder, dass der Körper krank wird, wenn er permanentem Stress und Belastungen ausgesetzt ist. Während der Stress in der Dunkelheit durch mein eigenes Denken selbst gemacht war, kommen „draußen" all die Aufgaben und Herausforderungen noch dazu, insbesondere die Interaktionen zu anderen Menschen, die auch ihre Wirkung haben. Die feinen, subtilen inneren Realitäten, die ich in der

Dunkelheit wahrnehmen konnte und die **immer** *da sind, werden im stressigen Alltag – und oft auch im Ruhezustand – nicht bemerkt. Es geht schnell, sich an die „Macken" des Körpers zu gewöhnen. Irgendwann werden sie für „normal" gehalten und es finden sich tausend fadenscheinige Gründe, warum das so ist: Das Wetter, zu lange am Schreibtisch gesessen, die viele Arbeit, das Alter … Die tieferen Ursachen – eigene Gedanken und Gefühle – werden oft nicht wahrgenommen, und wenn doch, dann nicht ernst genommen. Unter Ernstnehmen verstehe ich: Ich ändere den Zustand in meinem Leben, der mich unwohl fühlen lässt, ab, indem ich die Beziehung zu den Menschen, wo mein Unwohlsein aufgetreten ist, kläre. Häufig ist jedoch die Aufmerksamkeit auf „wichtigere" Dinge des Alltags – also nach außen statt nach innen – gerichtet, und so werden die vegetativ-funktionellen Störungen zu Beginn nicht und später erst dann bemerkt und vor allem mehr ernst genommen, wenn sie ein Ausmaß angenommen haben, dass sie nicht mehr übersehen werden können, indem z. B. tiefe Depressionen, starke Schmerzen o. a. körperliche Probleme, die nicht mehr „weggehen", auftauchen und damit die Lebensqualität stark beeinträchtigen oder gar das Lebens selbst gefährden, wie beim Herzinfarkt.]*

Ich meditiere, um wieder tiefer in die Ruhe zu sinken und nutze dazu auch den Beobachterposten.

Bild „Brauner Blumentopf"

Ein mittelbrauner, konisch geformter Blumentopf, mit einer kleinen federblättrigen Palme darin, taucht für einen kurzen Moment vor mir auf.

Erinnerungen an meine Tochter – von ihrem Urlaubstrip nach Amerika mit ihrer Freundin zurückkehrend, freudestrahlend im Auto sitzend und bei uns zu Hause wieder ankommend – beanspruchen meine Aufmerksamkeit.

Erneut fällt mir auf, dass ich beim Laufen und Teetrinken die Augen schließe, obwohl es dunkel ist. Auch ist mir, seitdem die Dunkelheit Weite und Tiefe bekommen hat, als würden die an sich sehr flachen Türschwellen in den Räumen jetzt höher sein, da ich beim Betreten dieser das Gefühl habe, wie bei einer Stufe danach tiefer in die Tiefe zu treten.

Während meiner Meditation ziehen zahlreiche Gedanken über die toten, an die Museumswand genagelten Vögel auf. Angenommen, alle Vögel sind ich selbst, dann bin ich, bis auf den noch Lebenden, bereits ziemlich tot. Da der Lebende schon sehr geschwächt aussieht und angenagelt keine Chance hat, wird er auf jeden Fall auch sterben – das gilt dann wohl auch für mich. Diese Gedanken bringen mich plötzlich der Möglichkeit näher, dass der Tod jederzeit kommen kann. Ich hatte das unausweichliche Lebensende in die tiefsten unterbewussten Kellerschichten verbannt und wollte es nicht wahrhaben. Der Blick auf die Endlichkeit löst in meiner Magengegend ein flaues Gefühl aus, mein Herz klopft laut gegen die Brustwand. Ich frage mich jetzt, warum Holger sich geweigert hatte, dieses Bild zu deuten. Ich werde ihn unbedingt daraufhin noch einmal ansprechen.

Gestern Vormittag war hier ziemlicher Trubel. Holger hat in der Etage unter mir gehämmert, geklopft und gesägt, während die Stille draußen immer wieder vom Lärm einer Motorsäge unterbrochen wurde, als würden direkt vor meinem Fenster Bäume gefällt. Den Krach nahm ich für mich als Übung, mich nicht ablenken zu lassen, sondern bei mir zu bleiben, was sich jedoch als sehr schwierig erwies. Ich beobachtete immer wieder, wie meine Aufmerksamkeit zur Motorsäge oder zu Holger ging.

Zweifel über die geplante Publikation des Zeitungsartikels lösen starke Spannungen in meinem gesamten System aus. Bei der Vorstellung, dass der Artikel erscheint, fühle ich mich nackt, mein zutiefst Innerstes der Öffentlichkeit preisgebend. Abneigung gegen die Veröffentlichung zieht gleich einer den Himmel vollständig bedeckenden Regenwolke auf. Vor allem die sexuellen Erlebnisse möchte ich am liebsten verstecken, besonders vor denen, die mich kennen. Ich spüre Angst, dass „die Leute“ mit dem Finger auf mich zeigen, über mich herziehen und sich über mich lustig machen. Auch Angst vor Unverständnis, unsachlicher Kritik und davor, dass meine Erfahrungen als Quatsch abgetan werden. Ich habe Magenschmerzen.

Deutlich anders fühle ich mich gegenüber den vorherigen Tagen – als würde ich aus meiner ruhenden Tiefe eine Etage höher gekommen sein. Die Weite und Tiefe der Dunkelheit haben sich ebenso fühlbar verringert wie die Fähigkeit, durch die Augenlider sehen zu können.

Holger bringt den Tee und ich nutze die Gelegenheit, ihn noch einmal nach dem Traum mit den toten Vögeln und dessen Deutung zu fragen. Er antwortet bereitwillig, obwohl gerade keine Gesprächszeit ist.

Kurzgespräch mit Holger

Zweite Analyse: Wachtraum „Naturkundemuseum"

H.: „Ja, das ist schon ein negatives Bild. Wenn du die Vögel bist, auch der eine noch lebende, dann bist du festgenagelt in irgendwelchen humanen Grundsätzen, Konstruktionsprozessen. So ein bisschen flatterst du noch wie ein normaler Vogel, der leicht fliegt und lebendig ist, aber du bist schon fast tot. Hier wird gezeigt: ‚Ich kann noch nicht so sehr in diese Tiefe des Stadions hineinfliegen, ich bin noch nicht auf der anderen Seite des Bunkers.' Ähnlich wie die Ameisen – diese Traumserie ist ja so gemischt, teilweise kommst du in die Initiation rein, teilweise sind noch die Ameisen da und blockieren dich. Also eine Mischung zwischen Blockade und freiem Flug. Hier ist der freie Flug noch verhindert, so könnte man das sehen. Eines ist klar: Vögel stellen über das Fliegen die Freiheit der Seele dar. Bezüglich dieses Aspektes in dem Traum bist du jetzt noch unfrei, in manchen anderen auch, wie die Ameisen und Kleintiergeschichten zeigen. Aber bei dem einen Vogel scheint sich ja etwas zu regen, ein Flügel zappelt schon, könnte heißen, er wird lebendig und du kannst jetzt bald losfliegen …"

S.: „Nein, ich hatte nicht das Gefühl, dass er lebendig wird, sondern dass er stirbt. Der hat gar keine Chance, er stirbt mit Sicherheit, das ist ganz klar für mich. Aber nach diesem Traum kam der Bunkertraum, wo ich, weil ich es geschafft hatte, raus in die Freiheit, ins Helle gehen konnte."

H.: „Ja, teilweise bist du schon raus, das ist das Hin und Her. Mit den Bildern ist das so: Wenn man weiter ist, kommen immer weniger Bilder – du bist in der ersten Phase. In der zweiten Phase gehst du rein in die Seele. Da kommen zwar auch noch Bilder, aber wesentlich bizarrer, abstrakter."

S.: „Wie ist ein reines Seelenbild?"

Holger meint, da kommen Sachen, die im Irdischen unbekannt und deshalb sehr schwer zu beschreiben seien. Seiner Erfahrung nach sind Menschen mit Nahtoderlebnissen häufig zutiefst unzufrieden mit dem, was sie sprachlich formulieren. „Am liebsten wollen sie es gar nicht aussprechen, weil es nicht geht, weil da Raum, Zeit und Kausalität aufgehoben sind. Da kommen merkwürdige Wesen an, die man überhaupt nicht einordnen kann, dazu fällt einem einfach nichts ein. Es ist eine seelische Tiefenerfahrung, die du nicht beschreiben kannst. Der Raum z. B. wird noch tiefer, wie willst du ‚noch tiefer' beschreiben? Was heißt ‚seelisch tief'?"

S.: „Ja, schwierig zu beschreiben", an das Tier am Koffer denkend. „Aber noch kann ich es, zumindest symbolisch."

H.: „Im Geistzustand, der dritten Stufe, gibt es auch noch einmal verschiedene Stufen. Da wehren sich die Leute gegen Deutungen und gegen Aussprechen. Sie werden mit Worten sehr sparsam, sagen vielleicht ein Wort oder einen allgemeinen Satz. Oder sie reden symbolisch, also sprechen materiell, aber meinen etwas völlig anderes. Du kannst mit ihnen keine Deutungsversuche mehr machen. Da ist nichts mehr zu deuten, das ist Erfahrung pur."

Holger ist gegangen und ich hole mir Tee. Ich habe wieder eine ganz klare Orientierung, wo ich mich und die Dinge sich im Raum befinden.

Ich setze mich zur Meditation und spüre große Unruhe und ein Engegefühl im linken Brustkorb. Wieder und wieder spreche ich die Symptome an und frage, welche Botschaft sie für mich haben. Durch die liebevolle Aufmerksamkeit lässt die Spannung leicht nach.

Bewusste Änderung des Wachtraumes „Naturkundemuseum"

Die toten Vögel tauchen wieder auf. Ich stelle auch ihnen die Frage nach dem Sinn, was sie mir sagen möchten. Ich möchte es ehrlich wissen. Gedanken meinen, dass dies alles Anteile von mir sind, die durch Traumata, emotional überfordernde Erlebnisse, gestorben sind …

Zunehmend fühle ich, dass keiner der Vögel an die Wand gehört. Meinem Herzen folgend, nehme ich alle toten ab und lege sie sorgsam auf ein großes, rotes Tuch. Besonders vorsichtig löse ich bei dem noch geradeso lebenden die Nägel aus seinen Flügelspitzen, halte ihn behutsam in meiner zur Schale geformten rechten Hand und kuschle ihn wärmend an meine Brustmitte. Linkerhand schultere ich das rote, zu einem lockeren Bündel geknotete Tuch und gehe auf eine Wiese, deren frisch geschnittene Halme sattes Dunkelgrün tragen. Ich breite alle toten Vögel nebeneinander aus und zähle sie dreimal durch: 16, 25, 27 … Immer wieder komme ich durcheinander; auf einen vierten Versuch verzichte ich.

Ich sitze der langen gräulichen Vogelreihe im Schneidersitz gegenüber, den halblebendigen Vogel sanft mit beiden Händen umhüllt. Die Köpfe der toten Vögel zeigen von mir weg. Während ich mitfühlend auf sie schaue, werde ich plötzlich durch einen beachtlichen Weißkopfseeadler abgelenkt, der in einiger Entfernung über mir in harmonischem Flug mit anmutig gespreizten Schwingen seine Kreise zieht. Ob der Geruch der toten Vögel ihn angezogen hat? Er sieht wunderschön, geradezu majestätisch aus. Ein herrliches Tier! Wie frei er sich fühlen muss und wie gesund er aussieht! Seine Stärke und Kraft lösen schiere Bewunderung in mir aus …

Nach einer Weile lenke ich meinen Blick wieder auf die Vögel. Was mache ich jetzt mit ihnen? Ich wende meine Aufmerksamkeit dem halblebenden zu, der schlaff, reglos und mit geschlossenen Augen in meiner Handflächenhöhle ruht. Intuitiv umschließt mein Mund sacht seine Nacken- und obere Rückenpartie und ich erlebe mich, erstaunt über mein Tun, einen ersten warmen Atemzug in seinen Nacken atmend, um ihm Lebenskraft zukommen zu lassen. Ich spüre deutlich die flauschigen Federn und seinen kleinen, ausgemergelten Körper unter meinen Lippen und in meinen Händen. Wieder und wieder atme ich ihm zärtlich und mit all meiner Liebe und Aufmerksamkeit in den Nacken, fühlend, wie über die Atemluft Energie in seinen zierlichen Körper hineinfließt. Nach einer halben Stunde ununterbrochener Beatmung wirkt er schon ein klein wenig lebendiger. Das gibt mir Mut und das klare Gefühl, dass der Kleine das Schlimmste überstanden hat. Daher lege ich ihn für einen Moment ins Gras und decke ihn gut zu, damit er nicht auskühlt.

Ich wende mich den toten Vögeln zu. Vielleicht kann ich sie lebendig atmen? Ich nehme einen Körper nach dem anderen in die Hände und blase meinen warmen Atem in deren Nacken. Ein magisches Gefühl begleitet mich, seit ich mit der Beatmung begonnen habe. Es fühlt sich total gut an, was ich tue. Aber trotz meiner wahrhaftigen Bemühungen bleiben diese Vögel tot.

Ich setze mich wieder und blicke, die Beine zum Schneidersitz herangezogen, auf die in anderthalb Meter vor mir in einer schnurgeraden Linie aufgereihten Vögel. Während ich das Gesamtbild auf mich einwirken lasse, bekomme ich den Eindruck, als ob die Seite, auf die ich schaue, das Totenreich ist und die hiesige, wo ich mit dem lebenden Vogel bin, das Reich der Lebenden. Ehrfürchtig stehe ich auf und schaue wie in ein anderes, subtileres Universum, das viel größer und zudem endlos erscheint und von dem ich nur durch eine handbreite, an Kalk erinnernde weiße Linie auf dem Gras getrennt bin.

Mir wird klarer, wie eng Leben und Tod nebeneinander liegen. Einer inneren Bewegung folgend verneige ich mich in tiefster Achtung vor dem Tod, den ich als eine nicht greifbare außergewöhnliche Kraft wahrnehme. Demütig erfüllt sinke ich auf die Knie. Die Stirn auf dem feuchtkühlen Gras, mit gestreckten Armen, nach oben gedrehten Handflächen und den Fingerspitzen direkt an der weißen Linie, lasse ich den Tod in einer ihn zutiefst anerkennenden Haltung laut wissen, dass ich seine Bedeutung und Gleichberechtigung neben dem Leben erkenne. Kaum habe ich die Worte ausgesprochen, geht ein lebendiges, unüberhörbares Rascheln durch die Reihe der Vögel. Erstaunt hebe ich ein wenig den Kopf und sehe, wie die Vögel von einer schwungvollen, Leben spendenden Kraftböe erfasst werden und sich in Sekundenschnelle in kerngesunde, höchst lebendige Rabenvögel mit schwarzblauem, silbrig mattglänzendem Gefieder verwandeln. Sie starten nacheinander und fliegen – in entgegengesetzter Richtung zu mir und alle wie selbstverständlich hinter der weißen Linie bleibend – in geordneter Rangfolge flach über das Gras in Richtung Abendsonne, weit hinten am Horizont. Ich bin gänzlich überrascht und fasziniert von der unerwarteten Wendung des Geschehens. Die Vögel entfernen sich, ihre Schwingen kraftvoll nach oben und unten durchziehend. Sie fliegen direkt in den rötlich-goldgelb scheinenden Kreis der Abendsonne hinein. Ich schaue dem rasch kleiner werdenden Schwarm nach, bis ich ihn im Zentrum der Sonne aus den Augen verliere.

Noch tief beeindruckt, wende ich mich wieder dem kleinen Vogel zu und fahre mit meiner lebenspendenden Beatmung fort. Er hat die Augen inzwischen geöffnet und wirkt schon recht mobil. Ich lege mich mit dem Rücken auf die Wiese, genau auf die weiße Grenzlinie zwischen Leben und Tod, und würdige noch einmal, dass Leben und Tod gleichzeitig nebeneinander da sind und beide ihre Berechtigung haben. Der Vogel sitzt auf meinem Brustbein, geborgen und gewärmt durch das Dach meiner Hände über ihm. Sein kleines Köpfchen mit dem leuchtend gelben Schnabel guckt in Richtung meines Gesichtes. Meine Augen wandern zum

Himmel. Der Adler steigt in wenigen Kreisen weiter nach oben auf … immer höher und höher. Ich schaue ihm nach, bis der winzige Punkt zu klein für meine Augen geworden ist.

Obwohl ich jetzt gut durchatmen kann, fühle ich noch einen Druck auf dem Brustkorb, als ob ich noch etwas trage, was nicht zu mir gehört.

Ich sitze mit geschlossenen Augen im Stuhl, eine Tasse mit Gemüsesaft in der Hand. Wenn ich die Augen öffne, habe ich den Eindruck, dass es im Raum hell ist. Ich meine, die schattenhaften Umrisse meiner Hand, der Tasse und des kleinen Tisches neben mir zu sehen. Es ist wie Sehen und doch nicht wirklich Sehen.

1. Garnrolle und Perle

Während der Erlebnisse mit den Vögeln sah ich plötzlich zwischendurch eine dicke, große, weiße Garnrolle, durch deren Loch ich eine edle Perle hindurchziehen wollte. Ungefähr in der Mitte blieb die Perle stecken.

Verwandlung des Vögelchens

Die Erfahrung mit dem Vögelchen geht ohne mein bewusstes Zutun von allein weiter. Ich liege auf der Grenzlinie zwischen Leben und Tod und spüre, die Wärme des kleinen Vogels auf meinem Brustkorb und in meinen Händen fühlend, gedankenfrei in mich hinein. Während mein Blick friedvoll und liebevoll auf dem Kleinen ruht, verwandelt er sich zu meiner Überraschung in ein gesundes, sehr lebendig und putzig aussehendes Enten- oder Schwanenjunges …

Sofort nach der Verwandlung des Vögelchens befinde ich mich plötzlich mitten im Bunker. Wieder geht das Tor hoch und ich gehe mit großer Selbstverständlichkeit hindurch. Ich kenne mich schon aus, denn hier war ich schon einmal. Ich komme an die Stelle, wo ich die Frau mit dem strahlenden Kind traf, und laufe den Weg weiter, bis ich an einen Vorsprung komme, wo es nicht mehr weitergeht. Direkt vor mir ist ein unendlich breiter, tiefer Abgrund, um mich herum ist nichts als Luft zu sehen. Ein tiefer Seufzer geht durch mich … wenn ich weiter will, muss ich ab hier fliegen. Ich traue mich jedoch nicht loszufliegen, dazu müsste ich ja einen geistigen Körper haben. Obgleich ich außer Luft nichts weiter sehe, weiß ich, dass ich sehr weit oben bin. Ich stehe und … traue mich nicht!!! *(Ich war in einem Zwiespalt: Einerseits hatte ich das Gefühl, ein junger Vogel zu sein, der kurz davor steht, sich abzustoßen und loszufliegen und darauf zu vertrauen, dass seine Flügel ihn tragen. Da ich die Flügel aber nicht fühlen konnte, kam sofort der Verstand und blendete ein, dass, wenn ich mich nach vorn in die Tiefe stürze, dies mein sicherer Tod sei, da ich ja keine Flügel habe. Diese Gedanken lösten Angst aus.)*

Lange stehe ich an dem Vorsprung, kann aber meine Angst nicht überwinden. Es wäre ein Sprung ins bodenlose NICHTS und dazu bin ich noch nicht bereit. Ich gehe den schmalen Weg zurück. An der Stelle, wo ich der Frau mit dem strahlenden Kind begegnet war, steht jetzt mein kleiner Neffe, den ich liebevoll umarme und der sich eng in meine Arme kuschelt.

Ich habe etwas getrunken, war auf Toilette und habe mich wieder zur Meditation hingelegt. Sexuelle Erregung kommt auf. Ich schicke die Energie in die Wirbelsäule und genieße die wohlige Wärme. Nachdem sich der Körper wieder beruhigt hat, habe ich folgendes intensive und sehr real erfahrene Erlebnis:

Im Reich der Zwerge und lebenden Bäume

Ich befinde mich bei mir zu Hause auf der Wiese und übe barfuß und mit verbundenen Augen Tai Chi. Plötzlich trete ich mit meinem rechten Fuß in eine weiche, lebende, glibberige Masse *(vom Gefühl her sehr ähnlich dem undefinierbaren Tier, in das ich beim Wachtraum „Koffer“ hineingefasst hatte).* Ich sehe einen Kopf, der mein Bein umfasst und mich nach unten, in die Erde hinein, ziehen will. Angst kommt auf und ich kämpfe energisch gegen den Zug nach unten an, aber dann siegt meine Neugier und ich lasse mich von ihm durch die Wiese durch immer tiefer in die Erde hineinziehen …

Als ich realisiere, dass mir die Erdoberfläche bereits fast bis zum Halse steht und auch mein Kopf als Nächstes unter der Erde verschwinden würde, steigt Panik wie ein Vulkan in mir hoch. Ich wehre mich entschieden dagegen, in der Erde zu versinken, und flüchte mit enormem

Kraftaufwand nach oben – nichts kann mich aufhalten, ich kämpfe um mein Leben. Aber der Kopf kommt mir mit Leichtigkeit hinterher. Nachdem ich bereits einen Fuß wieder auf der Wiesenoberfläche habe, bekommt er das andere Bein im letzten Moment zu fassen und versucht mit großer Kraft, mich erneut nach unten zu ziehen. Mein Herz rast, ich sterbe fast vor Panik, aber ich bin zutiefst entschlossen, mich nicht unter die Erde ziehen zu lassen. Eher lasse ich mir das Bein abreißen!

In diesem verzweifelten Kampf gegen den Zug nach unten höre ich eine sanfte, liebliche Stimme: „Lass dich ruhig ziehen, es geschieht dir nichts." Ich nehme all meinen Mut zusammen, gebe mir innerlich einen Ruck und lasse mich ohne Widerstand unter die Erde ziehen. Meine Neugier besiegt die Angst. Ich komme an Regenwürmern, anderem Getier und Erde vorbei. Es ist ein sehr eigentümliches Gefühl, durch die Erde gezogen zu werden.

Nach ich weiß nicht wie vielen Metern unterhalb der Erdoberfläche kommt eine Höhle, deren Dach von den Wurzeln eines Baumes gebildet wird. Die oberen und seitlichen Wurzeln hängen frei in der Luft. Das gesamte „Luftloch" ist von Wurzeln umgeben, bevor weiter tiefer wieder dunkle, feuchte, sehr nährstoffreiche Erde kommt. An einer der dickeren unteren Wurzeln steht ein kleiner Zwerg, der mich an einen typischen Gartenzwerg erinnert. Doch dieser Gartenzwerg kann sich bewegen! Ich bin verblüfft.

Hier unten ist es sehr eng, ich bin viel zu groß für den schmalen Spalt. Ich liege an den Wurzeln und schaue dem Zwerg, der mir vom Kinn bis zur Stirn reicht, direkt ins Gesicht. Ich komme mir vor wie eine zu groß gewordene Larve, deren Territorium so klein geworden ist, dass sie sich nicht mehr bewegen kann. Der Zwerg hat Handwerkszeug dabei: Sichel und Sense und ein Eimerchen in der Hand. Ich schaue ihn freundlich an – er mich auch, er lächelt. Dann läuft er einfach los, einen schmalen Regenwurmweg nach rechts. Ich denke, ohne die Worte auszusprechen: „Eh! Du kannst mich doch hier nicht allein lassen!" Mühsam schiebe ich mich auf dem Bauch raupenartig vorwärts, ich bin viel zu groß für das kleine Zwergenreich. Obwohl ich mich sehr beeile, komme ich in dem engen, unterirdischen Gang nur schwer voran – er ist gerade so breit wie mein Körper. Die Arme liegen eng an meine Seiten und Hüften gepresst, sodass ich sie nicht als Hilfe benutzen kann. Ich kann sie überhaupt nicht bewegen! Der Zwerg läuft bequem und leichtfüßig immer tiefer in den Gang hinein. Ich robbe ihm so schnell ich kann hinterher, bemüht, ihn nicht aus den Augen zu verlieren …

Nach einer Weile weitet sich der Gang plötzlich zu einem Eisenbahntunnel, sodass ich aufstehen und in aufrechter Haltung neben dem Zwerg laufen kann. Wir befinden uns auf einem schmalen Weg links neben den Schienen. Ich komme mir komisch vor, weil der Kleine das Handwerkszeug schleppt und ich, obwohl viel größer, nichts trage. Ich biete ihm meine Hilfe an, aber er reagiert nicht auf mich. Also laufe ich schweigend neben ihm her und betrachte ihn aus dem Augenwinkel genauer. Der Zwerg sieht nicht mehr wie ein Porzellangartenzwerg aus, sondern ist jetzt ein echter, lebendiger Zwerg. Er trägt ein hellbeiges Hemd und dunkelblaue Hosen, die ihm bis kurz über die Knie reichen. Die Sense hat er über die rechte Schulter gelegt. Er ist jetzt viel größer und geht mir bis über die Mitte meiner Oberschenkel, fast bis zur Hüftgelenkspfanne.

Der Tunnel wird enger, sodass wir auf den Schienen weiterlaufen müssen. Plötzlich sehe ich vorn in der Ferne die Lichter einer Lok rasend schnell auf uns zukommen. Mein Bauch krampft sich erschreckt zusammen, denn es ist kein Platz da, um auszuweichen. Der Zwerg schmeißt sich blitzschnell bäuchlings zwischen die Schienen. Ich mache es ihm eiligst nach und presse mich dicht an die Bohlen. Ich wusste noch gar nicht, dass ich mich so flach machen kann! Mein Herz rast vor Angst. Ich ergebe mich in mein Schicksal, schließe die Augen und denke: ‚Entweder es klappt oder nicht, dann war es das!' Der Zug nähert sich rasch mit dem typisch klackenden Geräusch. Während er mit lautem Getöse und kaltem Wind über uns hinwegfährt, legt sich meine Angst, weil ich schon nach den ersten beiden Waggons merke, dass genug Platz zwischen mir und dem Zug ist. Der Zwerg scheint sich gut auszukennen. Er tut alles mit größter Selbstverständlichkeit, was mich noch tiefer beruhigt. Ich lasse ihn keine Sekunde aus den Augen und habe das klare und gute Gefühl, dass er weiß, was er tut. Ich muss nur gut aufpassen, wie er sich verhält, und es ihm genau nachmachen, dann bin ich sicher.

Nachdem der Zug weg ist, steht der Zwerg auf und läuft, ohne irgendein Gewese um die gerade erlebte Situation zu machen, kurzerhand weiter. Ich eile sofort hinter ihm her, um ihn nicht zu verlieren. Er ist schnell und behände in seinen Bewegungen. Alles sieht ganz leicht aus, wie er läuft und was er tut. Ich hole ihn ein und laufe diesmal links neben ihm …

Nach einem geschätzten Kilometer kommen wir an den Ausgang des Tunnels. Links und rechts sind helle gelbgrüne Gräser in verschiedenen Höhen zu sehen. Der Zwerg stellt sein Eimerchen hin, legt die Sichel darin ab, nimmt die Sense und beginnt, in kunstvoller Fertigkeit das Gras abzumähen. Ich stehe ziemlich unschlüssig und unbeholfen da, nicht wissend, wie ich mich in diesem mir vollkommen unbekannten Reich verhalten und nützlich machen kann. Der Zwerg tut so, als ob ich nicht vorhanden wäre. Ich frage ihn, ob ich mich hier umschauen darf. Da von ihm keine Reaktion kommt, entferne ich mich ein paar Meter, den Zwerg hinter mir wissend.

Ich gehe langsam und neugierig, zugleich sehr wachsam und aufmerksam durch die knie- und hüfthohe Graslandschaft. Meine Antennen scannen in höchster Alarmbereitschaft die Umgebung rundherum auf Gefahren ab. Als ich ungefähr 15 Schritt weit vom Zwerg entfernt bin, höre ich ihn mir warnend zurufen: „Behalte das Loch im Auge!" Ich drehe mich um und sehe, dass die eine Hälfte des Tunnelausgangs durch einen dicken Baum gebildet wird, dessen knorrige Wurzeln aus dem Erdreich herausragen. Eine seiner dickeren Hauptwurzeln ist im Halbkreis nach oben gebogen und begrenzt die linke Hälfte des Ausgangs. Die rechte Hälfte der Tunnelrundung ist aus roten Ziegelsteinen gemauert und dicht mit Gras bewachsen *(wie es jeder kennt, der schon mal einen Eisenbahntunnel in eine Landschaft eingebaut gesehen hat)*. Das Loch ist vom hohen Gras über die Hälfte verdeckt und daher mit zunehmender Entfernung immer schwerer erkennbar. Ich bin dem Zwerg sehr dankbar für den Hinweis. Mir ist die magische Umgebung nicht geheuer.

Neugierig und zugleich ängstlich schaue ich mich nach allen Seiten um. In einiger Entfernung vor mir stehen lebende Bäume mit ausdrucksstarken Gesichtern, die fast den gesamten Stamm ausfüllen und sich ständig verändern, als würden sie sich miteinander unterhalten. Das ist so ungewöhnlich für mich, dass ich regelrecht entsetzt darüber bin. Mich graut vor diesen Bäumen! Es ist wie in einer Märchenlandschaft, wo der Prinz gegen Baumriesen und Waldgeister kämpfen muss, um zu seiner Geliebten zu gelangen. Meine Hochachtung, all ihr Prinzen, die ihr diesen Mut hattet! Ich habe ihn nicht, halte mich in sicherer Entfernung zurück und schaue ungläubig und voller Respekt auf die Bäume …

Um mich zu vergewissern, dass der Zwerg noch da ist, schaue ich zurück und stelle mit Schrecken fest, dass er verschwunden ist und ich in der

Märchengegend jetzt vollkommen allein bin! Mir ist sehr mulmig zumute, alles ist so unbekannt und unheimlich. Unschlüssig bleibe ich stehen, entscheide mich aber, noch einen Augenblick zu verweilen, um die Bäume genauer anzuschauen. Mir am nächsten stehen zwei, drei Bäume, die von hohen gelblichen Gräsern umgeben sind. Weiter hinten stehen zahlreiche weitere dieser Bäume, es ist fast schon ein Wald. Keiner der Bäume hat Blätter. Aus den dicken Stämmen gehen mehrere dicke Äste hervor, die sie wie Menschenarme in alle Richtungen bewegen können. Beeindruckende, ineinander verschlungene knorrige Wurzeln umgeben die fast schwarzen, geheimnisvollen Bäume. Ein schmaler Weg führt an ihnen vorbei. Würde ich diesen entlanggehen, könnten die Bäume mich ohne Mühe berühren, da sie sich auch mit ihrem Stamm nach allen Seiten hin beugen und bewegen können – nur laufen können sie nicht. Um nichts in der Welt würde ich dort hingehen. Ich habe Angst, dass die Bäume mich umschlingen, festhalten und nicht mehr loslassen, sodass ich gefangen wäre. Ich kenne diese dunklen, märchenhaften Baumwesen ja nicht und in der Art, wie sie sich bewegen und gestikulieren, wirken sie weder freundlich noch einladend – im Gegenteil: Sie erscheinen mir enorm bedrohlich. Ich spüre, dass ich noch nicht reif dafür bin, um diese Allee gefahrlos passieren zu können. Es ist eine Prüfung, die es zu bestehen gilt. Mich schaudert …

Ich habe genug gesehen, eile zum Loch und den gleichen Weg wieder zurück bis nach oben auf die Wiese, wo alles begonnen hat.

2. Garnrolle und Perle

Die Garnrolle mit der Perle taucht wieder auf. Dieses Mal kann ich die Perle bis zum hinteren Ausgang durchziehen. Dort wird sie jedoch noch von einem gekreuzten Gummiband zurückgehalten, sodass ich sie nicht aus der Garnrolle herausziehen kann. Mit etwas Anstrengung könnte ich die Perle zwar durch das Gummiband hindurchzwängen, tue es aber nicht.

Ich bin ziemlich aufgekratzt von meiner Reise mit dem Zwerg und vor allem von diesen Bäumen. Obwohl sie nichts taten, was mir Angst hätte machen müssen, sahen sie unheimlich aus. Allein die Tatsache, dass sie sich bewegen können, ist so ungewöhnlich, dass es mir Angst macht. Nichts und niemand hätte mich dazu bringen können, die Allee entlangzugehen. Die Bäume haben diesen Weg voll unter Kontrolle – sie scheinen ihn zu bewachen.

Im Zwergen-Bergwerk

Schon werde ich in ein neues Erlebnis hineingezogen (*d. h. ich bin als Akteur direkt vor Ort am Geschehen beteiligt*) und seufze, denn ich habe keine Lust auf noch mehr Reisen.

Wieder sind es Drachenköpfe, die meine Aufmerksamkeit anziehen. Unterhalb der Köpfe befindet sich eine Schwingtür, die mich an einen Saloon erinnert. Dieses Mal gehe ich hindurch, als wäre es das Normalste von der Welt, und bin in einem dunklen, geräumigen Innenraum. Ich komme nicht dazu, mich näher umzuschauen, denn von hinten erfasst mich eine Lore und fährt mit mir spiralförmig abwärts in die Tiefe. Im Dämmerlicht kann ich die nassen, hellbraunen Steinwände des rundlich geformten Höhlenganges gut erkennen. An den Seiten hängen in unterschiedlicher Höhe und Größe Drachenköpfe, die im Vorbeifahren in meine Richtung spucken und unverständliche Laute aus sich herausschreien. Es ist offensichtlich: Sie wollen mich erschrecken. Trotz ihres grusligen Aussehens und des höllischen Lärms bin ich davon nicht beeindruckt. Ich sitze ruhig in meinem Wagen und schaue alles, was an mir vorbeikommt, genau an. Der Spuk erinnert mich an eine Gespensterbahn.

Das Ende der Spiralfahrt mündet in den gleichen Eisenbahntunnel, in dem ich gerade mit dem Zwerg gelaufen bin. Wir – also die Bergwerkslore und ich – fahren durch den Stollen und kommen an die Stelle, wo der Zwerg zuvor das Gras gemäht hat. Nach etwa einem Kilometer offener, weiter, gelblicher Graslandschaft sausen wir in den nächsten Tunnel hinein. Scharfer Fahrtwind bläst mir im Halbdunkel kühle Höhlenluft ins Gesicht. Der Tunnel wird so eng und flach, dass ich mich instinktiv unter den gerundeten eisernen Halterand der Lore ducke, damit die Tunneldecke mir nicht den Kopf absäbelt. In einer lang gestreckten Linkskurve habe ich das Gefühl, bereits etliche Kilometer in dem unterirdischen Gang gefahren zu sein.

An seinem Ende, schon von Weitem durch die helle, runde Öffnung erkennbar, rasen wir in so hoher Geschwindigkeit steil bergab, dass mir mein Magen mit flauem Gefühl entgegenfliegt. Unten angekommen, hält die Lore urplötzlich – von einem Moment auf den anderen und fast ohne Bremsweg – an. Völlig überwältigt schaue ich auf eine kleine unterirdische Bergbaustadt, in der links und rechts in den golden glänzenden Felsen etliche Zwerge arbeiten; sie sind sehr beschäftigt und scheinen mich nicht zu bemerken. Unentwegt hauen etwa 20 Zwergmänner mit einer

Spitzhacke gegen den harten Stein, der aussieht, als wäre es Gold. Sie sehen aus wie Bergarbeiter – Zwergbergarbeiter. Niemand kümmert sich um mich – als ob ich überhaupt nicht da bin. Das frustriert mich ein wenig.

Für einen Augenblick sehe ich den Weißkopfseeadler, als wurde er extra eingeblendet. Dann bin ich wieder bei den Zwergen. Ich sitze brav in meiner Lore und traue mich nicht, sie zu verlassen – es könnte sie ja jemand benutzen und dann stünde ich ohne sie da. Wie sollte ich dann zurückkommen? Diese Lore ist mir heilig – ich weiß, dass sie mich wieder an meinen Ausgangsort zurückbringt.

Plötzlich steht wenige Meter vor mir ein kleiner Zwerg und entlockt seiner goldenen Trillerpfeife einen schrill gurgelnden Ton. Die Lore ruckt an und fährt langsam los. Erst jetzt sehe ich, dass ich die ganze Zeit auf einem Bahnsteig gestanden habe. Der Zwerg ist scheinbar der Schaffner. Während ich auf die Goldfelsen zufahre, winken mir zwei Bergarbeiter von ihrer Anhöhe aus zu, bevor ich sie im Tunnel aus den Augen verliere und mit der Lore in eine große Rechtskurve einbiege. Mir scheint, wir fahren den ganzen Weg wieder zurück.

Die Lore hält sanft im Eingangsvorraum. Noch während des Anhaltens springe ich heraus und gehe durch die Saloontür wieder nach draußen.

3. Garnrolle und Perle

Auf dem Rückweg zur Saloontür spulte sich erneut die Garnrolle dazwischen. Die Perle steckte an einem der Enden im Kreuz zwischen den beiden Gummis und schaute ein Stück heraus, sodass ich sie von außen sehen konnte. Sie wird von den Gummis locker zurückgehalten. Ohne die Gummis würde die Perle herausfallen.

Mir kommt es vor, als würden seit der Verwandlung der Vögel Stunden vergangen sein …

Immer wieder zeigen sich Drachenköpfe, die ich jedoch konsequent alle wegschicke. So eine Reise in die Unterwelt dauert sehr lange und ist wegen der ständigen Mutproben wahnsinnig aufregend wie anstrengend. Ich fühle mich total erschöpft vom pausenlosen Unterwegssein und konzentriere mich immer wieder auf die Atmung, um von den Drachen nicht in eine weitere Erfahrung gezogen zu werden. Dazu fühle ich mich einfach nicht mehr in der Lage.

Ich mache mir Gedanken über meine Heimfahrt. Bei freier Autobahn brauche ich siebeneinhalb Stunden bis nach Hause. Während der zwölf Tage habe ich gefastet und fast die ganze Zeit nur gesessen oder gelegen. Ich stelle mir vor, wie die Fülle der Außenwelt während der Fahrt wieder auf mich einströmt. Ob das gut geht? Sicherlich. Es könnte aber auch eine Herausforderung werden nach dieser langen Zeit der Stille, der Dunkelheit und der völligen Abgeschirmtheit von Reizen, auf die ich sonst zu reagieren gewöhnt bin. Ich nehme mir vor, Pausen zu machen und mich nicht zu überschätzen in meiner Kraft. Holgers Vorsicht scheint schon irgendwie berechtigt. Was soll's, irgendwie muss ich ja nach Hause kommen. Außerdem – es sind Gedanken! Mir scheint, als ob Holgers Bedenken beginnen, sich bei mir einzunisten und mich ebenfalls bedenklich zu stimmen. Doch mein innerstes Gefühl sagt mir ganz klar: „Es geht alles gut." Ich wende mich bewusst vom Zweifel ab und dem Vertrauen zu.

Holger ist da und ich erzähle ihm meine heutigen Erfahrungen.

Gespräch mit Holger

Analyse: Im Zwergen-Bergwerk

H.: „Du gehst durch die Schwingtür, den Tunnel, den Bunker oder das Loch in die Seelenwelt. Da sind viele Ungeheuer, die Wächter, am Eingang zur Unterwelt. Der ganze Tunnel ist quasi ein Eingang oder Übergang zur Seelendimension. Du kommst bei den Zwergen an, die etwas ‚ernten'. Das ist ein archaisches Motiv, da sind immer Bergarbeiter unter der Erde. Du machst dann eine Rechtskurve und fährst durch die ganze Unterwelt, aber das ist gewissermaßen immer noch der Eingang, also die erste Phase. Du bist nur beim ersten Traum *(im Märchenwald)* aus dieser ersten Phase herausgekommen. In einer Kurve kommst du wieder zurück. Du bist nicht erfolgreich in die Nachbardimension gekommen, du hast lediglich ein Echo derselben erfahren. Also das ist nicht ganz bestanden. Du kamst bei den Zwergen raus, dort hättest du aussteigen sollen und in die reale Nachbarwelt gehen. Aber nein, du fährst in den nächsten Tunnel hinein. Das ist jedenfalls ein super Zyklus, den du geträumt hast, wo deine Reise in die Seelenwelt beendet und in Bildern vorgeführt wird. Daran siehst du oder man lernt, wenn man ein Gefühl hat, in die Seelenwelt zu gehen, dann ist trotzdem noch ein Rest an Rationalität, also Sprache und Bilder, vorhanden in dem Moment, wo man aus der materiellen Welt herausgeht. Und in dem Moment, wo das Gefühl da ist, wird umgehend dadurch auch die mentale Welt der Sprache und Vorstellungen usw. aktiviert und *sofort* hinter deinem Rücken und ohne deine bewusste Hilfe in fantasievolle Landschaften umgesetzt. Das muss man sich mal überlegen, wie schnell dieser Codierungsprozess geht – zack, schon hast du einen Tunnel, zack, schon sind Berge da, zack, eine Eisenbahn. Das machst **nicht du**!"

S.: „Stimmt, das ‚mache' ich nicht, es geschah alles von allein."

H.: „Das macht nicht das Bewusstsein, sondern das Seelengefühl regt diese Riesenvorratskammer an Worten und Bildern an und im Selbstverfahren baut sich ein entsprechendes hundertprozentig passendes Bild zusammen. Da ist keinerlei Egospiel darin, das könnten auch ganz andere Bilder sein, und wenn, dann hätten sie die gleiche Aussage. Du kannst alle möglichen Motive aus der realen Welt benutzen, um das Gefühl: ‚Ich gehe ins Seelische', auszudrücken. Ist doch toll! Und das Nächste: Obwohl du im Seelischen bist, gibt es trotzdem noch den ganzen Apparat, die ganze Bibliothek der Sprache und Vorstellungen."

Wir kommen auf das Erlebnis mit dem Zwerg und dem Märchenwald zu sprechen.

Analyse: Im Zwergenreich und Märchenwald

S.: „Ich wurde beim Tai Chi am rechten Bein in die Erde hineingezogen."

H.: „In der Dunkelheit geht man nach innen, bist du verinnerlicht. Da kommen automatisch solche Bilder gesetzmäßig hoch und es treten große Archetypen auf. Der Archetyp vom Innern der Erde, das ist die wahre Welt, dort wirst du hingezogen – das hatten wir schon mehrmals: Baum, Wurzel, Löcher usw. Im Inneren der Erde ist der Zwerg, der klassische Führer in die Anderswelt, also ins Seelenreich. Da gehst du durch den Tunnel hin. Interessant ist: Wenn man dorthin geht, gibt es immer Hindernisse, wie wir sie sonst auch hatten: Drachen, Wachhunde, Prüfungen, Tests usw. Hier findet das in Gestalt eines Tests statt: Der Tunnel wird enger und genau da, wo man nur noch auf den Schienen gehen kann, kommt die Eisenbahn. Das ist also ein echter Test, ob man den Mut hat, sich hinzulegen oder vor Schreck wach wird oder so. *(Über die Aussage wunderte ich mich, da es sich für mich nicht wie ein Traum anfühlte, aus dem ich hätte aufwachen können, da ich während der Erfahrung mehr als wach war. Ich wollte Holger nicht unterbrechen und hatte es dann vergessen, anzusprechen.)* Nein, du machst es dem Zwerg nach, er führt dich sehr schön. Natürlich bist der Zwerg auch du, da hat deine wahre Seele dir gezeigt, wie man sich in dieser Region verhält, der Zug fährt drüber, Prüfung bestanden, weiter geht es. Am anderen Ende kommst du am Tunnel heraus und bist in dieser Märchen- und Seelenwelt. Interessant ist, dass gerade am Anfang so eine Art Fruchtbarkeitsland ist – die Fruchtbarkeit der Seele. Der Zwerg erntet da, d. h. du erntest. Du bist ja auch der Zwerg, also deine Seele erntet jetzt die Fruchtbarkeit dieses Seelenparadieses. Und natürlich geht dort ein Weg entlang – das ist der klassische Einweihungsweg, so wie der Tunnel. Du kommst zu den Bäumen mit den Gesichtern und die können sich bewegen. Aber du gehst nicht ganz hinein – dir wird Angst und Bange und der Zwerg hatte dich richtig darauf hingewiesen: ‚Behalte das Loch im Auge!' Das ist ein genialer Satz des Unbewussten in dir, denn das Loch kann sich verändern und plötzlich weg sein und dann kannst du nicht mehr zurück. Du verstehst das instinktiv sofort: Das muss ich im Auge behalten, sonst komme ich hier nicht mehr heraus und bleibe in der Seelenwelt, komme nicht mehr ins normale Bewusstsein hinein – also wach, aber bewusstlos."

Holgers Worte lösen ein mulmiges Gefühl in mir aus. Ich habe Angst um mich, um mein Leben, sage aber Holger nichts davon. Geht das wirklich, dass jemand nicht mehr zurückkommen kann? Dann ist mir die ganze Sache viel zu heiß und ich würde nie wieder auf Reisen gehen …

Analyse: Garnrolle und Perle

H.: „Am Anfang, wo du noch nicht im Tunnel bist, wird das noch mal dargestellt über die Garnrolle, durch das Loch, durch das du dich selbst, sprich die Perle, hindurchfädeln musst, aber du bleibst natürlich stecken. Jetzt wächst du, gehst wirklich durch den Tunnel mit dem Zwerg und kommst am anderen Ende heraus, also geschafft. Danach wird sofort wieder das Perlenmotiv aufgegriffen und gezeigt, dass du die Perle weiter durchbekommst, aber irgendwie doch nicht ganz. Denn da ist noch das Gummiband, das die Öffnung nach außen hin noch verschließt."

S.: „Das Gummiband hält die Perle fest. Ohne es könnte die Perle aus dem Loch herausrutschen. Es ist also das Gleiche, ich bin ja den Weg entlang der Bäume auch nicht weitergegangen." *(Wäre ich weitergegangen, käme wahrscheinlich ein Bild, wo die Perle ohne Hindernis durch die Garnrolle durchgezogen werden kann oder von selbst herausfällt.)*

H.: „Genau. Das ist interessant – vorher und nachher. Vom Aufbau her eine interessante Logik, das muss ich schon sagen. Daran siehst du auch, dass unsere Deutungen stimmen."

Ich lenke das Gespräch auf die Veränderungen bei den toten Vögeln.

Analyse: Veränderung Wachtraum „Naturkundemuseum"

Holger meinte dazu, dass Vogel für Seele stehe und dass ich in dem Versuch, den einen Vogel wiederzubeleben, wieder zu der würde, die ich bin. Das Gleiche deute sich in der Verwandlung der vielen toten in schwarze lebendige Rabenvögel wie auch im Erscheinen des Weißkopfseeadlers an – das Ganze sei ein Verlebendigungsprozess gewesen. Indem ich zu dem Weißkopfseeadler geworden und in den Himmel geflogen bin, könne ich wieder frei fliegen, sei die Seele wieder im kreativen, freien, lockeren Lebensflug.

H.: „Also du hast die Sache erfolgreich bestanden, du hast das tote Museum wieder verlebendigt. Alles ist erreicht, reine Seele. Ist doch unglaublich! Vor allem: Du hast es transformiert!"

S.: „Ja. Jetzt fühlt es sich gut an."

Ich stelle Holger die Frage, ob ich nun in der seelischen Welt gewesen sei oder ob alles nur Fantasie wäre.

[05/2011: Die Frage deutet auf mein altes Problem hin, Vorstellungen und Fantasien als „nicht wahr" abgespeichert zu haben, so, wie meine Eltern mir das in guter Absicht in der Kindheit vermittelten. Ich hatte daraufhin als Kind „die bösen Fantasien" in die Kiste für „Schlechtes, Nicht-Erwünschtes, Eingebildetes, nur Ausgedachtes, Nicht-Richtiges" gepackt und versucht, diese (meine Seele, also mich selbst) zu verdrängen. Dieser Widerspruch (die Realität meiner inneren, seelischen Welt und die Aussage der Eltern, dass das alles nicht wahr sei; nur die materielle Welt und alles, was beweisbar ist, sei wahr) brachte mich immer wieder in große innere Spannungen und Verwirrung, da das reflektieren könnende Erwachsenen-Ich (RI) noch nicht (genügend) ausgebildet war. Siehe auch Anmerkung S. 257]

H.: „Die erste Möglichkeit: Es war alles Fantasie. Die zweite Möglichkeit: Am Anfang ist es reine Fantasie, vertieft sich dann aber, du verlässt unsere Welt tatsächlich und es wird ein tiefer seelischer Prozess oder, drittens, noch mehr – du verlässt gar ein bisschen deinen Körper und bist real seelisch in der anderen Welt. Das müssen wir noch einmal genau klären – was heißt überhaupt seelische Welt? Wir sind immer in der seelischen Welt drin. Aber: Die erste Stufe ist: Wenn ich nur eine Fantasie oder Vorstellung habe, dann ist das die Vorstellung der Seele, aber die Seele ist voll und ganz in den Körper hineingepackt wie in einen Sack. Zweite Möglichkeit: Die Seele, sprich die damit einhergehenden Bilder, verselbstständigt sich insofern, als die Seele ein bisschen – das kann nur 2 Millimeter sein – den Körper verlässt. Das sind die meisten außerkörperlichen Erfahrungen dieser Art, dann hast du etwas tiefer gehende Vorstellungen, tiefgründiger. Im nächsten Schritt, über die Stufe 2 hinaus, verlässt du tatsächlich deinen Körper, bist mit der Seele außerkörperlich und erfährst jetzt trotzdem noch relativ symbolisch – in Bildern – die Jenseitswelt, also nicht ganz so, wie sie wirklich aussieht, sondern gefiltert durch deinen Begriffsapparat, der noch vorhanden ist. Und dann gibt es noch die nächste Stufe, da bist du völlig außerkörperlich."

S.: „Wie kann ich die Stufen unterscheiden?"

H.: „Wenn du hineingehst, weißt du es."

S.: „Ich weiß, dass die Bilder immer von allein kommen."

H.: „Du bist zwischen erster und zweiter Stufe, springst da ein bisschen hin und her. Das kann ich nicht erklären, das spürst du per Übung. Bei der letzten Erfahrung, wenn du außerkörperlich bist, weißt du einfach: Ich bin außerkörperlich. Da ist ganz klar: Ja, so ist das."

Mit diesem Satz beendet Holger das Gespräch und geht.

Ich habe mich mit viel Mühe zum Tai Chi durchringen können. Wenn ich einmal dabei bin, macht es riesigen Spaß. Durch die konzentrierten langsamen Bewegungen sinke ich nochmals in einen tieferen Zustand und schaue durch die geschlossenen Augenlider in die Tiefe und Weite der Dunkelheit. Sicherlich bin ich jetzt in dieser Tiefe nicht nur durch das Tai Chi, sondern durch den gesamten Prozess heute. Die Reisen zu den Zwergen, in diese andere Welt, und die Transformation der Vögel – das hat den ganzen Tag in Anspruch genommen.

Ich komme vom Duschen. Im Flur habe ich den klaren Eindruck, einen Lichtschein in meinem Rücken zu sehen. Drehe ich mich jedoch um, ist nichts da, alles dunkel. Das irritiert mich total. Ich orientiere mich unweigerlich nach diesem hellen Lichtschein, renne überall dagegen, verliere die Orientierung. Mein Geist projiziert allerhand Balken und andere nicht definierbare Dinge, die gar nicht da sind, mitten in den Raum. Es sieht aus, als wäre ich auf einem Dachboden.

Erscheinung des Mädchens mit den langen Haaren

Also zunächst mal weiß ich ganz genau, dass ich wach bin! Ich schaue durch die geschlossenen Augenlider in den dämmrig erleuchteten Raum. In der Tür erscheint ganz zaghaft ein Mädchen mit langen Haaren. Sie bewegt sich leise schleichend durch das Zimmer. Angst beginnt aufzuflackern, doch bevor sie sich ganz ausbreiten kann, ist das Mädchen wieder verschwunden.

Traum „Feier und Pferd"

Mir fällt ein, dass ich vor dem Erlebnis mit dem Mädchen einen Traum hatte, in welchem auch dieses Mädchen vorkam. Es ging um ein Pferd und um irgendeine Feierlichkeit, auf der ich ausgezeichnet werden sollte. Das Pferd hatte ich gerade in den Stall gebracht und lief hinten um das Pferd herum, um es in der Box am Halfter festzumachen. Bevor ich aus dem Stall ging, streichelte ich es noch einmal. Auf der Feier saßen alle Gäste an einem großen Tisch, während ich mit unserer Familie etwas abseits an einem kleineren Tisch saß, obwohl ich lieber zusammen mit den anderen gesessen hätte. Ich wollte nicht, dass wir uns als Familie so abkapseln. Und dieses Mädchen, das eben in meinem Zimmer war, hatte ich auf der Feier aus Versehen verletzt – ich hatte etwas geworfen und sie dabei am Kopf getroffen. Sie musste zum Arzt, weil sie aus der offenen Wunde an der Nasenwurzel stark blutete und große Schmerzen hatte.

Auch sollte ein Bild von mir in einer Zeitung veröffentlicht werden, weil ich in irgendetwas Sieger geworden war. Es ist alles gerade ein wenig wirr, weil ich Teile des Traums schon vergessen habe. Aber in einem bin ich mir ganz sicher: Ich habe genau dieses Mädchen hier im Zimmer laufen sehen.

Ich bin aufgeregt wegen der Erscheinung des Mädchens. Sie sah aus wie ein Geist, damit meine ich, nicht so materiell und undurchsichtig wie ein Mensch, sondern eine Nuance durchsichtiger und doch zugleich real wie ein ganz normaler Mensch, der in mein Zimmer kommt. Ich habe das Gefühl, diesen Traum *(Verletzung des Mädchens)* schon einmal geträumt zu haben.

Zu allem Übel knacken auch noch mehrfach die Dielen. Merkwürdig, es hat doch die ganze Zeit nicht einmal geknackt! Das Ganze ist mir gerade ziemlich unheimlich … als ob jemand im Raum ist. Meine Antennen fahren in höchster Alarmbereitschaft weit aus, Angst verknotet meinen Bauch. Ich gehe sicherheitshalber auf den Beobachterposten, doch es gelingt mir nicht, mich zu beruhigen. Ich gehe alles noch einmal durch: Das Mädchen war tatsächlich da, ich habe es ja deutlich gesehen! Allerdings bin ich mir jetzt nicht sicher, ob ich diesen Raum hier erleuchtet gesehen habe oder ob das Mädchen in einem anderen Raum war. Wie dem auch sei, sie kam zur Tür herein, lief in Richtung Fenster und ist danach wieder verschwunden.

Ich rede mir gut zu, dass alles nur eine Illusion, aus meinem Geist heraus projiziert und überhaupt nicht real ist. Ich atme tief durch …

Ich glaube, das war ein anderer Raum, denn sie lief ja zu einem Tisch – in meinem Raum steht gar kein Tisch – und nahm von dort heimlich etwas weg. Sie lief leise und schleichend auf Zehenspitzen, damit niemand sie hört. Außerdem lief sie quer durch einen Raum, der mindestens vier bis fünf Meter Breite hatte. In meinem Raum sind es drei große Schritte von der Tür bis zum Fenster. Das Mädchen lief mindestens fünf, sechs Schritte. Sie war barfuß und hatte ein weißes oder helles langärmliges Nachthemd an, das den Körper bis zur Hälfte ihrer Waden bedeckte. Mein Herz wäre stehen geblieben, wenn sie zu mir gekommen wäre! Sie war total real! Ich habe sie ja deutlich gesehen. Noch etwas fällt mir jetzt auf: Mein Bett stand in der hinteren Ecke der Wandseite und ich lag andersherum, mit dem Kopf in Richtung Fensterwand, sodass ich die Tür im Blick hatte und sehen konnte, wie die Türklinke langsam heruntergedrückt und die Tür vorsichtig geöffnet wurde. Sie kam leise auf Zehenspitzen herein, ich habe sie genau beobachtet … ich bin mir sicher, ich bin wach! Ja, aber wo war ich denn dann? Es war ein anderer Raum!

[03/2004: Beim Abschreiben der Kassetten spüre ich wieder das ängstliche Kribbeln im Bauch und die magische Unheimlichkeit, die mich damals erfasste, als mir nach und nach all die Ungereimtheiten bewusst wurden.]

Wieso war ich in einem anderen Raum? Wie kam ich denn dahin? Obwohl ich genau weiß: Ich bin die ganze Zeit wach! Oder wurde mir das alles vorgegaukelt? Eingespielt als Szene? Ich habe auch nicht mitgekriegt, dass ich außerhalb meines Körpers war und zurückgekommen bin, oder wie auch immer. Also ich weiß es nicht. Ich komme auf keinen grünen Zweig. Ich werde Holger fragen! Mir ist im Moment genauso mulmig wie in meiner Kindheit, wo mich oftmals das unbestimmte Gefühl beschlich, dass hinter meiner geöffneten Zimmertür jemand *(ein Mann)* steht. Das hatte mir so große Angst gemacht, dass ich mich nicht aus dem Bett wagte.

Eigentlich muss ich mal aufs Klo, kann mich aber nicht entschließen, zu gehen … Ich verkrieche mich unter der Bettdecke und gehe wieder und wieder das Erlebnis durch: Zuerst wurde ich wach, dann glimmte der Raum in hellem Dämmerlicht auf. Ich lag auf der rechten Seite mit Blick zur Tür und sah die Tür sich langsam öffnen. Es war nicht meine Zimmertür – die stand ja schon weit offen –, sondern eine Tür im rechten Winkel vor meiner Tür. Entweder war es eine Haustür oder eine andere Zimmertür. Dann schlich das Mädchen herein und lief quer durch den Raum zu dem Tisch. Ihr gewelltes Haar ging bis zu den Schulterblättern und wirkte dunkel, doch im Dämmerlicht konnte ich die Farbe nicht wirklich erkennen.

Bevor ich das Mädchen sah, hatte ich kurz das ungute Gefühl, dass jemand da ist, der eigentlich hier nicht hergehört. Und dann habe ich sie auch schon gesehen.

Ich habe Kopfschmerzen … die Dielen knacken …

Ich freue mich, dass heute der letzte Tag ist. Noch mehr Erscheinungen und Erfahrungen solcher Art will ich nicht – ich spüre nackte Angst! Wieder knacken die Dielen. Bilde ich mir nur ein, dass da draußen jemand ist? Ich rede mir vom Beobachterposten aus gut zu: „Du liegst nur im Bett, mehr ist nicht. Alles andere ist Illusion!" Sofortige Gegenargumentation: „Das wäre eine ziemlich starke Illusion, die auch eine Realität hat! Das Mädel war doch echt da!" Ja, sie lässt sich nicht wegreden! Egal, wie gut ich mir zurede und die Gegenwart bewusst mache. Sie war real da! Obwohl sie meinem Verstand nach nicht hätte da sein dürfen. Weder kann ich sie mir ausreden noch mir etwas anderes einreden. Sie bleibt eine Realität, die mir

Angst macht, weil mein Verstand es nicht fassen und erklären kann, weil es gegen jegliche Logik ist, weil es völlig entgegen meinem Verständnis der mir bekannten Wirklichkeit ist, weil ich mich nicht mehr auf das verlassen kann, was ich weiß, weil mir so jeglicher sichere Boden unter den Füßen entzogen wird. Mein gesamtes Weltbild ist infrage gestellt, bietet keine Sicherheit mehr, nichts da, woran ich mich festhalten kann. Am liebsten würde ich Licht anmachen, um auf die Toilette zu gehen. Wie geht man um mit solchen Gestalten? Was wäre, wenn die etwas von einem wollen!? Das Mädchen kam ja – Gott sei Dank! – nicht zu mir. Was wäre gewesen, wenn sie gekommen wäre und mich angesprochen hätte? Oder wenn so eine Gestalt bösartig ist und einem etwas antun will? Oh Gott, ich glaube, in dem Moment sterbe ich vor Angst … Es knackt …

[12/2006: Noch immer kann ich die kindliche Angst spüren. Bis heute habe ich keine Erklärung für das Mädchen.]

[05/2016: Ich fühle mich noch immer nicht wohl bei dem Gedanken daran, mag keinen Kontakt zu dem Mädchen und vergleichbaren Erscheinungen.]

Es ist Sonntagnacht, durch das offene Badfenster kommt noch kein Morgendämmerungslicht herein. Ich lausche den Geräuschen im Haus. Es klingt, als ob Holger unten aktiv ist. Nein, das kann ja nicht sein, es ist doch mitten in der Nacht! Er schläft ganz bestimmt. Aber vielleicht ist es noch gar nicht so spät? Er hat heute Besuch … vielleicht ist der Besuch gerade gegangen? Ich beruhige mich damit, dass es vielleicht erst 23:00, 24:00 oder 1:00 Uhr ist.

Im Gegensatz zur Erscheinung der Lichtfrau, die ich mir sehnlichst zurückwünsche, weil sie so wunderschön, so liebevoll aussah und so viel Liebe, Warmherzigkeit und Licht ausstrahlte, wünsche ich mir das Erlebnis mit dem Mädchen nicht zurück – das war gespenstisch, hatte etwas magisch Unheimliches.

[12/2006: Die Lichtfrau war mir 1998 in China erschienen. Als ginge der Vorhang im Himmel auf, schwebte sie eines Nachts aus einer anderen Welt, einer anderen Ebene, zu mir auf die Erde herab an mein Bett. Sie war kein Mensch, sondern göttlich und von einem weiß-goldenen, leuchtend hellen, warmen Strahlenkranz umgeben. Sie kann durchaus eine Projektion von mir selbst gewesen sein. Aber auch wenn sie nichts mit mir zu tun hatte, sondern ein Wesen außerhalb meiner selbst, aus einer anderen Dimension war, so war da doch das riesige Gefühl der Liebe, Wärme und des Schutzes. Angst war in ihrer Gegenwart unmöglich.

Das Mädchen war anders, sie war direkt vor mir, auf meiner Ebene, kam nicht aus einer anderen Welt, sondern durch die Tür herein wie jeder andere Mensch auch. Ich hätte sie anfassen können (denke ich jedenfalls). Sie war so real da wie andere Menschen auch. Ihr durchsichtigeres Aussehen, eben ähnlich einem Geist, war so schwach, dass ich auch meinen könnte, sie sei ein echter Mensch, also nicht mal ein Geist, gewesen.]

Luftblasengesellschaft

Ich sehe unzählige Menschen mit je einer Luftblase, ähnlich den Sprechblasen in einem Comic. Diese Luftblasen sind gefüllt mit Gedanken und Gefühlen, die ihre Realitätsbezogenheit verloren haben und daher ungeerdete Illusionen sind. Blasen über Blasen … weltweit. Rund um die Erde investieren Menschen ihre Lebensenergie in die Luftblasen, wodurch diese immer größere Gebilde werden, die Chaos hervorrufen, krankmachend auf uns zurückwirken und unser Leben erschweren … eine krankhafte Luftblasengesellschaft …

Ich bin tief beeindruckt über die Aussagekraft des Geschauten … und vor allem über die Konsequenzen dieses Wahnsinns.

Das kraftvolle Luftblasenbild stimmt mich sehr nachdenklich und lässt mich all meinen Sinn für Realität zusammenraffen und auf die Toilette gehen. Durch das geöffnete Badfenster sehe ich in der Ferne zartes Morgendämmerungslicht, das am Horizont als kaum sichtbarer heller Saum den dunklen Nachthimmel anzuheben beginnt. Es ist also nicht Mitternacht, sondern vielleicht kurz vor 4 Uhr. Ich werde Holger fragen, die Geräusche lassen sich bestimmt ganz einfach erklären.

Wachtraum „Mein Sohn“

Ich sehe einen meiner Söhne so dicht vor mir, dass ich ihn beim Schlafen beobachten kann. Ich schaue ihn lange mit mütterlichem Blick an.

Wachtraum „Stadtfest“

Anlässlich eines Stadtfestes hat die Stadt auf einem eigens dafür geformten Sandberg eine Kullerbahn angelegt, auf der Murmeln und andere runde Gegenstände heruntergerollt werden können. Ich gehe vorne weg, mehrere Leute hinter mir her. Ohne es zu bemerken, laufen wir auf der frisch errichteten Sandburg. Wir haben sie übersehen, da sie sich genau auf einem normalerweise öffentlichen Waldweg am Fuße des Berges befindet. Auch ist dieser Platz normalerweise keine Touristengegend. Meinem Gefühl nach ist es früh am Morgen. Der Blick zur Uhr erstaunt mich, es ist schon mittags! Nach einigen Metern fällt mir auf, dass der Boden ordentlich glattgewalzt und Löcher in den Sand gestanzt sind. Erschrocken rufe ich den anderen zu: „Hier ist ja eine Bahn angelegt!" Betroffen schauen wir uns um und verlassen sofort das Sandbauwerk, doch die ersten Meter sind bereits kaputt. Es tut uns sehr leid, denn niemand von uns hatte die Absicht, die Bahn zu zerstören, die andere mit viel Liebe und Mühe aufgebaut haben. Sehr kunstvoll windet sich die Kullerstrecke, deren Seiten mit Pfählen abgestützt sind, in großen und kleinen Wellen hoch, runter und um viele Kurven. Die Kreativität, mit der die Achterbahn gestaltet wurde, beeindruckt mich tief, auch wenn mir überhaupt nicht einleuchten will, wie die billardgroßen Kugeln in der Sandspur wieder nach oben rollen können.

Versuch, den Körper zu verlassen

Über eine Atemtechnik tauche ich tiefer in den Bewusstseinsozean ab. Als ich mir einer gewissen Tiefe gewahr bin, versuche ich, mich aus dem Körper herauszurollen, was mir, ebenso wie der Versuch auszusteigen, nicht gelingt. Der Körper und ich hängen wie zwei ultrastarke Magneten zusammen, sodass ich nicht aus ihm austreten kann.

Intuitiv konzentriere ich in einem letzten Versuch jegliche Energie am Scheitelpunkt des Kopfes. Als ich vollständig dicht unterhalb der Schädeldecke versammelt bin, sehe ich plötzlich direkt vor mir ein Schloss ohne Tür. Ich, gefühlt so groß wie ein Punkt, öffne es und gleite sanft durch eine schlüssellochgroße Öffnung auf die äußere Kopfoberfläche und dort sehr langsam weiter auf der Kopfhaut entlang. Die Haare wirken wie lange dicke Seile, während die Ohren groß wie die von Elefanten sind. Überhaupt sieht der ganze Kopf riesig aus.

Ich komme nicht weiter als bis zum Beginn des Halses – es ist, als ob ich magnetisch mit dem Kopf verbunden bin. Dennoch ist es eine sehr interessante, beginnende außerkörperliche Erfahrung, den Kopf aus dieser ungewöhnlichen Perspektive von außen betrachten und fühlen zu können. Die Haare, Ohren, Augen, Augenbrauen, Nase, Nasenhaare, Hautporen, die kleinen Härchen im Gesicht, Mund, Hals … jede kleinste Struktur sieht wie durch ein gigantisches Vergrößerungsglas betrachtet aus.

[12/2006: Heute weiß ich, dass die stark magnetische Wirkung durch meine tief liegende Angst, nicht wieder in den Körper zurückzukönnen, erzeugt wurde.]

12. Tag – Rotes Licht

Holger bringt den Morgentee und ich erzähle ihm aufgeregt von dem Mädchen. Er meint, diese Angst sei normal, die habe jeder, weil wir es nicht gewöhnt seien, mit solchen Wesen Kontakt zu haben. Ich solle, um die Angst zu entschärfen, mit ihr noch einmal Kontakt aufnehmen, indem ich sie geistig heraufbeschwöre. Das sei aber nur zu schaffen, wenn es mir gelänge, nochmals voll emotional in die Situation hineinzugehen und die gleiche magische Stimmung aufkommen zu lassen wie in dem Moment, als ich das Mädchen sah.

Genau! Das ist die richtige Beschreibung, wie die Stimmung heute Nacht war: magisch! Das Erlebnis sitzt mir noch stark in den Knochen. Es war exakt von der Art, vor der ich zu Beginn der Dunkelzeit Angst hatte. Bei der Vorstellung, ich hätte das Mädchen heute Nacht ansprechen sollen, gerinne ich zu Gänsehaut und schrumpfe auf Tennisballgröße, um nicht gesehen und schon gar nicht angesprochen zu werden.

Ich weiß nicht warum, aber ich habe massive Angst vor jedem Geist oder Wesen dieser oder ähnlicher Art. Mir wird bewusst, wie wenig Mut ich in dieser Beziehung habe – nämlich gar keinen! Ganz im Gegensatz zu meiner Lichtfrau – sie hatte ich sofort angesprochen. In ihrer Gegenwart kann einfach keine Angst aufkommen. Mein größter Wunsch wäre ein ständiger Kontakt zu ihr.

Bevor Holger wieder ging, erwähnte er, dass die „Masse“, die ich fühlen und sehen könne, wenn ich Tai Chi mache oder in die Ferne schaue, der Urstoff, die Lebensenergie sei. Diese Energie sei überall, egal wohin ich schaue. Weiter ließ er mich wissen, dass „der Kontakt zu geistigen Wesen nur klappt, wenn man ganz auf der Seelenebene ist. Aus dieser ‚Masse‘ formt und kreiert der Geist alles. So kann man sich seinen eigenen Geist erschaffen. Auch das Mädchen besteht aus nichts anderem als aus dieser ‚Masse‘. Zum Anfang sind Gefühl und ‚Masse‘ getrennt, d. h. man hat das Gefühl, ich bin das Eine und die ‚Masse' ist das Andere. Aber wenn man weiter einsteigt in die Seelenwelt, hat man das Gefühl, mit dieser Masse verbunden zu sein."

Bei der Vorstellung, dieses Mädchen würde auf meinen Wunsch hin tatsächlich nochmals hier erscheinen, stehen mir sofort die Haare zu Berge. Ja, ich habe Angst davor und schiebe die Gedanken schnell beiseite. Sie soll auf keinen Fall wieder hier auftauchen.

Rotes Licht und Tai Chi mitten im Universum

Tai-Chi-Übung … ich bewege mich im Zeitlupentempo, vollends auf die Übung und die mich umgebende „Masse" konzentriert. Der zwei, drei Meter hinter mir erscheinende dunkelrote Lichtschein erinnert mich an die vor sich hin glimmende Glut eines Lagerfeuers. Die Hände ziehen langsam am Kopf vorbei und offenbaren mir zart und unscheinbar ihre Umrisse. Der dunkle Raum weitet sich … und ich vollende, mitten im Universum stehend und grenzenlose, tiefe schwarze Weite um mich herum, die Übung. Die „Masse" ist überall. Ich bewege mich in ihr wie in einem durchsichtigen Nebel.

Nach dem Tai Chi glimmt der rote Lichtschein rechts hinter meinem Rücken weiter und scheint schwach nach vorne durch mich durch. Ich nehme ihn wahr, ohne nach hinten zu schauen.

Heute ist mein zwölfter Fastentag. Ich fühle mich körperlich und kräftemäßig wieder stärker, weder müde noch träge. Nicht zu vergleichen mit gestern, wo ich zeitweise vor Schwäche taumelte. Das fehlende Gleichgewicht kann aber auch mit der Dunkelheit zusammenhängen … Oder?

Im Dunkeln sehen

Der rötliche Lichtschein verschwindet manchmal und kommt als heller, weißlicher Lichtschein in vergleichbarer Intensität wieder. Das Licht wechselt immer wieder zwischen weißlich und rötlich, jeweils vom Rücken her nach vorn durchscheinend, sodass ich mich nicht umdrehen muss, um es sehen zu können. Nach einiger Zeit habe ich den vagen Eindruck, mein Bett in der Ecke und die Umrisse meiner Hand sehen zu können. Das Bett ist nur angedeutet zu sehen, und zwar so schwach, dass es auch als

Einbildung abgetan werden könnte. Dass meine Hand wirklich da ist, wo ich sie sehe, habe ich schnell überprüft. Neugierig geworden, laufe ich langsam auf die Silhouette des Bettes zu und strecke zielgerichtet meine Hand aus … ja, es steht tatsächlich da, keine Einbildung.

Ich konnte das Mädchen nicht noch einmal „heraufbeschwören", meine Angst steht einfach dagegen. Ich würde – das muss ich mir ehrlicherweise eingestehen – einen fürchterlichen Schreck bekommen, wenn sie tatsächlich auf meinen Wunsch hin erneut zur Tür hereinspaziert käme. Ich lege also keine wirkliche Kraft in den Wunsch, sie zu sehen, sondern sage ihr stattdessen in meiner Vorstellung, dass es mir sehr leidtut, sie verletzt zu haben, und dass ich sie gern zum Tee einladen und mit ihr sprechen würde. Ein kleiner Kobold in mir lacht hämisch: „Ha, ha, du willst doch gar nicht, weil du Angst hast davor!" Verdammt, er hat recht.

Ich stelle fest, das Sonnenlicht nicht eine einzige Minute vermisst zu haben. Jedes bisschen Licht hätte mich gestört.

Sonntag, später Nachmittag, schätze ich, Holger war jedenfalls noch nicht da. Meine zweite Tai-Chi-Übung zeigte mir, dass es immer besser klappt. Ich bräuchte vielleicht noch sechs bis sieben Wochen, um Tai Chi in der Dunkelheit genauso sicher auszuführen wie im Tageslicht. Es ist alles nur eine Frage der Übung.

13. Tag – Unbeschreiblich

Ich bin schon wach, draußen ist es noch stockdunkel …

Es mag komisch klingen, aber gestern Abend hatte ich Angst vor der Nacht und weiteren Geistern. Holger hatte mir im Abendgespräch erzählt, dass seine Frau derzeit im Haus ist und ein weißes langärmliges Nachthemd trägt, das ihr bis zu den Waden geht. Er meinte, sie könnte es vielleicht gewesen sein, die ich gesehen habe – sie habe auch schulterlanges Haar, allerdings blond. Na gut, im Dunkeln kann man blond ja nicht als blond erkennen. Wenn ich sie nachher sehe, werde ich es wissen. Ich glaube nicht, dass sie es war, denn ich sah ein zwölfjähriges Mädchen, ich habe ihr Gesicht klar vor mir. Es würde mich jedoch sehr erleichtern, wenn sich herausstellte, dass es Holgers Frau war. Dann wäre alles nicht so mysteriös – das ist mir unheimlich. Das Geist-Mädchen passt einfach nicht in mein rational-materielles Denken, mit dem ich aufgewachsen bin.

[03/2010: Offensichtlich war das Mädchen geistiger Art. Geist bedeutet nicht zwangsläufig Verstorbener. Selbst wenn es Holgers Frau gewesen wäre, wäre sie in keinem Fall mitten in der Nacht im Nachthemd durch mein Zimmer gelaufen. Das spricht dafür, dass die Begebenheit im ätherischen oder ätherisch-interdimensionalen Raum stattfand.]

Obwohl ich weiß, dass es mehr gibt, als über die fünf Sinne wahrnehmbar ist, passen Geister noch immer nicht so richtig hinein. Eine Instanz in mir sagt ganz klar: „Es gibt doch keine Geister! Was soll der Quatsch!" *(Ich höre darin meinen Vater, PP).* Sofort sagt eine andere Stimme: „Und wenn doch? Warum soll es sie nicht geben?" Nun habe ich schon einen gesehen und zweifle es trotzdem an. Ich bin zerrissen an dem Punkt. Allein dass ich das Mädchen sah, ist für den Zweifler kein Beweis – er lehnt die Existenz von Geistern schlichtweg ab. Wenn ich innerlich ehrlich zustimmen würde, dass es Geister gibt, dann müsste der Zweifler sich sein Unrecht eingestehen. Er will immer Beweise und wenn er sie bekommt, reicht ihm das nicht. Das Mädchen zu sehen, ist nicht genug, er will auch noch mit ihr reden und sie berühren, um sich zu überzeugen. Er will immer wieder immer neue und andere und weiterführende Beweise. Perfektionist Vater und Mutter *(PP-Introjekte).* Die geforderte Beweisführung wird aber im Falle der „Geister" durch die massive Angst verhindert. Und so erreicht es der Zweifler, dass er weiter zweifeln kann, dass er weiterhin innerhalb meines Selbst seine Daseinsberechtigung hat und er mich durch seine Zweifel immer wieder ins Wanken bringen kann. Weil ich ihm den Beweis nicht liefern kann, kann ich ihn auch nicht entschärfen, jedenfalls nicht, solange ich so große Angst davor habe. Mich davon zu distanzieren, gelingt mir auch nicht – vielleicht hat er ja recht mit seinen Zweifeln?

[01/2010: Ich wäre sofort der Erwartungshaltung des Zweiflers nachgekommen und hätte weitere „Beweise" geliefert, wenn meine Angst dies nicht verhindert hätte. Gerade durch die Angst konnte mir der Mechanismus bewusst werden. Vielleicht ist diese Angst auch nicht meine eigene? Es geht nicht darum, dem Zweifler (PP) weitere Beweise zu liefern, in der Fehlzuordnung, so meine Angst verlieren zu können. Würde ich das tun,

käme ich der PP-Erwartungshaltung ja nach und würde mich intrapsychisch weiterhin den Eltern gegenüber anpassen und keine eigene Position finden bzw. beziehen.]

Wie stark doch die Denkweise durch die Eltern, die Gesellschaft und die Kultur geprägt wird und wie schwer es fällt, diese Konditionierungen zu überwinden. Es ist, als ob ich Mauern in mehreren Kreisen um mich herum errichtet habe, aus denen ich nicht herauskomme, weil sie einerseits zu hoch und zu stark sind und es andererseits Angst macht, über den Tellerrand hinauszuschauen.

[01/2010: Die Mauern waren lebensnotwendiger Schutz für die Zeit, in der ich noch klein und bedürftig war. Die Grenzen gaben mir Orientierung, um mich zurechtzufinden in der Welt. Innerhalb der Mauern fühlte ich mich zwar (unbewusst) eingeengt, aber auch sicher und geborgen in einer mir bekannten Komfortzone, innerhalb derer ich wusste, wie es langgeht und welche Regeln zu beachten sind. Unbekanntes Land löst tiefste Ängste aus, weil es keine Schilder mehr gibt, die den Weg zeigen – damit entfällt auch jegliche Kontrollmöglichkeit.]

Einige der „Gefängnismauern" sind bereits gefallen, sodass die Grenzen schon etwas erweitert sind. Ich habe mittlerweile einen großen, geräumigen Hof, anstelle einer kleinen dunklen Zelle. Die stabile hohe Mauer, auf die ich momentan schaue, besitzt als Ausgang ein dickes Eisentor, das mich einige Mühe kosten wird, es zu öffnen. Dieser Festungswall bezieht sich auf die Geister und die Angst vor dem Tod und besteht aus einem Zweifel-Angst-Gemisch.

Holger empfahl mir, mich intensiv mit Nahtoderlebnissen zu befassen, die vorhandene Literatur darüber zu studieren und dann eine Therapie zu entwickeln, mit der die Angst vor dem Tod behandelbar ist. Über diese Arbeit würde ich mich dann selbst therapieren.

Mit Blick auf die vor mir liegende lange Autofahrt bedauere ich, so früh wach zu sein. Ich bin noch müde, aber so aufgekratzt, dass ich nicht noch einmal einschlafen kann. Die Dunkelzeit ist leider zu Ende!

Wieder höre ich die gleichen Geräusche im Haus wie gestern Nacht. Es klappte eine Tür, als ob jemand unten aktiv ist.

Ich gehe hinaus

Endlich Morgengrauen! Ich schätze es auf 5 Uhr und schaue neugierig und aufgeregt zum Badfenster hinaus. Die großen Tannen erscheinen im Halbdunkel der flirrenden Luft so nah vor mir, als könnte ich sie mit der Hand berühren. Das Grün der Bäume flimmert hyperscharf und grüner als grün, sie sehen märchenhaft unwirklich aus. Die Vögel zwitschern mit beeindruckend klaren Stimmen ihr Morgenlied in die Welt. Mein Brustraum füllt sich rasant mit sprudelnder Freude über das Geschaute und Gehörte. Es ist, als haben sich meine Augen und Ohren in der Zwischenzeit ausgeruht und können nun mit neuer Kraft und Frische – wie gesäubert – alles besser, klarer und reiner sehen und hören. Als ob die ganze Welt in einen durchsichtigen klaren Nebel eingehüllt oder eingetaucht oder mit ihm ausgefüllt ist.

Die Uhr zeigt 5:20 Uhr an, als ich das Licht im Raum anknipse. WOW!!! Ich bin schlagartig zutiefst ergriffen – alles sieht total klar, rein, leuchtender und intensiver aus! Welche Farbenkraft und Farbenpracht! Unfassbare Freude erfüllt mich … nicht wirklich beschreibbar … sie ergreift mich regelrecht, füllt mich aus, ist in meinem ganzen Körper und um mich herum … ich weiß kaum, wohin mit ihr … könnte weinen vor Freude …

Die Klarheit und Reinheit der Farben im Raum ist wirklich unglaublich! Ich werde hinausgehen in die Natur, erwartungsvoll, in ihr zu wandeln. Die Zimmerlampe … klarstes Licht … ich kann es einfach nicht beschreiben! Alle Gegenstände flammen pur um die Wette … es ist einfach so schön! Schöner als schön … unwirklich wirklich schön. Ich bin wie verzaubert, kann den Blick kaum von der gleißenden Außenwelt abwenden.

[05/2011: Die Farbenpracht stand im krassesten Gegensatz zu dem als schlicht und eher farblos empfundenen Raum zu Beginn der Dunkeltherapie.]

Um halb sieben zieht es mich regelrecht hinaus. Leise und sicher bewege ich mich durch das noch schlafende dunkle Haus, öffne die vor Energie strotzende Haustür, trete hindurch … und bleibe stutzend stehen … irgendwie erscheint die ganze Welt viel größer!

Es ist schon hell geworden. Am Himmel malt ein mit Überschallgeschwindigkeit fliegendes Flugzeug seine glanzvollen Streifen auf den strahlend blauen Untergrund. Und überhaupt, dieser farbenprächtig leuchtende

Morgenhimmel! Zarte reine Orange- und Gelbtöne am Horizont … flimmernde Fülle der Luft … zig kleine Partikelchen … es ist so wundervoll!

Ich lache und weine gleichzeitig, fasziniert von diesem fabelhaften Paradies! Eine so tiefe Freude und Ergriffenheit. Ich könnte laut meine Freude herausschreien, wenn es nicht so früh am Morgen wäre … möchte die Natur nicht aufschrecken … Ich lache wie eine Verrückte, gleichzeitig kullern heiße Tränen über meine Wangen …

Das sonderbare Lachen geht nach einigen Minuten über in einen lang anhaltenden herzhaften Freudenschrei, der irgendwoher aus den tiefsten Tiefen meiner Seele kommt … Ich juble der Gesamtheit „Natur“ ein lautes HALLO zu … komme mir ein wenig wie benebelt vor. Oder sage ich besser, wie betrunken? Trunken vor Freude torkle ich den taufrischen Waldweg in feinwürziger Morgenluft entlang. Liegt es daran, dass ich jetzt zwölf Tage nicht gelaufen bin oder mein Kreislauf noch auf ruhende Dunkelheit eingestellt ist? Keine Ahnung – es ist ein so unbeschreibliches Gefühl! Ein Teil in mir wundert sich darüber, was so in mir vorgeht …

Dieser lichte, reine, glasklare Farbenglanz ist schwer zu beschreiben. Wie grün und saftig und lebendig der Wald ist! Ich sehe durch diese Masse alles unscharf und gleichzeitig wirkt die gesamte Welt super gestochen scharf. Komme mir vor wie im Märchenwald. Das Zwitschern der Vögel klingt so jungfräulich rein und klar, es ist eine wahre Freude, ihnen zu lauschen …

Es ist, als ob die ganze Welt inzwischen gereinigt, gewaschen und mit einem neuen Anstrich versehen wurde, dazu übergossen mit zauberhaften Flimmer- und Leuchtmaterialien und alles vom Sonnenspottlicht angestrahlt.

Ich bewege mich durch die feine, durchsichtige, alles durchdringende Masse … sie ist überall, gleich einem unermesslich weiten Ozean. Ich schnappe nach Luft wie ein Fisch im Wasser. Die sonst so leer aussehende Luft ist voll lebendiger Fülle … ich atme die Masse ein, sie scheint mich zu versorgen. Ich weiß, ich könnte ohne sie nicht leben.

Die Stängel und Blüten der kleinen Pflanzen, ja, selbst die sonst so unscheinbaren Wiesengräser, sind von einem unvergleichlich glanzvollen Leuchtmittel umgeben. Deshalb erscheint die Welt so leuchtend! Ein in reinstem funkelnden Weiß fluoreszierender schmaler Saum um alle Pflanzen herum. Warum kann ich dieses Wunder erst jetzt sehen?

Holger hatte mich darauf vorbereitet und gesagt, dass dieses Sehen nur ein paar Stunden anhalte, dann würde es langsam wieder vergehen. Wie schade. Er meint, das hänge mit unseren Energien zusammen. Durch den Alltag und unsere Probleme würden unsere Sinne verdrecken, sodass wir solche und andere Wunder der Natur nicht mehr wahrnehmen können. Wir sehen es einfach nicht mehr, weil wir „zu" seien. In der Dunkelheit werde alles entkonditioniert und gereinigt und dadurch könne man wieder mehr sehen, hören, fühlen und wahrnehmen.

Von meiner ausgiebigen und genüsslichen Wanderung zurück, sehe ich Holger erwartungsvoll stehen. Auch er sieht ganz anders aus, als ich ihn in Erinnerung hatte – viel klarer, wie alles andere auch. Meinem freudigen inneren Fluss folgend, umarme ich ihn einfach und lasse ihn über schillernde ausführliche Beschreibungen an allen Erlebnissen teilhaben.

Meine wenigen Sachen waren schnell zusammengepackt. Am späten Vormittag fuhr ich los in Richtung Heimat und zwang mich, meinen Blick auf der leuchtend grauen Autobahn zu halten, um nicht von der Schönheit der Umgebung abgelenkt zu werden. Ich fühlte mich ausgeruht, erfrischt und sehr munter, obwohl ich schon lange vor Sonnenaufgang wach war. Mit dem Fasten wollte ich noch nicht aufhören, ich nahm nur frisch gebrühten Tee mit auf die Fahrt. Während und nach der siebenstündigen Fahrt spürte ich keinerlei Ermüdungsanzeichen, ich fuhr die ganze Strecke ohne Pause zügig durch – zurück in meinen Alltag, zu meiner Familie und meinen Freunden, die mich alle mit unzähligen Fragen überschütteten.

Die Zwischenzeit

Das Leuchten und die Klarheit der Farben und der Natur hielten einen vollen Tag an und auch drei Tage später war noch immer etwas davon erhalten, bis ich den „Leuchtstreifen“ um die Pflanzen herum nach einigen Tagen nicht mehr wahrnehmen konnte. Schade, aber in meinem Herzen habe ich diese Erfahrung, dass die Welt ein wahrhafter Zauber und strahlender Glanz ist, bewahrt. Ich sehe die Natur auch anderthalb Jahre später immer noch leuchtender und kräftiger als zuvor. Auf die Pflanzen, insbesondere Bäume, schaue ich seit meiner Begegnung mit den „lebenden Bäumen“ mit ganz anderen Augen – sie sind alle lebendige Wesen! Den Tieren begegne ich mit mehr Achtung als vorher. Ich sehe, weiß und spüre, dass das „Etwas“, das die Mücke, den Wal oder den Baum hervorbrachte und weiterhin formt und belebt, das gleiche „Etwas“ ist, das mich hervorbrachte und weiterhin formt und belebt.

Als ich nach Hause kam, stürmten die Alltagsgeräusche überlaut auf mich ein. Mein ganzes Energiesystem war binnen Sekunden völlig von den vielen Reizen überflutet und ich reagierte mit innerlichem Rückzug, völlig erstaunt und zugleich entsetzt darüber, dass ich all das vorher überhaupt nicht wahrgenommen hatte. Selbst wenn die Kinder aus ihrer Sicht ganz normal redeten, war es mir immer noch viel zu laut. Vor dem laufenden Fernseher erschrak ich regelrecht – ich fühlte mich von seiner Ausstrahlung so sehr umnebelt und verwirrt, dass ich mich nicht mehr in seiner Nähe aufhalten konnte und dies auch nicht wollte. Eine ähnliche Wirkung hatte das Radio auf mich, sodass ich seitdem sowohl auf Fernsehen als auch auf Radiohören verzichte.

Unseren Kindern begegnete ich nach der Dunkelzeit aus meinem Empfinden her weicher; ich hatte mehr Verständnis für ihr Denken und Fühlen, konnte sie leichter in ihren kindlichen Bedürfnissen wahrnehmen und als Mutter diese angemessener erfüllen. Es war mir möglich, die Kinder, wie auch andere Menschen, mit anderen Augen zu sehen. Insgesamt trat mehr Herzenergie und mehr Offenheit in meine zwischenmenschlichen Beziehungen – in allen Bereichen.

Vonseiten der Menschen in meinem Umfeld gab es großes Interesse an meinen Erfahrungen, auch später noch, wann immer ich jemandem davon berichtete. Doch die Frage „Wie war es denn?“ zu beantworten, fiel mir weitaus schwerer, als die Tage in Dunkelheit zu verbringen. So teilte ich einige Details mit, die mir gerade einfielen. Einerseits gab es einfach nicht viel zu sagen, andererseits fiel es mir schwer, über Inhalte zu reden, die für Außenstehende, so dachte ich, nicht nachvollziehbar sind. Ich wurde oft ungläubig gefragt „War das schon alles?", wenn ich nach zwei Minuten schon nichts mehr erzählen konnte, weil mein Kopf schlagartig leer und alle Erinnerungen wie erloschen schienen. Die Frage konnte ich, sprachlos schulterzuckend, stets nur verneinen. Vielleicht war es einfach so viel, dass mein Verstand im Gesprächsmoment überfordert war und auf die Schnelle keine passenden Worte für das tiefe Seelische fand.

[06/2011: Rückblickend erscheint es mir, als ob, ganz unbewusst, die Sprachlosigkeit dafür sorgte, dass die in mir behüteten Erlebnisse und Erfahrungen noch eine Zeit lang vertiefend nachwirken konnten. Jedes Erzählen hätte der im Schweigen verborgenen Kraft etwas weggenommen. Im Bewahren dessen konnte der in den Seelenerfahrungen berührte heilige Bereich mehr sein ihm innewohnendes Potenzial entfalten. Das brauchte ich, um all das verarbeiten und integrieren zu können, was in tieferen Ebenen, die ich zum Teil selbst noch nicht benennen oder erfassen konnte, in mir wirkte.]

Das Gefühl unbändiger Freude und Kraft stärkte mich noch einige Zeit, bis der ungelöste Alltag (meine damaligen Probleme) mich eingeholt und wieder mehr verschlossen hatte. Geblieben sind neben der Dankbarkeit für die Erfahrungen mehr innere Stärke, Sicherheit und vor allem Klarheit, was mir half, durch die Krise, in der ich damals steckte, mit mehr Vertrauen, Mut und Optimismus hindurchzugehen. Ich fühle mich gestärkt für mein ganzes Leben.

Allerdings möchte ich dieses positive Lebensgefühl nicht allein dem Dunkelaufenthalt zuschreiben. Ich hatte mir bereits eine gute Basis durch die Vorarbeit mit meiner Therapeutin erarbeitet. Die Dunkeltherapie hat den Heilungsprozess in wundervoller Weise unterstützt. Das Integrieren der Erlebnisse während der Dunkelzeit wurde durch meine Vertrautheit mit dem IH-Modell (S. 27) erleichtert und so gelang es mir im Laufe der Zeit, den Bedürfnissen meines *Inneren Kindes* immer besser gerecht werden zu können.

Der Wunsch nach einem längeren Dunkelretreat ist geblieben. Ich bin neugierig auf sieben Wochen Dunkelheit.

Kapitel 3 – Zweite Dunkeltherapie

1. Tag – Ängste und Zweifel

Ich habe mich wieder eingerichtet bei meinem Betreuer Holger und fühle mich, als sei ich nur einen Tag weg gewesen, nicht zwei Jahre. Alles ist vertraut, bis auf eine Ausnahme: Ich werde meinen Tee selbst kochen. Bei meinem ersten Dunkelretreat hatte ich das strikt abgelehnt, da ich mich nicht verbrühen wollte. Auch dieses Mal ist mir nicht wohl dabei, aber ich möchte es wenigstens versuchen. Fürs Erste koche ich noch bei Licht eine Kanne Tee und merke mir, wie der Wasserkocher beim Eingießen in das kleine Loch der Thermoskanne zu halten ist, damit nichts danebengeht.

Meine Fastenutensilien und persönlichen Sachen sind im Nu bereitgestellt und nach bewährter Ordnung in Zimmer und Bad verteilt. Nach einem letzten prüfenden Blick in den Raum schalte ich sicherheitshalber alle Sicherungen aus – für die nächsten 25 Tage!

Schon nach wenigen Minuten befällt mich eine innere Unruhe. Das bevorstehende alleinige Teekochen geistert mir seit dem Lichtlöschen durch den Kopf. Worauf habe ich mich da nur eingelassen? Das hat zur Folge, dass ich auch nur einmal am Tag Kontakt zu Holger haben werde. Am liebsten würde ich das Teekochen wieder an ihn abgegeben, damit er wenigstens zweimal täglich kommen muss, was auf eine gewisse Art und Weise beruhigend ist. Ich habe Angst vor dem, was auf mich zukommt, und je seltener der Kontakt zu Holger ist, umso größer ist meine Angst. Ein meinen Brustkorb einengendes Klammergefühl kommt auf, nach dem Motto: „Bitte, bitte, lass mich nicht so lange allein!“ Ich fühle mich klein dabei. So schnell geht das, nicht erwachsen zu sein. Zweifelnde und unterstellende Gedanken verschärfen das innere Szenario: „Kommt Holger wirklich täglich oder lässt er nicht mal einen Tag aus? Er kann mir ja viel erzählen, da ich keine Uhr habe. Vielleicht kommt er an einem Tag früh am Morgen und am nächsten erst spät abends, um mich in der Zeit zu verwirren?“ Mir wird bewusst, wie sehr ich auch bei dieser zweiten Dunkeltherapie gefordert bin, Vertrauen in diesen Mann aufzubringen. Da ich weiß, dass mein Vertrauensmangel nicht wirklich etwas mit Holger zu tun hat, sondern mit mir selbst, lasse ich mich nicht weiter darauf ein und konzentriere mich auf das JETZT. Ich nehme mir vor, alles auf mich zukommen zu lassen und meinen Fokus immer klar im JETZT zu halten und genau zu beobachten, was wirklich gerade IST. Auf die Art möchte ich es schaffen, mich nicht von Gedanken, Bildern, Träumen, Visionen, Lichtern etc. mitreißen zu lassen. Das beruhigt mich und ich lasse mich auf die stockfinstere Dunkelheit ein. Sie umhüllt mich wie eine alte Vertraute.

2. Tag – Das Phänomen „Seele“

Straßengeräusche zeigen den neuen Tag an. Ich habe geschlafen und fühle mich gut. In ruhiger Stimmung lasse ich die Dunkelheit einfach auf mich einwirken. Ich habe keinen Wunsch, zu meditieren, sondern genieße es, nichts zu tun. Diese Veränderung überrascht mich, da ich davon ausgegangen war, wieder so oft zu meditieren, wie bei der ersten Dunkeltherapie.

Irgendwann mache ich ein wenig Sport, obgleich ich keine Lust dazu verspüre. Ich tue es, weil ich meine, dass es dem völlig steifen Körper guttut. Ich schaffe es nicht, im Sitzen bei gerade gestreckten Beinen mit der rechten Hand die Zehen des linken Fußes zu berühren. Die Dehnungsübungen tun mir gut, ebenso die Fußreflexzonenmassage … ein wohliges Gefühl durchströmt mich.

In der ersten Tai-Chi-Übung laufe ich gut geerdet und stabil. Ich kann mein Gleichgewicht auch auf einem Bein gut halten und fange also nicht wieder ganz von vorn an. Das freut mich!

Teekochen im Dunkeln

Voller Erwartung und Neugier fülle ich den Wasserkocher und schalte ihn ein, um Wasser für meinen Tee zu kochen, doch er funktioniert nicht. Na klar, kein Strom! Am Sicherungskasten taste ich mich durch die vielen Hebel und schalte die Sicherungen wieder ein. Der spannendste Moment ist, das Wasser in die Thermoskanne zu gießen. Ich bin aufgeregt und habe Angst, mir dabei die Finger zu verbrühen. Mit der linken Hand fühle ich die Öffnung von Kocher und Kanne, bringe beide in dem Winkel zueinander, wie ich es mir im Probelauf gemerkt hatte, und gieße zögerlich in mehreren Etappen ein. Der langsam zu einem höheren Ton ansteigende Klang des einlaufenden Wassers signalisiert mir, wann die Kanne fast voll ist. Mein erster Tee ist fertig! Das funktioniert besser, als ich es mir vorstellen konnte.

[12/2005: Nicht ein einziges Mal verbrannte ich mir die Finger. Im Laufe der Zeit wurde ich immer sicherer beim Eingießen und orientierte mich nur noch am Geräusch des einlaufenden Wassers. Am Ende der Dunkelzeit war das Teekochen schon so vertraut geworden, dass es mir egal war, ob es dunkel oder hell dabei ist. Das Fühlen und vor allem das Hören ersetzte hier sehr gut die Augen.]

Warten auf Bilder und Filme

Ich meditiere, aber meine Gedanken gleiten immer wieder weg. Ständig ertappe ich mich dabei, wie ich an die Erfahrungen aus der ersten Dunkeltherapie, an Klienten oder die Ereignisse der letzten vier Wochen denke. Ich kann schlecht durchatmen, mein gesamter Oberbauch ist verspannt. Nach einer Weile kommen Kopf- und Nackenschmerzen dazu und ich beende die Meditation.

Ich bin müde und mir ist hundekalt. Es muss draußen sehr kalt sein, oder liegt es am Fasten, dass ich so friere? Schließlich folge ich meinem Impuls und krieche ins Bett. Ich zwinge mich nicht, aufzubleiben, um in der Nacht schlafen zu können, da es egal ist – es ist ohnehin immer dunkel. Im Bett meditiere ich und endlich spüre ich wohlige Wärme durch meinen klammen Körper strömen.

Zwei kleine Schlangen bewegen sich kreuz und quer in einem etwa fußballgroßen hellgelben Kreis vor mir. Sie sind dick wie kräftige Regenwürmer und etwa so lang wie mein kleiner Finger. Ich freue mich über das erste Bild … im gleichen Atemzug ist es verschwunden. Mir wird bewusst, dass ich auf Bilder und Filme, wie ich sie aus der ersten Dunkeltherapie kenne, warte.

Strömender Regen pladdert gleichmäßig und beruhigend an die Fensterscheibe … ich liebe dieses Geräusch! Ich fühle mich mittendrin, ohne nass zu werden – als ob die Hauswände fehlen.

Mittagessengeruch zieht in meine Nase, die jegliche Gerüche, gleich einer hochsensiblen Hundenase, prüfend aufgreift und in ihren Details zu analysieren sucht, was mich jedoch nicht im Geringsten stört.

Holger kam kurz vorbei und erkundigte sich, ob ich Salzwasser zum Abführen trinken möchte. Schon beim Gedanken daran wurde mir übel, daher lehnte ich dankend ab. Er fand es jedoch sehr wichtig und setzte zur Erklärung an, dass man das Fasten so beginne. Ich unterbrach ihn, weil mir das Wissen bekannt ist, und versicherte ihm, dass er im Grunde recht habe, sich aber alles in mir gegen die Einnahme sträube. Da er nicht locker ließ, schlug ich ihm einen Kompromiss vor: Er solle morgen früh kurz vorbeikommen, um zu hören, ob ich meine Meinung geändert habe. Außerdem sei ich voll verantwortlich für meinen Körper und trage alle Konsequenzen. Damit gab Holger sich zufrieden und ich hatte noch etwas Zeit, über die Salzwassereinnahme und meine Gefühle dabei nachzudenken.

Ich lasse diese Gedanken lange auf mich einwirken und komme zu dem Entschluss, dass es besser ist, den Darm so schnell wie möglich zu entleeren. Also werde ich morgen früh dieses „herrliche" Getränk zu mir nehmen, habe aber Bedenken, dass es gleich wieder oben statt unten herauskommt.

Gespräch mit Holger

Über Faulheit und Trägheit

Erstes Gespräch mit Holger. Ich berichte ihm von meiner Lustlosigkeit und dass ich mir ohne jeglichen Widerstand vollends gestatte, faul zu sein, und einfach alles beobachte, was in mir hochkommt.

H.: „Diese Faulheit ist das Schlüsselloch zum Nichtstun. Du kannst dich auch nicht groß dagegen wehren, weil es aus dir selbst kommt. Im Hellen kannst du mit bewussten Impulsen etwas anders machen, was du innerlich an sich nicht so tun würdest. Im Dunkeln jedoch, wo die Hilfsmittel der äußeren Welt wegfallen, kannst du nicht mehr so viel bewusst tun. Dein Inneres ist wie ein Fluss, der nach vorn treibt. Ein Fluss treibt nicht rückwärts. Oft wollen die Leute dem inneren Fluss, der ohnehin kommt, noch eins draufgeben. Das ist viel zu viel. In der Dunkelheit hören viele Leute auf zu meditieren oder andere Übungen zu machen, eben weil sie in jene Phase der sogenannten Faulheit kommen. Da gibt es nur eins: sich aufgeben und hingeben."

Ich erinnere ihn, dass Tai Chi, Yoga oder einfache Dehnübungen im ersten Dunkelretreat hilfreich waren, aus der Trägheit herauszukommen, die neben meinem Körper auch mein Bewusstsein erfasste. In diesem Dämmer- oder Schlafzustand sei ich weit weg von geistiger Klarheit und Wachheit.

Holger bestätigt, dass bei körperlicher Faulheit auch der Geist träge wird und Menschen dann oft leiden, weil aus den inneren Tiefen Inhalte aufsteigen, die mit Ablenkungen wie Körperbewegungen nicht hochkommen würden. Er meint aber, die Trägheit sei eine normale Durchgangsphase, die früher oder später von allein aufhöre. Ich solle wie ein Schiff mitfließen. Das gehe an einem kleinen Fluss los, der dann zum Strom und schließlich zum Meer werde. Dennoch sei es gut, wenn ich mich einfühle und dann entscheide, ob ich Körperübungen mache oder nicht. Mit dem Körper könne man empfinden, mit der Seele fühlen und mit dem Geist das Sein wahrnehmen. Oft würde man sich auch vom Gefühls- oder Seelenwahrnehmen überrollen lassen, in das man ja in der Dunkelheit hineingetrieben werde, und dann darin gefangen bleiben. Es sei daher gut, sich ab und zu an die Seins-Wahrnehmung zu erinnern und von dort aus zu schauen.

S.: „Meinst Du mit Seins-Wahrnehmung den neutralen Beobachter?"

H.: „Ja, der neutrale Beobachter, der ohne Gefühle eine Situation betrachtet. Der Seelenbeobachter ist auch wichtig, sehr subjektiv und produzierend – davon kann man einiges lernen, deshalb würde ich dort auch immer mit hinschauen, um diesen Bereich kennenzulernen. Gute Psychologen kennen auch die Seelenenergie."

Über die Seele und Geistwahrnehmung

Ich frage Holger, ob er die Gedanken der Seele zuordne.

H.: „Alle Gedanken und alle Gefühle sind die Seele. Man kann das nicht so scharf gegeneinander abgrenzen, das ist ein Kontinuum vom einfachen – zum tiefen – zum kosmischen, göttlichen Gefühl bis hin zur reinen Geistwahrnehmung. Am Anfang hast du eine starke Identifikation mit dir selbst: ‚Ich, ich, ich, ich fühle, ich denke, ich bin der Ansicht, ich spüre, ich bin klug, ich habe eine tolle Idee.' Das nimmt dann mit der Zeit ab. Auch das Gefühl ‚Ich bin mein Körper' tritt dann zurück. Wenn du ehrlich bist und genau guckst, dann siehst du, dass du alle drei zur gleichen Zeit bist. Du musst keine Geistwahrnehmung erreichen, weil du sie bereits hast. Wenn du noch genauer hinguckst, siehst du, dass *nur* die Geistwahrnehmung da ist und sonst gar nichts."

S.: „Alles in mir redet durcheinander. Eine Flut von Erinnerungen an vergangene Ereignisse kommt pausenlos an die Oberfläche."

Holger meint, hier helfe die Meditation weiter, wie ich es ja schon mache. Alle spirituellen Techniken würden mit der Ruhigstellung des Körpers und der Seele arbeiten.

Über das Mädchen aus der ersten Dunkeltherapie

S.: „Ich mache mir Gedanken über das Mädchen aus der ersten Dunkeltherapie, die ich klar und deutlich außerhalb von mir gesehen habe. Existiert sie nun wirklich oder war sie doch nur meine Projektion? Wenn sie wirklich existiert, macht mir das Angst und ich verstehe es nicht. Das Sein ist letzten Endes doch reine göttliche Schöpferkraft, es gibt im tiefsten Grunde doch nichts anderes. Wer oder was war das Mädchen dann? Sie war nicht so manifest wie ein normaler Mensch. Wo oder wie kann ich sie zuordnen? Ich zerbreche mir darüber den Kopf und kann das Rätsel nicht lösen. Wenn ich mir vorstelle, dass sie ein Geist war, löst das bei mir ein tiefes Erschrecken und Panik aus. Weitere ähnliche Erfahrungen will ich auf keinen Fall."

(01/2016: Mir waren der Schöpfungsprozess an sich und die verschiedenen Bewusstseinsebenen nicht bewusst, daher konnte ich die „Bewusstseinslandkarte" einfach nicht zu einem schlüssigen Ganzen zusammensetzen und das Mädchen nirgendwo einordnen. Das Unbekannte machte große Angst. Die Verwirrung über die Ebenen zeigt sich noch an mehreren Stellen – ich habe diese jedoch nicht weiter gekennzeichnet.)

H.: „Wir auf der Erde meinen ja, wir existieren. Nehmen wir einmal an, ich weiß es nicht, das Mädchen ist aus dem Jenseits, dann meint sie auch, sie existiert. Die ganzen Toten meinen, sie existieren."

S.: „Wenn es im Grunde nur reine Schöpferkraft gibt, dann gibt es das ja auch nicht – dann gibt es weder das Diesseits noch das Jenseits.“

H.: „Das ist doch ganz einfach. Dich und mich gibt es nur so lange, wie wir beide einen Körper haben. Wenn wir tot sind, gibt es uns nur noch reduziert als Seelenwesen ohne Körper. Woraus bestehen die Seelenwesen? Aus Energie – und die drückt sich über Gefühle und Gedanken aus.“

Gedanken über Gefühle

S.: „Gefühle entstehen durch Gedanken *(und umgekehrt, sie bedingen einander)*, die ich mir mache oder die ich habe, und ich fühle sie im Körper. Also gehören die Gefühle zum Körper, könnte man sagen – doch da gibt es einen Widerspruch. Die Gefühle können gar nicht zum Körper gehören, denn in der ersten Dunkeltherapie habe ich die Erfahrung gemacht, dass, vom neutralen Beobachter aus betrachtet, der Körper ohne ‚meine' Gedanken überhaupt nichts fühlt. Die sexuellen Gefühle z. B. verschwinden schlagartig bzw. kommen erst gar nicht auf – der Körper ist dann wie eine leere Hülle. Wohin gehören in der Dreiteilung ‚Körper-Geist-Seele' die Gefühle? Du sagst ja, die Seelenenergie drücke sich über Gefühle und Gedanken aus. Also gehören die Gefühle zur Seele. Aber ich fühle sie doch im und durch den Körper und gleichzeitig weiß ich, dass sie nicht im Körper sind. Das verstehe ich nicht. Wohin gehören sie?“

H.: „Die normale europäische Wissenschaft sagt: ins Gehirn. Ich sage, und das ist natürlich völlig antieuropäisch und antiwissenschaftlich, dass die Gefühle nicht zum Körper gehören, sondern zu unserer Seele.“

S.: „Weil die Gedanken die Gefühle auslösen?“

[01/2016: Aus heutiger Sicht macht es mir Sinn, aus Verständnisgründen die Seelenebene in einen persönlichen und einen überpersönlichen oder transpersonalen Bereich zu unterteilen, wobei beides ineinander übergeht. Die Gefühle und Gedanken, um die es im oberen Abschnitt geht, würde ich dem Individuum, also dem persönlichen Bereich der Seele, zuordnen. Bezogen auf die drei Bereiche Körper, Geist und Seele definiere ich Geist heute als Verstand (Denken, Vorstellungen, Erinnerungen) und Gefühle, also den persönlichen Anteil der Seele, während ich unter Seele den unpersönlichen Bereich – jenseits des Denkens und Fühlens der Person – verstehe. Ich bin noch immer am Weitererforschen der subtilen höheren Welten.]

Wer bin ich?

H.: „Das ist ein anderes Thema – wer was auslöst. Was sind Gedanken, was Gefühle? Die erste große Frage ist: Wer bin ich? Bin ich mein linker großer Zeh? Bin ich nicht. Bin ich mein Ohr, Haar, Auge …? Nein. Alle Gliedmaßen und Körperteile kann ich wegschneiden, bin ich nicht – also: Wer bin ich? Wo bin ich? Wenn du im Auto sitzt, würdest du auch nicht sagen: ‚Ich bin das Auto.' Aber die Europäer behaupten: ‚Ich bin mein Körper', übersetzt heißt das: ‚Ich bin das Auto.' Es ist eine einmalige Sache in der Geschichte, dass so etwas in einer Kultur behauptet wird. Alle wussten: Die Seele sitzt nur im Körper, genauso wie du nur im Auto sitzt, aber du bist weder der Körper noch das Auto. Die Seele lebt im Körper – vorübergehend. Wenn eine Kultur keine Logik hat, dann mit Sicherheit die westlich-europäische Kultur mit der Begründung der sogenannten Wissenschaft. Unsere Bauernbevölkerung hier im Schwarzwald wusste vor 500 Jahren: ‚Unsere Seele ist im Körper und wenn wir sterben, geht die Seele raus.' Jedem war das bekannt und jeder hat das klar verstanden. Aber heute versteht das keiner mehr. Daran siehst du, wie wichtig Kultur ist. Die Gesamtkultur will dem Einzelindividuum helfen – und das Gegenteil ist der Fall: Es hilft uns nicht."

Kulturanzug

S.: „Alle Menschen sind gefangen in ihrer Kultur, egal, wohin ich schaue, weltweit gibt es immer etwas, innerhalb dessen die Menschen gefangen sind. Gefangene des eigenen Glaubens, der eigenen Riten, der selbst aufgestellten Regeln und Gesetze innerhalb der Gruppe, des Stammes, des Landes."

H.: „Ja, sie sind auch gefangen, aber die Theorie ist eben richtig. Die haben das umgekehrte Problem – sie denken dauernd an Geister. Wenn du Balinesin wärst und ein seelisches Problem hättest, würdest du nicht sagen, dass du ein Problem hast, sondern dass ein Geist dich beeinflusst und dieser das Problem ist. Das ist natürlich auch eine Verfangenheit in der Kultur. Denn aller Wahrscheinlichkeit nach ist es kein Geist, sondern du hast Probleme. Rein theoretisch gesehen, ist die Balinesische Kultur weiter entwickelt, der theoretische Ansatz richtiger, was aber nicht heißt, dass die Leute dort auch richtiger handeln. Auch sie sind an Vorstellungen und Gesetze gebunden, die ihnen in der Kindheit von außen aufgeprägt werden. Aber damit es echt und wirklich wird, muss alles selbst entwickelt und erfahren werden. Auch die Balinesen machen es ihren Eltern und den anderen Vorfahren nur nach. Also kann man sagen: Ein jeder Mensch hat die Kultur als Anzug an und die muss er zunächst auch so lassen, er kann spielerisch mitspielen, aber innerlich muss er kulturfrei werden."

Über die Innen- und Außenwelt

S.: „Ja, da stimme ich dir voll zu. Aber wir sind von dem Mädchen abgekommen und ich möchte darauf noch einmal zurückzukommen, denn das ist mir noch nicht klar. Ich gehe davon aus, dass mir nur das begegnet, was auf irgendeine Art und Weise mit mir zu tun hat. Auf der inneren Bildfläche erscheint alles, was ich mir wünsche, aber auch alles das, was ich nicht haben will, worunter ich gelitten habe und deshalb weit wegschiebe. Alle Götter, Dämonen, schönen oder schrecklichen Fantasien usw., alles, was ich in der Dunkelheit fühle und sehe, hat mit mir zu tun und wirkt sich sofort auf den Körper aus. Ebenso hat alles, was mir in der Außenwelt begegnet, mit mir zu tun. Daher ist es so irritierend, weil ich das klare Gefühl hatte, dass das Mädchen mit mir nichts zu tun hat, dass sie unabhängig von mir existiert und keine Projektion ist. Das macht mir Angst, denn wenn sie unabhängig von mir existiert, dann könnten auch andere – schreckliche – Wesen unabhängig von mir existieren. Das Mädchen war ja zum Glück nicht schrecklich. Ich weiß es einfach nicht."

Materielles und energetisches Universum

H.: „Ich auch nicht. Aber wenn man den gesamten Bereich des Seelen- oder Totenreichs untersucht, dann ist der so gigantisch wie unsere materielle Welt, unser Universum. Das energetische Universum ist wie sein materielles Spiegelbild genauso unendlich und unfassbar für uns. Welche Art von Spezies lebt dort? Wer weiß heute, wo im unfassbaren Universum es noch Leben gibt und wie dieses Leben aussieht? Alles, was im materiellen Universum existiert, gibt es auch im energetischen Universum. Die alten Kulturen beschreiben, welche Art von Spezies es im Seelenreich gibt oder auf den verschiedenen Planeten im Universum. Jeder Planet wird von anderen Wesen besiedelt."

S.: „Die Erde an sich ist ein lebendiges Wesen."

H.: „Ja, dann gibt es Galaxiewesen usw., ein weites Feld."

Über außerkörperliche Erfahrungen

S.: „Es gibt das Phänomen der außerkörperlichen Erfahrung. Wenn ich im Seelenreich bin, begegne ich da nur dem, was ich mir vorstelle oder was ich, bewusst oder unbewusst, denke? Begegne ich also nur meiner eigenen Hölle oder meinem eigenen Himmel? Oder begegne ich auch anderen Wesen, die nichts mit mir zu tun haben, die unabhängig von mir existieren?"

H.: „Die Seele kann den Körper verlassen. Der Körper ist eine Hülle, das Herz schlägt nicht, du bist tot."

S.: „Kann die Seele auch zurück und der Körper wird wieder lebendig?"

H.: „In besonderen Fällen, z. B. bei der Reanimation oder aus anderen Gründen, kommt die Seele wieder zurück. Das ist die eine Version. Die zweite Version ist eine Teilexteriorisation, d. h. dass die Seele nur ein kleines bisschen, vielleicht ein oder zwei Zentimeter, aus dem Körper herausgeht oder nur ein Teil, z. B. der Seelenarm oder das -bein, den Körper verlässt. Die Seele ist ein direktes plasmatisches Spiegelbild des materiellen Körpers. Wenn z. B. nur der linke Arm oder die linke Hand herausgeht, kannst du damit paranormale Dinge erzeugen. Das geht jedoch nicht mit dem materiellen Arm oder der materiellen Hand, sondern nur mit dem plasmatischen bzw. energetischen Anteil. Bei der dritten Möglichkeit bleibt die Seele im Körper. Da auch im Körper die Seele unabhängig ist vom Körper, nur mit dem Herzen ein bisschen verbunden, kannst du auch so eine Schau in das Seelenreich, das Totenreich, erreichen, obwohl die Seele voll und ganz im Körper bleibt. Das ist der häufigste Fall. Das sind die drei Stufen, die nicht verwechselt werden dürfen."

S.: „Wie ist das mit den Yogis, die über Wochen den Körper verlassen, während ihre Schüler den zurückbleibenden Körper bewachen. Hältst du das für möglich?"

H.: „Ich weiß es nicht. Es gibt aber Berichte, wo Menschen schon mehrere Tage tot waren, dann verbrannt oder beerdigt werden sollten, die Seele aber zurückkehrte. Platon schildert einen solchen Fall, wo ein Mann zwölf Tage, glaube ich, tot war. Scheinbar kann man auch länger tot sein als nur ein bis drei Minuten wie bei den Kurz-Nahtoderfahrungen. Man hört immer wieder solche Berichte über Menschen, die länger tot waren und dann weiterleben. Es gibt noch andere Phänomene, z. B. dass der

Mensch definitiv tot ist, der Körper aber nicht verwest, weil das Herz noch warm ist. Scheinbar hält da die Seele aus irgendeinem Grund noch Kontakt zum Körper. Du bist ja erst de facto tot, wenn die Seelenschnur zwischen Seelenkörper und Herz durchtrennt ist."

Über Komapatienten und seelische Nabelschnur

S.: „Fallen hierunter auch die Komapatienten? Sie sind ja auch seelisch nicht oder wenig anwesend. Ich hatte die Möglichkeit, einen Komapatienten mit Akupunktur zu behandeln. Am Anfang hat er überhaupt nicht reagiert beim Nadeln-Setzen. Wir haben in Abständen von drei bis fünf Monaten je zehn Akupunktursitzungen durchgeführt. Als ich ihn zwei Jahre später wiedersah, reagierte er deutlich mit Schmerzsignalen, während ich die Nadeln setzte. Er verzog das Gesicht, sah zornig aus und drehte den Kopf weg von mir. Als ob er wütend war – das waren eindeutige Reaktionen auf den Nadelreiz."

H.: „Das wäre auch eine interessante Forschung. Es gibt zwei Möglichkeiten. Entweder verlässt seine Seele den Körper – dann ist sie in der Seelendimension. Und da kommt es wieder darauf an, ob die Seele nah oder weit weg vom Körper ist. Oder die zweite Möglichkeit: Die Seele ist noch voll im Körper drinnen. Dann kann sie durch die Trübheit, die Bewegungslosigkeit des Körpers bzw. durch die Zerstörung des Gehirns, wenn das der Fall ist, einfach nicht mehr in unsere Alltagsrealität durchdringen. Das ist der furchtbarste Zustand, den es gibt. Die Seele ist gefangen im Körper, kann sich aber nicht mehr äußern und sie ist auch nicht frei in Bezug auf die Nachbardimension, denn dort kommt sie auch nicht hin. Diese Leute sind wirklich gefangen zwischen zwei Zuständen: Im Körper können sie nichts mehr machen, obwohl sie drin sind. Und weil sie im Körper sind, können sie auch nicht ins Seelenreich und sich frei entfalten. Je weiter die Seele weg ist vom Körper, desto weniger Identifikation mit diesem hat sie."

S.: „Theoretisch dürfte seine Seele doch nicht außerhalb vom Körper sein, denn dann wäre er doch tot?"

H.: „Nein. Jede Nacht geht die Seele aus dem Körper. Die Seele kann außerhalb vom Körper sein, aber solange das Band zwischen Körper und Seele nicht zerrissen ist, lebst du. Dieses Band geht ins Herz. Deshalb wird zuerst, wenn ein Fötus entsteht, das Herz entwickelt. Das Herz ist unser Zentrum, nicht unser Gehirn. Eine feinstoffliche Schnur oder viele feine

Fäden gehen vom Seelenkörper zum materiellen Herzen. Erst wenn diese immaterielle Nabelschnur zerschnitten wird, bist du tot. Die immaterielle Nabelschnur muss nicht nur von Nabel zu Nabel gehen. Manche Leute haben hundert Fäden vom immateriellen zum materiellen Leib. Die Fäden sind hauchdünn und zart, wie Spinnweben, andere sind wie eine normale Nabelschnur. Manche haben eine Nabelschnur vom materiellen zum immateriellen Gehirn. Da gibt es verschiedene Versionen, aber immer ist eine Verbindung da und erst wenn die gekappt ist, sind wir tot und die Seele kann nicht zurück."

S.: „Wie können dann außerkörperliche Reisen möglich sein?"

H.: „Die Verbindung wird immer dünner und der Kontakt zum Körper nimmt umso mehr ab, je weiter ich weg bin vom Körper – bis die kritische Situation eintritt, wo man fast meint, der Kontakt reißt ganz ab. Es gibt auch das Phänomen, plötzlich zurückgezogen zu werden – wie eine elastische Nabelschnur, die einen wie ein Gummiband zurückzieht in den Körper. Wenn du z. B. auf Seelenreisen bist und ich komme und stoße dich ein wenig an, dann bekommt der Körper einen Schreck, der sich über die Nabelschnur auf den Seelenkörper überträgt, und dann wirst du automatisch zurückgezogen. Tod kann man also definieren: Die seelische Nabelschnur wird zerschnitten."

S.: „Beim Tod des Yogis Yogananda gab es das Phänomen, dass er nach seinem Tod nicht verweste. Er soll seinen Körper bewusst verlassen haben."

H.: „Ja, es gibt das Phänomen der langsamen oder späten Verwesung bei all denen, die ihren Körper bewusst verlassen. Yogananda hat, als er außerhalb seines Körpers war, bewusst die Seele vom Körper gelöst, indem er die Nabelschnur durchtrennt hat. Aber wir verlassen ja alle jede Nacht unseren Körper, um uns zu regenerieren, nur erinnern wir uns nicht daran."

Im Tiefschlaf den Körper verlassen

S.: „Wenn wir es nicht erinnern, woher weiß ich oder weißt du das dann?"

H.: „Der einzige Beweis, den ich bringen kann, ist der, dass, wenn im Experiment der Tiefschlaf nicht zugelassen wird, der Mensch dann bald stirbt. Das ist bekannt aus der Traumforschung. Wird die Traumphase nicht zugelassen, dann stirbt er nicht unbedingt, aber er wird psychotisch,

d. h. er sieht das, was er sonst im Traum sieht, im Alltag und er kann Alltag und Traumrealität nicht auseinander halten. Wenn du so weit in der Psychose bist, dann hilft auch die Regenerationsphase nichts mehr. Also wir brauchen die Traumphase und wir brauchen den Tiefschlaf. Man weiß nicht wirklich, was in der Tiefschlafphase geschieht. Da ist eine Flatline im EEG, aber bei genauerem Hinsehen sieht man, dass doch noch eine Aktivität am tiefsten Punkt dieser flachen EEG-Linie da ist. Es kann sein, dass die Forscher eines Tages rausbekommen, dass die Seele am tiefsten Punkt der flachen EEG-Linie den Körper verlässt. Es ist eine Theorie oder Vermutung von mir, dass die Seele in der Nacht unseren Körper in der Tiefschlafphase verlässt. Es gibt noch keinen Nachweis oder Beweis dafür, aber die Seele muss den Körper verlassen, um in dieser Wirklichkeit wach zu bleiben. Alle körperlichen und psychologischen Zustände – Erschöpfung, Müdigkeit usw. – sind darauf zurückzuführen, dass deine Seele nicht oder nicht lange genug im Jenseits war, um sich dort zu erholen. Seelenreisende haben beschrieben, wie bei schlafenden Menschen in den Städten nachts die Seelen aus den Körpern steigen und dann im Seelenreich sind. Ich habe mein Wissen also von den Beschreibungen der Leute, die selbst im Seelenreich waren und gleichzeitig beobachtet haben, wie von ihren Nachbarn die Seele den Körper verlassen hat. Ob das nun im Tiefschlaf war oder nicht, weiß ich nicht, das ist meine These. Wenn die Seele nicht ab und an in ihre Heimat geht, um sich zu erholen, kann sie die Sache hier auf Erden nicht durchhalten, weil sie eingesperrt ist in einen Körper, eingesperrt in eine dreidimensionale kausale Welt, und davon muss sie sich ab und an erholen."

Müdigkeit durch Energieverlust – „Retten"

S.: „Ergänzen würde ich gern, dass Menschen auch müde werden, wenn sie unbewusst viel Energie an andere Leute, denen sie es recht machen wollen, abgeben. Sie trauen und muten den anderen nicht zu, ihre Probleme selbst zu lösen, können sich nicht abgrenzen und nicht ‚Nein' sagen, wollen immer trösten und andere aufbauen. Dabei fließt ständig die eigene Energie weg zu anderen Menschen, die nicht so gut drauf sind. Diese ‚Retter' sind wie Selbstbedienungsläden und Mülleimer, wo andere Menschen ihren seelischen Kummer abkippen und Energie ‚kostenlos' mitnehmen können. Der ‚Retter' fühlt sich in seiner Rolle scheinbar wohl und bietet sich – meist unbewusst – auch als Mülleimer an. Diese und andere Prozesse haben einen hohen Preis. Die eigene Energie geht verloren, sodass solch ein Mensch nach einigen Jahren total fertig, ausgelaugt und oft auch krank ist. Aber auch Gedankenprozesse, die ständig im Kopf ablaufen, kosten Energie, v. a. Grübeleien. Im Gegensatz dazu ist eine Meditation, bei der es gelingt, für eine Weile in Tiefen abzutauchen, wo keine Gedanken mehr auftreten, total erholsam. Das ist körperlich deutlich zu spüren – es fühlt sich wacher und kraftvoller an."

H.: „Ja, wenn nicht viele Gedanken da sind, wird weniger Energie verbraucht. Also kann man sagen: Gefühle, Gedanken und Körperbewegungen verbrauchen viel Energie. Bei der Meditation kommt es zur Ruhigstellung von Körper- und Seelenaktivität und dadurch kann ich zum reinen Geist gelangen, wo aufgetankt werden kann."

S.: „Ja. Zum Auftanken gehört meines Erachtens auch, alte, eingeprägte Muster zu erkennen und wieder loszulassen. Über das Loslassen wird die Energie, die in den Mustern gebunden war, wieder freigesetzt. Kleine Kinder sind noch ganz natürlich, offen und voller Energie. Mit zunehmendem Alter verschließen sie sich, um ab einem bestimmten Erwachsenenalter wieder zu ihrem authentischen Selbst zurückkehren zu wollen, was allerdings oft viel Arbeit und ein harter Weg ist."

[03/2010: Viele Menschen schrecken vor diesem Weg zurück, weil es oft bedeutet, das gesamte Weltbild und die Komfortzone, in der das Leben mittlerweile eingerichtet wurde, zu verändern bzw. zu verlassen. Das löst Angst aus, weil die alten Sicherheiten aus der Kindheit dabei aufgegeben werden müssen. Wird die Bequemlichkeitszone, in der die Energieflüsse auch blockiert sind, jedoch verlassen, bringt das meiner Erfahrung nach Energie zurück und es fühlt sich sehr befreiend an.]

H.: „Die ganze Kindheitsforschung ist hochinteressant. Kinder leben in einer seelisch-geistigen Welt. Dann sind sie 30 oder 40 Jahre alt und wollen meditieren und ihr Ich verlieren. Das ist absurd. Vorher hatten sie es, aber da mussten sie ja erst mal lernen: ‚Ich bin ich; ich sitze hier, ich bin nicht woanders …' Das sitzt dann so tief, dieses ‚Ich bin ich', dass es nicht so schnell wieder losgelassen werden kann."

S.: „Ja, wir bekommen es so gelehrt von der gesamten Gesellschaft."

H.: „Nein, weil wir in der Materie von Raum und Zeit sind. In der Materie muss ich sagen können: Ich bin hier, im zweiten Stock diesen oder jenen Hauses in Deutschland. Wenn ich das nicht sagen kann, sondern sage, ich bin gerade in New York, dann wird es kritisch. Die Verständigung untereinander wäre nicht möglich. Im Jenseits gibt es ein anderes Problem:

Was da gedacht wird, setzt sich sofort real um. Ich sitze quasi im Nichts, denke an meinen Vater und zack, stehe ich vor ihm. Ich denke, ich bin in der Hölle, und schon bin ich da. Wenn ich denke, es gibt Götter, sitze ich sofort mit allen Göttern zusammen in der Runde. Wovon wir gerade reden, ist die Vielfalt der Seelenprojektionen. Das Seelenreich ist genauso mannigfaltig wie die materielle Welt. Sogar noch mannigfaltiger – hier habe ich ein Haus, im Seelenreich kann ich mir 15 Häuser kreieren. Es kann aber auch die Hölle sein, denn alles, was du denkst, setzt sich ja sofort um."

S.: „Hat das alles mit dem EINEN oder dem SEIN zu tun? Das ist meines Erachtens ein anderer Bereich als der Seelenbereich."

[11/2007: Da das EINE ***alles*** *hervorbringt, ist der Seelenbereich im EINEN enthalten, genau wie die Materie. Ich hatte es in mir in verschiedene Bereiche aufgeteilt, aber vergessen, sie wieder zu EINEM zusammenzufügen, bzw. vergessen, dass das EINE ja alles beinhaltet. Das brachte mich lange Zeit immer wieder in Verständnisschwierigkeiten, Verwirrungen und Widersprüche.]*

Das Nichts und das Etwas

H.: „Das Nichts ist das Etwas und das Etwas ist das Nichts. Schau da mal genauer rein hier in der Dunkelheit."

S.: „Ich habe in der ersten Dunkeltherapie die Erfahrung gemacht, dass Leere zugleich Fülle und Fülle zugleich Leere ist, indem ich die Leere, die ich sonst als leer wahrnahm, als voll erfuhr."

H.: „Ja. Also kann man sagen, Spiritualität heißt, das Nichts und Etwas ganztägig und dauernd zu sehen. Dass **Alles da** ist und **alles Nichts** ist. Es muss zu einer Gewohnheit werden, dass man dies immer öfter erkennt, selbst wenn man Not leidend ist oder es einem körperlich schlecht geht. Das Nichts und das Etwas ist im Grunde immer da, nur merken wir es nicht. Wir müssen es nicht erzeugen. Es ist viel einfacher, als wir denken. Nur mal so hinschauen, das Nichts ist da und das Etwas auch. Also öfter spüren, öfter wahrnehmen. Ist nicht so einfach, aber je mehr du übst, umso mehr ist es da. Das ist das Ziel der Spiritualität."

Holger riet mir, erstens das Nichts zu fühlen, zweitens das Nichts als Etwas zu fühlen und drittens das Etwas als Nichts zu fühlen. Nichts und Etwas seien zwei Worte für die gleiche Sache. „Stelle dir vor, das Nichts wäre das Nichts und das Etwas wäre das Etwas. ‚Etwas wäre das Etwas' hieße ‚totaler Materialismus'. ‚Nichts wäre das Nichts' hieße ‚totaler Nihilismus'. Beides falsch. In diesem Sinne verschwinde ich jetzt ins Nichts."

Ich biege mich vor Lachen über seine Abschiedsworte und kann mich lange nicht beruhigen.

Heute wurde ich mit einem Thema konfrontiert, über das ich schon öfter nachgedacht hatte. Wie kriegt eine blinde Frau mit, dass sie ihre Regel bekommen hat, und woher weiß sie, dass es zu Ende ist? *Aus eigener Erfahrung kann ich im Nachhinein sagen: Es ist zu spüren, sowohl der Anfang als auch das Ende.*

Bei der Meditation ist der Bauch etwas angespannt und mein Schwerpunkt liegt noch oben, innerhalb der Gedankenschicht. Dennoch fließt die Atmung in ausgedehnten ruhevertiefenden Zügen in die Weite des Beckens hinunter.

Ich gehe baden und danach ins Bett und habe in der Nacht zum Sonntag zwei interessante Träume.

Traum „Überschwemmung und Seerosenblüte"

Eine Klientin, gerade frisch verliebt, kam, ein Geschenk bei sich tragend, zur Sitzung, weil sie krank war und sich unwohl fühlte. Ich schickte sie nach Hause, sie vergaß jedoch das Präsent bei mir. Um mich zu vergewissern, dass nichts darin war, was dringend versorgt werden müsste, zum Beispiel ein Tier, schaute ich in die Tüte. Es war kein Tier, sondern eine abgeschnittene weiße Seerosenblüte (oder Lotusblüte). Kurz bevor die Klientin kam, hatte ich begonnen, in meiner Wohnung die Blumen zu gießen, wobei aus dem Übertopf der ersten Pflanze das Wasser überquoll und nicht mehr aufhörte zu fließen. Ich hielt diesen Blumentopf über die anderen Pflanzen, bis alle mit Wasser versorgt waren. Da die Quelle nicht aufhörte zu fließen, entstand um die Töpfe herum eine großflächige Überschwemmung, in die ich die Blüte hineinlegte, um sie frisch zu halten, bis die Klientin sie sich abholt. Es sah aus, als schwimme sie auf einem See.

Holger meinte dazu in der Abendsitzung: „Du lässt dir eine weiße Seerosenblüte da, sprich die Blüte bist du. Du bist jetzt im Zustand der Seerose, in weiß, den du dir erhalten willst, folglich legst du sie ins Wasser. Wasser ist das Seelische. Beim Blumengießen stellt sich heraus, dass mehr Wasser da ist, als du denkst. Schließlich hast du einen Teich im Zimmer, so viel Seele ist da. Genug Platz für vielleicht das höhere Seelische in Gestalt der Seerose. Die Seerose ist die Inkarnation des höheren Seelischen. Das ist kein Traum, sondern eine Zustandsbeschreibung deiner Seele. Höhere und normale Seele finden sich als Wasser und Seerose. Ein gewaltiges, trickreiches Bild.“

Traum „Parken auf einer Anhöhe“

Ich bin mit einem meiner Söhne im Auto, fahre auf einen Hof, steige aus und prüfe, ob auf der kleinen Anhöhe, auf der ich parken möchte, die Holzlatten gerade liegen, die als Richtspur zum Einparken dienen. Da sie etwas schief liegen, schiebe ich Latten gerade, gehe zum Auto zurück und fahre die Anhöhe hoch, bekomme jedoch die Einfahrt nicht richtig, da die Hölzer doch noch (oder wieder) schief liegen, wie ich erst unmittelbar bevor sehe. Ich halte auf der Schräge an, steige aus und beginne, die unhandlich langen Holzstangen parallel zueinander auszurichten, um einparken zu können. Mein Versuch schlägt jedoch fehl, alles verschiebt sich noch mehr, sodass ein Einparken jetzt unmöglich ist. Ich fahre das Auto herunter, laufe die Anhöhe wieder hoch und rücke die Latten gerade. Dabei fällt ein großer, an den Seitenrändern der Anhöhe befindlicher Holzstapel um. Während ich das Holz wieder aufstapele, kommt ein Mann, mit einer Taschenlampe die Umgebung ableuchtend. Angst packt mich. Ich lege mich leise hinter den Holzstapel, sodass das Licht der Taschenlampe über mich hinweggeht, ohne dass ich gesehen werde. Offensichtlich darf ich hier nicht parken. Der Mann geht auf das Auto zu und hält direkt davor an. Mein 13-jähriger Sohn ist in Gefahr! Mir fällt ein, dass im Auto noch der Schlüssel steckt. Ich habe Angst, dass der Mann mit dem Auto und meinem Sohn darin wegfährt. Ich checke in Windeseile die Möglichkeiten ab, was ich tun kann und entscheide mich, um meinen Sohn und das Auto zu schützen, mich der Situation zu stellen und zu dem Mann hinunterzugehen. In dem Moment werde ich wach und sehe zur gleichen Zeit ein helles Licht, in welchem in voller Größe mein Körper als Skelett erscheint. Obwohl es etwas verwaschen aussieht, kann ich dennoch alles deutlich erkennen.

In der Abendsitzung haben wir folgenden Austausch über diesen Traum:

H.: „Skelett heißt, du verlierst dein Ich, gewissermaßen ein Ich-Tod. Du wirst das, was du in Wahrheit bist, und das ist als Skelett dargestellt. Ein Ich-Tod, aber auch eine Neugeburt in eine höhere, in deine wirkliche

Seins-Ebene. Die Angst hat dich gezwungen, dein wahres Wesen, sprich Skelett, zu erkennen; sie ist der Mechanismus zu höherer Erkenntnis. Die Dunkelheit kann eine Anspielung sein auf die Dunkelheit hier."

S.: „Der Mann ist vielleicht ein Teil in mir, der mir immer noch große Angst macht, sodass ich mich vor ihm verstecke. Aber da mein Sohn und mein Auto in Gefahr waren, überwinde ich die Angst und stelle mich ihr, indem ich klar bereit bin, zu dem Mann hinunterzugehen."

H.: „Und genau in dem Moment kam das Skelett. Es war eine Mutprobe, zu zeigen, dass du allein fertig wirst mit dem Höhepunkt, sprich mit der Skeletterfahrung, und dich von Hindernissen nicht kleinkriegen lässt – weder von dem Nachtwächter noch davon, dass du nicht einparken kannst."

S.: „Wäre der Mann nicht gekommen, hätte ich einparken können, da ich die Hölzer ja schon alle gerade gerückt hatte und mit dem Aufstapeln fast fertig war. Der Rest wäre auch kein Problem gewesen."

H.: „Gut, dann kann man sagen, du hast es geschafft, obwohl du letztendlich noch nicht eingeparkt hast. Aber es war zu erkennen und du hast keinen Zweifel, dass du es schaffst. Den Mann hast du auch überwunden durch deine Entscheidung, nach unten zu gehen. Jetzt kommt die Belohnung – du siehst dich ohne ICH. Das zeigt sich als Skelett. Entfleischlichung, Entmenschlichung, Entirdischung. Beides geniale Träume."

3. Tag – Das Etwas

Ekel vor dem Salzwasser

Es ist morgens. Holger stellt zwei mit lauwarmem Salzwasser gefüllte Thermoskannen auf den kleinen Tisch und erinnert mich daran, beide in maximal 30 Minuten auszutrinken, da sonst die gewünschte abführende Wirkung nicht eintritt. Widerwillig verdrehe ich bei seinen Worten die Augen, denn schon, wenn ich nur daran denke, hebt sich mein Magen. Er muss meine eisige Wand gespürt haben, denn eiligst verlässt er meine Gemächer wieder. Ich sitze angeekelt vor dem Salzgetränk. Nach gefühlten Stunden überwinde ich mich mit gekrauster Nase und hochgezogener Oberlippe für den ersten Schluck. Als das Salzwasser meine Geschmacksknospen berührt, renne ich, so schnell es die Dunkelheit erlaubt, ins Bad und spucke ihn beherzt in die Toilette. Zeitgleich hebt sich mein Magen dreimal, als wollte er mir zeigen, wie blöd er meine Idee findet und was er gedenkt zu tun, sollte ich Salzwasser herunterschlucken wollen. Mir ist hundeübel. Da ich das Gefühl habe, dass in meinen Därmen nichts drin ist, was unbedingt raus müsste, breche ich die Salzwassereinnahme ab.

Wirkung der inneren Haltung auf den Körper

Ich lasse den gestrigen Tag noch einmal vor mir ablaufen: Ich war ziemlich benebelt, kein klarer Kopf, keine klaren Gedanken, immer müde, tranig und vertüdelt. Das gibt mir so arg zu denken, dass ich daraufhin meine Einstellung dem Salzwasser gegenüber ändere – ich werde die 1 ½ l trinken, um den Körper durch die Darmentleerung in seinem Reinigungsprozess zu unterstützen. Ich hoffe auf mehr Klarheit und Wachheit, wie ich das schon oft bei anderen Fastenkuren erlebte.

Ich setze die Tasse an und bin mega erstaunt, das Salzwasser plötzlich frei von jeglichem Würgereiz und von Übelkeit schluckweise zu mir nehmen zu können, jeweils begleitet von dem Mut machenden Trinkspruch: „Prost! Für meine innere Klarheit!“ Kaum ist die erste Kanne leer, drängt es mich auch schon zur Toilette. Einen so schnell durchschlagenden Erfolg hatte ich nicht erwartet. Froh und erleichtert lasse ich die zweite Kanne Salzwasser weg, da die Entleerung bereits in vollem Gange ist – wieder und wieder ergießt sich wässriger Inhalt in die Toilette. Im Nachhinein wird mir die Stimmigkeit meines Gefühls, dass eine so drastische Entleerung nicht nötig gewesen wäre, sehr klar und es bestärkt mich tief, meinem inneren Wissen diesbezüglich trauen zu können. Diese Lektion offenbarte zum Greifen anschaulich die psychische Natur meiner Übelkeit und die drastischen Auswirkungen der inneren Ablehnung auf meinen Körper; sie war Mittel zum Zweck, um vor mir selbst und vor Holger eine plausible Ausrede zu haben.

Ich habe heute – statt der in den letzten 15 Jahren gewohnten Rückenbeschwerden – Bauchschmerzen, wie ich sie in meiner Jugendzeit während der Regel hatte.

Der Durchfall hat aufgehört, sodass ich mich zur Meditation setze. Ich beobachte den kurzen, schnellen Atem, der nur bis in den Brustraum reicht, da der noch aufgewühlte Bauch ein tieferes Hinunterfließen nicht ermöglicht. Der Kopf fühlt sich etwas klarer an. Nach kurzer Zeit breche ich die Meditation lustlos ab.

Trotz angestellter Heizung ist mir hundekalt. Nach einem heißen Bad kuschle ich mich in meine Decke und lasse kommen, was kommt.

Lähmende Dunkelheit

Die Dunkelheit wirkt lähmend auf mich, ich liege am liebsten einfach nur herum, ohne Lust, irgendetwas zu tun. Dabei ist mir kein bisschen langweilig. Für jede Handlung muss ich Willenskraft aufbringen – Auf-Toilette-Gehen, Aufstehen, Mich-Umdrehen von links nach rechts und umgekehrt, Tee-Zubereiten, Trinken …

Seit Freitagabend belästigen mich sehr wenig Gedanken. Ab und an denke ich an mein erstes Dunkelretreat oder an Klienten, die gerade in ihrem Prozess sind, doch kann ich die Gedanken leicht weiterziehen lassen. Keine anderen Themen, nicht mal meine Kinder, was mich erstaunt. Meine Atmung fließt ruhig und tief in den entspannten Bauch hinein. Alles in mir ist leer. Das ist weder schlecht noch schön, es ist einfach, wie es ist – leer.

Nach einigen Dehnungsübungen, zu denen ich mich aufgerafft habe, stelle ich mehr Körperbeweglichkeit fest. Allerdings spüre ich im Liegen, die Beine hinter dem Kopf abgelegt, einen ungewöhnlichen Druck im Kopf. Ansonsten fühle ich mich richtig gut, sogar die uralten Rückenschmerzen sind weg. Die Übungen wirken sehr belebend, es reicht jedoch nicht, um Tai Chi zu machen. Das schiebe ich vor mir her, auf einen tieferen Zustand wartend. Je tiefer mein Zustand, umso besser das Tai Chi und der Lerneffekt, so ist meine Devise. *(2007: Im Nachhinein betrachtet, ist das ziemlich irrational. Es war mein Ego, das mal wieder etwas erreichen wollte.)*

Gespräch mit Holger

Holger ist schon wieder zum Gespräch da, es ist also Sonntagabend. Er fragt mich, was ich so gemacht habe. Ich erzähle ihm, dass ich vom neutralen Beobachterpunkt aus beobachtete, welche Gedanken durch mich hindurchzogen, und von der Feststellung, dass es sehr wenige waren.

Seins-Zustand

H.: „Gibt es auch Stadien, wo nicht gedacht wird, also auch nicht beobachtet werden kann?"

Ohne nachzudenken antworte ich, dass es diese sicher gibt, ich da jedoch noch nicht war.

H.: „Da gibt es etwas, worum es eigentlich geht."

S.: „Der Zustand, wo nicht gedacht und nicht beobachtet wird?"

H.: „Ja. Da ist so ein Seins-Zustand …"

S.: „Im Seins-Zustand habe ich eine Wahrnehmung über den Beobachter. Da nehme ich alles auf einmal wahr, jedoch ohne dabei zu denken. Es ist einfach da."

H.: „Ja, das kommt schon hin in Richtung Seins-Zustand. Das ist nicht ganz Denken und nicht ganz Seins-Zustand, das ist so ein Übergangszustand. Der Seins-Zustand ist ohne Denkprozesse, die kommen nicht mehr."

S.: „Ja, da ist kein Denken, dennoch nehme ich da alles wahr, was ist."

H.: „Wie nennst du diesen Zustand?"

S.: „Wahrnehmung. Ich weiß nicht, wie ich das anders benennen kann. Ich nehme einfach alles wahr."

Seins-Wahrnehmung

H.: „Nenne es doch Seins-Wahrnehmung. Es braucht Begrifflichkeiten, sonst kommt der Leser völlig durcheinander in diesem Wust von Erfahrungen. Da musst du deine eigenen Begriffe prägen zum besseren Verständnis für Außenstehende."

S.: „Besondere oder wache Aufmerksamkeit passt auch dazu."

H.: „Es ist ungünstig, wenn du Begriffe aus der normalen Alltagssprache nimmst, das wird dann mit der normalen Aufmerksamkeit verwechselt. Finde deine eigenen Fachbegriffe für dich. Geh noch mal in den Zustand rein und dann bilden sich von selbst blumige Begriffe, die zutreffend sind. Es soll vom Leser doch auch verstanden werden, was du erfährst."

S.: „Wahrnehmung des reinen Seins … so passt es für mich."

H.: „Kannst du dir noch reinere Seins-Wahrnehmungen vorstellen?"

S.: „Ja. Ich habe noch lange nicht das Letzte erfahren."

H.: „Wie könnte sich diese höhere Seins-Wahrnehmung ausdrücken?"

S.: „Vielleicht in einer noch umfangreicheren, umfassenderen Wahrnehmung. Auch in der Erkenntnis von tiefgründigeren Zusammenhängen, die mir bis jetzt noch nicht klar sind. Wie z. B. das Leben, Entwicklung und Tod zusammenhängen auf einer tiefen Ebene. Wie das Leben oder das Universum wirklich entstanden ist. Ich könnte mir vorstellen, dass, je reiner die Wahrnehmung ist, Erkenntnisse erlangt werden über Dinge, über die nicht so ohne Weiteres Erkenntnisse zu erlangen sind."

H.: „Diese Seins-Wahrnehmung, wenn du die beschreibst, sofern sie beschreibbar ist, was hat sie denn für eine Qualität?"

Ich gehe eine Zeit lang in mich …

S.: „Das ist ein absolut reiner, kristallklarer Bewusstseinszustand gegenüber meinem sonstigen Bewusstsein. Ich habe das Empfinden von Leere, zugleich ist jedoch auch alles da in meiner Wahrnehmung, ohne zu denken. Ich nehme mehr und anders wahr als im normalen Bewusstsein, wie in einer größeren Dimension … es ist wie ein augenblickliches gedankenfreies Erfassen von Zusammenhängen, wo sich mehrere Einzelteile wie in einem Puzzle zusammensetzen zu einem Bild. Ich schaue dann wie von oben auf dieses Puzzle und erkenne plötzlich den Sinn im Ganzen, während ich den Sinn im normalen Bewusstsein nicht erfassen kann, wenn ich nur die einzelnen Puzzlestückchen vor mir habe, jedoch nicht das Gesamtbild. Anders kann ich das jetzt nicht beschreiben."

H.: „Das hast du doch ganz gut beschrieben."

S.: „Wenn du schon nach der Qualität der Seins-Wahrnehmung fragst, gibt es da noch weitere Möglichkeiten?"

H.: „Ja, das kann sich immer mehr intensivieren."

S.: „Es wird immer noch reiner, noch klarer werden."

H.: „Auch die körperlichen Zustände verändern sich noch, wenn man ganz in der Seins-Wahrnehmung ist. Das wird mit der Zeit sehr intensiv, der Körper ändert sich, Blockaden und Krankheiten lösen sich auf. Erkennt man in dem Zustand denn auch die Welt, das Dasein klarer, erkennt man die Zusammenhänge besser, kann man die Vielfalt besser einordnen oder ist die weiterhin ein Chaos?"

S.: „Ja, der Körper fühlt sich freier, gelöster, reiner, dehnbarer, gelenkiger an und die Haut wird samtweich. Folgendes Bild kommt mir dazu: Als ob ich vorher in der Mitte des Dorfplatzes stand und nur das mitbekam, was innerhalb des Dorfes passierte. Im Seins-Zustand ist es so, als ob ich auf einem Berg bin, von dort oben auf das Dorf schaue und erstaunt erkenne: Aha, so setzt sich das ganze Dorf zusammen, ich sehe das Tal, innerhalb dessen das Dorf liegt, und die weitere Umgebung. Ich habe da einen anderen Weitblick, besser gesagt, einen Überblick."

H.: „Das ist ein schönes Bild. Bis wohin reicht denn dieser Überblick im Augenblick?"

S.: „Wenn ich im Bild des Dorfes bleibe ... ich sehe die umgebenden Wälder, Berge, Seen ... Ich sehe in einiger Entfernung weitere Städte um das Dorf herum. Je tiefer ich in der Seins-Wahrnehmung bin, umso größer wird der Überblick, der sich auf Europa oder die ganze Erde ausweitet. Der Kopf sagt: ‚Das kann doch gar nicht sein, mit einem Blick die ganze Erde zu sehen, das geht doch gar nicht!' Das löst Erstaunen, Unfassbarkeit, Fassungslosigkeit aus und doch ist es so – ich sehe es ja ganz klar vor mir. Ich kann es vor mir selbst nicht mehr anzweifeln oder leugnen. In diesem Zustand von Größe und Weite wird mir auch immer wieder bewusst, wie klein ich selbst bin und was ich alles nicht weiß. Dass ich im Grunde nichts weiß von der Tiefe der Welt und was die Welt wirklich ist. Wie oberflächlich Schulwissen ist und wie wenig es mit tiefer Wahrheit zu tun hat. In unserer Gesellschaft zählt, wie gut ich Bescheid weiß in dem, was man Allgemeinwissen nennt. Aber wie wertvoll ist dieses Allgemeinwissen? Es ändert sich ständig, was heute von der Wissenschaft als richtig anerkannt wird, ist morgen bereits veraltet und nicht mehr wahr. Dieses Allgemeinwissen hält mich fest, an Dinge zu glauben, wie ich sie gelernt habe, und verhindert, die Welt oder Dinge auch mal anders zu sehen. Es ist, als ob mich mein angelerntes Wissen aus der Kindheit, Jugend, Schule, Lehre, dem Studium, dem Beruf in einem vorbereiteten und ausgestalteten Raum festhält und ich nicht mehr aus diesem geprägten und präparierten Raum herauskomme. Solange ich im Dorf verbleibe, sehe ich das größere Ganze nicht und halte diesen kleinen Ausschnitt für die Wahrheit."

H.: „Es geht nicht – aber es geht doch. Ja, so ist es. Man kann ganz schwer über den Gesamtzusammenhang der Welt reden."

S.: „Ich hatte den Überblick über die Erde, was nicht bedeutet, dass ich den Gesamtzusammenhang der Welt erkenne und darüber reden kann. Ich bin mir sicher, erst einige wenige Puzzleteile geschaut zu haben, und forsche da noch. Was ich erfahren durfte, ist, dass ALLES (Menschen, Tiere, Pflanzen, Steine, Wasser, Weltraum …) durch ETWAS miteinander verbunden ist, sodass das Tun eines Menschen Auswirkungen rund um den Erdball hat und alle und alles beeinflusst. Verbunden über eine unsichtbar-sichtbare, nichtgreifbar-greifbare, feinste subtile Masse, die den Raum zwischen und in allen materiellen Dingen ausfüllt und mit den körperlichen Sinnen nicht erfasst werden kann. Die Masse, das ETWAS, verbindet ALLES, enthält ALLES und ist letztendlich seiner Natur nach ALLES. Kannst du das bestätigen?"

H.: „Ja, und das kann sich jetzt auch noch weiter intensivieren. Das ist der Weg der sogenannten Mystik. Ist relativ einfach."

S.: „Der Weg dahin ist nicht so einfach. Wenn man erst einmal an einem bestimmten Punkt angekommen ist, geht es leichter."

H.: „Die Dunkelheit führt einen doch zwangsweise dahin."

S.: „Die Dunkelheit kann innere Dynamiken schnell deutlich aufzeigen und bewusst machen, wenn die Kompetenz da ist, diese auch erkennen und verstehen zu können. Was ich berichtet habe, ist nicht nur das Ergebnis der Dunkelheit, sondern auch das Ergebnis harter Arbeit an mir selbst über Jahre hinweg. Ein Bild dazu: Ich räume seit Jahren meinen inneren Keller auf, wo sich alles seit meiner Geburt oder schon seit meiner Konzeption angesammelt hat und was mich unbewusst in meinem Leben als Erwachsene behindert. Wenn ich Schwierigkeiten habe, schaue ich im Keller nach, wo, wann und wie der Keim dazu gelegt wurde und welche Personen daran beteiligt waren. Dann löse ich dieses Wurzelproblem, indem ich mit erwachsenen Augen und Verstand auf die Ursprungssituation schaue, dem *Inneren Kind* aus der für es problematischen Situation heraushelfe und ihm gebe, was es in der Kindheit, aus welchen Gründen auch immer, nicht bekommen konnte, z. B. Anerkennung, Liebe, Verständnis, Erklärungen, Schutz. Ich erfülle als Erwachsene die Bedürfnisse des *Inneren Kindes* nach, sodass es zur Ruhe und in Frieden kommen kann. Ob das Problem transformiert ist, merke ich daran, wenn ich in einer ähnlichen Situation, die mir zuvor Schwierigkeiten bereitet hat, jetzt ruhig, gelassen und souverän, also in meiner Mitte bleiben kann. Reagiere ich weiterhin z. B. genervt, ärgerlich, wütend, traurig und nicht der Situation entsprechend angemessen, weiß ich, dass weitere Arbeit im Keller nötig ist. Je aufgeräumter der Keller wird, umso mehr mache ich neue Erfahrungen in meinem Leben. Es ist, als ob ich für diese Aufräumarbeit – wie zum Dank dafür – viele Geschenke erhalte, ohne dass ich sie je erwartet hätte: wahre Ruhe, Gelassenheit, Dankbarkeit, Freude, Unbeschwertheit, Leichtigkeit, Stärke, Mut, von Personen unabhängige Liebe, Freiheit. Auftretende Schwierigkeiten sind jetzt Herausforderungen, keine Probleme mehr. Die Beziehungen zu anderen Menschen sind liebevoller und mehr von Achtung getragen, wildfremde Menschen sind freundlich und höflich zu mir und ich zu ihnen. Und als Bonus obendrauf bekomme ich ab und an Einsichten geschenkt. Der randvolle Keller hatte Erkenntnisse, Einsichten und den freien Blick in das Licht verhindert."

H.: „Ist es das Ziel des Lebens oder Daseins, dorthin zu kommen?"

S.: „Ich weiß nicht, ob es *das* Ziel des Lebens ist. Mein Wunsch ist es, so viel wie möglich über das Dasein zu erfahren, da bin ich total neugierig. Ich lese derzeit deutlich weniger Bücher von irgendjemandem über irgendetwas, sondern bin mehr an eigenen Erfahrungen interessiert. Andererseits helfen mir bestimmte Bücher auch weiter. Aber ich wähle sehr genau aus, was ich lese, z. B. Weisheitsbücher wie das Buch von E. Tolle: ‚Jetzt'. Was er schreibt, ist eine schöne Zusammenfassung."

Im JETZT sein

H.: „Bist du im Jetzt hier?"

S.: „Im Augenblick bin ich im Jetzt. Aber wenn ich in Gedanken und Gefühlen festhänge, nehme ich den Augenblick schon nicht mehr wahr. Jetzt ist mir z. B. bewusst, dass ich mich gerade mit dir unterhalte. Zugleich nehme ich wahr, dass ich auf dem Boden an der Heizung sitze, mich in diesem Raum in der Dunkelheit befinde, den zwitschernden Vogel draußen, also alles Drumherum nehme ich auch wahr. Sobald ich mein Inneres und die Umgebung nicht mehr wirklich in allen Einzelheiten wahrnehme, bin ich nicht mehr im Jetzt, sondern in einer Gedanken- und Gefühlswelt, die keinen Bezug mehr zur Wirklichkeit, zum Jetzt, hat."

H.: „Du machst das ganz gut."

Nach langer Pause, in der wir schweigend der mit mannigfaltigsten Informationen erfüllten Stille lauschen, stelle ich folgende Frage:

Wo sind die Toten, Dämonen und Götter innerhalb des ETWAS?

S.: „Wenn ich mir dieses Seins gewahr bin, dieses ETWAS, aus dem alles entsteht und das alles enthält – wo sind da die ganzen anderen Stufen: die Götter, die Dämonen, die Toten und, und, und … ? Dazwischen? Ich kann sie nirgendwo wahrnehmen innerhalb des ETWAS."

H.: „Gute Frage. Es gibt Steigerungsstufen des Jetzt-Zustandes. Du bist in einer Stufe des Jetzt-Zustandes irgendwo auf einer Treppe und das ist noch nicht die letzte Treppenstufe. Wenn du die Treppenstufe höher gehst, landest du automatisch, ob du willst oder nicht, in der Nachbardimension, also im Totenreich oder der Plasmadimension, wo sich auch alle möglichen anderen Wesen tummeln. Du tauchst da quasi in der Dimension auf, wirklich da drinnen. Dann kannst du noch weiter gehen – durch diese ganze Dimension hindurch in den reinen Geistzustand."

S.: „Was ist, wenn ich die Wesen nur beobachte, mich jedoch nicht in ihren Bannkreis hineinziehen lasse?"

H.: „Wenn du das schaffst, kann es sein, dass du auch da durchkommst. Das gleiche Prinzip dort wie hier. Hier versuchen dich Geräusche und Körper etc. abzulenken oder hineinzuziehen und dort auch, z. B. sind da die Seelenbedürfnisse. Also das ist ein längerer Weg. Es ist eine zentrale Sache, die du da angesprochen hast. Es ist nicht so, wie viele Schulen behaupten, dass du im Jetzt-Zustand, im Satori z. B., das Höchste erreicht hast. Es gibt eben auch die Nachbardimension, das Geistreich usw. Viele bleiben mit ihrer Erleuchtung, Satori oder anderen Erfahrung, auf einer niederen Treppenstufe, meinen aber, sie hätten das Höchste erreicht. Das ist eine schwerwiegende Frage. Du musst logisch bleiben und stufenweise vorgehen und durch die verschiedenen Reiche hindurch, da geht nichts dran vorbei."

Holger ist gegangen und ich wärme mich mit einem heißen Bad auf. Nach jedem Bad fühlt sich der Körper locker, erfrischt und sehr belebt an, als würde wieder mehr Lebensgeist in mir sein. Sehr angenehm. Ich mache mich fertig für die Nacht und bin gespannt darauf, was mich erwartet.

Traum „Bordell"

Ich sehe ein Bordell, in welchem zwei, drei sehr junge weiße Mädchen betreten herumsitzen und nicht wissen, was sie dort sollen. Ich schätze die

Mädchen auf maximal zwölf Jahre. Zwei Afrikaner sind da. Der eine nimmt sich eins der Mädchen und spielt an ihrem Kitzler herum. Er geht liebevoll mit ihr um. Das Mädchen hat Angst, weiß nicht, was nun passiert und lässt in ihrer Angst und Unerfahrenheit alles mit sich machen. Der Mann redet mit süßer Stimme beruhigend auf sie ein und meint, es sei doch alles nicht schlimm und ganz normal. Sie kommt voll in Fahrt. Ich sehe, dass es ihm nur um Sex und um seine Bedürfnisse geht, nicht um das Mädchen und ihre Gefühle. Das andere Mädchen wird vergewaltigt und wehrt sich heftig gegen die Berührungen, hat aber gegen den Mann keine Chance. Er schlägt brutal auf sie ein. Ich wache an dieser Stelle auf und sehe Licht durch ein geschlossenes Fenster scheinen – als ob die Jalousie heruntergelassen ist, sodass ich das Licht nur durch die Schlitze sehen kann.

Ich bin über diese so klaren Szenen der Brutalität, Kaltblütigkeit und Eigennützigkeit der Männer im Umgang mit den beiden Mädchen und über das Bordell an sich total entsetzt und aufgewühlt.

Holger und ich entscheiden in der Abendsitzung, dass wir den Traum nicht deuten.

[04/2010: Der Traum ist zu komplex, um ihn hier detailliert zu deuten. Es geht um Scheinheiligkeit, Lügen und Brutalität, infolgedessen ich entsetzt war, was sich auf das Herz auswirkte, wie im nächsten Traum angezeigt wird – ich nehme Herz-Kreislauf-Tropfen. Auch real habe ich wenig später Herz-Kreislauf-Probleme, die sich in einem längeren Prozess fortsetzen, in welchem es immer wieder um das physiologische Herz und Herzchakra geht, bis es schließlich in einem tiefen inneren Prozess zu befreienden Tränen kommt. Dieser Traum ist meines Erachtens der Anfang einer zusammenhängenden Serie, beginnend mit dem Verschluss des Herzchakras angesichts der Brutalität in diesem Traum und endend mit einer Öffnung desselben und tiefen inneren Wandlung – siehe „Lanze im Herzen", S. 231.]

Traum „Makkaroni-Nudeln"

Ich habe Herz-Kreislauf-Tropfen genommen und will gerade ein Glas und dicke Makkaroni-Nudeln abwaschen. Die Nudeln befinden sich schon alle in einem Netz, das als Sieb dient. Jemand kommt herein und fragt mich ungläubig: „Was, du willst Nudeln abwaschen?" Ich antworte: „Nein, natürlich nicht. Quatsch! Wenn man Nudeln abwäscht, was passiert dann? Sie werden weich, glibberig und kleben zusammen." An der Stelle wird mir bewusst, dass ich träume. Ich habe das Gefühl, dass der Traum keine weitere Bedeutung hat. *(Ich hatte zur Zeit dieser Einschätzung nur den Abwasch vor Augen, nicht mehr die Herz-Kreislauf-Tropfen.)*

Holger hielt dies nicht für einen symbolträchtigen Traum, daher ließen wir seine Deutung weg.

[Deutung 04/2010: Durch den schockierenden Bordell-Traum ist die Herz-Energie blockiert, infolgedessen kommt es zu Herz-Kreislauf-Problemen, gegen die ich etwas im Traum unternehme, indem ich die Tropfen einnehme.]

Nach dem Nudeltraum kann ich nicht mehr einschlafen. Ich habe das Gefühl, dass ich in den Nächten überhaupt sehr wenig, vielleicht drei bis vier Stunden, schlafe.

4. Tag – Heilung des Herzens

Ein schwacher Lichtschein dringt durch das geöffnete Badfenster herein und kündigt die in Kürze beginnende Morgendämmerung an. Ich schließe das Fenster. Über meinem Kopf erscheinen überall Lichtstreifen, die mich, da ich sie schon kenne, nicht mehr anheben; ich registriere sie nur noch, so normal ist das schon. Das Bad erscheint leicht dämmrig hell. Auf dem rechten Auge flackern die Lichtstreifen im Zuge der Ausatmung. Mein Kopf tut weh, die Augen sind müde und die Stirn fühlt sich zusammengezogen an. Wahrscheinlich hängt das Flackern, das mit offenen wie geschlossenen Augen zu sehen ist, mit meinem Blutdruck zusammen. Nach einer Weile ist das Flackern und der Eindruck der dämmrigen Helligkeit wieder verschwunden.

Auf dem Rückweg vom Bad ins Zimmer folgt mir in immer gleichem Abstand von ca. zwei Metern ein hellgelblich-weiß leuchtendes handgroßes Viereck, das sich nur dann bewegt, wenn ich mich bewege. Ich sehe es im rechten Augenwinkel schräg hinter mir in Schulterhöhe schweben. Drehe ich mich linksherum, um nach ihm zu schauen, ist kein Licht da. Da es nur im Flur, jedoch nicht im Zimmer sichtbar ist, untersuche ich den Flur, ob von irgendwoher Licht hereinfällt, finde aber nichts. Nach einer Weile beende ich mein Nachforschen und verbuche das Ganze unter „seltsam".

Kreislaufprobleme

Außerdem fühle ich mich heute sehr schwach auf den Beinen – vielleicht sind das Flackern und das Lichtviereck doch nur eine Folge von Kreislaufproblemen. Daher trinke ich Tomaten- und Pflaumensaft, um den Kreislauf wieder anzukurbeln. Danach kuschle ich mich wieder in mein noch warmes Bett und lasse „den Tag“ auf mich zukommen.

Mein Herz läuft auf Hochtouren, ich bin innerlich total aufgedreht. Wahrscheinlich hängt das mit dem Fasten zusammen. Meine Atmung und der Puls jagen oberflächlich dahin, als wäre ich körperlich stark belastet. Dabei liege ich doch nur im Bett und kann mich nicht mal aufraffen aufzustehen. Mir ist unglaublich heiß. Ich fühle mich schwach.

(04/2010: Mir fiel damals die Parallele nicht auf, dass ich kurz zuvor im Makkaroni-Traum Herz-Kreislauf-Tropfen genommen hatte und wenig später Herz-Kreislauf-Probleme bekam, die ich in Zusammenhang mit dem Fasten statt mit dem Bordell-Traum brachte.)

Nach schätzungsweise drei Stunden liege ich noch immer im Bett; Herz und Atmung haben sich wieder normalisiert. Eine heiße Diskussion läuft in meinem Kopf ab. Die eine Seite rät sanft: „Gib deinem Körper die Ruhe, er braucht das“, während die andere Hälfte mich fast barsch auffordert: „Bring endlich die Willenskraft auf, beweg dich, mach was! Lass dich nicht so gehen!“ Noch bevor ich überhaupt dazu komme, über das Aufstehen ernsthafter nachzudenken, entspannt mich das sofortige Gegenargument wieder: „Dann zwinge ich mich ja wieder zu etwas, was ich nicht möchte.“ Ich entscheide mich, dem Körpergefühl zu folgen – der Körper will nur liegen, nichts tun. Aber ist das wirklich der wahre Impuls des Körpers oder eher eine Folge der Gedanken, die sich so im Körper auswirken? Der Körper an sich will doch gar nichts, er ist doch nur eine leere Hülle. Wo ist der Sitz der Willenskraft? Welcher Teil in mir bringt sie auf? Woher kommt sie? Wer oder was steuert sie?

Meine Morgentoilette und eine Kopfhautmassage bringen eine belebende Energie, sodass ich die Kraft finde, mich anzuziehen und – den magnetischen Zug in die Waagerechte überwindend – mich zur Meditation zu setzen.

Gedanken an den Heuboden, den ich seit der ersten Dunkeltherapie nicht wieder aufgesucht habe, kommen auf, begleitet von anziehender Neugier, wie es dort wohl jetzt aussehen mag. Ich lasse mich bewusst darauf nicht ein, weil ich dem, was WIRKLICH IST, Aufmerksamkeit schenken möchte, statt Gedanken und Gefühlen, die sich aus den Erinnerungen an damalige Erlebnisse und Erfahrungen speisen. Das fällt mir schwer – der Neugier nachzugeben, wäre viel leichter.

[03/2010: Gedanken und Neugier bezüglich des Heubodens waren ein Versuch des Anpassers, mich vom tieferliegenden Gefühl der Angst (IK) und von der Wunde im Herzen (s. nachfolgende Erfahrungen) abzulenken. Der Neugier nicht zu folgen, brachte die Wunde ins Bewusstsein und ermöglichte so die beginnende Heilung.]

Lanze im Herzen

Ich fokussiere mich wieder auf die Atmung und bemerke den engen Brustraum – ich kann nicht richtig durchatmen. Vor allem die Brustbeinmitte ist von der Enge betroffen; beide Lungen fühlen sich wie zusammengepresst an. Ich beobachte es, lasse mich jedoch nicht hineinziehen. Enge – Luftnot – Last – bedrückendes Gefühl ... ich spreche jede Empfindung, jedes Gefühl an und gebe die Erlaubnis, dass wirklich alles aufsteigen darf, was kommen möchte. Der übrige Körper fühlt sich locker und entspannt an, nichts tut weh. Ich schaue und warte, den Symptomen ein liebevoll daseiendes Gegenüber *(Erwachsenes-Ich)*. Nach einer Weile wandelt sich der Druck in eine dunkle geräumige Höhle, vor derem übermannshohen wie breiten Eingang ich mich plötzlich befinde. Da ich nicht erkennen kann, was es hier zu tun gibt, lasse ich die funkelnde Dunkelheit meine Ratlosigkeit wissen und frage, ob sie es ist, die vielleicht Hilfe braucht? Wer auch immer hier Hilfe benötigt und warum – ich habe das Gefühl, es hängt mit einer tiefen Angst zusammen. Ganz auf das verborgene Höhleninnere ausgerichtet, warte ich hochgradig aufmerksam, nach einer Antwort oder einem Zeichen lauschend. Wenig später spüre ich, wie sich bei der Atmung die rechte Lunge weit ausdehnt und öffnet, während sich der linke Lungenflügel wie von einem Panzer umgeben anfühlt. Eine etwa 50 Zentimeter dicke, dunkle Stahlwand behindert die Ausdehnung der Lunge, wodurch das Engegefühl und der Druck bei der Atmung entstehen. Tief beeindruckt frage ich den Panzer nach dem Grund seines Daseins. Szenen tauchen auf, in denen ich mit schmerzhafter Bronchitis und hohem Fieber im Bett lag. Ich erkenne die Panzerwand als ein Schutzschild, den ich in frühester Kindheit aus Selbstschutzgründen heraus aufgebaut habe, und danke ihr sehr bewegt und ehrlichen Herzens für ihre Schutzdienste. Daraufhin öffnet und weitet sie sich überraschenderweise, indem die dicken Panzerwände mit rumpelndem Gemurmel langsam zurückfahren. Nun spüre ich Druck von oben, aus Richtung der Schlüsselbeine. Ich sehe eine zwischen Herzraum und Schlüsselbeingegend befindliche helle Schutzhaube, die den von oben kommenden Druck abhält. Auf den ersten Blick ist sie viel dünner als die Panzerwand. Bei genauerem Hinschauen erscheint es mir, dass sie aus einem festen Stoff, fester noch als Jeansstoff, besteht. Intuitiv weiß ich, wie wichtig sie für mich in der Kindheit war und danke auch ihr in herzberührter Anteilnahme. Plötzlich sehe und spüre ich eine Lanze, die von vorn tief in meinen Herzraum sticht. Ihr ca. zehn Zentimeter dicker und ungefähr zwei Meter langer Schaft hat sich bis über die Hälfte in das Gewebe gebohrt. Auf den Schmerz, den sie verursacht, lasse ich mich nur ansatzweise ein. Ich bin durch das Geschaute zutiefst betroffen. Tränen rinnen wie Sturzbäche aus mir heraus. Schluchzend ziehe ich die Lanze vorsichtig millimeterweise heraus – sie hinterlässt einen tiefen Trichter, den ich bis zum Rand mit Heilwasser fülle. Neben dem Schmerz und der Betroffenheit durchfluten mich jetzt auch ein starkes Mitgefühl und tiefste Liebe für mein Herz, für mich selbst. Ich sammle Holz für ein Lagerfeuer und zünde es an, öffne in der Höhle das Fenster und setze mich vor die herausgezogene blutige Lanze. Ich spüre, wie sich der Raum in mir weitet … und lasse meinen Tränen freien Lauf. Es sind Tränen der Befreiung. Trotz allen Schmerzes fühle ich große Erleichterung.

Kindheitserinnerung „Bilder-Malen für Papa"

Eine Kindheitserinnerung steigt auf. Im Alter von sieben bis zehn Jahren habe ich oft Bilder gemalt, die meinem Vater, Kunst- und Geschichtslehrer, gefielen – Gebäude der Gotik, Barock, Renaissance. „Das hast du toll gemacht, aber …", sagte er zu meinen Werken. Irgendetwas stimmte für ihn immer nicht – die Größe, Proportionen, einzelnen Bögen, Farben –, es passte einfach nicht zusammen. Dieses Wörtchen „aber" machte alles, was davor gesagt wurde, zunichte und hinterließ ein Gefühl des Nicht-Genügens. Es falsch gemacht zu haben, wurmte mich und ich griff erneut zu Buntstiften und Papier, um meine „Fehler" auszumerzen, es besser zu machen, um uneingeschränkte Anerkennung und das ersehnte Lob, das er immer für die berühmten Maler übrig hatte, zu bekommen. Wieder und wieder malte ich die gleichen Motive und zeigte sie stolz meinem Papa – doch ohne Erfolg. Er gab sich sehr viel Mühe, mir die Details zu erklären, worauf ich achten müsste, doch ich bekam es nicht hin und war enttäuscht und traurig. Die Erinnerung verblasst.

Glasvase mit Rose

Ich bin wieder in der Höhle, sitze vor der Lanze und schaue auf die Wunde. Aus dem Wundtrichter ist eine helle, außergewöhnlich durchsichtige Glasvase geworden, die mit kristallklarem Wasser angefüllt ist. Darin steckt eine einzelne prächtige rote Rose, deren saftige dunkelgrüne Blätter vor Kraft strotzen. Ich sitze am Lagerfeuer, schaue auf das lodernde Zentrum des Feuers, die leuchtende Glut am Rand und auf die Vase. Es ist wunderschön hier. Die Rose öffnet und schließt sich im Zuge meiner Atmung oder im Rhythmus meines Herzens. Lange beobachte ich, fasziniert von der Schönheit, ihre Bewegungen. Plötzlich senken sich alle Blütenblätter nach unten, sodass es fast aussieht, als hätte die Blume eine Kappe auf. Ja, die Rose hat jetzt eine rote Kappe aus Wachs auf. Nach längerem Schauen wandelt sie sich in das Gesicht einer Puppe. Parallel dazu geht das Lagerfeuer aus, es glimmt nur noch ein wenig vor sich hin. Unschlüssig, nicht wissend, was mein nächster Schritt ist, stehe ich im Dunkel der Höhle direkt vor der Vase, die ich jetzt jedoch nicht mehr sehen kann, und bemerke die Hellhörigkeit in der Höhle. Würde ein Wassertropfen herunterfallen, wäre der hoch singende helle Klang des Aufpralls überlaut zu hören. Es ist nicht sehr warm in der Höhle, aber auch nicht kalt. Das letzte Glimmen der Glut ist mittlerweile erloschen. Gespannt, sehr aufmerksam und völlig frei von Angst schaue ich in das mich umgebende lebendig wirkende schwarze Dunkel. Abwartend harre ich der Dinge, die da kommen.

Überklares Hören

Meine Blase meldet sich und ich folge ihrem Ruf. Nach Gemüsesaft und Tee setze ich meine Meditation fort … und stehe unmittelbar wieder im Höhlendunkel … lauschend, abwartend …, ohne dass sich Veränderungen ergeben. In größeren Abständen meine ich in der Ferne ein Geräusch zu hören, grob vergleichbar mit aus großer Höhe herunterfallenden Wassertropfen. Nach einer Weile höre ich den sehr rein klingenden überklaren Tropfschall – besser kann ich das Geräusch wirklich nicht beschreiben – näher und lauter. Überhaupt kann ich alles in der Höhle ganz genau hören, als hätten meine Ohren Verstärker bekommen. Ein zu Boden fallendes Haar würde ziemlichen Krach verursachen.

Besuch des Heubodens

Während ich lauschend stehe und warte, fällt mir der Heuboden ein. Jetzt fühlt es sich sehr stimmig an, ihn aufzusuchen. Ich laufe den Gang entlang zur Klappe, die ich nur mit Mühe nach oben drücken kann, da eine schwere Last Schnee auf ihr liegt. Ich stehe vor einem Rätsel – der gesamte Heuboden ist mit 10 Zentimeter frischem Neuschnee bedeckt. Wie konnte es flächendeckend hier hereinschneien, obwohl das Tor und die Fenster dicht verschlossen sind? Die Futterteller für die Mäuse sind unter dem Schnee festgefroren. Vereinzelte Spuren zeigen an, dass die Mäuse noch da sind. Ich öffne ein wenig das Tor und fege mit Leichtigkeit den lockeren, trockenen Pulverschnee hinaus – es dauert eine Zeit, bis ich ihn unten auf der Erde aufkommen höre. Draußen ist nur dichter weißer Nebel zu sehen. Nachdem ich das Tor wieder fast zugeschoben habe, schaue ich mich genauer um. Mein Blick bleibt erstaunt am Fußboden hängen – das sind ja wunderschöne saubere, helle Holzlatten! Ich hatte dunkles altes Holz in Erinnerung. Die beiden festgefrorenen Futternäpfe schlage ich los, säubere sie von alten angeklebten Käseresten und fülle sie mit frischer Milch und einigen Stückchen Hartkäse. Dann stelle ich mir einen Schaukelstuhl zum hineinkuscheln in die Mitte des Heubodens. Es ist total gemütlich. Durch das noch ein wenig geöffnete Tor lugt jetzt die Sonne und strahlend blauer Himmel herein. Ich schiebe das Tor wieder ein Stückchen weiter auf und lege ich mich in den Holzschaukelstuhl – es ist nicht wirklich ein Schaukelstuhl, eher ein Liegestuhl … nein, es ist ein Holz-Schaukel-Liegestuhl, eine Kombination aus beidem. Ich ziehe die warme gelbliche, mit einem ockerfarbenen, nicht ganz geschlossenen Kreis verzierte weiche Wolldecke bis zum Kinn, da es noch ein wenig frisch ist. Während ich den Heuboden und die Gemütlichkeit genieße, fällt mir auf, dass es zwei Ebenen gibt. Einerseits sitze ich hier oben im Halschakra auf dem Heuboden in meinem Liege-Schaukelstuhl, schaue in die Weite des hellblauen Himmels, genieße den Ausblick, aale mich in der Sonne und eine Etage tiefer, im Herzraum, stehe ich im Dunkel der Höhle und warte auf das, was da kommt. Ich weiß nicht, worauf ich warte. Es ist kein ungeduldiges Warten, wie ich das von früher kenne, wenn ich auf jemanden oder etwas wartete. Es ist eher ein gelassenes Einfach-da-Sein. Ich weiß auch nicht, was ich tun kann, und so tue ich halt nichts, schaue nur gebannt in das tiefe Höhlendunkel und höre in der Ferne in regelmäßigen Abständen Tropfen ins Wasser fallen, was sich jetzt wie ein laut schallendes hohes Klingen anhört. Ich bin hochgradig aufmerksam, sehr wach, geradezu überwach. All meine Antennen sind ausgefahren und auf klaren Empfang eingestellt. Beide Ebenen laufen parallel ab und ich kann zwischen ihnen wechseln. Ich brauche mich nur darauf einzustimmen und schon bin ich da, wo ich sein möchte.

Ich kann schon viel besser in den Bauch atmen, dennoch ist die Atmung noch nicht ganz tief und noch nicht ganz frei. Vorerst beende ich die Meditation; meinem Gefühl nach sind Stunden vergangen. Kaum liege ich, kommt Holger zu unserer Gesprächsrunde.

Gespräch mit Holger

Über Traumdeutung

Ich erzähle meine Träume und er fragt, ob ich sehen könne, was ein Alltagsrestetraum und was ein sinnvoller Deutungstraum sei *(siehe S. 375 Träumen und Traumarten)*.

S.: „Meist weiß ich intuitiv, ob der Traum wichtig ist. Ich spüre es an der Energie, die darin steckt, und daran, wie die Klienten vom Traum berührt sind. Meiner Erfahrung nach treten wichtige Träume *(oft als Albtraum empfunden)* in Verbindung mit inneren Wachstumsschritten auf, die sehr hilfreich sind, weil sie auf das Problem oder Thema hinweisen, um das es seelisch geht, und zugleich auch die Lösung beinhalten."

Im weiteren Gespräch über Traumdeutung und die verschiedenen Traumarten meint Holger, dass es neben den Träumen noch die reinen Erfahrungen der Seele in der Nachbardimension gebe, die keine Träume seien und daher auch nicht gedeutet werden dürfen.

Auf meine Frage nach einem Beispiel zu den reinen Seelenerfahrungen antwortet Holger: „Da ist nichts symbolisch zu deuten, das sind keine Sinnbilder, keine Symbole oder Metaphern. Das, was da erfahren wird, das ist so. Eine Lichtgestalt erscheint und sagt dir etwas ohne

Worte, du spürst es, verstehst es und fertig. Du kannst diese Lichtgestalt nicht deuten."

Obwohl man an Träume, so Holger, intuitiv rangehen müsse, sei Traumdeutung dennoch eine Wissenschaft. Träume bestünden aus Bildern. Wenn sich ein Traum beispielsweise aus fünf verschiedenen Bildern zusammensetze, stelle man fest, dass die Kernaussage immer die gleiche ist. Die einzelnen Traumbilder, die alle das Gleiche aussagen, seien aneinandergereiht und künstlich zu einer Pseudogeschichte miteinander verbunden.

Ich stimme ihm zu, da ich diese Erfahrungen in der ersten Dunkeltherapie oder mit den Träumen von Klienten auch gemacht habe.

[03/2010: Ich dachte in dem Moment an das dreimalige Einblenden der „Garnrolle mit der Perle" (siehe S. 173, 178 und 180), was auf den ersten Blick gar keinen Sinn ergab. Sie erschien „aus dem Blauen heraus", scheinbar völlig zusammenhangslos zum vorherigen Geschehen. Im größeren Bild zeigte sich dann aber der tiefere Sinn: Die Perle in der Garnrolle zeigte den inneren Fortschritt an und diese Kernaussage passte ganz genau zum aktuellen Geschehen der Wachträume und Erlebnisse, die auf ganz andere Weise das Gleiche aussagten wie die Garnrolle.]

Laut Holger ist dieses Wissen der zentrale Schlüssel für die Traumdeutung. Ich ergänze, dass es neben der Erfahrung und dem Wissen, wie die Seele sich ausdrückt, auch Einfühlungsvermögen und die Fähigkeit braucht, sich in das Traummaterial einzufühlen und die Kernaussage erkennen zu können. Holger stimmt diesbezüglich zu.

S.: „Oft kommen Klienten mit Träumen, die sie nicht verstehen, aber gern um ihre Bedeutung wissen wollen. Dann spreche ich aus, was mir dazu ‚kommt' und frage nach, ob meine Aussagen für sie einen Sinn ergeben. Oft fallen ihnen dann von selbst noch Zuordnungen ein oder sie bekommen aufgrund meiner Aussagen eine Art Geistesblitz, wodurch die Traumbotschaft plötzlich ganz klar und in der Tiefe verstanden wird. So entsteht im gemeinsamen Austausch aus verschiedenen Puzzleteilen ein größeres Bild, das sich irgendwann ‚rund' und im Bauch und im Herzen stimmig anfühlt. ‚Das ist es!', spüren und wissen wir dann beide. Immer ist es nach meiner bisherigen Erfahrung so, dass z. B. ein Albtraum danach nicht mehr als solcher gesehen wird, weil der Schatz, der im Traum verborgen war, gehoben ist. Ein entschlüsselter, tief verstandener und in der Seele geänderter Traum taucht danach nicht mehr auf, auch nicht als Albtraum. Träume, auch Albträume, sind also änderbar.

Ich bringe das Gespräch auf ein anderes Thema.

S.: „Ich habe eine Frage zu meinem Zwergen-Erlebnis aus der ersten Dunkeltherapie. Der Schamanismus gebraucht die Begriffe Ober-, Unter- und Mittelwelt. Ich würde die Erfahrung mit den Zwergen der Unterwelt zuordnen. Siehst du das mit den Welten auch so?"

H.: „Also du sagst, Ober-, Mittel- und Unterwelt, ich sage Körper, Seele, Geist. Wie bringst du beides übereinander?"

S.: „Die mittlere Welt wäre dann der Körper, die Seele die Unterwelt und der Geist die Oberwelt."

H.: „Ja. Damit kannst du die schamanischen Sachen, die das so räumlich darstellen, ganz klar definieren. Aber dein Zwergentraum ist komplexer. Er spielt sich zwar in der Seele ab, also in der Unterwelt – bildlich gesprochen: Höhlen, Tunnel, Bergwerk oder auch Unterbewusstsein, Seele, Hölle, das ist alles das Gleiche –, das ist schon so richtig gedeutet und da arbeiten halt auch Zwerge, aber diese Zwergen-Unterweltträume haben noch eine andere Ebene der Deutung, eine tiefere Ebene, die ich nicht schildern kann. Das Komische bei Zwergenträumen ist, dass sie von Menschen auf der ganzen Welt geträumt werden. Seit Ewigkeiten träumen Menschen von der Zwergenunterwelt. Der Psychologe sagt: ‚Ist ja logisch, klar – Seele, Unterwelt usw.', aber so einfach ist das nicht. Die Welt ist nicht mit dem einfachen Wissen, das wir haben, erklärbar. Das ist nur eine Oberflächenwelt. Die Welt ist tief, sehr tief …"

Ich frage Holger, ob er meine, dass es die Zwergenwelt in der Realität gäbe. Er bejaht die Frage und regt mich an, in den Zwergentraum, der mich tief berührt hatte, tiefer hineinzugehen, ihn noch einmal bewusst zu träumen.

S.: „Ich habe das heute bewusst weggedrängt. Da fällt mir eine Schwierigkeit ein, die ich unbedingt ansprechen wollte. Mir fallen so viele Erfahrungen aus der ersten Dunkeltherapie ein, z. B. die Drachenköpfe. Das sind aber alles nur Erinnerungen an die damaligen Erfahrungen. Die schiebe ich weg, weil das nur Gedanken sind; die Drachenköpfe sind nicht – wie damals – real und wirklich vor mir. Ich will nicht per Gedankenblasen etwas kreieren, das wäre künstlich, nicht real. Entweder sie tauchen wieder auf, wie damals, oder es kommt etwas ganz anderes. Wenn ich mich auf die Gedanken einlasse, dann kreiere ich daraus etwas und verhindere den realen Blick und dass vielleicht etwas ganz anderes kommt."

Sind Märchen wahr?

H.: „Das ist schon richtig. Dennoch – genau wie die Zwerge haben auch die Drachen zwei Realitätsebenen, die traumdeuterische, wo man psychologisch etwas deuten kann, und die tiefere. Ich würde noch mal da hineingehen, genau gucken, vielleicht träumt sich der Traum weiter. Das hat noch niemand erforscht. Denk an die ganzen sogenannten Märchen. Märchen heißt ja auf Deutsch maren und das heißt ‚wahre Geschichte'. Märchen, ein halbdeutsches Wort, so genommen, wie es ist, heißt ‚wahre Geschichte', während sich das im Laufe der Zeit umdrehte zu ‚Fantasiegeschichte'."

S.: „Ja. In der Erfahrung mit den Zwergen und den lebenden Bäumen zog ich auch sofort den Vergleich zu den Märchen. Ich fühlte mich wie im Märchenwald, weil alles, was ich sah, mir total bekannt vorkam aus den Märchen, die ich in der Kindheit gelesen hatte, und dachte: ‚Mensch, die Märchenwelt gibt es ja wirklich! Das hat sich keiner ausgedacht, sondern das sind niedergeschriebene wahre innere Erlebnisse von Menschen!' Das Märchen Schneewittchen z. B. wurde von einer menschlichen Person erlebt, so, wie ich das Erlebnis mit den Zwergen und den lebenden Bäumen erfuhr. Mein Zwergenerlebnis ist ein Märchen, das erst einen Anfang hat und noch auf den Hauptteil und das Ende wartet. Meine Angst hinderte mich damals, tiefer in den Wald zu gehen – dort findet der Hauptteil statt. Demnach sind Märchen realisierte innere Erfahrungen einzelner Leute."

H.: „Märchen sind keine Träume, auch keine Schäume. Ich meine, dass dein Zwergentraum ein Traum war auf einer Ebene, aber es ist auch ein Ansatz da, die Traumebene zu verlassen. Er hat eindeutige sinnbildliche träumerische Qualitäten – wie du in der Lore herumfährst, das muss man schon psychologisch deuten. Andererseits kommen ein paar Elemente vor, da bist du nicht mehr im Traum."

S.: „Es war absolute Realität, eine Erfahrung, kein Traum. Auch die Fahrt mit der Lore war für mich real wie der Rest auch."

[05/2011: Ich stieß hier (und auf den folgenden Seiten) auf ein altes Thema in mir und verteidigte mich, befand mich im Überlebensmechanismus (AP) und konnte Holgers Erklärungen daher nur schwer folgen; ich war verwirrt und sah einfach nicht

mehr durch. Selbst Dinge, die mir im Allgemeinen klar waren, wurden ausgeblendet. In mir wehrte sich alles gegen Holgers Darstellung, die Zwerg-Erfahrung sei ein Traum gewesen, da dies bei mir ankam, als würde er damit sagen: „Alles nicht wahr!" Auf die Möglichkeit, dies anzusprechen, kam ich nicht – typisch für Überlebensmechanismen, da alles unbewusst abläuft. Siehe auch Anmerkungen S. 184 und S. 253 unten.]

H.: „Ja, deswegen ist es so ein Mischtraum. Erst hast du einen Traum, dann hast du Mischträume – Traum und Realität – dann bist du jenseits des Traumes in einer sekundären Realität."

S.: „Was ist das jetzt, psychologisch gesehen? Ist das Seele oder was ist das? Wo war ich denn da?"

H.: „Du bist schon im Seelenreich. Aber das Seelenreich besteht nicht nur aus menschlichen Seelen. Die Menschen sind nur eine Population im Seelenreich. Das Seelenreich ist die Plasmawelt oder Unterwelt oder wie immer du das benennen willst, eine Nachbardimension. Das ist eine gigantische Welt mit unglaublich vielen verschiedensten Spezies, wie in einem Science-Fiction-Film."

S.: „Und die Götter gehören auch dahin?"

H.: „Ja, die wohnen dort."

S.: „Also die Götter und die Zwerge – das ist alles eine Ebene?"

H.: „Alles wohnt dort."

S.: „Ich dachte, die Zwerge und Ähnliches gehören zur Unterwelt und Götter und Ähnliches zur Oberwelt."

H.: „Das ist der große Trugschluss. In meinem Buch ‚Das Totenbuch der Germanen' ist alles genau beschrieben; das ist die erste Deutung in der Geschichte über die Edda. Du kennst die Edda?"

S.: „Nein."

H.: „Das ist unsere Bibel, unsere Geschichte. Das sind die germanischen Mythen, da geht es unter anderem um Zwerge und Götter. Die Seelenwelt besteht ja nicht nur aus unseren Seelen. Wir sind eine kleine unbedeutende Spezies."

Übergangsbereich zur Nachbardimension

S.: „In dieser anderen Welt, die mit den Märchenbäumen, kam ich damals nicht weiter – hatte das nicht nur etwas mit meinen Ängsten zu tun?

Es war wie eine Mutprobe oder Herausforderung, die ich nicht bestanden habe. Ich war, so meine ich, noch nicht reif genug dafür, hatte zu viel Angst und vor allem Unkenntnis über diesen Bereich – ich war da ja noch niemals vorher. Vor allem war das so real, so lebendig und die Bäume konnten eigenständig Dinge tun, die üblicherweise Bäume nicht können. Sie hätten mich umbringen können – ganz real! – und das löste furchtbare Angst aus und äußersten Respekt. Das war eine Welt, die nichts mit meiner Innen- oder Außenwelt zu tun hatte, die ich sonst kenne. So kommt es mir jedenfalls vor. Ich hatte auf diese Welt keinen Einfluss, auf meine Innenwelt habe ich schon Einfluss, die ist änderbar, wenn das auch ziemliche Mühe macht und viel Arbeit ist und mir auch viel abfordert an Mut und dergleichen."

H.: „Es ist in dem Gebiet schwer zu unterscheiden, ob wir noch im symbolischen Traumbereich oder bereits in der realen anderen Welt sind, weil sich das an dieser Nahtstelle überlappt. Und dann kannst du schwere Fehler machen, also falsch deuten. Deshalb an der Nahtstelle besser den Mund halten. Verstehst du, wie ich meine?"

S.: „Ich weiß nicht."

H.: „Sagen wir mal – in deinem Zwergentraum kurvst du in der Lore da unten herum und das ist sicherlich symbolisch zu deuten. Ich will mal so sagen: Im Seelenreich gibt es keine Lore, auch keine unterirdischen Stollen, weil es keine feste Materie gibt. Da hackt auch kein Zwerg mit einem Pickel Gold aus dem Stein. Aber auf der Seelenebene ist das völlig o. k., da wird halt das Seelische nach unten psychologisch verlagert als die Unterwelt, Gänge, Höhle etc. Das ist halt so, das ist ein Archetyp, also kann es nur träumerisch zu deuten sein, aber gleichzeitig kannst du trotzdem bereits in der Nachbardimension sein, diese aber, weil du noch Scheuklappen oder Tomaten auf den Augen hast, kannst du noch nicht richtig erkennen und deutest sie dann mit irdischen Metaphern, wie Erde, Pickel, Zwerge, Unterwelt usw."

S.: „Ach, ich selber habe das so gedeutet?"

H.: „Ja, weil du noch Tomaten auf den Augen hast."

S.: „Aber wie erkenne ich das denn?"

H.: „Das ist Übung. Hier an dieser Nahtstelle weiß ich jetzt nicht, also ich zumindest kann es nicht erkennen. Es kann beides sein. Also ich würde es psychologisch deuten, aber vielleicht bist du schon de facto tatsächlich in der Nachbardimension, aber du kannst sie noch nicht richtig sehen. Das haben wir bei allen Todeserfahrungen. Die Leute sind mitten im Todesreich, die Seele ist abgelöst und sie erzählen den größten Quatsch, wie es da aussieht, weil noch die irdischen Bilder bzw. Strukturen, wie Raum, Zeit, dreidimensional usw., in ihnen nachwirken. Da haben sie quasi eine Brille auf und damit sehen sie jetzt die nichtzeitliche, nichträumliche, nichtfarbliche Nachbarwelt. Sie sehen sie wie durch eine Prismabrille, also total verstellt. Aber trotzdem sehen sie schon die reale Welt, aber durch das Prisma verunstaltet. Und so kann es jetzt auch mit deinem Zwergentraum sein. Die Seele hat schon den Körper verlassen, du bist schon dort, aber da echoten noch deine irdischen Erfahrungen nach. Das ist irgendwie überlappt und man kann es nicht mit Sicherheit sagen. Also mit Sicherheit war deine Seele nicht außerhalb deines Körpers, was nichts heißt. Du kannst in die Nachbardimension reisen und die Seele bleibt trotzdem fest im Körpergebilde stecken."

S.: „ Das ist mir immer noch nicht klar. Wenn ich außerhalb des Körpers bin, dann stirbt doch der Körper, oder nicht? Die Seele belebt doch den Körper. Wenn die Seele den Körper verlässt, dann ist doch Herzstillstand."

H.: „Nein. Das Herz hat doch eine Nabelschnur zum Seelenkörper. Das steht halt eine Zeit lang still, es darf nur nicht zu lange stillstehen. Erst wenn es z. B. länger als drei Minuten stillsteht, bist du tot. Aber in den drei Minuten kannst du zurückkommen mit der Seele und bist dann wieder o. k."

Indikatoren für Außerkörperlichkeit

H.: „In diesen Träumen sagen die Leute, sie sind 50 Jahre oder fünf Tage weg gewesen, aber nicht zwei Minuten. Wenn du jetzt länger weg bleibst, dann bist du halt tot, fertig. Kein Sauerstoff. Tod. Aber es gibt einige Indikatoren, woran du erkennen kannst, dass du außerhalb des Körpers bist. Und dann kannst du sagen: Aha, das kommt in dem Traum vor, also ist sie jetzt außerhalb des Körpers."

S.: „Was sind das denn für Indikatoren?"

H.: „Wenn du z. B. einen Knall hörst oder durch einen Todestunnel gehst. Also all die Nahtoderfahrungsmotive, das sind ja Dutzende. Wenn du Fall-, Aufstiegs- oder Drehgefühle hast, wenn du im Liegen meinst, du fällst, du schwebst hoch oder du drehst dich um die eigene Achse."

S.: „Als Kind bin ich fast jeden Abend in eine bodenlose dunkle Tiefe gefallen und habe deswegen oft geweint – es war ein schreckliches Gefühl!"

H.: „Ja, du fällst. Das ist bei den meisten Leuten so, die fallen quasi durch das Bett. Du weißt aber, das geht gar nicht, kein Mensch fällt durch das Bett. Aber so drückt sich das Verlassen der Seele aus dem Körper aus. Diese drei Empfindungen hast du dann. Manche hören einen Schlag oder irgendein Geräusch – oft ein Klopfen, dreimal oder einmal. Das sind alles Phänomene, die noch keiner wirklich untersucht hat. Daran kannst du erkennen, dass es jetzt jenseits des Traumes geht. Das heißt, du gehst mit der Seele raus aus dem Körper. Also Traum kannst du definieren, wenn die Seele im Körper bleibt, Nichttraum, wenn die Seele außerhalb des Körpers ist."

S.: „Wenn mir einer erzählen würde, er hätte außerkörperliche Erfahrungen, müsste er mir das erst beweisen, ich würde das nicht so ohne Weiteres glauben." *(03/2010: Hier zeigt sich mein zweifelndes PP-Introjekt.)*

H.: „Das ist dein Problem, du musst die Phänomene kennen. Wie soll er denn das beweisen?"

S.: „Indem ein Ort ausgemacht wird, an welchem bestimmte Dinge hinterlegt sind und derjenige beschreibt dann, was er vorfindet."

H.: „Ja, aber die meisten Leute können das nicht bewusst, das passiert ja alles spontan. Das kannst du nicht reproduzieren."

S.: „Es gibt schon Leute, die behaupten, sie hätten ständig außerkörperliche Erfahrungen und könnten bewusst den Körper verlassen."

H.: „Die lügen meistens oder bilden sich etwas ein. Im Allgemeinen nicht, das ist hochgradig selten. Und dann ist noch eine hohe Fehlerquote vorhanden. Du musst die Phänomene kennen."

S.: „Es gibt ja Bücher darüber – da ist es kein Problem, sich Wissen anzulesen und dann zu behaupten, außerkörperliche Erfahrungen zu haben."

Holger meint, die meisten Bücher darüber seinen Nonsens und man müsse aufpassen, welche Bücher man liest, weil das mal eine Modewelle war und demnach viele Bücher darüber auf dem Markt seien.

S.: „Ich habe Angst, nicht wieder in den Körper zurückzukommen."

H.: „Nein, das geht nicht. Du kannst natürlich immer sterben, z. B. wenn du einen Hammer auf den Kopf bekommst, also eine körperliche

Schädigung vorliegt. Wenn du physisch topfit bist und dann die Seele den Körper verlässt, dann ist ja der Körper o. k. und dann passiert das einfach spontan. Abgesehen davon geschieht es bei allen Menschen jede Nacht im Tiefschlaf und keiner stirbt dabei. Die Seele geht ins Jenseits, um sich dort zu regenerieren. Davon ist aber so gut wie keine Erinnerung vorhanden."

S.: „Ich hatte 2002 einmal beim Aufwachen das Gefühl, als ob ich mit einer Affengeschwindigkeit aus ca. sechs Metern Entfernung in den Körper hineingezogen werde. Mein Magen hat sich dabei umgedreht, so hoch war die Geschwindigkeit und mir war schlecht danach. Achterbahn ist langsam dagegen. Es war wie Lichtgeschwindigkeit. Ist das so eine Erfahrung?"

H.: „Dann bist du gerade aus dem Jenseits zurückgekehrt. Das ist ein eindeutiges Indiz. Du hast also nicht erinnert, wo du warst. Aber aus irgendeinem Grund, vielleicht war eine Störung im Raum oder im Körper, wurdest du zu schnell zurückgezogen und das ist dir nicht gut bekommen. Das tut dem Körper nicht gut. Das ist z. B. ein eindeutiges, hundertprozentiges Indiz, dass du außerhalb des Körpers warst. Deswegen sagt man bei den Naturvölkern, wenn die Leute im Tiefschlaf sind, nicht anrühren, nicht laut sprechen, nicht stören, denn wenn die Seele so plötzlich zurückkommt, kann sie erkranken. Sie bekommt einen Schreck, einen Schock, und fährt sofort zurück in den Körper. Das ist das, was ich vorhin meinte, die zweite Ebene des Träumens. Da wird es interessant jenseits der Sinnbilddeuterei."

Holger verabschiedet sich mit dem Hinweis, dass es gut wäre, wenn ich die Edda lesen würde, um zu wissen, was unsere Vorfahren wussten. Die Edda – das seien keine Märchen.

Angst vor den lebenden Bäumen

Ich bin echt aufgekratzt nach dem Gespräch mit Holger. Vor allem seine Aussage, dass die Zwerge und Drachenköpfe noch eine andere, eine zweite Ebene haben, lässt mir keine Ruhe. Ich beschließe, baden und dann schlafen zu gehen und morgen noch einmal den Märchenwald aufzusuchen. Bei dem bloßen Gedanken daran spüre ich in der Tiefe die Angst lauern. Ich habe keine Ahnung, wie mit den lebenden Bäumen umzugehen ist, sodass ich gefahrlos die Allee entlanglaufen kann. Das „Zauberwort" fehlt mir und ich kann meine Angst, dass die Bäume mich umschlingen und festhalten, bis ich verhungert bin, nicht einfach ausschalten – es gibt keinen Schalter dafür in mir. Diese Bäume haben eine Realität, die genauso real ist wie die äußere Realität. Es gilt, Prüfungen zu bestehen und Probleme zu lösen – wie im realen Leben auch. Aber hier, im Inneren, gelten andere Gesetze als außen, die es herauszufinden gilt. Hier, im tiefsten Inneren, bin ich voll auf mich allein gestellt mit meinem Erfindergeist, Mut und meiner Angst, die durch die verschiedensten schwierigen und mir völlig unbekannten Situationen sofort ausgelöst wird. Ich wusste gar nicht, dass so viel Angst in mir ist, denn ich hielt mich bislang nicht für einen ängstlichen Menschen.

Zarter, klarer Gesang

Ich liege im Bett und höre nach einer Weile voller Schrecken das feine Summen einer Mücke. Alle meine Antennen sind darauf ausgerichtet zu spüren, wann und wo sie sich an welcher Stelle meines Kopfes niederlässt. Mit der Zeit nervt mich das Summen und ich stecke beide Finger fest in die Ohren, um es nicht mehr zu hören. Nun dröhnt in meinem linken Ohr mein Herzschlag, was sofort meine Aufmerksamkeit auf sich zieht. Fasziniert höre ich dem kraftvollen Wummern des Herzens zu, das nach einiger Zeit leiser wird, bis es ganz verschwunden und in ein Rauschen auf dem rechten Ohr übergegangen ist – als ob ich am Meer stehe und den Wind pfeifen höre oder eine große Meeresmuschel dicht an meinem Ohr habe. Nach und nach breitet sich das Rauschen auf die gesamte rechte Kopfhälfte aus, bis es wenig später auch die linke Kopfseite erfasst hat. Irgendwann wird das Rauschen von einem sehr zarten, feinen, äußerst klaren Gesang abgelöst, den ich in weiter Ferne höre. Ich lausche vertieft in das Geschehen und versuche vergeblich, dem wundervollen lieblich-sphärischen Gesang näherzukommen. Als nach einer Weile der Gesang verschwindet und stattdessen wieder deutlich das Mückensummen zu hören ist, wird mir klar, dass dies keine Mücke sein kann, denn meine Finger stecken so fest in den Ohren, dass ich äußere Geräusche unmöglich hören kann. Im Bewusstsein, dass meine Psyche mir einen Streich gespielt hat, ziehe ich erleichtert die Finger aus den Ohren und beachte das Mückengeräusch nicht weiter. Irgendwann ist es auch verschwunden. Die Nacht war gelaufen, ich jedoch bin um eine innere Erfahrung reicher.

5. Tag – Im Zwielichtbereich

Mein Gott, wie schnell die Zeit vergeht! Eben war noch Freitagabend! Mir ist, als ob erst einige Stunden seitdem vergangen sind, nicht schon über drei Tage. Gedanken tauchen auf, die Unzufriedenheit und eine Erwartungshaltung ausdrücken. Schnell entlasse ich diese aus meinem Kopf, denn wenn ich mich darauf einließe, würde ich unwirsch, sauer und genervt reagieren.

Ich sehe überall Lichtpünktchen, gleich einem Sternenhimmel, auch wenn die Pünktchen viel kleiner und nicht so hell wie die Sterne sind. Ich habe den Eindruck, als ob es dämmrig hell ist im Raum.

Wandel des Heubodens

Ich sitze in Meditation und folge meinem Impuls, den Heuboden aufzusuchen, dessen heller Holzfußboden eine wohlig-warme Atmosphäre in den gesamten Raum ausstrahlt. Ich sitze im Schaukel-Liegestuhl mit Blick auf das sperrangelweit offene Tor und genieße die breit gefächerten Sonnenstrahlen, die gleich einem golden flimmernden Seidentuch wärmend meine Haut berühren und den Raum in ein leuchtendes Gelb tauchen. Ich rutsche mit meinem Liegestuhl näher an das Tor, das seine Bedrohlichkeit verloren hat, sodass mein Blick uneingeschränkt mit der Sonne und der Weite des strahlend blauen Himmels in Kontakt treten kann – mir ist, als ob ich auf einer Veranda sitze. Ich genieße die Aussicht und die heilende Stimmung mit jeder Faser meines Seins. Herrliche Ruhe um mich herum und in mir. Nach einer Weile gehe ich nah an das Tor heran, schaue nach rechts und stehe plötzlich zu ebener Erde, sodass ich nach draußen treten kann … in einen Garten. Direkt vor mir wachsen etliche stattliche Tomatenpflanzen, so hoch wie ich, an denen kleine, mittlere und große Tomaten hängen. Schon wieder Tomaten – ich muss lachen, weil mir die Tomatenphilosophie aus dem ersten Dunkelretreat einfällt. Die Tomaten sind noch überwiegend grün, nur einige wenige beginnen sich zart rötlich zu färben. Der rechte Rand des Tomatenfeldes ist durch einen schmalen, kaum einen Schritt breiten Gang begrenzt, an den sich ein größeres Sonnenblumenfeld anschließt. Auch die Sonnenblumen sind mindestens so groß wie ich. Der schmale Durchgang zwischen beiden Feldern wird von den Pflanzen zu beiden Seiten fast verdeckt und wirkt daher wie ein Dschungelweg. Wieder in meiner Veranda sitzend, schaue ich direkt vor dem Tor auf eine kleine

Rasenfläche, ca. drei mal fünf Meter groß; linker Hand befinden sich die Tomaten und geradezu das Sonnenblumenfeld, das sich bis zum rechten Torrand erstreckt. Ich schätze, dass die Tomaten vielleicht in einer Woche reif sein werden. Es sieht so aus, als ob das richtig leckere, saftige, tolle Tomaten werden. Den engen Dschungelweg mag ich nicht entlanggehen – die Zeit ist meinem Gefühl nach noch nicht reif dafür. Ich liege zufrieden in meinem Schaukel-Liegestuhl, schaue in die Sonne und auf die Natur vor mir, und habe nicht mehr wie früher das Gefühl, dass der Heuboden ganz weit oben ist, sondern zu ebener Erde – eigenartig, wie sich das ändert. Es ist jetzt auch kein Heuboden mehr, sondern eher ein riesiges Wohnzimmer. Aus dem Tor ist eine schmucke weiße verglaste Terrassenschiebetür geworden. Das Wohnzimmer ist schlicht, einfach, gemütlich und klar eingerichtet – eine gravierende Veränderung, die mich absolut überrascht. Damit hätte ich nie gerechnet. Ich verlasse, immer noch beeindruckt über den unerwarteten Wandel, das Wohnzimmer, um in meinem Herzraum nach der Höhle zu schauen. Kaum gedacht, bin ich auch schon da und sitze am Rande des erkalteten Lagerfeuers. Ich lausche aufmerksam in die dunkle Höhle hinein. Nach einiger Zeit nehme ich in ca. 15 Metern Entfernung auf dem felsigen Höhlenboden eine kleine Einbuchtung wahr, in der sich eine flache Wasserpfütze angesammelt hat. In größeren Abständen fällt mit einem lauten hellen Klingen ein Wassertropfen hinein. Bing … bing … bing … es ist ein klarer, heller, schallend klingender Ton. Ich sehe absolut nichts, trotzdem weiß ich von dem Wasserloch vor mir, weiß um seine Form, die Wasserfüllhöhe und die Entfernung, die zwischen uns liegt. Ich fühle mich gut, frei von jeglicher Angst, obwohl es stockdunkel in der Höhle ist. Es scheint hier meine Aufgabe zu sein, einfach zu sitzen und nur da zu sein. Ich beende meine Meditation vorerst.

Ein paar Dehnungsübungen fegen das Müde und Dunkle, das sich auf meine Seele gelegt hatte, kurzerhand weg und beleben den Körper auf erfrischende Weise.

Tai Chi

Ich wundere mich, warum ich mich bisher nicht zum Tai Chi aufraffen konnte, obwohl ich mich doch so auf die Übungen im Dunkeln gefreut hatte. Jetzt tue ich es einfach, auch wenn ich noch immer überhaupt keinen Trieb dazu habe. Viel lieber würde ich mich nach dem kurzen „Sportprogramm" wieder hinlegen.

Der Körper fühlt sich nach dem Tai Chi unglaublich prickelnd lebendig und einfach nur gut an; ich bin sehr froh, die Form doch gelaufen zu sein. Aber es war so schwer, die Übung bis zum Ende durchzuziehen, da es mich magisch immer wieder in Richtung Bett zog. Eine liebliche und verführerische Stimme flüsterte mir pausenlos zu: „Hör auf und lege dich lieber wieder hin! Wozu quälen? Ruh dich aus! Du merkst doch, wie schlapp sich dein Körper anfühlt." Da ich jetzt jedoch fühle, wie gut mir die Übung getan hat, nehme ich mir vor, mindestens einmal am Tag die Form zu laufen. Ich will mich nicht mehr irreleiten lassen von den Gedanken und dem Schlappheitsgefühl. Zudem schult die Übung meine Aufmerksamkeit, da der Raum sehr klein ist. Wenn ich nicht achtsam bin, stoße ich gegen die Wand. Die äußeren Umstände erfordern ein wirklich bewusstes Üben im langsamsten Zeitlupentempo. Am besten ist es, die Wand schon vor der Berührung zu spüren. Das erfordert meine höchste Konzentration auf die Übung und die im Dunkel liegende Umgebung. Mir fällt jeder Gedanke auf, der durch mein Gehirn huscht und mich von der Übung wegtragen möchte. Im Alltag nehme ich das nicht so klar war, wenn überhaupt. Zu groß ist der Einfluss der Umwelt – allein schon durch die Geräusche und alles, was das Auge sieht. Wie unermesslich groß das Informationsfeld ist, das auf mich einströmt, mich beeinflusst und mit all meinen Daseins-Ebenen in ständiger Wechselwirkung steht, hätte ich nie gedacht. Seitdem ich das weiß, entscheide ich bewusster, womit und mit wem ich mich umgebe. Ich schaue kein Fernsehen mehr, höre nur noch selten Radio, wähle aus, was ich in der Zeitung lese und wer zu meinem Freundeskreis gehört. Alles, wirklich **alles** hat Einfluss auf uns, auf unser Wohlbefinden und unsere Gesundheit.

Was ich denke, geschieht

Die Trägheit und das Dumpfe sind verflogen; ich bin jetzt wach genug für eine Meditation. Der Lotussitz fällt mir mittlerweile leicht, meine Wirbelsäule ist kerzengerade aufrecht. Nach einer Weile nehme ich wahr, dass vom siebenten Brustwirbel an abwärts mein gesamter Körper ganz locker und entspannt ist, während oberhalb desselben eine starke Spannung besteht, die den gesamten Brustraum ausfüllt, sich bis hoch zum Nacken, Hals und zu den Ohren erstreckt und weiter nach vorn in den Kopf bis zur Stirn zieht. Der Körper reagiert auf etwas mir Unbewusstes so stark, dass ich kaum durchatmen und schon gar nicht in den Bauch hinunteratmen kann. Mit hoher Konzentration und Wachheit beobachte ich weiter. Plötzlich kommt mir eine erleuchtende Idee: Alles, was ich denke und fühle, geschieht! Wenn ich in der anderen Dimension im Märchenwald bin, dann setzt sich augenblicklich das um, was ich denke und fühle. Wenn ich denke, der Märchenwald ist schrecklich, dann ist er es auch. Oder wenn ich Angst habe, die Bäume könnten mich gefangen nehmen, dann passiert genau das. Wenn ich ehrlichen Herzens eine andere innere Haltung habe, dann müsste es auch anders sein. Wenn ich also im Bergwerk mit der Lore stehen bleibe und mich nicht traue auszusteigen, weil ich Angst habe, dass die Lore ohne mich weiterfährt, dann kann ich das doch ändern, indem mir klar ist, dass die Lore stehen bleibt, weil ich es so will. Nicht der Schaffner bestimmt, wann die Lore weiterfährt. **Ich** bin diejenige, die alles kreiert, wie auch immer es abläuft. Dagegen spricht, dass ich den Eindruck hatte, auf das Geschehen im Zwergenreich keinen Einfluss zu haben. Aber ich habe es auch nicht bewusst versucht, darauf Einfluss zu nehmen, da ich voll gefangen war in dem, was ich gerade erlebte. Ich konnte in dem Moment überhaupt nicht daran denken, dass ich der Steuermann bin. Was ich zu sehen bekam, löste sofort Gefühle in mir aus, meistens Angst. Es war zu neu und ungewöhnlich gewesen. Dadurch habe ich den Dingen (Zwerg, Lore, Bäume) die Macht in die Hand gegeben, mit mir zu machen, was sie wollen. Wow! Ich kann also wirklich auch die Lore selbst fahren lassen, wenn ich in dem Moment daran denke, dass ich der Steuermann bin – das ist die einzige Schwierigkeit, im entscheidenden Moment daran zu denken und zu handeln und sich seiner selbst bewusst zu sein.

Besuch des Zwerges und der lebenden Bäume

Diese Erkenntnis lässt mich schlagartig hellwach sein und ich gehe sofort – frohen Mutes und ohne jegliche Bedenken oder Angst – in das Zwergenreich, laufe mit dem Zwerg den Eisenbahntunnel entlang, der Zug kommt, wir schmeißen uns beide zwischen die Schienen …, dieses Mal ist schon alles bekannt und ich weiß, was zu tun ist. Ich laufe dem Zwerg hinterher, der nicht auf mich reagiert. Wir kommen an den Ausgang vom Tunnel und treten ein in eine gänzlich andere Welt. Das Gras ist so hoch wie ich, sodass ich die Fläche nicht mehr überblicken kann. Das ist anders als beim ersten Mal und ich bin erstaunt. Der Zwerg bahnt sich einen Weg durch das hohe Korn – es ist ein Kornfeld. Ich laufe ihm, mich immer wieder nach dem Ausgang umdrehend, mit einigen Bedenken hinterher, da wir ja nach ein paar Schritten das Loch *(den Ausgang vom Eisenbahntunnel, durch den wir wieder zurückmüssen)* nicht mehr sehen können – etwas, wovor mich der Zwerg beim ersten Mal gewarnt hatte.

[11/2007: Da jetzt ganz andere Dinge zu sehen sind, als ich in Erinnerung hatte, fesselt mich das Geschehen abermals und ich bin mir hier schon nicht mehr bewusst, dass ich per Gedanken alles steuern kann und wollte.]

Ich vertraue dem Zwerg und laufe dicht hinter ihm her. An einer Stelle hält er an und beginnt, das Korn mit der Sense zu ernten. Sobald er ein paar Streifen geschnitten hat, bindet er die Ähren zu Bündeln zusammen. Ich schnappe mir die Sichel und so arbeiten wir beide zusammen. Wir schneiden um uns herum eine Fläche frei. Ich mache es ebenso wie der Zwerg, achte darauf, dass meine Bündel genauso dick sind wie seine. Die Länge ist ja durch die Höhe der Kornhalme bestimmt, aber die Dicke der Bündel nicht. Wir haben schon eine ganz schön große Fläche frei. Ich weiß, wo die Bäume stehen, sehe sie aber durch das Kornfeld nicht. Der Zwerg arbeitet ohne Pause. Ich habe den Eindruck, dass er mich nicht wahrnimmt. Er arbeitet sich rechts von mir durch den „Kornwald", während ich die linke Seite mähe und mich in Richtung Loch vorwärtsbewege. Ich schneide den Rückweg frei. Wir haben schon einen großen Haufen geschnitten. Als ich meinen Blick darübergleiten lasse, sehe ich, dass einige seiner Bündel nur halb so lang sind wie die anderen. Offensichtlich schneidet der Zwerg die Bündel noch einmal zur Hälfte durch. In halber Länge kann er die Bündel besser tragen. Der Zwerg geht mir von der Größe her bis knapp unter den Hüftknochen und ich frage mich, wie der Zwerg das alles nach Hause tragen will. Wir sind fertig, das Kornfeld ist abgeerntet. Plötzlich bemerke ich eine Lore auf den Schienen. Sie war mir vorher nicht aufgefallen, vielleicht stand sie auch gar nicht da. Der Zwerg schnappt sich mit beiden Armen ein paar Bündel und schmeißt sie in hohem Bogen in die Lore. Ich mache es ihm nach. Die Kornbündel pieken und zerkratzen meine Unterarme. Der Zwerg arbeitet unermüdlich in einem stets gleichmäßigen, ruhigen Tempo. Er ist sehr konzentriert, kein Handschlag ist zu viel und jeder einzelne Handgriff sitzt auf Anhieb. Alles sieht reibungslos, harmonisch, geschickt, mühelos und irgendwie perfekt aus – ich bin begeistert. Seine Ruhe strahlt auf mich aus und obwohl ich diese Arbeit noch nie gemacht habe, gelingt sie mir gut. Der Zwerg schickt, als alle Kornbündel aufgeladen sind, wortlos die Lore nur mit einer Handbewegung – er zeigt mit seiner rechten Hand einfach nach rechts – in den Tunnel und die Lore fährt los. Er dreht sich in meine

Richtung um und unsere Blicke treffen sich – wir schauen uns direkt in die Augen. Ich verbeuge mich vor ihm mit in tiefster Ehrerbietung und Achtung. Er schaut ganz freundlich, als ob er mir „Danke“ sagt. Das ermutigt mich, ihn anzusprechen: „Ich würde gern zu dem Märchenwald gehen.“ Ich habe mir Hilfe und Unterstützung von ihm erhofft. Er hebt achselzuckend die Schultern, als wollte er sagen: „Das ist dein Bier, das geht mich nichts an.“ Dann dreht er sich um, schultert seine Sense und das Eimerchen mit der Sichel und läuft nach links in den Tunnel. Ich stehe da wie ein begossener Pudel, schaue ihm hinterher, wie er sich im Tunnel immer weiter von mir entfernt. Ein paar Schritte vor mir sehe ich einen ca. zwei Meter langen Stock liegen, den ich aufhebe und direkt vor mir in die Erde ramme. An seinem oberen Ende flattert eine große wimpelähnliche rote Fahne. Der Stock hilft mir, das Loch nicht aus dem Auge zu verlieren, obwohl jetzt keine Gefahr mehr ist, da rings um das Loch alles abgeerntet ist und dadurch der Tunneleingang völlig frei zu sehen ist. Ich fühle mich so allein nicht recht wohl in der mir fremden Gegend und rufe mein Krafttier – kaum gerufen, ist mein Adler auch schon da und nimmt Platz auf meinem ausgestreckten rechten Arm. Etwas zögerlich gehe ich in Richtung Bäume und bin, je näher ich komme, erstaunt, keinerlei Angst wahrzunehmen. Die Bäume sehen auch anders aus … als ob sie großen Durst haben. Sie alle mit der Gießkanne zu wässern, macht keinen Sinn. Ich setze den Adler am Boden ab und lege zwei graue Feuerwehrschläuche, einen links, den anderen rechts des Weges, direkt an die Baumwurzeln und drehe den Wasserhahn bis zum Anschlag auf. In einem dicken Strahl fließt das Wasser von Baum zu Baum … nun können sie sich satt trinken. Ich fühle tiefste Zufriedenheit. Der Adler breitet plötzlich seine Flügel aus und startet. Er fliegt die Baumallee entlang, dicht unterhalb der geschlossenen Kronendecke, die nur aus kahlen knorrigen Ästen gebildet wird und ein Dach über dem Weg bildet. Ich nehme seinen Flug als Hinweis auf, dass ich die Allee gefahrlos entlanglaufen kann. Es gibt keine Bedenken mehr, dass die Bäume mich umschlingen und festhalten, wenn ich zwischen ihnen hindurchlaufe. Ich warte jedoch noch, bis alle Bäume genug Wasser haben. Währenddessen nähere ich mich dem ersten Baum, der links von mir steht, und berühre zaghaft und vorsichtig seine Rinde. Erstaunt stelle ich fest, dass die Bäume sich durch das Wasser verändern. Sie sehen lebendiger und frischer aus und die Rinde erscheint heller. Ich habe das Gefühl, dass der Baum sich bei mir bedankt. Es ist so schön, ihn anzufassen – er lebt! Tiefste Freude durchflutet mein Herz. Der

Baum fühlt sich warm an und ich spüre sein pulsierendes Leben unter meiner Handfläche. Mein Adler kommt zurückgeflogen … mit einem Halm im Schnabel. Er landet direkt vor mir, reckt seinen Hals, als ob er mir den Halm entgegensteckt. Ich nehme den Stängel an mich, keine Ahnung, was ich damit soll, aber er wird schon seinen Sinn haben. Plötzlich sind alle Bäume weg, gleichzeitig spüre ich, wie ich tiefer absinke, als ob ich die Ebene wechsele oder mit dem Fahrstuhl eine Etage tiefer fahre. Ich sehe etwas Helles … bin in etwas Hellem drin … eine helle Masse … Jetzt stehe ich wieder an dem Baum und fasse noch immer seine Rinde an. Das Wasser ist schon bis gut zur Hälfte der langen Allee weitergelaufen; alle Bäume, die schon Wasser haben, saugen es durstig auf. Ich laufe langsam die Allee entlang … die Bäume verneigen sich vor mir, als ob sie mir „Danke" sagen. Es ist ein unbeschreibliches Gefühl … ihre tiefe Ehrlichkeit berührt mich sehr. „Bitte, ihr Bäume", antworte ich, selbst zutiefst dankbar, auf ihren Dank. Auf der Hälfte des Weges bleibe ich stehen und schaue zurück. Die beiden ersten Bäume haben sich zueinander bis zum Boden geneigt, sodass sie quer über dem Weg liegen und diesen versperren. Es löst jedoch keine Angst in mir aus, für mich ist es eher, als ob sie den Weg wie zum Schutz verschließen. Ich fühle mich sehr sicher und weiß, wenn ich wieder zurückmöchte, geben die Bäume mir den Weg frei. Ich muss es nicht austesten, ich weiß einfach, dass es so ist, dass ich nicht gefangen bin. Eine magische Stimmung umgibt mich. Jeder Baum, an dem ich vorbeigehe, legt sich, nachdem ich vorbei bin, hinter mir auf die Erde und wird ganz platt. Wirklich komisch – die Bäume sind nun eine Baumstraße. Ich laufe die noch vor mir liegende Allee weiter … und immer weiter …

Auf einmal höre ich ein Geräusch und denke, dass Holger kommt. Ich laufe die Baumstraße zurück, sehe in der Ferne den Stock mit dem Wimpel, renne auf ihn zu und weiter nach links in den Tunnel, laufe ihn bis zu dessen Ende und krabble durch das Erdreich wieder nach oben.

Das mit Holger war ein Irrtum, denn er kommt nicht.

Ich gehe in meine Höhle und bin erstaunt, denn hier sieht es jetzt ganz anders aus … heller, nicht mehr so düster … ich kann die Einbuchtung, in der sich das Wasser sammelt, jetzt sehen. Aus dem nassen, feuchten, kühlen Raum ist eine trockene, wärmere, gemütliche Höhle geworden. Ich trete an das Wasserbecken heran und trinke einen Schluck von dem klaren, reinen Wasser … es ist kühl, schmeckt köstlich frisch und wirkt belebend und erfrischend. Von der Höhle gehe ich in meinen Vorgarten … die Tomaten wirken viel reifer …, sie sind schon fast erntereif. Eine ganz kleine, bereits rote Tomate stecke ich mir in den Mund. Sie ist vom Durchmesser her nicht größer als 2 Zentimeter und hat ein fruchtiges süßliches Aroma … super lecker … mir läuft das Wasser im Mund zusammen.

Gedanken über die verschiedenen Welten

Ich sitze noch immer in Meditationshaltung, bin mir bewusst, wo ich bin und mir gehen eine Menge Gedanken durch den Kopf: Sind die Bäume, der Zwerg, die Höhle, das Wohnzimmer alles nur Fantasien? Ich kann während der Erfahrungen sprechen und alles auf Band aufnehmen, kann reflektieren, wo ich bin, höre die Geräusche im Haus und auf der Straße, kann logisch denken, die Kassette wechseln, auf Toilette gehen oder mit Holger reden. Gleichzeitig bin ich real mittendrin in einer anderen, mir fremden Welt, erlebe und fühle in dieser Welt und genauso wie in der normalen Alltagswelt geschehen hier Dinge mit und ohne mein Zutun, nur viel schneller, z. B. die Bäume, aus denen von allein eine Baumstraße wurde oder die nun hellere und wärmere Höhle oder die Reifung der Tomaten. Die Höhle und die Tomaten veränderten sich, obgleich ich nicht dort war. Es scheint sich alles parallel zu ereignen und Veränderungen in der einen Ebene (Kornfeld, Zwerg, lebende Bäume) haben auch Veränderungen in den anderen Ebenen (Höhle, Wohnzimmer, Garten) zur Folge. Ich kann problemlos zwischen den Ebenen wechseln und erlebe unmittelbar und ganz real alle Ebenen mit allen Sinnen (sehen, riechen, fühlen, hören, schmecken), die hier um ein Vielfaches intensiver und klarer sind als in der normalen Alltagswelt.

[07/2010: Im Alltagsbewusstsein in der „Außenwelt" erscheinen mir die Sinne durch den Körper „gedämpft", als würden sie durch eine „Gardine" eingehüllt oder einen „Handschuh" abgedeckt sein, wodurch nicht mehr so klar und deutlich wahrgenommen werden kann, wie es ohne „Handschuh" oder „Gardine" im tieferen Bewusstseinszustand während der Dunkelzeit möglich war. Seit der Erfahrung verstehe ich die Aussage (die ich irgendwo gelesen habe), der Körper sei eine Hülle und das Werkzeug der Seele, mit dessen Hilfe sie in der materiellen Welt Erfahrungen machen und Dinge auf eine neue Weise tun könne.]

Ich brauche nur an die Höhle zu denken, schon bin ich da, ebenso ist es mit dem Vorgarten. Zu der Welt mit dem Zwerg und den Bäumen zu gelangen, erfordert jedoch den längeren Hinweg über Erdreich und

Tunnel; da kann ich nicht so einfach „hineinspringen". Per Gedanken kann ich zwar auch sofort da sein, es hat dann aber keinen lebendigen Charakter, sondern ist nur eine Vorstellung, ein Bild ohne Lebendigkeit, ohne Gefühle und Sinne und ohne stattfindende reale Veränderungen. In dem Bild kann ich nichts tun, ich kann es mir in meiner Erinnerung oder Vorstellung nur anschauen. Ich bin dann nicht als Akteur mittendrin, sondern bin nur ein Betrachter. Das ist ein großer Unterschied. Ich bin also mit meinem Bewusstsein in meiner Innenwelt, die sich aus verschiedenen Ebenen zusammensetzt, und kann gleichzeitig alles, was um mich herum im Außen geschieht, wahrnehmen. Ich springe zwischen dem Außen und Innen und in meinem Inneren zwischen verschiedenen Ebenen und Welten hin und her. Die Welt des Zwerges ist eine grundlegend andere als der Heuboden oder Vorgarten. Die Zwergenwelt gehört nicht zu mir, der Heuboden und Vorgarten schon. Die Höhle hat eine Art Mittelstellung – teilweise gehört sie zu mir *(Szene mit der Lanze)*, in anderen Elementen wieder nicht *(wo ich die Tropfen in ein Wasserbecken fallen höre und das Dunkel der Höhle eine Tiefe hat)*. So scheint es mir zumindest. Je nach meinem Bewusstseinszustand und meiner Klarheit verändern sich die Ebenen. Wenn ich zu Hause bin, erlebe ich überwiegend etwas im Außen, da das Bewusstsein ständig von äußeren Einflüssen beansprucht und abgelenkt wird, und es kommt zu Gefühlen, die durch die äußeren Umstände und meine Wertung dieser auftreten. Hier in der Dunkelheit bin ich überwiegend frei von äußeren Reizen, dadurch bekomme ich einen tieferen Zugang zu meiner Innenwelt und scheinbar auch zu einer anderen Parallelwelt, die ich so real erlebe wie sonst die Außenwelt, incl. meiner Sinne und Gefühle. Der Unterschied ist, dass mir vor allem die Welt der Zwerge vollkommen unbekannt und unverständlich ist. Es gibt dort Dinge, die ich von der Außenwelt her nicht kenne (z. B. Bäume, die ihre Äste wie Arme benutzen und sich verneigen können, oder lebendige! Zwerge) und dann ist es eine echte Herausforderung, mit den unbekannten Phänomenen und Ereignissen zurechtzukommen – es ist vergleichbar mit einem Aufenthalt auf einem fremden Planeten.

Ich kann auch wie „von oben" alles beobachten, kann mich z. B. die Baumstraße entlanglaufen und gleichzeitig in der Höhle und im Vorgarten bei den Tomaten sitzen sehen. Das ist mein Beobachterposten, auf den ich mich immer rette, wenn es brenzlig wird und ich große Angst habe.

[05/2011: Die „Zwergenwelt" ist ein zutiefst seelischer Bereich, wo sich die innere Lebensgrundhaltung des Menschen und alles, was ihn ausmacht, widerspiegelt und klar

zeigt – es ist eine reine Energie-Ebene, hier kann nicht „betrogen" werden. ALLES, was in mir drinsteckt, stand sofort – sehr lebendig! – vor mir und spiegelte mein Innerstes. Ich wurde gnadenlos ehrlich mit mir selbst – mit **allem** *Unbewussten – konfrontiert. Ein reines Herz im Menschen zeigt sich in der Ebene anders als ein Herz, das z. B. auf Kosten anderer leben möchte, analog dem Märchen „Frau Holle", wo Goldmarie und Pechmarie entsprechend ihrer inneren Einstellung jeweils andere Erfahrungen machen und einen anderen „Lohn" bekommen.]*

Ich höre Holger kommen. Sein Erscheinen holt mich sofort aus meinen Gedanken heraus … es ist, als ob ich aus einer großen Tiefe etwas auftauche.

Gespräch mit Holger

S.: „Weißt du, wie schnell die Zeit vergeht? Mir ist, als sei ich eben erst angekommen, nicht schon vor viereinhalb Tagen."

Holger lacht, denn er kennt das Phänomen gut.

Shapeshifter

Wir greifen das Gespräch vom Vortag über die Zwerge auf. Holger meint, Zwerge würden in unserer deutschen Grimmschen Überlieferung als süß und niedlich dargestellt. Es gebe viele Menschen, die Zwergenbegegnungen im Alltag bei Tageslicht hätten, nicht jedoch Begegnungen mit Riesen. Riesen seien eine andere Geschichte als die Zwerge. Es habe einfach große Menschen auf der Erde gegeben, die eine andere Züchtung waren, aber im Jenseits kämen keine Riesen vor. Auch sei es ein Fehler, zwischen Materie und Psyche zu unterscheiden und zu sagen, das Jenseits sei im Jenseits und nicht hier in der materiellen Welt. Die Zwerge, die im Jenseits wohnen, könnten sich genauso gut physisch hier im Stofflichen bewegen. Das seien sogenannte Shapeshifter (Gestaltwandler), wie die Indianer sagen. Shapeshifter können rein seelisch sein, leben also im Jenseits, sie können sich aber auch verdichten, sodass sie hier gesehen werden können. Diesen Zwergen könne man die Hand schütteln und die sei richtig fest.

S.: „Der Zwerg, den ich 2003 gesehen habe, sah am Anfang wie ein ganz normaler kleiner Gartenzwerg mit einer Zipfelmütze aus, der sich jedoch bewegen konnte. Dann wandelte er sich irgendwann in einen kleinen, lebendigen Menschen, der mir bis knapp zur Hüfte ging und mit ganz normalen Alltagssachen bekleidet war. Er sah dann aus wie ein Erwachsener im Kleinformat."

H.: „Das sind Shapeshifter, die können sich verwandeln. Und so, wie du dir einen Zwerg vorstellst, so wird dieses Wesen angezogen sein. Wenn drei Personen einen Zwerg sehen und du befragst sie hinterher, kommt es sehr häufig vor, dass alle drei Unterschiedliches über seine Kleidung erzählen. Wie der Zwerg jetzt definitiv in seiner eigenen Gestalt aussieht, das ist noch eine Überlegung wert. Also, ich will sagen: Wir können nicht einfach unterscheiden: hier Jenseits, da Materie – so einfach ist die Welt nicht. Wenn man einen Zwerg sieht, gibt es zwei Möglichkeiten: Entweder ist er jetzt real in der materiellen Welt oder du siehst ihn nur innerlich in dir."

S.: „Ich habe noch nie gehört, dass jemand real einen Zwerg gesehen hat."

H.: „Doch, das ist eigentlich das Häufige, das allgemein Übliche. Das sind meistens sehr tiefe, erschütternde Begegnungen. Das Seltenere bzw. nicht Erforschte sind Zwerge in Träumen. Also ich habe auch noch nie einen materiellen Zwerg gesehen."

S.: „Du glaubst das, wenn Leute dir so etwas erzählen?"

H.: „Man muss die Leute natürlich genau angucken. Esoterikern, die alles Mögliche sehen, darfst du natürlich kein Wort glauben. Hochinteressant, die Zwerge!"

Das ist mir gerade zu viel des „Guten" – ich bin voller Zweifel. Es soll echte, reale Zwerge in der materiellen Welt geben? Liliputaner kenne ich, aber Zwerge? Oder Shapeshifter??? Ich habe dabei „meinen" Zwerg von 2003, Zwerge aus dem Märchen „Schneewittchen" und Gartenzwerge vor Augen. Ich lenke vom Thema ab und berichte Holger von meinem heutigen Tag. Bei der Höhle unterbricht er mich und fragt, ob er dazu etwas sagen soll. Überrascht von seiner Frage, stimme ich zu.

Archetyp Höhle

H.: „Es gibt da wieder eine grundsätzliche Sache. Menschen haben im allgemeinen Angst vor Höhlen. Das ist ein Archetyp – es ist dunkel und eng, man verirrt sich unter der Erde, furchtbar, also gruselig. Aber es ist nicht nur einfach ein Archetyp, es ist viel mehr. Wenn du einerseits, wie du erzählt hast, dich bedrückt, beengt fühlst – z. B. der Brustdruck –, wie äußert sich das sinnbildlich innerlich? Sehr leicht und schnell als eine bedrückende, albtraumartige Höhle. Das war bei dir auch ein wenig so. Das ist die symbolisch-seelische Seite. Andererseits, die Unterwelt, also Reise ins Jenseits, besteht auch häufig aus Höhlengängen. In den Höhlengängen sind aber auch deine Zwerge. Die Höhle kann also nur rein psychisch, also oberflächlich sein und die Höhle kann *real* die Unterwelt, also das Jenseits sein. Das ist eine Steigerung. Da siehst du wieder die Verbindung zwischen dem, was man seelisch erfahren kann, und der realen Unterwelt, die natürlich auch nicht aus Höhlen besteht. Wenn wir seelisch begrenzt sind, erfahren wir die Unterwelt, das Jenseits, als Höhlen oder Gänge. Aber natürlich sind da keine Gänge, weil jeder das subjektiv anders erfährt. Die Höhle ist ein interessanter Archetyp."

Ich berichte Holger vom Wandel des Heubodens.

H.: „Also der Heuboden war zuerst oben, jetzt bist du mit dem Wohnzimmer in der Mitte und die Höhle liegt neben dem Wohnzimmer?"

S.: „Der Heuboden war im Bereich des sechsten Chakras. Dann fuhr ich wie mit einem Fahrstuhl eine Etage tiefer und der Heuboden war plötzlich ein Wohnzimmer. Die Höhle ist im Herzbereich, also unter dem Wohnzimmer, nicht daneben. Du hattest mir gestern empfohlen, noch einmal zu den Bäumen zu gehen. Bislang hatte ich das aufgrund der Angst und meines Unvermögens, diese zu überwinden, vermieden. Heute kam mir die rettende Erkenntnis, dass, wenn Gedanken die Welt erschaffen, dann auch meine eigenen unbewussten Gedanken die Bäume schrecklich und gefährlich gestaltet haben müssen und sich also der Märchenwald durch eine Änderung meiner Gedanken und inneren Haltung ändern müsste. Durch diesen Geistesblitz war die Angst vor den lebenden Bäumen sofort aufgelöst und ich wusste plötzlich ganz tief, dass ich jetzt sicher war. Das war wie ein Zauberwort oder Schlüssel für mich, wie eine neue Erkenntnis, obwohl die Idee selbst mir überhaupt nicht neu ist. Aber bezogen auf diese Bäume bewirkte sie eine sofortige Erleichterung."

H.: „Ja, so ist es."

Ich berichte Holger den weiteren Verlauf meines Zwergenmärchens und von der Rückkehr zu den fast reifen Tomaten.

H.: „Das ist ja ein perfektes Märchen. Unglaublich."

Ist alles nur Fantasie?

S.: „Ich habe eine Frage: Ist das alles nur Fantasie? Aber wenn es Fantasie wäre, müsste ich mir das doch alles ausdenken. Das tue ich jedoch nicht, sondern es passiert einfach alles von allein. Ich habe mir nicht vorgestellt, dass die Bäume sich alle hinlegen und eine Straße bilden oder dass der Adler losfliegt und mit einem Halm im Schnabel zurückkehrt. Da ich mir das alles nicht ausdenke, kann es doch nicht meine Fantasie sein. Auf diese kreativen Ideen wäre mein einfacher Verstand niemals gekommen."

[05/2011: Hier und auf den folgenden Seiten taucht wieder das alte Problem auf, das zu Verständnisschwierigkeiten führte. Als Kind hatte ich oft sehr reale Bilder, Wahrnehmungen und Erlebnisse (z. B. Kriegs-„Filme", erschossen worden zu sein oder „Etwas" hinter der Tür), die mir große Angst gemacht hatten. Meine Eltern versuchten mich dann zu beruhigen: „Das sind nur deine Fantasien, das stimmt alles nicht, das bildest du dir nur ein." Daher meine Verwirrung – bezogen auf den Begriff Fantasie. Siehe auch Anmerkung S. 184 unten.]

H.: „Jetzt kommen wir genau zu dem Problem, das ich vorhin meinte. Den Übergang oder die Ähnlichkeit zwischen dem, was der Mensch sich vorstellen kann – sprich Fantasie –, und dem, wie die Plasmawelt, das Jenseits, aufgebaut ist, kann man eben nicht so ohne Weiteres trennen. Also können wir sagen, was wir fantasieren können, sprich hier deinen Märchenzyklus, davon haben wir gewissermaßen eine parallele Welt im Jenseits."

S.: „Für mich ist Fantasie das, was ich mir selber vorstelle oder ausdenke. Das ist hier aber nicht der Fall – ich käme nie auf solche Ideen."

H.: „So einfach ist das nicht. Es ist völlig naiv, was wir heute behaupten, indem wir sagen, wir fantasieren etwas zusammen und dann gibt es noch etwas anderes, eventuell das Jenseits. Die Welten überlappen sich, hängen zusammen und das ist die Komplexität und Schwierigkeit."

S.: „Ich kann mir einerseits alles Mögliche vorstellen oder ausdenken, das ist meine Fantasie, innerhalb derer ich mir alles kreieren kann. Aber ich weiß, dass ich selbst der Produzent dieses Films bin. Das sind aber nur Gedanken oder Vorstellungen, eben Fantasien, und ich bin mir dessen bewusst und kann mit diesen Fantasien auch spielen, sie ganz nach meinem Belieben verändern. Aber in dieser Welt mit dem Märchenwald oder auch der Höhle nutzen meine Vorstellungen nichts – ich wollte z. B. mit dem Zwerg reden, er tat es aber nicht. Stattdessen handelten die Bäume und der Zwerg unabhängig von mir, so, wie auch du unabhängig von mir handelst. Die Dinge geschehen vollkommen ohne mein Zutun, auf einmal ist es so. Aber ich habe den Eindruck, dass das, was da geschieht, schon mit meinem inneren Wachstumsprozess zu tun hat. Alles ist von meiner inneren Reife abhängig und vom Grad meiner Angst. Wenn ich wieder ein wenig mutiger bin, weil ich z. B. eine Erkenntnis hatte, dann ergeben sich sofort Änderungen: Die Bäume und das Tor vom Heuboden wirken nicht mehr bedrohlich, die Tomaten sind reifer, die Höhle heller, die Dunkelheit bekommt eine Tiefe usw. Die Seele scheint jegliche Veränderung sofort entsprechend meinem inneren Reifegrad und Zustand bildlich umzugestalten."

H.: „Wir können jetzt verschiedene Stadien kreieren: Erstens – wie du gesagt hast, ich stelle mir x-beliebig irgendetwas vor. Zweitens – ich entspanne mich und dann kommt etwas, das jenseits meiner persönlichen Fantasiebegabung liegt. Deine Geschichte, die du mir gerade erzählt hast, hättest du bewusst nicht so perfekt archetypisch erfinden können."

S.: „Stimmt. Ich war ja sogar bewusstseinsmäßig darauf ausgerichtet, dass, wenn ich aus dem Tunnel trete, wieder das kniehohe Gras wie beim ersten Mal da ist. Ich hatte in meinen Gedanken also Gras und die Bäume und habe auch die flache Grasfläche und etwas weiter weg die Bäume erwartet. Stattdessen ist aber ein sehr hohes Kornfeld da, das wir abernten. Und die Bäume waren gar nicht zu sehen."

H.: „Also hier tut sich etwas von selbst. Das basiert zwar schon noch auf deiner Fantasiebegabung, die du benutzt, aber gleichzeitig werden reale Strukturen der Nachbarwelt benutzt."

S.: „Das verstehe ich nicht, Holger."

H.: „Das ist immer noch deine Fantasie. Das Jenseits, was ist das denn? Das Jenseits besteht nur aus deiner seelischen Kapazität – Gedanken und Gefühle. Ich mache eine andere Unterscheidung, das ist dann deutlicher: Wenn du hier frei und wild herumfantasierst, macht das deine Seele. Aber die Seele ist gefangen im Körper. Etwas ganz anderes ist es, wenn du dich ein wenig entspannst. Entspannung heißt im Grunde: Die Seele löst sich und befreit sich so ein wenig von der Körpervorherrschaft. Was du dann fantasierst, ist nicht mehr so in den Raum-Zeit-Kausalitätsrahmen der Materie eingebunden, sondern unterliegt schon ein bisschen den rein seelischen Gesetzen, die rein archetypisch arbeiten."

Seelische Gesetze

S.: „Was sind das für Gesetze?"

H.: „Gesetze der Archetypen – Höhle, Tunnel, Zwerge, der Märchenwald, das Wasser in der Höhle, die Tropfen, die da hineinfallen usw., all das sind reale Bilder der Jenseitswelt, sprich der Psyche. Das ist ein wenig kompliziert, aber im Grunde einfach. Der Unterschied ist: Im reinen Jenseits bist du nicht körpergebunden. Das ist eine reale imaginierte Welt. Während das hier, in der Materie, einfach nur eine reale Welt ist. Das sind feine, aber gravierende Unterschiede. Wir können nicht einfach sagen: Hier ist die psychische Welt, dort die Materie; diese beiden Welten gehen ineinander über. Was wir zeigen müssen in der fortgeschrittenen Wissenschaft ist, dass Materie nicht Materie, Psyche nicht Psyche ist, sondern dass das ein fließender Übergang ist. Und das zeigt sich in diesen komplexen Sachen, die du da erlebst; da wird es interessant. Verstehst du, was ich meine?"

S.: „Ich weiß nicht. Ich war mir gleichzeitig im Hintergrund bewusst, dass ich im Körper und hier im Raum bin. Ist das nun dasselbe oder ist das ein Widerspruch zu dem, was du sagst?"

H.: „Nein, gar nicht. Das hast du halt im Hinterkopf, das ist o.k. Du bist auch im Jenseits und weißt genau: Ich liege da im Zimmer und bin schwer krank oder tot. Die fortgeschrittene Physik und Militärwissenschaft gehen nur in diese Richtung, den Übergang von Materie zum Psychischen zu nutzen. Die neuen Geheimtechnologien basieren darauf, Psychisches und Materielles zu verbinden; damit kann die Psyche beeinflusst werden. [...] Vom Psychischen kannst du das Materielle beeinflussen. Einen reinen Jenseitsgeist, der gar nicht zu sehen ist hier, kannst du trotzdem gelegentlich hier sehen. Du kannst sogar im Jenseits sein – guck dir die Nahtoderfahrungen an: Die Leute haben Operationen, verlassen den Körper, sind oberhalb des Körpers über dem OP-Tisch, schauen hinunter von ihrer Dimension in die materielle Dimension und sehen und hören, was die Ärzte reden. Hier haben wir – und das meine ich – diese Übergangszustände und da wird es interessant. Das sind die ganzen Schauergeschichten, die die alten Mähren erzählen, die man nicht eindeutig zuordnen kann – und deswegen werden sie für Blödsinn gehalten; aber sie sind höhere Wissenschaft. Flüssigkeit zwischen den Dimensionen, darum geht es eigentlich. Dies ist auch hier in der Dunkelheit angesagt, dass du das ein bisschen erkennst. Du bist nicht nur einfach ein materieller Körper, du bist auch nicht einfach nur Psyche, sondern beides durchdringt sich.

Mit deiner Psyche beeinflusst du dein Schicksal. Deine Psyche kann meine Psyche beeinflussen. Deine Psyche kann meine so weit beeinflussen, dass ich etwas sehe, was du siehst und nicht ich. Wo ist da bitte noch Realität? Alle Gedanken und Gefühle aller Menschen beeinflussen den Lauf der materiellen historischen Geschichte. Wo ist da noch Wirklichkeit? Darum geht es. Wir haben immer noch diese harte Trennung – hier Psyche, da Materie. Man muss immer üben, nicht in diese Falle zu tappen. Aber dann wird es halt ein wenig gruslig: Dann ist der Märchenwald ein rein fantasierter Märchenwald, hat aber solche Wesen drin, die dich real umbringen und vielleicht dann auch noch von mir gesehen werden. Der Herr, der unten im Dunkeln sitzt, ist ein klassisches Beispiel. Er erzählte mir Folgendes: Er hatte eine Krankheit. Eines Nachts lag er im Bett und sah einen Lichtstrahl von einem Lichtwesen, das vor dem Ehebett stand. Den Lichtstrahl des Lichtwesens hat auch seine Frau gesehen, die ihm das am nächsten Morgen erzählte. Also war das nicht nur eine subjektive, rein in seiner Psyche erschienene Erscheinung, sondern auch eine materielle, die fotografierbar gewesen wäre, da sie seine Frau auch gesehen hat. Hier haben wir wieder den Durchbruch in die Materiedimension. Die ganze Sache ist komplexer, als man denkt. Da wird es interessant und auch ein wenig gruselig, da verliert man den festen Boden unter den Füßen."

S.: „Wie geht man mit Wesen um, die einen umbringen wollen? Da kommt meine alte Angst vor dem Tod wieder hoch."

Holger schweigt.

S.: „Sage mir das doch bitte, dann werde ich mutiger, wenn ich das weiß. Wenn ich nicht weiß, wie ich in solch einer Situation handeln kann, löst das enorme Angst aus in mir." *(Unter dem an ihn gerichteten Appell fühlte ich mich ohnmächtig, verzweifelt und ausgeliefert, da ich das für mich als lebensnotwendig erscheinende Wissen nicht hatte.)*

H.: „Da ist eine Furcht, die du gewissermaßen mythologisierst, die du, wie mir scheint, in solche Märchendramen projizierst. Da ist irgendwo ein Abwehrmechanismus aus Furcht."

S.: „Ich habe Angst, dass mir ein Wesen begegnet, ein anderes, nicht so ein kleiner netter Zwerg, der mich kaum beachtet. Ich weiß ja nicht, wie ich mit einem Wesen, das mir nicht wohlgesonnen ist, umgehen kann. Wenn mir das einer sagen würde … das muss ich doch wissen, wenn ich mich in diesen Regionen bewege!"

Ich bin sehr bewegt. Es ist einfach so real…

[11/2007: Ich war beim ersten Mal froh, dass die Bäume nicht laufen konnten! Das war mein Schutz; ich brauchte mich nur weit genug in sicherer Entfernung zu halten. Ich bin mir sicher, dass sie mich hätten real umbringen können, wenn ich in ihre „Baumarme" geraten wäre. Aber vielleicht war es auch nur meine Angst, die mich das so denken und fühlen ließ? Ich weiß es einfach nicht. Dann hätte meine eigene Angst mich real umgebracht über/ durch die Bäume?]

[03/2010: In schamanischen Prozessen ist ein Weiterkommen nur in dem Maße möglich, wie das Bewusstsein dafür bereit ist. Ein fortgeschritteneres Bewusstsein zeigt sich parallel dazu in verändertem Erleben, z. B. zu sehen in der Verwandlung der „gefährlichen Bäume" in ungefährliche. Eine Gefährdung besteht daher nicht, wenn ich den inneren Blockaden Rechnung trage und nicht etwas mit Absicht forciere, das sich nicht von allein einstellt, z. B. die gefährlich aussehenden Bäume anzugreifen; siehe auch Anmerkung S. 253 unten]

H.: „Das ist schon interessant bei dir. Du kommst in solche klassisch archetypischen Märchenwelten hinein …"

S.: „Wobei ich dieses Mal auf dem Weg zu den Bäumen keine Angst hatte. Aber da der Weg ja zum Schluss immer gleich blieb – ich lief und lief und es änderte sich nichts mehr –, scheint es wirklich ein Verhinderungsmotiv zu sein."

H.: „ Nein, es ist im Leben, wie in den Märchenträumen oder Visionen, immer das Gleiche. Der Drache, oder wem immer du begegnest, kommt und was machst du in der Furcht? Du ziehst instinktiv dein Schwert. Du hast immer Waffen mit."

S.: „Aber du hast gesagt, das sind Wesen, die dich real umbringen können!" *(Ich habe richtig Angst!)*

[03/2010: Im gesamten Abschnitt, wo es um die Angst geht, von einem Wesen umgebracht zu werden, befinde ich mich auf der kindlichen Ebene. Das IK wünscht sich, Instruktionen zu bekommen, wie es sich zu verhalten hat, um sich sicher fühlen zu können. Dahinter steckt das Gefühl der Ohnmacht, schutzlos ausgeliefert zu sein, was die Todesangst auslöste.]

[01/2016: Es geht um die (Todes-)Angst vor hochgradiger Aggressivität bis hin zu Mord. Wie ich heute weiß, spreche ich in all den Momenten, wo es um die Angst vor einem Wesen geht, auch die Ängste meiner Mutter aus, die sie damals während der Frühschwangerschaft mit mir vor einer ganz konkreten Person aus meiner Familie (das „unbekannte Wesen") hatte; damit ist die Aussage „Ich habe Angst, dass mir ein

Wesen begegnet und dieses aggressiv mir gegenüber ist oder mich sogar umbringt, wenn ich mich falsch verhalte" auch verinnerlichte PP-Energie. Meine mit mir schwangere Mutter wusste damals nicht, wie sie mit einer bestimmten – mich mit betreffenden – Situation umgehen sollte und ging, statt das Problem auf erwachsener Ebene mit der Person zu lösen, in einen innerlichen Rückzug (= ihr AP). Da sie das aber tief verdrängt hatte, tauchte die Angst, weil ungelöst, in mir immer wieder auf. Es ist sehr erleichternd für mich, das zu wissen, da ich die energetischen Fehlzuordnungen jetzt endlich richtigstellen und so meine eigene Angst noch bewusster auflösen und integrieren kann. Holgers Aussage, ich würde eine Angst in Märchen hineinprojizieren, stimmte voll und ganz. Doch reichte sein Vorschlag, dem unbekannten Wesen, vor dem ich Angst hatte, mit einem Schwert zu begegnen, nicht aus, um die Angst wirklich ganz auflösen zu können, da sie nicht nur zu mir gehörte, sondern auch zu meiner Mutter. Gefühle lassen sich nur dort sauber auflösen, wo sie entstanden sind.]

H.: „Na ja, der Drache, der dir jetzt nur mental erscheint, das ist ja der Gag, der kann dich auch physisch umbringen. Wir können das nicht so ohne Weiteres trennen. Viele Leute sterben im Traum, da sagen die anderen: Der ist vor Schreck gestorben. Aber was ist ein Schreck? Wie funktioniert denn Magie? Ich als z. B. Schwarzmagier stelle mir vor, dass dein Herz stehen bleibt, und zack, bleibt dein Herz stehen und du bist tot. Wie soll das jetzt gehen? Wir sind beide Seelen. Das ganze Dasein ist ein Seelenfeld. Was ich mir vorstelle, setzt sich um; wenn ich mich gut fokussieren und konzentrieren kann auf dich und dein Herz, wenn mir das gelingt, dann bist du halt tot. Wenn ich mir jetzt vorstelle, ich mache mich zur Fledermaus und komme dann angeflogen usw., das ist die normale Parapsychologie, normale Magie. Oder stelle dir vor, du wirst krank, dann sind wir im Bereich der schamanischen Heilung. Das ist Übergangswelt … Alles nicht so einfach. Andererseits doch, aber auch wieder nicht."

S.: „Ich glaube, es ist nur die eigene Angst, die einen lähmt oder auch umbringt."

H.: „Nein, wenn ich mich konzentrieren kann, dass dein Herz stehen bleibt, dann bleibt es stehen. Es sei denn, du bist stärker als ich. Das ist der magische Kampf. Das ist doch im Leben genauso. Du bewirbst dich irgendwo und nun kommt es drauf an: der Chef will dich nicht, du willst. Wenn du all deine Kraft hineinpumpst, nimmt er dich, denn dann blockierst du seine negative Kraft. Jedes Bewerbungsgespräch ist ein magischer Kampf. Ob Du erfolgreich im Leben bist oder nicht, ist ein magischer Kampf. Ein Krieg zwischen zwei Nationen ist letztendlich auch ein magischer Kampf. Es passiert halt auf der materiellen Ebene mit Kanonen und Ohrfeigen und gleichzeitig auf der immateriellen. Wenn du positiv, klar und scharf fokussierst und du etwas willst, wirst du es erreichen, früher oder später. Denn um diesen Leitstrahl sammelt sich die ringsherum liegende Energie an und ordnet das Dasein so, wie du es für das Erreichen dieses Zieles benötigst. Es hängt von deiner Kraft ab. Das ist die Magie – und das spielt sich nicht in der Materie ab, sondern in der Nachbardimension. Wir leben immer auf zwei Ebenen – materiell und immateriell. So ist die ganze Existenz. Wer seelisch aufgibt, wird untergehen. Das siehst du auch an den Abenteurern – nur durch seelische Kraft kommen sie auf den Mount Everest; nur mit Technik und Tricks haben sie keine Chance."

S.: „Was meintest du vorhin mit Abwehrmechanismus?"

H.: „Also jetzt hast du diese Wachtraumsequenz – so nennen wir das mal, obwohl es an sich nicht richtig ist, denn du warst zwar wach, aber die Archetypen liegen so perfekt da, das hättest du bewusst nicht konstruieren können. Das heißt, ob du wach bist oder nicht, spielt gar keine große Rolle. Da du irgendwie von Natur her relativ locker bist, kannst du der Seele die Führung übergeben, ohne dass dein Wachbewusstseinsego sagt: ‚Nein, das ist Konkurrenz, das mache ich nicht.' Da hast du eine Begabung, das ist ganz klar. Du bist wach und trotzdem träumst du, und das perfekt."

S.: „Ich kann bewusst einsteigen und dann geht es wie von allein weiter."

H.: „Der Fluss geht von allein weiter, das ist ganz gut. Ich wollte noch etwas zum Heuboden sagen. Da haben wir die drei Geschosse: oben Heuboden, Mittelbereich, unten die Höhle. Also wieder Unter-, Mittel- und Oberwelt. Es ist auch interessant, dass du von der Oberwelt, dem Heuboden, heruntergefahren bist, was dann zum Wohnzimmer (Mittelbereich) wurde. Auch wieder diese übliche Dreischichtung, ganz interessant. Die Begriffe Traum, wachen, Wachtraum sind eindimensionale Begriffe; an sich dürften wir die nie verwenden, weil sie einem etwas Falsches vorgaukeln. Aber es fällt einem auch nichts anderes ein, man ist so geboren und kann nur so eindimensional denken."

S.: „Aus dem Heuboden ist die Wohnstube geworden, eine Wendung, die ich nie gedacht hätte."

Parallelwelt-Zustand

H.: „Ja, da bist du im Übergang, im Zwielichtbereich zwischen Materie und Seele. Wenn ich jetzt C. G. Jung wäre, wäre ich total begeistert, weil er solche Sachen nicht so leicht gehört hat; er musste krampfhaft suchen, dass Leute mal so etwas erfahren. Also untersuche das mal näher! Wie funktioniert der Zwielichtbereich oder wann bist du da? Du kannst auch selbst einen Namen suchen, der wirklich treffend ist. Wir sind öfter in diesem Bereich, als wir denken. Besonders gerade dann, wenn wir meinen, im Wachbewusstsein zu sein."

Ich spüre kurz in mich hinein.

S.: „In diesem Bereich findet eine Entwicklung statt, wie von allein, aber es geht parallel zu meinem Prozess, z. B. die Tomaten, die erst grün, aber nach ein paar Tagen dann reifer und fast essbar sind."

H.: „Das ist absolut genial, du kommst zurück und die sind rot."

S.: „In diesem Bereich bin ich schon in einem sehr tiefen Entspannungszustand. Ich fühle mich heruntergezogen, als ob es eine Etage tiefer geht. Als wenn du im Flugzeug sitzt und der Flieger plötzlich in ein Luftloch kommt und absackt oder wenn der Fahrstuhl schnell nach unten fährt. Es ist wie ein schnelles Absacken, ein Gefühl, als ob mir schwindlig wird. Wenn es sehr lange tiefer geht, dann ist der Schwindel schon recht unangenehm und ich bin geneigt, die Abwärtsfahrt zu stoppen, auch, weil dann Angst in mir aufkommt. Zugleich weiß ich: Ich bin hier im Raum und sitze."

H.: „Du bist noch parallel da – wie kann man das nennen? Parallel-Weltzustand? Wir leben immer in Parallelwelten, leben immer im Geistigen, Seelischen und Materiellen. Daher gibt es keine außergewöhnlichen Erfahrungen, es gibt nur normale Erfahrungen. Es gibt auch nichts Bizarres oder Ungewöhnliches, es gibt nur das, was ist, und das ist alles normal. Es ist die erste Voraussetzung, dass einem klar wird, dass das immer so ist. Wenn du also feststellst: ‚Ja, das ist so', dann entspricht das gleichzeitig einer Öffnung, Entspannung, Erweiterung. Jetzt können die anderen Welten und die anderen Wesen, die dort leben, auch leichter an dich ran. Du kannst sie leichter wahrnehmen, weil du ein anderes Konzept hast. Das ist an sich der spirituelle Weg."

„Vergangenheit“ ist änderbar – Jetzt

S.: „Wenn ich innere Bilder, die im tiefen Entspannungszustand – so nenne ich das bisher – auftauchen, verändere, dann ändert sich parallel auch etwas in der Außenwelt im gleichen Maße, wie es sich im Inneren verändert hat. Also wie innen, so außen, das hängt zusammen.“

H.: „Ja, weil da keine Trennung ist.“

S.: „Erinnerungen an die Kindheit sind immer mit Bildern und Gedanken verbunden. Durch die Arbeit mit dem *Inneren Kind* habe ich viel Belastendes aus meiner Kindheit ändern können. Das Schwierigste daran war, zu erkennen, dass die Angst oder anderen Kindheitsgefühle mich auch noch als Erwachsene lenkten und beeinflussten, ohne dass ich das merkte. Ich wollte das einfach nicht wahrhaben, ich sah damals die Zusammenhänge zwischen meiner Vergangenheit und der Gegenwart nicht. Erst mithilfe meiner Therapeutin gelang es mir nach und nach, die Wahrheit zu erkennen und vor mir selbst nicht länger zu verleugnen. Durch die Veränderung kam mehr Ruhe, Größe, Sicherheit rein, sodass ich meinen Eltern und anderen Personen jetzt erwachsener gegenübertreten kann. Ändere ich mich in mir, ändert sich alles um mich herum. Da tun sich plötzlich Dinge auf, die ich nie für möglich hielt. Die Vergangenheit ist änderbar, jetzt, in mir selbst – jeder kann das an sich erfahren, der das will und der sich selbst ändern möchte. Wichtig ist, nicht zu schauen, ob die anderen sich ändern, sondern nur daran zu arbeiten, sich selbst zu ändern. Das setzt ein bestimmtes Bewusstsein und den Willen dazu voraus und das ist auch Arbeit, die nicht immer leicht ist. Manchmal braucht es Jahre und Hilfe dafür, aber es geht, es ist ein schöner und heilsamer Weg. Das Modell „Das Intelligente Herz“ (s. S. 27) ist ein hilfreiches Tool in meiner Arbeit und meistens dauert es nicht lange, bis die Inhalte des Modells von den Klienten selbstständig angewandt werden können. Je mehr verletzte Kind-Energie integriert ist, umso souveräner kann die Person handeln. Dann kann das Modell später auch wieder beiseitegelegt werden, da es dann nicht mehr benötigt wird.“

[01/2009: Vergangenheit, Gegenwart und Zukunft findet im seelisch-geistigen Bereich gleichzeitig statt, da gibt es keine Zeit, alles ist JETZT da – deshalb ist auf der Ebene alles änderbar. Das wirkt sich auch auf die Materie (Körper) aus, da alle Bereiche miteinander in Beziehung stehen und Materie dem Bewusstsein folgt.]

[03/2009: „Die Vergangenheit ändern" heißt für mich, die Gefühlslage, bezogen auf kindliche Erfahrungen und Zuordnungen, zu ändern, d. h., sich mit der PP-Energie auseinanderzusetzen, diese zu „entschärfen" und zugleich über das Erwachsenen-Ich dem Inneren Kind neue Perspektiven zu geben, die sich anders anfühlen als die ursprünglich erlebte Variante (siehe Bsp. S. 81 ff.) Gelingt das, dann erinnere ich mich zwar an die Erfahrungen aus der Kindheit, reagiere aber gefühlsmäßig neutral und gelassen darauf.]

S.: „Oft wollen Menschen nicht wahrhaben, dass all ihr Tun Folgen hat und dass sie in ihrem Leben mit den Folgen ihres eigenen Tuns oder Nicht-Tuns konfrontiert werden. Auch Nicht-Handeln ist ein Handeln und hat Konsequenzen."

Holger bestätigt und verabschiedet sich.

Ich habe geduscht und liege im Bett, „startklar" für die Nacht.

Mir kommt erneut, wie letzte Nacht schon, die Situation der Geburt der Zwillinge in den Sinn, in welcher mir die Hebamme ohne Vorankündigung von hinten auf den Oberbauch sprang und beide Fäuste mit ihrem ganzen Körpereinsatz hineinstieß, um von außen das zweite Kind weiter in den Geburtsweg zu drücken. Ich erschrak zutiefst, spürte einen heftig stechenden Schmerz im Magen und hatte zugleich das Gefühl, die Fäuste der Hebamme kommen aus meinem Rücken wieder heraus. Die Erinnerung ist so stark, dass ich den Schmerz und die massive Wut auf die Hebamme wieder spüre. Meine Hände sind nassgeschwitzt. Ich beobachte die Szene aus der Distanz und lasse allen Gefühlen freien Lauf …

[01/2009: Das Erlebnis mit der Hebamme hat das an sich schon schmerzhafte, aber dennoch wundervolle Erlebnis der Geburt zu einem Horrorszenarium werden lassen. Nachfragen bei einer befreundeten Hebamme ergaben, dass dieser Griff „Kristellerscher Handgriff" heißt und bereits in medizinischen Büchern von 1980! darauf hingewiesen wird, dass der Griff wegen der vielen damit verbunden Gefahren als Geburtsunterstützung abgelehnt wird. Ich wünsche allen zukünftigen werdenden Müttern, dass diese brutale Praxis aus dem Geburtshelferalltag vollkommen verschwindet – es geht auch anders! Obwohl ich viele Male dieses Trauma therapeutisch bearbeitet habe, hege ich noch heute ganz in der Tiefe einen Groll auf diese Hebamme. Nun, ich bleibe dran.]

6. Tag – Was ist Realität?

Ich sitze in Meditation und beobachte den total verspannten Kiefer-, Hals-, Herz- und Oberbauchbereich, während sich der übrige Kopf und alles unterhalb des Nabels wunderbar locker anfühlt. Auch der Rücken ist, bis auf den Druck zwischen dem fünften und siebenten Brustwirbel, weich und entspannt. Ich breche nach schätzungsweise einer halben Stunde ab und mache Tai Chi.

Beim Tai Chi richte ich meine Aufmerksamkeit neben dem Körper auch auf die Umgebung, um zu gewahren, wann die Energie sich ändert. Ich übe langsam und hoch konzentriert, meine Aufmerksamkeit ist ganz in den Fingerspitzen versammelt, sodass ich die Wand schon fünf bis zehn Zentimeter vor der Berührung spüre … als würden die Hände sehen können. Auch fühlt sich der Bereich vor einer Wand dichter an als der Bereich vor einer Tür. Wenn ich zu schnell oder unaufmerksam bin, übergehe ich diesen feinen Unterschied und stoße an die Wand, ohne sie vorher wahrgenommen zu haben. Durch viel Üben ließe sich der Abstand und die Qualität der Wahrnehmung sicher ausbauen, aber ich hatte bisher einfach keine Lust. Ich nehme mir vor, öfter zu üben, um mein Fühlen, meine Wahrnehmung zu trainieren.

Direkt nach dem Tai Chi setze ich mich wieder zur Meditation, um nicht wieder in diese lähmende Trägheit zu kommen. Ich versuche, mich im unteren Bauchbereich zu sammeln, auf meine Atmung zu achten und die Gedanken an mir vorbeiziehen zu lassen, ohne sie weiter zu beachten. Es gelingt mir nicht und ich breche nach kurzer Zeit ab. Das Bett zieht mich magisch an und ich gebe diesem Sog nach. Wie schön ist es doch im Bett! Ich kann mich jetzt gut entspannen. Bevor ich jedoch in meinen inneren Tiefen versinke, kommt völlig überraschend Holger schon wieder.

Gespräch mit Holger

Ich möchte folgende Fragen und Themen mit Holger besprechen:

1. Woran erkenne ich, dass ich in der seelischen Dimension BIN?

[01/2009: Im Seelenreich ist alles hyperreal. Ich kann gut verstehen, weshalb manche Tote nicht mitkriegen, dass sie tot sind.]

2. Holger sagte, dass es zu allem, was ich fantasieren kann, eine parallele Jenseitswelt gibt. Wenn in meinen Fantasien keine Götter vorhanden sind, gibt es dann auch keine Götter oder existieren diese unabhängig von mir?

3. Holger meinte, dass alles, worauf ich fokussiere, passieren wird, weil durch mein Fokussieren die Energien sich so lagern und dazu beitragen, dass es passiert. Aber so einfach scheint das auch wieder nicht zu sein: Wer auf einen hohen Lottogewinn fokussiert, bekommt ihn deshalb noch lange nicht; Arbeitslose fokussieren auf Arbeit und bekommen trotzdem keine; Kranke wollen gesund werden und sterben trotz des Kampfes gegen den Tod. Oft stehen innere unbewusste Dinge dagegen und dann nutzt alles Fokussieren nichts.

4. Holger sprach über einen Abwehrmechanismus und eine Angst, die ich in die Märchenwelt hineinprojiziere – darüber möchte ich mehr wissen.

Wir sind nicht allein

Ich beginne mit noch offenen Fragen: „Gibt es verschiedene Wesen in der Seelendimension, die real existieren und nicht einfach nur ein Gedanke oder ein Gefühl sind?“

H.: „Ja. Es gibt zunächst mal Menschen, die denken und fühlen. Wir sind also Denk- und Gefühlsentitäten in der Seelenwelt. Dann gibt es die Tiere und Pflanzen mit ihren Gedanken und Gefühlen. Auch die ganzen Verstorbenen mit ihren Gedanken und Gefühlen. Dann gibt es andere Spezies im Dasein, die nie irdisch inkarniert sind auf dem materiellen Planeten Erde. Entweder sind sie auf einem anderen Planeten oder aber nie in der Materie inkarniert. Man kann nur vermutlich davon ausgehen, dass die meisten Wesen oder Entitäten, die es gibt, nie physisch inkarniert waren, sondern nur als Seelenwolken sozusagen existieren. Wie kann man sich die vorstellen? Was diese Wesen denken und fühlen, so stellen sie sich auch dar. Genauso ist es ja mit mir: Im Jenseits stelle ich mich für einen anderen so dar, wie mein Gefühlsanzug ist. Habe ich z. B. das Gefühl der Angst, wird diese Angst sich symbolisch bildlich umsetzen. Bin ich böse, aggressiv, werde ich von anderen Seelenwesen vielleicht als Löwe oder Bär mit großen Fangzähnen gesehen. Im Seelenreich ist das Problem, dass sich alles, was man fühlt und denkt, noch einmal bildlich ausdrückt. Was aber nicht heißt, dass ich tatsächlich ein Bär oder ein Löwe bin, sondern das sind nur meine Gefühle und das muss man unterscheiden. Dann gibt es interdimensionale Wesen, die teilweise in der immateriellen Welt – Gedanken und Gefühle – leben und gleichzeitig oder parallel in der materiellen Welt. Das ist hochinteressant."

S.: „Gehören die Zwerge dazu?"

H.: „Ja, da gehören z. B. die sogenannten Zwerge dazu. Welche Arten es noch gibt, dazu müssen wir unsere Mythologie befragen. Dann gibt es eine Hierarchie oder Evolutionskette von Wesen, die umfassender sind, die einen größeren Existenzspielraum haben. Es gibt Wesen mit einer höheren Gedanken- und Seelenkapazität und wir sprechen dann oft von Dämonen oder Göttern, weil wir sie nicht näher klassifizieren können. Es gibt ein ganzes Spektrum, ein ganzes Pandämonium an Wesenheiten und wir können nur sagen: ‚Wir sind nicht allein.'"

Tupilaks oder Tulpas

S.: „Also wenn ich mir z. B. Götter nicht vorstellen kann, gibt es diese dennoch ganz real – unabhängig von mir und meiner Vorstellung?"

H.: „Ja, die sind unabhängig von dir. Noch eine andere Spezies sollte man vielleicht in diese Hierarchie – das Wort Hierarchie bezieht sich auf die heilige Ordnung der Wesen – einführen. Wenn man als Mensch sich ganz intensiv etwas vorstellt, einen ganz starken Gedanken hat, den lange pflegt, kultiviert, nährt sozusagen, ihm zu essen gibt, Rituale durchführt, dauernd an ihn denkt, wird dieser Gedanken- oder Gefühlskomplex immer realistischer. Er nährt sich von meinen Gedanken, wird größer und größer und bekommt schließlich einen ersten Ansatz von Eigeninitiative, dann noch mehr Eigeninitiative und schließlich eine gewisse Autonomie, schließlich ein scheinbares rudimentäres Eigenbewusstsein. Jetzt kommt der Punkt, wo dieses Kunstwesen, meine Gedanken und Gefühle, sich von mir abspalten kann. Das ist ein Tupilak, sagen die Tibeter. Das ist ganz interessant, ich habe keine Eigenerfahrung, aber das soll es geben."

S.: „Ja, ich weiß aus eigener Erfahrung, dass das geht. Was du beschreibst, ist mir von Alexandra David-Néel her unter dem Namen Tulpa bekannt. Ich habe manchmal den Eindruck, dass einige Menschen, die sich Gott oder Engel intensiv vorstellen und eine Beziehung innerlich dazu pflegen, eine Art Gott- oder Engel-Entität in sich schaffen und dann glauben, das wäre wirklich ‚Gott' oder ein ‚Engel'. Und auf diesen ‚Gott' oder

‚Engel' werden dann auch die ungelösten inneren Themen projiziert. Ich würde das hinterfragen wollen."

H.: „Ja, manchmal ist das ein richtiges Luftgespinst. Und hieraus, in der Pflege dieser autonom gewordenen Wesenheiten, besteht ein Großteil der Magie. Die Wesenheiten können sich nur erhalten, wenn sie immer weiter genährt werden, z. B. durch Opfer. Es ist ein Sinn des Opfers, diese Entitäten weiter zu nähren. Die sind meistens mit materiellen Objekten verbunden, damit sie auch eine Repräsentanz auf der materiellen Ebene haben. In Java ist das ein riesiger Kult, die haben diese Krise, Schwerter, und damit sind Wesenheiten verbunden. Und dieser Kris wird verehrt, genährt, gebadet, gewaschen, ihm wird was zu essen gegeben und ein Ritual darum herum gemacht, die werden gefeiert usw. – damit wird die mit diesem Kris oder Schwert verbundene Gedankenentität immer weiter am Leben erhalten. Und dadurch bekommen auch diese materiellen Krise teilweise eine Eigendynamik und können levitieren, schweben oder sich selbstständig bewegen."

Was ist Realität?

H.: „Und an der Stelle kommen wir zu einem riesigen Fragekomplex: Was ist die gesamte von der Menschheit und Gesellschaft erfahrene Realität? Ist das so ein Tupilak? Werden wir denn nicht, sagen wir, hier im Westen, von einer so künstlich konstruierten Realität, die es gar nicht gibt, die wir nur künstlich, fantasierend erschaffen haben, geleitet? Und über Generationen hinweg, von Lehrern eingebläut, kriegen diese Phantasmen dann vielleicht eine gigantische Eigenkraft, schweben sozusagen über der westlichen Menschheit und wir müssen daher daran festhalten?"

S.: „Wow! Das ist eine hochinteressante Frage, die sehr berechtigt ist."

H.: „In Asien geht man sogar noch weiter. Ist der gesamte materielle Kosmos der Gedanke einer Gottheit?"

S.: „Einer selbst erschaffenen Gottheit, Tulpa, … oder einer wirklichen Gottheit?"

H.: „Entweder selbst erschaffen – das ist auch noch interessant – oder einer nicht von uns erschaffenen Gottheit. Sind wir der Gedanke eines Gottes? Ist dieses bekannte materielle Universum ein Gedanke, eine Laune, ein Albtraum meinetwegen, *eines* Gottes? Hier fangen wir an, realistisch zu werden, meines Erachtens, wie weit hergeholt auch immer das ist."

An dem Punkt lasse ich die Diskussion über Gott stehen, da ich über diese grundlegenden Aussagen erst noch tiefer nachdenken möchte, und stelle meine nächste Frage.

S.: „Du sagtest, ich produziere eventuell meine Ängste in Märchen hinein und du siehst da einen unbewussten Abwehrmechanismus – könntest du mir das bitte noch einmal erklären?“

H.: „Das Märchen in sich selbst ist ein Abwehrmechanismus, weil es keine Märchen gibt. Es gibt keine Märchenfiguren, es gibt nur Realität. In deinen Träumen oder Erfahrungen kommen Märchenaspekte und Märchenfragmente vor, was wiederum darauf hinweist: ‚Aha! Saskias Bewusstsein ist überfordert mit dem, was da real zu sehen und zu erfahren ist.‘ Und das ist keine Schwäche von dir, das ist eine allgemeine humane Schwäche, mit tiefen Erfahrungen realistisch umzugehen. Das ist keine Kleinigkeit, also machen wir doch etwas anderes daraus, sprich einen Zwerg.“

S.: „Oder Bäume? Und das geschieht, ohne dass mir das auffällt?“

H.: „Ja.“

[01/12016: Das geschieht nur so lange auf diese Weise, wie die Person, um die es WIRKLICH geht, unbewusst bzw. verdrängt ist. In dem Moment, wo der „Vorhang“ gefallen und dem Erwachsenen das bislang Unbewusste bewusst geworden ist, löst sich die kindliche Angst auf, d. h. sie wird dann auch nicht mehr in andere Kontexte hineinprojiziert und belastet dann auch nicht mehr das weitere Leben als Erwachsener.]

S.: „Aber dann bekommt man das doch nie heraus! Was ist dann wirklich Realität? Dann kann ich immer irgendwie sagen: ‚Na, vielleicht habe ich mir das doch nur ausgedacht – unbewusst – oder vielleicht macht mein Bewusstsein aus der Überforderung heraus wieder aus *Etwas* etwas anderes, was nicht wirklich *das Etwas* ist.‘ Es gibt doch Forscher, die schon mehr versuchen, als nur einfach zu überleben. Auch ich versuche, mir die Dinge bewusst zu machen, so gut es halt geht.“

H.: „Na ja, deswegen sagen die Inder: Vergiss alles, forsche weiter, sieh es aber als Spiel.“

Ich muss lachen und sage etwas resigniert: „O. k., ich spiele weiter.“

H.: „Das ist die einzige Rettung, die wir haben. Wir bestimmen es als Spiel und haben unseren Spaß bei der Sache.“

S.: „Einen Spaß, wo du vor Angst fast schlotterst!?“

H.: „Eben."

S.: „Toller Spaß!"

H.: „Ja, überhaupt nicht spaßig. Die denken alle, die lachen sich kaputt, dabei schlottern wir alle vor Angst. Die Menschheit lacht dauernd, aber guck doch ehrlich hin, diese Lacher sind doch ein Angstschlottern."

S.: „Ja, ein Anpasser-Lachen, eine Maske."

Ich wechsle das Thema, da ich hier mit Holger nicht weiterkomme. Ich teile seine Ansicht, das „Ungute" einfach als ein Spiel umzuinterpretieren, um dann meinen „Spaß" zu haben, nicht.

Selbstbefriedigung

S.: „Heute Morgen bekam ich in der Meditation folgendes Bild: Es ist nicht der Körper, der Befriedigung sucht, sondern das Ego. Das Ego ‚benutzt' den Körper, um sich zu befriedigen."

H.: „Deine Aussage finde ich hochinteressant. Zunächst ist die Befriedigung ja scheinbar körperlicher Natur. Aber es ist doch gleichzeitig eine Seelenbefriedigung, oder nicht?"

S.: „Das Ego befriedigt sich, will etwas haben, um eine Leere füllen. Was ich in der letzten Dunkeltherapie erfahren habe und das Bild von heute sagt mir, dass der Körper aus sich selbst heraus keinen Trieb hat. Was meinst du dazu?"

H.: „Das ist eine Bombentheorie, da ist was dran. Das sexuelle Gefühl ist natürlich schon sehr körperlich. Sagen wir mal so: Man trifft jemanden auf der Straße und du hast sofort ein Gefühl. Das ist nie gleich körperlich. Es ist immer zunächst rein seelisch, wird dann aber, erst später, körperlich."

S.: „Selbstbefriedigung findet statt – motiviert und geleitet vom Ego."

H.: „Wo ist denn das Ego? Das Ich ist ja in der Seele drin – das ist die Seele. Das ist eine Seelenbefriedigung, die sich mit den Mitteln des Körpers ausdrückt."

S.: „Und ein Mensch ohne *(mit transformiertem)* Ego hat keinen Trieb mehr."

[06/2010: „EGO- oder ICH-los" ist für mich nicht gleichzusetzen mit „seelen- oder gefühllos". Aus meiner heutigen Sicht würde ich sagen, dass ein „egofreier" Mensch jemand ist, der sein Ego (PP und AP) gut integriert bzw. transformiert hat. In dem Sinne gibt es „EGO-los" oder „ICH-los" nicht wirklich, sondern es bedeutet m. E.

nach eher, dass das IK durch die Erwachsenen-Energie (PE/RI) informiert wird statt vom PP und AP. Im Falle einer guten Verbindung zwischen Erwachsenen-Ich (PE/RI) und IK ist eine Autonomie da gegenüber dem Ego, sodass sich das Ego in seinen Impulsen nicht verselbstständigen kann. Unter „EGO-los" verstehe ich also heute einen Menschen, der einen stabilen Energiefluss von der universellen/göttlichen Energie zu seinem Erwachsenen-Ich und weiter zu seinem Inneren Kind hat, sodass den AP- und PP-Mustern keine Energie mehr zur Verfügung gestellt wird. Dadurch können die Gefühle des authentischen Selbst (IK) mehr zum Ausdruck kommen; dies befähigt die Person im ganz normalen Alltag zu größerer Verantwortungsübernahme für das eigene Denken, Fühlen und Handeln – und das bedeutet für mich gelebte Spiritualität. Insofern unterscheidet sich diese Herangehensweise vom östlichen Kulturkreis, wo es mehr um Hingabe an den Guru geht.

Es gibt einen Unterschied zwischen den Gefühlen des angepassten Selbst (AP) und dem authentischen Selbst (IK), was m. E. nach ohne äußere Hilfe für den Einzelnen kaum durchschaubar ist, da dies im Allgemeinen unbewusst ist. Bei einem Menschen mit gut integriertem Ego kommen die Gefühle des authentischen Selbst (seine wahre Seele) zum Ausdruck. Im unintegrierten Fall kommen eher die Gefühle der AP- und PP-Energien zum Zuge.

Ein Erwachsener, der sein authentisches Selbst lebt, ist erkennbar an der Wärme, Herzlichkeit, Freundlichkeit, Hilfsbereitschaft, Selbstliebe, Mitgefühl, Selbstachtung, Liebe und Achtung anderen Menschen und Wesen gegenüber, was auch in seiner Ausstrahlung fühlbar ist. Er ist in der Lage, zuzustimmen zu dem, was und wie es ist, ohne sich selbst zu übergehen und hat die Fähigkeit, klar und konsequent „Ja" und „Nein" sagen zu können. Das bedeutet für mich am Beispiel der Sexualität, dass Sexualität sein kann, aber nicht mehr sein „muss" im Sinne eines Triebes oder unerfüllten Bedürfnisses.]

Seins-Erfahrung

S.: „Ich habe noch eine andere Frage. Ich versuche bewusst, nicht in innere Bilder zu gehen, weil ich sonst den ganzen Tag ‚verbildere' und das auch meine Energie kostet; abends bin ich dann ziemlich erschöpft. Ich denke aber, darum geht es nicht."

H.: „Nein."

S.: „Heute habe ich auch bewusst versucht, nicht zu denken – nur immer Atmung – nicht denken – Atmung – nicht denken – Ruhe … einfach sein. Wenn ich im SEIN bin oder einfach BIN, dann kommen auch keine

Gottheiten, Bilder oder Buddhas – da kommt nichts, da bin ich einfach nur.“

H.: „Nein, weil das keine Seelenenergie ist.“

Mir geht ein Licht auf.

H.: „Seelenenergie äußert sich in Bildern, Gefühlen etc.“

S.: „Wenn ich im SEIN bin, können mir auch keine Dämonen oder sonst irgendetwas begegnen?“ Tief in mir lauert noch immer die Angst, Geistern zu begegnen wie bei der ersten Dunkeltherapie, daher stelle ich diese Frage. *(Die Frage speist sich auch aus der (Todes-) Angst – siehe Anmerkung über die Angst vor einem Wesen S. 261 unten, 262 oben.)*

H.: „Nein.“ Holger sieht die Seins-Erfahrung als einen „Hauptabwehrmechanismus gegen andere Wesen, Dämonen, schlechte Gedanken, schlechte Eigengefühle“ und „gegen all den Blödsinn der materiellen und seelischen Welt“.

S.: „Im Seins-Zustand bin ich einfach nur. Also könnte ich den Rest meiner Tage hier im Sein verbringen, ohne dass irgendetwas passiert?“

H.: „Das ist das Ziel. Die Seins-Erfahrung gibt es in verschiedenen Stufen – schwächere, stärkere, höhere. Die Bilder sind in der Übergangsphase des Anfangs. Sie kommen zwar immer, bis zum Schluss, sollten sich jedoch an sich beruhigen. Letztendlich geht es nicht um die Bilder – das ist wie ein Fass ohne Boden, das nie endet; die nähren sich irgendwie aus sich selbst heraus. Darum geht es nicht, es geht um die Seins-Erfahrung. Was ist ihre Qualität, was ist denn Sein? Sein ist die Potenz für alles.“

S.: „Ja. Solange ich noch etwas will, bekomme ich überhaupt nichts. Erst wenn ich dieses Wollen, das vom Kopf *(Ego)* ausgeht, vom Herzen her völlig losgelassen und ehrlich verzichtet habe, dann bekomme ich plötzlich genau das, wonach ich mich vorher so sehr gesehnt hatte. Aber dann ist es mir nicht mehr wichtig, da ich ja innerlich verzichtet habe.“

H.: „Ja, das ist ein raffiniertes Gesetz. Wenn du etwas willst, arbeitest du mit dem Seelenwillen. Wenn du den Seelenwillen aufgibst, kommst du automatisch ins Sein, in die höhere Stufe – und hier haben wir alles, ein riesiges Kaufhaus, und da du nicht mehr willst, bekommst du alles, was du willst. Unheimlich paradox. Das müssen wir Menschen lernen, dass es in allem im Leben nur um das Seins-Gefühl, um die Seins-Erfahrung, primär darum geht, ins SEIN einzusteigen, z. B. über Meditation, die eine Beruhigung der

Seelenlandschaft und ein Einstieg in die Seinslandschaft ist. Und da lösen sich alle Probleme von selbst in Wohlgefallen auf."

Ich teile Holger mit, dass ich eine Gefahr darin sehe, dass Meditierende sich in Wunschvorstellungen und eine Pseudoruhe hineinmeditieren und Meditation als ein Mittel zur Ablenkung benutzen könnten, statt zu dem zu schauen, was sich „hinter" ihren Alltagsproblemen und der sich darin verborgenen Energie zeigt, um diese zu transformieren.

Holger stimmt der Gefahr einer Pseudoberuhigung zu und spricht, sich bereits verabschiedend, vom „Leben als Gratwanderung".

Lebensrückblick

Es ist noch alles still draußen, als ich aufwache in einem Moment des Rückblicks über mein Leben, das detailliert aufbereitet an mir vorüberzog. Ich sah z. B. alle Freunde, die ich je hatte. Mein gesamtes bisheriges Leben war in eine Sekunde verpackt, die ich als Geschenk auspacken und mir anschauen durfte und innerhalb derer ich alles erfasste und überschaute, was jemals in meiner Vergangenheit geschah. Als mir das bewusst wurde, war ich voller Erstaunen darüber, wie das geht.

Der Rückblick wurde beendet mit dem übergangslos auftauchenden Bild einer bunt karierten Tischdecke mit eingeflochtenen hellen Streifen.

Ich liege im Bett … viele Kindheitserinnerungen tauchen auf, die mir größere Zusammenhänge über mein Leben bewusst machen.

Während ich alles auf die Kassette spreche, bemerke ich meine Körperhaltung – auf dem Rücken liegend, das rechte Bein über das linke gekreuzt, der linke Unterarm auf meiner Stirn, die Augen bedeckend. Ich fühle mich, als hätte ich ein Brett vor dem Kopf … wie zurückgedrängt, sodass ich nicht vorwärts laufen kann. Ich habe auch Kopfschmerzen – ein trübes Gefühl im Kopf, nicht klar sehen könnend, wie zugezogen. Ein Gefühl wie: „Ich muss gegen etwas ankommen, um vorwärts zu kommen". Schwere lastet auf der Stirn. Mir wird bewusst, dass mein Körper eine Schutz- und Abwehrhaltung eingenommen hat, wie ich sie aus meiner Kindheit kenne, wenn ich große Angst hatte. Hinter dem Unterarm der Impuls, mich zu ducken, um mich zu schützen. Ich möchte mich kleinmachen, den Kopf in mich hineinziehen; der Hals will wie ein Teleskoprohr einfahren und zwischen den Schulterblättern versinken. Die gekreuzten Beine verschließen absolut bombensicher den Geschlechtsbereich. Unter dem Arm habe ich das Gefühl, mich dahinter verstecken zu können, sodass ich nicht gesehen werden kann. In der Tiefe große Hilflosigkeit, denn mit den überkreuzten Beinen komme ich nicht vorwärts – ich bin blockiert, kann nicht weglaufen. Ein zutiefst schutz- und hilfloses Gefühl. Der Arm vor dem Kopf half mir als Kind, nichts mehr zu fühlen *(unbewusst)*. Das gab mir ein gewisses Sicherheitsgefühl – eine Scheinsicherheit. Das authentische Selbst war in dem Moment in die tiefste Tiefe meines inneren Schneckenhauses zurückgezogen, sodass ich „nicht mehr da" war. Wie groß meine Angst gewesen ist! Eine andere Schutzhaltung war jahrelang, in Gegenwart anderer Menschen die Arme vor der Magengegend zu verschränken. Mit diesem Schutz- und Überlebensmechanismus fühlte ich mich als Jugendliche und Erwachsene bis über mein 40. Lebensjahr hinaus gemütlich und bequem, wie ich dachte, da es sich all die Jahre so anfühlte. Der eigentliche Sinn der Haltung (Schutz- und Scheinsicherheitsgefühl) und die dahinter verborgenen authentischen Gefühle – Angst, Hilf- und Schutzlosigkeit, Ohnmacht – waren mir nicht bewusst.

Weitere Kindheitssituationen steigen auf, in denen ich sehr wütend auf meine Mutter war. Über die Jahre hatte sich ein dermaßen großer Wutberg in mir aufgestaut, sodass dieser bis zu meiner Pubertät in blanken Hass mutierte. Die innere Distanz zwischen meiner Mutter und mir betrug jahrzehntelang viele Kilometer. Ich war erst ab meinem 39. Lebensjahr bereit, mich dem zu stellen und arbeitete mehrere Jahre wirklich hart an mir, um den Hass und die Distanz abzubauen und mich meiner Mutter wieder nah und meine Liebe zu ihr und ihre Liebe zu mir fühlen zu können.

Ich gehe als Erwachsene in jede aufsteigende Kindheitsszene dazu, nehme Kontakt zu meinem *Inneren Kind* auf, helfe der Kleinen aus den sich für sie bedrohlich anfühlenden Situationen heraus und gebe ihr mit all meiner Liebe, was sie bis heute braucht: Nähe, Gestreichelt-und-Gehalten-Werden, Geduld, Verständnis, Liebe, Sicherheit, ein liebevolles Lächeln, Wärme, kindgerechte Erklärungen. So werden die kindlichen Bedürfnisse durch mein Erwachsenes-Ich im Nachhinein gestillt; die alten Verletztheitsgefühle wandeln sich in wohlige Geborgenheit, tiefe Dankbarkeit, Sicherheit, Sich-verstanden-und-geliebt-Fühlen; der Körper entspannt sich, mein Energiefeld öffnet sich gleich einer Blume immer weiter …

Es tauchen sehr lebendige Kindheitserinnerungen auf, die meinen Vater betreffen und wieder helfe ich mitfühlend meinem *Inneren Kind* …

Nach diesem Prozess habe ich das Gefühl, ein Stück gefesselter Kind-Energie befreit zu haben. Meine Körperhaltung ist jetzt locker und offen, Arme und Beine liegen ganz entspannt auf der Unterlage.

Vom Bad her fällt ein vager Schimmer in mein Zimmer; es ist das „Licht" vor der eigentlichen Morgendämmerung, das mit den physischen Augen nicht zu sehen ist. Ich schließe das Badfenster.

7. Tag – Die List des Egos

Der nächtliche Prozess wirkt stark nach. Ich habe es mir im Korbsessel gemütlich gemacht und nippe gedankenversunken an meiner Tasse Fencheltee. Dabei wird mir sehr bewusst, dass ich meine Eltern *bin*. Und mit dem, was ich von beiden bekommen habe, mache ich etwas Neues. Der Sinn dessen, was Bert Hellinger damit meinte, steht mir klar vor Augen. Der Satz hörte sich für mich zunächst falsch an und früher dachte ich, er müsste entweder lauten „Ich habe meine Eltern" oder „Ich bin wie meine Eltern." Aber es stimmt: Ich *bin* meine Eltern. Daher kann ich in mir nur im Frieden und im Gleichgewicht sein, wenn die innere Beziehung zu den Eltern wahrhaftig im Reinen ist. Die Erkenntnis, meine Eltern zu sein, fühlt sich frei und weit an. Ein Gefühl der Ruhe und Vollständigkeit erfüllt mich – beide sind in mir und ich bin sie beide. Ich fühle mich total zentriert und weiß ganz klar: Der Weg, ins Gleichgewicht und in innere Ruhe und Frieden zu kommen, geht über die Achtung und Anerkennung der Eltern, wie sie sind, ohne sie mir – auch nicht unbewusst – in ihren Gedanken und Verhaltensweisen ganz oder teilweise anders zu wünschen. Indem ich sie ehrlich achte und sie so lassen kann, wie sie sind, stehe ich aus eigener Kraft auf eigenen Füßen und habe eine gewisse Freiheit. Ich habe den Segen beider Eltern für meinen Weg; beide haben in meinem Herzen Platz genommen.

Ich sehe die tieferen Verstrickungen in unserer Familie und welche Auswirkungen das sowohl seelisch als auch körperlich auf mich hat, deutlich vor mir. Jetzt weiß ich schlagartig, was ich in Breslau meinem Vater als Begründung hätte sagen können, warum ich nicht an seiner rechten Seite laufen oder sitzen mag. Ich lasse ihn nachträglich innerlich wissen, dass mein Platz entsprechend der Rangfolge links von ihm ist, und spüre der tief greifenden Wirkung in meiner Seele nach … Hyperklarheit, tiefe Ruhe, völlig entwirrt …

Die Erkenntnis, unbewusst am Platz der kurz nach meiner Geburt verstorbenen Mutter meines Vaters gestanden zu haben, macht mich betroffen. Ich scheine die Rolle des perfekten „Retters“ tief verinnerlicht zu haben. Da diese mir jedoch weder guttut noch zusteht, hole ich beide Eltern vor mein inneres Auge, fühle ihre Gegenwart und nehme ganz bewusst den mir zustehenden Platz als Kind ihnen gegenüber ein.

In der Meditation treibe ich gedanklich immer wieder zu meinen Eltern und zu einer für mich schwierigen Patientin. Um mich besser konzentrieren zu können, lenke ich meine Aufmerksamkeit auf die Qi-Gong-Übung „Kleiner Kreislauf“. Ich verfolge den fingerdicken Energiestrahl, der – langsam wie ein dicker Regenwurm – vom Steißbein aus in der Wirbelsäule aufwärts kraucht, sich über den Nacken weiter auf der Kopfoberfläche bis zum Scheitelpunkt bewegt und von da aus auf der Mittellinie der Körpervorderseite wieder abwärts bis zum Steißbein fließt. Auf dem Weg nehme ich jede Körperstruktur hoch aufgelöst wahr.

Während ich langsam Runde um Runde durch den Körper kreise, wird mir deutlich bewusst: Wenn kontinuierlich Energie in eine Vorstellung fließt, bekommt diese mit der Zeit eine lebendigere Qualität, bis dahin, dass z. B. der Energiestrahl eine Art Eigenleben zu führen beginnt. Jahre zuvor, am Anfang der Übung, war der „kleine Kreislauf“ nur eine reine Vorstellung, die ich oft nicht vollenden konnte, da ich mich entweder von Gedanken woanders hintragen ließ oder ich aufgrund von feinstofflichen Blockaden in der Lendenwirbelsäule oder zwischen den Schulterblättern in Herzhöhe „hängen blieb“. Mit der Zeit wurde durch die ständige Wiederholung aus der trockenen Vorstellung ein fühlbar fadendünner, mich an flüssigen Honig erinnernder gelbgoldener Strahl, der zunächst immer wieder abriss, nach einigen Übungsmonaten jedoch sehr lebendig und stabil auf Fingerdicke angewachsen war und meinen Gedanken durch den Körper in höchster Präzision folgte. Eines Tages – ich war erkältet und hatte im wahrsten Sinne des Wortes die Nase voll – machte ich bei dieser Übung die Erfahrung, dass die Nasennebenhöhlen unmittelbar frei wurden und ich besser Luft bekam, während ich den Energiestrahl bewusst durch sie hindurch lenkte. Es war, als ob sich alles in meinem Kopf öffnen würde. Begeistert stellte ich damals fest, dass es überall, wohin auch immer ich den Strahl im Körper lenkte, zu heilsamen Veränderungen kam. Seitdem ist das meine Methode der Wahl, wieder gesund zu werden, wenn mein Körper irgendein Problem hat.

Es kam die Zeit, wo ich mit dem Energiestrahl nicht mehr weiterarbeitete, weil andere Dinge in mein Leben traten und ich auch zunehmend seltener krank wurde. Als ich kürzlich (ich hatte diese Vorstellung gut vier Jahre nicht mehr kultiviert) wegen einer Fußverletzung wieder darauf zurückgreifen wollte, stellte ich fest, dass der Strahl seine Kraft verloren hatte und kaum noch fühlbar war. Es dauerte jedoch nur wenige Tage, bis ich ihn wieder aufgebaut und auf ein wirksames Energielevel angehoben hatte. Für Menschen ohne solche Erfahrungen mag das utopisch klingen, aber jeder kann das selbst ausprobieren und eigene Erfahrungen sammeln.

Leben wir in einer Illusionswelt?

Wenn das mit den Vorstellungen auf diese Weise funktioniert, verhält es sich dann vielleicht auch so mit der Götterwelt? Bekommen die Götter – und ebenso der Teufel – durch die menschlichen Vorstellungen ihre Kraft und Lebendigkeit? Sind das alles Illusionen, an denen wir festhalten, damit wir uns getröstet, gehalten und geliebt fühlen und wir unser Leben halbwegs gut über die Runden bringen können? Lebt jeder Mensch in seiner eigenen Gedanken- und Fantasiewelt, wobei diese wiederum Fortsetzungen und Erweiterungen von den Eltern und Ahnen sind, die ihm als Baby und Kleinkind die Begriffswelt beigebracht und die Gefühlswelt geprägt haben? Dass Rot eben rot und nicht grün ist? Wurde das Baby nicht im Laufe der ersten Monate und Jahre dadurch, wie die Eltern die Welt zu diesem Zeitpunkt sahen, in seiner Wahrnehmung fixiert und eingeschränkt auf das, was seine Eltern und Großeltern sehen und wissen? Wie würde ein Neugeborenes die Welt beschreiben, wenn es sich dieser bewusst wäre und uns „wissenden" Erwachsenen darüber berichten könnte? Sieht ein Baby Dinge, die der Verstand des Erwachsenen negiert, „weil es das doch nicht gibt"? Ist es nicht unser im Laufe vieler Jahre mühevoll von außen angeeignetes Wissen und – damit im Zusammenhang – auf Leistung-Erbringen orientiertes Denken und Verhalten, das uns blockiert und in einer Welt voller Regeln und Schubladen, die es nicht wirklich gibt, gefangen hält, unter der wir leiden, obwohl wir selbst sie kreieren und vehement per Verstand verteidigen und rechtfertigen? Macht uns nicht am

Ende das permanente Aufrechterhalten unserer Illusionen und damit verbundener Emotionen krank? Werden Kinder vielleicht in den ersten Lebensjahren mittels logischem Verstand der Erwachsenen ganz gezielt – in guter Absicht – in einem Lern- und Erziehungsprozess von sich selbst, vom authentischen Kern, abgeschnitten und damit aus dem inneren Gleichgewicht und dem einfachen SEIN geworfen? Andererseits sind die Regeln und dieses äußere Wissen nicht auch wichtig, um eine Richtschnur zu haben und sich zurechtzufinden in der Welt? Aber der Preis, den wir derzeit dafür bezahlen, ist hoch! Werden wir vielleicht krank, weil wir eine Welt verteidigen und aufrechterhalten, die es nicht wirklich so gibt, sondern nur in unserem konditionierten Denken? Krank, weil unser Kopf darauf besteht, dass alles so bleibt, wie es bekannt und gewohnt ist? Krank, weil wir uns auf Unbekanntes und Neues nur schwer oder kaum einlassen können, weil es uns so viel Angst macht? Pressen wir die Kinder, die noch ganz lebendig und freudig immer wieder Unbekanntes erforschen wollen, deshalb in unser festes Schubladen- und Kontrollsystem, damit wir „Erwachsene“ uns sicher fühlen können? Ist der Fluss des Lebens dann noch im lebendigen Fluss oder stagniert er eher in einem betonierten Flussbett? Machen uns vielleicht die Verstrickungen, Probleme und die Lieblosigkeit in unseren engeren und weiteren Beziehungen krank, statt das Wetter, das Alter oder die Viren, Pilze und Bakterien?

Absichtslose Absicht – Absichtsloses Tun

Während ich mir Tee zubereite, bemerke ich erstaunt, wie sicher meine Handgriffe in der Dunkelheit geworden sind. Wenn ich genau so, wie ich es bei Tageslicht mache, einfach zur Teekanne und dem Wasserkocher greife, ohne darüber nachzudenken, wo ich diese finde, dann ist der Griff zielsicher und auf Anhieb halte ich den gewünschten Gegenstand in der Hand. Es ist wie ein wissendes Handeln, dass sich von allein ergibt. Die Absicht ist da, die Teekanne in der Hand zu halten, ohne sich jedoch darüber Gedanken zu machen, wie das geschieht. Sobald ich jedoch anfange zu überlegen, wo sie stehen könnte, greife ich mit hoher Sicherheit zunächst daneben; dann muss ich suchen und tasten, bis ich das Gewünschte gefunden habe. Die alten Meister der Kampfkünste berichten von der ‚absichtslosen Absicht‘ – ich finde das sehr passend zusammengefasst, das drückt alles aus. Die ‚absichtslose Absicht‘ nehme ich als „Etwas“ oder

„Kraft“ wahr – nicht näher beschreibbar und irgendwoher aus der Tiefe des Bauches kommend.

[11/07: Es ist wie ein inneres Wissen, eine innere Sicherheit, dass die Teekanne sich dort befindet – ähnlich der Sicherheit, die da ist, wenn ich die Kanne mit den Augen sehe. Doch vermittelt sich dieses innere Wissen nicht über die physischen Augen.]

Der Körper folgt der absichtslosen Absicht – ohne nachzudenken – unmittelbar und präzise, während die normale Absicht durch Gedanken bestimmt wird. Der absichtslosen Absicht folgt unmittelbares absichtsloses Tun aus dem Bauch heraus, ohne den Umweg über den Kopf und daher viel schneller, das immer – auf eine leichte Art und Weise – zum Erfolg führt. Sobald sich der Kopf (das Ego) über Denken, Wünschen und Wollen einmischt, entzieht sich die absichtslose Absicht und damit das absichtslose Tun. Diese Art des absichtslosen Tuns oder Handelns kann also nicht über Gedanken wie „ich will, möchte, brauche, mache jetzt dieses und jenes“ herbeigeführt bzw. „gemacht“ werden.

Während einer langen Meditation tritt besonders der Kopf in den Vordergrund und mir wird seine unglaubliche Tiefe bewusst. Am Ende fühlt er sich klar und frei und die linke Kopfhälfte wie gereinigt und geputzt an.

Heute ist der sechste Tag, wenn ich den Freitag nicht mitzähle. Ich habe den Eindruck, es passiert überhaupt nichts. Nichts tut sich, kaum innere Bilder, kein Kinofilm, dafür ein Haufen Gedanken.

Ich gebe mir eine Ohrreflexzonenmassage, was sehr angenehm ist. Der Körper fühlt sich danach wohlig warm an … ich genieße das lebendige Strömen und Fließen.

Das Ego entlarvt sich

Holger kommt heute später und langsam fange ich an, auf ihn zu warten. Seit ca. einer Stunde gehen die Gedanken immer wieder dahin, wann er wohl kommt.

Jetzt ist schon Donnerstag, ich schätze später Nachmittag, und es ist noch immer nichts Wesentliches passiert. „Gar nichts! Nicht mal eine Krise hatte ich!“, grummle ich vor mich hin.

An diesen Gedanken, Gefühlen und am Warten auf Holger erkenne ich mein Ego, das ärgerlich meint, dass es doch endlich mal losgehen müsste! Ganz subtil scheine ich, ohne es bemerkt zu haben, in den vergangenen Tagen darauf gewartet zu haben, dass „etwas passiert“ in der Dunkelheit. Jetzt, wo die Geduld vorbei ist, kann das Ego seinen Ärger und Unmut darüber, dass nichts geschieht, nicht mehr unterdrücken. Ich schaue vom Beobachter aus auf das wie Rumpelstilzchen von einem Bein auf das andere springende wütende Ego „unter mir“ und bin beeindruckt, wie listig es sich in den letzten sechs Tagen versteckt hatte. Es ist doch ziemlich clever, so zu tun, als ob es gar nicht da ist, um dann plötzlich in immer neuen Nuancen aus irgendeiner Ecke heraus zu erscheinen. Die Anpassungs- und Wandlungsfähigkeit des Egos ist so hoch, dass es nicht so leicht ist, das Spiel zu durchschauen. Und doch hat es sich jetzt verraten. Ich bin einerseits betroffen, wie gut ich mir selbst Ruhe und Gelassenheit und Mit-allem-einverstanden-Sein vorgemacht und das auch noch geglaubt habe, andererseits zugleich so erleichtert, dass sich ein verständnisvolles Schmunzeln über die kindische Art des Egos in mein Gesicht zaubert. Es will immer nur haben und zufriedengestellt werden und dafür denkt es sich allerlei Tricks aus, um sein Ziel zu erreichen. Ich bin wirklich neugierig und sehr gespannt, was es sich demnächst noch so alles einfallen lässt. Die wahrgenommene Gleichzeitigkeit und Intensität beider im Gefühl so unterschiedlichen Bewusstseinsebenen lässt die Situation so aberwitzig erscheinen, dass ich am Ende herzhaft über mich selbst lache.

Ich habe heute schon zum zweiten Mal den Eindruck, dass ich Musik höre. Es klingt wie ein weit entfernter Männerchor, ein lieblicher Gesang, der aus einer Kirche zu kommen scheint.

Gespräch mit Holger

Ich erzähle Holger von der Entlarvung meines Egos und er fragt nach, was in meinem Bewusstsein dabei passiert.

S.: „Es kommt eine ganze Menge hoch an Erinnerungen, z. B. das Ereignis mit einem Patienten, der in meine Praxis kam und im Warteraum

Platz nahm. Als ich ihn wenige Minuten später in den Behandlungsraum bitten wollte, sah ich ihn bewusstlos auf dem Stuhl sitzen; die Armlehnen boten dem zusammengesunkenen Körper Halt. Obwohl der Notarzt keine fünf Minuten später da war, konnte der Mann nicht mehr ins Leben zurückgeholt werden. Er starb in meinen Armen und denen des Notarztes während der Wiederbelebungsversuche. Ich habe den Tod gespürt, wie er diesen Menschen messerscharf direkt neben mir aus dem Leben gerissen hat. Und ich fühlte eine Kälte in dem Moment rechts neben mir."

H.: „Also passiert doch was!"

S.: „Ja, natürlich, aber nicht das, was das Ego sich vorstellt. Es will, dass hier etwas Besonderes passiert. Dass die ganzen Sachen aus der Tiefe aufsteigen, ist nichts Besonderes und nicht spektakulär genug für das Ego."

H.: „Aha, etwas Besonderes – ein elitäres Ego."

Ich kann diese Aussage nur bestätigen.

Über den Tod

S.: „Der Tod des Patienten berührt mich immer noch, obwohl es schon sieben Monate her ist."

H.: „War der Raum kalt, als du diese Kälte spürtest?"

S.: „Nein, warm. Die Kälte spürte ich lokal begrenzt, direkt im Millimeter Abstand rechts neben mir, gleich einer ovalen kalten Kugel in der Größe des Patienten, und noch etwas weiter in der Ausstrahlung, als ob die Kälte noch ca. einen halben Meter über seinen Körper hinausging. Haarscharf neben mir diese Kälte, mich aber nicht berührend. Ich fühlte eine glatte Grenze zwischen meinem Körper bzw. meinem Energiefeld und der Kälte. Der Abstand war nicht größer als Haaresbreite."

Holger meint, das sei der Seelen- oder Plasmahauch gewesen, der kühl sei und den jeder physisch spüren könne.

S.: „Ich empfand den Tod als absolut zielgerichtet, als ob er ganz klar hat: den und niemand anders. Dieses kalte kugelähnliche Etwas fühlte sich für mich wie ein Loch an. Es war, als ob neben mir jemand weggeholt wurde – und übrig blieb ein energetisches, kaltes, ovales, dunkles Loch, was dieser Mensch zuvor ausgefüllt hatte. Der Mensch war weg, richtig weg. Absolute, abgrundtiefe Leere – dieses Loch selbst." Mich schüttelt es, als ich daran denke, das war mir unheimlich.

[03/2006: An dem Punkt wechselte ich die Kassette, drückte dann aber wohl auf „Play" statt auf „Aufnahme", sodass eine ganze Kassettenseite komplett leer ist. Es fehlt auch der Übergang zu dem, was ich als nächstes sage. Ich belasse es dabei auch, es wird schon seinen Sinn haben.]

Inkarnationen

Ich diskutiere mit Holger über den Sinn der spirituellen Psychologie, die ich für hilfreich halte, um Menschen ein Stück weit auf ihrem Weg zu mehr innerer Freiheit zu begleiten. Holger stimmt mir teilweise zu und ermuntert mich dann, auch zu schauen, was für ein Wesen ich sei, d. h. durch welche Inkarnationen ich gegangen bin.

H.: „Du bist ein Wesen, das durch viele Leben gegangen ist. Das ist ein weiter, tiefer Plan und es ist in sich selbst ein Befreiungsgefühl zu erkennen, nicht nur Mensch dieser Inkarnation zu sein."

S.: „Das kann ich mir gut vorstellen, schon der Gedanke daran lässt mich das Befreiungsgefühl erahnen. Aber ich habe diese Erfahrung noch nicht."

H.: „Wenn du jetzt mehr daran denkst, hast du mehr gedankliche Befreiungsgefühle. Die Gedanken sind die Vorstufe der Erfahrung."

S.: „Stimmt …, aber wir haben gestern gesagt, dass Gedanken Energie sind, eine Kraft und je mehr ich eine Vorstellung mit Gedanken ausfülle und auskleide, umso mehr belebe **ich selbst** diese Vorstellung. Aber das wäre wie das Erschaffen eines Tupilak."

H.: „Ja, das ist eine Gratwanderung, ein gefährlicher Weg."

S.: „Genau. Vielleicht ist auch das nur ein Tupilak, dass der Mensch mehrere Inkarnationen durchläuft, weil es ja so beruhigend ist?"

H.: „Wir sind nur reiner Geist. Jeder ist da halt auf seiner Ebene und alle Ebenen sind irgendwie richtig. Da kannst du nichts machen. Jetzt kannst du natürlich versuchen, von Ebene 4 zu Ebene 5 zu kommen, der andere geht von Ebene 5 zu 3 usw., hin und her, vorwärts und rückwärts. Vom Geist her gesehen ist es ziemlich egal, wie seine Amöben da herumwirbeln …"

S.: „Diese Seins-Erfahrung, Erfahrung der vollkommenen Verbundenheit, in der nichts weiter existiert als reines Bewusstsein und ‚ich' reines Bewusstsein bin, habe ich noch nicht erlebt."

Spirituelle Wege

H.: „Es gibt verschiedene Erfahrungstypen, verschiedene Modalitäten, wie das erfahren werden kann, und ein Weg ist nicht besser als der andere. Es geht immer um den Selbstfindungsprozess des Entwicklungstyps und den Weg kann man dann leichter gehen als den gegenteiligen Weg. Es gibt den Jana-Typ (intellektuell-geistiger Weg), den Bhakti-Weg (Liebe), den Karma-Weg (Arbeit, Tun) und den Raja-Yoga (energetische Meditation). Wo würdest du dich einordnen, wo hast du die größten Anteile?“

S.: „Früher hätte ich sofort gesagt, ich gehe den Weg der Arbeit und des Intellektes. Heute sehe ich mich auf allen Wegen. Ich bin über den Weg der Arbeit, des Intellektes und der Meditation bei der Liebe angekommen. Und um auf meinem Weg der Liebe bleiben zu können, nutze ich auch heute noch die Wege der Arbeit, des Intellektes und der Meditation. Alle vier Wege greifen bei mir ineinander in einem ständigen Wechselspiel, wobei Arbeit, Intellekt und Meditation so was wie die Säulen sind, die mich tragen auf meinem Weg der Liebe.“

Holger fand das interessant und wir redeten noch ein wenig über die spirituellen Wege und die Gefahren dabei, sich selbst etwas vorzumachen, wie spirituell und verbunden man sei, in Wirklichkeit der ganze Prozess aber vom Ego gesteuert sei. Wie authentisch jemand ist, bemesse ich daran, wie er mit seinen engsten Familienmitgliedern (Eltern, Geschwister, Großeltern usw.) und anderen Menschen umgeht, wie er von ihnen redet und wie er sich mit ihnen fühlt; wenn er sie lieben, achten und ehren und sie wirklich so annehmen und lassen kann, wie sie sind, ohne sie sich anders zu wünschen, dann hat dieser Mensch für mich eine gewisse Freiheit. Damit war unser Gespräch beendet.

Ich reflektiere die letzten sechs Tage und stelle fest, dass ich mich gut orientieren kann und mich ruhig, locker und sehr klar fühle. Mir dämmert, dass die Orientierungslosigkeit während des ersten Dunkelretreats mit meinem damaligen inneren Zustand zu tun haben könnte. 2003 war ich in meinem Leben an einem Punkt, wo ich nicht wusste, wie es weitergeht. Die Dunkelheit offenbarte, wie es innerlich in mir aussah. Nur wurde mir das damals nicht bewusst. Ich hielt die Orientierungslosigkeit für ein Phänomen der Dunkelheit. Ich werde meine These mit Holger besprechen.

Es ist Freitagnacht und ich kann nicht schlafen. Wieder und wieder kaue ich das letzte Gespräch mit Holger durch und laufe dabei förmlich heiß. Ich kann die Gedanken nicht zur Ruhe bringen. Wenn ich im Jetzt bin, bin ich aus der Mühle heraus, aber genauso schnell bin ich auch wieder drin, weil ich mich von den Gedanken aus dem Jetzt herausziehen lasse und meine Energie nicht in der Gegenwart halten kann. Wie viel Kraft und Energie mich das kostet! Ich fühle starke Unruhe. Dem Beobachter fällt auf, dass ich mich auf den Rücken drehe und wieder den rechten Unterarm über die Stirn und die Augen lege. Es scheint beruhigend und wie ein Schutz vor dieser Mühle zu wirken. Ich fühle, wie ich mich in eine Höhle, einen Schutzraum zurückziehe. Wieder mein Vaterthema.

8. Tag – Was ist Freiheit? Gibt es Entwicklung?

Alle Erfahrungen, die aufgrund von Gedanken und Vorstellungen bewusst oder unbewusst gemacht werden, sind selbst kreierte Erfahrungen. Sie haben eine Realität in demjenigen, der sie denkt und sich vorstellt. So wird eine Welt geschaffen, innerhalb derer gelitten und geliebt wird.

Dunkelheit als Spiegel

Mir kommt die Idee, die Dunkelheit als Spiegel für mich zu nehmen. Da ich sie nicht durchdringen kann und wie blind bin, nehme ich das als den Teil in mir, der noch nicht klar sehen kann. Es ist wie ein dunkler Vorhang, den ich aus unbewussten Gründen einmal selbst geschaffen habe und der mir nun den Blick in das Licht verwehrt. Vielleicht ist die Anschauung, dass im Dunkeln nicht gesehen werden kann, nur ein Glaubenssatz, den ich übernommen habe und der mich bis heute zuverlässig blockiert? Ansonsten fühle ich mich geschützt, sicher, ruhig und geborgen. Auf diesen Spiegel der Dunkelheit lasse ich mich jetzt näher ein.

Ich sitze im Lotussitz und schaue bewusst in die Dunkelheit. Je länger ich schaue, umso mehr habe ich den Eindruck, dass es heller wird. Zur Kontrolle halte ich die Hand vor meine Augen und sehe deren Umrisse, als würde sie von einem zarten, hellen Saum umgeben sein, der jedoch so schwach zu sehen ist, dass es auch reine Einbildung sein könnte.

Die Dunkelheit ist der Spiegel der Dunkelheit in mir. Bin ich denn bereit, es hell werden zu lassen und zu sehen, was dann zu sehen ist? Oder ist es bequemer, nicht zu sehen? Die Dunkelheit ist ein wohlvertrauter Zustand. Die Schamanen der Naturvölker können Dinge, die wir „Westler" uns kaum vorstellen können. Es ist also möglich, Zugang zu haben zu einer Welt, die unser westlicher Verstand nicht fassen kann – zu „Etwas", das unsere moderne Zivilisation eingebüßt hat. Wenn ich die Menschheitsgeschichte im Überblick betrachte, habe ich den Eindruck, dass der Mensch sich immer mehr von seiner wahren Natur und vom Einklang mit einer höheren Kraft entfernt, je mehr moderne Technik in sein Leben Einzug hält. Was allgemein als Fortschritt gilt, macht total Sinn und dient dazu, unseren Alltag zu erleichtern. Also geht es nicht um den Fortschritt an sich, sondern um Frage, wie wir damit und mit uns selbst umgehen. Wenn der Preis dafür der ist, dass der Mensch sich immer mehr von sich selbst entfernt, macht mich das sehr nachdenklich, da das enorme Konsequenzen auf alle Lebewesen auf der Erde hat. Der Fortschritt ist hilfreich in unserem Leben, scheint aber unsere innere Abhängigkeit auf gewisse Art zu unterstützen, indem wir uns mit den Geräten beschäftigen, statt mit uns selbst. Der Fortschritt bringt unsere innere Abhängigkeit sehr deutlich ans Licht. Wie würden wir uns ohne all die vielen technischen Geräte, wie Computer, Handy und Fernseher, fühlen? Wissen wir noch etwas mit uns selbst anzufangen? Was würde geschehen, wenn weltweit der Strom plötzlich vollkommen für immer ausfiele? Wie würde unsere moderne Gesellschaft ohne Elektrizität und ohne Internet funktionieren? Welche Gefühle würde das in uns auslösen?

Licht in der Dunkelheit

Ich habe den Eindruck, Licht zu sehen – mit offen wie geschlossenen Augen. Schaue ich jedoch in diese Richtung, sehe ich nur Dunkelheit. Ich sehe den von rechts hinter mir kommenden und nach vorn durchstrahlenden Lichtschimmer so deutlich, dass ich es nicht mehr als Einbildung verbuchen kann. Mein Verstand kapiert das nicht – Lichtschein und Stockdunkel gleichzeitig.

Im gleichen Maße, wie ich nicht sehen kann, kann ich auch nicht hören, fühlen, schmecken oder riechen. Das Dunkel liegt quasi auf allen feinstofflichen Wahrnehmungsorganen. Zugleich merke ich die positiven Auswirkungen der seelischen Reinigungsprozesse auf alle Sinne. Sie sind besser denn je, alles ist viel klarer und reiner – ich merke es am Schmecken, Tasten und Hören.

Von rechts oben strahlt ein ziemlich heller milchig-weißer Lichtschein und lässt vor mir eine weiße undurchsichtige Wand entstehen. Während ich auf das Diktiergerät spreche, verschwindet die helle Wand und ich schaue wieder in das gewohnte Dunkel. Wie fühle ich mich? Das Dunkel ist mir vertraut, bietet Sicherheit, Ruhe und Geborgenheit. Es lässt mich aber auch hilflos fühlen und blind tastend durch die Gegend laufen, sodass ich zu langsamen Bewegungen gezwungen bin. Das Dunkel ist auch bequem und entspannend, denn ich brauche mich nicht mit dem äußeren Gesehenen zu befassen. Es ist undurchdringlich wie dunkler oder dichtester heller Nebel.

Ich lege mich auf die Matte und sammle mich im Bauch. Von rechts oben kommt der Lichtschein. Während ich versuche, in die Helligkeit einzutauchen, knipst sich plötzlich das Licht aus … alles ist stockdunkel! Als ob jemand in einem fensterlosen OP-Saal die OP-Lampe ausgeknipst hat.

Gedanken steigen auf … ich fühle mich aus dem Jetzt gezogen; dadurch ist es erst recht dunkel. Unglaublich schnell drifte ich in die Gedankenwelt ab, die aber nichts mit dem Jetzt und der Dunkelheit zu tun hat. Das ist mir noch nie so deutlich aufgefallen. Es hat keinen Sinn, weiter im Liegen zu meditieren, daher setze ich mich auf.

Die Dunkelheit ähnelt einer pechschwarzen Wand, die mir nicht gestattet, sie zu durchdringen. Ab und an erscheint rechts oben ein helles, viereckiges, durch ein Rahmenkreuz geteiltes Fenster, durch dessen milchige Wand ich nicht hindurchschauen kann. Das Licht ist zu zart, um den Raum zu erhellen. Wie geht es mir mit dieser dunklen Wand? Als hätte ich ein Brett vor dem Kopf … Ich bin ratlos, da dieses mich jetzt an einen mond- und sternenlosen Nachthimmel erinnernde Dunkel überall ist und ich nicht weiß, wie ich aus ihm herauskommen kann. Immer tiefer gehe ich in die elektrisch aufgeladen und flimmernd erscheinende weite Dunkelheit hinein. Aus der magisch funkelnden Schwärze kommen, schemenhaft und plötzlich, immer wieder große Drachenköpfe mit riesigen Krokodilzähnen auf mich zu. Sie lösen weder Spannung noch Angst oder Neugier in mir aus; sie berühren mich nicht einmal. Da ich mich nicht auf sie einlasse und ihnen keinerlei Energie gebe, können sie mir nichts anhaben und verschwinden genauso schnell wieder, wie sie gekommen sind.

Ich finde aus der Dunkelheit nicht heraus. Wenn sie ein Spiegel für mich selbst ist, dann müsste ich ja diese Dunkelheit sein. Das Gefühl habe ich jedoch nicht – ich bin nicht die Dunkelheit. Sie steht mir gegenüber, umgibt mich ringsherum und ich fühle mich getrennt von ihr. Und doch weiß ich, es ist ein Spiegel meines Selbst – ich bin in der Dualität, daher fühle ich mich von der Dunkelheit getrennt.

[11/2007: Hier wird wunderbar die Spaltung und die Projektion in die Dunkelheit sichtbar. Dies geschieht in gleicher Weise mit Personen und der Umwelt, wodurch die Illusion entsteht: „Das hat doch nichts mit mir zu tun."]

Innerer und äußerer Lärm ziehen aus dem JETZT heraus

Wenn ich mich nur auf das JETZT, die Dunkelheit, einlasse und nichts anderes denke, dann gibt es keine Probleme. Wenn ich Gedanken nachhänge, verlasse ich die Gegenwart ein Stück weit, indem ich einem inneren Bild folge, das in der Vergangenheit durch das, was ich erlebt, erfahren, gehört, gelesen, gelernt oder studiert habe, entstanden ist. Die Gedanken empfinde ich als inneren Lärm, der ablenkt und Massen an Lebensenergie verbraucht …, ich fühle es direkt … der normale Denkvorgang mit dem konditionierten Verstand bewirkt ein inneres Aufzehren oder Auffressen der Lebensenergie, als ob eine Kerze von zwei Seiten zugleich abbrennt.

Das JETZT erlebe ich im erhöhten Bewusstseinszustand, der anderen Aufmerksamkeit, als ein bewusstes Gewahrsein, In-der-Mitte-Sein, ohne zu denken, zu fühlen, ohne Probleme, einfach SEIN. Das Sein IST … ein unendlicher Pool, in dem ich mich erfrischen und wieder auftanken kann.

[05/2010: Der Energieverbrauch normaler Gedankengänge ist vergleichbar mit einem Auto, das ruhig im Spritsparmodus fährt, während der Zustand der Betriebsamkeit (etwas haben und erreichen wollen aus einem inneren Defizit heraus) vergleichbar ist mit dem Fahren im 6. Gang, höchster Sprit- und Energieverbrauch.]

Ich meditierte und war tief unter die Gedankenschicht abgetaucht in das Gewahrsein, als plötzlich ein lautes Geräusch an mein Ohr drang. Sofort spürte und bemerkte ich, wie der Verstand aktiv wurde. Das Geräusch wirkte dabei wie eine kurze Zündschnur, die den Verstand unmittelbar anspringen und auftauchen ließ, als hätte er die ganze Zeit im Hintergrund lauernd auf „Beute" gewartet. Die Aufmerksamkeit wurde zu einem Teil dorthin gezogen. Ich konnte förmlich zuschauen, wie der Verstand das Geräusch zu analysieren, zu bewerten und mit Bekanntem zu vergleichen begann und einen Plastikeimer daraus „machte", der auf Holz geklopft wird, um Reste aus dem Eimer zu entfernen. Ganz automatisch tut der Verstand das, es ist seine Aufgabe. Da ich meine Vermutung noch nicht mal überprüfen konnte *(dazu hätte ich aus dem Fenster schauen müssen)*, machte sich der Verstand also Gedanken über etwas, was im Grunde genommen gerade völlig unwichtig für mich war und verschwendete dabei in hohem Maße Energie. Es ist schon erstaunlich und erschreckend, wo überall Energie auf diese Weise verloren geht. Da dies ein Prozess ist, der permanent unterschwellig abläuft, fällt er im Alltag gar nicht auf. Der Gedankenschwall ist wie Musik, die leise im Hintergrund läuft und nach einiger Zeit nicht mehr gehört, ja nicht einmal mehr bemerkt wird, dass sie überhaupt läuft. Durch die Erfahrung der inneren Stille wird sie danach jedoch wieder wahrgenommen.

Ich lasse die Gedanken um den Eimer herum los, nehme die Aufmerksamkeit zu mir zurück und sinke wieder tiefer … in das Gewahrsein.

Auflösung der Körpergrenzen

Wenig später konzentriere ich mich erneut auf die Dunkelheit und lenke die Aufmerksamkeit auf meine Hände. Dabei habe ich den Eindruck, dass die Dunkelheit meine Hände durchdringt, so als hätten diese keine Grenze mehr. Ich schaue an meinem Körper herab und sehe das gleiche Phänomen. Es ist, als ob ich vollständig vom Dunkel umgeben und gleichzeitig gänzlich vom Schwarz durchdrungen bin … ‚ich' bin das Dunkel. Berühre ich jedoch den Körper, fühle ich seine Grenze. Mir wird deutlich, wie die körperlichen Sinne diese Grenzen vermitteln. Durch die Dunkelheit und die ausgedehnten Meditationen, in denen ich – gefühlt – stundenlang bewegungslos sitze oder liege, lösen sich diese konditionierten Grenzen nach und nach wieder auf.

Ich frage mich, wieso es mir so schwerfällt, mich zum Tai Chi aufzuraffen. Es kostet mich enorme Willenskraft, um wenigstens einmal am Tag die Form zu laufen. Nach dem Tai Chi wiederum wundere ich mich täglich aufs Neue, warum ich bisher so wenig geübt habe, wo doch das Gefühl dabei und vor allem danach fantastisch ist – der Körper frischt flammend auf und fühlt sich hyperlebendig, energetisiert an.

Mir wird bewusst, dass ich seit Tagen keine Rückenschmerzen mehr habe. Welch ein geniales Gefühl! Auch meine beiden Hüften sind besser, vor allem die rechte. Der Schmerz rührte also ausschließlich von der verspannten Muskulatur her und meine Hüfte ist okay.

Ich setze mich zur Meditation, die ich jedoch nach ca. zehn Minuten wieder abbreche. Mein Nacken tut weh und der Schmerz zieht bis in den Kopf hinein. Ich habe Spannungen im gesamten Oberkörper und keinen Bock darauf, dass Kopfschmerzen entstehen. Ich versuche, noch eine Runde zu schlafen.

Kaum bin ich im Bett, kommt ganz unerwartet Holger, was mich total erstaunt. Dann ist ja schon Freitagabend! Eine Woche ist schon wieder um! Die Zeit vergeht wie im Fluge …

Gespräch mit Holger

Was ist Freiheit?

Ich trage Holger folgende Überlegungen vor: „Wenn jemand innerlich frei, nicht mehr gebunden und alles Weltliche von ihm abgefallen ist, dann wird er auf Mitmenschen und Stress jeglicher Art nicht mehr reagieren – eben weil er ja innerlich frei ist."

H.: „Ja, aber so ein Daseinszustand ist doch nur von vorübergehender Dauer. Dann fällt der wieder von dir ab und du bist wieder im normalen Getriebe des Alltags und diesem ausgesetzt."

Ich bin irritiert. „Dann bin ich doch nicht wirklich frei, wenn ich wieder hineingezogen werden kann in die ganz normalen Alltagsprobleme."

H.: „Der Mensch wird nie frei."

S.: „Aber so weitgehend frei, dass ihn normale Alltagsprobleme nicht mehr aus der Bahn werfen – das geht meiner Erfahrung nach. Zunehmend kann ich meine Energie im Alltag immer besser halten."

H.: „Das ist klar. Aber diese gewisse Freiheit ist ja nur in einem festgelegten Rahmen, der nicht das ganze Dasein der Welt ist. Das ist ein relativ großer Rahmen im Vergleich zum Normalbewusstsein, aber im Rahmen der Gesamtwelt ist der andere doch gar nichts. Die Welt ist gigantisch und wir werden nie frei sein, was immer das sein soll. Wir werden nie das Ganze erreichen, das kannst du dir völlig abschminken. Das Menschsein ist ein weites Feld. Wir wissen nicht, woher wir kommen, wohin wir gehen, wir wissen nicht, was Zeit oder Raum ist, wir wissen gar nichts. Was du jetzt sagst, ist der Rahmen der psychologischen Freiheit, da kann man ein bisschen mehr oder weniger frei sein – aber auch nie ganz. Warum? Weil die Psyche relativ unbekannt ist. Wer weiß denn, was das ist – Psyche? Man muss bescheiden werden im Leben. Das ist eine gewisse Freiheit. Also Spiritualität heißt, immer tiefer zu fallen, immer bescheidener, immer kleiner zu werden. Dabei enthüllt sich die Größe. Dann kannst du unfrei sein und gleichzeitig dennoch in der Unfreiheit frei sein. Das ist der kleine Trick. Aber wenn du die Freiheit erreichen willst, wirst du immer unfreier."

S.: „Ja …, dem kann ich so zustimmen."

H.: „Das Wort Freiheit ist ein Grundbegriff in der Freiheitsphilosophie. Viele Philosophen haben sich um den Terminus gekümmert und wollten herausfinden, was Freiheit ist, weil alle Menschen sich weitgehend unfrei fühlen, sprich ihre Gesamtkapazität nicht enthüllen können und diese immer irgendwie latent bleibt. Deswegen ist es das Hoffen und Ziel der Menschheit, die Freiheit zu erreichen, von der Politik bis zum Geistigen. Aber keiner löst das Problem und wir wissen irgendwie nicht weiter."

S.: „Wenn ich die Eltern in mir annehme, anerkenne und sie achte, wie sie sind, d. h. ohne sie mir anders zu wünschen und wenn sie in meinem Herzen einen ehrlichen Platz haben, dann habe ich schon eher eine gewisse Freiheit, als wenn ich in meinem Wünschen, Wollen oder Fordern gegenüber den Eltern und anderen Personen bleibe, was oft auch unbewusst ist. Das ‚Eltern-Nehmen' geht für mich parallel einher mit dem Prozess des Klein- und Bescheiden-Werdens, beides ist miteinander verbunden. Wer die Eltern wirklich vom Herzen her annimmt, wie sie sind, ist auch bescheiden und übernimmt vollkommen die Verantwortung für sich selbst."

H.: „Die Frage der sozialen Freiheit, Eltern, Staat und so weiter, ist eine Ebene. Aber es gibt ja noch die größeren Fragen der Freiheit. Die Frage der Freiheit des Menschlichen insgesamt, des Übermenschlichen sozusagen, der Essenz an sich. Es gibt ja immer höhere Freiheitsstufen und entsprechende Diskussionen. Wenn du genauer hinguckst, was du bist, erkennst du vollkommene Freiheit. Ganz unabhängig ist das von der sozialen Steuerung und genetischen Sachen. Du siehst, du bist völlig frei. Das ist eine tiefe Seins-Erfahrung, eine Geisterfahrung. Was nicht heißt, dass du nicht zur gleichen Zeit deinen genetischen Körper behältst usw. und da völlig unfrei bist. Du bleibst trotzdem Körper und Seele mit all den Motiven der Unfreiheit, aber im Geist erfährst du dann Freiheit. Das ist möglich. Du kannst also die zwei Körper-Seele-Ebenen überspringen, geistig erfährst du die Essenz der Freiheit, dann fällst du wieder zurück ins Psychische und bist total unfrei, dann im Körper und schon hast du Schmerzen und bist noch unfreier. Du kannst immer mal wieder vorstoßen in den Geist, sozusagen einen Vorgeschmack der Geistfreiheit erhalten. Das ist drin. Wir bewegen uns auf dem Pfad der Religion oder unserer Philosophie oder Spiritualität oder sonst was. Viele Leute glauben, wenn sie davon hören, dass irgendeiner solche geistige Freiheit erlangt hat, dass sie erstens dauerhaft ist, was nie der Fall ist, zweitens, dass sie es auch erreichen können, was unwahrscheinlich ist, und drittens sitzen wir Illusionen auf, dass dadurch psychische und körperliche Freiheiten gegeben sind und das ist nie der Fall."

S.: „Ich halte es für möglich, dass die Daseinserfahrung so tief sein kann, dass sie dich auf allen Ebenen befreit. Und wenn du frei bist, bist du frei. Ich kann nicht gleichzeitig frei und auf der anderen Seite gebunden und unfrei sein. Das ist für mich ein Widerspruch und keine Freiheit."

H.: „Da musst du empirisch vorgehen. Guck dir Leute an, die die große Freiheit erfahren haben. Das bleiben trotzdem normale Menschen mit körperlichen Schwächen, Krankheiten, seelischen und intellektuellen Mängeln usw. So ist das halt."

S.: „Da stellt sich die Frage: Warum werden wir krank?"

H.: „Karmische Unfreiheit über Äonen. Nicht nur durch deinen Clan gehen, sondern durch die Menschheit als Ganzes. Du stammst ja ab von Urvätern und Urmüttern. Hier ist schon der Keim der Krankheit und Unfreiheit gesät – da kommst du nicht heraus. Das Menschsein an sich ist ein Ausschnitt aus der Daseinstotalität und da es nur ein Ausschnitt ist, ist es also unvollkommen und unfrei. Wir werden nie frei."

[06/2011: Aus heutiger Sicht würde ich sagen, dass Holger und ich in der ganzen Diskussion über Freiheit aneinander vorbeigeredet hatten. Ich konnte die Ebene, von der aus er über Freiheit redete, nicht sehen und vertrat eine Form der Freiheit von allen Einflüssen, mit denen wir es in der dreidimensionalen Raum-Zeit zu tun haben, was einem Absolutheitsanspruch nahekommt, der aber unserem Menschsein an sich und dem, worin wir eingebettet sind, nicht gerecht wird.]

Gibt es Entwicklung?

S.: „Aber es gibt doch Menschen, die gänzlich frei werden und sich dann nicht mehr inkarnieren?"

H.: „Ja, dann inkarnieren sie nicht mehr als Menschen, sondern als irgendetwas anderes gemäß der Engel-Hierarchien. Da kommst du halt von einem Status in den nächsten."

S.: „Das wäre dann Entwicklung."

H.: „Im Allgemeinen wird gesagt, im Geist gibt es keine Entwicklung. Wenn sich Geist in Raum und Zeit entfaltet z. B. in einer Spirale, wird das, was im Geist Einheit ist, in Raum und Zeit eine Entwicklungslinie. Ich persönlich bin nicht so ein Freund von Entwicklung. Ich sehe es so: Es gibt nur Geist. Damit endet schon jegliche Diskussion. Geist ist völlige Einheit, alles ist auf einen Punkt, auf einen Samenkornpunkt zusammengeschrumpft. So kann man den Geist oder das Ganze darstellen. Es gibt auch noch eine andere Möglichkeit. Du stellst das Ganze in den Koordinaten von Raum und Zeit und damit auch von Entwicklung dar. Da, wo Raum und Zeit ist, ist auch Entwicklung. Wo kein Raum und keine Zeit ist, ist auch keine Entwicklung. Jetzt kann ich den Geist als Raum-Zeit, sprich Entwicklung, darstellen und dann haben wir das, was wir Existenz nennen. Fälschlicherweise wird gesagt: ‚Wir sind nicht im Geist, wir sind in der Raum-Zeit.' Ich sage: ‚Wir sind Geist in Gestalt von Raum-Zeit.' Hör auf, dich entwickeln zu wollen. Das ist das Bild der Weisen, die wollen sich nicht entwickeln und die wollen auch nicht die Spirale hochheizen, die interessieren sich nicht für Geist, die sind im Raum-Zeit-Geist drin. Das ist das Geheimnis, der Trick. Das ist der Grundfehler von Ken Wilber …"

Ich unterbreche Holger: „Ich finde, es ist gar kein Widerspruch. Es ist nur eine andere Darstellung."

H.: „Die Darstellung von Ken Wilber bewirkt, dass die Leute sich auf den Weg machen. Die marschieren jetzt los zum Geist. Das ist das alte Lied und damit steht er ganz in der westlich-kirchlichen Tradition: Aufbruch zum Geist. Die alte Spiritualität ist nie aufgebrochen, die hat im Geist gewohnt in Gestalt von Raum-Zeit und sogenannter Entwicklung. Das ist ein großer Unterschied."

S.: „Ich weiß nicht, was genau Ken Wilber aussagt. Aber ich stimme dir in dem Punkt zu, dass ich auch den Eindruck habe, dass viele Leute ‚auf dem Weg zum Geist' sind, als ob sie das ‚machen' könnten, wenn sie nur lange genug laufen. Und du hast recht, wenn du sagst: Wer den Geist ‚erreichen' will, wird nie dahin kommen. Die größte Hürde ist aus meiner Sicht das Aufgeben des Erreichen- und Haben-Wollens. Ich merke das in den Einzelsitzungen und im autogenen Training. Solange die Leute etwas schaffen, haben und erreichen wollen, blockieren sie sich. Es fällt ihnen schwer, nichts zu tun. Die meisten Leute haben Schwierigkeiten, loszulassen, mich eingeschlossen."

Trinität: Körper, Seele, Geist

Um die psychische Landkarte besser verstehen und meine Erfahrungen einordnen zu können, frage ich Holger, in welchem Bereich ich bin, wenn ich weit unter der Gedankenschicht bin, da, wo völlige Ruhe ist.

H.: „Dann bist du eingetaucht in das rein Geistige."

Holger betont, wie wichtig es sei, zu erkennen, dass der Mensch aus drei Ebenen bestehe: aus Körper, Seele und Geist. Nach dieser Auffassung entstehe aus dem Geist die Seele, aus der Seele der Körper; dann komme der Tod. Der Körper verfalle, Seele als Geist bleibe übrig. Dann löse sich die Seele im Geist auf, sodass reiner Geist übrig bleibe. In der Dunkelheit würde eine gewisse Chance bestehen, diese Dreigliederung unseres Organismus zu erkennen. Ich bestätige, dass mir die Dreigliederung des Menschseins langsam bewusster wird und dass die eigene Erfahrung dessen noch einmal etwas anderes sei, als darüber gelesen zu haben.

Übergangsphasen: Einschlafen und Wachwerden

H.: „Ich würde mal, wenn es dir Spaß macht, das Einschlafen und Wachwerden untersuchen. Die meisten Gedanken und Lösungen für das Dasein, tiefe Einblicke, bekommen wir nicht nur beim Einschlafen und Schlafen, sondern auch beim Aufwachen. Wenn man beim Aufwachen ruhig liegen bleibt, nichts tut, fallen einem plötzlich tausend Sachen ein, Lösungen, für die du intellektuell viel Zeit brauchen würdest. Die Menschheit nutzt die Nacht nicht, speziell in der westlichen Kultur. Hier kommt das Wissen, Verstehen und Fühlen her. Du könntest die ersten Einschlafstadien untersuchen bzw. versuchen, darin wach zu bleiben. Wie ist denn das bei dir beim Einschlafen, schläfst du einfach ein?"

S.: „Abends relativ schnell, aber ich schlafe nicht lange."

H.: „Ich würde das mal untersuchen und versuchen, wach zu bleiben. Im Grunde bist du ja im Traum schon mal wach."

S.: „Ich träume fast nicht, bis auf das Wenige, was ich dir erzählt habe."

H.: „Macht nichts, einfach mal schauen, was im Schlaf los ist."

S.: „Ich weiß nicht, ob es mir gelingt, beim Schlafen wach zu bleiben."

H.: „Wir haben die Einschlaf-, Schlaf-, Traum- und Wachwerdphase. Die Übergangsphasen, also Einschlaf- und Wachwerdphase, sind interessant. Da gehst du ein bisschen mit, bleibst darin und schaust, was in diesem Zwischenzustand zwischen Schlafen und Wachen ist. Das sind wichtige Übungen, hier kommen die Weisheiten her. Das sind sozusagen die Schlüssellöcher in die Plasma- und Geistdimension. Du hältst beim Einschlafen so ein bisschen die Wachheit. Meiner Meinung nach musst du da ein wenig mit Technik arbeiten. Du nimmst dir ein Wort vor, zu dem du eine seelische Ambivalenz hast, ein affektives, emotionsgeladenes Wort, beispielsweise Vater, und das sagst du dir leise vor, immer wieder. Emotionen halten ein bisschen wach, gleichzeitig aber schläft der Körper weiter ein."

S.: „Dann komme ich doch aus dem Denken gar nicht heraus?"

H.: Doch, irgendwann ist nur noch das Wort da und später nur noch das Wort als Laut und du weißt überhaupt nicht mehr, was Vater heißt, weißt gar nicht mehr, was das ist, ein Vater. Das Wort muss emotionsgeladen sein, damit es dich so hält. Und dann bist du im Traum, aber bist wach. Dann träumst du und guckst deinem Traum zu und kannst ihn schon, während du träumst, analysieren. Nur geht es dann immer weiter. Das ist die klassische Klartraumübung und die kannst du jeden Tag zweimal machen. Das ist ganz interessant. Man kann das über Monate auch zu Hause üben, das ist aber schwerer. Das ist der einfachste Zugang zur anderen Welt. Irgendwann driftest du weg, fertig, Spiel verloren. Aber das ist eine Übung."

Holger verabschiedet sich mit der Wiederholung des Hinweises, den Zwischenzustand genauer zu untersuchen.

Nach ungefähr 20 Minuten breche ich meine Meditation ab; meine Konzentration ist mies, die Atmung geht nur bis zum Zwerchfell. Ich werde baden gehen, Haare waschen und dann ins Bett gehen. Ich bin immer noch so träge.

9. Tag – Die magische Tür

Samstagmorgen. Ich bin ganz plötzlich und unmittelbar hellwach, ohne jede Übergangsphase.

Gestern Abend versuchte ich beim Einschlafen wach zu bleiben, indem ich mir eine Person vorstellte. Zuerst drifteten die Gedanken immer wieder ab, doch irgendwann hatte ich statt Name und Bild von der Person nur noch ihren Namen im Kopf, ohne Emotion und ohne dass ich noch wusste, warum ich überhaupt den Namen sage. An dem Punkt bin ich eingeschlafen.

Es ist noch dunkel draußen. Ich höre gerade noch einmal die Aufnahme vom gestrigen Gespräch mit Holger. Seine Worte inspirieren mich, doch etwas zu forschen hier in der Dunkelheit. Nur einfach dumpf herumliegen ist nicht mein Anliegen. Ich werde also wenigstens zweimal am Tag Tai Chi machen und wieder meditieren, um unter die Gedankenschicht zu kommen. Auf den inneren Schweinehund, der immer wieder Lustlosigkeit signalisiert, werde ich mich nicht mehr einlassen. Ich möchte tiefer untersuchen, woher die Gedanken kommen, und möchte in den Rohzustand der Psyche eintauchen, wie Holger so schön sagte.

[06/2011: Die Dumpfheit und lähmende Trägheit, in der ich mich damals befand, hatte nach meiner heutigen Erkenntnis mit übernommener PP-Energie zu tun, die ich (erfolglos) versuchte mit Aktivität zu kompensieren (AP) und so, vollkommen unbewusst, den unterdrückten Gefühlen des Inneren Kindes (Wut und die darunter liegende Angst vor PP-Aggressivität) aus dem Weg ging. Der ganze Prozess zeigt sich auch auf den folgenden Seiten, wo ich beschreibe, mich gegen die Dumpfheit und Lähmung (Mutter-PP-Introjekt) nicht wehren zu können. Indem ich (AP) der Angst aus dem Weg ging, wurde ich mit dieser dann in Form der Drachen- oder magischen Tür (steht hier symbolisch für die Mutter) konfrontiert.]

Vordringen zur Gedankenquelle

Nach dem Tai Chi setze ich mich zur Meditation mit der festen Absicht, zur Gedankenquelle vorzudringen. Die Atmung fließt leicht bis hinunter in das Becken. Die Gedanken überfluten mich regelrecht, ohne dass ich sehen kann, woher sie kommen. Wieder und wieder verfange ich mich in ihnen, kaum dass ich mich für zwei Atemzüge freigemacht habe. Sie sind einfach da, wie aus dem Nichts … es sind hauptsächlich Erinnerungen an Vorträge, autogenes Training, Klienten, Eltern, dies und das oder Wertungen und Feststellungen. Ich konzentriere mich weiter unbeirrt auf die Atmung und plötzlich sause ich wie in einem schnellen Fahrstuhl vom Kopf hinunter in die Herzebene. Hier ist überwiegend Stille und ich sehe nur noch vereinzelte Gedanken von vorn auf mich zukommen, die ich detailliert anschauen kann. Sie treiben wie gefüllte Seifenblasen und mehr oder weniger langsam in verschiedene Richtungen. Einige ziehen tief unterhalb an mir vorüber, andere in etwa auf meiner Höhe und wieder andere steigen weiter nach oben in Richtung Kopf. Ich verfange mich nicht mehr in ihnen, bin völlig frei während der Beobachtung.

In der Blase, die soeben zügiger als alle anderen auf mich zuschwebt, steckt meine Stiefmutter, die aufgeregt wild Arme schwenkend signalisiert, mir etwas sagen zu wollen. Doch sie schwebt an mir vorbei und ich lasse es zu, ohne wissen zu wollen, was es ist, weil ich bereits weiß, ohne es gehört zu haben, dass es sich um eine alte Erinnerung handelt. Dieses Wissen ist so sonnenklar, dass keinerlei Zweifel darüber aufkommen kann. Ich schaue ihrer Blase hinterher, die sich weit über mir in die dicke, geschlossene Gedanken-Wolkendecke einordnet.

Schräg vor mir erblicke ich in großer Tiefe das brodelnde Meer, aus dem die Gedankenblasen ununterbrochen massenhaft aufsteigen. Mir wird klar, dass mir nur die Gedanken bewusst werden, die weit an die Oberfläche in mein Tagesbewusstsein aufsteigen; die große Masse bleibt jedoch völlig unbewusst, hat aber dennoch einen Einfluss auf mich. Ich versuche, tiefer zu sinken und in das Meer einzusteigen, wie Holger vorgeschlagen hatte. Aber es gelingt mir nicht – es ist, als tauche ich immer in einiger Entfernung an der Quelle vorbei nach unten.

Ich unterbreche meine Betrachtungen, um den natürlichen Bedürfnissen, wie Toilettengang und Trinken, nachzukommen und nehme danach meine Meditation wieder auf. Aber nach 15 Minuten breche ich ab, weil auf einmal mein rechter Fuß, den ich mir mal gebrochen hatte, wehtut. Außerdem befällt mich wieder diese Dumpfheit, die mir ständig einflüstert: „Nichts tun, leg dich hin und schlafe …“ Ich kann mich gegen den starken Sog ins Bett nicht wehren und lege mich wieder hin.

Wie schön ist es doch im Bett!! Einfach faul sein und nichts tun.

Heuboden und Wohnstube

Ich bin tief entspannt und gehe den Weg entlang, der auf den Heuboden *(sechstes Chakra)* führt. Er befindet sich über der Wohnstube *(fünftes Chakra)*. Es gibt keinen Verbindungsgang zwischen beiden, ich kann jedoch vom Heuboden aus einfach in die Wohnstube springen und wieder zurück. Ich traue mich nah an das Tor auf dem Heuboden und schaue hinaus. Ich bin wirklich sehr weit oben und schaue in weißlichen dichten Nebel. Mir scheint, als ob die Sonne dahinter es nur noch nicht geschafft hat, die Nebelschwaden aufzulösen. Ich reinige die Futternäpfe und stelle frische Milch und frisches Brot für die Mäuse hin. Das Tor lasse ich ein kleines Stück offen, um frische Luft hereinzulassen. Es ist angenehm warm draußen.

Vom Heuboden aus springe ich in die Wohnstube und schaue in den Garten. Dort sehen die Sonnenblumen heute ganz anders aus – die prallen kräftigen Kerne ziehen die Sonnenblumenköpfe etwas nach unten. Es scheint, dass sie geerntet werden können. Auch die Tomaten sehen aus der Entfernung rot und reif aus. Ich gehe direkt zum Tomatenfeld und stelle fest, dass doch nur eine einzige große Tomate erntereif ist und sich ganz leicht pflücken lässt. Die anderen sind noch zu fest und können ruhig noch ein, zwei Tage reifen. Bei den Sonnenblumen ist es ähnlich, sie brauchen auch noch ein wenig Zeit bis zur Ernte. Zufrieden lege ich mich in meinen Liege-Schaukelstuhl und genieße die herrlich warme Sonne und die fantastische Sicht auf die beiden sehr gesund und lebendig wirkenden Felder.

Während ich auf die Pflanzen schaue, wird mir klar, dass diese offensichtlich meinen Reifungsprozess darstellen. Tiefe Ruhe füllt mein Inneres und die Umgebung aus. Ich nehme die Zeichen als Metapher: ich bin noch nicht ganz reif und noch nicht ganz klar. Weder kommt die Sonne durch den Nebel noch sind die Früchte reif zum Ernten. Alles weist darauf hin, dass da noch eine Blockade ist.

Die magische Drachentür

Ich suche erneut die Höhle auf und verfolge auf dem steinigen Boden ein schmales Rinnsal, das mich nach ein paar Schritten an ein grauweiß gemasertes, aus glattem Stein geformtes Wasserbecken führt. Neugierig koste ich ein paar Schlückchen des klaren kühlen Wassers. Herrlich erfrischend! Das Rinnsal läuft hinter dem Wasserbecken weiter quer durch die Höhle zur hinteren Wand. Da ich den Eindruck habe, dass es durch die Wand durch- und dahinter weiterfließt, suche ich tastend die Mauer ab und finde eine in das Gemäuer eingearbeitete, mehrere Zentimeter dicke Eisentür, die ich vorsichtig öffne. Ein zwei Meter breiter halbdunkler Gang führt tiefer in die Höhle. Gespannt schaue ich hinein, traue mich jedoch nicht durch die Tür hindurch. Ich habe Angst, dass sie hinter mir zufallen könnte und sich nicht mehr öffnen lässt. Dann säße ich in der Höhle wie in einer versiegelten Pyramide fest und niemand könnte mich hören, da durch die meterdicken Felssteinwände kein Laut dringen würde. Während ich unschlüssig abwarte, verändert sich die Tür langsam vor meinen Augen. Sie scheint lebendig zu sein! Mich beschleicht das starke Gefühl, dass die Tür sich aktiv von allein schließt, sobald ich durch sie hindurch trete. Sie scheint regelrecht darauf zu warten, dass ich durch sie durchlaufe. Ich überlege, wie ich das Problem lösen kann … Ich kann nicht durch die Tür, wenn ich mir nicht sicher sein kann, dass sie offen bleibt. Meine Angst, in der Höhle eingeschlossen zu werden und nicht mehr herauszukommen, hindert mich daran. Ich überlege, einen stabilen Eisenhaken anzubringen, um sie an der Wand festzuhaken. Aber das bringt alles nichts, weil die Tür das wegreißen kann – sie hat zu viel Kraft und lässt sich nicht einfach so an „Ketten" legen. Also alle Befestigungsmöglichkeiten entfallen. Auch etwas Großes und Schweres davorzustellen, funktioniert nicht. Die Tür sieht nicht mehr nur lebendig aus, sie IST es auch. Ich versuche es mit Kommunikation und frage sie, ob ich durch sie hindurchgehen darf, erhalte jedoch keine Antwort. Inzwischen hat sie sich in einen Drachen verwandelt, der lauernd und bedrohlich auf mich wirkt – glücklicherweise ist sein Bewegungsradius eingeschränkt. Ich stehe in einem Sicherheitsabstand von zirka drei Metern, bitte um höhere Unterstützung, da ich allein nicht weiterkomme, und schicke meine Krafttiere durch die Drachentür. Der grün-braun gefleckte Drache lässt sie hinein und auch wieder heraus. Die Krafttiere sind ihm egal, er wartet nur auf mich, dass ich in seine Falle gehe. Ich setze mich in die Mitte der Höhle und lasse ihn nicht aus den Augen. Sein aufgesperrtes Maul gibt eindrucksvolle, scharfe, riesige Zähne und eine längsgespaltene Zunge frei, die zu einem guten Drittel über das Maul hinausragt; die großen Pranken sind zum Zuschlagen bereit. Er wirkt unbestechlich, sodass es mir keinen Sinn macht, ihm Futter anzubieten. Er lässt sich von mir überhaupt nicht beeindrucken, scheint alle meine Einfälle sofort zu durchschauen und lässt sich darauf nicht ein. Ich stelle mir vor, dass der Drache aus leblosem Eisen ist, versuche mir klarzumachen, dass dies alles nicht echt und nur eine Illusion ist und ich doch ganz einfach durch diese Tür spazieren kann. Aber es hilft alles nichts – dieser Drache hat ein Eigenleben, macht was er will und ist mehr als echt und sehr lebendig! Ich weiß, dass die Tür sich schließt, sobald ich hindurchgetreten bin. Ich habe KEINEN Einfluss auf sie und könnte sie daher ohne die Zustimmung des Drachen auch nicht mehr öffnen. Niemand kann die Tür jetzt noch öffnen oder schließen, nur der Drache selbst kann das. Einen schweren Bulldozer vor die Tür zu fahren, hat auch keinen Sinn, da der Drache ihn mit seiner übergroßen Kraft mühelos wegschieben könnte.

Gleich hinter der Drachentür ist im Halbdunkel ein Tunnel oder ein Rohr erkennbar, das nach zwei, drei Metern nach rechts abbiegt, sodass ich nur dieses kurze Stück einsehen kann. Es sieht aus wie eine Art Rutsche, die nach unten in die Tiefe zu führen scheint. Ich frage mich, wie die Lore diese steile Rutsche wieder hinaufkommen soll. Vielleicht gibt es noch einen anderen Ausgang, sodass ich durch diese Tür auf dem Rückweg gar nicht wieder durchgehen muss? Die Drachentür ist magisch und ich weiß nicht, wie ich mit ihr umgehen kann, wie diese Aufgabe zu lösen ist.

Nach meinem Gefühl verbrachte ich viele Stunden ratlos vor der Tür.

Totale körperliche Lockerheit

Während ein paar Dehnungsübungen staune ich über die Lockerheit und große Beweglichkeit des Körpers. Die ewigen Nacken- und Rückenverspannungen und der hartnäckige Schmerz in der rechten Hüfte, der mich seit einem Jahr trotz Massagen, Dehnungsübungen und Akupunktur plagte, sind vollständig verschwunden – welch herrliches Gefühl! Meine Zweifel, ob ich nicht doch ein ernsthaftes Problem an der Hüfte habe, sind auf einen Schlag weggefegt. Der gesamte Körper fühlt sich weich und locker an, wie bei einem Kleinkind. Wenn ich im Sitzen die Beine in Spagatstellung bringe, kann ich mühelos den Kopf beiderseits auf den Knien oder in der Mitte auf dem Boden ablegen. Das habe ich trotz Übung seit Jahrzehnten nicht mehr geschafft, es ist ganz erstaunlich! Als wäre der Köper aus weichem Gummi. Das zeigt mir, dass alle meine Körperbeschwerden durch Verspannungen verursacht waren, die wiederum auf seelischen Spannungen gründeten. Früher wäre ich zum Arzt gegangen, es wäre irgendetwas diagnostiziert worden oder auch nicht und ich hätte Tabletten bekommen, die eine Menge Nebenwirkungen haben, die Ursache des Problems jedoch nicht lösen. Ich bin tief beeindruckt und komme aus dem Staunen kaum heraus, zu sehen und zu fühlen, wie sehr seelischer Stress (Gedanken und Gefühle) den Körper verspannen lässt. Dieser direkte Zusammenhang zwischen Körper und Seele wird mir in der Dunkelheit erneut, aber um ein Vielfaches tiefer bewusst.

Holger ist zum Gespräch gekommen. Es ist Sonntagabend.

Gespräch mit Holger

Lähmende Trägheit und Dumpfheit

Ich berichte Holger, wie schwer es mir fällt, etwas zu tun, und frage ihn, ob ich in einer „Dumpfigkeit“ gelandet sei und ob das normal sei.

S.: „So kenne ich mich nicht. Ich muss regelrecht Willensanstrengung aufbringen, auch für einfachste Dinge wie Zur-Toilette-Gehen. Gibt es Unterschiede zwischen dem Wollen des Ego und der Willenskraft, die ich jetzt aufbringen muss, um etwas zu tun? Oder ist das schon wieder vom Ego her, wenn ich mich jetzt zwinge, nachzudenken und den Geist zu erforschen? Gibt es so etwas wie eine reine Willenskraft, die nicht vom Ego kommt? Meiner Ansicht nach müsste es die geben, aber sie dürfte sich doch nicht schwer anfühlen und ich müsste mich nicht dazu zwingen müssen, sondern sie müsste sich nach meinem Verständnis leicht und frei und wie von allein anfühlen, oder?“

H.: „Das musst du dir selbst beantworten. Wenn ich das sage, bringt das nichts. Geh mal rein in die Sache. Warum ist das so? Wie ist denn dieser Zustand des Nicht-Denken-Könnens?“

Ich konzentriere mich auf die Frage. „Es hat etwas mit Trägheit zu tun. Träge und faul.“

H.: „An der Oberfläche ist es Trägheit. Ist es wirklich nur das oder ist da noch mehr da, an der Basis vielleicht? Wie ist das Basisgefühl?“

S.: „Schwer, träge, langsam, wie Stehenbleiben innerlich und äußerlich, einfach nur rumhängen, nicht mal denken wollen."

H.: „Jetzt gehst du noch ein Stück tiefer. Die nächsttiefere Phase merkst du nicht so richtig, aber die kannst du vielleicht hypothetisch erschließen."

S.: „Versinken …" Ich tauche tief ab.

H.: „Wohin denn?"

Eine lange Pause entsteht, in der ich checke, wohin ich versinke. „Ich versinke in eine Art Masse, in der ich mich aufgehoben und geborgen fühle; bin einfach nur noch da …"

H.: „Weshalb bist du in die Dunkelheit gekommen?"

Ich muss lachen. „Um zu versinken. Ich war mir nicht schlüssig, ob das richtig ist oder nicht, in so ein dumpfes, lethargisches Gefühl zu kommen."

H.: „Es ist beides. Du bist echt in einem dumpfen, lethargischen Gefühl und du hast es auch richtig gemacht mit dem Versuch, dich da rauszureißen. Das ist O. k. einerseits, andererseits ist es eben der Weg, über die Versumpfung und Verdumpfung in diese Masse hineinzukommen. Es ist ein zweischneidiges Schwert. Du kannst wirklich echt nur versumpfen, das ist ein blöder Zustand."

S.: „Ja. Heute Morgen dachte ich, wenn ich so weiter mache, habe ich am Ende 25 Tage versumpft und das wollte ich nicht."

H.: „Das wechselt ja jeden Tag. Es bleibt nicht kontinuierlich so."

In mir steigt Protest auf, gemischt aus Vorwurf und Ärger: „Das Gefühl habe ich jetzt seit fast einer Woche! Nicht jeden Tag so intensiv, aber seit dem ersten Tag musste ich mich zu allem aufraffen."

H.: „Der Grund ist einfach, du bist besser als beim ersten Mal."

Ich verstehe nicht wirklich, wieso ich besser sein soll und bin erstaunt über seine Worte. Gleichzeitig flammt ein kleiner Teil in mir auf, der sich über die Worte von Holger freut. Es ist, als ob dieser Teil sich von den Worten gestreichelt fühlt und sich freudig in die Höhe streckt, als wollte er triumphierend sagen: „Siehst du, ich bin doch gut!"

[06/2011: An der Stelle wird besonders deutlich, wie unterschwellig der Anpasser im „Hintergrund" lauerte und ständig den ganzen Prozess mit beeinflusste. Er wollte

alles „richtig" machen und als Holger mir bestätigte, dass ich „besser" sei als beim ersten Mal, freute sich der AP aufgrund meiner Vater-Übertragung auf Holger und war erleichtert, „doch gut" zu sein.]

H.: „Aber jetzt kommen wir, wie das im Yoga ist, an das zweischneidige Schwert. Rechts kannst du in die Dunkelheit hinunterfallen und links ist der Weg in die tiefe Wachheit. Am Anfang neigt man natürlich mehr nach rechts in die Dumpfheit, das ist schon klar. Das ist eine Gratwanderung. Leute, die oft lange meditieren, denken oft, sie sind ganz toll, aber sie sitzen da in der Dumpfheit drin. Sie schaffen es nicht, die Dumpfheit zur tiefen Wachheit zu gestalten. Das ist nicht so einfach."

S.: „Das kann ich gut nachvollziehen."

H.: „Das ist die Schwierigkeit von allem. Deswegen bist du gekommen, deswegen bist du besser als beim ersten Mal und deswegen musst du diesen Weg weiterverfolgen. Was ist in der Dumpfheit eigentlich noch da? Man kann sich gelegentlich erinnern, aber das ist nicht auf der intellektuellen Ebene, es ist alles auf der tiefen Gefühlsebene. Und da musst du dich sozusagen am eigenen Schopf aus dem Sumpf ziehen. Dabei hilft dir keiner."

S.: „In die Klarheit rein?"

H.: „Ja, Eindringen in die Dumpfheit, geh mit, lasse dich hinunterziehen sozusagen, wehre dich nicht, analysiere nichts, sprich nichts, halte nichts auf dem Tonband fest, völlig egal, aber du musst mitgehen! Wenn du dich jetzt wehrst, dann hast du ein nettes Buch, aber bist nicht hineingekommen in die Sache selbst und darum geht es eigentlich. Aber es ist nicht einfach, das ist wie zähe Lava, wo du hineingezogen wirst."

Ich fühle mich plötzlich vollkommen verstanden von Holger, spricht er doch genau von meinen Schwierigkeiten. Das erleichtert mich sofort. „Ja, genauso empfinde ich es. Lava ist ein passender Begriff für diese Masse."

Über meine Angst vor der Drachentür

Ich berichte Holger von den Veränderungen auf dem Heuboden und von der rätselhaften magischen Drachentür, die bedrohlich auf mich wirkt.

H.: „Sie geht zum magischen Zimmer."

S.: „Es geht im 45°-Winkel nach rechts in eine Tunnelröhre hinein und dann tief abwärts. Am Anfang steht eine Art kleiner Handwagen, aber ohne Griff vorne dran."

H.: „Neben der Tür?“

S.: „Nein, er steht wie startbereit hinter der Tür, direkt am Eingang zu der Tunnelröhre.“

H.: „Du weißt schon, wie es dahinter aussieht?“

S.: „Ja, ich kann ein kleines Stück einsehen, die Tür steht ja offen. Was nach der Rechtskurve kommt, sehe ich nicht.“

H.: „Ist ja interessant.“

S.: „Aber ich traue mich nicht durch die Tür durch.“

H.: „Hm … Das ist der Weg in die Unterwelt.“

S.: „Die Tür hat sich auch verwandelt in einen Drachen.“

H.: „Wie? In einen Drachen?“

S.: „Ja, sie wechselt. Mal ist es eine magische Tür, dann wieder ist es ein Drache, der alles wegschieben würde, womit ich die Tür sichern möchte.“

H.: „Der bewacht den Eingang zur Unterwelt.“

S.: „Ja, er bewacht den Tunneleingang. Aber egal, ob es der Drache ist oder die magische Tür, sie schließt sich in jedem Fall, sobald ich durchgetreten bin. Ich weiß es und habe Angst, da nicht wieder herauszukommen.“

H.: „Das ist berechtigt – sie schließt sich auf jeden Fall. Wenn du in der Unterwelt bist, bist du in der Unterwelt, da ist nichts mehr mit Oberwelt. Zack, zu.“

S.: „Ich hatte gehofft, dass du mir einen Tipp geben kannst, wie ich damit umgehen kann.“

H.: „Nimm einfach ein Schwert mit.“

S.: „Der Drache ist auch magisch und kann zu Eisen werden.“

H.: „Na, dann nimmst du halt ein magisches Schwert mit.“

S.: „Ein magisches Schwert?“

H.: „Dann seid ihr gleichberechtigt.“

S.: „Dann ist es wieder eine magische Tür.“

H.: „Dann haust du sie magisch kaputt. Auf jeden Fall musst du da hinunter.“

S.: „… magisch kaputt hauen … … Auf diese Idee wäre ich niemals gekommen."

H.: „Fällt dir schon ein, wenn du davor stehst und dann ziehst du das Schwert …"

Verärgert und mich rechtfertigend unterbreche ich Holger: „Ich habe den ganzen Tag vor der Tür verbracht, um das Rätsel zu lösen!"

H.: „Ehrlich?"

S.: „Ja … und um Hilfe und Unterstützung gebeten. Alle möglichen Varianten, die mir eingefallen sind, habe ich probiert. Und das waren nicht wenige." Mein Ärger ist schlagartig wieder weg.

[06/2011: Das Innere Kind wollte von Holger (stellvertretend für Vater) Hilfe und in seiner Mühe und Anstrengung, die Aufgabe allein zu lösen, gesehen und gewürdigt werden, bekam diese Anerkennung seiner Leistungen jedoch nicht in der gewünschten Weise. Um den damit verbundenen Schmerz nicht zu fühlen, geht es in den Ärger und rechtfertigt sich (AP). Der Ärger ist zwar eine Ablenkung vom darunterliegenden Schmerz, bedeutet dennoch ein Fortschritt in der inneren Dynamik, da der zugelassene Ärger auf Holger (Vater) andeutet, dass der innere Energiefluss mehr vom Erwachsenen-Ich (PE/RI) zum IK fließt und dieses sich mit dem PE/RI jetzt sicherer fühlt. Die ganze Szene deutet auch an, wie sehr das IK auf den Vater (Holger) schaut, sich an ihm orientiert und bemüht ist, alles richtig zu machen, um „gut" zu sein, Anerkennung zu bekommen und sich dadurch geliebt fühlen zu können.]

H.: „Du bist James Bond, hast alle Waffen. Du willst da hinunter."

S.: „Ich will da runter, aber meine Angst hat mich bis jetzt gehindert."

Holger meint, ich sei eine interessante Mischung aus Mut und Angst, aus Intellekt und tiefem Gefühl und er verstehe nicht, warum mir der große Sprung in die magische, also in die glückliche Welt, nicht einfach zufalle, warum ich stattdessen insgesamt als Wesen so kämpfen müsse, da stimme etwas nicht. Einerseits sei ich ein wenig fixiert auf den Ego-Intellekt, was mich teilweise blockiere, andererseits hätte ich aber die Begabung, locker in die Tiefe abzusteigen und alles mit meinem präzisen Intellekt zu analysieren, der immer Nahrung haben wolle.

S.: „Ich gehe nicht in die Tiefe, um etwas zu analysieren."

Holger besteht darauf, dass mein Intellekt sich in den Vordergrund dränge und „vor sich hin" plappere, und er verweist darauf, dass es erst interessant würde, wenn man aufhöre zu analysieren.

H.: „Es geht um Liebe, Hingabe und einfach mal das göttliche Gefühl. Das kann man zwar nicht definieren und auf Tonband sprechen, aber egal, dann hat man halt nichts."

S.: „Ich habe das Gefühl, dass es nicht um das Tonband geht." Mehr kann ich nicht sagen, irgendetwas stimmt nicht, aber ich weiß nicht, was es ist. Ich bin blockiert.

[06/2011: Ich fühlte mich von Holger zu Unrecht angegriffen und wollte mich permanent rechtfertigen und verteidigen; AP.]

H.: „Es geht ja um Erfahrung, tiefes Gefühl, Hingabe an das Göttliche. Wie will man sich denn dem Göttlichen hingeben? Wo ist es denn, Herrgott noch mal?"

Als Antwort berichte ich ihm von meiner heutigen Erfahrung in der Meditation.

S.: „Ich war einfach nur … ich war ewig lange, ich weiß nicht, wie lange ich gesessen habe, einfach nur SEIN … Ich war tief unterhalb der Gedankenschicht. Wenn ich es mal körperlich benenne, war ich unten im Beckenboden. Und da ist nichts mehr. Das war einfach erholsam, ruhig, Feierabend. Auf der Herzhöhe kamen mir die Gedanken langsam entgegen. Da konnte ich mir die Gedanken im Detail anschauen, sie waren wie in eine Blase verpackt. Dort sah ich auch wieder diese Quelle – ein riesiges Etwas, aus dem ständig etwas hervorquoll. An dieser Quelle tauchte ich vorbei nach unten in den Beckenboden."

Ich erzähle Holger, dass ich mich schwertue mit dem Göttlichen und dass dies wohl mit meiner Erziehung zu tun hat. Sowohl in meinem Elternhaus als auch gesellschaftlich in der DDR spielte in meinem Umfeld Gott keinerlei Rolle. Statt in der Christenlehre war ich bei den Pionieren und der FDJ, statt Konfirmation hatte ich Jugendweihe. Ich habe nie die Bibel gelesen *(bis heute kenne ich sie nicht)* und hatte bis zu meinem ca. 35. Lebensjahr mit Gott „nichts am Hut". Ich lehnte jeden Bezug auf das Göttliche kategorisch ab – diese Ebene gab es schlichtweg für mich nicht.

Im weiteren Verlauf entfaltet sich zwischen Holger und mir ein tiefer Prozess, in dem wir tief verinnerlichte Vater-PP-Botschaften aufdecken und abbauen. Ich stoße auf hartnäckigste innere Widerstände, kann mir lange Zeit eine Verbindung zwischen meinem Vater und Gott nicht einmal im Entferntesten vorstellen.

Im Laufe der inneren Arbeit kommen wir dahin, dass mein Vater und ich uns in vielen Dingen sehr ähnlich und gar nicht weit voneinander entfernt sind. Ich atme tief durch und fühle mich danach sehr erleichtert.

Holger meint, der ganze Prozess sei wie ein Sprung vom zehn Meter hohen Sprungbrett in die Tiefe, wobei unten allerdings kein Wasser sei. Diese Bemerkung löst erneut heftigsten Widerstand in mir aus, der sich aus meiner tief liegenden Angst zu sterben speist. Ich bin nicht zum Sprung bereit. Mein gesamter Körper und die Hände sind völlig nassgeschwitzt vor Angst. Aber Holger lässt nicht locker und meint, das sei die Übung.

Ich bin entsetzt: „Das ist die Übung? Hinunter auf den Betonfußboden zu springen?“

H.: „Da hinunter. In alle Strukturen vorzudringen, das ist das Einzige, was interessant ist. Das ist der direkte Weg, das sind die kleinen Wege zu Gott. Man kann tiefer und noch tiefer gehen. Du kannst hier, wenn du willst, in deine Masse reingehen – und noch tiefer. Da ist irgendwo keine Angst mehr, die verschwindet dann. Kompromisslos sein. Du tauchst ab. Dieser Weg ist voll mit geheimnisvollen magischen Türen, Grenzen usw., da muss man durch. Das ist ein riesiger Kampf, das ist der Menschheitskampf.“

S.: „Ich habe das Gefühl, ich schaffe das jetzt mit der Drachentür.“

Holger bestärkt mich in dieser Hinsicht und fügt hinzu: „Aber das ist auch nur eine von tausend Türen. Das Sich-Hineinwerfen, das Sichhineinfallen-Lassen in die gesamte Natur des Geistes – da kannst du nur nackt, körperlich und seelisch, sein. Da gibt es keine Saskia. Du willst nicht die Struktur des Daseins untersuchen, das ist intellektuell. Du willst das DASEIN SEIN. Du willst kein Buch darüber schreiben. Das kannst du später machen, wenn du wieder im Normalzustand bist.“

Ich brumme ein nachdenkliches, zustimmendes „Hm“.

H.: „Aber dann musst du auch ganz ins SEIN reingehen. Du bist ein Kind, ein Teil der Natur, du selbst. Du bist die Gottheit. Du willst nicht zu Gott, denn du bist das schon. Dennoch merkst du, da sind dann, wenn du dich so fallen lassen willst, …“

Ich führe den Satz weiter: „… immer wieder Bremsen."

H.: „Ja, das sind Bremsen oder Geschichten, die dich blockieren. Die Nebelwände oder die Bremsen sind nicht objektiv da, sondern da ist eine Vorsicht oder Angst, die dich bremst. Das bist du. Denn du willst dich nicht fallen lassen. Das ist nur in dir. Das merkst du ganz genau."

Ich stimme Holger in all dem zu. Er hat völlig recht, das weiß ich.

[14.6.06: Mir wird beim Abschreiben klarer, dass ich selbst alle diese Geschichten kreiere, und zwar so lange, bis ich meine Angst gelöst habe. Es ist eine wunderbare Ablenkung, sich mit den Geschichten zu befassen, zu versuchen, Türen zu öffnen, mit Hindernissen zu kämpfen usw. Deshalb sagte Holger, es ist nur eine von tausend Türen. Auf die Art kann ich Jahre damit beschäftigt sein, Türen zu öffnen und komme doch keinen Schritt weiter, da es die Türen sind, die ich selbst dahin setze. Ich kämpfe gegen mich selbst. Meine Angst baut die Türen auf und mit der Kraft des Mutes gehe ich die Hindernisse an und baue sie wieder ab. Wie paradox.]

S.: „Es ist meine Angst, die diese Schranken macht."

H.: „Ja, einerseits, aber da ist der Kontrahent, der völlige Gegenspieler in dir, der will alles fallen lassen, der will alles öffnen, der will nicht ICH sein, da gibt es keine Saskia. Die Kraft ist auch da. Auf diese Kraft kannst du setzen. Da ist nicht nur die Angst da. Solange noch eine Saskia da ist, irgendein vages ICH-Gefühl, solange du noch etwas erforschen willst, am Ende des Tunnels noch irgendetwas erwartest, bist du nicht weit gekommen."

S.: „Ich habe das Gefühl, das ist es nicht. Ich bin schon bereit, mich in diesen Tunnel hineinzustürzen, ohne zu wissen oder zu ahnen, was da unten ist. Also den Mut hätte ich. Ja, das mache ich. Also mit der Tür, das kriege ich schon noch hin …"

[14.6.06: Ich hatte nicht verstanden, was Holger mir sagen wollte. Er hatte völlig recht, ich wollte etwas erreichen und erforschen und behinderte mich dadurch selbst.]

S.: „Aber diese Ängste … Auf der einen Seite schaffe ich es, mich zum Teil fallen zu lassen und prompt ist dann die Bremse da, wenn es zu weit geht. Wie kann ich diese Angst denn unter die 50%-Marke bringen?"

[14.6.06: Die Wortwahl „mich zum Teil fallen lassen" spricht für meine innere Spaltung.]

[2.6.2010: Rückblickend betrachtet ist mein Weg, die Angst (IK) schrittweise zu transformieren, sodass sie nach und nach abnimmt. Nicht gegen das IK zu handeln, sondern es im Prozess mitzunehmen und ihm die Kraft und Sicherheit der Erwachsenen (PE/RI) zur Seite zu stellen, sodass es sich mit der Zeit sicherer und geborgener fühlen kann. Dass dies geht, zeigt mir mein eigener Prozess der vergangenen zehn Jahre. Je weniger Angst das IK hat, umso mehr stellt sich die SEINS-Erfahrung als ganz natürliche Erfahrung wie von selbst ein.]

H.: „Du stellst dir einen Strudel vor, …"

S.: „Oh!" Da ist sie schon wieder, diese Angst.

H.: „… der dich magnetisch mit seiner Gravitationskraft hinunterzieht, der durchs Holz geht, wie eine Windhose."

S.: „Ich kriege auch ganz verrücktes Herzrasen …"

H.: „Es wird einem heiß, das Herz schlägt, ist ein gutes Zeichen, der Wasserstrudel zieht dich runter. Du gehst noch weiter, du hältst das Gefühl des Soges und Strudels und wirst da hinuntergeschleudert. Du kreierst den durch die Vorstellung und der zieht dann deine Seele, wenn du das schaffst, echt magnetisch runter, d. h. du verlässt die Seelenebene."

S.: „Und da kann mir nichts passieren?"

H.: „Nein, da kann nie etwas passieren … an sich."

S.: „… an sich?"

H.: „Na ja, du kannst nur auf eine andere Ebene kommen."

S.: „Aber man kommt auch wieder zurück?"

H.: „Ja, das ist ein automatischer Strudel, der bringt einen zurück. Es geht nur so weit, wie es richtig ist für dich im Moment. Das ist ein Selbstregulierungsmechanismus. Der Strudel ist das zentrale Instrument, um in die andere Welt zu kommen. Das ist das Geheimnis, das ist wie bei allen Völkern, die Spirale, der Strudel – das ist ein Symbol, ein Durchgang in die andere Welt."

S.: „So wie beim Strudel aus der ersten Dunkeltherapie, wo ich in einen Strudel hineingezogen wurde und danach auf der anderen Seite als Wurm in den Weltraum schaute?"

H.: „Das Prinzip ist genau richtig. Da ist der lange Tunnel, der Trichter, Spirale etc. All diese Röhrensachen haben diese Bewegungsdrehkraft und die drückt sich in solchen Bildern aus. Aber letztendlich geht es darum, dass die Seele in den Geist gezogen wird. Deswegen haben wir ja auch einen Tunnel zwischen Seelenebene und Geist. Das kann man jetzt auch künstlich nutzen, wenn man sich das vorstellt."

Es fühlt sich richtig gut an. Ich freue mich, danke Holger für seine Unterstützung und atme erleichtert tief durch. Ich fühle mich leicht und locker, vor allem im Brustraum und in der linken Lungenhälfte.

Holger macht mich auf eine Philosophie aus germanischer Überlieferung aufmerksam: „Die Philosophie unserer Vorfahren wird anhand eines Baumes dargestellt. Die Krone ist der Geist, der Stamm das Seelische, die drei Wurzeln das Körperliche. Diese werden dargestellt durch drei Frauen, nämlich Vergangenheit, Gegenwart und Zukunft. D. h. unsere materielle Welt, genau wie die Physiker das sagen, ist eine Zeit-Welt, eine Raum-Zeit-Welt. Und ganz oben in der Krone des Baumes sitzt der Adler. Das ist das Hauptsymbol unseres germanischen Volkes. Er ist noch mal das kleinste gemeinsame Vielfache, er fasst alle drei Welten zusammen. Er ist ALLES. Deswegen haben wir selbst heute noch den Adler in der deutschen Flagge, im deutschen Wappen. Im Grunde den Geist. Das weiß zwar keiner mehr, alle gucken nur noch auf den Konsummarkt, aber der Adler ist noch da."

Holger ist gegangen. Ich fühle mich überglücklich und könnte die ganze Welt umarmen, da ich dieses heiße Thema „Gott und mein Vater" zumindest einen Schritt vorwärts gebracht habe. Mir wird klar, wie sehr ich meinem Vater ähnlich bin. Er spielt Klavier, ich trommle. Er schnitzt, ich schnitze auch gern. Er malt, ich schreibe und spreche in Bildern. Er ist Lehrer und in gewisser Weise bin auch ich eine Lehrerin. Ich fühle, dass ich auch malen könnte, aber anders, als er es tut. Wer weiß, vielleicht greife ich eines Tages auch zum Pinsel.

10. Tag – Begegnung mit dem Skelett

Ich bin zeitig wach, döse vor mich hin und hoffe insgeheim, vielleicht wieder einzuschlafen. Stattdessen habe ich folgendes Erlebnis:

Ich träume, ich zünde Feuer an. Da es jedoch im Ofen sehr windig ist, geht der Kohlenanzünder wieder aus, sodass ich es noch einmal versuche. Im oberen Schacht steht zwischen den Kohlen eine kleine weiße Kerze, die wie ein Feuerwerkskörper aussieht – komisch! Sowohl im unteren Teil, wo sich sonst der Aschekasten befindet, als auch im oberen Kohlenteil habe ich mehrere Stücke Kohlenanzünder verteilt, damit das Feuer trotz des starken Windes wirklich anbrennen kann. Ich bin dabei, mit der Kohlenzange eins der Kohlenanzünderstückchen herauszuholen, um es windgeschützt außerhalb des Ofens mit dem Streichholz anzünden zu können. Doch bevor ich es zwischen den Kohlen herausgefummelt habe, ist das erste Streichholz bereits abgebrannt. Ich greife zum nächsten Streichholz. Plötzlich fängt der Feuerwerkskörper – offensichtlich doch keine Kerze – an, stark zu qualmen, zu stinken und laut zu zischen. Davon wache ich auf.

Das Zischen klang wie eine in die Höhe steigende Silvesterrakete. Der Moment des Aufwachens – ich kann nicht einmal sagen, ob ich überhaupt geschlafen habe – fühlt sich an, als ob ich wieder zurückgehe in eine andere Dimension. Das war Wirklichkeit, kein Traum. Als ob ich tatsächlich am Ofen stand und alles real erlebt habe. Auf jeden Fall war ich wach und bewusst, als ich den Rauch sah und das Zischen hörte.

Es wird gerade ein bisschen hell im Raum, sodass ich deutlich eine Zimmerecke und den braunen Fußboden sehen kann.

Ich träume den nächsten Traum …

Ich bin in einem Labor, keine fest angestellte Mitarbeiterin, sondern nur für einen Tag als Praktikantin dort. Eine Kollegin von mir will eher gehen. Ich biete an, die Arbeit für sie bis 7 Uhr zu übernehmen. Es ist 6:40 Uhr, als sie geht. Um 6:45 Uhr kommt der Postbote. Ich sage ihm, dass ich die Post annehme. Er gibt mir ein Formular zum Ausfüllen. Dann fragt er mich, ob ich fest angestellt bin. Ich verneine, woraufhin er meint, er dürfe die Post nur Festangestellten aushändigen. Ich bedeute ihm zu warten, weil meine Kollegin gerade auf der Toilette sei, und renne hinter zu den Kabinen, um sie zurückzuholen. Sie sitzt unter einer Frisierhaube, trocknet ihre Haare und ist sauer, dass sie noch einmal zurückkommen muss. In der Zwischenzeit hat der Postbote den Chef der Abteilung gefunden und ihm die Post ausgehändigt. Nun hat meine Kollegin Angst, dass herauskommt, dass sie eher gehen wollte. Es ist 7:05 Uhr, als ich zu ihr sage: „Komm mit, ich kläre das." Während wir nach vorn laufen, erzähle ich ihr, was ablief, während sie schon in der Dusche war, damit sie Bescheid weiß und Nachfragen beantworten kann. Um 7 wäre ihre Schicht zu Ende gewesen und nun ist sie noch immer da, obwohl sie eigentlich eher gehen wollte. Der Chef tritt in dem Moment dazu, als ich zu ihr sage: „Jetzt kannst Du aber gehen, es ist doch schon nach Sieben!" Der Chef bestätigt: „Ja, Du kannst doch gehen. Du bist ganz schön blöd, dass Du noch immer hier bist!" An dem Punkt wache ich auf.

In der Masse

Ich erinnere mich an die Masse, sinke tiefer in sie ein und erkenne, dass sie mich hält – sie hindert mich am Aufstehen, am Tun. Sie lässt mich nicht tiefer sinken, sondern hält mich an Ort und Stelle in der Dumpfheit fest, ohne dass ich vor oder zurück bzw. tiefer oder höher kann. Sie fühlt sich an wie Kaugummi. Ewigkeiten hänge ich in der Masse fest … wieder und wieder bitte ich um Hilfe, ohne jegliche Ahnung, wie ich aus der Masse herauskommen kann oder womit sie zu tun hat. Plötzlich steht mein Vater vor mir, der nicht will, dass ich in tiefere Schichten abtauche. *Er* hat Angst davor und lenkt sich mit seinen Sorgen um mich von seiner eigenen Angst ab. Auch meine Mutter kommt dazu, die ebenso Angst hat und versucht, mich mit ihren Argumenten von ihrer Meinung zu überzeugen. Es sind aber *ihre* Ängste und Sorgen, die mit mir nichts zu tun haben und die mich viele Jahre blockiert haben. Diese Erkenntnis tut mir gut. Ich erkläre beiden mit fester Stimme, dass ich meinen Weg gehen muss, der durchaus anders ist als ihrer, und dass es mich unterstützen würde, zu mir selbst und in meine Kraft zu finden, wenn sie mir ohne Wenn und Aber ihren Segen für mein Leben geben würden. Sie schauen mich erstaunt und erschrocken an und ich erkenne: Es war nicht ihre Absicht, mich zu blockieren – sie wollten nur das Beste für mich!

Durchtritt durch die magische Tür

Gut zwei Meter hinter meinen Eltern taucht plötzlich die magische Tür auf. Meine Eltern scheinen meine Worte erst einmal verdauen zu müssen. Sie wirken, als ob sie sich ertappt fühlen, und sehen betreten aus, da sie erkennen, wie schwer es *ihnen* fällt, mir ihren bedingungslosen Segen zu geben.

Entschlossen trete ich zwischen beiden hindurch, renne auf die magische Tür zu und springe, ohne zu zögern, mit einem kräftigen Hechtsprung durch die offene Tür hindurch auf den kleinen grauen Handwagen dahinter. Der Wagen setzt sich durch mein anlandendes Gewicht in Bewegung und rollt mit hoher Geschwindigkeit ein paar spiralige Runden hinab in die dunkle Tiefe. Ich kralle mich an den Seiten des Wagens fest, um nicht herunterzufallen. Kühle Kellerluft schlägt mir entgegen; meine Haare wehen vom Fahrtwind.

Im Wasserturm

Plötzlich stehe ich auf einer Wendeltreppe, deren Stufen ich weiter abwärts steige. Ich laufe und laufe unendlich viele Stufen. Im 27. Untergeschoss befindet sich ein Fahrstuhl, in den ich einsteige. Er hat nur zwei grüne Knöpfe, deren Pfeile „nach unten" und „nach oben" anzeigen. Es funktioniert nur der Knopf „nach unten". Nach langer Fahrzeit hält der Fahrstuhl an. Ich steige aus und bin wieder im Treppenhaus mit der Wendeltreppe. Nach einem Blick am Treppengeländer nach oben schätze ich ein, dass der Fahrstuhl mich etwa einen Kilometer tiefer gebracht hat. Ich schaue nach unten … es sieht so aus, als ob ich bis ganz unten, zum Ende der Treppe, noch einen weiteren Kilometer vor mir habe. Ich bin in einer Art Wasserturm. Es ist kühl, die Wände und Treppen sind aus weißlichem Stein. Je tiefer ich komme, umso nasser werden die Stufen und Wände …

Endlich bin ich unten angekommen und stehe vor einer in hellem Beige gestrichenen Brandschutztür, die sich leicht öffnen lässt. Langsam trete ich über die Schwelle und komme in einen dunklen Flur. Linker Hand befinden sich zwei weitere Türen. Leise öffne ich die erste einen schmalen Spalt breit und erspähe gruselig aussehende Gestalten, die laut vor sich hin schmatzen. Igitt! Ich schließe die Tür wieder. Im zweiten Raum sehe ich etwas Dunkles, Matschiges … Äh! Ich ziehe die Tür wieder ran und gehe im Flur geradeaus weiter auf eine dritte Tür zu. Dieser Raum ist voll mit funkelnden Goldgegenständen. Ich habe kein Interesse daran.

[06/2010: Im Raum hatte ich das Gefühl, dass es hier um die Prüfung geht, ob ich mich vom Gold verlocken lasse und der Gier verfalle. Ich spürte keinen Impuls dazu, mir „die Taschen vollzustopfen", obwohl das Gold verlockend glänzte.]

Vergewaltigung

Ich gehe wieder zurück in den zweiten Raum und werde dort jetzt von mehreren Männern in Empfang genommen, auf einen Tisch gelegt, ausgezogen und mit gespreizten Beinen auf dem Tisch festgeschnallt. Sie reden mir mit „süßlich" einschmeichelnden Worten gut zu, dass ich keine Angst haben muss und mich nicht zu schämen brauche, es sei doch alles ganz natürlich. Ich fühle mich in einer Position, keine andere Möglichkeit zu haben, als mich zu fügen. Sie manipulieren an meinen Geschlechtsteilen, bestrebt, mich zum Orgasmus zu bringen. Mir wird sehr heiß und ich verspüre eine sexuelle Erregung des Körpers, empfinde dabei jedoch keine Lust. Es ist, als ob der Körper sein eigenes Ding macht, er reagiert sich „ohne mich" ab *(ohne emotionale Beteiligung meinerseits; es war eine äußerst ungewohnte Erfahrung, das so getrennt zu fühlen).* Ich fühle die Kontraktionen des Uterus, ohne dabei etwas zu empfinden. Währenddessen versuche ich, geistig aus meinem gefesselten Körper auszusteigen, um weiterzulaufen – keine Ahnung, wohin. Das gelingt mir auch, aber ich komme immer nur in den Goldraum, wo ich gar nicht hin möchte. Zeitweise sacke ich fühlbar tiefer und schaue in etwas Dunkles, Tiefes, wie in einen Weltraum. Sekunden später geht es wieder aufwärts, ich kann die Ebene der Tiefe nicht halten. Eine tief liegende Angst vor dem Unbekannten hindert mich daran.

Die Männer haben ihre „Arbeit" beendet und schnallen mich los. Sie haben erreicht, was sie wollten. Ich ziehe mich an *(als wäre ich unbeteiligt gewesen)* und verlasse den Raum. In dem Augenblick wird mir bewusst, dass ich die göttliche Erfahrung erzwingen will, „weil ich gerade so tief bin". Daher beschließe ich, die „Reise" zu beenden und steige wieder nach oben auf, was eine ganze Weile dauert.

Ich stehe auf und habe starke Gliederschmerzen, alles an meinem Körper ist steif und fühlt sich klamm an. Arme und Beine lassen sich nur mit Mühe bewegen, sie sind eingerostet. Mein Kopf ist zugezogen und es fällt mir sehr schwer, überhaupt die Augen zu öffnen. Auch den Mund kann ich nur schwer öffnen, so steif und fest ist er. Ich bin benommen und benebelt, irgendwie nicht richtig da. *(Das erinnert mich an die letzten Lebenstage unserer Hündin. Sie lief wenige Tage vor ihrem Tod mit steifen Beinen und konnte sich nur noch schwer bewegen. War ich schon halb tot?)*

Nachdem ich etwas getrunken habe, werde ich ein wenig klarer und tauche wieder etwas auf. Mir wird bewusst, dass ich in diesem dumpfen, dunklen Turm gefangen bin und nicht weiterkomme.

Tiefe Krise

Stunden später mache ich eine schwere Krise durch, besser gesagt, mein Ego macht eine schwere Krise durch. Es gelingt mir nicht, mich da herauszuhalten. Das Ego ist so sauer, „dass sich immer noch nichts tut – heute ist schon Sonntag! Am folgenden Mittwoch sind schon zwölf Tage um! Bei der ersten Dunkeltherapie hatte sich doch bis zum zehnten Tag schon so viel getan und dieses Mal tut sich überhaupt nichts! Was soll das alles! Lass uns abbrechen und genieße noch ein paar schöne Tage im Schwarzwald! Alles eine Kacke!“

Ich bin mächtig ärgerlich und erkenne zugleich hyperklar, dass es das Ego ist, das irgendetwas Bestimmtes erwartet hat und etwas Bestimmtes haben will, was sich in seinen Augen bis jetzt nicht erfüllte. Ich fühle mich hilflos – wie kann ich nur dieses Ego, dieses Haben-Wollen loslassen?

Mein Kopf ist nach wie vor zugezogen, ich fühle mich immer noch rammdösig, benommen, benebelt …

Auf dem Heuboden liegt Schnee! Und in der Wohnstube ist es auch kalt. Das passt genau zu meinem Gemütszustand! Der Ärger in mir steigt. Ich zwinge mich mit aller Macht entgegen allem, was sich in mir sträubt, zum Tai Chi, um mich aus dieser Dumpfheit herauszuholen.

Die Tai-Chi-Übung habe ich völlig lustlos durchgezogen, habe mich überall gestoßen, verlor immer wieder mein Gleichgewicht, habe beide Formen miteinander verwechselt, war komplett scheiße! Ich bin absolut sauer, wütend, frustriert – alles kotzt mich total an.

Ein riesiger Frustsack steht vor mir … ich werde ihn anzünden! Darin ist all das, was ich meinen Eltern nachgemacht habe; die waren auch immer bockig und frustriert, wenn sie etwas nicht bekommen haben oder wenn etwas nicht geklappt hat nach ihren Vorstellungen. Es ist nicht ihre Schuld, dass ich ihnen das nachmache. Ich stehe dazu und werde das ab jetzt anders machen. Ich zünde diesen scheiß Frustsack jetzt an. Oh, diese Wut! Dieser Frust! Dieser Ärger! Dieses EGOOO! Ich koche vor Wut. Wie geht's mir? Ohne Ego ginge es mir gut.

Deprimiert stelle ich fest: Ich habe wirklich geglaubt, an die Erfahrungen des letzten Dunkelretreats anschließen zu können. Ich dachte, nach ein paar Tagen sei wieder das Gefühl der geöffneten Augen da, dachte, Lichter und Feuer zu sehen, ein Gefühl von Tiefe, Weite und Klarheit zu haben …

Mir wird bitter bewusst, wie sehr ich etwas erreichen oder zumindest die alten Erfahrungen wiederholen wollte. Und natürlich wollte ich auf denen aufbauen, wollte weitere und neue Erfahrungen … noch mehr Tiefe, Weite und Klarblick. „Toll!", wie ich mich mal wieder selbst ausgetrickst und mir in den ersten sieben Tagen selbst vorgemacht habe, nichts erreichen zu wollen. Und ich fand mich dabei auch noch ganz cool. Oh Gott, eh!

Tiefste Ohnmacht, Hilflosigkeit und ein Rest an Widerstand, der wie ein kleiner Funke leuchtet … bin in einem furchtbaren Zustand … zerfleddert, zerzaust, zerstört …

Begegnung mit dem Skelett

Ich bin wieder im Turm, ganz unten … und öffne die erste Tür links. In der Mitte des halb erleuchteten Raumes steht ein Gerippe oder Skelett, das mit einem riesigen Löffel in einer Art Hexenkessel herumrührt. Es trägt einen schwarzen Umhang. Unter dem dreibeinigen schwarzen Kessel brennt ein Feuer. Neugierig nähere ich mich vorsichtig und langsam dem Skelett und biete ihm als Erstes eine mit Käse und Salat belegte Klappstulle an – als Zeichen dessen, dass ich in friedlicher Absicht komme. Die Tür habe ich weit offen gelassen, um notfalls schnell wieder flüchten zu können. Ganz wohl ist mir hier drin nicht zumute. Das Skelett nimmt mir mit seiner Knochenhand die Stulle aus der Hand und steckt sie in seinen Knochenmund. Ich muss lachen, weil das zu komisch aussieht und wundere mich zugleich, dass die Stulle überhaupt im Mund drin bleibt und nicht gleich wieder aus dem Unterkiefer herausfällt. Ich sehe die Stulle hinunterrutschen in den Bauch … in Magenhöhe vom Skelett bleibt sie liegen. Ich kann das kaum glauben, aber es ist so. Das immerzu lächelnde Skelett hält mir jetzt seine nach oben geöffnete linke Handfläche hin. Die präzise Beweglichkeit des Skeletts und der langen, dünnen Knochenfinger beeindruckt mich. Ein funkelnder Ring liegt in der Knochenhand. Ich glaube, es möchte, dass ich ihn nehme … unsicher strecke ich meine Hand danach aus. Das Skelett nickt mir aufmunternd zu. Ehrfürchtig nehme ich den Ring und bedanke mich. Dann lege ich dem Skelett warme Mäntel hin, denn es ist kühl hier unten. Unter dem Kessel lege ich Holz nach, damit diese schwarze Suppe – oder was immer das im Kessel ist – irgendwann mal heiß wird. Abschließend frage ich das Skelett, ob ich noch etwas für es tun kann. Da zeigt es mit seiner knochigen rechten Hand und ausgestrecktem Zeigefinger zuerst auf mich und dann auf den Kessel. Ich verstehe es so, dass ich in den Kessel steigen soll, bin mir aber nicht sicher. Bei der Vorstellung stehen mir die Haare zu Berge. Das kann das Skelett doch nicht meinen! Ich frage noch einmal nach, was die Geste bedeutet. Das Skelett wiederholt die Bewegung und nickt mir lächelnd aufmunternd zu. Ich kriege fast einen hysterischen Lachanfall – ich steige doch nicht in den Kessel! Nie im Leben! Ich zeige dem Skelett einen Vogel und frage, warum ich da hineinsteigen soll? Ich lasse mich doch nicht kochen!!! Die Antwort ist, damit ich genauso Ich-los sei wie das Skelett auch. Ich bin irritiert, denn es ist ja genau das, was mir wichtig ist. Trotzdem, das ist mir nichts, der Preis ist mir zu hoch – ich lasse doch nicht mein Fleisch abkochen, damit es mir von den Knochen fällt! Da behalte ich lieber mein Ich, mein Ego und bleibe, wie ich bin. Verständnislos für seine Absicht verabschiede ich mich vom Skelett: „Ich steige niemals in den Kessel! Auf Wiedersehen!" Ich habe einfach keinen Bock darauf, gekocht zu werden.

Der Blick des Kraken

Ärgerlich verlasse ich den Raum und schaue zur zweiten Tür hinein. Ein riesiger graublauer Krake, der weder appetitlich noch freundlich aussieht, kraucht aus einem braunen Holzverschlag heraus. Er hat mich gesehen und schiebt mir mit hoher Geschwindigkeit einen seiner langen, oberschenkeldicken Fangarme entgegen. Ich halte ihm von außen durch den Türspalt blitzschnell einen großen Fisch und ein ganzes Brot entgegen. Der Krake umfasst das Futter, zieht seinen Fangarm zurück und schiebt es in sein großes schmatzendes Maul. Sicherheitshalber bleibe ich abwartend im Türeingang stehen. Wieder und wieder schiebt er mir seinen Fangarm entgegen und ich lege immer wieder Futter nach. Ich schaue ihm fest in die farblich nicht definierbaren Augen … er hält meinem Blick stand. Ich habe den Eindruck, seine Augen prüfen mich … er schaut mich ganz genau und sehr präsent an. Auch ich halte seinem Blick stand und schaue ihm direkt ins Zentrum seiner Augen. Er hat seinen dicken Fangarm unmittelbar vor mir abgelegt. Ich streichle behutsam über die glitschige Haut, ihn weiterhin fest im Blick behaltend, und bin tief beeindruckt von den unzähligen handtellergroßen Saugnäpfen, die zu atmen scheinen und sich ununterbrochen bewegen. Ich lächle ihn an und habe den Eindruck, der Krake lächelt zurück. Wir haben Freundschaft geschlossen. Ich atme kaum merklich auf, denn es wäre leicht für ihn gewesen, mich zu verschlingen. Wenn er das versucht hätte, wäre ich gezwungen gewesen, ihn umzubringen, was ich jedoch nicht wollte. Der Krake zieht sich langsam in die Mitte des Raumes in sein viereckiges Gehäuse zurück. Das scheint sein Hauptsitz zu sein. Ich verlasse den Raum wieder.

Unschlüssig schaue ich auf den lichtvoll strahlenden rubinroten Stein des Ringes in meiner rechten Hand und frage mich, warum das Skelett ihn mir gab. Er sieht wirklich hübsch aus. Ich setze ihn auf jeden einzelnen Finger, in der Hoffnung, dass sich mir vielleicht seine Bedeutung erschließt. Doch nichts geschieht. Schließlich hänge ich mir den Ring um den Hals; an meinen Fingern finde ich ihn nicht passend. Irgendwann wird sich mir sein Sinn schon erschließen.

Weiter in der Krise

Während einer Tasse Tee frage ich mich, was das alles soll. Mein Gott, 25 Tage hier drin rumsitzen und in der Unterwelt herumkramen! Das ist nicht mein Ding. Wofür? Ich hätte gleich beim ersten Mal 25 Tage machen sollen, oder gleich 49 …

Ich erinnere mich an ein Ritual in Bali, wo ich nicht mitgemacht hatte, da ich es für einen Egotrip hielt. Und ich? Halte mich heraus, aber auch nur aus Egogründen. Mist! Auch die Bergbesteigung in Bali war nichts anderes als ein Egotrip. Etwas schaffen und erreichen wollen. Da habe ich schön meinem Ego Futter gegeben. Habe mich den Berg hochgequält – und wofür das alles? Damit das Ego am Ende zufrieden sagen kann: Ich war auf 3.150 Meter Höhe! Damit ich mich vor meinem Vater präsentieren kann – da bin ich mir seines Lobes und anerkennenden Blickes sicher. Wieder mal das Vaterthema. Vater, Vater, Vater, wo ich hingucke, immer wieder Vater! Oh Mann!!! Ich fühle Ärger, Verzweiflung, tiefe Hilflosigkeit. Grollend wende ich mich an ihn: „Unbewusst erfülle ich noch immer deine Wünsche, bin noch immer auf Lob und Anerkennung von dir aus. Immer noch und immer wieder! Verdammter Mist!“ Ich bin bockig und widerspenstig. Ärzte, Maler, „große" Komponisten – ihnen zollte er immer höchste Anerkennung. Und ich eifere dem mein Leben lang nach, bis heute, um ebenso seine Bewunderung zu bekommen, um in höchsten Tönen so gelobt zu werden, wie er über andere, **fremde** Leute spricht. Dafür habe ich Höchstleistungen vollbracht, um diese schnurrenden Worte zu hören. Doch ich bekam sie nie in gleicher Form, immer waren andere besser als ich und meist waren die Leute, über die mein Vater voller Bewunderung redete, sogar schon tot, alte Schriftsteller oder Maler vergangener Jahrhunderte!

[06/2010: Solange ich anderen nacheiferte, bekam ich selten wirkliche Anerkennung. Seitdem ich mehr zu mir stehe, meine Position vertrete und für mein Leben und meine emotionalen Befindlichkeiten mehr Verantwortung übernehme – ich mich also selbst mehr anerkenne –, kann ich seine Anerkennung wie auch die meiner Mutter mehr spüren. Mir ist bewusst, dass ich durch meine ständige (unbewusste) Erwartungshaltung an ihn/sie meine Enttäuschung selbst produziert hatte und dadurch seine/ihre Anerkennung mir gegenüber auch nicht spüren konnte. Mein Groll ihm (und meiner Mutter) gegenüber war insofern vollkommen unangemessen. Es ist nicht das Problem meines Vaters, wenn ich als Erwachsene noch nach seiner Anerkennung strebe, statt mich selbst in dem anzuerkennen, wie und wer ich bin, mit meinen Schwächen und meinen Stärken. Auch hatte er keine Ahnung davon, was ich mir als kleines Mädchen alles von ihm wünschte, weil ich es ihm nie gesagt hatte. Daher konnte er meinen Wünschen auch nicht gerecht werden. Ähnliches trifft auch auf meine Mutter zu. Es ist sehr erstaunlich, ***wie groß*** *die Erwartungen des Inneren Kindes an die Eltern waren. Und es ist sehr erleichternd, diese loszulassen und Verantwortung für mich selbst zu übernehmen. Das entlastet die Eltern, weil sie nicht immer noch für mein emotionales Wohl sorgen müssen, obwohl ich längst erwachsen bin. Dadurch ist von meiner Seite aus eine viel größere Nähe und ein liebevolleres Aufeinander-Zugehen möglich. Dieses Bewusstsein macht mich auch meinen Kindern und anderen Menschen gegenüber hinsichtlich ihrer Erwartungen an mich gelassener – und das tut einfach nur gut.]*

Todessehnsucht

Ja, ich habe unbewusst viel getan, um seine Wünsche zu erfüllen, damit mein Wunsch nach Anerkennung erfüllt wird. Ein endloser Kreis, aus dem ich endlich herauswill. Ich bin deprimiert … hilflos, zutiefst ohnmächtig … jeglicher Widerstand ist gebrochen … kein Funke mehr da … alles ist mir egal jetzt … da kann ich auch in den Kessel vom Skelett steigen, ist doch eh alles wurscht … ich will nur noch meine Ruhe haben … schlimmer kann es nicht mehr kommen …

[06/2010: Die Sehnsucht nach Ruhe ist die Sehnsucht nach dem Tod – ich hätte nie für möglich gehalten hatte, dass derlei Sehnsucht in mir sein könnte und ich sogar bereit war, dem nachzukommen. Auch dieser Wunsch speiste sich aus dem Ego in mir, das sich umbringen wollte, weil alles nicht so lief, wie es sich das vorgestellt hatte. In einem Kurs mit Bert und Sophie Hellinger (2005) sagte Sophie mir einmal auf meine Bemerkung, dass ich Angst vor dem Tod hätte: „Du hast nicht Angst vor dem Tod, du hast Angst vor dem Leben, du willst nicht LEBEN." Der Satz stieß damals in mir auf großen Widerstand. Heute verstehe ich, was sie meinte, sie hatte vollkommen recht gehabt.]

Einstieg in den Hexenkessel

Ich steige hinunter in den Turm, gehe zum Skelett und signalisiere ihm meine Bereitschaft, in den Kessel zu steigen. Das Gerippe nickt wissend, es scheint schon auf mich gewartet zu haben. Ich ziehe mich aus und setze mir entsprechend der Anweisung den Ring auf einen Finger. Ein Gruselschauer überläuft mich, als ich sehe, wie das Skelett mehrere große Stücke Holz unter den Kessel in das lodernde Feuer schiebt. Aber mir ist jetzt alles egal. Völlig emotionslos steige ich in den Kessel. Ich bin bereit zu sterben. Wenigstens schön warm hier drin. Das Skelett sagt mir, ich solle vollständig mit dem Kopf unter Wasser gehen. Den aufkeimenden Widerspruch „Da kriege ich doch keine Luft!" schiebe ich beiseite und tauche unter. Ich spüre die Knochenhände vom Skelett auf meinem Kopf – es sorgt dafür, dass ich ganz unter Wasser bin. Als mir die Luft knapp wird und ich auftauchen will, lässt das Skelett dies nicht zu und hält mich weiter unter Wasser. Für Momente spüre ich die Angst, zu ertrinken, bekomme jedoch schnell mit, dass ich in dieser Brühe auch atmen kann. Wie seltsam! Ich werde augenblicklich ruhiger. Wahrscheinlich ist der Ring ein Zauberring, der mir das Atmen unter Wasser ermöglicht. Über diese Erkenntnis bin ich sehr erleichtert …

Ich sitze entspannt im Kessel und warte … kauere mich zusammen, mit der Wirbelsäule nach oben, den Kopf zwischen oder auf den Knien … es ist angenehm warm hier drin … ich fühle mich sauwohl im Wasser … bin zusammengerollt wie ein Embryo im Uterus … liege hier drin, einfach so …

Stunden später habe ich das Gefühl, zu wachsen. Im Kessel *(Uterus)* ist es ziemlich eng geworden. Ich weiß: Irgendwann werde ich so groß sein, dass mein Rücken aus dem Wasser herausragt; dann wird mir das Skelett auf den Rücken klopfen – dabei wird durch die Erschütterung mein Fleisch von den Knochen abfallen, sodass ich dann aus dem Kessel als ein Skelett heraussteige. Aber diese Erfahrung möchte ich noch ein bisschen hinauszögern, deswegen bleibe ich im Kessel liegen und sehe zu, dass mein Rücken unter Wasser bleibt.

Gespräch mit Holger

Betrachtungen über das Ego

Holger ist gekommen. Ich greife das Egothema auf und beschreibe ihm, dass ich unter dem Begriff „Ego“ kurzgefasst verstehe, „was ich haben will“, und dass es in seiner Bedürftigkeit verletzt reagiert und sogar zum Mord oder Selbstmord bereit ist, wenn es das nicht bekommt.

Holger meint, das Buch „Haben und Sein“ – gewissermaßen als Gegensatzpaar – wäre ein schönes Buch dazu. Er sagt aber auch, das Ego sei Gott im Taschenformat; es könne nicht vom Gesamt-Göttlichen abgespalten werden, da das dann reiner Dualismus wäre.

S.: „Ich denke, es ist ein immer tiefer gehender Loslassprozess: Das Ego wird immer unbedeutender, je mehr ich meine Erwartungen und Wünsche wirklich loslassen kann.“

H.: „Das klingt natürlich logisch – zunächst. Du kannst auch andersherum und trickreicher sagen: Das Ego ist entstanden aus einem Loslassprozess – Loslassen vom Gesamtgöttlichen. Das Ego ist ein kleiner Gott, das glaubt es zumindest, lokal verteilt in deinen eigenen vier Wänden. Es ist Gott im Kleinformat. Wenn du das Ego ablegen willst, wirst du es nie schaffen, wenn du nicht erkennst, dass alle göttlichen Qualitäten im Kleinformat im Ego vorhanden sind. Also musst du deine Egoimpulse als göttliche Impulse erkennen. Das ist die einzige Chance, um deine kleine Gottheit ‚Ego‘ zu einer größeren Gottheit ‚Ego‘ zu machen. Aber das Ego ganz wegschmeißen, das ist eine Ego-Aktion.“

S.: „Ich meinte, das Ego so weit loszulassen, dass der Tagesablauf nicht nur von Haben- und Erreichen-Wollen bestimmt wird, dass das Leben eine andere Qualität bekommt. Dass zwar Dinge erhofft, erwünscht und getan werden, aber wenn es mal anders kommt als erhofft oder erwünscht, mich das dann nicht gleich in ein tiefes Loch fallen lässt; dann würde ich nicht so in die Emotionen gestürzt, weder hoch hinauf noch tief hinunter. Ich bin dann mehr in meiner Mitte, im Gleichgewicht, ohne dieses Auf und Ab der *(unintegrierten)* Emotionen. Es ist mehr eine gleichbleibende Ruhe da, ich kann dann mehr im Augenblick, im Jetzt, sein."

[06/2010: Aus heutiger Sicht würde ich sagen: Das Ego entsteht aus einem Defizit an Fülle, an Liebe, an SEIN und versucht, durch „Haben-Wollen" dieses Defizit zu mindern. Ich kann Holgers Argumentation heute besser nachvollziehen, dass das Ego entstanden ist aus dem Loslassen vom Gesamtgöttlichen. Doch wenn das Ego (AP-Überlebensstrategien, verinnerlichte PP-Stimmen) versucht, das Defizit über äußere, materielle Dinge beseitigen zu wollen, bleibt es dabei im Defizit, sodass es nach immer neuem Nachschub sucht, sobald es sich einen Wunsch erfüllt hat. Erst wenn die Selbstliebe mit dazukommt, ich mich als Mensch nicht mehr länger infrage stelle und als Erwachsene Verantwortung übernehme für die Bedürfnisse meines Inneren Kindes und ihm diese im Nachhinein erfülle, beginnen sich die Emotionen zu wandeln in mehr Zufriedenheit, Sicherheit und Ruhe, das Defizit wird kleiner und damit auch das Ego – der Mensch wird zufriedener, liebevoller, ruhiger. Deswegen geht es, wie Holger schon sagte, nicht darum, das Ego wegzuschmeißen, sondern die darin enthaltenen unerfüllten Bedürfnisse zu erkennen und nachträglich zu erfüllen, was parallel dazu mit einem Loslassprozess verbunden ist. Es ist demnach eher eine Transformation des Egos.

Wenn ich mich als Erwachsene schlecht fühle, wenn ich etwas nicht bekomme, kommt der Wunsch (das Anders-Haben-Wollen) aus dem Ego; d. h., ich bin nicht gut verbunden mit mir selbst. Als Erwachsene müsste ich mich nicht schlecht fühlen, wenn mir ein Wunsch nicht erfüllt wird. Auch an der Energie des Unbedingt-etwas-(anderes-)haben-Müssens ist das Ego erkennbar – dahinter steckt eine Zwangsenergie, ein Überlebensmechanismus.]

Holger meint, dieses Haben-Wollen könne auch ein „Das-SEIN-Haben-Wollen" sein. „Wenn ich ein Einfamilienhaus haben will – haben, haben, haben – warum will ich es haben? Damit ich darin SEIN kann. Ich will einen Urlaub in Bali haben – haben, haben, haben – warum? Damit ich dort SEIN kann. Ich will eine/n Frau/Mann haben – warum? Weil ich mit ihr/ihm zusammen SEIN will."

S.: „Ich würde sagen, damit ich abgelenkt bin und die miesen Gefühle, die sich einstellen würden, wenn ich das Gewünschte nicht bekomme, nicht spüre. Das hat mit der Befriedigung des Egos zu tun – es gibt aber nur für den Moment Ruhe. Wenn ich dann habe, was ich wollte, sucht sich das Ego sofort etwas Neues, was es dann haben will. Ein zweites und drittes Auto oder einen anderen Mann, eine neue Frau oder ein weiteres Haus."

[06/2010: Wenn emotionale Bedürfnisse über materielle Dinge gestillt werden, gibt das Ego einen Moment lang Ruhe und es fühlt sich scheinbar glücklich – bis der Kreis von vorn beginnt und das Ego wieder etwas (anderes) haben will. Das ist ein Hamsterrad, das erst aufhört, sich zu drehen, wenn erkannt wird, dass emotionale Bedürfnisse nicht über materielle Dinge oder andere Personen dauerhaft gestillt werden können und sich ein tief greifender Wandlungs- und Heilungsprozess im Inneren vollzieht. Ein Auto, Haus, Kind oder Partner kann die innere Leere nicht füllen, den Transformationsprozess in der Seele nicht ersetzen.]

H.: „Ja, das ist eine andere Angelegenheit. Wenn ich eine Frau haben will, dann will ich die Gottheit im Kleinformat haben. Wenn ich sie habe und dann gleich noch eine haben will, ist das eine andere Sache. Aber ich will sie erst einmal haben, diese Gottheit. Eigentlich bin ich mit einer Gottheit verheiratet. Das Ego kann man nicht wegwerfen. Das Ego kann man nur als die Gottheit erkennen, dann erst gibt es die Chance der Auflösung."

S.: „Wenn ich mich vergleiche mit früher, habe ich viel von dem losgelassen, was ich früher noch unbedingt haben wollte. Indem ich die Bedürfnisse zunehmend in mir erfülle, lassen parallel dazu die Bedürfnisse nach äußeren Dingen nach, ganz von allein – und das würde ich als Verkleinerung des Ego-Anteils bezeichnen. Aber diese Veränderung kam erst, indem ich durch einen schmerzhaften Loslassprozess gegangen bin. Das war oft die Hölle, aber als ich da durch war, schien die Sonne und ich stellte fest, dass ich ruhiger und gelassener sein konnte in Situationen, wo ich mich früher in Emotionen verfangen hatte. Ohne diesen inneren Wandlungsprozess findet keine wirkliche Veränderung statt. Diese Verkleinerung des Ego-Anteils ist praktisch das Nebenprodukt oder Ergebnis dieses Prozesses, nicht, weil ich mein Ego aufgeben oder loslassen wollte. In dem Sinne, wie ich es eben versucht habe, zu beschreiben, hat es für mich etwas mit Ego-Loslassen und Ego-Verkleinerung zu tun. Mein Leben ist völlig anders jetzt, hat ganz andere Qualitäten. Das sind jedenfalls meine Erfahrungen. Das hatte einen hohen Preis – ich habe eine Menge aufgegeben dafür und dadurch hat sich mein ganzes Leben verändert, ich bin ein anderer Mensch geworden. Nicht ohne Ego, wie ich gerade wieder festgestellt habe, aber mit viel weniger *(d. h. mit weniger Suchtpotenzial)*. Ich erlebe ganz andere Dinge in meinem Leben, die ich vorher nie erlebt habe – mit viel tieferen, intensiveren Gefühlen, viel mehr Nähe zu anderen Menschen, viel mehr Verbundenheit und inneren Werten. Ich nähere mich auf diese Art dem Göttlichen an … wo ich eine Liebe spüre zu wildfremden Menschen; wir treffen uns zum ersten Mal, gucken uns an, umarmen uns und ich fühle mich ihnen nah und verbunden. Das hätte ich früher nie gemacht. Eine Umarmung? Undenkbar. Nähe zu fremden Menschen in dieser Art und Weise wäre nicht möglich gewesen. Das ist nur ein Beispiel, was mir gerade einfällt, was sich gravierend geändert hat in mir."

H.: „Dann hast du dich real verändert."

S.: „Um 180 Grad hat sich in mir was gedreht; teilweise fällt es mir selber schwer, mich zu erkennen, wenn ich in den Spiegel schaue. Da schaut mir eine andere Saskia entgegen, nicht nur wegen meiner seit Kurzem langen Haare. Aber langsam gewöhne ich mich daran."

H.: „Wie hattest du die Haare vorher?"

S.: „Seit meinem siebenten Lebensjahr immer ein kurzer Jungen-Haarschnitt."

H.: „Das ist ja komisch, kleine Mädels haben doch immer lange Haare."

S.: „Hatte ich auch bis zum siebenten Lebensjahr. Dann trennten meine Eltern sich, ich sah meinen Vater nicht mehr und kurz darauf waren meine Haare abgeschnitten. Innerlich habe ich mich mit ihm verbündet, die kurzen Haare waren der äußere Ausdruck davon."

H.: „Und jetzt hat er auch noch kurze Haare?"

S.: „Ja, als Mann hat er kurze Haare. Ich habe auch seit meiner Hochzeit Locken in meine Haare geföhnt. Zur Hochzeit selbst hatte ich eine Dauerwelle; als sie herausgewachsen war, habe ich täglich – 21 Jahre lang! – Locken hineingeföhnt. Und warum? Weil mein Vater auch Locken hat. Das Föhnen hat mich immer genervt, ich konnte aber auch nicht damit aufhören. Ich war total identifiziert mit meinem Vater und bin es zum Teil heute noch. Nach meinem siebenten Lebensjahr habe ich auch die schlanke Figur meines Vaters angenommen und habe sie bis heute. Auch wird mir immer wieder gesagt, dass ich gestikuliere, mich räuspere und große Schritte mache wie mein Vater. Nur die braunen Augen konnte ich ihm nicht nachmachen – dafür stehe ich ungemein auf Männer mit dunklen braunen Augen. Alles habe ich völlig unbewusst getan, glaubte jedoch, ich tue das für mich oder weil ich so bin. Dem war aber nicht so. Fast alles tat ich, um meinen Eltern gerecht zu werden und um ihre Anerkennung zu bekommen, insbesondere von meinem Vater."

Da Holger das interessant fand, redete ich weiter: „Haareföhnen und Haarekurzschneiden tue ich nicht mehr, aber es war unglaublich schwer, davon wegzukommen. Über zwei Jahre habe ich daran therapeutisch gearbeitet – ohne Hilfe hätte ich das nicht geschafft. Der innere Drang, die Haare abzuschneiden und Locken hineinzuföhnen, war wie ein Zwang. Solange ich dem nachgekommen bin, merkte ich noch nicht einmal, dass es ein Zwang ist. Ich dachte nie darüber nach, föhnte einfach morgens meine Haare, aus Gewohnheit und weil es mir gefällt, wie ich dachte. Erst als ich damit aufhören wollte, merkte ich, dass es nicht geht. Es war ein schwerer und schmerzhafter Prozess, bis ich da herausgewachsen war. Heute fühle ich mich innerlich viel größer und sicherer. Ich habe mehr Selbstwertgefühl und Selbstbewusstsein, gehe meinen eigenen Weg, soweit es mir schon möglich ist. Oft genug stecke ich jedoch noch in den verborgenen Mustern, ohne sie gleich zu erkennen – sie sind noch da, aber nicht mehr so fest, es ist, als ob alles subtiler wird. Und wenn ich die Muster dann erkenne, sind sie leichter geändert und es tut nicht mehr so weh. Mir ist auch völlig klar, dass ich nicht in fünf Jahren ändern kann, was ich in 39 Jahren unbewusst aufgebaut und gefestigt habe."

Holger fragt mich, warum man wie der Papa sein wolle.

S.: „Die Eltern wirken innerhalb der Familie wie eine Waage. Dem Kind, das sich in vollständiger Abhängigkeit von den Eltern befindet, geht es gut, wenn die Waage im Gleichgewicht ist, also wenn es seinen beiden Eltern miteinander gut geht. Ist die Harmonie zwischen den Eltern gestört, kommt die Waage aus dem Gleichgewicht. Da das im Kind Angst auslöst, versucht es unbewusst, die Waage zu stabilisieren, indem es sich innerlich zu dem als schwächer empfundenen Elternteil stellt. Wenn ich als Kind innerlich jedoch neben dem schwächeren Elternteil stehe, um diesem zu helfen, dann habe ich meine eigene Position als Kind verlassen, kann kein Kind mehr sein, habe plötzlich eine Ersatz- und Elternfunktion. Das Kind trägt dann die Lasten dieses Elternteils mit, den es retten möchte. In Familienaufstellungen kann ich immer wieder sehen, dass ein Kind nicht an seinem Platz, sondern zwischen den Eltern oder neben einem Elternteil steht, als ob es ein Partner wäre – so versucht es die Disharmonie zwischen den Eltern auszugleichen. Je mehr ich mich unbewusst auf Vaters Seite stellte, umso mehr nahm auch mein Körper seine Figur an. Ich übernahm seine Gesten, Worte und

Verhaltensweisen und wurde ihm sehr ähnlich, obwohl ich ihn kaum noch sah – das Ganze ist ein energetisches Phänomen. Meine Mutter warf mir mit der Zeit vor, dass ich wie mein Vater sei, was zur Folge hatte, dass der Stress, den sie ursprünglich mit ihm hatte, nun zwischen ihr und mir war, woraufhin ich meiner Mutter nicht mehr nah sein konnte, da ich mich von ihr abgelehnt fühlte. Im Laufe der Jahre rückte ich immer dichter zum Vater, die innere Distanz zur Mutter wurde immer größer. Das hatte Auswirkungen auf meine Gesundheit. Ich war oft krank, da ich diese Spannungen weder lösen noch ausgleichen konnte. Die Dynamik war weder meinen Eltern noch mir bewusst. Auch Kinder, die z. B. ihren Vater nie kennengelernt haben, werden wie der Vater, wenn dieser in der Familie und vor allem von der Mutter ausgegrenzt bzw. abgelehnt wird. Aus dem Familienstellen ist bekannt, dass die Eltern über ihre Kinder mit allem konfrontiert werden, was sie bewusst oder unbewusst weggeschoben und (noch) nicht gelöst haben – sei es mit dem Partner oder den eigenen Eltern und Großeltern. Dann werden die Kinder in die ungelösten Probleme der Ahnen verstrickt und so geht das Leid in die nächste Generation."

Ich spreche meine Träume an, die wir nicht weiter deuten, und über mein Gefühl, sehr wenig zu schlafen, was Holger kaum glauben kann.

Über die magische Tür, den Turm und das Skelett

Ich berichte ihm von der magischen Tür, dem Turm, dem Skelett und dem Kraken. Holger findet, das seien Wahnsinnserfahrungen.

S.: „Im Kessel lag ich den ganzen Tag zusammengerollt, wie ein Embryo. Ich kann in der Brühe atmen und wachse … wie in einer Gebärmutter."

H.: „Also hast du auch physisch hier zusammengerollt gelegen?"

S.: „Ja, eingerollt wie ein Igel, bis du jetzt gekommen bist."

H.: „Wie fandest du das?"

S.: „Einerseits spannend, der Egoprozess war jedoch zermürbend …"

H.: „Du hast doch den Inhalt verstanden, oder?"

Ich bin irritiert. „Ja, ich denke schon …"

H.: „Schau, wenn ich C. G. Jung gewesen wäre, hätte ich dir noch 2.000 € draufgezahlt für die Erfahrung. Das hat er nie gehabt, verstehst du?"

Verunsichert antworte ich, dass mir die Bedeutung wohl doch nicht so klar ist, wie es ihm gerade zu sein scheint.

H.: „Die Bedeutung ist an sich klar. Gut, du hast angeknüpft an diese Gänge, Höhlen usw., dann kommt der Turm. Das ist der Turm des Ego."

Ich unterbreche ihn: „Der Sumpf wird praktisch dargestellt als Turm?"

H.: „Ja, der Sumpf ist übersetzt in den Turm, der Turm ist das Ego, du bist unten drin und kommst jetzt zu den Universalarchetypen, eben wieder die verschiedenen Türen, und da haben wir erst einmal die Sache mit dem Gold – das ist ein großes Geheimnis. Überall reisen Menschen unter die Erde und da sind dann die Zwerge und das Gold. Komisch, warum ist das Gold unter der Erde?"

S.: „Ich weiß nicht. Es waren lauter angehäufte Reichtümer im Raum: Ketten, Kronen von Königinnen und Königen, Ringe, große Goldbarren und glitzernde Diamanten."

H.: „Und Märchen verwenden ja dieses Motiv. Aber Menschen erfahren das auch alles. Wir sind hier im Märchen. *(Holger sagt das so geheimnisvoll und überzeugt, als ob er der Meinung ist, dass es diese Goldschatzkammern unter der Erde wirklich gibt.)* Das ist ein traumhafter Archetyp, den du hier glasklar erfahren hast. Dann ist es natürlich interessant mit dem Skelett. Du sollst auch ein Skelett werden. Dein Ego, Muskeln, Fleisch soll abgekocht werden. Du wehrst dich erst, gehst dann aber schließlich durch den zunehmenden Versumpfungsprozess doch hinein. Du hast dich in embryonale Stadien hineingebracht, bist also gekocht worden, denn dein Egofleisch geht nur herunter von den Knochen, wenn du weggekocht wirst. Wie man halt ein Stück Fleisch kocht, das löst sich ja dann auch ab von den Knochen. Das ist genau der Prozess. Du warst quasi schon dieses Skelett oder solltest es werden. Die Skeletterfahrung ist eine klassisch-schamanische Erfahrung. Die andere Tür, mit den Schleimwesen und Kraken darin, das sind einfach die verschiedenen Ängste, die man hat. ‚Mein Ich hat viele Wohnungen', so kannst Du sagen, und das sind halt diese Türen mit deinen geheimsten Ängsten usw. Deshalb auch die geheimnisvolle Tür, wo dein Ego vernichtet und du reduziert wirst auf dein Skelett. Das ist ein unglaubliches Bild. Du bist reduziert auf reines SEIN. Und das stellen wir bildlich dar als Skelett. Deswegen sagte ich, man muss sich treiben lassen von diesem Sumpfgefühl, fallen lassen. Man muss versumpfen. Dieser Archetyp ist aus einer sehr tiefen Schicht."

S.: „Ja, das war unglaublich tief … mindestens zwei, drei Kilometer tief."

H.: „Das ist wahnsinnig tief unter der Erde, d. h. sehr tief in deiner Seele. Diese Erfahrung hat nicht unbedingt einen aktuellen, sofortigen Heilungsprozess zur Folge, das ist sehr tief. Es muss auch die ganze Tiefe geheilt werden. Deswegen muss man absteigen in die Unterwelt, da sind die großen Schätze – ganz tief in dir. Wir sind im Allgemeinen im Psychologischen auf der Oberfläche der Psyche, z. B. in der Verhaltenstherapie. Das hier geht ganz, ganz tief und heilt mehr ganz unten, aber ehe der Heilungsprozess hochkommt, dauert es. In der Unterwelt der Menschen – nicht nur rein physisch, da ist ja auch das Gold in der Erde, sondern auch seelisch – sind das Gold, die Reichtümer, das Geschmeide; ganz tief in dir sind die Schätze."

S.: „Mein Ego war mächtig sauer, weil es die Lichterfahrung machen wollte – stattdessen kam der dunkle Turm mit Skelett und all dem anderen."

H.: „Ganz wunderbar. Es dauert halt, da sind verschiedene Stadien zu durchlaufen, aber irgendwann kommt das Licht."

S.: „Als ich so wütend war, fielen mir deine Worte ein, dass ich durch all das durch muss. Aber es hat sehr lange gedauert, bis ich wirklich bereit war. Ich habe mich dermaßen selbst zermürbt, bis etwas in mir aufgegeben hat und mir alles egal war."

H.: „Offenbar musst du lange zermürbt werden."

S.: „Ja, aber warum?"

H.: „Vielleicht ist das so bei dir. Du hast so ein tiefes Unbewusstes – tiefe Archetypenunterwelt. Bist auch noch ganz lustig, zeigst dem Skelett einen Vogel. Du hast Witz und Kessheit und eine vitale Frechheit, das ist ganz schön, und so gehst du auch in der Unterwelt mit den Sachen um, gibst denen knallhart etwas zu essen, fütterst deine Ungeheuer."

S.: „Der Krake war spannend! Er hatte einen prüfenden Blick, der mich an meinen Vater erinnerte, der genauso kritisch prüfend auf alles, was ich tat, geguckt hat. Ich habe aber mutig seinem Blick standgehalten und mich davon nicht irritieren lassen. Ich hielt meine Energie, indem ich dachte: ‚Ja, gucke nur, ich habe keine Angst vor Dir!', und habe ihm wieder einen Fisch hingehalten. Wenn ich ehrlich bin, hatte ich doch etwas Angst. Aber ab einem gewissen Zeitpunkt war echter Frieden zwischen uns und die Angst wirklich vorbei."

H.: „Ja, sehr tiefgründig. Also lässt du dich weitertreiben. Aber dann ist auch noch etwas anderes da – die tiefe Sehnsucht, das ganze Göttliche selbst zu sein. Das ist auch so ähnlich wie ein Auflösungsprozess, vielleicht ein wenig anders und da kann man hineingehen in das Gefühl: Ich bin das ganze Göttliche, endlose Welten, ich bin alles …"

S.: „Wie komme ich in dieses Gefühl?"

H.: „Indem man daran denkt oder sich den Kosmos vorstellt. Man muss sich erinnern, alles, was da ist, ist ja unglaublich und da quält man sich nicht mit irgendwelchen Kleinigkeiten herum. Man springt ins ganze göttliche Dasein. Du lebst ja auf einer großen Wiese Gottes und du musst halt alle Blumen kennenlernen und die Blumen selbst werden."

Nach dem Gespräch wird mir erst richtig bewusst, welchen Schatz ich gefunden habe, obwohl mir der Tag so schrecklich erschienen war. Ich habe eine sehr, sehr tiefe Erfahrung gemacht und das Ego hat sich auch entlarvt.

Nach einem wohligen Bad rolle ich mich auf dem Grund des Kessels in mein Kissen ein. Das Skelett arbeitet irgendetwas im Hintergrund … seine Anwesenheit tut mir gut … ich schlafe ein.

11. Tag – Geborgenheit im Kessel

Heilung meiner Wurzeln – Mutter und Vater

Es ist Nacht. Ich bin schon wieder seit Stunden wach, liege im Kessel und weine bitterlich – aus der Tiefe meiner Seele. Die Ereignisse um den Tod meiner Stiefmutter sind hochgekommen. Schweren Herzens und erleichtert für sie, verabschiede ich mich schluchzend, ihr für alles dankend, was sie mir gegeben hat – Wärme, Geborgenheit, freundliche und offene Worte, das Gefühl des Willkommenseins bei ihr, die Herzlichkeit, die Nähe. Bei ihr fand ich all das, was ich bei meiner Mutter so sehr vermisste *(ich weine wie ein kleines Kind, das etwas Warmes und Liebes sehr vermisst).* Mein Herzraum tut weh … eine tiefe schmerzende Wunde … alles in mir ist aufgewühlt … ich lasse alles kommen … Ich konnte bei ihrer Beerdigung kaum weinen, weil ich damit beschäftigt war, meinen Vater zu stützen, damit er an ihrem Grab nicht umfällt.

All der verdrängte Kindheitsschmerz scheint mit hochzukommen. Meine Mutter steht leibhaftig vor mir und ich sage ihr unter dicksten Tränen, doch vollkommen frei von Vorwurf, ins Gesicht, was ich ihr noch nie gesagt habe: „Es tat mir sehr weh … ich habe mich so sehr abgelehnt gefühlt von dir, dabei lehntest du meinen Vater und deine Eltern ab. Ich hatte das fälschlicherweise auf mich bezogen und konnte deshalb deine Liebe nicht spüren, auch weil ich mit deinem Frust auf meinen Vater und andere Dinge konfrontiert wurde. Es gab so selten ein freundliches, liebes Wort oder ein warmherziges Lächeln von dir. Ich hätte es öfter gebraucht, in den Arm genommen, gehalten und getröstet zu werden.“

Meine Mutter schiebt mit dem linken Zeigefinger ihre Brille höher auf die Nase, als könnte sie mich so besser sehen. Sie schaut mich fassungslos an, nimmt mich aber nicht in den Arm, wie ich es mir noch immer wünsche.

Langsam beruhige ich mich und atme auf, als alles ausgesprochen ist. Es war eine Lawine aufgestauter Gefühle, dicker schwarzer Brei, der aus mir herausgequollen kam.

Ich liege zusammengerollt mit angezogenen Beinen auf der Seite wie ein kleines Baby *(eher wie ein Fötus im Mutterleib)* und meine Mutter hält mich einfach fest, sagt gar nichts. Ich schluchze noch immer. *(Die Stimme auf dem Tonband hört sich an wie von einem ganz kleinen Mädchen. Es berührt mich sehr tief, als ich das höre.)* Der alte verdrängte Schmerz und die bislang ungeweinten Tränen quellen ungehemmt hervor. *(Ich rede aus der Position des Kindes.)* „Mami, einfach nur halten … fest … ganz fest … ganz fest und ganz tief … ganz fest … es tat alles so weh … doll weh … die Tanten waren Ersatzmütter für mich und ich habe mir immer gewünscht, dass sie oder meine Stiefmutter meine Mutter wären. Ich habe meine Cousine, Cousins und die Kinder meiner Stiefmutter um ihre Mutter beneidet …“

(Ich beschreibe aus der Sicht des Babys, was gerade geschieht ...) Ich werde jetzt gehalten von meiner großen Saskia. Sie sagt Mama, was ich als kleine Saskia brauche, weil Mama mit dem, was ich ihr gesagt habe, an ihren eigenen Schmerz kommt und sie aus ihrem Schmerz und Schuldgefühl heraus viel

mehr tut, als jetzt für mich wichtig ist *(ich bin etwas ruhiger)* – sie leidet darunter, wie schlecht es mir geht und was sie alles falsch gemacht hat. Sie sieht tief betroffen aus. „Ich weiß, dass du das nicht wolltest, Mama …"

Es hätte mir gutgetan, wenn mein Papa mich bei der Beerdigung gestützt hätte, statt ich ihn, aber er hatte nicht die Kraft dafür, er ist ja selber fast hinterhergesprungen. Auch eine warmherzige, tröstende Umarmung hätte ich mir gewünscht, und dass er mich hält, einfach hält … ganz fest hält, damit ich in seinen Armen weinen und trauern kann … *(Ich fange wieder an, stark zu weinen.)* Ich wende mich an meinen Vater, der jetzt klar vor mir steht: „Macht doch überhaupt nichts, dass du mitweinst, Papa! Halte mich bitte ganz fest! *(wieder kindliche piepsige Stimme)* Halte mich ganz fest … und lass mich nicht fallen … ganz fest … das tut mir so gut, wenn du mich hältst, Papa." Er hält mich und ich weine und weine … bin ganz klein …

Oh, danke Skelett, ohne dich wäre ich ja da nie hingekommen! Jetzt wird mir erst mal klar, was die Skeletterfahrung bedeutet! Ich fühle mich gerade sehr geborgen und sicher gehalten in einer Tiefe, die mir völlig neu ist … *(Meine Stimme klingt tiefer, erwachsener, klarer.)*

Irgendwann gehe ich mit fest geschlossen Augen – ich bekomme sie kaum auf – ins Bad. Meine Beine fühlen sich ziemlich weich an. Ich bin völlig durchgeschwitzt und steige in tiefem Trancezustand in die Wanne, um mich zu erfrischen. *(Meine Stimme klingt ganz klar und wieder völlig normal.)*

Ich liege im Bett, fühle mich erleichtert und brauche jetzt einfach eine Pause. Ich lasse den tiefen Prozess in mir nachwirken und bin dem Skelett sehr, sehr dankbar. Eine unglaubliche und tiefe Erfahrung.

Stunden später: Ich liege noch immer im Kessel, fühle mich wohlig geborgen. Die Flüssigkeit, in der ich liege, hat irgendwie eine heilende Wirkung – es ist wunderschön, darin zu liegen. Ich habe überhaupt keine Lust, herauszukommen. Mein gesamter Brustraum fühlt sich weit, offen, frei und leicht an, der Atem fließt tief. Auch die Nasennebenhöhlen sind gänzlich frei, ein schönes Gefühl.

Gespräch mit Holger

Anker im Göttlichen

Holger ist schon wieder da. „11:00 Uhr", lässt er mich auf meine erstaunte Nachfrage wissen. Ich berichte ihm von meinen Erfahrungen und er meint dazu, die Dunkelheit bringe alles an den Tag.

S.: „Das war eine sehr tiefe Schicht, die sich ausgeweint hat."

H.: „Ja. Und darunter sind noch viele andere Schichten, nicht nur persönlich-biografischer Natur. Man kommt in verschiedene Ebenen. Dann kommt die Existenz als Mensch an sich, die menschliche Geschichte. Schichten unter Schichten unter Schichten … Das ist ein weiter Weg, das Menschsein, das Dasein zu ergründen, aber in der Dunkelheit kommt alles von selbst zur richtigen Zeit, ob man will oder nicht. Du kannst nur mitgehen. Das ist ein Reinigungsprozess – du wirst gekocht im Kessel, du wirst vom Fleisch des Lebens, also allem, was du so an Häuten angesammelt hast, in dem Sinne befreit, als das klarer wird, transparenter."

S.: „Ja. Es ist auch so schön in der Heilbrühe, ich will gar nicht mehr hinaus. Ich fühle mich geborgen, aufgehoben, gehalten und genieße das."

H.: „Ja, das ist auch genau richtig. Und wenn mal nichts kommt, wartest du ein wenig und dann kommt wieder etwas. Das sind halt so schwierige Phasen und wenn du hinausgehen willst, dann besprichst du das vorher mit mir. Keine Sofortentscheidung. Du gehst weder aus Schock noch aus Langeweile noch aus Frustration hinaus, sondern das wird vorher besprochen. Wir haben eine klare Absprache, du bleibst hier drin und du kannst hinaus, aber dann müssen wir das besprechen. Und wenn es wirklich ganz kritisch wird, machst du ein Bad oder duschst oder machst eine Körperübung, machst etwas Alltägliches, damit du wieder auf den Boden der Tatsachen kommst. Alles kommt in Rhythmen – Gutes, Schlechtes, Gutes, Schlechtes. Du bist ein Seemann. Die Wellen kommen, hoch und tief, da musst du durch."

Ich bin irritiert, warum er so sehr darauf hinweist, habe ich doch gar nicht die Absicht, hinauszugehen, und auch nichts dergleichen angedeutet. Ich gehe darauf nicht ein.

H.: „Du kannst im Kessel bleiben, wir haben Zeit. Du bist Embryo oder kurz vor der Geburt oder wo auch immer, du gehst mit, wehrst dich nicht."

S.: „Ja. Jetzt ist es im Kessel auch völlig o. k., doch davor war es schlimm."

H.: „Ruf das Göttliche an, also das Ganze, das alles weiß und alles richtig macht. Du weißt nichts und machst nichts richtig. Du kannst dich nur ins Göttliche begeben und das rufst du ab und zu an, wenn es kritisch wird. Und das sagt dir dann schon, dass du dich hingeben sollst. Du hast nur die Kraft und den Anker im Göttlichen. Und den Anker wirfst du aus ins Göttliche. Und das macht schon alles. Passieren kann letztendlich gar nichts. Nur das Gute kann passieren. Aber das Gute muss durch Schlamm und Tiefenphasen hindurch. Also immer die Verankerung ins Ganze! Das muss man anrufen, das ist ein Ritual, eine Hingabe, eine Aufgabe an das Göttliche. Ganz wichtig. Also das ganze SEIN, das weiß schon, wo es lang geht. Dich hineinschmeißen, mit Saft und Kraft beten! Gib dich hin, dann wirst du selbst das Skelett! In einer kritischen Phase machst du das. Da muss man sich einfühlen – was ist denn das Göttliche, was ist das denn? Großer Gott, was will ich als kleine Saskia überhaupt sagen? Ach du liebes bisschen, wer ist die Saskia? Du bist nicht Saskia. Du hast keine private Geschichte. Du bist eine Welle im Göttlichen, sonst gar nichts. Das wellt halt vor sich hin, hoch und runter. Sonst bist du nichts. Das hat man sich immer zu sagen. Wenn du das vergisst, kriegst du Probleme, hast du einen Unfall. Du kannst es allein nicht schaffen, das ist Gesetz. Kannst du das Geistige sehen?"

S.: „Das Geistige kann ich wahrnehmen. Für mich ist der Weg vom Körperlichen über das Seelische zum Geistigen. Meine Erfahrung ist: Je mehr ich in der Kindheit abgespaltene Anteile wieder integriere, umso lebendiger werde ich und umso mehr nehme ich zunehmend das Geistige wahr. Das passiert von allein, ohne dass ich mir das vorstelle. Ich kann die Verbindung zum Göttlichen nicht ‚machen'. Es ist ein Geschenk, wenn es geschieht. Es passiert alles zur rechten Zeit, wenn ich dem gewachsen bin. Wenn ich den geistigen Dingen zu früh begegne, ohne die Reife dafür zu haben, dann besteht die Gefahr, dass ich abhebe oder verrückt werde."

H.: „Ja, man kriegt das Göttliche nicht erreicht. Seele und Geist wird im Allgemeinen verwechselt, weil die meisten Geist nicht greifen können, projizieren sie das Seelische als Geistiges."

S.: „Das Geistige ist für mich jenseits von Gedanken und Gefühlen, wo ich einfach nur noch bin. Das reine Dasein, reines SEIN."

H.: „Das ist der erste Schritt, ja."

S.: „Bestimmt gibt es viele Graduierungen, die ich noch erfahren kann. Aber das kommt von allein, dazu braucht es eine gewisse Reife."

H.: „Es kommt in dem Moment mehr Geistiges, wenn vom Seelischen mehr abgebaut ist. Das hält sich irgendwie die Waage."

S.: „Genau. Solange das Seelische blockiert ist, ist es schwierig, in das Geistige zu kommen. Mein Weg ist: Ich baue kontinuierlich die seelischen Blockaden ab und lande irgendwann im Geistigen, ohne dass ich mir das vorstelle. Mag sein, dass ich das falsch sehe."

H.: „Nein, mir scheint es der richtige, der leichte, normale Weg zu sein."

S.: „Leicht ist der gewiss nicht. Es ist, als müsstest du dich selbst in eine Mühle begeben und zermahlen lassen. Da gilt es tiefe Ängste zu überwinden – wer will sich schon zermahlen oder kochen lassen und das auch noch freiwillig? Sich selbst zu ändern, ist das Schwerste, was es meiner Erfahrung nach gibt. Das Leben zu leben, wie ich es gewohnt bin, inklusive aller Leiden und Krankheiten, ist leichter, als diesen Veränderungsprozess durchzumachen."

H.: „Ich meinte mit ‚leicht': Es ist ein organischer Weg, der Weg der Natur. Es gibt noch einen anderen Weg, den bewussten Weg, d. h. du springst hinein. Das ist ein sehr harter Weg, der Weg des Yogis. Da gehst du bewusst tief hinein, stirbst quasi. Das ist ein künstlicher Weg. Du gehst den organischen Weg, der geht meistens über die Psychotherapie. Der bewusste Weg des Yogis, der das künstlich versucht, zu erzeugen, ist …"

Ich unterbreche ihn: „Wie macht er das?"

H.: „Es gibt dazu bestimmte Übungen, die fängt er an, und die Übungen drängen oder zwingen ihn sozusagen, diese Erkenntnisse vorzeitig zu machen. Aber das ist gefährlich, dabei sterben viele. Deswegen haben wir im Buddhismus immer zwei Wege. Den organischen, das, was die meisten Menschen machen. Der geht halt lange oder auch über viele Leben. Und der künstliche: Da kannst du es in einem Leben schaffen. Aber die Chance, dass du dabei kaputtgehst, ist enorm hoch."

S.: „Ja, weil sie dem Ganzen noch nicht gewachsen sind. Da sollte etwas erzwungen werden, was noch nicht reif ist."

H.: „Ja, es ist ein künstlicher Weg, der schnelle Pfad. Aber alles, was schnell ist, ist auch nicht gut."

S.: „Ich finde den Pfad, den ich gehe, ziemlich schnell. Fünf Jahre sind nicht viel, um sich selbst zu ändern. Ohne Hilfe hätte ich vielleicht 50 Jahre dafür gebraucht oder hätte es wahrscheinlich nie geschafft, weil ich die unbewussten Überlebensmechanismen allein gar nicht erkannt hätte. Am besten sehe ich, wo ich stehe, wenn ich mit den engsten Familienmitgliedern zusammenkomme – wie reagiere ich? Gelassen, genervt oder verurteilend? Mache ich Vorwürfe? Wie reagieren die anderen auf mich? Ich schaue mir sehr genau die ‚Spiegel' an, um zu wissen, wo ich wirklich stehe. Und ich schaue mir genau an, was in meinem Leben geschieht. Unfälle beispielsweise geschehen oft aus unbewussten Verstrickungen heraus, wie ich aus eigener Erfahrung weiß."

Holger meint, dass die Menschheit verstrickt und verzahnt sei in alle möglichen falschen Vorstellungen, Hoffnungen und Bindungen. Dadurch würden Unfälle, Schwierigkeiten, falsches Denken und Leiden entstehen.

Ich füge die Wichtigkeit spiritueller Therapeuten und Lehrer hinzu, um sich Unbewusstes bewusst zu machen und alte Muster wirklich ändern zu können. Auch erwähne ich, dass meine Eltern meine Wurzeln auf der Erde seien, da sie mich gezeugt haben, was ein großes Geschenk sei. Das vom Herzen her anzuerkennen, ist mir wichtig und beinhaltet auch, die Eltern loszulassen und sich auf gesunde Weise abzunabeln.

Holger äußert, dass dies eine Möglichkeit wäre, dass das Resultat dabei jedoch sei, sich über die Identifikation mit den Eltern und dem Irdischen in das Irdische und Elterliche zu verstricken, woraufhin die klassischen Probleme, die alle Eltern und Kinder haben, auftreten würden. Er verweist darauf, dass es auch Menschen gäbe, die eine gute Erinnerung an die ersten Lebensjahre hätten und nicht identifiziert mit sich selbst oder anderen Wesen seien, z. B. den Eltern. Diese Menschen würden nicht die üblichen psychischen Probleme wie die meisten Menschen haben und schon in der Kindheit über einen guten Beobachter verfügen und alles – das Gute wie das Schlechte – so sein lassen können, wie es ist.

Nach meiner Ergänzung, dass ein starker Beobachter bei einem Kind oft auch ein Hinweis auf einen Überlebens- bzw. Schutzmechanismus sei, dies also auch für eine Traumatisierung sprechen könne, ist unser Gespräch beendet und Holger verabschiedet sich.

[07/2010: Es gibt hoch entwickelte Seelen, die sich inkarnieren; diese haben schon in der Kindheit einen starken Beobachter, z. B. Yogananda, der frühzeitig ein Bewusstsein darüber hatte, wer er war. Aus meiner Sicht ist das aber auch heutzutage noch eher eine Ausnahme; die meisten Menschen, vor allem auch im westlichen Kulturkreis, müssen den Beobachter im Laufe ihres Lebens erst durch gesunde Integrationsprozesse im Erwachsenenleben erwerben.]

Besuch der Schlange

Nach einer wohltuenden Brühe kuschle ich mich wieder in meinen Kessel. Kein Bedürfnis nach Tai Chi oder sonst irgendetwas. Ich liege einfach in meinem Kessel. Die Suppe, in der ich liege, scheint weniger zu werden mit der Zeit. Als ob die sich verbraucht … indem sie in mich hineingeht und mich in mir heilt. Ach, ist das himmlisch hier drin!!! Wer hätte gedacht, dass es in einem Suppenkessel so schön ist!

Plötzlich sehe ich eine beeindruckend große wunderschöne Schlange, die durch die geöffnete Zimmertür zielgerichtet auf mich zuschlängelt. Eine Ringelnatter oder Blindschleiche? Nein. Keine Ahnung, was für eine Art das ist. Ich bewege mich nicht, warte ab, was sie tut. In Armeslänge hält sie vor mir an … ich halte den Atem an. Die samtartig schimmernde braun-schwarze Musterung verleiht ihrer Haut eine mystisch-hypnotische Ausstrahlung. Ihre schwarzen Knopfaugen beobachten mich aufmerksam. Majestätisch wie eine Kobra richtet sie ihren armdicken kraftvollen Körper fast bis zur Hälfte kerzengerade auf, sodass ihr leuchtend gelber Bauch signalartig sichtbar wird. Wie prächtig! Ich beobachte sie mit ruhiger Freude im Herzen. Aus dem breiten Kopf züngelt in kurzen Abständen immer wieder ihre gespaltene braunschwarze Zunge blitzschnell hervor.

Mit dem Hai-Wal in den Tiefen des Meeres

Vollkommen unerwartet stehe ich bis zum Bauch in klarem Meerwasser. Ein haiähnlicher Fisch oder Wal schwimmt auf mich zu. Auch vor ihm habe ich keine Angst. Er beobachtet mich. Und ich ihn. Der Raum zwischen und um uns ist mit purer Präsenz gefüllt, wie schon bei dem Kraken und der Schlange. Der riesige Fisch schwimmt sehr nah immer um mich herum. Zugleich steht die Schlange noch immer vor mir. Übergangslos erscheint der Stamm einer Pflanze mit mehreren frischen, kräftigen Trieben in seiner unteren Hälfte. Das alles geschieht, während ich im Kessel liege und es einfach genieße, darin zu sein …, eingebettet in eine unglaubliche Geborgenheit und ein tiefes Gefühl von Gehaltensein … Der Schlange habe ich Schlangenfutter hingestellt, dem Haiwal werfe ich Fische zu. Die Pflanze, deren Name mir unbekannt ist, gieße und dünge ich.

Ich bin tief auf den Meeresgrund abgetaucht … der Fisch begleitet mich. Ich halte mich an einer seiner großflächigen Seitenflossen fest … er nimmt mich mit in die unergründlichen dunklen Tiefen des Meeres … ein unbeschreiblich großartiges Gefühl, im Meer zu sein … gebe mich dem Wasserelement ganz hin …

Die Schlange schlängelt sich mit wenigen grazilen Bewegungen bewusst so dicht an mich heran, dass unsere Körper sich berühren. Nach einem fast fürsorglichen Blick zu mir legt sie ihren Kopf etwas oberhalb des meinen ab. Zusammengerollt wie ein Igel liege ich im Kessel, der schon zur Hälfte leer ist. Ich presse mich flach an seinen Boden, um noch ein bisschen von der Flüssigkeit bedeckt zu sein. Es ist einfach schön: behütet, warm, kuschelig, frei, weit, locker, gehalten …

Stundenlang liege ich wohlig geborgen im Kessel … ruhig, zentriert, in tiefem Frieden … einfach göttlich …

Ich schaue aus der Wohnstube auf die kräftig roten Tomaten, fühle ihre Festigkeit, ohne sie zu berühren. Vermutlich sind sie morgen reif. Auch die Sonnenblumen brauchen noch ein bisschen, bis ich ihre Kerne ernten kann.

Ich spüre die kraftvoll vibrierende Haut der Schlange an meinem angewinkelten Unterarmen und genieße ihre Gegenwart. Wir teilen uns die Matratze. Auch der Fisch ist ein lieber Freund; es ist, als kennen wir uns schon Ewigkeiten. Gemeinsam schwimmen wir in purer Freude durch die unendlichen Weiten des Ozeans.

Die Garnrolle aus der ersten Dunkeltherapie poppt wie ein Computerfenster auf … ich sehe die Perle gerade herausfallen.

Ich gehe ins Bett; meinem Gefühl nach ist es Abend.

Ich träume von einem frisch geborenen Säugling, der – frühreif – bereits nach wenigen Tagen zu sprechen beginnt: „Nane schmeckt gut." Banane hatte er zu essen bekommen. Wir mussten für zwei Tage in ein anderes Haus, in ein anderes Zimmer ziehen.

12. Tag – Das Symbol der Schlange

Ich bin schon ewig wach; meinem Gefühl nach ist es mitten in der Nacht. Langsam öffnet sich mein linkes Auge, dann mein rechtes, obwohl beide Augen physisch geschlossen sind. Noch immer irritiert es mich zutiefst, durch geschlossene Augenlider zu sehen. Ich sehe es nicht nur, ich fühle auch klar das Öffnen der Lider, obwohl sie eindeutig geschlossen sind. Es ist verwirrend. Erkennen kann ich nichts im Raum.

Ich genieße das traumhafte Geborgenheitsgefühl in der Kesselflüssigkeit, die schon fast aufgesaugt ist. Die Schlange liegt neben mir und mit dem Wal schwimme ich noch immer durch die ozeanische Weite. Die Pflanzentriebe sind schon größer geworden.

Die Lichtblitze, die seit Tagen in meinem Kopf erscheinen, häufen sich seit gestern. Es ist, als ob ein Auto seine Fernlichtscheinwerfer kurz an- und wieder ausschaltet. Das Licht ist so grell, dass ich mich jedes Mal erschrecke. Sehen kann ich jedoch nichts.

Ich schließe das Badfenster, die Welt beginnt zu erwachen.

Alles Mögliche ging mir in der Nacht durch den Kopf – vom Wohnort in Berlin, über meinen Bruder, als er klein war und ich mit ihm ein Zimmer teilte, unser Hund Cassy, meine Lehrzeit und Arbeit in der „Abferkelung", ein Mann, in den ich mich mit 17 verliebt hatte, der aber leider verheiratet war und altersmäßig mein Vater hätte sein können, der Schmerz, dass er sich mit mir, da viel zu jung, nicht einlassen wollte, bis auf einen wundervollen Kuss, den ich ihm auf einer Betriebsfeier abgerungen hatte – wir waren ziemlich angetrunken. Es wurde ein Desaster, weil ausgerechnet in dem schönsten Moment seine Frau auftauchte …

Es kommt tatsächlich alles hoch in der Dunkelheit, selbst so uralte Sachen, die schon längst vergessen waren. Wenn ein Thema noch Energie in sich trägt, spüre ich das an einer unmittelbaren Verspannung in den Schultern, im Bauch oder in anderen Körperregionen. Dann brauche ich mich nur an den Kessel erinnern, in dem ich ja liege, und schon wird alles wieder locker.

Ich frage mich, was die Schlange für eine Aufgabe, Funktion, Bedeutung hat. Sie liegt neben mir – ich frage sie, bekomme aber keine Antwort. Was ist Schlangenkraft für eine Kraft? Und dieser Wal-Hai, mit dem ich noch immer durch die Meere schwimme, was ist das für eine Kraft?

Unermüdlich gießt das Skelett, das liebe gute Skelett, neue Brühe nach und sorgt so dafür, dass ich immer mit Flüssigkeit bedeckt bin. Es tut das mit einer Seelenruhe und lässt mir alle Zeit der Welt, bis ich bereit bin, aus dem Kessel auszusteigen. Aber ich bin einfach noch immer nicht bereit.

Ich kann nicht mehr liegen, weil mir der Rücken und die Hüften wehtun. Um aufzustehen, fehlt mir jedoch der Antrieb. Selbst das Denken strengt an. Ich liege und lasse kommen, was kommt. Viel steigt in mein Bewusstsein auf, ohne wie üblich vom Verstand zensiert zu werden.

Ich habe das Gefühl, es ist schon fast Mittag und ich müsste mal etwas trinken. Fühle mich total versumpft. Vielleicht holt mich ein Bad da heraus.

Heute ist mein elfter Tag. Ich wäre froh, wenn morgen mein letzter Tag wäre. Mir kamen sogar schon die Gedanken, ob es nicht sinnvoller ist, abzubrechen. *(Ich bin zeitlich um einen Tag durcheinander.)*

Einblick in das Gehirn

Es war schwer, aus der Wanne wieder herauszukommen. Zu wirklich jeder Bewegung muss ich mich aufraffen.

Mein Verstand arbeitet nur noch in Zeitlupe, als ob er auf Sparflamme läuft, auf Leben, als reine Vitalfunktion, ausgerichtet und mehr nicht. Ich sehe in mein Gehirn, kann zugucken, wie an den Synapsen Funken bei der Informationsübertragung entstehen und wie die elektrischen Impulse in Form kleiner Lichtpunkte an den Nervenbahnen entlangfließen. Es sieht aus, als wären unzählige Kabel im Gehirn verlegt, die an verschiedenen

Stellen aufleuchten. Die Lichtpunkte fließen so langsam, dass ich sie detailliert erfassen und genau beobachten kann – ganz im Unterschied zum ersten Dunkelretreat, wo das Blinken und Blitzen so schnell vor sich ging, dass ich das Fließen der Lichtpunkte nicht einzeln verfolgen konnte.

Irgendwo tief in mir ist das Göttliche, ich weiß es. Sicherlich noch unter dieser dumpfen Sumpfschicht, unter diesem tiefen Morast. Da müsste ich ja noch tiefer gehen … Ich bete, dass das Göttliche sich mir zeigt, dass es durchscheint durch den Morast, damit ich es erkenne.

Unterhalb des Kessels

Als ich mich wieder auf meinen Kessel besinne, merke ich, dass ich gar nicht mehr im Kessel, sondern weit darunter bin.

[30.11.2006: Beim Abschreiben der Kassette bekomme ich nasse Finger; mir wird angst und bange angesichts der Tiefe. Aber meine Stimme hört sich an, als ob ich die Bedeutung dessen nicht registriere, mir das nicht bewusst ist. Ich habe eine immer gleichbleibend monotone, ruhige, emotionslos klingende Stimme und spreche in sehr langsamem Tempo. Es klingt fast so, als ob ich keinen Anteil daran habe, was da passiert.]

[06/2010: Ich hatte in der Dunkelheit immer das Gefühl, dass „nichts geschieht", obwohl sich ganz viel tat. Ich habe die Erfahrungen offensichtlich in der Dunkelheit vollkommen anders eingeschätzt, als ich das jetzt tue und auch Holger damals. Er wies mich ja mehrmals darauf hin, dass viel passierte. Die Begegnung mit dem Skelett, der Schlange, dem Hai-Wal, der Heuboden usw. – alles war im Dunkeln so normal wie Alltag, eben nichts Besonderes. Daher wohl die Fehleinschätzung. Ein anderer Bewusstseinszustand schätzt offensichtlich eine Sachlage vollkommen anders ein. Ich kann mir vorstellen, dass sich bei Astronauten, die lange im Weltraum unterwegs sind, ein ähnliches Phänomen aufgrund der besonderen Bedingungen zeigen könnte. Ich frage mich – falls es so ist –, wie sich dieser Umstand auf ihre Entscheidungen auswirken würde.]

Aber die Schlange ist immer noch bei mir. Und der Hai-Wal-Delfin zieht mit mir durch tiefere Schichten des Meeres. Der Trieb der Pflanze ist größer geworden und reckt sich. Es scheint, als ob die Pflanze im Boden ist und der Keimling nach oben, der Sonne entgegenstrebt … Ja, diese

Pflanze ist eine abgehackte Wurzel und von dieser entspringt ein Seitentrieb, der sich durch das Erdreich nach oben bohrt.

Ich fühle mich wie in einem Dämmerzustand, wie kurz vor dem Einschlafen, aber doch nicht einschlafend. Die Augenlider sind schwer und müde und alles in mir läuft auf Sparflamme.

[30.11.06: Ich rede, als ob ich gleich einschlafe, das Sprechen scheint mir schwer zu fallen, mein Bauch reagiert, mir wird schlecht beim Schreiben, ich bekomme Angst, wenn ich mich so reden höre.]

Ich kann mich nicht mehr im Kessel halten, falle immer wieder durch den Kesselboden hindurch und sacke tief in eine dunkle, klebrige, zähflüssige Masse, in der ich stecken bleibe. Ich frage die Schlange, ob sie mir helfen kann, doch sie schlängelt, mir einen kurzen Blick zuwerfend, locker davon. Bedeutet das, dass ich ihr folgen soll? Oder kommt sie gleich wieder? Ich folge meinem inneren Impuls, krieche ihr hinterher, kämpfe mich vorwärts … mein Gesicht wird mächtig heiß dabei. Die Schlange wartet ab und an auf mich, bis ich wieder in Sichtweite bin. Sie kommt mühelos vorwärts, ich nicht. Mir scheint, wir kriechen mehrere Meter unterhalb des Kessels in östlicher Richtung vom Kessel weg.

Traum „Geheimagenten"

Urplötzlich stehe ich zwischen zwei Männern in deren Wohnzimmer. Wie ich dort hinkam und was ich dort möchte, weiß ich nicht, ich will jedenfalls nichts klauen. Die Männer entdecken mich, ich hebe sofort die Hände hoch und werde gefragt: „Was wollen Sie denn hier?" So unscheinbar wie möglich antworte ich: „Keine Ahnung, wollte gerade wieder gehen." Sie halten mich auf: „Nee, nee, warte mal!" Sie zeigen mir Unterlagen … ein Gelände auf einer Insel, wo ein Flugplatz entstehen soll und fragen, ob ich Ahnung habe von dem Gelände. „Nein, und will ich auch nicht haben." Ich spüre, es ist gefährlich, das zu wissen. Es geht um irgendein geheimes Objekt, wovon keiner weiß. Mir ist mulmig im Magen. Sie fragen weiter, aber ich kann nichts beantworten, höre auch nicht zu und habe gar kein gutes Gefühl. Das scheinen Geheimagenten zu sein. Ich will einfach nur weg. Sie fragen, ob ich getaucht gekommen bin. „Nee, überhaupt nicht. Ihr seht doch, dass ich nicht nass bin." Das überzeugte sie. Dann fahren die beiden mit einem Boot zu einer Insel, dem Platz, wo der Flugplatz entstehen soll. Ich schaue vom Fenster aus zu. Jetzt fällt es mir wieder ein, wie ich hierher kam: Ich kam von einer Veranstaltung und wartete auf mein Auto. Weil es nicht kam, irrte ich durch die Häuserblocks, um zu schauen, wer mich vielleicht nach Hause fahren kann. Auf dem Weg um die Häuser sah ich plötzlich Wäsche auf der Erde liegen – von einem Mann oder mehreren Männern. Ich fühlte mich angezogen, mir das genauer anzuschauen und stand plötzlich bei den beiden Männern in der Wohnstube. Genau, so war das. … Inzwischen sind die beiden Männer mit dem Boot 20 bis 30 Meter vom Ufer weg. Ich sehe vor mir unter Wasser einen Taucher angeschwommen kommen. Vom Fenster aus schreie ich den Männern zu: „Da kommt ein Taucher! Beeilt euch, kommt zurück!" Die beiden Männer im Boot geraten in Panik und rudern wie wild in meine Richtung. Ich spüre, dass irgendetwas im Busch ist … panische Angst verknotet meinen Bauch, mein Herz rast. Ich renne aus dem Haus, will weg, kann aber nicht, weil das Wasser vor mir keine Fluchtmöglichkeit bietet. Nach hinten Weglaufen geht auch nicht, dazu ist es zu spät – der Taucher, der jeden Moment auftauchen wird, würde mich sehen. Ich renne zurück in das Haus, verrammle die Eingangstür, suche nach einem Versteck, renne in die nächste Tür hinein und bin auf dem Klo. Hier gibt es viele Toiletten nebeneinander, die durch Türen voneinander abgetrennt sind. Es stinkt jämmerlich. Ich schließe mich in eine Toilette ein, steige auf die Klobrille und gucke über die Begrenzung auf die anderen Klos. Geistig zoome ich die einzelnen Toiletten näher heran. Alle sind leer und sehen dreckig und verkommen aus. Keine Fluchtmöglichkeit in Sicht. Ich fühle mich hier nicht sicher … es geht um mein Leben. Ich weiß, dass die beiden Männer nach mir suchen werden und wenn sie die verschlossene Klotür sehen, ist denen doch sofort klar, dass ich hier bin. An dem Punkt wird mir bewusst, dass ich träume. Ich habe Herzklopfen und Angst. Der Traum beunruhigt mich, etwas fühlt sich gefährlich an und ich steige aus dem Traum aus.

Da ich wieder etwas wacher bin, scheine ich ein bisschen geschlafen zu haben. Ich sitze im Sessel, wartend, dass meine Brühe abkühlt. Mein Kopf ist klarer, nicht mehr ganz so sumpfig. Die Augenlider sind wie zugeklebt, es ist schwer, sie zu öffnen. Ich bin innerlich ein Stückchen höher und kann meine Position im Kessel wieder einnehmen … fühle mich sehr geborgen.

Ich fühle mich körperlich ein bisschen kräftiger, aber immer noch zu schwach, um zu sitzen. Ich frage die Schlange, wie ich das DASEIN SEIN kann, erhalte aber keine Antwort. Ich ahne, wenn ich durch die zähe Masse durchwill, muss ich sein und werden wie die Schlange …

Gespräch mit Holger

Ich erzähle ihm den Traum mit dem Säugling.

H.: „Dein Baby und du musstet in ein anderes Zimmer umziehen. Das ist doch ein interessanter Traum, den musst du jetzt selbst deuten."

S.: „Es hat irgendwie mit Neugeburt zu tun …"

H.: „Wer, du?"

S.: „Ja. Interessant ist, dass seit dem Traum oder überhaupt seit heute Nacht das Gefühl, mich in einer Gebärmutter zu befinden, weg ist."

H.: „Neugeboren und dann gleich in ein anderes Zimmer ..."

S.: „Was heißt das?"

H.: „Du bist jetzt im anderen Zimmer, nicht mehr Embryo sozusagen. Es bedeutet einfach beides – Neugeburt, Wechsel des Zimmers – auf eine neue seelische Qualität hin. Das ist wirklich schön, wie dein Unterbewusstes das macht, gleich kriegst du Kinder."

Das Symbol der Schlange

Nachdem ich Holger von der Schlange berichtet habe, meint er: „Also ich muss schon sagen, das ist wirklich phänomenal, wie dein Bewusstsein arbeitet. Die Schlange ist deine Kraft, du bist gewissermaßen die Schlange. Die Schlange ist deine positive, seelische, energetische, unbewusste Kraft. Wir sind mit dem Gespräch fertig, dann kommt sie, du bist in deiner seelischen Kraft. Aber du hast zwei Seiten in dir, so wie bei allen Menschen. Da gibt es noch die zweiflerische, die Versumpfungsseite usw. Du zeigst dir in Gestalt der Schlange, wie man da herauskommen kann, nämlich mit der Weisheit und Lockerheit, mit dem Schlängeln der Schlange. Aber du hast halt noch ein bisschen Schwierigkeiten. Das ist alles, es wird einfach hier auf deine Dynamik, auf deinen seelischen Zustand hingewiesen. Du hast zwei Seelen in deiner Brust und du hast das schon richtig gemacht,

d. h. du bist der Schlange gefolgt, das ist alles stimmig. Die Schlange ist ein großes, uraltes, immer wieder vorkommendes tiefes Symbol."

S.: „Danach kam der Traum mit den Geheimagenten."

H.: „Das sind alles Albtraumszenen: Das Auto, das nach der Veranstaltung nicht kommt, das ist schon komisch, denn keiner holt dich ab; das Szenarium mit den Agenten, dem Taucher, dann die Toiletten, es wiederholt sich dauernd ein Albtraumszenarium."

S.: „Es ging ja zuvor darum, aus der zähen Masse herauszukommen und als ich der Schlange durch die klebrige Masse folgte, kam plötzlich dieser Traum. Vielleicht bedeutet dies, dass die tiefe Schicht, in der ich da war, noch mit Todesängsten verbunden ist."

[02/2016: Der Kessel steht symbolisch für die Gebärmutter, die Schicht unterhalb des Kessels (die zähe Masse) steht für die Zeit vor der Einnistung in die Gebärmutter (der Weg durch den Eileiter bis in den Uterus). In dieser Phase der Frühschwangerschaft meiner Mutter gab es tatsächlich reale Gründe für mich, Todesangst zu fühlen, die durch den Albtraum gut verschlüsselt mitgeteilt, von Holger und mir aber damals nicht verstanden wurden.]

H.: „Ja, der Schlamm ist nicht angenehm und das legst du dann um in so ein Albtraumszenarium. Das Gefühl der Angst reproduziert sich in diesen Bildern, die dann zusammen eine Story ergeben. Das mit der Schlange ist anders, da ist eine tiefe Weisheit darin. Die Schlange, das Unterweltwesen, also das Seelenwesen. Die Schlange ist ja klassisch ein Seelenführer. Da projizierst du deine Seelenzustände hinein und ein Seelenzustand weiß, wie man sich da hindurchschlängelt. Das ist immer die höhere Weisheit."

S.: „Ja. Nach diesem Traum war ich wieder ein bisschen klarer im Kopf und mir wurde klar: Ich muss werden wie diese Schlange, dann komme ich nämlich durch diesen Sumpf durch."

H.: „Wie muss man da werden?"

S.: „Ich habe versucht, mir eine Schlangenhaut überzuziehen, sodass ich eine Schlange werde." *(Ich war weit weg von jeder Logik. Es war alles so real.)*

H.: „Die schlängelt."

S.: „Erst mal muss ich eine Schlange werden, dann kann ich schlängeln."

H.: „Und wie äußert sich das seelisch, das Schlängeln?"

S.: „Die Frage verstehe ich nicht."

H.: „Na, du sollst ja keine physische Schlange werden. *(Ich hatte tatsächlich versucht, eine physische Schlange zu werden.)* Es geht ja hier um das Seelische. Also, du sollst dich seelisch schlängeln durch den Schlamm, dann kommst du durch. Wie geht das?"

Ich tauche tief ab und antworte langsam nach einer Pause: „Durchschlängeln wie eine Schlange."

H.: „Die macht das ja so leicht, so problemlos, hast du gesagt. Die schlängelt sich da durch und du kommst nicht so richtig vorwärts."

S.: „Ich war mit meinem Körper da und robbte hinterher."

H.: „Aha, jetzt kommen wir der Sache näher. Du warst *im* Körper da."

S.: „Ja, mit meinem Körper."

H.: „So kommst du natürlich nicht durch den Schlamm. Das zieht dich, das fixiert dich ja, ganz klar, aber die Schlange macht das seelisch. Dadurch kommt sie durch. Du machst es körperlich."

S.: „Ja, daher habe ich versucht, zu werden wie eine Schlange, und das ist mir erst mal noch nicht gelungen."

H.: „Da ist eine Blockade. Du willst es körperlich machen statt seelisch. Das Schlangenschlängeln übersetzt ins Seelische hieße etwa: Leicht-, Locker-, Freisein. Dann kommt man durch den Schlamm, das hat dir die Schlange gezeigt. Du bist eine Schlange."

Ich lasse die Worte sinken und wechsle dann das Thema.

Gibt es Entwicklung oder nicht?

S.: „Ich hatte gestern Abend noch ein paar Gedanken zur Entwicklung: In einem Samenkorn ist der Baum schon enthalten und in der Raupe schon der Schmetterling. Aber ein Samenkorn ist eben kein Baum und eine Raupe kein Schmetterling. Die Entfaltung vom Samenkorn zum Baum ist für mich eine Entwicklung, ebenso der Weg von der Raupe zum Schmetterling oder vom unreifen Baby zum reifen Erwachsenen. Die geistige Kraft ist die Triebkraft dafür – ohne sie wäre diese Entwicklung nicht möglich. Aber der Geist selbst entwickelt sich nicht, er ist einfach. Es widerspricht all meinen Erfahrungen, dass es keine Entwicklung geben soll. Ich habe sie erlebt und bin noch mittendrin, allerdings war und ist das eine schwierige Geburt. Vom Gefühl her habe ich – rückblickend beurteilt – 39 Jahre als Raupe gelebt, weitere drei Jahre im Kokon zugebracht und seit zirka zwei Jahren bin ich dabei, mich zum Schmetterling zu entfalten. Manchmal fühle ich mich schon frei wie ein Schmetterling, dann wieder noch nicht. Es ist ein Prozess. Sicher ist meine Entwicklung auch als frisch geschlüpfter Schmetterling nicht abgeschlossen. Was dann kommt, weiß ich noch nicht. Ich stelle mir das so vor: Wie ein Baum, der ausgewachsen ist und trotzdem mit jedem Jahr an Stärke und Kraft gewinnt. Eine tausendjährige Eiche hat eine andere Kraft als eine hundertjährige Eiche. Da die geistige Kraft meines Erachtens zwar die Quelle jeglicher Entwicklung ist, sich selbst aber nicht entwickelt, stimme ich dir zu, Holger, dass Geist sich nicht entwickelt. Ken Wilber und Andrew Cohen sagen, so, wie ich es verstanden habe, dass eine Bewusstseinsentwicklung stattfindet und dass das Bewusstsein gerade beginnt, sich durch sich selbst zu erkennen, sich seiner selbst durch den Menschen bewusst zu werden. Das macht mir total Sinn. Entwicklung ist grundsätzlich möglich, aber inwieweit ein Individuum sich entwickelt, was aus ihm wird, das liegt auch am Individuum selbst, an seiner Seele, an dem, wie die Seele verstrickt ist, an dem, wie sie sich aus alten Verstrickungen und Mustern lösen kann, also an der eigenen Kraft, die der Seele innewohnt. Es wirken also verschiedene Kräfte zusammen. So weit erst einmal. Magst du dazu etwas sagen?“

H.: „Ich sage, es gibt keine Entwicklung. Ausgewachsener Baum und Samenkorn sind identisch. Das Samenkorn fühlt genauso wie der ausgewachsene hundert- oder tausendjährige Baum. Wenn man das Samenkorn, den hundert- und tausendjährigen Baum als Unterschiede sieht, ist man in der Illusionswelt, im Samsara. Wenn du aber vom Geistigen guckst, siehst du, dass es keinerlei Entwicklung gibt, nicht einen Millimeter, sondern der Geist an sich – und das ist etwas ganz anderes als Entwicklung, Fortschritt oder Revolution – immer der gleiche bleibt unter tausend Gestalten. Er nimmt also alle möglichen Gestalten an, mal ein Samenkorn, mal ein tausendjähriger Baum usw., und bleibt immer gleich. Wenn du tief hinschaust – und das ist die geistige Schau –, dann siehst du: Alles steht auf einem Fleck, aber die Gestalten und Formen wechseln.“

Wir diskutieren beide noch eine ganze Weile über Geist, Wachstum, Entwicklung und grundlegendes Lebensgefühl und kommen nicht auf einen Nenner bezüglich der Frage, ob es Entwicklung gibt oder nicht. An einem Punkt stelle ich die Frage: „Wenn es kein Wachstum, keine Entwicklung gibt, dann würde sich keine Seele weiterentwickeln. Wozu soll das

Leben dann gut sein, *was ist der tiefere Sinn*? Seelen entwickeln sich doch durch das Erdenleben – zumindest nach meinem jetzigen Verständnis."

H.: „Ja, das wird so gesagt. Aber da sind wir auf der Seelenebene. Wenn du noch tiefer gehst, auf die Geistebene, triffst du erstmals dich selbst. Aber als Universalwesen, nicht als kleiner Holger. Als Universalwesen erkenne ich: kein Fortschritt, keine Entwicklung, nichts, war immer Universalwesen, meinetwegen Holger Kalweit, egal. Verstehst du? Das ist eine Frage, wie tief du gehst. Ich weiß, die meisten können es nicht akzeptieren, aber ich sage es jetzt nur mal so als etwas völlig anderes. Aber sie liegen falsch. Sie denken erstens nicht logisch, zweitens fühlen sie nicht tief, was sie als fünfjährige Seele gefühlt haben, geschweige denn, was sie als zeitloser Geist gefühlt haben. Hier beginnt schon die Dualität. Du musst es nicht akzeptieren, aber verstehst du, wo ich hinwill? Man kann es nicht nachvollziehen."

S.: „Mein Bild ist so – und es muss nicht stimmen: Die Seele macht auf der Erde verschiedene Erfahrungen und entwickelt sich dadurch, wird immer vollkommener. Es sind doch grundverschiedene Erfahrungen, die ich mache. Wofür mache ich die alle, wenn es nicht zur Entwicklung führt? Wenn es keine Entwicklung gibt, dann gibt es auch keine Befreiung daraus. Dann wäre es doch auch nicht möglich, aus dem Kreislauf des Leides, dem Kreislauf der Wiedergeburt auszusteigen?"

H.: „Warte mal. Auf der Seelenebene ist es noch problematisch. Doch wenn ich jetzt noch tiefer gehe und vom Geist her schaue, dann kommen die Lebensgeschichten oder Erfahrungen gar nicht vor. Auf der geistigen Ebene gibt es keine Erfahrungen. Da ist es so, wie es ist."

S.: „Dem stimme ich zu."

H.: „Und das allein bin ich. Meine Seelenebene betrachte oder empfinde ich als … na ja …"

S.: „Aber die Seelenebene kann man doch nicht wegdiskutieren, die ist doch auch da und gehört zu dir."

H.: „Die ist da."

S.: „Und die Körperebene ist auch da." *(Ich bin ziemlich irritiert angesichts der Widersprüche, die für mich da sind, die ich aber nicht greifen kann.)*

H.: „Die ist so da wie ein Traum. Und wenn ich aufwache, bin ich im Geist. Das Leben ist ein Traum, Saskia. Und dieser Traum besteht aus Evolution und Selbstentwicklung. Letztere entsteht in der Raum-Zeit. Wo kein Raum und keine Zeit ist, wie im Geist, trifft alles auf einen Punkt."

S.: „Der letzte Satz ist mir ganz klar, ich weiß, dass das stimmt. Aber das andere macht mir irgendwie noch keinen Sinn."

H.: „Du bist wie aus dem Geist herausgefallen und dann deutest du das ewige Jetzt-Sein als Entwicklung. Das ist die Lösung für deine Rätsel. Das ist der Sinn aller großen Religionen. Du bist nur Geist, da ist sonst nichts. Also geh noch mal hinein in das Geistige und guck, wo du da bist, wie du dich da fühlst. Das ist eine höhere Ebene als das Seelische."

S.: „Im Geistigen ist kein Gefühl."

H.: „Das Seins-Gefühl. Aber da gibt es auch verschiedene Stufen und von dort kannst du das Seelische mit einem Blick überblicken. Dann kriegst du einen größeren Zusammenhang, als wenn du selbst im Seelischen bist, das ist einfach so."

S.: „Ja, ich weiß."

H.: „Das ist die Lösung aller Rätsel. Die Europäer sind meistens im Seelischen, aber du kannst letztendlich die seelischen Probleme nicht mit seelischer Erkenntnis lösen. Das ist ein Trugschluss. Du kannst dies und das, bist immer besser im Lösen, aber letztendlich: Die Essenz des Seelischen, die in sich selbst ein Problem ist, kannst du nicht lösen. Das heißt, wir müssen wie die meisten Menschen immer in diesem seelischen Auf und Ab drinhängen. Da hast du Freude und Leid und wieder Freude und Leid."

S.: „Das widerspricht meiner Erfahrung in meinem bisherigen Prozess. Durch meine Entwicklung, durch das Erweitern meiner Grenzen, hat sich mein Leid so weit verringert, dass ich kaum noch Leid habe im normalen Alltag. Aus dem großen seelischen Auf und Ab ist eine mehr gleichbleibende Linie geworden, es gibt mehr Ruhe und Gelassenheit, mehr ein Annehmen, wie es ist, weniger Unzufriedenheit und Haben-Wollen."

H.: „Das Leid verringert sich mit Sicherheit. Aber es bleibt – wie soll ich sagen – immer das Samenkorn des Seelischen bestehen und das ist in sich selbst ein Problem. Es geht darum, das zu überwinden. Das geht nur, wenn du ganz ins Geistige gehst, da hast du den Überblick, eine größere Schau."

S.: „Das verstehe ich."

[06/2010: Ich kann dem heute voll zustimmen: Der Geist nimmt alle möglichen Formen und Gestalten an, bleibt selbst aber immer gleich. Ich hatte damals Geist mit den Erfahrungen, die durch den Geist gemacht werden, gleichgesetzt und kam so in

Verständnisschwierigkeiten, die die Frage aufwarfen, was den Geist veranlasst, ständig neue Formen und Gestalten anzunehmen, was die treibende Kraft, der Schöpfungsimpuls dazu ist, wenn es nicht um Entwicklung geht? Ich fragte mich: Wenn der Geist vollkommen ist, was veranlasst ihn oder welchen Grund gibt es für ihn dann, sich zu entwickeln? Heute würde ich das so für mich formulieren: Der **Geist** *ist, bildlich gesprochen, wie ein unendliches Schöpfermeer, in dem bereits ALLES IST, Bewegung und Stillstand zugleich. Geist ist also die Masse oder der Pool, in dem alle Möglichkeiten vorhanden sind. Es ist das* **Bewusstsein**, *das aus dieser Masse oder dem Pool der unbegrenzten Möglichkeiten die verschiedenen Dinge herausgreift und zur Entfaltung und damit Entwicklung bringt. Meine bewusstseinsmäßige Orientierung entscheidet darüber, was ich herausgreife und manifestiere. Der Geist selbst lässt alle Möglichkeiten zu, ohne moralische Wertung. Die* **Seele** *wiederum macht die verschiedenen Erfahrungen und entwickelt sich, während der Geist selbst unverändert IST.]*

Der Beobachter

S.: „In der ersten Dunkeltherapie bin ich bei großer Angst auf den Beobachterposten gegangen und beobachtete das Geschehen von da aus. Dadurch bekam ich mehr den Überblick und die Angst ließ nach."

H.: „Der Beobachter hat eine geistige Qualität, ist die Vorhut sozusagen, die erste Stufe des Geistes. Du musst das Geistige tief erkennen lernen, das ist ganz wesentlich. Das ist die Therapie des Psychischen insgesamt, nicht nur deiner individualpsychischen Probleme. Die Psyche oder Seele ist ein Energieozean. Das wallt auf und ab. Die Seele oder der Ozean bewegt sich immer. Und man kann nur davon wegkommen, indem man den Schritt zurück in den Geist macht. Das ist ja der Trugschluss der modernen psychologischen Wissenschaft, man könne die seelischen Sachen auflösen. Das ist nicht der Fall, weil sich seelische Energie nun mal bewegt. Selbst wenn du heute etwas aufgelöst hast, kommen morgen zwei neue Sachen dazu."

[01/2007: Meiner Erfahrung nach bringen angstauslösende Handlungen, Gedanken und Gefühle der engsten Beziehungspersonen den seelischen Ozean (Gedanken und Gefühle) eines Kindes in Wallung, d. h., die Handlungen und Aussagen der Erwachsenen erzeugen Angst und innere, auf Angst basierende Bilder im Kind, die von diesem, da es damit nicht umgehen kann, ins Unterbewusstsein verdrängt und dort wie eingefroren abgespeichert werden. Verdrängt heißt, es ist dem Kind nicht bewusst – dennoch ist die Angstenergie noch immer da, wirkt im Unterbewusstsein weiter, erzeugt eine

ständige innere Spannung und beeinflusst das Kind und den späteren Erwachsenen in seinem Denken, Fühlen und Verhalten. Der seelische Ozean kann nicht zur Ruhe kommen, solange in der emotional schwierigen Ursprungssituation noch die eingefrorene Energie enthalten ist. Das ist daran erkennbar, dass, sobald ich erneut mit der gleichen oder einer ähnlichen Situation in Kontakt komme oder ich an die traumatische Situation denke, darüber spreche oder mit den Eltern zusammentreffe, die alten Gedanken und Gefühle erneut aufsteigen und mich so denken und fühlen lassen, wie in der kindlichen Ausgangssituation. Diese Energieblockade kann gelöst werden, indem man als Erwachsener

- *mit dem IK und der damaligen Situation in eine gefühlte Beziehung tritt und in wohlwollender Haltung für das IK da ist,*
- *mitfühlend auf das schmerzhafte Ursprungserlebnis schaut und dem IK die Hilfe zukommen lässt, die es damals gebraucht, aber nicht bekommen hat,*
- *die Fehlzuordnungen/Glaubenssätze des IK erkennt und richtigstellt,*
- *die unerfüllten Bedürfnisse des IK nachträglich erfüllt („Nachbeeltern“).*

Da reale traumatische Situationen oder als traumatisch empfundene Situationen aus der Vergangenheit oft unbewusst und emotional schwierig zu „händeln“ sind, ist aus meiner Erfahrung für die Lösung und Heilung dieser die Begleitung durch einen Erwachsenen sinnvoll, der wissend mit emotionalen und mentalen Energien umgehen und seine eigene Erwachsenen-Energie halten und wohlwollend zur Verfügung stellen kann.

Das IK verhält sich wie ein äußeres Kind und braucht die gleiche Zuwendung wie ein äußeres Kind. Indem das IK – bezogen auf die als emotional schwierig empfundene Beziehungssituation, wo es sich z. B. nicht gesehen, nicht geliebt und wie ein fünftes Rad am Wagen gefühlt hat, als würde es nicht dazugehören – vom eigenen Erwachsenen-Ich oder einem anderen souveränen Erwachsenen nachträglich bekommt, was es für sein Wohlbefinden und Schutzbedürfnis braucht, kann sich die Angst im IK lösen und Vertrauen und innere Sicherheit wieder aufbauen, wodurch die als traumatisch abgespeicherte Situation zur Ruhe kommen kann. Wenn die angstauslösenden Gedanken und Gefühle in Gedanken und Gefühle transformiert wurden, die Geborgenheit und Sicherheit vermitteln, kann der seelische Ozean wieder ruhiger werden und zunehmend auch bleiben.

Woran ist erkennbar, dass ein Trauma geheilt ist? Daran, dass ich mental klar, logisch und sachlich bleiben kann, emotional gelassen und offen und den Körper entspannt und locker fühlen kann, auch wenn ich an das ehemals traumatische Ereignis intensiv denke, darüber spreche oder erneut mit einer ähnlichen Situation konfrontiert bin.]

[06/2010: Ist auf die Art ein Problem gelöst, zeigt sich danach zwar meist ein neues Thema (wie Holger schon sagte) aus der Vergangenheit, in welchem noch Energie blockiert und gebunden ist. Doch aus der Erfahrung meines jetzt zehnjährigen Prozesses – in welchem ich konsequent mit allen mehr oder weniger stark auftretenden Emotionen wie in den oben beschriebenen vier Punkten umgegangen bin und diese transformiert habe – verstehe ich das eher als ein Zeichen zunehmender authentischer innerer Kraft und Stärke. Es braucht intrapsychisch ein gewisses Maß an vertrauenswürdigem, wirklich immer zuverlässig verfügbarem Erwachsenen-Ich, damit sich das verletzte Innere Kind traut, aus seiner Rückzugshöhle wieder aufzutauchen und sich mit seinem Kummer und seinen wahren Gefühlen zu zeigen, wodurch wiederum über den „Gefühlswandlungsprozess", also über das liebevolle Dasein des Erwachsenen-Ich, die Heilung der seelischen Verletzung(en) möglich wird. Je mehr emotional belastete Situationen aus der Vergangenheit fühlbar gewandelt sind, umso eher bleibt die innere Reaktion auf einen neuen Sachverhalt ab einem bestimmten Punkt der Wandlung leichter unterschwellig und es wird einfacher, ein souveräner, klarer und mit dem mitfühlenden Herzen verbundener Erwachsener zu sein und zunehmend in immer mehr herausfordernden Situationen zu bleiben.]

Ich bin der Meinung, dass die Entwicklung des Beobachters einen Entwicklungsprozess im seelischen Bereich voraussetzt – und in diesem Punkt sind Holger und ich uns grundlegend einig.

[06/2010: Kann der Beobachter durch Einüben entwickelt und dadurch die emotionale Aufarbeitung umgangen werden? Meine Erfahrung ist, dass unintegrierte Emotionen immer wieder in ganz banalen Alltagssituationen durchkommen und mich in alte Verhaltensmuster zurückziehen, bis sie gewandelt und integriert sind. Eine gute Begleitung bei der emotionalen Aufarbeitung kürzt den Prozess ab und unterstützt die innere Entwicklung und die Übernahme der Verantwortung für die eigenen Gefühle.]

Dualität und die Anrufung des Göttlichen

S.: „Ich habe noch eine Frage bezüglich der Anrufung des Göttlichen. Ich gehe davon aus, dass das Göttliche in mir ist, ich selbst also auch das Göttliche bin. Wie kann ich etwas anrufen, was ich selbst im Kern bin? Wenn ich etwas anrufe und anbete, bin ich in der Dualität. In der Anrufung muss ich so tun, als ob Gott von mir getrennt ist. Dann kreiere ich mir über die Gedanken einen Gott, aber ist das wirklich Gott? In meinen Augen ist alles, was Anbetung ist, aus der Dualität, also aus der inneren

Spaltung heraus, wo ich nicht in mir mit dem Göttlichen verbunden bin. In Verbindung mit dem Göttlichen kann ich nicht und brauche ich Gott nicht mehr anzurufen. Ich kann nur anbeten, was mir, bildlich gesprochen, gegenüber steht – dann bin ich aber getrennt, nicht verbunden."

H.: „Ja, das hast du gut gesagt. Die Dualität ist die Gottheit. Dualität ist nicht einfach nur Dualität. Wenn du die Dualität anschaust, dann siehst du die Gottheit. Wenn du tief in der Dualität verwurzelt bist und dich da wie die Schlange durchschlängelst und kämpfst, aber gleichzeitig deinen Beobachter einschaltest, dann siehst du in der Dualität das Gesicht der Gottheit. Die Gottheit hat zwar kein Gesicht, aber die ist locker und die hat auch ein Gesicht. Das nennt sich Dualität. Die nennt sich auch Körper und Materie usw. Das ist alles die Gottheit. Das ist der Trick."

S.: „Mit Gottheit meinst du Geist?"

H.: „Ja. Die meisten Leute haben Schwierigkeiten – sie wollen zum Geist und weg von der Dualität. Dadurch werden sie die Gottheit nie erreichen. Deswegen machst du eine Anrufung mit den Objekten der Dualität, nimmst eine Feder, Wasser oder anderes, benutzt das und erkennst darin – in dieser sanften Feder oder dem Pott Wasser – das Gesicht der Gottheit. Das ist ein ganz tiefer Prozess. Man arbeitet immer bei Anrufungen oder Ritualen mit materiellen Objekten, um auf diese Art und Weise die Gottheit zu ehren. Wir schieben nicht die materiellen Objekte zur Seite und gucken nach dem reinen abstrakten Geist. Gott ist nicht einfach das Abstrakte oder der Geist irgendwie, deswegen können die meisten Leute sich keinen Gott und Geist vorstellen. Weil da nichts vorzustellen ist. Er ist in einem Stückchen Brot. Wenn du da tief hinschaust, dann offenbart sich die Gottheit und alles, das SEIN, geht auf. Die eigentlich religiösen Leute sind keine Anhänger von Religionen, sondern das sind einfache Naturburschen, die das DASEIN so sehen, wie es ist. Die sind meistens sehr materialistisch, weil: Materie ist die Gottheit. Du bist Heilpraktikerin, du arbeitest in Gestalt von Körpern, mit der Seele oder Akupunktur, mit der Gottheit. Das ist dein Weg. Da kann man tief hineinschauen. Aber es ist nicht so einfach, sich da hineinfallen zu lassen. Alle Leute gehen den göttlichen Weg. Auch die Kriegsherren, Verkäufer, Mörder, Verrückten usw., alle sind völlig eingebettet in die Gottheit, alle, ausnahmslos. Wenn du tief hinzuschauen vermagst, dann siehst du sie."

S.: „Ja, ich weiß, dass es so ist: Alles gehört dazu. Alles ist letztendlich die Gottheit. Ich glaube mein Problem ist, dass ich mich getrennt davon fühle."

H.: „Ja, das klingt gut. Ich glaube, da hast du einerseits den zentralen Satz gesprochen, aber andererseits produzierst du deine Schlange. Sooo getrennt bist du nun auch wieder nicht."

S.: „Das verstehe ich nicht."

H.: „Es stimmt zwar, du bist irgendwie getrennt davon. Andererseits ist da noch das zweite ICH in dir, das den Geist sucht und auch erkennt. Du bist quasi gespalten in dir in zwei Seelenpole in deiner Brust. Das klingt vielleicht besser. Du bist nicht einfach getrennt. Aber das ist ja bei allen der Fall und das ist auch alles nicht so einfach. Das ist halt jetzt dein Weg, diese Gespaltenheit aufzulösen. Da muss man mutig sein, radikal, kompromisslos seinen Weg gehen, den Weg des Geistes. Egal, was andere sagen und denken. Aber das geht ja schon alles in diese Richtung bei Dir. Dazu gehört natürlich auch die Auflösung der Seelenfixierungen, Vater, Mutter etc., was du auch tust. Du gehst schon deinen Weg – der Weg zur Erkenntnis. Und das war mit Sicherheit, auch wenn du es nicht erinnerst, in dir als Zwei-, Drei-, Vier- oder Fünfjährige voll und ganz angelegt. Dann hat sich das Leben entfaltet in tausend Dinge und du hast es vergessen. Und wenn du dann kurz vor dem Tod stehst und wieder zurückblickst, wirst du genau das erkennen: dass dieser ganze Vielfaltsprozess deines individuellen Saskia-Lebens nichts anderes war, als was du als Kleinkind oder gar embryonal auf einem Punkt gespürt hast. Dann hat sich alles entfaltet und du hast gemeint, du machst eine Entwicklung durch. War aber alles schon da. Das ist das Geheimnis."

S.: „Das kann natürlich auch sein, dass ich alles nur vergessen habe."

H.: „Versuche dich doch zu erinnern. Du hast ja Zeit hier."

S.: „Wie soll ich das machen? Ich kann doch nicht einfach sagen: ‚Jetzt will ich mich erinnern', und ‚Bing!' – ist alles da! So funktioniert das doch nicht."

[06/2010: Holgers Vorschlag der Erinnerung stieß in mir auf alte Muster – ich sah seinen Vorschlag als eine Leistungsanforderung, die es **sofort** *zu erfüllen gilt, auf die ich jedoch nicht reagieren konnte, weil ich nicht wusste, wie – ich hatte keinen Plan und keine Kontrolle darüber, ob ich mich erinnere. Das löste ein Überforderungsgefühl und Angst (vor Strafe) im IK aus. Das war der Versuch des Anpassers, den Vorschlag*

entweder ärgerlich von sich zu schieben oder Anleitung zu bekommen, um die Aufgabe erfüllen zu können. Antworten auf Themen dieser Art kommen nur aus der inneren Ruhe und Verbundenheit zwischen Erwachsenen-Ich und IK und aus der Bereitschaft und Geduld, die Frage offen und die Antwort aus der Tiefe von selbst aufsteigen zu lassen.]

Holger weist darauf hin, dass es im Leben immer wieder Erinnerungserlebnisse an die frühe Kindheit gäbe. Indem ich diese immer wieder durchginge, würden sich weitere Erinnerungen einstellen, sodass sich langsam ein Bild zusammensetze. Dann würde ich vielleicht feststellen, dass ich als Kind möglicherweise ganz anders gewesen war, als ich dachte.

H.: „Die Seele ist ein Punkt, hat der Giordano Bruno gesagt."

S.: „Das stimmt auch."

H.: „David Bohm, der Physiker, der vor ein paar Jahren gestorben ist, sagte, und das ist schon abstrakter: ‚Die explizite Ordnung – also explizit, die normale sichtbare Welt – ist die implizite Welt. Das Implizite ist das Göttliche.' Er hat den alten Satz, den alle großen Philosophen gesagt haben, modern ausgedrückt. Das sind allgemeinphilosophische Sätze und Aussagen. Aber wie können die tausend Dinge der materiellen Welt EIN Ding sein? Also der Geist selbst. Bisher konnte das niemand beweisen."

[06/2010: Alles, was ich in der materiellen Welt erlebe, gibt es auch in meinem Inneren, im seelisch-geistigen Bereich. Daher stimmt der Satz ‚Wie innen, so außen.' Ändere ich mich im seelisch-geistigen Bereich, ändern sich parallel dazu auch die Erfahrungen in der materiellen Außenwelt. Somit stimmt für mich auch: Ich bin der Gestalter meiner äußeren und inneren Wirklichkeit. Das bedeutet auch: Es gibt keine Zufälle.]

S.: „Vielleicht lässt sich das auch nicht über mathematische Formeln oder anders beweisen, sondern nur vom Punkt des Geistes aus selbst erfahren."

H.: „Ich meine, es lässt sich über Analogien beweisen, ganz simpel, an den materiellen Fakten selbst. Da kannst du eine Birne oder einen Strauch nehmen, völlig egal, da eine Analogie zwischen allen Dingen besteht. Aber das kann man jetzt so leichthin sagen: ‚Ein Apfel ist ein Schuh.' Da denkt doch jeder: ‚Was ist denn das für ein Quatsch?' Jetzt weise mal nach, dass ein Apfel ein Schuh ist. Die Philosophen sagen: ‚Ein Apfel ist ein Schuh, basta.' Dann legen aber die Leute das Buch weg und sagen: ‚Der spinnt.' Ich möchte nicht so abstrakt sein, das ist nur Denk- und Wahrnehmungsfaulheit. Jetzt musst du hingucken: ‚Warum ist ein Apfel ein Schuh?' Da musst du etwas entwickeln. Das sind die Gesetze der Analogie, da bin ich gerade dabei, das aufzuschreiben, das ist gar nicht so schwer."

S.: „Aber wird es deswegen auch für andere Menschen nachvollziehbar?"

H.: „Ich denke schon, ich versuche das ganz einfach zu machen."

Wir reden weiter über Analogien und die Möglichkeit des Nachweises. *(Auf Holgers Wunsch hin schaltete ich das Diktiergerät aus, drückte aber leider später, als wir wieder über andere Dinge sprachen, auf „Play" statt auf „Record", sodass vieles nicht aufgenommen worden ist. Zusammengefasst sprachen wir über den Schlaf und Schlafstörungen und darüber, dass Kinder und sehr erschöpfte Menschen auch oft mit offenen Augen schlafen können.)*

H.: „Der Schlüssel zur nächsten Dimension ist der Schlaf. Dunkelheit, Schlaf, Traum sind der Zugang zur Nachbardimension. So einfache Dinge, es ist immer Nacht, jeder schläft, jeder träumt – hier ist das Geheimnis."

Nach dem Gespräch gehe ich noch einmal in die Badewanne. Ich fühle mich besser, deutlich weniger versumpft … und gehe danach schlafen.

13. Tag – Hitzephänomene

Es ist irgendwann in der Nacht, draußen ist noch alles dunkel. Ich fühle mich wohlig, körperlich bin ich fit. Ich werde heute Sachen waschen.

Die Dunkelheit wirkt, als ob die inneren Kelleretagen und Kellertüren alle auf einmal geöffnet werden, die tieferen nur etwas später, sodass alles nach oben ins Bewusstsein steigt, was in der Tiefe der Seele des Menschen da ist. Alles wird hyperklar und deutlich sichtbar.

Betrachte ich meinen gestrigen Prozess mit der Schlange aus der Sicht des Beobachters, dann sehe ich den Körper mit irgendetwas im seelischen Bereich kämpfen und im Kreis laufen und nicht herausfinden, nicht vorankommen. Was ich sehe, hat etwas Schweres, Zähes, Bewegendes und verursacht auch Leid.

Auf der Beobachterposition dagegen fühle ich mich leicht, frei von all dem, nicht betroffen, unabhängig, weit, unberührt vom Seelischen. Ich kann sehen, wie ich mich im Sumpf abgequält habe, aber es macht nichts mit mir. Eine gewisse Freiheit vom Prozess der Seele und des Körpers. Seele und Körper sind miteinander verbunden. Auf der Beobachterebene gibt es keinen Kampf … alles **ist**. Die Seelenenergie ist wie ein Meer, worin schöne Dinge und Ungeheuer auf- und niederwogen und miteinander in Beziehung treten, den Menschen gefangen nehmen und ihm sowohl Qualen als auch große Freude bereiten können. In der Beobachterposition verspüre ich keinen Impuls, in die dichtere seelische Masse einzusteigen, auch wenn sie interessant ist.

Kindheitserinnerungen

Holgers Worte, mich an meine Kindheit zu erinnern, steigen auf. Mir fällt ein Erlebnis mit dem Dreirad ein, wo ich drei Jahre alt bin. Meine Freundin und ich wollten mit unseren Dreirädern zu ihrer Oma fahren, die ziemlich weit weg wohnte. Ich war völlig unbekümmert, wir hatten eine Idee und setzten sie um: voller Freude, Tatendrang, lustvoll, frei, mutig, locker und spontan. Wir machten uns keine Gedanken darum, was passieren könnte und ob das richtig oder falsch ist, was wir tun. Wir taten einfach. Gefahren konnte ich noch nicht abschätzen und mich daher auch davor nicht schützen. Ein Kind tut einfach, ohne über sein Tun nachzudenken, es folgt seinen spontanen Impulsen. Aus eigenem Interesse gab ich diese Spontaneität und Sorglosigkeit schnell auf – ich lernte früh, was ich darf und was ich besser nicht tue. Meine Eltern brachten es mir in guter Absicht beizeiten bei. Eine weitere Erinnerung steigt auf, wo ich vielleicht fünf Jahre alt war und ein Nachbarjunge mein Gesicht, die Hände und den Ärmel meines Pullovers mit Teer beschmierte. Wir hatten großen Spaß dabei. Schlimm wurde es für mich erst, als ich beim Händewaschen merkte, dass ich den Teer von meinem Körper und den Sachen nicht mehr abbekam. Ich wusste schon zu gut, dass es Konsequenzen hat, mich so „dreckig“ gemacht zu haben.

Natürliches Sein eines Kindes

Ein kleines Kind hat einen natürlichen Forscherdrang. Es will sein Umfeld auskundschaften und erforschen, denkt nicht über die Folgen seines

Tuns nach, weil das rationale Denkvermögen zu dem Zeitpunkt noch nicht entwickelt ist. Ein Kind ist plan- und absichtslos in seinen Handlungen, folgt seinen inneren Impulsen und handelt demnach weder aus böser Absicht noch vorsätzlich oder gar wissend vorausschauend. Es kann die Folgen seines Tuns nicht bewusst abschätzen, wie viele Erwachsene glauben, nur weil sie das Kind mehrfach darauf hingewiesen haben. Ein Kind „denkt" nicht wie ein Erwachsener und das vergessen wir immer wieder im Umgang mit unseren Kindern. Ein Kind tut einfach, es ist im Fluss mit den Dingen, die auf es zukommen, und lässt sich davon leiten und bewegen und tragen. Kleine Kinder stellen sich nicht gegen den Fluss des Lebens durch Denken, Grübeln, Ängste, Verbote und Glaubenssätze. Vor allem spiegeln Kinder den Erwachsenen ihre innersten verdrängten Inhalte und Emotionen. Daher macht es aus meiner Sicht Sinn, dass ich als Mutter bei mir und der Vater des Kindes bei sich schaut und wir in uns heilen, was wir bis dahin ausgeblendet haben, wenn bei den eigenen Kindern Verhaltensprobleme, Krankheiten oder andere Schwierigkeiten auftauchen, statt am Kind herumzudoktern und von diesem Änderungen zu erwarten, die es gar nicht umsetzen kann. Das Problem wird so nur noch größer.

Meine Tai-Chi-Übung ist ein harmonischer weicher Fluss. Aus dem Gleichgewicht komme ich nur, wenn ich nicht ganz präsent bin, beispielsweise wenn meine Aufmerksamkeit anderen Gedanken folgt und ich somit von der Übung weggehe. In dem Moment wackle ich und kann nicht stabil auf einem Bein stehen. Ebenso, wenn die Gedanken vorauseilen und schneller sind, als der Körper die Übung gerade ausführt. Stimmen Aufmerksamkeit, Vorstellung und Körper im Detail überein, stehe ich zentriert und sicher. Obwohl ich die Übung im Zeitlupentempo mache, schwitze ich.

Ich meditiere, mein Bauch und Körper sind angenehm locker, bis auf kleine Spannungen im Schulter-Nacken-Bereich. Der Atem fließt leicht tief in den Bauch hinunter. Nach einiger Zeit meditiere ich im Liegen weiter, versuche, durch die Masse hindurchzuschlängeln. Ich komme nur schwer voran, die Gedanken driften immer wieder ab.

Ich verbrachte ungefähr zwei Stunden damit. Je weiter ich in der Masse vorwärts kam, umso dünner, leichter und lockerer wurde sie, so, als ob ich durch feinen Nebel krauche. Die Masse verlor ihren zähflüssig sumpfigen Charakter, wurde heller und nahm eine orangegelbe Farbe an.

Gestern kam Holger erst sehr spät zum Gespräch, was mich ziemlich sauer machte. Ich reflektiere meine Wut und erkenne, dass ich einerseits wie mein Vater reagierte, der immer auf absolute Pünktlichkeit pochte und sehr ärgerlich wurde, wenn jemand zu spät kam. Auch erinnert es mich an meine Mutter, die mir als Kind oft schöne Dinge, die mir Spaß machten, in Aussicht gestellt, diese dann aber nicht eingehalten hat; ich konnte mich nie darauf verlassen, dass sie ihre Versprechen einhält. Das ärgerte mich und ich fühlte mich von ihr veralbert und betrogen. Holger hatte angekündigt, dass er am Dienstag erst spät abends kommt, aber keine Uhrzeit genannt. Da ich nicht damit rechnete, dass es *so* spät wird, wurde ich wütend. Dadurch erkannte ich, dass ich Erwartungen an ihn hatte und wie ein kleines Kind auf ihn gewartet habe. Nachdem ich das entschlüsselt, zugeordnet und mit dem IK verhandelt hatte, war der Ärger sofort weg.

[06/2010: Die Wut speiste sich aus dem unerfüllten Bedürfnis des Inneren Kindes nach Sicherheit. Das Kind will sich auf die Erwachsenen verlassen können, weil ihm das ein Gefühl der Sicherheit, Orientierung und Geborgenheit gibt. Wird dieses Sicherheitsbedürfnis nicht erfüllt, löst das Existenzangst, ein Gefühl hochgradigster Bedrohung, aus, auf die das Kind mit Wut oder Rückzug (Angriff oder Flucht; AP) reagiert. In der Wut fühlt das Kind sich stark (Pseudostärke, AP) und überdeckt so seine Angst, Enttäuschung und Trauer darüber, dass Mutter doch keine Zeit hat.]

Gespräch mit Holger

Wie innen so außen

Ich stelle Holger meine Gedanken zu dem Satz „Die explizite Welt ist wie die implizite Welt“ vor, die mir in der Nacht gekommen sind.

S.: „Mit anderen Worten: ‚Wie innen so außen‘ oder ‚Wie außen so innen‘. Entsprechend dem inneren Seelenzustand wird die Außenwelt quasi als Spiegel des Inneren gestaltet. Ändere ich mein Inneres *(Gedanken und Gefühle)* wahrlich dauerhaft, dann tauchen in der Außenwelt genau die Erfahrungen auf, die der inneren Veränderung entsprechen. Achte ich mich und stehe zu mir, wird sich das im Verhalten der Eltern oder des Chefs mir gegenüber widerspiegeln. Strahlt jemand Unfreundlichkeit unbewusst aus, wird er Unfreundlichkeit über die Außenwelt zurückbekommen. Was ich säe, ernte ich. Was mich am anderen ärgert, hat mit mir selbst zu tun, auch wenn es mir nicht bewusst ist. Was ich in mir ablehne, lehne ich auch bei anderen ab und was ich mir selbst nicht zugestehe, gestehe ich auch anderen nicht zu, werde aber über die Außenwelt ständig damit konfrontiert. Mag ich beispielsweise meinen Körper nicht, werde ich immer wieder Menschen begegnen, die Äußerungen über meinen Körper machen und wo ich das Gefühl habe, dass diese meinen Körper ablehnen. Sie spiegeln nur, was in mir ist, sodass ich die Möglichkeit habe, zu erkennen, wer ich bin und wo ich in meiner inneren Entwicklung stehe.

[06/2010: Andere Menschen sind der Spiegel für mich; sie sind nicht so, wie mein inneres Bild von ihnen ist, auf das ich sie festgelegt habe.]

Manchmal hilft es, im Außen etwas zu ändern, z. B. eine andere Arbeitsstelle zu suchen oder sich von einem Menschen zu trennen, um die Schritte im Inneren vollziehen zu können. Werden jedoch im Außen Veränderungen getan, ohne dass der innere Schritt nachfolgt, taucht das Problem später wieder auf.

Gefühle, die aus dem gegenwärtigen Kontext heraus nicht nachvollziehbar oder überzogen sind, sind ein Hinweis auf verdrängte Gefühle und Inhalte aus der Vergangenheit, die mich als Erwachsene so lange immer wieder in die konditionierten kindlichen Verhaltensmuster ziehen werden, bis sie mir wieder bewusst geworden und transformiert sind.

Die Außenwelt ist zugleich aber auch das Göttliche, denn das Göttliche bringt ja letzten Endes alles hervor. Tiefer geschaut, ist alles Geist, sowohl innen wie außen. So sehe ich es bisher. Stimmst du dem so zu?“

H.: „Das ist grandios gesehen.“

Unterscheidung von Licht, Visionen, Erscheinungen, Vorstellungen

S.: „Gut, dann würde ich gern zur Unterscheidbarkeit innerer Bilder und Erfahrungen kommen. Es gibt einfache Vorstellungen, damit meine ich innere zweidimensionale Bilder von etwas. Dann habe ich hier in der Dunkelheit lebendige dreidimensionale Bilder *(Bsp. Wiese, S. 142)* geschaut, die viel mehr Tiefe haben als eine einfache Vorstellung. Oder die dreidimensionalen Filme, die sich so zeigten, als würde ich auf eine Theaterbühne schauen. Diese haben noch einmal andere Qualität *(Bsp. Karatekids S. 105)*. Oft sah ich Licht oder z. B. die Balken im Raum *(S. 162 Orientierungslosigkeit)*, die so echt schienen, dass ich versucht hatte, mich daran festzuhalten. Wieder anders ist die Erfahrung mit dem Mädchen, die real vor mir auftauchte *(siehe S. 186 ff)*, und noch einmal anders ist die mir erschienene Lichtfrau *(S. 189 unten)*. Also, es gibt verschiedene Arten von ‚Bildern' oder Erfahrungen und da ist ein Durcheinander in mir. Ich habe Mühe, die einzelnen Sachen zuzuordnen; sie haben doch alle irgendwie unterschiedliche Qualitäten und Bedeutungen. Daher würde ich mich freuen, wenn du mir bei der Ordnung oder Klassifizierung helfen könntest."

Da Holger darüber noch nie nachgedacht hatte, versuchen wir gemeinsam, die Dinge zu ordnen. Er schlägt für das Mädchen 'Vision' vor und ich stimme zu, nicht wissend, ob das stimmt.

[06/2010: Heute würde ich das Mädchen eher als „ätherische Erscheinung" bezeichnen.]

H.: „Dann haben wir die normalen Bilder, wenn wir reden, denken und fühlen."

S.: „Diese benenne ich als Vorstellungen."

H.: „Wir haben Vorstellungsbilder, Vision und Licht. Was gibt es noch?"

S.: „Filme … wenn ein innerer Film abläuft wie im Kino."

H.: „Das wäre wie eine Vision."

S.: „Gleich dem Mädchen? Ich habe das Gefühl, das ist etwas anderes."

H.: „Warum?"

S.: „Bei dem Film wusste ich, dass es ein Film ist, dem ich zuschaue; etwas wird mir gezeigt, ich bin Beobachter oder Zuschauer. Bei dem Mädchen hatte ich das Gefühl, sie ist real da, so wie du jetzt. Sie wurde mir nicht wie ein Film gezeigt; ich war kein Zuschauer, sondern Teilnehmer am Geschehen. Und die leuchtende, strahlende Lichtfrau war göttlich für mich. Sie erschien auch real vor mir, aber das war noch einmal anders als das Erlebnis mit dem Mädchen. Da gibt es Unterschiede. Die Lichtfrau war für mich wie aus einer anderen Welt." *(Siehe Anmerkung S. 189, S. 362)*

H.: „Ja, wir haben auch noch das, was von außen kommt, was mit dir nichts zu tun hat, was wir gewissermaßen als Vision erfahren. Das ist schwer zu unterscheiden, ob etwas nur eine innere Vision oder etwas völlig von außen Kommendes ist. Aber du hast den Eindruck, dass die Lichtfrau, die vielleicht ein bisschen strahlender als eine normale Vision ist, von außen kommt. Erscheinung ist das klassische Wort dafür.“ *(siehe Anmerkung S. 410)*

S.: „Ja, das klingt passend, das trifft genau auf die Lichtfrau zu.“

H.: „Eine Erscheinung ist, was nicht aus mir kommt.“

S.: „Dann ist das Mädchen auch eine Erscheinung. Vielleicht unterscheiden sich die Erscheinungen ja untereinander auch noch mal. Die Erscheinung des Mädchens hatte eindeutig einen anderen Charakter, eine andere Qualität als die Erscheinung der Lichtfrau.“

H.: „Welche ist höher?“

S.: „Ohne Frage die Lichtfrau. Sie kam aus einem anderen Bereich, jenseits des Himmels. Sie kam durch einen geöffneten Vorhang, der sonst geschlossen ist. Ich hätte nie gedacht, dass der Himmel sich öffnen kann – das war mir völlig neu und hat mich tief beeindruckt und in verzücktes Erstaunen versetzt. Mir blieb der Mund vor Staunen offen stehen, wie ein Sprichwort treffend sagt. Das Mädchen schien mir nicht ganz so materiell wie du und ich, eben eher wie ein Geist. Die Lichtfrau kam aus einer anderen Ebene und war für mich göttlich, das Mädchen nicht.“

H.: „Also Geistererscheinungen und göttliche Erscheinungen. Die Sachen können aus der Seelendimension und aus dem Geist kommen.“

[06/2010: Die Unterschiede zwischen Mädchen und Lichtfrau liegen in der Art der Erscheinung und deren Energie. Beide erschienen – das Mädchen in der Tür auf meiner Ebene. Sie sah auf den ersten Blick wie ein normaler Mensch aus, erst Minuten später wurde mir ihre ätherische Natur bewusst. Die Lichtfrau kam von oben, für mich deutlich von außen, aus einer anderen Welt oder Ebene zu mir heruntergeschwebt – ich habe es gesehen und hatte das unmittelbare klare Gefühl und Wissen: Sie kommt von „woanders her“. Sie hatte einen Körper aus warmem weißlichen Licht, war von glanzvollen weißlich goldenen Lichtstrahlen umgeben und strahlte reine Liebe aus. Kein Mensch, einfach göttlich, das Wort trifft es ganz genau. Daher ist sie für mich eine göttliche Erscheinung.]

Hitzephänomene

Wir unterhalten uns über verschiedene Hitzephänomene: vom Fieber über Rot-Werden bis dahin, dass Heilerhände heiß sind.

H.: „In der indischen Kundalini-Psychologie geht es im ersten Stadium um die Kultivierung von Hitze, auch Tumo genannt. Da stellt man sich vor, Hitze und Wärme steigt von unten in die Wirbelsäule und durchdringt diese ganz bis zum Kopf. Das muss man gut üben, wie die Hitze langsam hochsteigt – erst bis zum Herzen und vom Herz steigt sie dann von selbst weiter auf. Der Sinn dieser Übung, so wird gesagt, ist, dass die in der Wirbelsäule gespeicherte zentrale Lebensenergie, die gewissermaßen ein bisschen eingefroren ist, aufgewärmt und dadurch flüssiggemacht werden soll. Lebensenergie muss flüssig sein, denn erst dann, sagt man, steigt sie von selbst vom Herzen auf, und das aktiviert all unsere höheren seelischen Potenziale, Paranormalität im Leben usw. Es wird alles über Hitze reguliert. Hitze schmilzt die Blockaden und die festgeronnene Lebensenergie. Das ist die Idee. Wenn du dir manche Heiligenberichte anschaust, kommt ja immer wieder das innere Feuer vor, in dem sich die Heiligen fühlen. Sie meinen, völlig zu Asche verbrannt zu werden. Daher auch der Begriff des Phönix, der aus der Asche steigt. Da **ist** etwas. Das ist eine Aktivierung der Seelenenergie, die sich durch Hitze und Wärme anzeigt. Das ist ein interessantes Phänomen, was in der westlichen Wissenschaft leider nicht untersucht worden ist. Aber du kannst es untersuchen! Du kannst deine Patienten fragen und eine Liste von Phänomenen, wo Hitze auftaucht oder Kälte, zusammenstellen und wirst auf ein völlig neues Gebiet vorstoßen, was, zumindest nach meinem Wissen, noch keiner im Westen untersucht hat. Das ist ein zentrales Phänomen, da kannst du quasi eine ganz neue Physiopsychologie ableiten und vielleicht neue Heilweisen. Überall wird ja Hitze angewandt – Wärmflasche, Einreibungen, Wärmepflaster, Hitzeapplikation in China usw. – an Stellen, wo es wichtig ist und guttut. Hitze ist die Lebensenergie. Du kannst ein ganzes Buch über Hitze schreiben."

S.: „Man muss die Hitze selber erfahren."

H.: „Ja, dann verstehst du es tief. Aber ich wette, du kannst jeden fragen und jeder wird dir irgendetwas zu Hitze erzählen können. Nimm mal die Hitzewallungen im Klimakterium bei Frauen. Warum ist das so? Kann man das vielleicht spirituell tiefer ergründen, was da passiert, und nicht nur materiell auf der Zellebene? Das sind interessante Fragen. Es gibt ein Buch von Irina Tweedie: ‚Der Weg durchs Feuer.' Sie beschreibt auch diese Hitzeerfahrung bei sich. Das findest du überall, wenn du mystische Berichte liest von den Leuten, da kommt immer wieder ein zentrales Hitzephänomen vor. Ganz klar beschrieben bei Muktananda und bei Gopi Krishna, da kommt Hitze immer wieder vor während seines Erleuchtungsprozesses. Das ist ein Kraftwerk. Kannst du ja erforschen …"

Holger ist gegangen und ich gehe ins Bett.

14. Tag – Erkenntnisse über Gefühle und das Dasein

Traum „Kranker Sohn"

Einem von den Zwillingen geht es nicht gut. Der Arzt diagnostiziert einen grippalen Infekt und schiebt das auf die Blinddarmoperation, die vor Jahren stattgefunden hat. Ich entgegne: „Herr Doktor, das ergibt mir alles überhaupt keinen Sinn. Die OP ist schon so lange her und ich halte das jetzt nicht für einen grippalen Infekt. Ihm geht es ja ansonsten gut bis auf die Bauchschmerzen. Vielen Dank für Ihre Diagnosestellung, aber das hilft jetzt hier nicht weiter. Auf Wiedersehen!" Der Doktor ist verblüfft.

Die Heilflüssigkeit des Skeletts

Ich liege im Kessel, luge mit dem Gesicht aus der Flüssigkeit heraus und wende mich zutiefst dankbar an das Skelett: „Danke für alles, was du mir ermöglicht hast!" Das Gerippe tippt grinsend mit seiner knochigen Hand auf meine Stirn und drückt mich mit wohlwollender Bestimmtheit erstaunlich sanft hinunter. Ich tauche wieder ab. Es kann nicht anders als grinsen, wie soll ein Skelett auch ernst gucken? Unter Wasser sehe ich das Skelett mit einem großen braunen Krug grüne Flüssigkeit nachkippen. Das grüne Wasser ist von dünnerer Konsistenz, nicht so zäh- und dickflüssig wie anfangs die dunkle Masse. Mein Blick fällt auf den hell strahlenden roten Stein des Ringes an meinem rechten Zeigefinger. Die funkelndsten Diamanten würden neben seinem reinen Strahlen stumpf und glanzlos erscheinen. Das Skelett gießt eine Ladung rötliche und kurz darauf gelbe Flüssigkeit dazu, sodass der Pegel in meinem Kessel weiter steigt. Das undefinierbar eingefärbte Wasser umspült mich mit tief beruhigender Wirkung und sickert in alle Gewebe und Zellen meines Körpers, bis er ganz ausgefüllt ist. Ich sauge alles auf und fühle mich sehr wohl. Das gute Skelett kippt langsam azurblaues und apfelsinenfarbenes Wasser nach. Alle Farben besitzen ein ihnen eigenes strahlendes Leuchten und eine große Heilkraft. Ich bin in einem sehr tiefen inneren Zustand, komme kaum hoch.

[01/07: Meine Stimme hört sich total langsam an, ruhig, tief, dunkel, nicht sehr wach und lebendig, eher schwach, leise.]

Ich müsste mal aufs Klo, fühle mich aber zu schlapp, um aufzustehen. Irgendwann raffe ich mich unter größtem Kraftaufwand auf.

Ich nehme ein Bad, das belebt ein bisschen. Fühle mich tief unten, was auch an meinem Kreislauf liegen kann. Wie gut, dass ich gestern Haare und Sachen gewaschen habe, das würde ich heute gar nicht schaffen.

Gespräch mit Holger

Holger ist schon da. Meinem Gefühl nach ist es gerade erst Mittag, doch er lässt mich wissen, dass es 17:30 Uhr ist. Die Zeit ist schnell vergangen.

Ich erzähle Holger vom Skelett und dass ich bis jetzt im Kessel gelegen habe und noch darin liege. Den Traum „Kranker Sohn" deuten wir nicht.

H.: „Das Skelett ist ein tiefer Archetyp. Da siehst du mal, wie viel Wert wir auf Knochen und Enthäutung legen."

S.: „Das Skelett kippte immer wieder Flüssigkeiten in verschiedenen Farben in meinen Kessel."

H.: „Warum denn?"

Ich bin irritiert. „Weiß ich nicht. … Die Flüssigkeit geht in mich hinein und es fühlt sich total beruhigend und schön an."

H.: „Die Farbe oder was beruhigt?"

S.: „Die Flüssigkeit … in der Farbe, ja. Sie hat jetzt auch eine andere Konsistenz. Zuerst war die Flüssigkeit sirupdick, jetzt ist sie dünnflüssig."

H.: „Aha, dann sind das also Gefühlsqualitäten."

S.: „Es ist einfach beruhigend im Kessel … ein gleichbleibend schönes Gefühl." Ich spüre tiefer in mich hinein. „Ich habe nicht das Gefühl, dass die Farben andere Gefühle in mir auslösen."

Gefühle und das SEIN

Ich offenbare Holger meine Erkenntnisse über die Gefühle, das Geistige und das DASEIN, die mir letzte Nacht gekommen sind. „Gefühle sind eine ganz starke Energie. Sie sind, bildlich gesprochen, wie eine flüssige Ebene, die mir wie ein Meer erscheint, eine universal große wogende

Meeresgefühlsebene. Solange ich in diesem Meer verweile, bin ich den Gefühlen ausgesetzt, kann nichts tun. Wenn ich jedoch Raum habe und das Meer ‚von oben' mit ausreichend großem Abstand betrachte, dann sehe ich es wogen, schäumen oder auch so ruhig sein, dass sich die Oberfläche nur ein wenig kräuselt, bin jedoch nicht beeinflusst davon, nicht mitgerissen. Hier ‚oben' bin ich reines Dasein, kristallklare Klarheit, bewusstes Gewahrsein, grenzenlose Stille und unendliche Fülle. Das reine SEIN IST, umfasst alles. Schaue ich *(jenseits der Person und des gewöhnlichen Denkens und Fühlens)* von ‚oben' aus der geistigen Ebene auf die Gefühlsebene, sehe ich keinen Körper. Komme ich der Gefühlsebene zu nah, reißen die Gefühle mich hinein, da sie magnetisch sind und alles anziehen, was in ihre Nähe kommt. Das trifft für alle Gefühle, wie Traurigkeit, Freude, Wut oder Angst, zu.

‚Unterhalb' der Gefühlsebene ist die materielle, feste Ebene. Menschen und Tiere sind ausgefüllt mit Seelenenergie, das Innere der Bäume sieht dagegen anders aus. In den Tierstallungen und den Häusern der Menschen kann ich die Seelenenergie nicht sehen. Das Geistige und das Seelische sind miteinander verbunden. Das Seelische läuft ‚nach oben' zu in das Geistige aus wie ein lang gezogener Pinselstrich, der immer subtiler wird, bis er nicht mehr zu sehen ist. Vom Seelischen gehen dünne Verbindungen ‚nach unten' zu den Körpern der Lebewesen. Das Seelische geht über in Materie und strahlt, von der Materie aus betrachtet, über den Körper hinaus in das Geistige hinein bzw. läuft wie ein Pinselstrich im Geistigen aus. Alle drei Ebenen – Körper, Seele und Geist – durchdringen und bedingen sich, stehen miteinander in Beziehung."

Dualität: Seinspunkt und Saskia

S.: „Als reines DASEIN bin ‚ich' ein winziger Punkt; gleichzeitig umfasse ich die ganze Welt. Dann kann ich einem Menschen sehr nah sein, auch wenn er sich körperlich nicht in meiner Nähe befindet. Umgekehrt, wenn dieser Mensch mir körperlich nah ist, kann es sein, dass er mich nicht wirklich sieht oder wahrnimmt, weil er in seiner Gedanken- und Gefühlswelt gefangen und mit sich, seinen Problemen in der Materie und mit dem, was seine Körpersinne und Gefühle ihm vermitteln, befasst ist. Obgleich ich als Daseinspünktchen z. B. ganz dicht vor Saskia bin, nimmt sie mich nicht wahr. Sie läuft in mir, dem alles umfassenden SEIN, bewegt sich in mir, tut lauter Dinge in mir und sieht mich dennoch nicht, obwohl ich direkt vor ihrer Nase bin und sie durchdringe. Ich durchdringe alles … die Bäume, die Steine, die Erde, das All. Und obgleich ich Saskia durchdringe, spürt sie mich nicht, nimmt mich nicht wahr. Sie sucht und sucht und steht doch mittendrin. Sie sucht in der Ferne, obgleich es ganz nah ist, wonach sie sucht, direkt vor ihrer Nase, vor ihren Augen, direkt in ihr, vor ihr, um sie herum. Als SEIN bin ich zeitlos, raumlos, gestaltlos. Ich habe alle Zeit der Welt sozusagen, obwohl ich ohne Zeit bin … Saskia sieht mich nicht, wenn sie sich aber konzentriert, dann spürt sie mich."

H.: „Das war doch schon ganz gut, der Seinspunkt. Du warst natürlich noch in der Dualität – Seinspunkt und Saskia, das sind zwei Seiten. Aber da kann man immer weiter gehen. Wenn du die SEINS-Qualität ergründest, dann eröffnen sich noch einmal verschiedene Schichten. Im reinen SEIN ist alles darin. Also immer mehr SEIN werden!"

S.: „Ja, da ist eine Spaltung zwischen Saskia und Seinspunkt. Vom Seinspunkt aus betrachtet, ist die Verbindung zu Saskia zwar da, aber umgekehrt nicht, auch wenn sie um das SEIN weiß."

H.: „Die Saskia ist nicht interessant, das ist ein neurotisches Kulturprodukt oder wie ein alter Mantel, der ausgezogen werden kann – man braucht keinen Schutz. Die Saskia gibt es nicht, das ist ein Konstrukt oder eine Theorie. Das muss man erkennen. Genau wie man sich in den unteren Stufen der Psyche von seinen Problemen, von seiner Geschichte entidentifizieren muss, so auch auf einer höheren Stufe von Saskia generell. Das ist der echte Befreiungsprozess, dadurch wird man immer freier. Vom ICH geht es dann zum SELBST – das ist nicht individuell. Und dann werden solche Geschichten, psychische Probleme, psychische Geschichte, Sozialisation usw. ziemlich uninteressant. Da steckt natürlich jeder bis zu einem gewissen Grad drin, aber unser Auftrag ist, davon wegzukommen."

Die Naturschau

Wir sprechen über die Naturschau, wie durch das einfache Sitzen vor einem Baum über Stunden und Tage das DASEIN erkennbar werden kann.

H.: „Du guckst nur auf den Baum. Das ist immer in etwa der gleiche Prozess. Am Anfang, im ersten Schritt, tritt meistens ein hyperreales Wesen aus dem Baum, mit dem kannst du sprechen, das ist sozusagen die Inkarnation des Baumgeistes, des Baumgeistigen. Im zweiten Schritt wird der Baum lebendig, du kannst mit ihm sprechen, du kennst ihn näher, er ist wie ein Lebewesen, da ist gar kein Unterschied zum Menschen. Diese Unterschiede zu machen, ist pure Dummheit, das ist die Unfähigkeit der Menschen. Die höchste Stufe ist dann: Im Baum inkarnieren sich alle Bäume. Das kann man sprachlich nicht ausdrücken. Ein Baum ist alle Bäume. Das erkennst du dann, das kannst du auch sehen, aber nicht beschreiben. Die Sprache, siehst du dann, ist ganz schwach auf der Brust, mit der kannst du nicht viel anfangen. Und dann gehst du noch weiter und erkennst in der allerhöchsten Stufe in diesem x-beliebigen Baum das gesamte DASEIN. Aber das ist alles nicht mehr formulierbar. Doch die Erfahrung ist hundertprozentig, da gibt es keine Diskussion mehr, da kann dir niemand mehr etwas erzählen. Du weißt es. Aus."

Unser Gespräch endet mit der Überlegung, ob ich zwischendurch mal eine Nacht draußen im Wald verbringe, um mich meiner Angst davor zu stellen.

Wenn ich mich als Daseinspünktchen von Saskia entferne, dann bin ich ja ganz allein. Ich erkenne: mein Ego hat Angst – allein im Universum …

15. Tag – ICH BIN das Skelett

Finsteres Donnergrollen und auf die Fensterscheibe prasselnde Regentropfen holen mich aus meinem Schlaf. Ich stelle mir vor, nachts allein im Wald zu sein, und fühle nackte Angst in mir hochkriechen in Verbindung mit der Fantasie, dass ein Mann kommt und mir etwas „Böses" antun oder mich sogar umbringen will.

Mir fällt ein Gespräch mit meinem Vater über seine Kriegserlebnisse ein. Auf der Flucht sah seine Mutter aufgrund der regnerischen Witterungsverhältnisse und der fehlenden Waschmöglichkeiten zerzaust und schmutzig im Gesicht und an den Händen aus, sodass sie verwahrlost und älter wirkte, als sie in Wirklichkeit war. Ihr Aussehen und die Dunkelheit im Zug schützte sie in gewisser Weise vor einer möglichen Vergewaltigung durch marodierende Soldaten und Banden, die nachts durch die Züge kamen und Frauen und wertvolle Gegenstände mitnahmen. Meinen damals zehnjährigen Vater hatte sie unter einer Decke versteckt, damit die

Soldaten nicht anhand des Kindes die junge Frau erkennen. Unter der Decke hörte mein Vater Schritte näherkommen, die er Soldatenstiefeln zuordnete. Er hatte panische Angst um seine Mutter, dass der Soldat sie, wie so viele andere Frauen auch, aus dem Zug holt und ihr etwas antut. Später waren Schüsse zu hören. Die Frauen, die aus seinem Zugabteil herausgeholt wurden, hat er nie wieder gesehen. Er vermutet, dass sie erst vergewaltigt und dann im Wald erschossen worden sind. So soll das mit vielen Frauen gemacht worden sein auf dieser Zugfahrt. Möglicherweise ist meine Angst eine übernommene Angst von ihm. Denn für mich selbst macht diese Angst keinen Sinn, ich habe dergleichen nie erlebt.

[06/2010: Die Angst ist übernommen vom Vater und seiner Mutter. Zu beiden dürfte der Satz („dass ein Mann kommt und mir etwas antut, mich umbringt") fast gleichermaßen passen, denn beide waren in Lebensgefahr. Meine Oma dürfte nackte Angst gehabt haben, dass die Soldaten sie aus dem Abteil herausholen. Ebenso schwebte mein Vater durch die Situation in Lebensgefahr. Die richtige Zuordnung der Angst zur Oma und zum Vater entlastete mich ganz enorm.]

Ein Angstereignis, das ich selbst erlebte, steigt auf: Ich war zirka acht Jahre alt und wohnte mit meiner Mutter in einem vierstöckigen Plattenbau in der untersten Etage; meine Eltern waren bereits geschieden. Es klingelte Sturm, wovon ich mitten in der Nacht aufwachte. Verschlafen und verängstigt öffnete ich die Kinderzimmertür und sah meine Mutter bei dem Versuch, die Klingel mit einem Lappen abzudecken, damit ich nicht aufwache. Da dies nicht klappte, ich sowieso schon wach und meine Mutter von dem Dauerklingeln genervt war, stürmte sie wütend zum Küchenfenster, um zu sehen, wer da ist. In mir stieg die Fantasie auf, dass meiner Mutter der Kopf abgehackt oder sie gepackt und aus dem Fenster gezogen wird – ich hatte panische Angst, dass meiner Mutti etwas passiert. Da draußen alles stockdunkel war, konnte sie niemanden sehen. Auch antwortete ihr niemand auf die Frage, wer da sei. Sie schloss das Fenster wieder und ich atmete auf. Wenig später öffnete der Mann die untere Haustür und stand vor unserer Wohnungstür. Meine Mutter beobachtete durch das Schlüsselloch, wie er ein brennendes Streichholz in das Schlüsselloch steckte und pustete es aus. Dann flüsterte sie mir zu, ich solle so laut ich könne rufen: „Vati, ruf doch die Polizei an!" Das war echt hoch gepokert, denn weder war der Vater da noch hatten wir als DDR-Bürger ein Telefon. Ich hatte Angst, dass der Mann um die Lüge weiß und dann alles noch viel schlimmer wird – mein Hals war wie zugeschnürt. Sie redete weiter auf mich ein, bis ich vor lauter Angst den Satz aus Leibeskräften herausschrie, zwei-, dreimal. Unmittelbar danach hörten wir unten die Haustür ins Schloss fallen und der Störenfried war weg. Ich hatte mehrere Wochen danach Angst, unsere Wohnung morgens zur Schule zu verlassen oder auch heimzukehren aus der Schule. Ich fühlte mich verfolgt und hatte Angst, dass jemand hinter mir herkommt und mir etwas antun will. Ich weiß bis heute nicht, wer das war; meine Eltern konnten mir auf Nachfragen hin auch nicht weiterhelfen.

Mir fällt auf, dass ich die gleichen Worte wählte wie mein Vater: „Ich hatte panische Angst, dass meiner Mutti was passiert."

Ich gehe als Erwachsene in die Situation, sage der kleinen Saskia, dass ich weiß, dass dieser Mann nie wieder kommt und alles gut ausgeht. Das beruhigt sie etwas. Ich versichere ihr, immer für sie da zu sein, sodass sie nie mehr allein in dieser oder anderen ihr angstmachenden Situationen ist, was sie weiter stabilisiert.

Die Verfolgungsangst kann auch von meiner Mutter und deren Mutter übernommen sein. Sie waren ebenfalls im Krieg auf der Flucht und auch meine Mutter hatte Angst um ihre Mutter.

Es ist noch stockdunkel. Ich kann nicht schlafen und strecke den Körper mit ein paar Dehnungsübungen. Nach 30 Liegestützen bin ich außer Atem, das Herz rast. Im Liegen ist der Unterbauch weich, der Mittel- und Oberbauch bis zur Mitte des Brustbeins jedoch fest – in exakt gleicher Höhe tut mir hinten der Rücken weh.

Ich schaue, im Bett liegend, einfach nur in das schwarze Dunkel, das manchmal von kurzen Lichtblitzen erhellt wird. Die Gedanken gleiten zu meinen drei Söhnen und ihren Streitereien. Es tut mir weh, wenn sie sich gegenseitig mit Ausdrücken belegen.

Die Dunkelheit formt sich zu einem schwarzen Dreieckstuch und drückt mir das rechte Auge zu – obwohl real beide Augen geöffnet sind.

Seit bestimmt zehn Minuten hocke ich an dem kleinen Tisch bei einer Tasse Tee, unschlüssig, ob ich Tai Chi mache oder nicht. Beim Aufstehen wird mir schwarz vor Augen und ich beeile mich, ins Bett zu kommen, wobei ich mich heftig an der Wand stoße. Im Bett ruckle ich mich im Sitzen bequem zurecht, schaue ins Dunkel und fühle, wie mein rechtes

Augenlid herunterhängt – als ob ich nur links gucken kann. Doch beide Augen sind gleichmäßig geöffnet. Das Bild von Karl Dall taucht in mir auf. Ich sitze mit ausgestreckten Beinen im Bett und fühle einen schweren Druck auf der Brust, genau in dem Bereich, mit dem ich mit dem Rücken an der Wand lehne.

Mir ist unheimlich heiß, als ob ich innerlich koche. Ich habe Spannungen in den Augen, im Kopf, im Kiefer- und nach wie vor im Brustbereich.

Ich laufe für ein paar Minuten die Tai-Chi-Form, breche dann aber ab, da ich mich sehr schlapp fühle. Mein Kreislauf macht nicht richtig mit.

Nach einem erfrischenden Bad setze ich mich zur Meditation. Ich nehme die feinen Verspannungen im Bauch- und Kieferbereich wahr; der Atemfluss erreicht nicht ganz den Beckenboden. Das Skelett, ebenfalls im Lotussitz, sitzt in anderthalb Metern Abstand mir direkt gegenüber. In tief versunkener, bewegungsloser, kerzengerader Haltung strahlt es eine vollkommene Stille aus, die mich gänzlich einhüllt, durchdringt und in tiefere Bewusstseinsebenen mitnimmt. In seiner Gegenwart ist Konzentration leicht. Stundenlang meditieren wir gemeinsam, meine Stille vertieft sich, dehnt sich immer weiter aus. Plötzlich springt das Skelett aus der Sitzhaltung heraus mit dem Kopf voran auf mich zu und dringt in Brusthöhe in mich ein … augenblicklich bin ich selbst das Skelett. Ich sehe nur noch das leere runde Sitzkissen vor mir, auf dem mein knöcherner Freund zuvor gesessen hat. Die Meditation fällt nun noch leichter, alles ist freier … als Skelett fehlen mir die Muskeln, alles ist locker und entspannt … nein, nicht ganz, aber weitgehend, deutlich lockerer als mit Muskulatur. Auch ein Skelett kann verspannt sein.

In tiefer Sammlung schaue ich mit fest geschlossenen Augen in die Tiefe, die Weite und ins Helle. Der gesamte Kopf und der Unterkiefer bis hinunter zum Hals – alles ist fest wie Stein, was sehr unangenehm ist. Der Unterkiefer presst sich so fest in den Oberkiefer, dass es sich anfühlt, als ob mein Gesicht total verformt ist. Prüfend tasten meine Finger über die Lippen … sie sind ganz weich und entspannt, fühlen sich aber an wie Beton.

Gespräch mit Holger

Holger ist schon wieder gekommen. Ich berichte ihm zunächst von meiner Angst und den Ereignissen, die mir dazu einfielen.

H.: „Das sind Traumata. Die löst du nur auf, indem du genau das machst, wovor du Angst hast. Es hat keinen Zweck, mit so einem kleinen Trauma herumzulaufen. Die Seele muss sauber sein. Kleines Hobby, nachts Draußen-Schlafen, allein im Wald."

S.: „Na toll!" Ich weiß nicht, ob ich lachen oder weinen soll. Ein maskenhaftes, nicht aus dem Herzen kommendes Lachen legt sich über mein Gesicht und verdrängt die Angst und das Weinen.

Holger fügt seiner vorigen Aussage hinzu, dass sich die Angst nur durch eine realistische Handlung auflösen lasse. Da er merkt, dass meine Angst wohl von einer Nacht im Wald nicht weggehen wird, schlägt er eine Visionssuche vor, bei der ich längere Zeit allein draußen im Wald und der Natur ausgesetzt bin. Dies wäre eine unglaubliche Therapie bzw. eigentlich gar keine, da es einfach das Normale ist.

Augen öffnen und schließen sich asynchron

Zum Gefühl, dass sich mein rechtes Auge schließt, als ob ein Tuch darüber gedeckt wäre, meint er: „Ja, das haben fast alle in der Dunkelheit, dass das linke oder rechte Auge auf- oder zugeht – so ungleichmäßig, als ob die zwei selbstständig sind, nicht synchron. Warum das so ist, weiß ich nicht. Die normale Synchronizität fällt scheinbar aus."

Yogasitz und Kopfstand

S.: „Noch etwas anderes. Beim Meditieren wird mir ziemlich heiß, bis hin zum Schwitzen. Meditiere ich im Liegen, ist mir nicht warm, dann muss ich mich sogar zudecken."

H.: „Das ist schon interessant. Im Liegen schwitzt du nicht, aber im Sitzen. Warum muss man sitzen? Warum haben die Yogis den Yogasitz entwickelt? Da ist ja etwas dran, das ist kein Zufall."

S.: „Ich habe gehört, dass im Yogasitz mit gerader Wirbelsäule die Energie besser aufsteigen kann."

H.: „Das erscheint mir nicht logisch. Dann müsste man schon auf dem Kopf stehen, dass die Energie von oben nach unten fließt, finde ich."

S.: „Die wenigsten Leute können stundenlang auf dem Kopf stehen. Allerdings können die meisten auch keinen Yogisitz."

H.: „Kopfstand ist die wichtigste Yogaposition. Je länger man Kopfstand machen kann, desto besser. Danach kannst du viel besser meditieren. Und, sagt man, es ist das beste Mittel für Heilung aller Art, sich mal umzupolen. Das musst du machen, aber richtig, so, wie es in den Büchern beschrieben ist."

Holger zeigt mir den Kopfstand und ich fühle, wie er seine Arme hat und wie seine Kopfposition ist. Er erklärt, worauf ich achten soll, um einen guten und stabilen Stand zu haben.

H.: „Wichtig ist, dass du frei stehst, sonst hält man es nicht lange aus. In dieser Stellung kannst du auch kaum umkippen. Danach musst Du ganz langsam in drei Stufen heruntergehen: erst die Unterbeine, dann die Oberschenkel usw. – Stück für Stück musst du gucken, wie du drauf bist. Kannst du noch ein Stück? Ja. Dann noch ein Stück, dann kniest du, dann legst du dich langsam hin, ganz langsam, weil natürlich der Nacken auch steif ist. Du darfst nicht plötzlich den Kopfstand beenden. Das merkt man dann aber. Ganz vorsichtig immer, dann bleibt man eine Zeit lang liegen, bis wieder alles harmonisiert ist, Nacken und Kopf o. k., und dann meditierst du. Der Kopfstand ist die letzte Übung vor der Meditation. Zuerst alle Asanas, dann der Kopfstand, dann Meditieren."

ICH BIN das Skelett

Ich danke Holger und teile ihm mit, wie es mit dem Skelett weiterging.

S.: „Das Skelett saß mir gegenüber und wir haben am Feuer meditiert. Ich schaute unverwandt in sein grinsendes Gesicht – unglaublich, es ist immer gut drauf."

H.: „Ist das ein Weibchen oder ein Männchen?"

Lachend antworte ich: „Keine Ahnung, das kann ich nicht unterscheiden, da fehlen mir die anatomischen Kenntnisse."

H.: „Du kannst ja fragen."

S.: „Ja, stimmt, habe ich aber noch nicht gemacht. Jedenfalls hat mich das gemeinsame Meditieren angespornt. Nachdem das Skelett in mich hineingesprungen war, kroch unmittelbar danach die Flamme des Feuers in meinen Brustkorb, rollte sich dort zusammen und ist jetzt in meinem Herzen … ja und seitdem gibt es nur noch ein Skelett und das bin ich." Ich muss lachen.

H.: „Auch im Jetzt?"

S.: „Ja, ich sehe mich *(während wir reden)* als Skelett."

H.: „Aha, … nicht schlecht."

S.: „Ich schaue an mir herunter und sehe jeden Knochen von mir weiß leuchten, das ist irre. Und bei der Meditation war es auch gleich viel besser, weil es ohne Muskeln viel leichter ist, sich zu entspannen." Ich muss wieder darüber lachen. Es ist halt zu ungewohnt, Skelett zu sein.

H.: „Ach komm, du meditierst als Skelett …?"

S.: „Ja, ich habe heute den Rest des Tages als Skelett meditiert."

H.: „Wenn ich das dem anderen erzähle, der lacht sich krank." *(Holger meinte den Psychologen, der in der Etage unter mir in einem anderen Dunkelzimmer zur gleichen Zeit sitzt.)*

Ich bestätige: „Ich musste erst auch lachen, aber es war echt angenehm. Also diese Knochen *(ich schaue an mir herunter)* … das ist so eigenartig."

H.: „Ja, du bist einfach an der Basis angekommen. Da wird man zum Skelett. Das Fleisch ist weggekocht."

S.: „Das ist eine echt starke Erfahrung, Skelett zu sein. Dass es so ein Ende nimmt … Alles Mögliche hatte ich mir vorgestellt, z. B. dass das Skelett mir über den Rücken klopft oder dass wir zusammen tanzen und dann mein Fleisch abfällt. Aber es ist von allein ganz anders gekommen."

Gefühl von Schauen

S.: „Bei allen Meditationen heute hatte ich das Gefühl, ich schaue – nicht mit physischen, sondern mit geistigen Augen ins Weite zu schauen. Das war ganz intensiv, zum Teil auch ein bisschen hell, aber ich kann nichts sehen."

H.: „Diese Weite kommt dann und es wird natürlich auch heller. Immer weiter … Das ist der normale Prozess."

Die Wichtigkeit der Gespräche

S.: „Ich hatte auch eine Phase, wo ich dachte, alles falsch zu machen, weil wieder einmal nicht genügend passiert. Aber ich machte mir bewusst, dass eine Menge geschieht und dass es eine gute Möglichkeit wäre, zufrieden zu sein mit dem, was ist. Und dann ging das auch wieder weg."

H.: „Es ist immer das subjektive Empfinden, dass wenig passiert. Aber wenn du zusammenziehst, was passiert, dann ist es sehr viel. Das ist so eine Zeitsache. Man kann natürlich, indem man spezifische Sachen denkt oder tief denkt, tiefe Probleme wälzt etc., diese noch einmal in der Dunkelheit intensiver und gründlicher bearbeiten. Man kann bewusst etwas dazu beitragen, indem man sich meditativ oder konzentrativ hineinversetzt in spezielle große Fragen des DASEINS. Deswegen sind auch die Gespräche in der Dunkelheit wichtig, da kommt noch einmal eine Inspiration. Ich würde sagen, die meisten würden ohne Gespräche aufhören nach kurzer Zeit."

S.: „Ja, ich kann mir das gut vorstellen. Mir helfen die Gespräche auch; sie sind eine wichtige Anregung in vielen Prozessen, wo ich festhänge oder Dinge nicht durchschaue."

H.: „Du bist ein analytischer Geist, kannst gut analysieren, du willst zur Wahrheit vordringen und das machst du ja auch. Du gibst dir enorme Mühe und bist ehrlich dahinter her, was in dir drin ist, was mit dir los ist, was das DASEIN ist. Ich habe die Vergleiche und kann klar sagen, das können wenige und machen wenige hier in der Dunkelheit. Die meisten haben gar nicht die Kraft dazu und du forcierst es richtig. Meines Erachtens kommt auch viel heraus. Wenn man das jetzt alles zusammen nimmt, wird das auch einen Nacheffekt haben im Alltagsleben, du wirst dich verändern, das ist gar keine Frage. Meiner Meinung nach machst du das genau richtig, besser geht es quasi nicht."

Ich wechsle das Thema.

Träumen und Traumarten

S.: „Mir fällt auf, dass ich in dieser Dunkeltherapie fast gar nicht träume. Und wenn doch, dann ist es nichts, was gedeutet werden kann oder was Informationen sind für mich."

H.: „An sich ist das gut. Du träumst ja nur, wenn da ein ungelöstes Problem ist. Ist kein Problem da, ist nichts zu lösen und dann musst du auch keine hochinteressanten symbolischen Problemträume haben."

[06/2010: Es könnte der Eindruck entstehen, dass jemand, der nicht träumt, keine Probleme hat. Mir sind als Therapeutin viele Menschen begegnet, die etliche körperliche und seelische Probleme hatten, aber seit Jahren nicht mehr träumten. Der Zugang zur Seele war vollkommen verschlossen. Im Zuge der Aufarbeitung kamen sie sich selbst und damit ihrer Seele wieder näher, sodass auch wieder Träume auftraten. Auf einer bewusstseinsmäßig höheren Ebene können Träume auch andere Bedeutungen haben als Problemlösungen oder den Ist-Zustand der Seele in verschlüsselter Form darstellen.]

S.: „Also ein Fortschritt gegenüber der ersten Dunkeltherapie?"

H.: „Ja. Es gibt die Alltagsresteträume – das sind einfach nur Szenen, Bilder und Mischmasch, hinter denen keine tiefere Wahrheit steckt. Das sind im Grunde keine Träume, sondern nur die Echos des Tages, die noch einmal hochkommen müssen, um sie zu verarbeiten. Diese Verarbeitungsträume sind immer an der Oberfläche und hören auf, wenn du alles verarbeitet hast. Dann gibt es die zweite Kategorie von Träumen. Es gibt langfristige Problemstrukturen in der Psyche, die immer da sind. Und diese kommen ab und zu mal in der Nacht hoch als Traum – natürlich auch am Tag, aber da merkst du es nicht so. Du denkst und fühlst etwas, aber da der Intellekt, die logische Satzstruktur und die Kultur überhaupt ausgeschaltet sind, kommt es eben als Traum, also scheinbar wirr hervor. Das ist der einzige Traum, der deutungswürdig ist. Also ein Traum ist quasi dein normales Fühlen ohne die Grammatik des logischen Alltags. Und dann gibt es noch drittens die Lichtträume, die, wenn du deinen Körper verlassen hast, reine Erfahrung sind. Wenn du diese jetzt als Traum deutest, kommt nur Unfug heraus. Da musst du ganz anders vorgehen. D. h., der Mensch träumt selten, da nur das Träume sind, was überdauernde Problemstrukturen sind und was deutbar ist. Die anderen Sachen sind außerkörperliche Erfahrungen oder Echos des Alltags, die nicht als Traum gedeutet werden dürfen."

Außerkörperliche Erfahrungen

S.: „Wie macht sich die außerkörperliche Erfahrung bemerkbar?"

H.: „Erst einmal subjektiv. Du würdest sagen, dieser sogenannte Traum hatte eine völlig andere, ungewohnte Qualität. Dann hast du die ganzen

Merkmale, z. B. ein spezielles Licht, ein Knall oder wenn du dich außerkörperlich fühltest. Du weißt immer, du bist außerkörperlich. Das passiert dir zwar jede Nacht vier- bis fünfmal, wird aber selten erinnert. Da ist irgendwo ein Mechanismus, der das zurückhält – den habe ich noch nicht herausgefunden. Wenn alle Menschen ihre außerkörperlichen Erfahrungen dauernd erinnern würden, hätten wir als Menschheit ein konkretes und umfassendes Wissen von der Nachbardimension und das wäre inzwischen untersucht und systematisiert worden. Auch hätten wir eine andere Kultur, ein völlig anderes irdisches Leben. Wir wären keine Menschheit, wie das heute ist, wir hätten eine völlig andere Spezies. Das ist aber nicht der Fall und warum wir es nicht erinnern, ist mir nicht klar. Das ist ein ganz großes und zentrales Geheimnis unserer Humanität, das müssen wir knacken. Es gibt die Möglichkeit, dass es natürlich ist – es ist halt so – oder dass sozusagen Schloss und Riegel eingebaut worden sind oder eine Vergessensaktion im Menschen, eben damit er nicht erwacht. Die außerkörperliche Erfahrung ist das zentrale Ereignis für die Menschheit zum Erwachen. Es kann sein, dass es eine bewusste Aktion von Nicht-Menschen ist, die die Erde und die Menschheit kontrollieren. Dass wir sozusagen blockiert sind, eingesperrt in unserem eigenen Gefängnis der Unwissenheit, und wir so am Erwachen gehindert werden. Aber ich weiß es nicht. Ich habe auch noch nichts davon gehört, keiner hat darüber geschrieben."

S.: „Apropos Nachbardimension – mir kommt gerade noch einmal die Lichtfrau in den Kopf, die mir erschienen ist. Macht es Sinn, sich auf sie zu konzentrieren? Ich wünsche mir sehr, wieder mit ihr in Kontakt zu kommen – oder ist das schon wieder mein Ego?"

H.: „Das ist egal, wenn du das tun möchtest, kannst du das tun. Im Allgemeinen ist es so, dass nichts wieder herholbar ist. Was war, war und fertig. Es ist natürlich die Frage, was das für eine Gestalt war."

S.: „Sie war von Lichtstrahlen umgeben, strahlend hell …"

H.: „Ich meine, das könnte ein Verwandter von dir sein."

S.: „Nein, auf keinen Fall. Ich kannte sie nicht, hatte aber den Eindruck, dass sie genau weiß, wer ich bin."

Seelen- und Geistführer, Intuition und Totenreich

H.: „Es kann deine Geistführerin sein oder eine x-beliebige zufällige Gestalt."

S.: „Gibt es so etwas wie Geistführer?" [*06/2010: Ein Teil in mir weiß, dass es Geistführer gibt, der andere Teil (PP) bezweifelt das.*]

H.: „Ja, du hast Seelenführer – das sind deine toten Verwandten, Freunde und Bekannte. Die sind im psychischen Bereich und gucken im Wesentlichen nach dir, haben aber nur eine beschränkte Beeinflussungsmöglichkeit für dich. Und es gibt natürlich die Höheren, die Geistführer, die nicht aus deinem Clan stammen müssen. Die sind höher strukturiert."

S.: „Und die nehmen wirklich Einfluss auf den Menschen?"

H.: „Ja, gelegentlich schon. Vermutlich öfter, als wir denken. Sonst würden die meisten Menschen schon frühzeitig verstorben sein. Die Geistführer lenken durch Intuition und du denkst, es ist deine Intuition. Oder sie lenken durch Glück, was du als Glück interpretierst. Kein Glück, sondern Einfluss. Dauernd passieren solche Hilfs- und Rettungsaktionen von Geist- wie Seelenwesen. Wenn die Menschheit das mal erkennen würde, dass es ohne die gar nicht ginge! Da würde ja gar nichts laufen, die Menschen würden sich laufend verirren. Wo im Leben ist dir denn geholfen worden, wo du denkst, das kommt nicht von dir?"

S.: „Ich wäre schon siebenmal tot gewesen, wenn ich nicht intuitiv am Zebrastreifen stehen geblieben wäre. Ich spürte in den verschiedenen Situationen, dass das herannahende Auto nicht anhält. Die Fahrer hatten mich nicht gesehen und fuhren viel zu schnell auf den Zebrastreifen zu, als ob da keiner wäre. Und es gibt einen Tag in meinem Leben, wo ich mir sicher bin, dass das nicht meins ist, und wo ich dachte, dass es doch außerhalb von mir Schutzengel oder Ähnliches geben muss. Ich hatte das Gefühl, beschützt zu sein. Es ist Jahre her, ich war an dem Tag hochgradig unkonzentriert Auto gefahren. Mehrfach hätte ich einen Unfall gebaut, wäre in einen Straßengraben, gegen einen Baum oder die Bordsteinkante gefahren, wenn nicht irgendetwas in mir oder durch mich oder wie auch immer in letzter Sekunde mich hätte konzentrieren lassen. Dabei hatte ich das Gefühl, das bin nicht ich. Die ‚Rettung' kam immer in letzter Sekunde und doch so rechtzeitig genug, dass ich das Unglück verhindern konnte. Mir saß jedes Mal der Schreck in den Gliedern. Das war acht- oder neunmal an dem Tag, also sehr auffällig. Bei den Situationen am Zebrastreifen war das anders, da dachte ich schon jedes Mal, das sei meine eigene Intuition."

H.: „Ja, das gibt es auch. Und es gibt eklatante Situationen, wo ganz klar ist, dass nicht du es bist. Die spirituelle Übung ist, das zu unterscheiden. In plötzlich einsetzenden Gefahrensituationen wird die letzte Kraft, die letzte Truppe mobilisiert, das ist die Intuition und das bist dann schon du. Aber es gibt andere Sachen, wo deine Intuition nicht viel bewirken kann. In extrem kritischen Situationen, die so schnell kommen wie beim Autofahren, kannst du gar nicht so schnell entscheiden, da setzen dann ‚die anderen' ein. Wer könnte das sein?"

S.: „Das weiß ich nicht."

H.: „Hast du kein Feeling dafür irgendwie …?"

S.: „Nein."

H.: „Das ist ja nur, was du bewusst wahrnimmst. Es gibt Hunderttausende Sachen, wo wir bewusstlos sind. Wir sind bewusstlose Wesen. Ich möchte sagen, zu 95 % sind wir bewusstlos. Alleine kommt hier keiner groß durch, keiner überlebt das fünfte Lebensjahr, sage ich. Niemand kommt – auch seelisch – weiter ohne diese Hilfen, die meistens tiefe, breite, vage Inspirationen sind. Das mag nur ein kleiner Gedanke sein, was du jetzt machen oder nicht machen sollst, wo du langgehen sollst, was du lesen sollst, wie du dich verhalten sollst – durch all das wirst du geführt. Du musst bedenken, dass die Leute im Jenseits ein paar Tage im Voraus sehen können, was kommt. Die sehen jetzt schon das Auto um die Ecke, was du nicht siehst, und sehen auch, wenn die Chance eines Unfalls groß ist. Dann rufen sie dir zu: ‚Mensch, jetzt rechts!' Und du fährst rechts. Oder sie rufen dir am Zebrastreifen zu: ‚Bleib stehen!" Und du bleibst stehen. So arbeiten die permanent. Oder die sehen, dass du mit deinen Problemen nicht weiterkommst. Dann bekommst du eingespeist, dass du jetzt mal das Buch lesen oder die Idee verfolgen könntest, und dann kannst du wieder weitermachen. Die Jenseitigen arbeiten natürlich schnell, mit Gedanken, verstehst du? 24 Stunden machst du Blödsinn und die müssen 24 Stunden da sein. Die schlafen natürlich nicht, von daher ist …"

Ich unterbreche ihn: „Also schleusen die mir das über Gedanken ein, oder wie kann ich mir das vorstellen?"

H.: „Über Gefühle und Gedanken. Wir sind ja Gefühlswesen. Die leben gefühlsmäßig stärker als du, weil sie nicht noch den Körper als Ballast haben. Dadurch sind sie freier, flotter, flüssiger, direkter, schneller. Die Seelenführer machen ‚zack' und schon hast du es in dir. Wie ein Flitzbogen, ‚zack', hast du den Pfeil in dir sitzen, Amors Pfeil sozusagen. Das ist halt deren Job. Viele haben diesen Job."

S.: „Ich hatte verstanden: Wenn jemand stirbt, vergisst er das Irdische."

H.: „Nein. Wo sind denn die Toten? Die sind doch hier. Das Totenreich, das Plasmareich, ist exakt hier auf und um diesen Planeten herum. Es geht vielleicht maximal ein Stück bis zum Mond, aber nicht weiter. Es ist also geografisch sozusagen lokalisierbar. Die Toten sind nicht im Sternenhimmel oder so, da kommen die nie hin, keine Chance. Das sind Tote dieser Erde. Die Toten des Jupiters sind um den Jupiter herum, aber die kommen nie zur Erde. Die Toten sind fixiert im Gedanken- und Gefühlsfeld des Planeten Erde und da werden sie auch wiedergeboren. Also die wenigsten dürften weiter weg kommen. Das mag es auch natürlich geben. Speziell aber die allgemeine Masse bleibt hier."

S.: „Und die Toten erinnern sich an die Lebenden, die zurückbleiben?"

H.: „Für mich ist es so: Wenn du stirbst, hast du zuerst eine Psychophase, da musst du dich erst einmal akklimatisieren. Dabei helfen dir deine anderen *(gestorbenen)* Verwandten, indem sie sich um dich kümmern. Aber vorher, am Anfang des Todeserlebnisses, gehst du ja noch kurz in das Geistreich, wo du alles von der Erde vergisst und dort auch nie wieder hinwillst. Du bist halt reiner Geist, fällst dann aber wieder nach kurzer Zeit zurück in das irdische Totenreich. Und jetzt wirst du langsam wach und lernst, wie es da funktioniert. Am Anfang gehst du auf beiden Füßen, bis du feststellst: hast gar keine Füße, kannst fliegen. Mehr noch, du bist dort, wo deine Gedanken sind, da es keinen Raum und keine Zeit gibt. Im Totenreich gestaltest du dir deine Umwelt entsprechend deinen Konzepten, die du dir hier *(auf Erden)* erworben hast. Bist du Katholik und glaubst an den Papst, dann betest du dort auch den Papst an, obwohl gar kein Papst da ist. Oder du betest Buddha oder Mohammed an. Aber es sind auch andere spirituelle Gruppen dort. Die Toten schaffen sich also im Jenseits ein irdisches Duplikat, können aber, da die Struktur des Jenseits rein geistig ist, schwer seelisch-gedanklich verstehen, dass nur **das** Wirklichkeit ist, was sie denken. Wenn du sagst: ‚Ich will nicht mehr in die Kirche!', dann driftest du aus dem katholischen Umkreis weg. Du wirst selbständig. Genau wie hier auf Erden – wenn du dich von der Kirche abwendest, hast du auch nichts mehr mit der Kirche zu tun. Es ist also ein exaktes Spiegelbild der Situation. Du wirst im Jenseits genau das sehen, was in dir ist. Das wird die Stunde der Wahrheit sein, da kannst du noch so progressiv hier tun, dort wird alles, was tief in dir versteckt ist, zur Wirklichkeit deines Verhaltens."

S.: „Inwiefern kümmern sie sich um die noch lebenden Verwandten?"

Holger meint, dass z. B. ein toter Verwandter von mir für sich festlegen könnte, mir zu helfen, vielleicht einfach, weil er mich mag. Er würde mir dann über Gedanken helfen.

H.: „So gibt es da wie auch hier Helfer. Du bist also auch im Jenseits in deiner persönlichen, beschränkten Mission des Daseins und baust dir deine subjektiv-halluzinative Welt auf, die aber sehr real wirkt. Auf der Erde ist es ja genauso – was du hier glaubst, das kommt auch. Wenn du überzeugter Katholik bist, lebst du in der katholischen Umwelt und so im Jenseits auch."

S.: „Ein Problem für die Menschen sind die unbewussten Glaubenssätze, aus denen heraus eine Realität kreiert und dann gedacht wird, dass die Welt so ist, wie sie erfahren wird, weil sie nicht bemerken, dass sie selbst ihre Realität ständig neu erschaffen, in jeder Sekunde. Die Glaubenssätze können bewusst gemacht und geändert werden und dann kreieren die Menschen eine andere Realität mit anderen Gefühlen." [*05/2011: Ich wollte damit sagen, dass sich auf Erden veränderte Glaubenssätze auch auf das Sterben und das Erleben im „Jenseits" auswirken.*]

H.: „Nimm einmal diese Überzeugung: Alle in Westeuropa glauben, es gibt eine Evolution. Sie denken, es hat sich alles vom Affen zum Menschen entwickelt. Das ist in allen drin, das haben sie in der Schule und überall gehört. Das ist auch eine unbewusste theoretische Konstruktion, die aber falsch ist. Es gibt keine Evolution."

S.: „Wie ist das mit den Steinzeitmenschen bis zur Entwicklung des heutigen Menschen? Die sind jagen gegangen, heute machen wir andere Sachen. Das ist doch eine Entwicklung, wenn aus einem Samenkorn ein Baum entsteht. Ich kann nicht ganz mitgehen, dass es keine Entwicklung gibt."

Dunkelheit als Vorbereitung auf den Tod

H.: „Da müssten wir uns im Speziellen unterhalten, das ist schwierig. Das Jenseits ist so, wie du bist, das ist die Stunde der Wahrheit. Da kannst du dir nichts vormachen, deine inneren unbewussten Glaubenssysteme entfalten sich dort als Äußeres – das ist die Hölle pur. Die ganzen Triebe, Instinkte usw. entfalten sich enorm. Da toben gigantische Kriege. Aber das sind alles Blasen. Du kannst in die Kriegsblase, die Bordellblase, die Politikblase usw. hineingehen und dann bist du voll darin. Du kannst aber auch hinausgehen, genau wie auf Erden. Das ist ein Spiegelbild dessen, was wir hier sind. Hier in der Dunkelheit hast du eine gute Chance, zu kontrollieren. Man sagt ja, die Dunkelheit ist eine Vorbereitung auf den Tod – das ist die eigentliche zentrale Übung der Dunkelheit. So, wie du hier bist, was du hier denkst, fühlst, siehst, wirst du sehen im Jenseits. Du hast hier eine Vorschau dessen, was dich dort erwartet. Deswegen ist es gut, wenn du deine Angst vor Männern im Wald hier *auf Erden* auflöst, sonst erscheinen sie dir dort *(im Jenseits)*, und zwar sehr realistisch, denn es gibt ja dort nur deine Gefühle und Gedanken. Hier *(als Lebender)* hast du den Vorteil, dass du die Realität prüfen kannst. Du kannst noch so viel fühlen, aber wenn du hinausgehst in den Wald, dann siehst du keinen Mann, wenn keiner da ist. Aber im Jenseits gibt es keine objektive Realität. Da ist der Mann sofort da, wenn du an ihn denkst. Und wenn du es erinnerst, wie er an die Tür geklopft hat und das Streichholz in das Schlüsselloch steckte usw., schon ist alles realistisch da. Deswegen ist es wichtig, hier auf Erden diese ganzen Projektionen, Probleme, Ängste usw. abzubauen und aufzulösen, damit sie nicht im Jenseits auftauchen. Das ist der eigentliche Zweck, warum die Tibeter den Dunkelaufenthalt eingeführt haben. Dass du leer dort ankommst, das ist das Ziel."

S.: „Ich hatte dir ja schon erzählt, wie ich das mache mit dem Leer-Werden. Mit der mentalen und emotionalen Veränderung dessen, was ich als Kind erlebt habe und was mich geprägt hat. Ich ändere die eigene Vergangenheit so, dass sie mich mental nicht mehr belastet und emotional nicht mehr berührt. Dann kann ich dort nicht mehr hineingezogen werden."

H.: „Psychotherapie usw. ist alles ganz nett, aber die einzige wirkliche Psychotherapie ist Leer-Werden – vom Psychischen."

S.: „Ja, ich weiß."

H.: „Weil es **alles** Projektionen sind. Dunkeltherapie ist auch Entleerungstherapie."

S.: „Ja. Entleerungstherapie - der Begriff passt wirklich gut."

H.: „Und dann geht es einfach weiter. Wenn du im Jenseits schon leer ankommst, dann hast du eine Chance, gleich hindurchzurutschen in das Geistreich. Wenn du leer bist, gibt es keinen Grund für dich, im Jenseits zu sein, weil das ja nur eine Spiegelwelt unserer Welt ist. Also du rutschst quasi nur durch und gehst in das Geistreich – und das ist das Ziel."

Universelle Struktur und Analogien

S.: „Und dann?“

H.: „Da wissen wir wenig darüber, weil hier kein Ego mehr ist, keine persönliche Geschichte. Du wirst mehr und mehr eine universelle Struktur.“

S.: „Was verstehst du unter universeller Struktur?“

H.: „Was wir hier am meisten zu zweit besprechen, sind individuelle Egostrukturen. Wenn wir hier diskutieren, sprechen wir über dich oder über mich. Wie sehr wir auch alles auflösen und reinigen, bringt letztendlich alles nicht viel, denn es bleibt immer egofixiert. **Ich** habe ein Problem, **ich** habe das Problem gelöst – wir sind immer im Egobereich. Wir haben bisher kaum über universelle Strukturen gesprochen. Das ist auch sprachlich schwierig oder fast unmöglich, das zu formulieren. Jede Egostruktur und jedes Einzelding ist eine Illusion und existiert de facto nicht. Das jetzt zu spüren mehr und mehr, schließlich viele Dinge, schließlich alle Dinge zu erkennen, also mich eingeschlossen, als ein Ding, ein Wesen. Und da gibt es verschiedene Strukturen. Du erkennst das nicht, weil bei dir sich alles auf einen Punkt zusammenzieht und ein Ding wird, sondern durch Analogien. Du erkennst jetzt in einem Frosch ein Haus. In deiner Mutter, dir und deiner Angst vor Männern im Wald erkennst du, dass ihr Inneres von einer Struktur ist, dass sie im Grunde genommen das Gleiche sind. So lassen sich alle diese Fakten auf eines zurückführen. Das ist total abstrakt, aber so ist es, das erkennst du dann. Das kann man sprachlich nicht mehr vermitteln. Das sind die Analogien. „Ana“ heißt: mit, zusammen, eins. Logie: logisch; Logos ist der Geist, das Gesetz. Also Analogie ist der Geist, der alles zusammenführt, vereint. Es geht im Leben im Grunde nur um eins, nämlich die Gesetze der Analogie zu erkennen und das Projekt der großen Vereinheitlichung aller Dinge voranzutreiben. Eine Vorstufe ist die Erkenntnis der Einheit meiner Psyche und wie das da alles strukturiert ist. Aber das ist alles nichts im Vergleich zur großen Vereinheitlichung im Geist in der Analogie. Dann erkennst du irgendwann in diesem Meer von Fakten, Dingen, Strukturen, Farben, Formen etc., wie die zusammenfallen, wie das nur eine oberflächliche Täuschung war, dass ‚Rot‘ eine Farbe und ‚schnell‘ eine Bewegungsform ist. Du erkennst dann, wie Bewegungsform und Farbform zusammenfallen. Das Viele geht alles zusammen, vereinheitlicht sich, wird immer weniger und noch weniger, irgendwann bleibt EINS übrig. Und das kannst du jetzt ‚Gott‘ oder sonst wie nennen, egal, und da hast du alles auf einmal. Und damit hast du das Universum verstanden, wirst es aber nie formulieren können. Man muss quasi eine neue Sprache kreieren, um diese hochabstrakte Sache, die man an sich nur fühlen kann, in die Sprache umzusetzen, die jeder verstehen kann. Also darum geht es, das immer mehr und ganz tief zu erkennen. Letztendlich, wenn man drinnen ist, ist es ziemlich simpel. Das kannst du ultimative Psycho- und Geisttherapie nennen, aber das ist dann die Struktur des DASEINS. Die anderen Sachen sind Vorstufen und eine Vorreinigungsübung."

S.: „Das lässt sich nicht mit dem Verstand, sondern nur über Erfahrung erkennen."

H.: „Wenn du dir den Verstand genau anguckst, ist auch er eine Analogie. Er arbeitet auch analogisch, allerdings sehr grob, plump und mechanisch. Das heißt, die Mechanik ist eine Analogie auf tiefster Ebene, auf einer materiellen Verstandesebene. Die Analogien hat noch keiner herausgekriegt. Mir ist nicht bekannt, dass es einer geschafft hat."

S.: „Geschafft zu formulieren oder zu beweisen?"

H.: „Meines Erachtens ist es beweisbar, ganz einfach mit normalen Worten, damit es auch jeder versteht. Ich gebe dir ein Beispiel: Ein Baum, nehmen wir ein Tanne. Da sind unten die Wurzeln, dann kommt der Stamm, dann die Äste. Erst die großen Äste, dann die mittelgroßen, dann die kleinen und die winzigen. Wenn du genau hinguckst, siehst du, dass die Wurzelstruktur im Erdboden exakt der Aststruktur entspricht. Wie die großen Äste sich ausladen, ist identisch, wie sich die mittelgroßen, die kleinen und schließlich die winzigen ausladen. Du hast hier ein Wiederholungsprinzip, das auf allen Ebenen immer wieder vorkommt. Du denkst, das ist ein einmaliger Baum, aber das stimmt nicht, da ist gar kein Baum, sondern nur eine bestimmte Struktur. Wenn du die analogische Urstruktur der Tanne findest, sieht die halt aus wie ein Tannenbaum. Wie im Großen, so im Kleinen. Also der Samen der Tanne sieht aus wie die Tanne als Ganzes. Der Samen des Walnussbaumes sieht so aus wie der Walnussbaum im Ganzen etc. So kannst du das bei allen Dingen mehr oder weniger ableiten. Da siehst du immer das Letzte und Große wie im Kleinen. So kannst du mit allen Objekten, Handlungsabläufen, Bewegungsarten, Denk- und Gefühlsmustern vorgehen, alles lässt sich reduzieren auf eine Sache, auf die Urstruktur. Dann kannst du die 50.000 oder hundert Urstrukturen wieder zusammenführen zu vielleicht fünf Urstrukturen und diese fünf wieder zu einer. Da bist du dann schon ganz weit oben in der Hierarchie.

Und dann hast du das Ganze, nämlich die Urform – reinen Geist. Das ist jetzt konstruiert, aber du kannst das auch erfahren, fühlen. Du kannst hingucken in die Welt, in das DASEIN, und dann siehst du das. In dem Moment tauchst du in den Geist ein, bist Geist und erkennst die materielle Welt in ihrer tausendfältigen Vielfalt als EINES, nicht als eine Vielfalt. Das ist das große Projekt, dem so oder so alle Lebewesen folgen, und wenn sie sterben, kommen sie in das Jenseits und dann gehen sie in den Geist. Oder du kannst es hier auch schon ein bisschen versuchen. Ich habe bisher niemanden getroffen, der das wissenschaftlich verfolgt hat. Verstehen tun es einige, z. B. die Chaostheorie, die hat da jetzt einen kleinen Schritt gemacht."

S.: „Was besagt die Chaostheorie?"

H.: „Das ist die Sache mit den Fraktalen. Nehmen wir das Beispiel mit dem Tannenbaum. Die Wurzel, die großen, mittleren und kleinen Äste usw. sind die einzelnen Fraktale, die alle zusammengesetzt den Tannenbaum ergeben. ‚Fraktal' heißt, es wiederholt sich ein Prinzip, nämlich die Struktur der Äste oder Wurzeln, auf immer neuen Ebenen. Im Grunde ist immer nur dieses eine Fraktal da, sonst nichts. Das Leben ist eine ständige Wiederholung des immer Gleichen. Nietzsche hat das schon erkannt, als er sinngemäß sagte, das Leben sei die Wiederholung eines immer Gleichen. Aber er konnte es nicht so gut erklären, das war nur sein tiefes Gefühl. Schopenhauer hat es auch erkannt, konnte es aber auch nicht formulieren. Das ist nicht so einfach. Die Chaostheorie könnte man heute benutzen, die hat ja schon einen Ansatz, den man nur weiter ausbauen müsste. Aber braucht man auch nicht unbedingt."

Versteinerungsgefühl in der Meditation

S.: „Wenn ich meditiere und in einem sehr tiefen Bewusstseinszustand bin, presst sich mein Unterkiefer total fest an den Oberkiefer. Ist das bei dir auch so?"

H.: „Wenn man richtig meditiert, darf das Kinn nie hängen. Das muss immer fest geschlossen sein. Bei manchen Leuten, wenn sie entspannen, hängt der Kiefer herunter. Wenn man richtig meditiert, kommt es automatisch, ob du willst oder nicht, dass er sich richtig zusammenpresst. Der Kiefer muss richtig zu sein, sonst hast du keine Kraft."

S.: „Das ist sehr unangenehm. Ich habe manchmal das Gefühl, der Unterkiefer schiebt sich bis zum Oberkiefer, bis zur Nasenwurzel durch.“

H.: „Ja, deswegen knirschen bei der Meditation viele mit den Zähnen.“

S.: „Das geht nicht, da ist keine Bewegungsmöglichkeit mehr. Fest zu.“

H.: „Das ist ein gutes Zeichen. Das heißt, du bist gut drin.“

S.: „Aha. Dazu kam heute das Gefühl, als ob vom Kopf bis zum Hals alles richtig echt versteinert. Das hat mir etwas Angst gemacht.“

H.: „Ja, das ist auch gut. Es muss der gesamte Körper so versteinern, dass du ein einziger Stein bist. Nur durch das Gefühl kannst du dann auch lange meditieren, sonst bekommst du ja Knochenschmerzen. Das muss steif wie ein Korsett sitzen, und dann geht das Körpergefühl ganz verloren. Das muss so sein.“

S.: „Ich dachte, es hängt mit Spannungen in mir zusammen. Aber als ich meine Lippen und Wangen geprüft habe, war alles locker und der Unterkiefer war auch noch am rechten Platz.“

H.: „Ja, im Grunde bist du ganz locker, subjektiv hast du aber das gegenteilige Gefühl.“

Mit diesen Worten verabschiedet sich Holger.

16. Tag – Der Daseinspunkt

Ich träume, ich bin mit einem Patienten unterwegs. Wir unterhalten uns auf der Straße. In der Ferne, außerhalb der Stadt, zieht Nebel auf. Eine Frau kommt vorbei und fragt in unsere Richtung, ob es irgendwo brennt. „Nein, es riecht nicht nach einem Brand, es ist einfach Nebel“, antworte ich. Die Frau sieht zweifelnd aus. Ich verabschiede mich von dem Patienten und folge dem Weg zur Bushaltestelle, die außerhalb der Stadt auf dem Acker genau in Richtung des Nebels liegt. Je weiter ich mich auf der Landstraße von der Stadt entferne, umso dichter wird der Nebel. Aus Richtung der Bushaltestelle kommt mir eine Frau entgegen. Ich frage sie, ob der Nebel von einem Brand herrührt. Sie verneint und erzählt mir, dass sie zurückläuft, weil ihr der Nebel zu unheimlich ist und sie deshalb lieber zu der innerstädtischen Bushaltestelle läuft. Die Stadt ist frei von Nebel. Ich laufe zunächst weiter, kehre nach einiger Zeit jedoch aus gleichem Grund auch um. Ein Traktor kommt mir entgegen und fährt direkt auf mich zu, sodass ich zur Seite an den Straßenrand trete. Der Traktor hält an und es steigt ein mir bekannter Institutsdirektor aus, der mich freundlich begrüßt. Er hat seinen großen, weißen Hund dabei, der mir bis zur Hüfte geht. Stolz sieht der Hund aus und blickt mich freudig an. Der Direktor redet nur dämliches Zeug, er scheint total verwirrt zu sein. Ich weiß nicht, was er von mir will. Er erzählt mir von seiner Sekretärin, die eine Magenoperation in drei Etagen bekommt und jetzt eigentlich Kaffee kochen sollte, und fragt mich, ob ich mit dem und dem eine Nachtschicht eingelegt habe. Er weiß also genau Bescheid, mit wem ich unterwegs war. An der Stelle wache ich auf. Ein sehr merkwürdiger Traum.

Mir geht das Gespräch über Psychotherapie und das Leer-Werden vom Psychischen durch den Kopf. Darauf zielt auch meine Arbeit ab: die Projektionen, unbewussten Glaubenssätze und emotionalen Blockaden zu erkennen und zu wandeln. Dafür braucht es meistens Hilfe, da die Inhalte unbewusst sind. Wenn ich konsequent diese innere Arbeit mache, werde ich auch zunehmend leerer. Parallel dazu kehrt mehr Ruhe ein, wenn all die Fehlzuordnungen und Glaubenssätze richtiggestellt sind. Das ermöglicht es, gelassener bleiben zu können im normalen Alltag – mit meinen Gefühlen, nicht ohne sie.

Das Loslassen der geprägten Muster fällt schwer, denn wer bin ich ohne meine Gewohnheiten? Sie geben ein Scheingefühl von Halt und Sicherheit und wecken die Illusion, alles unter Kontrolle zu haben.

Es macht Angst, all das von klein auf Gehörte, Gesehene, Gelernte, Gefühlte und Einverleibte wieder loszulassen und auf meiner inneren Festplatte die eigenen kindlichen Vorstellungen und Schlussfolgerungen und die Vorstellungen, Forderungen, Erwartungen und Gefühle anderer zu löschen und durch reifere Ansichten zu ersetzen. Dieser Wandlungsprozess fühlte sich oft an, als würde mir die Haut vom lebendigen Leib abgezogen und war begleitet von dem Gefühl zu sterben. Parallel dazu kam aber mehr und mehr mein wahres Selbst zum Vorschein, so, wie ich wirklich bin. Und das fühlt sich an wie neu geboren zu werden. Doch das, was gestorben ist, ist nicht weg; es ist auch noch da, hat seinen Frieden gefunden und ist zur Ruhe gekommen in mir. Je mehr alte Muster transformiert sind, umso mehr zeigt sich mein Kern – das, was ich schon immer war.

Meine ‚Festplatte' war so voll, dass mein authentisches Selbst nicht zum Zuge kam. Ich hatte geglaubt, ich sei die seit der Konzeption bespielte ‚Festplatte', während ich in Wahrheit das bin, was ich vor dem Bespielen war. Es geht meines Erachtens darum, wieder zum ursprünglichen Zustand zurückzukommen – mit dem Bewusstsein eines Erwachsenen.

BIN Daseinspunkt

Es ist noch immer alles dunkel draußen. Ich frage mich, wie ich den Daseinspunkt und die Saskia – die wie hypnotisiert den Daseinspunkt nicht wahrnimmt, obwohl sie spürt und weiß, dass da „etwas" ist – miteinander verbinden kann. Dazu will mir einfach nichts einfallen. Das Bild, das der Daseinspunkt von der hypnotisierten Saskia zeichnet, irritiert mich und macht mich betroffen. Zudem erstaunt es mich, weil ich dachte, ich wäre wach. So deutlich ist mir die Spaltung, die ich nur in mir auflösen kann, noch nie bewusst geworden. Es macht mir irgendwie keinen Sinn, wenn Holger sagt, die Saskia ist nicht wichtig. Ich habe stark das Gefühl, die Verbindung zwischen beiden ist wichtig.

Bei den Gymnastikübungen staune ich über meinen gelenkigen Körper. Der Kopfstand nach Holgers Methode funktioniert nicht, sodass ich in meinen eigenen Kopfstand wechsle. Beim Tai Chi ein erhabenes Gefühl …

Ewig meditiere ich über das DASEIN, den Daseinspunkt und Saskia. Ich sitze stabil, der Kopf ist wie aus Stein, der Körper steif und die Kiefer sind so hart und fest zusammengepresst, dass sogar die Zähne wehtun.

Ich schaue aus der Sicht des Daseinspunktes auf die blockierte Saskia und fühle mich ihr und allem nah und verbunden. Die Seiten wechselnd, gleite ich mit meinem Bewusstsein zu Saskia hinüber, in sie hinein und schaue als Saskia auf den Daseinspunkt. Ich sehe ihn, spüre jedoch statt der Verbindung eine klare Trennung zwischen uns. Ich bin von einer unsichtbaren, aber deutlich fühlbaren Blase umgeben, die mich subtil von meiner Umgebung und dem Daseinspunkt isoliert.

Da mir keine Lösung einfällt, wie ich die Verbindung herstellen kann, gehe ich als Saskia in den Turm, hinunter zum Skelett *(es ist mir wieder ein Gegenüber und für mich da)* und bitte es, mit mir zu meditieren. Bereitwillig stimmt das Skelett zu. Wir richten, jeder für sich, unseren Meditationsplatz her und setzen uns im Abstand von ca. anderthalb Metern gegenüber. Ich frage das Skelett, ob es mir helfen kann, die Spaltung zu überwinden, doch das Skelett antwortet nicht. Daher bitte ich, nach oben ausgerichtet, intensiv immer wieder um Hilfe und warte, das Skelett nicht aus den Augen lassend, einfach ab. Wieder springt es blitzartig in mich hinein und ich bin von einer Sekunde auf die andere selbst das Skelett. Das Kissen vor mir ist leer. Als Skelett schaue ich unbeirrt auf den Daseinspunkt und warte. Ich bin ganz auf die Lösung der Trennung fokussiert und bitte weiterhin inbrünstig um höhere Unterstützung …

Plötzlich spüre ich, wie sich die feste Knochenstruktur auflöst und ich zu zerfallen beginne … ich sinke fortlaufend nach unten, riesele fühlbar als viele feinste Krümel langsam zu Boden … und falle schließlich zu einem weißlichen Knochenmehl- oder Aschehaufen zusammen. Aus diesem steige ich unmittelbar, als der letzte Krümel den Boden berührt, als Daseinspunkt auf *(der Auflösungsprozess begann von außen nach innen, an allen Knochen gleichzeitig, als ob Schicht um Schicht von den Knochen herunterrieselte und ich am Ende in mich selbst zu einem Mehlhaufen zusammenrutschte).*

„Ich" BIN jetzt Daseinspunkt anstelle des Skeletts *(ich stottere, das Sprechen fällt schwer)* … fühle mich als winziges Pünktchen … schwebe als Pünktchen leicht und schnell den ganzen Turm nach oben … direkt vor meine Eltern … sie sehen mich nicht, obwohl ich direkt vor und zwischen ihnen herumfliege. Blockiert sehen sie aus, wie ich vorher auch. Sie warten noch immer vor der Tür auf Saskia, die nicht mehr existiert *(jedenfalls nicht in der Form, wie sie sie kennen).* Ich gleite als hellweißlich leuchtendes Bewusstseinspünktchen, in umfassend grenzenloser Weite und sagenhafter Klarheit wahrnehmend, langsam an ihnen vorbei und habe das merkwürdige Gefühl, mit den beiden nichts zu tun zu haben … das ist vollkommen neu … fühle mich unbegrenzt frei von beiden … ungewöhnlich frei … schwebe wieder zurück, direkt vor sie … sie bemerken mich nicht ein bisschen … ich verabschiede mich dennoch und fliege an ihnen vorbei … aus der Höhle hinaus … in eine neblige Masse. Ich fühle mich gänzlich frei, ohne Ballast … gewichtslos schwebe ich dahin … kann es gar nicht fassen. Unglaublich …

Überwältigt breche ich die Meditation ab. Das muss ich erst einmal verdauen. Der Zweifler meldet sich zu Wort: „Das erlebst du jetzt nur, weil du das gehört hast. Das ist alles nur deine Fantasie, nicht echt." Doch seine

Stimme wird von der Kraft meiner Erfahrung übertönt. Ich schwebe hyperreal als Leuchtpünktchen verwundert und erstaunt herum … verrückt.

Ich fühle mich unbeschreiblich. Jetzt verstehe ich Holgers Aussage, dass „die Saskia" nicht wichtig ist.

Euphorie … vollkommene Freiheit

Euphorisch singe ich lauthals fröhlich ein selbst kreiertes Ich-bin-ein-Punkt-Lied. Am liebsten würde ich sofort hinausgehen, das Fasten beenden, Holger zum Essen einladen, den Rest der Woche in der Natur des Schwarzwaldes und den Höhlen der Umgebung verbringen. Ach, mich hält es fast nicht mehr hier drin. Ich überlege, ob ich nicht morgen schon wieder anfange mit essen. Ich werde am Sonntag hinausgehen. Ich tanze, singe und schreie alles in meiner Ekstase aus mir heraus … FREI …

Noch immer berauscht, erstaunt, begeistert, freudig ergriffen, tief bewegt, überwältigt … Keine Verbindung zu den Eltern! Wirklich nicht da!!! Ich checke auch meine engsten Angehörigen und den Freundeskreis durch: überall frei!!!!! Ich hätte nie für möglich gehalten, dass das geht. (*Es ist ein bewusstes Erfassen von einer Ebene jenseits des Denkens und Fühlens; vom Verstand her ist es nicht verstehbar.)*

Im ganzen Körper ein flirrendes … vibrierendes … rauschendes Gefühl. Es strömt … fließt … bin Energie … alles fließt in mir und um mich herum. Gleichzeitig bin ich Punkt … überwältigend … bewegend … erstaunlich. In diesem winzig kleinen Lichtpünktchen ist die große Saskia enthalten … und all die vielen kleineren auch! COOL!

Ich bin wieder als Pünktchen vor meinen Eltern … ich kann jetzt nicht mehr sagen, dass sie meine Wurzeln sind, weil da ja gar keine Verbindung ist! Absolut absurd! Mein gesamtes Weltbild ist von Grund auf völlig durcheinandergewirbelt. Das passt alles gar nicht in mein bisheriges! Aber so ist es. Meine Eltern sind NICHT meine Wurzeln!!! In meinem Kopf wuselt alles durcheinander … bin bis in die kleinste Zelle aufgewirbelt. Jetzt kann ich auch nicht mehr sagen: „Ich bin meine Eltern." Geht nicht!

[02/2007: Es brauchte für mich diese Erfahrung, um mich aus dem Feld der Eltern lösen zu können. Aber nicht im Sinne eines Beziehungsabbruchs, sondern die Eltern im Herzen tragend gehe ich jetzt in meiner eigenen Spur meinen eigenen Weg. Die Fläche vor mir ist unberührt und wartet darauf, in jedem Moment von mir gestaltet zu werden. In diesem höheren Bewusstsein kann ich die Eltern achten und so lassen, wie

sie sind, ziehe nicht mehr auf unbewusster Ebene an ihnen, will sie nicht mehr anders haben, habe keinerlei Erwartungen, Wünsche, Hoffnungen an sie. Bis heute vergesse ich das oft noch. Dann ziehen mich die alten Konditionierungen in das energetische Feld der Familie hinein, wo ich in gewissem Grade ihren und meinen Gedanken und Emotionen ausgesetzt bin. Doch die kindlichen Prägungen haben keine überwältigende Kraft mehr.]

Ich bin nicht meine Eltern. Auf einer gewissen Ebene stimmt das, ich bin meine Eltern und ich bin es auch nicht …

Oh Mann! Der Verstand rattert alles Weitere durch … jetzt geht es mit den Kindern weiter. Ich bin auch nicht die Mutter von meinen Kindern. Och … ist ja unglaublich … ich bin ihre Mutter und bin es auch wieder nicht. *(Ich lache leise vor mich hin.)* Wenn ich das meinen Kindern erzähle, werden sie denken, ich sei jetzt völlig durchgeknallt …

[06/2010: Es gibt verschiedene Ebenen (ohne Wertung derselben): Auf der untersten Ebene sind die Eltern meine biologischen Eltern – **ich habe Eltern** *und sie sind meine Wurzeln. Eine Ebene höher: Die Eltern sind meine Wurzeln und* **ich bin meine Eltern***. Nächsthöhere Ebene:* **frei von** *Bindung zu* **den Eltern** *u. a. Personen (Partner, Kinder, andere Verwandte, Freunde …), BIN Daseinspunkt, BIN SEIN, DASEIN. Auf der Ebene gibt es die Person „Saskia" nicht mehr. Jede Ebene hat ihre Wahrheit und bringt spezielle Erfahrungen mit sich.]*

Besuch Alexanderplatz

Ein gewaltiges unvorstellbares Freiheitsgefühl … fühle mich abgehoben, den Menschen weit entrückt … schwebe zum Alex in Berlin, zum großen Fernsehturm *(meine Sprache hört sich an, als ob es schwer fällt zu sprechen)* … schaue mir alles an … schwebe auf dem Platz vor dem Fernsehturm, dann außen am Fernsehturm nach oben … Der Körper fühlt sich plötzlich ganz schlapp … Mir ist richtig übel …

Gespräch mit Holger

Die Menschheit schläft, niemand ist wach

Ich berichte Holger von der Schlange, die sich in meinem Brustkorb zusammengerollt hat, und von meiner gestrigen Erfahrung mit der Saskia, die schlafend mit offenen Augen das DASEIN nicht erkennt – also nicht aufgewacht ist. *(Ich erzähle es so, als ob ich die Erfahrung des Daseinspunktes noch nicht hatte.)*

S.: „Das hat mich betroffen gemacht, weil ich dachte, schon bis zu einem gewissen Grad erwacht zu sein. Doch was ich gesehen habe, widerspricht dem. Mich beschäftigt, wie ich diese innere Spaltung auflösen kann. Du sagtest, dass die Saskia an sich nicht wichtig ist. Aber die Spaltung besteht doch in der Saskia, deswegen nehme ich das DASEIN ja nicht wahr. Also kann ich es doch nur in Saskia auflösen, oder?"

Holger lacht vor sich hin: „Ist das süß … Also: Keiner von uns ist erwacht! Wir sind alles Schlafmützen. Das wissen wir ja nun."

Lachend antworte ich: „Ja, ja, aber es ist erschreckend, das zu sehen."

H.: „Je tiefer du es siehst, desto erschreckender ist es, wenn du es sehr tief siehst, stirbst du gerade. Der Schock ist zu groß. Das wird natürlich verhindert. Der Ursprung dieses Nicht-Sehens, dieser Nicht-Erwachtheit ist mir völlig unklar."

S.: „Aber hast du nicht manchmal das Gefühl, ein Stück aufgewacht zu sein, ein Gefühl von innerem Erwachen?"

H.: „Ich habe das auch ab und zu, aber letztendlich ist es eine Lüge, ist es nichts im Vergleich zu dem, was möglich ist. Du kannst arbeiten, kannst kämpfen und du hast jetzt hier einen Blick hineingeworfen in diese monströse Öffnung, in ein weites Feld hinein. Damit fällt die Saskia weitgehend weg, die wird sehr klein und sehr bescheiden, nicht mehr so wichtig. Es gibt eine Hoffnung, wenn du weitergehst. Aber das ist dann der individuelle einsame Weg, worüber du mit niemandem sprechen kannst."

Ich spiele Holger die heutige Tonbandaufnahme von der Euphorie über den Zerfall meines Weltbildes bis zum Besuch auf dem Alex vor.

H.: „An sich gibt es nicht viel zu sagen, ist ja alles selbstevident, was du gefühlt hast. So ist es ganz einfach. Wir sind eine Saskia oder ein Holger und wir sind gleichzeitig das DASEIN pur. Wir sind zwar Kinder unserer Eltern, Eltern unserer Kinder, aber gleichzeitig sind wir reines SEIN und das muss man einfach unterscheiden können. Da du nun Saskia geworden bist, musst du im Alltag auch so tun, als ob du Saskia bist. Gleichzeitig aber – und das ist dein Wesen, deine wesentliche Basis und dein echter Ursprung – bist du dieser Daseinspunkt, d. h. das reine SEIN. Das war jetzt ein Daseins**punkt**. Dieser Daseinspunkt kann sich erweitern und größer und größer werden."

S.: „Der Punkt kann größer werden, wie eine Sonne z. B.?"

H.: „Ja, bis es alles umfasst und dann wird es natürlich immer kritischer, die Saskia gelegentlich aufrechtzuerhalten. Das ist ganz klar und jeder Mensch endet irgendwo. Die meisten kommen gar nicht zum Daseinspunkt, einige kommen dorthin, einige gehen noch darüber hinaus. Aber das ist der eigentliche Auftrag des Menschen, in das SEIN zu kommen. Das war eine echte Freiheitserfahrung, die viel größer ist als eine intellektuelle Erkenntnis. Auch die intellektuelle Erkenntnis ist schon ein kleiner Daseinspunkt, die aber immer falsch sein kann. Wir können nie sicher sein, ob intellektuell etwas stimmt. Beim Daseinspunkt sind wir immer richtig, denn das ist das allgemeine, grundlegende Seins-Gefühl und das eigentlich sind wir und da hast Du jetzt einen Blick hineingeworfen. Daraufhin ist es ganz euphorisch und es erscheint einem als das Ende, als die höchste Erfahrung. De facto ist das nicht der Fall, deswegen BLEIBT man auch in der Dunkelheit, weil es dann noch weitergeht. Du warst auch ein Stück weit im Plasma, diese, wie du es genannt hast, neblige Masse. Das ist ein guter Anfang, da kann man noch weiter hineingehen. Ich würde da bleiben, wo du bist, und erst einmal ausruhen sozusagen und das überdenken und fühlen. Es wäre jetzt nicht produktiv für dich, hinauszugehen. Nicht an diesem Punkt abbrechen, obwohl ich das verstehe. Man will hinausgehen, weil man das tiefe Gefühl hat: ‚Jetzt habe ich eine große Zäsur, jetzt habe ich es irgendwo geschafft, jetzt kann ich auch mal abbrechen'. Das ist verständlich, legt sich aber wieder, denn morgen oder übermorgen ist das wieder weg und dann siehst du, dass du weitergehen kannst, der Forschungsprozess geht weiter, der Daseinspunkt kann vergrößert werden. Es ist ja so: Du hast das jetzt und wenn du dann draußen bist, vergisst du hin und wieder den Daseinspunkt, dann leuchtet er mal wieder auf, kommt als Reflex, als ein Echo zurück. Aber im Grunde nicht sehr stark. Es geht darum, dass dieser Daseinspunkt immer da ist, dann hast du nicht mehr diese Probleme der Egoneurosen und der persönlichen Geschichte. Sie sind zwar noch da, aber sie sind relativ unwichtig. Aber auch die Welt, wie sie so ihren Gang nimmt, wird dann relativ unwichtig. Du siehst dann die Welt mehr von außen in ihren großen Zügen, in ihrer wahren Bedeutung. Und dann bist du auch nicht mehr so fixiert. Es geht dann die Angst vor dem Tod usw. schrittweise verloren, weil du das übergeordnet erschauen kannst. Speziell wenn du dann tiefer in das Plasma hineingehst, siehst du, dass du ja eigentlich dort wohnst und hier nur Gast in einem Körper auf einem materiellen Planeten bist. Und dadurch relativiert sich alles hier. Dadurch gehen auch die Ängste verloren und das ist jetzt, könnte man sagen, die ultimative Psychotherapie – es geschieht einfach von selbst dadurch, dass du einen größeren Daseinspunkt hast. Das ist wirklich schön. Da kann man immer tiefer hineingehen. Das eigentlich bist du. Und das ist jetzt ein Aspekt der Geistqualität. Noch nicht der ganze Geist, aber ein Aspekt oder ein verdünnter Aufguss. Das kannst du dir noch zweimal so stark vorstellen – zehnmal so stark kannst du dir schon nicht mehr vorstellen."

S.: „Zehnmal so stark wie was?"

H.: „Wie jetzt deine Erfahrung war. Aber wenn du dann zehnmal so stark bist, kannst du dir 12- oder 13-mal so stark vorstellen, aber schon nicht mehr 20-mal so stark. Aber es kann zehnmal so stark werden. Das kommt häufig in der Dunkelheit vor, wenn man länger drin ist. Das gehört einfach dazu. Hier kommt man zur Wurzel des DASEINS. Das ist alles sehr einfach. Das ist dein Weg, dein Auftrag. Wenn du mal am Daseinspunkt gerochen hast, willst du immer weitergehen. Das ist der Weg des Menschen oder aller Wesen."

Was ist der Verstand?

S.: „Ja, das war eine starke Erfahrung. Mein Verstand hat gestreikt, der kam da nicht mehr mit – das war echt interessant. Das ist jenseits dessen, was der Verstand begreifen kann."

H.: „Na ja, was ist Verstand?"

S.: „Das Denken, das gesagt hat: ‚Ich bin meine Eltern, die Eltern sind meine Wurzeln', usw. Wenn du dem Verstand das hättest ausreden wollen, hätte der es nicht zugelassen."

H.: „Wenn du genau hinguckst, wirst du feststellen: Da ist gar kein Verstand, sondern dieser sogenannte Verstandeskomplex ist nur, wie man es so nennt, das allerletzte Echo der Erfahrung, dieser Euphorie-Erfahrung, die du jetzt hattest. Das ist das letzte, tiefste, dunkle Echo. So gehört also der Verstand auch zur Seins-Erfahrung, ist aber ziemlich verdunkelt. Es gibt nur ein Kontinuum, es gibt keine unterschiedlichen Bewusstseinszustände. Das ist alles ein Kontinuum vom reinen Geist, der sich dann immer mehr verdichtet. Die unterste Stufe ist der sogenannte Intellekt.

Wenn du das tiefer analysierst, siehst du, dass das wie ein großer universeller Fluss ist. Und dann musst du nicht mehr mit einzelnen Worten herumjonglieren und die gegeneinander diskutieren und deine Zeit damit verlieren. Untersuche das mal, das ist wichtig. Dein Verstand ist nicht schlecht, das ist Geist pur, aber halt ein wenig verdichtet. Man lehnt den Verstand nicht ab, sondern sieht ihn als Kind des Geistes."

S.: „Ich meinte es so: Der Verstand tut sich schwer damit, was ich erlebt habe. Er allein hätte es nicht erfasst. Es ist keine Ablehnung darin, sondern es brauchte diese Erfahrung, damit der Verstand erkennen kann, dass es anders ist, als er dachte, und um seine eingefahrenen Überzeugungs- und Denkmuster zu erweitern. Ohne eigene Erfahrung – wie bei Wissen aus Büchern – findet der Verstand immer etwas, was er anzweifeln kann, da ist er ganz stur. Nur die Erfahrung überzeugt ihn, wenn auch schwerfällig."

H.: „Diese Erfahrung war in der Meditation, oder?"

S.: „Ja."

H.: „Na ja, dann meditierst du weiter."

S.: „Ich lege erst einmal eine Pause ein, ich bin so erfüllt."

Holger zeigt mir zum Abschluss noch einmal den Yoga-Kopfstand und gibt mir den Tipp, diesen auf dem harten Fußboden statt auf der weichen Matte zu probieren.

Ich werde nächsten Sonntag rausgehen, den Nachmittag in der Natur verbringen und abends mit Holger lecker essen gehen. Mir läuft das Wasser schon im Mund zusammen. Noch eine ganze Woche hier drin! Es zieht mich sehr nach draußen.

Ich nehme jetzt ein Bad, trinke Gemüsesaft und dann gehe ich ins Bett. Bin ganz schön müde.

17. Tag – Abschied vom Turm

Es ist noch Nacht. Immer wieder krieche ich voller Lust in den Kessel, um dieses wunderbare Grundgefühl von Halt, Sicherheit, Geborgenheit und Sich-geliebt-Fühlen stabiler in mir zu verankern.

Ich träume, ich studiere und löse schwierige Matheaufgaben, die gleichzeitig tiefe Gefühle in mir auslösen. Auf die Art und Weise mache ich einen tiefen Prozess durch, während alle anderen eben einfach nur Mathe machen.

Ein Vogel trällert mit faszinierender Klarheit sein Lied in die Stille des Morgens. Ich lausche seinen melodischen Klängen … stimme mich immer wieder in den Daseinspunkt ein … genieße das Freiheitsgefühl …

Ich schwebe den Turm hinunter zum Kraken. Er liegt ruhig mit halb eingerollten Fangarmen vor seiner Hütte und scheint gewachsen zu sein – oder er wirkt nur größer, weil ich ein Punkt bin. Als Saskia kann ich hier unten nicht mehr laufen, weil sie nicht mehr da ist. Ich gleite weiter in den Goldraum, wo seit Ewigkeiten altertümlicher Goldschmuck aufbewahrt ist. Ketten, Ringe ohne und mit funkelnden Steinen, Hals- und Fußbänder, Ohrringe, Königskrone und andere mir unbekannte Dinge lagern in unzähligen Massen auf braunen massiven Holztischen und in hohen Wandregalen, die an den Seiten mit eleganten Rundungen verziert sind. Ehrfürchtig lasse ich die Schätze ruhen; mir ist, als ob ich die Goldkammerprobe schon vor Jahrhunderten bestanden habe. Ich entdecke vereinzelte, stumpf wirkende Silberstücke und mehrere große Edelsteine, die wie Fremdkörper zwischen dem Gold wirken. Nach meinem Rundflug verlasse ich mit einem letzten Abschiedsblick den prunkvollen Saal. Die Türen gehen selbstständig auf und hinter mir zu. Allein durch meine Absicht, hinein- oder herauszutreten, öffnen sie sich. Ich fühle mich in die Zukunft versetzt.

Im Skelett-Raum steht der Kessel einsam und leer herum; das Feuer ist erloschen. Das Häufchen weißlicher Asche liegt unberührt auf und vor dem Meditationskissen. Es ist nicht wirklich Asche, sondern die zu feinem Mehl zerfallenen Skelettknochen. Ich überlege, ob ich das Knochenmehl in einer Schale in den Kessel lege. Nein, es fühlt sich am besten an, zur Erinnerung alles so zu belassen, was auch gut möglich ist, da ich die Einzige bin, die hier herkommt. Mein Blick schweift ein letztes Mal durch den gesamten Raum, dann pendele ich erfüllt und dankbar in den Flur und verschließe die Tür.

Ein Impuls zieht mich nochmals in das Gemach des Kraken. Er ist in eine Art Schlaf gefallen und wirkt sehr friedlich und zufrieden. Leise schließe ich die Tür wieder. Hier unten scheint jetzt alles erledigt. Fast schon im Aufbruch, fällt mein Blick auf die Tür des Raumes mit dem

Tisch darin. Er wirkt leer und hat keine Bedeutung mehr. Ich weiß ganz klar, dass alle Aufgaben, die in den einzelnen Räumen zu lösen waren, gelöst sind – die Zeit im Turm ist zu Ende. Eine ruhige Abschiedsstimmung füllt mich aus. Es ist, wie wenn ich vor einem Umzug noch einmal zum Abschied durch die Räume der alten Wohnung gehe, bevor ich sie für immer verlasse.

Ich schwebe wieder aufwärts. Oben stehen noch immer meine Eltern und warten, dass Saskia aus der Tür wieder herauskommt. Ja, wird sie nicht … jedenfalls nicht so, wie sie sich das vorstellen. Als Punkt können sie mich nicht sehen. Sie wirken völlig entnervt, weil ich ja bereits eine ganze Weile weg bin. Schon vier oder fünf Tage? Sie sehen aus wie wartende Eltern vor einem OP-Saal, die sich Sorgen machen um ihr Kind, das drinnen in einer schwierigen OP, bei der es um Leben und Tod geht, seit Tagen operiert wird. Ich empfinde tiefes Mitgefühl und fühle mich ihnen in großer Dankbarkeit verbunden. Jetzt stehe ich vor einer Herausforderung: Obwohl ich als Punkt direkt vor ihnen bin, nehmen sie mich doch nicht wahr. Wie sage ich ihnen, dass alles gut ist? Ich werde ihnen einen Boten mit einer Nachricht schicken. Entschlossen schwebe ich aus der Höhle hinaus und bin plötzlich wieder Saskia, in normaler Form. Ich laufe zurück und rufe meine Eltern, die mir mit dem Rücken zugewandt stehen und auf die Tür schauen. Sie kommen, sich laut über mein plötzliches Auftauchen wundernd, auf mich zu. Sie hätten mich gar nicht bemerkt und sich Sorgen gemacht, wo ich denn so lange bleibe. Ein groteskes Gefühl, Dinge gesagt zu bekommen in der Annahme, ich wüsste diese nicht – dabei ist mir alles genauestens bekannt. Da ich nicht weiß, wie ich die Sache mit dem Punkt erklären kann, behelfe ich mir mit der kleinen Notlüge, dass ich durch einen anderen Ausgang, der sehr weit weg lag, herausgegangen sei, weshalb der Rückweg so lange gedauert habe. Ich würde ihnen später alles noch genauer erzählen. Wir umarmen uns alle drei … ein schönes Gefühl …

Gespräch mit Holger

Über Mönche und Meditation

Holger erklärt, dass es in der Ausbildung tibetischer Mönche bestimmte Schritte und Phasen gibt und die Ausbildung wie in einer Schule ein gestaffeltes System sei, innerhalb dessen Schriften gelesen und Übungen gemacht werden. Es könne mit offenen oder geschlossenen Augen meditiert werden, das sei egal.

H.: „Du siehst ja eh nichts mehr. Du weißt nichts mehr und guckst nur, was kommt und das ist objektiv, das ist dein Wissen. Das ist ein nicht-individuelles Wissen, keine Indoktrination. Das ist etwas völlig anderes."

Ich frage Holger, ob er sich etwas Bestimmtes vorstellt, um sich im Seins-Bewusstsein zu halten. Das könne man, so Holger, als Übung mal machen, aber im Allgemeinen nicht. Sich ständig daran zu erinnern, eine Seele, ein Punkt zu sein, könne in einen Kampf ausarten, weshalb er davon abrate. Es sei gut, bei den spirituellen Übungen locker zu bleiben. Man müsse nicht perfekt werden, sondern locker. Alles sollte von allein kommen, nicht durch das Ego. Das würden viele verwechseln, weshalb dann nur Indoktrination, Kampf und Neurose herauskomme.

H.: „Das ist kein einfacher Weg. Du musst Intelligenz und großes Wissen besitzen und auch die angeborene Struktur haben, um das zu schaffen. Wenn du die nicht hast, kannst du in 10.000 Schulen gehen, es wird nie etwas herauskommen. Das ist eine angeborene Struktur. Angeboren heißt, du hast das schon häufig in vielen vorangegangenen Leben geübt, hast also eine gewisse Kompetenz. Du kannst nicht in einem Leben ein yogisches Leben aufbauen. Jeder hat seine Grenzen und muss diese erkennen."

Ich stimme Holger zu und wechsle das Thema, indem ich ihm von meiner Erkenntnis berichte, dass die Orientierungslosigkeit aus der ersten Dunkeltherapie mit meinem damaligen orientierungslosen Zustand zu tun gehabt hat. Seinerzeit wusste ich nicht, wie es nach der Trennung von meinem Mann in meinem Leben weitergehen würde. Holger meint, es gäbe einerseits die Möglichkeit, dass es mit dem inneren Zustand zusammenhängen könnte, andererseits gäbe es in der Dunkelheit eine allgemein menschliche Desorientierung im leeren Raum. Das seien normale Phasen, die meist nur kurz andauerten.

S.: „Es kommt im Dunkeln ja wirklich alles hoch und ich finde die Klarheit, mit der die Dunkelheit Themen aufzeigt, total beeindruckend."

H.: „Ja – du siehst dein eigenes Inneres sozusagen als Film oder Bild, je nachdem."

S.: „Deswegen denke ich, dass auch die Orientierungslosigkeit oder die Räume – z. B. der Boden mit den vielen Balken oder die Treppe – in das Dunkel hineinprojiziert waren. Die Balken waren Widerstände, die mir noch im Weg waren wie Steine auf einem Weg … Oh – was ist denn mit meiner Zunge los … sie ist wie gelähmt, fühlt sich wie fremd an in meinem Mund, wenn ich spreche, als ob sie nicht zu mir gehört."

[02/2007: Auf der Kassette ist deutlich zu hören, dass etwas nicht stimmt. Holger ging aber nicht darauf ein. Das Sprechen fiel schwer, weil die Zunge nicht mitmachte. Ich konnte nur „lallen", als hätte ich einen getrunken – in dem Zustand ist die Zunge nicht frei und leicht bewegbar.]

[06/2010: Mir ist heute bewusst, dass ich Holger an der Stelle unbedingt überzeugen wollte von meiner „Wahrheit" über die Orientierungslosigkeit – es steckt eine Betriebsamkeitsenergie darin. Ich bin also innerlich bereits in einem Muster und spreche nur aus dem Kopf heraus, nicht in Verbindung mit meinem Herzen. Ich finde es ganz interessant, dass sich an der Stelle das Zungenphänomen zeigt, was mich an die Lehre der traditionell-chinesischen Medizin erinnert. Danach öffnet sich das Herz in die Zunge, die hier gelähmt ist als mögliches Zeichen dessen, das ich nicht ganz in meiner Mitte bin, nicht mit meiner authentischen Zunge rede sozusagen. Die Energie der Worte kommt aus dem Überlebensmechanismus (PP, AP), nicht aus meinem Herzbereich. Der enge Zusammenhang zwischen Seele und Körper wird noch bewusster – jede seelische Verfassung hat auf der Körperebene sofort Auswirkungen. Ich merke, dass ich mir dessen nicht immer so bewusst bin wie gerade in diesem Moment.]

Holger ist wieder gegangen.

Gedanken zum Thema „Sich-Stoßen" tauchen auf. Das passiert mir bedeutend weniger als in der ersten Dunkeltherapie und nur dann, wenn ich mich unaufmerksam bewege wie heute im Bad. Das Handtuch war von der Heizung gefallen und ich hatte mich automatisch, ohne Bewusstheit, danach gebückt. Prompt bin ich mit ziemlichem Schwung an den Heizungsrippen gelandet; innerhalb von Sekunden wuchs ein mächtiges Horn in der Mitte meiner Stirn. Achtsam und aufmerksam kann ich nur im JETZT sein – dann bin ich auch gleichzeitig sehr bewusst und es geschehen andere Dinge als im unbewussten Zustand. Leider bin ich „draußen" nur wenige Augenblicke am Tage wirklich bewusst und präsent. Den größten Teil der Zeit bin ich nicht im JETZT.

[06/2010: Der Zustand der Nicht-Authentizität oder Nicht-Präsenz geht parallel einher mit Unachtsamkeit – ich holte mich über die Beule auf schmerzhafte Weise wieder in das JETZT, in die Gegenwart zurück. Achtsamkeitsübungen, Yoga, Tai Chi, autogenes Training und Meditation z. B. können hilfreich sein, sich die eigene Nicht-Präsenz bewusster zu machen.]

Ich hatte eben das Gefühl, ich werde hinausgetragen … hinaus zu den Ereignissen der Tür. Das ungewöhnliche Gefühl ließ mich wach werden, woraufhin ich eiligst zurückgetragen wurde.

18. Tag – Der Eine Mensch

In der Nacht wird mir bewusst: Die Balken aus dem ersten Dunkelretreat standen für Situationen, die ich für schwierig hielt, ohne deren illusionären Charakter zu erkennen. Sie erschwerten zwar meinen Weg, aber sie hinderten mich nicht daran, weiterzulaufen – ich musste sie nur umschiffen. In der im Flur nach unten führenden Treppe verbarg sich die Lösung für die Schwierigkeiten, nämlich die Illusionen und Projektionen zu erkennen. So hatte sich im ersten Dunkelretreat sowohl das Problem gezeigt als auch die Lösung, ohne dass ich es erkannt hatte. Die nach unten führende Treppe mit der Tür auf der linken Seite sah genauso aus wie das letzte Stückchen Treppe im Turm, bevor ich zu den vier Türen kam. Ich hätte die Treppe nur hinunterzugehen brauchen, statt vor ihr wegzulaufen.

Gedanken zum Daseinspunkt

Unzählige Inspirationen und Bilder zum Daseinspunkt scheinen auf, zu vielen Daseinspunkten, zu sechs Milliarden menschlichen Daseinspunkten und zu dem EINEN, dem Göttlichen, das diese Daseinsenergiewolke umhüllt. Ich werde das Holger beim Abendgespräch vorspielen.

Es ist immer noch stockdunkel draußen. Ich bin bestimmt schon zwei Stunden wach, wenn nicht noch länger. Mein Kopf qualmt von den vielen Bildern über die Daseinswolke und über das Göttliche und wie alles in allem in der Wolke enthalten ist.

Ich liege bis schätzungsweise vormittags im Bett, kann aber nicht noch einmal einschlafen. Tai Chi, Dehnungsübungen, Kopfstand … Baden-Gehen, Meditieren … meine Zunge fühlt sich noch immer lahm an. Nach der Sitzmeditation meditiere ich im Liegen weiter. Ab und zu gleite ich weg, höre mein eigenes leises Atmen, wovon ich wieder aufwache.

Es ist kalt heute. Eine heiße Brühe wärmt mich auf. Ich werde Holger fragen, ob er die Heizung wieder anschalten kann.

Die Zunge könnte vom Meditieren so gelähmt sein, weil sich dabei der Unterkiefer mit magnetischer Kraft fest an den Oberkiefer presst und der Kopf bis zum Halsbereich steinhart wird. Aber auch wenn ich nicht meditiere, pressen sich die Kiefer immer wieder zusammen – ich scheine in einem dauermeditativen Zustand zu sein. Da die Kaumuskeln selbst vollständig locker sind, kommt also die enorme Kraft, die die Kiefer zusammenpresst, nicht aus den Muskeln. Diese permanente Krafteinwirkung auf die Kiefer, den Zungengrund, die Zunge, Zähne und den Hals könnte das Zungenphänomen bewirken. Sie fühlt sich gelähmt, taub und schwerfällig an und gehorcht mir nicht wie gewohnt beim Sprechen. *(Als Heilpraktikerin und Tierärztin denke ich eher an einen Schlaganfall, es ist ein typisches Symptom.)*

Traum „Mühe zu laufen"

Ich sehe mich mit allergrößter Kraftanstrengung nach Hause rennen. Es kostet mich Mühe, überhaupt zu laufen. Ich weiß nicht, warum ich nicht normal gehe, sondern rennen will, wobei ich größte Mühe habe, nicht umzufallen. Ich torkle mehr, als dass ich gehe oder laufe. Ende.

Ich deute den Traum als Hinweis auf meinen gegenwärtigen Zustand – real torkle ich genauso, Tai Chi kostet mich große Kraftanstrengung, ebenso das Aufstehen, um zur Toilette zu gehen. Dazu der eigenartige Zustand meiner Zunge …

In der Sitzung meint Holger dazu, der Traum weise auch darauf hin, dass ich hier raus und nach Hause wolle.

Gespräch mit Holger

Wie stellen Tote den Kontakt zu den Lebenden her?

Holger ist gekommen und ich stelle ihm, da es mir nach wie vor unklar ist, nochmals die Frage: „Wie stellen Tote den Kontakt zu den Lebenden her, wenn sie doch beim Eintritt ins Geistreich alles Irdische vergessen? Auf welche Art und Weise kommt dann die Verbindung zu den Lebenden wieder zustande?"

H.: „Was du als Mensch warst, was du da gemacht hast, dass du da Kinder hast usw., das ist dir schon präsent. Das könnte man sich so vorstellen: Du bist nach Bali gereist. Kaum bist du in Bali, ist es doch so – bei mir zumindest –, dass deine Existenz in Bali ist. Was du arbeitest, deine Wohnung usw. ist weit, weit weg. Dein Zuhause ist irgendwie verschwommen, verliert sich, kannst du dir gar nicht mehr vorstellen."

S.: „Vorstellen schon, aber es ist weit weg."

H.: „Es ist weit weg – und das jetzt hoch zehn, so kannst du es dir vorstellen, wenn du im Jenseits bist. Verstehst du, es ist nicht vergessen, aber es ist halt wie irreal und unrealisiert. Du bist da in Bali unter tropischen Pflanzen und hier ist Schnee – das weißt du alles logisch, aber letztendlich kannst du gar nichts damit anfangen, weil du in einer anderen Realität lebst. Es ist vergessen und doch nicht vergessen. Selbst wenn jemand nur zwei Minuten tot ist, geht er ins Geistreich, ins Jenseits, und was stellt er fest? Er hat keinerlei Interesse mehr an seinem irdischen Leben. Das reißt dermaßen schnell ab, weil die Zeit- und die Daseinsqualität im Jenseits eine völlig andere ist als hier. Du bist auf dem Daseinspunkt, wie du gesagt hast, angelangt. Da hast du kein Interesse mehr an diesem ganzen Wirrwarr und Hin und Her, sozialen Bindungen usw. Das erscheint dir alles völlig erkünstelt, völlig absurd. Wenn du im Jenseits bist, fällt alles von dir ab – all deine Introjektionen und Identifikationen. Das fällt deswegen ab, weil die Seele sich vom Körper getrennt hat. Du hast schon kein Raum-Zeit-Gefühl mehr. Du hast keine Körperidentifikation, du hast keine Körperbasis mehr. Daher fallen auch deine ganzen künstlichen Identifikationen weg: Name, Beruf, Titel, Lebensgeschichte, deine Neurosen, deine Erfolge, deine Liebhaber usw. Das erscheint dir so schal, so nichtig, so blass, denn jetzt bist du im Daseinspunkt."

S.: „Trotzdem kreiere ich mir noch immer das Gleiche wie auf Erden."

H.: „So, jetzt kommt es natürlich: Kaum bist du aus dem Geistreich zurück, bist du wieder im Jenseits, d. h. du legst dir jetzt gewissermaßen wieder deine irdische Hülle an, also deine Seelenkonzeption. Die sind jetzt plötzlich wieder voll da, holen dich wieder ein."

S.: „Ich verstehe, nur im Geistreich ist alles abgefallen …"

H.: „Ja, nur im Geistreich. Und du musst bedenken: Es ist etwas anderes, ob du nur zwei Minuten im Jenseits bist oder ob du wirklich tot bist und nicht mehr zurückkommst. Das muss man unterscheiden. Bei den Nahtoderlebnissen bleiben die meisten ja nur kurz im Jenseits, sehen nur kurz z. B. den toten Vater, rufen vielleicht ein: „Hallo, wie geht's?" und dann werden sie schon wieder zurückgezogen *(ins Leben)*. Die haben gar nicht groß die Möglichkeit, sich dort *(im Jenseits)* wieder normal zu verlebendigen. Aber die, die länger da sind, ziehen sozusagen wieder ihre irdische Seelenhülle an, weil es ja letztendlich nicht wirklich aufgearbeitet ist. Und dann sehen sie das, was **in** ihnen ist. Im Jenseits siehst du das, was **in** dir ist und was du denkst."

S.: „Ja, das ist mir klar."

H.: „Das ist ja hier auch so. Aber du kannst dir jetzt nicht vorstellen, dass dort, obwohl da ein Haus steht, kein Haus ist – und dann ist es auch nicht mehr da. Da musst du schon überneurotisch sein. Aber im Jenseits ist das so. Nicht weil da keine realen Hausstrukturen, Steine und Planeten herumwirbeln, sondern da ist gar nichts. Wie soll ich sagen, das ist nur wie eine Leinwand oder wie Luft und du projizierst deine Ideen in die Luft und dann werden es Wirklichkeiten."

S.: „Das ist klar. Mir ging es nur noch mal darum, wie der Kontakt zu den Lebenden hergestellt wird."

Unterschied zwischen Diesseits und Jenseits

H.: „Du hast eine ganz tiefe Erinnerung, wie eine Vision, an deinen Sohn meinetwegen. Du bist also seelisch mit ihm verbunden; dadurch kriegst du mit, wann es ihm schlecht geht. Und je tiefer deine Bindung ist, umso mehr willst du ihm helfen. Dadurch rückst du selbst aber in die Nähe des materiellen Planeten, wirst von dessen Aura gewissermaßen eingefangen und selbst so ein bisschen halbstofflich. Wenn du dich jetzt um deinen Sohn kümmerst, während er Auto fährt, kannst du ihn vielleicht vor einem Unfall bewahren. Die Kehrseite der Medaille ist, dass du selbst eingefangen in der materiellen Aura bist, d. h. du schwebst hart an der Materie, du bist nicht weit von denen und dadurch leidest du eben auch; du bist total in der Fixierung drin. Also das Jenseits ist so, wie es hier ist. Da gibt es auch Religion, Buddhisten und Christen und die machen alles so, was hier auch. Der Mensch behält dort alles, er geht auch dort wählen, es ist ganz unglaublich da. Der Unterschied zu hier ist: Es gibt definitiv die Stadt Berlin, ob ich daran glaube oder nicht. Im Jenseits kann einer nur nach Berlin gehen, wenn er daran glaubt. Wenn ich nicht an Berlin glaube, weil ich die Stadt vielleicht vergessen habe oder gar nicht kenne, dann gibt es für mich kein Berlin im Jenseits, auch wenn es für dich existiert. Das ist der Unterschied."

Wie viele Engel können auf einer Nadelspitze tanzen?

S.: „Ich habe noch eine Frage zum Daseinspunkt. Im Prinzip ist jeder Mensch ein Daseinspunkt. Kann ich sagen, dass es so viele Daseinspunkte wie Menschen gibt?"

H.: „Auf dem Daseinspunkt treffen sich alle Wesen. Es gab im Mittelalter die scholastische Frage: Wie viele Engel können auf einer Nadelspitze tanzen? Die Leute haben dann überlegt und 1.000, 5.000 oder 50 vermutet. Alles falsch. Alle Engel können auf einer Nadelspitze tanzen. Warum? Weil Engel keine physische Ausdehnung haben. Viele solcher Fragen wurden entwickelt, um die Schüler zu testen. Also der Daseinspunkt ist nicht dein Daseinspunkt, sondern das ist der von allen. Da trifft sich gewissermaßen alles. Das ist ein ausdehnungsloser Raum. Wenn du noch tiefer reingehst, stellst du fest: Das ist das reine SEIN, wo alles enthalten ist."

S.: „Ja, ich habe in der letzten Nacht viele Gedanken und Erfahrungen dazu gehabt. Ich spiele dir mal vor, was ich aufgenommen habe[2]:"

Erkenntnisse/Erfahrungen zum Daseinspunkt

In jedem Daseinspunkt ist der ganze Mensch vom Säugling bis zum alten Menschen enthalten, so, wie im Samen der Tanne schon die ausgewachsene Tanne enthalten ist.

Holger bestätigt das auf meine Nachfrage und ich sage: „Aber trotzdem gibt es nur einen Daseinspunkt insgesamt."

H.: „Ja, eine Fläche als Daseinspunkt. Aber was heißt jetzt ‚Säugling – alter Mensch'? Ich meine, es gibt weder Säuglinge noch alte Menschen. Der Säugling ist der gleiche wie der alte Mensch. Die haben alle den glei-

---

2 Im Folgenden ist der vorgespielte Text vom Tonband in Kursivschrift dargestellt.

chen Daseinspunkt. Nur dass dein Körper jetzt altert, du erreichst eine andere Form. Aber der Daseinspunkt kann doch nicht altern."

S.: „Nein, habe ich auch nicht gesagt und meine ich auch nicht. Ich dachte zuerst, dass es mein Daseinspunkt ist und dass es dann so viele Daseinspunkte geben müsste, wie es Menschen gibt, also jeder Mensch seinen eigenen Daseinspunkt hat."

H.: „Nein, das kann ja nicht sein. Wenn du tiefer gehst, dann erweitert sich der Daseinspunkt noch mehr und die evolutive Kette der Menschheit ist im Daseinspunkt. Im Fischschwarm zählt das einzelne Fischlein nicht, das ist der Schwarm."

S.: „Ja, die Gedanken haben sich am Ende in die Richtung entwickelt. Es ging aber los mit der Überlegung, ob jeder Mensch einen eigenen Daseinspunkt hat. Lass uns mal weiter hören:

Im Moment der Befruchtung der Eizelle eines Menschen ist der Daseinspunkt schon da. Es entsteht im Laufe der Zeit der Mensch, der sich entwickelt und seine Erfahrungen macht. Wie ist das mit den verstorbenen Seelen, haben die auch einen Daseinspunkt? Theoretisch müssten die auch einen haben.

H.: „Saskia, was bist du? Du bist eine Seele. Daseinspunkt und Seele sind zwei Worte für ein und dieselbe Sache." Wir müssen beide darüber lachen.

S.: „Ja. Da bin ich am Ende auch hingekommen."

H.: „Das ist identisch. Die wirkliche Seele hat kein Raum-Zeit-Gefühl. Daher ein Daseinspunktgefühl, nennen wir es mal so. Das ist dein wahres Seelengefühl."

S.: „Ja. Das sind jetzt Gedanken oder Stufen, die ich dir gerade vorspiele, die sich in der Nacht entwickelt hatten."

Was ist dieser Daseinspunkt? Es ist reines Bewusstsein. Reine Bewusstseinsenergie. Ich sehe einen riesigen „Fischschwarm", bestehend aus fünf Milliarden Menschen. Einige schwimmen am Rande, einige in der Mitte, auf jeden Fall hat jeder seinen Platz. Was im Kopf des Schwarmes passiert, hat auch Auswirkungen auf den Schwanzbereich, weil über die Energie die Impulse der Einzelnen zu allen weitergeleitet werden.

S.: „Gehst du bis hierhin mit, dass der Daseinspunkt reines Bewusstsein ist, Holger?"

H.: „Ja."

S.: „Aber es ist nicht so, dass es fünf Milliarden Daseinspunkte gibt, sondern es ist ein Punkt, ein Bereich."

H.: „Ja."

S.: „O. k. Ich hatte in der Nacht noch weitere Gedanken."

Dann gibt es wahrscheinlich noch die Daseinspunkte der Toten, die auch noch mittendrin sind und mitmischen und mit beeinflussen, sodass das eine riesige Bewusstseinswolke ist, eine Bewusstseinsenergiewolke. Ich sehe, dass diese Wolke die Lebenden wie die Toten umfasst, es ist eins, kein Unterschied. Insofern gibt es weder Leben noch Tod. Es ist einfach reines Bewusstsein, egal ob im Körper oder nicht, ob lebendig oder tot. Im Körper macht man zwar noch andere Erfahrungen, aber es gibt nicht wirklich den Tod. Dann gibt es aber auch nicht wirklich Leben bzw. Leben und Tod ist ein und dasselbe.

S.: „Stimmst du dem so zu?"

H.: „Ja."

Ich schaue auf die Erde insgesamt und sehe die gesamte Menschheit als ein Einzelindividuum, das sich aus Einzelenergien zusammensetzt. Zusammen ergibt das einen einzigen großen Bewusstseinsenergiekomplex. Die Bewusstseinswolke hat eine dichtere Energie als das, was um sie herum ist – vergleichbar mit einer Wolke, die von klarem Himmel umgeben ist. Um die Wolke herum, also über die Wolke hinaus, fühlt es sich subtiler an, wie leer. Leer, weil es eben nicht so dicht ist, weil es subtiler ist. So subtil, dass es als leer erscheint. Es ist noch reineres oder höheres Bewusstsein, das den Raum zwischen den Planeten ausfüllt. Der interplanetare und – noch subtiler – der intergalaktische Raum besteht aus diesem hyperreinen, wie leer erscheinenden Bewusstsein oder einfach SEIN. Das hat die Qualität reiner Liebe, reiner Schöpfungskraft, das, was ich unter göttlicher Schöpfungskraft oder reinem SEIN verstehe. Die Bewusstseinswolke, die sich aus den Einzelenergien aller Lebenden und Toten zusammensetzt, ist eingehüllt und eingebettet in diese reine Schöpfungskraft, diese reine Liebe, dieses reine Göttliche. Mir kommt wieder die Frage: Wie ist die Verbindung zwischen der Bewusstseinswolke und der reinen Schöpfungskraft? Genauso, wie im Daseinspunkt der gesamte Mensch enthalten ist, ist jetzt, in der größeren Schau, in der reinen Schöpfungskraft die Bewusstseinswolke enthalten – sie geht aus dem reinen SEIN hervor, vom reinen SEIN erschaffen.

[Gedanken 01/2008: So ergibt sich daraus die Verbindung, ähnlich der Verbindung zwischen Mutter und Kind, die auch nach dem Durchtrennen der Nabelschnur unsichtbar bestehen bleibt. Das reine SEIN ist hier die „Geburtsmutter", aus der alles

geboren wird, und auch hier besteht immer eine unsichtbare Verbindung zu allem, was sie hervorbringt.]

Das reine SEIN ist das EINE, aus der die Vielfalt hervorgeht. Letztendlich kann man die ganze materielle Welt in dieses reine SEIN, in den reinen GEIST – ähnlich einer zusammengedrückten Spirale – hineinschieben. Am Ende gibt es nur das EINE. Oder andersherum: Die materielle Welt, die Vielfalt, geht aus dem EINEN hervor. So wie im reifen Menschen auch alle jüngeren Entwicklungsstadien enthalten sind, so ist die ganze Welt, die Materie, im reinen Geist, dem EINEN, enthalten. Das EINE bringt die Vielfalt hervor, das EINE enthält die Vielfalt, das EINE ist die Vielfalt. Das EINE und die Vielfalt sind ein und dasselbe bzw. die Vielfalt geht auf das EINE zurück. Darum ist die Vielfalt und das EINE das Gleiche. Damit ist der Schuh gleich einer Birne, um auf die Analogien zurückzukommen.

S.: „Kannst du bestätigen, was ich geschaut habe?“

H.: „Ja, voll und ganz. Du bist der geborene Philosoph.“

S.: „Also bis auf die Daseinspunkte, die nicht viele sind, sondern ein Bereich, stimmen wir überein. Oder setzen die sich zu einer Wolke zusammen? Nein, das wird ein Bewusstsein sein.“

[06/2010: Ich war hier noch z. T. in den Formen gefangen, deshalb fiel es mir schwer zu sehen, dass es nur einen Daseinspunkt gibt. Daher verstand ich auch Holgers nachfolgende Frage nicht.]

H.: „Guck dir doch mal deine Mitmenschen an. Meinst du wirklich, du bist so viel besser oder anders als sie?“

Ich bin verwundert: „Nein, ich halte mich nicht für besser. Ich verstehe die Frage in diesem Zusammenhang nicht.“

H.: „Diese persönliche Individualität, die sich ergibt aus der verschiedenen Lebenserfahrung, anderen Ländern, anderer Sprache usw., kannst du Schritt für Schritt wegstreichen. Übrig bleibt ein identisches Bewusstsein. Die Menschen halten sich nur an der Oberfläche, lässt du alles weg, siehst du identische Bewusstseinsenergie. Emanuel Swedenborg hat das den Homo maximus, den großen Menschen, genannt. Also die ganze Menschheit **ein** Mensch. Jetzt sind tausend kleine Details scheinbar aufgespielt, SCHEINBAR. Und das ist unsere Illusion.“

S.: „Ja, das ist mir heute Nacht in der Schau auch klar geworden. Oder sagen wir mal klarer, ich muss mir das immer wieder vor Augen halten.“

H.: „Ja, das ist schwer, an sich kann man das gar nicht glauben. Aber da ist was dran. Das ist so, wenn du tief reingehst. Man hält es halt schwer aus, man hat einen Widerstand, weil das eigene ICH damit auch wegfällt. Man ist ja so was Spezielles, ich bin ja anders als du, ich möchte nicht sein wie du. Natürlich nicht, aber das sind alles Oberflächlichkeiten."

S.: „Die fünf Milliarden Menschen sind wie **ein** Fischschwarm. Jeder trägt durch sein Dasein, durch das, was er ist, wie er ist usw., zum Ganzen bei. Es braucht jeden Einzelnen, es geht nicht ohne den."

H.: „Ja. Ein Fischschwarm ist ein schöner Vergleich. Das Witzige ist, es sind alles Einzelfische und trotzdem reagieren die wie *ein* großer Fisch."

S.: „Genau. So habe ich es gesehen."

H.: „Das ist ganz unfassbar. Da kommt das interessante Gesetz der Synchronizität oder Synergie zum Tragen: Wenn ein Fisch sich nach rechts bewegt, bewegen sich die umliegenden Fische auch nach rechts. Und so setzen sich die Schallwellen fort und der ganze Fischschwarm bewegt sich nach rechts, weil von dort ein Feind kommt. Stößt der in den Fischschwarm hinein, geht ein Fisch weg und zugleich auch die anderen, sodass der Feind leerausgehend durch den Schwarm schwimmt. Und so sind wir auch. Im Grunde reagiert oder vibriert die Menschheit immer als Ganzes. Wenn irgendwo etwas passiert, vibrieren die anderen mit. Und jeder denkt, er ist etwas total anderes und bringt den anderen um, weil der anders ist. Aber das ist nicht so. Das ist **eine** große Menschheit und wir sind wieder mit anderen Menschheiten und wer weiß was verbunden. Und so kannst du das ganze Universum mit all seinen verschiedenen Sternen, Planeten, Wesen auf eine Figur reduzieren. Aber es geht nicht nur um das intellektuelle Verständnis, sondern darum, das tief zu erfahren. Das hast du ja jetzt gemacht, das hast du halbintellektuell gemacht."

S.: „Ja, das ist wohl noch intellektuell …"

H.: „Nein, nicht nur, das ist schon gefühlt. Und damit du es überhaupt formulieren kannst, hast du noch ein bisschen den Intellekt behalten."

[03/2007: Es war eine Schau – ich stellte Fragen und als Antworten kamen die Bilder wie zur Erklärung. Alles Beschriebene breitete sich vor mir aus wie ein Wissensteppich. Aus dem Geschauten ergaben sich die nächsten Fragen, worauf hin sich das Geschaute änderte … und immer so weiter. Die Erkenntnis, das alles mit allem verbunden ist und **jede** *Handlung, ja, sogar jeder Gedanke Auswirkungen auf der ganzen Erde und sogar im Universum hat, ist einerseits eine überwältigende, andererseits*

eine bis in Mark und Zelle schockierende Erfahrung, wird doch zugleich das Ausmaß an Verantwortung bewusst, die diese Erkenntnis mit sich bringt.]

[01/2008: Das Tun eines Einzelnen hat Auswirkungen auf alle und das Tun aller im Schwarm wirkt sich auf das Tun des Einzelnen aus. Alle Menschen sind untereinander verbunden wie Einzelfische im Schwarm und wir reagieren genauso als Gesamtheit wie der Fischschwarm. Mein Handeln hat Auswirkungen auf die Menschen z. B. in Afrika und deren Tun hat Auswirkungen auf mich. Daraus ergibt sich eine gehörige Portion Verantwortung für mein Handeln. Dadurch, dass wir **ein großer Mensch** *sind, bin ich an allem, was auf der Erde durch die Menschen geschieht, mitbeteiligt und trage Mitverantwortung. Die Kriege und Katastrophen an den verschiedenen Orten der Welt sind innerhalb des einen großen Menschen wie Krebsgeschwüre – sie sind die Folgen unseres Handelns und Nicht-Handelns und nur wir alle können dies wandeln über unser Bewusstsein und verändertes Tun. Wenn sich innerhalb des Schwarms das Bewusstsein und damit das Handeln wesentlich ändern, nimmt der gesamte Schwarm eine andere Richtung und kreiert ein friedliches Völkermiteinander. Die Krebsgeschwüre könnten zur Ruhe kommen, wenn mehr und mehr Einzelindividuen sich in ihrer Mitte befinden. Das würde zu mehr Gleichgewicht im einen großen Menschen führen. Die Krebsgeschwüre haben eine wichtige Funktion: Sie weisen darauf hin, dass etwas in unserem Denken und Handeln nicht im Gleichgewicht ist mit dem tieferen Sinn des SEINS, also dass Kopf und Herz keine gemeinsame Sprache sprechen.]*

Unterscheidung: Vorstellungen und Visionen

Ich wechsle das Thema und erzähle Holger von der Wiese im Mondlicht. Als ich die Augen öffnete, um zu testen, ob ich die Landschaft dann auch sehe, verschwand alles, was mich ärgerte.

H.: „Das verstehe ich ehrlich gesagt nicht, da es im Dunkeln ja keinen Unterschied gibt. Du bist zwar durch geschlossene Augen ein wenig mehr verinnerlicht, aber letztendlich ist es egal."

[06/2010: Nach meiner heutigen Erkenntnis hing das mit dem Einsetzen der Logik, des Verstandes zusammen. Der Verstand wollte etwas herausfinden, etwas prüfen. In dem Moment wurde der Zustand des Schauens verlassen und die Landschaft verschwand. Dass ich mich darüber ärgerte, weist ebenfalls darauf hin, dass das Ego mit im Spiel war – siehe auch Wachtraum Karate-Kids S. 105 und Analyse dazu S. 124 ff.]

S.: „War das eine Vision? Eine Erscheinung war das nicht."

H.: „Nein. Da müssen wir einfach einen Namen dafür finden, weil die anderen – Visionen, Erscheinungen – alle schon so abgenutzt sind."

S.: „Es war auch kein inneres Bild. Es war, als ob ich auf eine Landschaft von außen schaue. Aber mit offenen Augen war die Graslandschaft weg."

H.: „Das ist ein inneres Bild, was in der Dunkelheit automatisch als außen erscheint. Jetzt kannst du das eine Vision nennen. Aber wir müssen definieren, was eine Vision ist."

S.: „Ich weiß nicht. Ein inneres Bild nenne ich innere Vorstellung – da habe ich nicht den Eindruck, wie von außen real darauf zu schauen."

[06/2010: Es war, als ob ich im Mondlicht vor einer Wiese stand und sie betrachtete. Es ist ein Unterschied, ob ich wirklich auf einer Wiese stehe oder ob ich mir die Wiese nur vorstelle.

Ich habe das heute für mich so sortiert:

a) *Die* **Vorstellung** *ist ein* **inneres Bild**, *dem die Qualität der Lebendigkeit und das Gefühl und Wissen des Sich-vor-Ort-Befindens fehlt. Wenn ich in der* **Realität der materiellen Welt** *auf einer Wiese bin, fühlt sich das lebendig an, verbunden mit dem Gefühl und Wissen des Vor-Ort-Seins. Ich kann mit Absicht agieren, z. B. eine Blume pflücken oder mich in das Gras legen; meine Handlungen haben physische Konsequenzen. Das geht bei inneren Bildern nicht – ich kann mir zwar vorstellen, eine Blume zu pflücken, es findet aber real nicht statt und ich weiß, ich habe nicht wirklich eine Blume gepflückt, sondern es mir nur vorgestellt.*

b) *Dann gibt es die* **Realität der seelischen Welt** *– ein riesiges Universum an realer Innenwelt (analog der Außenwelt). Die Erfahrungen haben auf dieser Ebene eine hyperlebendige Realität verbunden mit dem Gefühl des Vor-Ort-Seins, die jedoch mit der Realität der Materie nicht gleichzusetzen ist. Die Gesetze der Physik als auch Raum und Zeit sind hier außer Kraft. Hier sind Dinge veränderbar – ich kann auch auf der seelischen Ebene eine Blume pflücken, was sich noch realer anfühlt als in der materiellen Welt, während sich jedoch der Körper zugleich auf der materiellen Ebene z. B. in einem Raum befindet (statt physisch auf der Wiese). Was auf der seelischen Ebene (Gedanken und Gefühle) geschieht, hat eine unmittelbare Wirkung auf den physischen Körper. Aber es braucht einen hohen inneren Verwirklichungsgrad, um das gedachte oder gesprochene Wort unmittelbare physische Wirklichkeit werden zu lassen.*

c) *Die* **Schau** *findet auf der geistigen Ebene statt. Es ist ein Zustand des Seins, des Beobachtens und zugleich Nicht-Beobachtens, ohne Absicht, absichtsloses Tun in einem raumlosen „Raum" oder „Feld" aller Möglichkeiten. Die (Innen-)Schau erfolgt mit dem nicht-physischen dritten Auge.]*

H.: „Das ist klar, aber nur, weil es hell ist. Hier ist es dunkel. Alles, was innen ist, erscheint dir außen oder leicht und schnell außen. Wäre es jetzt hell, würdest du es als inneres Bild von dir bezeichnen. Eine Vision ist ja im Allgemeinen so definiert: Man sieht etwas, meint es außen zu sehen, aber trotzdem kommt es von innen."

Ich bin irritiert: „Dann ist es doch eine Vision?"

Holger meint, dass es so genannt werden könnte, die Gefahr dabei sei jedoch, dass das Wort Vision in der heutigen Kultur im Allgemeinen überbewertet wird. Es würde aus einem Menschen, der sagt, er hätte eine Vision gehabt, sofort ein Supermystiker gemacht, obwohl er keiner ist und es nur ein inneres Bild war. Das Wort Vision löse heute im Menschen falsche Erwartungen aus. Daher wäre es besser, neue Begriffe zu finden, um die Leute nicht in falsche Richtungen zu leiten.

S.: „Es kann ja genau beschrieben werden, was man selber unter Vision versteht. Wenn jeder einen anderen Begriff für ein und dasselbe benutzt, ist das dann nicht schwierig, zu verstehen und den Durchblick zu behalten?"

H.: „Ja, schon. Aber es ist ja mit den vereinheitlichten Begriffen so: Alle reden mit den gleichen Worten und jeder meint was anderes. Deswegen ist ja das ganze Missverständnis."

Ich komme auf die nächtliche Erfahrung des Hinausgetragen-Werdens zu den Ereignissen der Tür zu sprechen.

H.: „Zu dieser Tür hier?"

S.: „Das kann ich nicht mehr sagen. Ich war im Halbschlaf und habe es so auf das Band gesprochen. Ich habe nicht gesagt: zu den Ereignissen an oder vor die/der Tür, sondern: zu den Ereignissen der Tür."

H.: „Das ist interessant. Das heißt vielleicht auf Deutsch: zu den Ereignissen draußen hinter der Tür oder so. Du musst also durch die Tür, so scheint mir, denn du kommst ja hier nicht zu den Ereignissen, ohne durch die Tür zu gehen. Das ist schon interessant – du wurdest getragen."

S.: „Ja, ich hatte das klare Gefühl, getragen zu werden."

[Gedanken 03/2007: Ich lag waagerecht und hing ca. einen Meter über dem Boden in der Luft. Ich hatte nicht das Gefühl, dass ich auf etwas liege, und doch lag mein gesamter Körper ganz waagerecht, wie auf einer unsichtbaren Unterlage.]

H.: „Das heißt, nicht **du** gehst raus, sondern du wurdest rausgetragen. Klingt, als ob dein Seelisches, dein Seelenumfeld sich loslöst und rausgeht zu den Ereignissen der Welt. Eine Miniatur von Seelenablösung, die sich so ausdrückt, scheint mir, aber ich bin mir nicht ganz sicher.“

Damit ist unser Gespräch beendet.

19. Tag – Sich beim Schlafen beobachten

Heute Nacht hatte ich, wie in den letzten Nächten schon, das Gefühl genau mitzubekommen, wie der Körper einschläft. Ein Teil in mir war immer wach und hat genau gemerkt, wenn Träume hochzogen oder sich irgendwelche Bilder entwickeln wollten – sofort war ich wieder wacher. Der Beobachter beobachtet ständig, was abläuft, während der Körper und das Tagesbewusstsein schläft. Ich schlafe unter Beobachtung – also ich schlafe, weiß auch, dass ich schlafe und bekomme alles mit, was in der Seele abläuft und um mich herum. Das ist schon sehr seltsam.

Ich liege im Kessel *(muss dazu nicht mehr in den Turm gehen, um mich wie im Kessel zu fühlen)* und genieße das Gefühl, gehalten zu sein, mich geborgen zu fühlen. Ich festige auch das Erleben des Daseinspunktgefühls, stehe als Punkt vor meinen Eltern. Ein gutes Gefühl, so frei, ich bin einfach …

Alles Mögliche geht mir durch den Kopf – Kindheit, Lehre, Studienzeit, Ehe, bevorstehende Scheidung. Kreuz und quer taucht alles kurz auf und verschwindet wieder. Vor allem das Thema „Essen“ schiebt sich immer wieder in den Vordergrund. In Gedanken kreiere ich die tollsten Gerichte, stelle die verschiedensten Rezepte zusammen, schreibe ein dickes Kochbuch.

Den ganzen Tag über bin ich total träge. Kein Tai Chi oder andere Übungen, obwohl ich mir das so fest vorgenommen hatte. Ich dämmere einfach vor mich hin, bin immer müde dadurch, dass ich nicht richtig schlafen kann. Ich bekomme ja immer ALLES mit und bin dann sofort wach. Ich schlafe und schlafe doch nicht. Das ist schon irgendwie blöd.

Ich höre Holger die Treppe heraufkommen.

Gespräch mit Holger

Ich berichte ihm davon, einzuschlafen und zugleich alles zu beobachten, wodurch ich immer das Gefühl habe, wach zu sein und nicht zu schlafen. Andererseits schlafe ich doch, da ich spüre, wenn der Körper einschläft.

H.: „Das ist gut. Bist du weitergekommen mit der Einschlaf- und Wachwerdbeobachtung?"

S.: „Beim Einschlafen versuche ich, mich wachzuhalten. Dann schlafe ich doch ein, kriege aber sofort mit, wenn ein Traum kommt, werde wieder wacher und spreche ihn auf. Dann bin ich aber wach, schlafe nicht mehr. Ich habe das Gefühl, höchstens drei bis vier Stunden nachts zu schlafen."

Holger denkt, dass ich doch schlafe. Insgesamt, meint er, sei das Sich-selbst-im-Schlaf-Beobachten ein gutes Zeichen und ein guter Zustand, den ich unbedingt forcieren solle, immer tiefer in den Daseinszustand hinein. Wenn Ängste kommen oder andere Dinge, sei das nicht so schlimm, Angst hätte ja nur das Ego. Ich solle mich davon überhaupt nicht beeindrucken lassen und immer weitergehen, dann würde ich Ego-los. Das ICH löse sich auf und ein Gefühl von Aufgelöstsein würde da sein. Ich könne diesen Zustand tiefer erfahren, mich immer tiefer hineindrücken in das Daseinsgefühl. Diese Übung sollte ich mal machen.

Unterschied: seelischer und geistiger Daseinspunkt

S.: „Ich habe noch eine Verständnisfrage zu deiner Aussage gestern, dass Daseinspunkt und Seele zwei Begriffe für ein und dasselbe seien. Die Seele gehört zur Seelenebene, mit all ihren Mustern. Der Daseinspunkt ist frei von Mustern, ist reines Gewahrsein, gehört zur Geist-Ebene. Wie kann das dann das Gleiche sein?"

H.: „Zum Unterschied zwischen seelischem und geistigem Daseinspunkt sage ich Folgendes: Es ist ein Unterschied zwischen dem reinen Dasein im Psychischen und im Geistigen, wobei das Geistige subtiler als das Psychische ist. Das Psychische drückt sich z. B. aus in wunderbaren Daseinsaugenblicken. Du sitzt am Meer, trinkst deinen Kaffee, plötzlich geht die Zeit verloren. Du sitzt wie ewig, wie zeitlos da. Das ist ein ganz wunderbares, tiefes seelisches Gefühl. Das gehört zum Menschsein. Also einfach schöne

Augenblicke, tief die Schönheit des Daseins genießen. Das erhebt und erleuchtet und ist ein tiefer seelischer Daseinspunkt. Also Weisheitszustände, Schönheitszustände, Liebeszustände tiefster Natur, das können tiefe Daseinspunkte im Seelischen sein. Dann gibt es noch andere Seinspunkte im Geistigen. Die haben einen höheren Abstraktheitsgrad. Da fällt sozusagen das Psychische, das ICH-Gefühl, das ICH, das noch fühlt, weg. Wir sind dadurch noch freier, völlig losgelöst von uns selbst. Das ist noch erholsamer und darum geht es. Also, es geht noch mal um eine Bewusstseinsübung, die du in der Dunkelheit machen kannst. Z. B. legst du dich einfach hin und nimmst dir vor, dich quasi fallen zu lassen, sprich das ICH fallen zu lassen, in eine tiefe Bewusstseinsebene zu kommen. Dabei beobachtest du scharf und analytisch von außen, wie du von irgendeinem Gedankengang weggezogen wirst, der dich mitreißen will. Du lässt dich nicht mitreißen, **beobachtest** aber, wie du weggerissen wirst. Das sind zwei Paar Schuhe. Und so übst du, das ist ganz interessant, da passiert alles Mögliche. Dein intellektuelles Bewusstsein ist trotzdem noch da, das analysiert und findet dabei seine Theorien und dadurch neue Modelle. Die stärken dich und dann weißt du, wie dein Bewusstsein organisiert ist. Das setzt sich immer weiter fort, man kann immer noch tiefer gehen. Es wird zwar dadurch Ego-los, aber gleichzeitig behältst du die Instanz des unabhängigen klaren Beobachters bei und beobachtest weiter. Sonst weißt du gar nicht, was passiert. Du guckst wach und präzise hin, was eigentlich los ist – ohne Meinung, ohne Wissen, ganz ehrlich."

Ich erzähle Holger, dass ich bei der Meditation tief abtauche unter die Gedankenschicht, wo völlige Ruhe ist, weil dort keine Gedanken mehr da sind. Holger sagt dazu, dass diese Ruhe auch durchdringbar und nüchtern analysierbar sei. Das sei nicht das Ende, sondern der Anfang. Diese ruhige Meditationsschicht sei nur eine Form wie eine weiße Leinwand und die müsse man durchstoßen, weil auch sie nur eine Täuschungsillusion, genau wie dieses Meer von Gedanken, ist. Das fühle sich zwar ganz gut an, aber wenn ich das untersuche, würde ich merken, dass auch das eine Form von Bewusstlosigkeit, eine Art von Versumpfungszustand im reinen Bewusstsein ist.

S.: „Vom Bewusstsein her bin ich da in großer Klarheit."

H.: „Ja, das ist ein guter Zustand."

S.: „Ich werde mir die Ruheschicht genauer anschauen. Danke für den Hinweis!"

Unser Gespräch ist beendet. Ich fand den Austausch so spannend, dass ich mir das Gespräch noch einmal anhören möchte. Erschrocken stelle ich fest, dass ein großer Teil fehlt. Offensichtlich drückte ich während des Gespräches beim Kassettenwechsel statt auf „Record“ auf „Play“, sodass eine ganze Kassettenseite (45 Minuten) nicht aufgenommen wurde. Das stimmt mich sehr nachdenklich. Ich gehe das Gespräch gedanklich noch einmal durch und gebe aus meiner Erinnerung wieder, wie sich Holger zu dem einen oder anderen Thema äußerte.

Zur Frage, wie ein Kontakt zu Seelen- und Geistführern hergestellt werden könne, meinte Holger, dass man wohl mehr zu den Seelen- als zu den Geistführern Kontakt bekomme. Zu den Seelenführern komme man in Kontakt, indem man sich völlig in den seelischen Zustand hineinversetzt. Zudem sei es nicht so leicht für die Seelenführer, zu uns durchzudringen. Sie müssten ein Loch in der Raum-Zeit-Achse finden, um uns etwas mitteilen zu können. Aber wer eingestimmt sei, bekomme die Antwort, die uns so erscheine, als ob es sich um die eigene Intuition oder Einsicht handele. In Wirklichkeit komme diese aber nicht von uns selbst, sondern von den Seelenführern. Zu den Geistführern in Kontakt zu kommen sei schwieriger, da sie sich nicht mit banalen Alltagsfragen abgeben. Da müsse man schon mit großen und tiefen Fragen kommen, ehe die darauf antworten. Die Voraussetzung dafür sei, tief im Geistigen zu sein; dann aber wäre es wiederum schwierig, eine Frage zu stellen.

Ich fragte weiter, wie ich mir das vorstellen könne, wie ursprünglich mal alles entstanden ist: das EINE, die Seelen und die Materie? „Auch das EINE muss doch irgendwie mal angefangen haben? Vermehren sich die Seelen oder werden die weniger im Laufe der Jahrmillionen? Aber es gibt ja wiederum keine Zeit.“

Holger meinte dazu, dass das große tiefe Fragen seien, die man gar nicht so ohne Weiteres beantworten könne. Da müsse man selber tief ins Dasein und in das Geistige hineingehen, um eine Antwort zu erhalten. Wahrscheinlich würde man **die** ultimative Antwort aber sowieso nie bekommen.

Holger erwähnte, dass es schwierig sei, sich im Seins-Gefühl zu halten, weil das Ego einen immer wieder rein- oder runterziehen wolle. Das dürfe man einfach nicht zulassen, sondern man müsse im Seins-Gefühl bleiben und einfach stur noch tiefer gehen, ohne sich auf das Ego einzulassen.

Ich fühle mich total übersättigt von den Erfahrungen, sodass ich einfach nicht mehr kann. Es stimmt schon, ich will wirklich raus hier, scheinbar ist im Moment meine Grenze erreicht. Mehr geht nicht. Das werde ich achten. Ich werde mich einfach ganz auf das Kessel- und Daseinspunktgefühl konzentrieren und beides in mir festigen. Weil es so guttut …

Diese Lustlosigkeit zu überwinden ist **verdammt** schwer. Es ist, als ob jegliche Willenskraft in mir ausgelöscht ist und ich wie lahmgelegt bin. Ich **muss** mich absolut aufraffen, um wenigstens zum Tisch, zum Klo, ins Bad zu gehen, um die nötigsten Dinge zu tun *(Trinken, Toilette, Mich-Waschen).*

Das Bad belebt kaum – mich hält einzig der Gedanke aufrecht, endlich ins Bett zu gehen. Es ist völlig erstaunlich für meinen Verstand, wie ich mich *so* auf das Bett freuen kann nach einem ganzen Tag Herumliegen und -sitzen. Ich bin total fertig, als hätte ich tagsüber körperlich schwer gearbeitet.

Es ist Nacht. Mir fällt ein, dass Holger wissen wollte, ob ich mich schon gefragt habe, wie denn jetzt mein Lebensweg weitergehen würde oder ob ich das schon wisse. Nein, weiß ich nicht. Kein Plan.

Ich träume: Wir fahren auf einem See. Meine Kinder, der Bootsfahrer und ich wollen am anderen Ufer in das seichte Wasser steigen, um etwas zu beobachten. Wir sind angekommen, die Kinder und der Bootsführer haben das Boot schon verlassen. Als ich auch aussteigen möchte, beginnen die Kinder voller Freude, das Boot hoch- und runterzuschaukeln, sodass ich mich festhalten muss. Sie machen sich einen Spaß daraus und ziehen das Boot unter Wasser, sodass ich bis zum Kopf im Wasser bin, mit den Füßen im Boot stehend. Das Wasser ist stark aufgewühlt von der Aktion, sodass ich den Kindern sage, sie sollen den Kopf nicht untertauchen, weil das Wasser so dreckig ist. Als das Boot auf den Grund ging, fühlte ich ein starkes Bauchkribbeln, als würde ich im Riesenrad abwärts fahren. Davon wurde ich wach oder wieder bewusster.

Unterscheidung: Wahre Hilfe und Retten

Ich bin schon wieder ewig lange wach. Ständig gehen die Gedanken zu Klienten. Erkennend, dass ich mich noch viel zu sehr um sie kümmere, spüre ich dem Ärger darüber nach, der mich zu meiner Mutter (PP) führt.

Ich führe ein langes Gespräch mit ihr, in dem ich mich abgrenze und ihr alle Verantwortung für ihr Leben überlasse. Auch mit meinem Stiefvater (PP) kläre ich Wesentliches und nehme den Platz, der mir als Kind zukommt, beiden gegenüber wieder ein. Ich (Erwachsenen-Ich, in Verbindung mit dem *Inneren Kind*) gebe ein dickes Paket, das schwer wie eine Waschmaschine und so groß und zweimal so breit wie ich ist, an meine Mutter zurück. Darin sind all die Haushaltsarbeiten, die ihr zu viel waren. Sie stöhnt ziemlich, als sie vor dem Paket steht, das ich lange Zeit für sie unbewusst getragen habe (AP-Selbst). Jetzt verstehe ich auch, warum ich in der Kindheit immer Rückenschmerzen hatte. Mutter und Stiefvater sehen vor der übergroßen „Waschmaschine" hilflos und betreten, aber auch erschrocken darüber aus, was ich für sie getragen habe, ohne dass es ihnen bewusst war. Sie wissen sehr genau, dass das Paket zu ihnen gehört. Ich ziehe mich diskret mit einer von Achtung getragenen Verbeugung vor ihrem Schicksal zurück. Danach bin ich ruhiger und mein Ärger ist weg. Eine riesige Last ist von mir abgefallen.

[06/2010: Heute ist mir noch bewusster als damals, dass diese Art „Hilfe" keine Hilfe, sondern Retten ist. Es ist mein Überlebensmechanismus, mein Anpasser-Selbst, das sich mit dem Retten vertraut fühlt, weil ich das seit meiner Geburt mache und tief in jeder Zelle verinnerlicht habe. Das geht jedoch auf meine Kosten, kostet mich meine Energie. Es ist meine Aufgabe als Erwachsene, mehr und mehr meinen Anpasser zu erkennen und zu transformieren und wahre Hilfe von Retten unterscheiden zu lernen. Ich bin wirklich dankbar, mir darüber bewusst zu sein, weil „Retten" in unserer Gesellschaft allgemein als „Hilfe" angesehen und sogar erwartet und belohnt wird. Wenn Retten von Hilfe nicht unterschieden werden kann, besteht die Gefahr, im Burn-out und anderen Symptomen oder Krankheiten zu landen. Ich unterscheide „Retten" von „Helfen" für mich ganz einfach. Wenn ich etwas für einen anderen Menschen tue, obwohl ich es vom Herzen her nicht wirklich tun möchte, sondern „muss", weil ich mich verpflichtet fühle oder damit der andere nicht verärgert oder eingeschnappt reagiert, dann befinde ich mich im „Retten". Ich rette mich vor der (vermuteten) Wut des anderen auf mich und vor meinem schlechten Gewissen, das auftreten würde, wenn ich es nicht tue. Das schlechte Gewissen ist ein guter Wegweiser. Helfen heißt zunächst mal für mich: Ich stehe in erster Linie zu mir, übergehe mich nicht, folge meiner inneren Wahrheit, auch wenn ich dadurch den Wünschen anderer Menschen nicht nachkommen kann. Auf unangemessene Forderungen mir gegenüber gehe ich nicht ein, auch wenn es bedeuten kann, dass andere dann auf mich „sauer" sind. Beim Helfen frage ich mich: Wie komme ich in mein größtes Potenzial und wie kommt der andere durch mein Tun in sein größtes Potenzial? Die größere Hilfe bedeutet oftmals „Nein" zum anderen zu

sagen und ihm seine Verantwortung zuzumuten. Wer tiefer in das Thema einsteigen möchte, dem sei das Buch von Bert Hellinger empfohlen: „Ordnungen des Helfens."]

20. Tag – Mondlandschaft

Ich nehme das sanfte, feine Licht vor der Morgendämmerung wahr und schließe das Badfenster.

Es ist verdammt schwierig, mich auf das Seins-Gefühl im Kessel oder den Daseinspunkt zu fokussieren. Immer wieder lande ich nach wenigen Minuten in Alltagssituationen. Da mir die Konzentration nicht gelingt, stehe ich auf.

Tai Chi war eine schöne Übung. Fokussierte ich mich nur auf die Form, waren meine Bewegungen in einem harmonischen Fluss. Konzentrierte ich mich jedoch auch auf meinen Körper, merkte ich, auf welch wackligen Beinen ich stehe und dann ging gar nichts.

Nach einer langen tiefen Meditation dehne ich den Körper mit ein paar Übungen. Ich kann mühelos den Kopf auf beiden durchgestreckten Knien und dazwischen auf dem Boden ablegen. Ich fühle mich vollkommen locker und frei. Ein Supergefühl.

Ich höre Holger kommen und beende die Gymnastik.

Gespräch mit Holger

Das Psychische an sich

Ich erzähle ihm den Traum von der Bootsfahrt mit den Kindern.

Holger meint, das wäre nicht unbedingt ein Traum, sondern das Gefühl, in dem ich mich befinde. In der Dunkelheit würde ich tief in das Seelische hineinkommen. Ich sei halt im Wasser, in der Seele, das wäre alles. Eine Zustandsbeschreibung in Sinnbildern, symbolisch. Dreckiges Wasser stehe für alles Mögliche an Strukturen in der Seele. Das schreckliche Gefühl im Magen, der wie ein Ballon nach oben stieg und wovon ich aufwachte, findet er interessant. Wenn ich so versacke, ähnlich der Abwärtsfahrt im Riesenrad, wäre dies ein Hinweis dafür, dass ich tiefer in die

Psyche, in die Grundschichten des Seelischen eingetaucht sei. Da ich das aber nicht gewohnt sei, würde ich einen Schreck bekommen und aufwachen.

H.: „Man kann richtig abtauchen in das rein Psychische. D. h., da sind noch keine einzelnen psychischen Strukturen, sondern nur das Psychische an sich."

S.: „Was meinst du mit einzelnen psychischen Strukturen?"

H.: „Neurosen, Erinnerungen, Vorstellungen usw., was sich halt alles im Psychischen so herumtummelt. Aber es geht zentral um das Psychische an sich, um die Psyche als Ganzes. Das ist ein energetischer Zustand, eine Dimension, eine Energie, die drückt sich z. B. aus durch tieferes Sinken und Wasser. Und wenn du da ganz hineinversinkst …"

S.: „Mit dem Kopf auch noch unter Wasser?"

Gefühl: Seele verlässt den Körper

H.: „Ja. Für dich stellt es sich ja als ein Versinken dar. Aber in Wirklichkeit ist es genau das Umgekehrte. Das ist immer der Paradoxeffekt, nämlich die Seele verlässt den Körper. Es gibt drei oder vier Möglichkeiten, wie sich das Gefühl ‚Seele verlässt den Körper' darstellt. Erstens: Wir haben ein Fallgefühl, als ob man vom Drei-Meter-Brett springt. Oder ein Versinken-Gefühl, das ist das Gleiche wie im Wasser oder in der Erde. Auf jeden Fall sinken wir auch in die Erde. Dann haben wir zweitens ein Aufstiegsgefühl nach oben und drittens haben wir ein Gefühl, herauszurollen *(oder herauszufließen)* aus sich selbst. Das sind die drei Modalitäten, wie wir es empfinden. Nach oben, nach unten, zur Seite. Du hattest das Gefühl, es ging nach unten – unten ist natürlich Wasser. Oben ist kein Wasser – da hättest du genau sagen können: ‚Ich hatte das Gefühl, ich schwebe'. Bei vielen wird das dann so ausgedrückt: Sie fliegen mit dem Flugzeug oder fahren mit dem Fahrstuhl hoch oder der Fahrstuhl reißt und fällt herunter. Also all diese Fahrstuhl- und Flugträume sind keine Träume, sondern da liegt der Versuch der Seele vor, sich abzulösen. Alle diese Träume enden mit einem Schreck und dadurch wird man wach. Das ist das Gesetz. Im Traum, d. h. im Schlaf, fällst du ja, wie der Begriff schon sagt, in den Schlaf. Aber du fällst nicht in den Schlaf, sondern die Psyche fällt aus dem Körper."

Hypnose: Was ist mein wahrer Weg?

Holger fragt, ob ich eine Hypnose haben möchte und ich stimme zu, ohne nach deren Sinn zu fragen.

Er suggerierte Schwere, Wärme und ein Fallen durch das Bett hindurch, immer tiefer und tiefer in den Bereich darunter. Ich landete in einem Unterwelt-Wald, d. h., ich sah die Bäume vom Wurzelbereich aus. Die knorrigen Wurzeln waren stellenweise so dick und groß, dass sie mich an laublose Bäume erinnerten. Ich befand mich mit meinem Bewusstsein in zwei Ebenen zugleich: In der normalen Welt, der irdischen Ebene, auf der die Bäume nach oben wachsen und in der Wurzelbaum-Unterwelt, die als ein exakter Spiegel der irdischen Ebene erschien. Der Unterschied lag darin, dass sich die Bäume und Wege des Unterwelt-Waldes innerhalb der Erde, im Erdreich, befanden. Ein breiter geradeaus verlaufender Weg verschaffte mir im dichten Wurzelgeflecht genug Raum, um bequem laufen zu können. Der bräunlich schwarze Erdboden federte bei jedem Schritt weich nach. Das Halbdunkel und die feuchte erdige Luft bewirkten eine mystische Atmosphäre, die mich tief beeindruckte.

Ich hörte plötzlich Holger die Fragen stellen: „Wer bist du da unten? Was ist dein wahrer Weg?“ Er verließ meinen Raum und die beiden Fragen hallten als Echo in mir nach.

Das anfängliche Gefühl, in der Unterwelt einen Körper zu haben, verblasste zunehmend. Es war eher ein Scheinkörper, mit dem ich den Weg entlanglief, bis auch dieser sich auflöste und ich nur noch als Punkt, ohne Arme und Beine, den endlos erscheinenden Pfad weiter voran schwebte, ganz auf die beiden Fragen fokussiert: „Was ist mein wahrer Weg?“ und „Wohin führt mein wahrer Weg?“

An einen steilen Sonnenstrahlweg, der im Winkel von 45 Grad nach oben führte, hielt ich an. Meine Eltern, mein Mann und meine Kinder standen am Kreuzungspunkt, um mir „Auf Wiedersehen“ zu sagen. Nach unserem herzlichen Abschied begann ich mit meinem Scheinkörper, den ich wieder genau fühlte, den Aufstieg auf dem schmalen, gelblich-weiß flimmernden Sonnenstrahl, der fest genug war, mich zu tragen.

Ich lief weiter und immer weiter … auf einen gelben Sonnenball zu. Irgendwann schaute ich mich um und sah in der Ferne die Familie stehen. Sie waren weit zurück und winkten mir zu. Ich lief und lief, mich immer weiter von der Erde entfernend … und kam auf eine andere Ebene.

Es war eine trostlose Mondlandschaft. Der staubige Boden war übersät mit großen Steinen und ein paar kleinen Löchern. Wohin ich auch schaute, überall nur ebene Fläche und das gleiche öde Bild. Ich war allein, es gab nichts, was auf Leben oder eine Besiedlung hinwies. Nur große Felsen, Löcher, staubiger Boden und staubiges Gestein. Obwohl es weder Sonne noch Mond gab *(sie existierten da oben einfach nicht)*, erhellte dennoch ein durchgängig dämmriger Lichtschein die Fläche um mich herum. Auch wenn das Licht dem Vollmondlicht sehr ähnlich war, war mir klar, dass es weder von der Sonne noch vom Mond stammt. Es war ein Licht, das permanent *(Tag und Nacht)* da ist, in der immer gleichen Stärke und Helligkeit. Die Leere und das Licht, von dem ich nicht wusste, woher es kam, beeindruckten mich. Ich wollte mich fortbewegen, wusste aber zunächst nicht, in welche Richtung, denn – egal wohin ich schaute – es sah alles gleich aus. Daher rammte ich einen Stock in den Boden an dem Punkt, wo ich angekommen war, um Orientierung zu haben, und lief zunächst nach rechts, nach Osten. Die halbe Nacht erkundete ich ringsherum die Gegend, aber die Landschaft blieb immer gleich, ebenso die Leere. Ich war ohne Gefühl und Wertung da oben. Es war weder schön noch schlecht, es war einfach leer. Ich war weder euphorisch noch traurig oder enttäuscht. Ich wusste nicht weiter …

Traum „Fremde wollen in meinen Raum"

Ich bin hier in meinem *(Dunkel-)* Raum und habe gerade gebadet. Schulmädchen kamen und wollten in mein Zimmer. Da ich noch nackt war, sprang ich schnell zum Zimmereingang und sagte ihnen, die Tür zuhaltend, dass es hier nicht reingeht. Sie erschraken und gingen schnell weiter. Offensichtlich hatten sie sich verlaufen. Unmittelbar darauf kamen mehrere Männer, die ebenfalls in mein Zimmer wollten, doch ich hielt die Tür zu. Da ich noch immer keine Sachen anhatte, war es mir nicht möglich hinauszugehen, um aufzuklären, dass ich hier wohne. Nach einer Weile gingen die Männer fort und es erschienen zwei kleine Jungs, etwa 12 oder 13 Jahre alt, die ebenfalls in mein Zimmer wollten, aber auch nicht hineinkamen, weil ich die Zimmertür noch immer zuhielt. Daher gingen sie in die Küche und bedienten sich an meinem Kühlschrank. Da hat's mir gereicht. Ich zog mich schnell an und stürmte aus meinem Zimmer. Beide Jungs wollten wegrennen, doch den einen konnte ich fangen, weil ihm der Küchenschrank bei der Flucht im Weg stand, sodass er in der Klemme saß.

Ich fragte ihn, was das soll, und beförderte ihn dann hinaus. Damit fühlte ich mich wieder gut, weil mein Innenraum wieder leer war von diesen fremden Menschen. Traumende.

Ich gehe zur Mondlandschaft und stelle mir immer wieder die Frage: „Wohin führt mein wahrer Weg?“ Aber außer dieser Mondlandschaft stellt sich nichts weiter ein. Ich weiß die Antwort noch nicht, kann mit der Mondlandschaft nicht viel anfangen.

Ich habe einen weiteren Traum, der zugleich auch Erlebnis ist.

Ich schwebe

Ich bin in einem Hotel, esse Frühstück und frage die Bedienung, ob noch Schneewittchenkuchen da ist, da in der Kuchentheke bereits alles leer war. Die Kellnerin bestätigt und geht los, um mir ein Stück zu holen. Die Zeit vergeht, sie kommt und kommt nicht. Da es mir zu lange dauert, gehe ich nach vorn an die Bar und schaue den Küchenfrauen bei den Frühstücksvorbereitungen zu. Sie schneiden Brot und decken die Tische mit Besteck und Geschirr ein. Plötzlich löse ich mich von meinem Barhocker und hebe langsam nach oben ab. Ein Schreck durchfährt meine Glieder: „Nein, doch nicht jetzt!“ *(abheben)* Ich schwebe bis hoch zur Decke und schaue von oben auf die arbeitenden Küchenfrauen und den gesamten Küchenbereich herunter. Niemand bemerkt mich hier oben, was mich erleichtert, da es doch sehr ungewöhnlich ist, an der Decke zu schweben. An der Stelle werde ich mir der Erfahrung bewusster.

Das Nach-oben-Schweben war ein sehr eigenartiges Gefühl.

Unmittelbar darauf höre ich klar und deutlich ein Baby lachen … es quietscht vor Freude. Klingt das niedlich und süß … die Freude springt auf mich über.

21. Tag – Absolute Trägheit und Kraftlosigkeit

Die Nacht ist endlich vorbei, ich schließe das Badfenster. Nachts kann ich mich nicht konzentrieren. Da bin ich in einem Zustand zwischen Dahindämmern und gleichzeitiger klarer Wachheit, sodass ich weder richtig schlafen noch richtig wach sein kann; Denken ist nicht möglich.

Ich werde mir unbedingt einen Reiseführer über Tibet kaufen. Und ein Kilo Weizenkleie, damit ich wieder Bananenbrot backen kann.

Nach Saft-Trinken und Tai Chi setze ich mich zur Meditation.

Die Atmung fließt leicht in den Bauch hinein, ich fühle mich insgesamt sehr locker. Die Gedanken driften oft ab. Auf dem Heuboden finde ich Milchreste und einige Käsekrümel vor, dennoch stelle ich Frisches hin. Die Sonne scheint herein, es ist sehr warm. Damit sich der Heuboden nicht noch weiter aufheizt, schiebe ich das Tor fast zu. Oh, meine Zunge ist immer noch schwer und wie gelähmt. Ich gehe in die Wohnstube und schaue nach den Tomaten. Da sie überreif sind, pflücke ich alle ab. Auch ein paar reife Sonnenblumen ernte ich, die anderen stehen noch in voller Blüte.

Holger erzählte gestern, dass er heute ein Keltenfest hat, weswegen das Abendgespräch ausfällt.

Traum „Absturz von den Klippen"

Ich bin mit einer Freundin unterwegs am Strand. Wir laufen die Klippen entlang, dabei rutsche ich aus Versehen ab und stürze zirka 50 Meter in die Tiefe. Aber die Klippen laden breitflächig unten aus, sodass ich mit beiden Füßen im Sand aufkomme, die letzten 15 Meter herunterschlittere und zum Halten komme, bevor es dann noch ein Stückchen tiefer geht und die Fläche im Meer mündet. Mir ist nichts passiert, ich hatte aber ein furchtbar flaues Gefühl im Magen – als ob er oben zum Hals herauskommen wollte.

In der Zeit des Fallens konnte ich meinen Körper bewusst steuern und schauen, wie ich den Absturz überleben kann. Ich hatte Angst. Als ich der Erde näherkam, sah ich die Klippen unten in einer Sandfläche auslaufen. Im Bruchteil einer Sekunde erfasste ich die gesamte Situation und Umgebung und wusste, was ich tun muss, um eine Überlebenschance zu haben. Der einzige Gedanke in dem Moment war, unbedingt mit beiden Beinen im Sand aufzukommen und dann weiter schräg abzurutschen. Ich landete wie ein Skispringer …

Der Absturz war sehr unfreiwillig. Freiwillig wäre ich niemals in diese Tiefe gesprungen.

Schlafkrankheit

Nur das allgemein menschliche Toilettenbedürfnis reißt mich wirklich hoch. Wenn ich nicht auf die Toilette müsste, würde ich nicht aufstehen, sondern wirklich den ganzen Tag liegen bleiben. Am liebsten möchte ich nur schlafen. So müssen sich Menschen mit Schlafkrankheit fühlen, die einfach nicht zu Potte kommen und immer nur schlafen wollen.

Mit viel Mühe und Kraftaufwand begebe ich mich in die Sitzhaltung, da ich nicht mehr liegen kann. Mir tun mittlerweile beide Hüften weh vom überwiegenden Liegen auf dem harten Boden …

Ich sitze bestimmt schon eine halbe Stunde im Stuhl und kann mich zu nichts aufraffen. Ich würde gern noch eine Tasse Tee trinken, damit ich nachher in der Nacht nicht so oft raus muss. Aber dazu müsste ich aufstehen, um mir die Teekanne zu holen vom kleinen Tisch, der anderthalb Meter rechts neben mir steht. Das ist mir echt zu viel. Ich überlege, ob diese Trägheit einen tieferen Sinn hat, ob das ein Spiegel für mich ist oder ob es einfach nur Müdigkeit ist, weil ich nachts so wenig schlafe? Ich weiß es nicht. Ich glaube aber, es ist wirklich, weil ich so wenig schlafe. Ich werde doch mal näher reinschauen in den Sumpf …

[04/2007: Die lähmende Müdigkeit erinnert mich an meine Mutter, die ich als Kind immer müde und kaputt erlebte, wenn sie aus der Schule kam. Vielleicht fühlte ich, wie sie sich jahrelang gefühlt hat.]

[06/2010: Die Trägheit war der komplette Gegensatz zu dem, wie ich all die Jahre zuvor, in denen ich immer funktionierte, gelebt habe. Es wäre möglich, dass es einfach ein Nachholbedürfnis des Körpers war, der sich an Ruhe und Erholung nahm, was er früher nie von mir bekam.]

Die Trägheit beiseiteschiebend, laufe ich die Tai-Chi-Form und bin überrascht, wie flüssig mein Tai Chi in diesem trägen Zustand ist. Der Verstand arbeitet nicht und der Körper folgt einfach der Vorstellung hinterher …

Ich war gut im Gleichgewicht, bis eine Mücke kam; ihr Summen brachte mich sofort heraus. Ich war abgelenkt, meine Konzentration ging zur Mücke hin und schon verlor ich die Balance. Erstaunlich, wie eine kleine Mücke einen Menschen aus dem Gleichgewicht bringen kann.

[04/2007: Es ist wohl eher erstaunlich, wie sehr ich mich von einer Mücke ablenken ließ. Ich lenkte meine Aufmerksamkeit auf das Außen, dadurch brachte ich mich selbst aus dem Gleichgewicht – nicht die Mücke.]

Das ist ein schönes Beispiel dafür, wie Ablenkungen funktionieren und wie stark der Mechanismus ist, dass die Konzentration sofort ins Außen geht, statt im Inneren zu bleiben.

22. Tag – Außerkörperliche Erfahrung

Jetzt ist schon freitagmorgens. Ich stehe gleich auf, statt noch lange im Bett zu verweilen.

Dichter Nebel und dicke weißliche Masse

Ich meditiere seit Stunden in großer Tiefe. Auf dem Heuboden schaue ich aus dem Tor in dichten, weißlichen, lebendig wirkenden Nebel mit sehr feinkörniger Struktur. Angenehm warme Luft streift meine Haut. Auch vor der Höhle ist dieser undurchsichtige Nebel. Im Garten entdecke ich noch vereinzelte grüne Tomaten; einige Sonnenblumen stehen in voller Blüte. Das meiste ist schon abgeerntet.

Ich steige ab, gehe tief hinunter in den Beckenboden. Hier ist absolute Stille … und eine dicke, fast undurchdringliche milchig weiße Masse, durch die ich mich schlängelnd hindurchbohre … komme mir vor wie eine Samenzelle, die sich zur Eizelle vorwärtskämpft … es geht unglaublich in die Tiefe, die Schicht hört gar nicht auf …

Meine Haut ist weich und zart geworden und fühlt sich sehr rein an. Das habe ich schon nach den ersten drei bis vier Fastentagen festgestellt.

Ich bin wieder auf der Ebene der Mondlandschaft und düse alle vier Himmelsrichtungen im Umkreis von fünf Kilometern ab. Überall das gleiche Bild, Mondlandschaft, wohin ich schaue, bis auf eine kleine Ruine im Westen. Es scheint eine Art Mond … es ist aber nicht der Mond … die Sonne ist es auch nicht … oh, meine Zunge ist schwer …

[04/07: Die Stimme hört sich sehr schläfrig an und der Redefluss ist extrem langsam, als würde ich jeden Moment einschlafen. Auch nuschle ich stark, weil ich die

Wörter wegen der gelähmten Zunge nicht richtig aussprechen kann; mir wird bewusst, wie wichtig die Zunge zum Sprechen ist – das ist keine Selbstverständlichkeit.]

Nein, die Sonne ist es nicht – jedenfalls strahlt der runde Ball nicht wie die Sonne. Das Licht ist höchstens vergleichbar mit der Sonne in der Nacht … in reinem Weißgelb hängt sie beeindruckend groß und fast greifbar vor mir. Ich kann vollkommen ungeblendet mit gänzlich offenen Augen in die Lichtquelle schauen. Eine sehr klare, absolut reine Atmosphäre umgibt mich …

Ich verlasse die Mondlandschaft wieder und tauche nochmals in den Nebel vor der Höhle ein. Eine Sicherheitsleine hilft mir, den Rückweg wiederzufinden. Ich komme nicht weiter … überall nur Nebel … dichter Nebel … ein bisschen unheimlich … ich sehe die Hand vor Augen nicht.

Auch die milchig weiße Masse kann ich nicht durchqueren, es geht kilometerweit unter den Beckenboden … immer tiefer hinein in diese Masse. Das ist ziemlich tief … fast zu tief für mich … Ich verliere das Bewusstsein.

Warten auf Mittagessen – Wut

Es ist Freitagmittag, wenn nicht schon Nachmittag. Ich schätze, es ist nach 14 Uhr. Ich habe vorgestern mit Fasten aufgehört und warte auf mein Mittagessen. Interessant, wie grantig ein Teil von mir werden kann, weil das Essen noch nicht da ist.

Ich trinke Saft. Eigentlich habe ich nicht wirklich Hunger – aber ich habe Appetit!!! Ich möchte Kartoffeln essen. Spannend zu beobachten, wie das Ego wieder etwas haben möchte. Auf dem Beobachterposten spüre ich die Bockigkeit darüber, dass mein Mittag noch nicht da ist, weniger.

Im Warten vergeht die Zeit überhaupt nicht. Das ist ja ein bekanntes Phänomen und ich bin in diese Zeitfalle getappt. Ich bin so froh, wenn dieser Freitag heute um ist! Es ist doch mindestens schon 16 Uhr und Holger hat das Mittagessen immer noch nicht gebracht. Ich habe echt Mühe, nicht sauer auf ihn zu sein.

Holger kommt sicher heute nicht mehr … er wird mich wohl vergessen haben. Nach meinem Gefühl ist es jetzt schon abends! Ein Teil in mir ist unglaublich wütend.

Holger ist endlich da mit meinem Abendbrot. Schock! Total versalzen! Es ist tatsächlich Abend. Holger entschuldigt sich, dass er wegen des Keltenfestes nicht zeitiger kommen konnte, was ihm sehr leidtue. Meine Wut verraucht mit jedem Wort, das er spricht, und wir haben das Abendgespräch.

Gespräch mit Holger

Analyse: Hypnose-Erfahrung

H.: „Wir hatten ja die Hypnose gemacht. Was du dabei erlebt hast, hast du gerade erzählt. Dabei muss man ganz streng und scharf unterscheiden zwischen den Archetypen und Vorstellungen, die hochkommen und die Unterwelt symbolisch-irdisch darstellen, und dem realen Verlassen des Körpers bzw. einem realen Sein in der Unterwelt. Das sind zwei völlig verschiedene Dinge. Deine Erfahrung war eine Imagination, wie die Unterwelt sein könnte. Aber so ist sie natürlich nicht und man muss lernen, klar unterscheiden zu können, was eine reale Erfahrung und was imaginiert ist. Vorstellungen können interessant sein und sie können in der Tat auch gewisse Echos des realen Jenseits verkörpern, weil wir ja unbewusst instinktiv, intuitiv doch eine ganze Reihe wissen über das Jenseits, auch wenn wir es bewusst nicht so reflektieren. Und dann kommen Echos des Jenseits in deinem Imaginationsbild vor. Etwas ganz anderes ist es, wenn du den Körper verlässt. Das merkst du sofort, das ist eine völlig andere Qualität, hat nichts mit Vorstellung, Traum oder inneren Bildern zu tun. Die meisten Menschen bringen das durcheinander, einfach weil sie keine echte Erfahrung hatten."

S.: „Die Ebene mit der Mondlandschaft – die ging ja nach oben –, wie ist die einzuordnen?"

H.: „Die könnten wir ein bisschen in diese Richtung deuten, aber es ist nach wie vor deine Vorstellungswelt. Das klingt ganz gut, was da intuitiv aus dir wider dein Wissen herausgekommen ist."

Holger meint auf meine Nachfrage hin, dass es sich nicht lohne, diese Mondlandschaft weiter zu verfolgen. Ich belasse es auch dabei.

Analyse: Erlebnis „Nach oben schweben"

Ich erzähle ihm von meinem Erlebnis des Hochschwebens, wovon ich aufgewacht bin.

H.: „Das war jetzt ein reales Erlebnis."

S.: „Das war … also das war … mir fehlen die Worte …"

H.: „Ja, da merkst du jetzt den Unterschied. Das ist ganz klassisch: Aus einem völlig unerfindlichen, lächerlichen Grund heraus – im Grunde gar keiner bei dir, die Küchenfrau macht halt das Brot fertig – hebst du ab. Aber gerade **das** ist ein charakteristisches Zeichen: Hier wollte die Seele sich ablösen, aber im Allgemeinen hat der Mensch davor Angst und wird wach."

S.: „Ich bekam einen Schreck – genau, wie du das beim Fallen beschrieben hattest. Gefühlt waren das von der Bar bis zur Decke des Hotels oder der Gaststätte … ich schätze zwei Meter, die ich hochgeschwebt bin."

H.: „Ach, du bist zwei Meter hochgeschwebt?"

S.: „Ja, ich schwebte oben an der Decke, direkt über der Bartheke und den Barhockern und hatte einen größeren Überblick über den hinteren Küchenbereich. Ich sah das Küchenpersonal von oben und wachte auf."

H.: „Das sind schon zwei Meter. Nun überleg dir mal, was das heißt. An sich ist es gigantisch. Du bist mit deiner Seele außerhalb des Körpers, und nur **dadurch**, dass du einen Schreck kriegst, zieht sich die Seele in den Körper zurück. Denn was heißt ‚Schreck'? Tiefes individualpsychisches Geschehen, sehr subjektiv, sehr menschlich – und **das** zieht die Seele zurück, also eine menschliche Emotion. Das können wir jetzt ‚Schreck' nennen und dadurch wirst du wach."

S.: „Die Emotion war da, als ich nach oben schwebte. Ich dachte: ‚Was sollen die von dir denken?' Es wäre mir sehr peinlich gewesen."

[05/2011: Das Innere Kind fühlte sich von der verinnerlichten PP-Stimme („Was sollen die von dir denken?!") kritisiert, was die Gefühle auslöste – Angst, meine Erfahrung nicht erklären zu können und deshalb Ärger zu bekommen, also Angst vor Ärger; auch ein Schuldgefühl, als ob mit mir etwas nicht stimmt und daher peinlich.]

H.: „Dieses Peinlichkeitsgefühl ist ganz typisch. Es passieren diese außerkörperlichen Erfahrungen meistens in völlig banalen Situationen, aber man hat dann immer diese ethischen Verhaltensweisen – es ist lächerlich, aber das zieht uns zurück. Jetzt wäre zu gucken, warum diese Umgebung da war, die ja an sich belanglos ist. Dazu kannst du nichts sagen?"

S.: „Momentan drängt sich das Thema ‚Essen' sehr auf."

H.: „Das könnte gut sein, dass das halt noch da war. Aber warum … aber das ist ja schon interessant … das war kein Traum. Du hattest den Körper verlassen …"

S.: „Ja, ich hatte das Gefühl, es war real."

H.: „Ja, das kannst du unterscheiden, ob es imaginiert, vorgestellt oder eine reale Sache ist. Das heißt, deine Emotion hat dich aus einer anderen Dimension zurückgeholt. Das musst du dir mal überlegen! Das ist an sich ein ungeheuerlicher Vorgang."

S.: „Wie meinst du das?"

H.: „Du warst mit deinem Seelenkörper außerhalb – das ist schon mal ein unglaubliches Faktum. Das Nächste ist, dass du ihn per Willen zurückholen kannst. Nicht per ‚Ich will', sondern per Emotionsgefühl. Aber du kannst ihn nicht umgekehrt per Emotion hinausschicken, das geht nicht. Das kannst du nur, wenn du lange, lange übst. So banal das Ganze jetzt klingt, es ist **unglaublich**. War zwar eine kurze Sache, aber trotzdem …"

[03/2016: Um mit dem Seelenkörper bewusst willentlich real außerhalb des Körpers gehen zu können, bedarf es nach meiner jetzigen Erfahrung einer vollständigen Auflösung und Integration des Schattens (d. h. Auflösung und Wandlung der verinnerlichten PP-Stimmen und der konditionierten Anpassungsreaktionen des IK) und eines stabilen transpersonalen Bewusstseinszustandes. Ist der Schatten integriert, würde das bewirken, dass ich in solchen scheinbar ungewöhnlichen Situationen bewusst bleiben, zu mir und meinem Sosein stehen und dies vollständig leben könnte und daher emotional nicht mehr aufgrund konditionierter Verhaltensweisen zurückgezogen würde. Als integrierter Mensch mit einem transpersonalen Bewusstsein könnte ich also bewusst aus dem Körper hinaus, statt „zufällig" unbewusst, und bewusst wieder in den Körper zurück.]

Ich lasse Holgers Aussage so stehen und berichte ihm von dem lachenden Baby, wovon ich in der Nacht aufgewacht war.

H.: „Warum bist du wach geworden davon?"

S.: „Ich weiß es nicht. Offensichtlich verfolgt der Beobachter in mir alles und lässt mich sofort wach werden, damit es mir bewusst wird ….

Danach hatte ich einen Traum, in welchem ich von den Klippen abstürzte und dabei genau steuern konnte, wie ich unten lande."

H.: „Das ist auch interessant. Einmal steigst du auf, einmal fällst du. Vorher hatten wir die Hypnose gemacht. Das ist kein Zufall. Durch die Hypnose warst du suggestiv aufnahmebereit. Zwar nicht vom Bewusstsein her, aber vom Unbewussten hat das dann in die Richtung weitergewirkt und dann bist du gefallen. Aber bei dem Fallen ist nichts passiert. Normalerweise hättest du dich im Fall, weil man da ja stirbt, loslösen sollen."

S.: „Ich hatte dieses Riesenradgefühl wieder im Magen. Der Magen ging nach oben … ein furchtbar schreckliches Gefühl."

H.: „Du hast dich nicht losgelöst, aber es ging in diese Richtung. Ganz interessant, gehört alles zusammen. Die Hypnose, Aufsteigen, Fallen. Da siehst du, wie wir *(Menschen)* arbeiten. Das geht unbewusst und dann kommt es zu so einem Traumbild. Das war jetzt auch kein Traum, den du psychologisch deuten kannst in diesem Zusammenhang. Das war einfach die Nachwirkung dieser sogenannten Hypnose. Heute, bevor du ins Bett gehst, legst du dich noch mal hin und machst das selbst – Schwere, Wärme, dann Drehen … Wenn du wirklich bleischwer bist, machst du die Drehübung oder den Aufstieg oder die Fallübung, was so von selbst kommt. Du machst es konsequent und beobachtest die Gefühle dabei."

Mit der Angst sein

S.: „Es kommt Angst auf. Ich habe das ein paar Mal versucht."

H.: „Dann untersuchst du die Angst."

S.: „Angst, nicht in den Körper zurückzukommen."

H.: „Da kannst du auch sagen: ‚Ist mir egal', und machst weiter. Du lässt dich jetzt von dir selbst nicht einkriegen – arbeitest mit der Angst, gehst in die Angst rein, machst mal keinen Kompromiss."

Zweifelnd und zögerlich antworte ich: „Na, mal Schauen … Ansonsten habe ich versucht, unten vor der Höhle in den Nebel einzutauchen. Sobald ich jedoch ein Stück weit im Nebel bin, ist es unheimlich, dadurch gehe ich immer wieder zurück. Auch habe ich versucht, in die Ruhezone zu gehen, wo du sagtest, das wäre auch nur eine Illusion. Ich wollte sie durchbrechen. Da geht es ganz tief hinunter und in der Tiefe ist ein milchig weißes Zeug.

Das ist anders als der Nebel … die Schicht ist so tief, dass sie gar nicht aufhört. Das war mir dann zu tief."

H.: „Interessant, dass du da aufhörst. An sich kann man so sagen: Wer Angst vor der Sache hat, hat eine Begabung dafür. Wer keine Angst vor der Sache hat, der hat keine Begabung dafür. Es ist genau umgekehrt. Wenn du vor etwas Angst hast, dann ist da eine Kraft. Hast du keine Angst, bist du irgendwie desinteressiert. Angst ist oft nicht schlecht."

S.: „Ist die Schicht wirklich so tief oder ist es nur mein Widerstand, der sie so tief erscheinen lässt?"

H.: „Es ist so: Du bist in der Meditation, dann kommst du irgendwann zu einem Punkt, wo du nicht weitermachen willst, du bekommst Angst."

S.: „Ja, genau."

H.: „Dann hörst du halt auf. Beim nächsten Mal kannst du den Angstpunkt ein bisschen länger aushalten oder du wagst dich eine Minute länger in deinen Trip und dann machst du wieder eine Minute länger und so hast du zwar immer Angst, aber du hast den Angstpunkt weiter hinausgeschoben, weil du immer eine Minute länger meditierst. Bei über hundert Meditationen kannst du eine Stunde länger so sitzen. Also der Angstpunkt ist immer da bei den Menschen, nur unterschiedlich weit rausgeschoben. Nimmt kein Ende sozusagen. Es gibt Angst, auch bevor du ins Geistreich gehst."

S.: „O. k. Mich interessiert noch der Nebel vor der Höhle – was ist das? Und ist das normal, dass die Ruheschicht Kilometer tief ist, oder ist das ein unbewusster Widerstand in mir?"

H.: „Diese Ruheschicht ist sehr ruhig und sehr tief. Sie führt ja zum NICHTS, zum GAR-NICHTS. Aber du hast natürlich auch einen Widerstand dagegen, das ist klar. Aber das hast nicht nur du, sondern das haben alle Wesen. Das ist der Widerstand des materiellen Körpers und des Verstandes, die das nicht wollen und auch nicht können, denn das heißt ja für sie ‚Tod'. Also muss man sie schon lassen, das ist keine Beschränktheit von dir oder mir oder von anderen, sondern das ist so. Die Materie wehrt sich dagegen, zu sterben. Das müssen wir ihr auch zugestehen und zugleich weitergehen. Das **ist** so tief … Weltalltief … Das ist keine Kleinigkeit."

S.: „Das hilft mir. Es erschien mir schon fast unwahrscheinlich, weil das **so** in die Tiefe ging."

H.: „Nein, das ist das Wahrscheinlichste. Das DASEIN ist unglaublich tief. Ist doch gut, du bist da hingekommen, du siehst jetzt, wie das DASEIN ist. Die Tiefe ist zwar auch nur eine Metapher, sozusagen aus der Sprache, aber das haut schon hin … so ist das halt. Mein lieber Mann!"

S.: „Und dieser Nebel?"

H.: „Das ist noch im Plasma. Es gibt zwei Möglichkeiten. Man kann sich etwas vorstellen, wie die Unterwelt ist, und man kann real in der Unterwelt mit der Seele sein. Und es gibt drittens ein Zwischending zwischen diesen beiden. Das war hier der Fall. Du warst noch nicht mit deiner losgelösten Seele im Jenseits, in der Unterwelt. Vermutlich ist Folgendes passiert: Deine Seele war entweder sehr seelisch wach oder sie hat sich z. B. nur einen Millimeter vom materiellen Körper gelöst und schon treten solche Erscheinungen auf. Du siehst eine Höhle, das Symbol der Unterwelt. Du siehst den Nebel, das Plasma … aber du **bist** noch gar nicht in der Unterwelt. Das nimmt das jetzt quasi vorweg und dann hat man so eine Zwischenerfahrung, die halb symbolisch, halb real ist. Schwer … das ist verwirrend irgendwie."

S.: „Was mache ich mit dem Nebel? Weiter hineinlaufen oder nicht?"

H.: „Ja. Du musst immer in den Nebel hinein und durch. Die Zwischenzustände sind schwer zu beschreiben. Verstehst du? Die Seele kann sich z. B. nur Millimeter von deinem Körper entfernen. Das kann Krankheit oder auch Bewusstlosigkeit bewirken. In der Bewusstlosigkeit ist die Seele auch ein Stück vom Körper gelöst, aber da ist sie noch im Körper. Du siehst jedoch nichts, bewegst dich nicht, bist aber auch noch nicht tot. Und es gibt drittens die tiefere seelische Erfahrung. Diese **tiefen** seelischen Erfahrungen sind alles Seelenloslösungen, Millimeter außerhalb des Körpers. Es kann sogar sich nur ein Bein, ein Arm, ein Ohr in die Nachbardimension bewegen, der Rest des Körpers bleibt voll im Hier und Jetzt. Das gibt es. Dadurch kommen diese paranormalen Dinge zustande."

S.: „Wenn ich bei der Meditation in diese Tiefe gehe, dann reagiert der Körper entweder mit Herzklopfen, mit Schwindel oder auch mit beidem."

H.: „Das sind die Vorstadien für die Körperablösung."

S.: „Der Schwindel oder was?"

H.: „Ja. Da kannst du nichts machen."

S.: „Dann höre ich immer auf, das ist mir zu …"

H.: „Ja, ja, hörst eben auf und bleibst dann noch 15 bis 20 Sekunden länger. Das hält man schon noch aus. Nicht ewig lange, aber ein kleines bisschen. Dabei kannst du das Phänomen studieren, wie das geht, woher die Angst kommt, und vielleicht kannst du feststellen, dass sie unbegründet ist. Aber Angst haben wir alle. Das ist gar keine Angst, das ist nur ein Reflex."

S.: „Bewusst spüre ich keine Angst, aber die Körperphänomene sagen mir, dass große Angst da sein muss."

[29.4.07: Die auftretenden Körperphänomene, v. a. auf der Herzebene, machen mir Angst, weniger der Nebel selbst. Ich kann mir gut vorstellen, trotz mystischer Stimmung weiterzugehen, wenn der Körper ruhig bleiben würde.]

Phänomene bei der Seelenablösung vom Körper

H.: „Genau, der Körper weiß schneller als wir, was los ist und dass die Seele im Grunde abhauen will. Das ist ja seine liebste Freundin, die er nicht verlieren will. Dadurch werden wir entsprechend wach. Im Wachzustand kann die Seele den Körper nicht verlassen, weil sie da **total** vom Ego, vom Wachbewusstsein geprägt und festgehalten ist. Da ist sie voll im Gefängnis drin. ‚Wach-Werden' heißt ‚Gefängnis-Zuschließen' – zack. Hochinteressant. Und da zeigt der Körper halt Phänomene verschiedener Art. Es gibt tausend Phänomene, die Seele in ihr Körpergefängnis zurückzubeordern. So sind diese ganzen Körper- und seelischen Phänomene einzuordnen. Es ist einfach Angst, tiefer zu fallen. Wenn du Klienten hast, musst du nach diesen Zuständen fragen und sie aufklären. Sonst werden sie das falsch deuten und dann entwickelt sich ihr Prozess auch nicht weiter, im Gegenteil, es wird dadurch blockiert Wenn man das richtige Verhalten dazu hat, nimmt man öfter wahr, dass das passiert … Ist doch interessant, wie sich das entwickelt hat."

S.: „Ja, spannend. Und mit dem Baby, was hat es damit auf sich?"

H.: „Es ist auf jeden Fall ein häufiges Phänomen, dass man Stimmen, Schreie, Geräusche hört. Meistens jedoch Stimmen von Menschen und von Tieren. Z. B.: Ein Uhu schreit oder ein Vogel kräht. Auch ein Baby ist nicht selten, ist also ein typisches Phänomen, nicht irgendetwas Traumhaftes. Das steht im Zusammenhang mit der außerkörperlichen Erfahrung. Neben den Menschen- und Tierstimmen kommen noch die Klopfgeräusche hinzu, die meistens dreimal oder einmal gehört werden, nie zweimal, nie viermal. D. h. entweder sie kommen in den Körper zurück oder sie verlassen mit der Seele den Körper. In diesem Rahmen steht auch das Babylachen, aber ich kann es jetzt hier nicht einordnen, weil du keine Erinnerung von davor oder danach hast. Aber es passt mit Sicherheit in das ganze Szenario ‚Ablösung der Seele oder Wieder-Zurückkommen'. Und typischerweise wird man davon immer wach, d. h. mit der Emotion über die rationale Wirklichkeit. Warum ist das so? Stell dir vor, die Seele ist außerhalb … Und jetzt mit einem Schlag, **zack**, warum auch immer, fällt sie zurück in den Körper. Dieses Zurückfallen äußert sich z. B. in einem Knall oder einem Babyschreien. Warum? Da kann ich nur einen Vergleich bringen. Wenn du klatschst, geht das nur mit zwei Händen. Ein ZEN-Koan heißt: ‚Höre das Klatschen einer Hand!', – das geht nicht. Eine Hand ist dein Körper, die andere deine Seele. Wenn beide zusammentreffen, ist es so ähnlich, als wenn du eine Kaffeetasse auf den Unterteller stellst – es klackert halt. Und so ist das auch, wenn diese zwei völlig heterogenen Körper wieder zusammenkommen. Genauso umgekehrt: Wenn sich die Seele loslöst vom Körper, ist das so, als wenn die Kaffeetasse am Unterteller festgeklebt ist. Ziehst du die Tasse weg, macht es ‚zscht'. So ein Phänomen ist das. Oder wie beim Küssen – du ziehst die Lippen zurück und dann gibt es das Geräusch – wie ein Unterdruckphänomen. In dem Rahmen steht dieses Babygeräusch. Da ist irgendwie etwas passiert in diesen langen drei Tagen."

Die Seele lebt unabhängig vom Körper

S.: „Wenn ich das mal richtig lange erfahren könnte … nicht nur für kurze Momente wie mit dem Schweben oder Fallen. In einem längeren Zeitraum könnte ich die Trennung zwischen Körper und Seele noch klarer und vor allem bewusster fühlen. Dann wäre das Thema ‚Sterben und Tod' auch kein Thema mehr für mich."

[06/2010: Obwohl ich schon mehrfach die Erfahrung in meinem Leben gemacht hatte, dass Körper und Seele zwei verschiedene „Dinge" sind, zweifelte ein Teil (= PP) in mir das immer wieder an. Dieser Zweifel war damals noch so stark, dass er mein inneres Wissen lautstark übertönte, sodass ich es in dem Moment kaum oder gar nicht hören konnte – als hätte ich alles vergessen, was ich sonst wusste. Der Zweifler (PP) forderte immer wieder und wieder neue und andere Beweise. Immer wenn ich versuchte, diese zu liefern (= AP, Überlebensmechanismus), kam ich den Erwartungen des PP

nach, um es zufriedenzustellen, statt meine eigene Position zum Thema zu finden und diese souverän dem PP gegenüber zu vertreten.]

H.: „Im Alltag kannst du Übungen machen und dauernd spüren, kannst es psychologisch untersuchen: ‚Ich bin nicht mein Körper. Ich **besitze** einen Körper. Ich bin auch nicht meine Aktentasche, aber ich habe eine. Da sind zwar alle Unterlagen von mir drin, aber ich **bin nicht** meine Aktentasche.‘ Das muss man sich immer wieder sagen und dadurch, dass man es immer wieder wiederholt, wird eine Distanz zwischen Körper und Seele erzeugt."

S.: „Aber ist das nicht eine Autosuggestion?"

H.: „Am Anfang hat es einen autosuggestiven Charakter, aber dadurch, dass es eine Wahrheit ist, unterstützt es sozusagen suggestiv das Ablösen des Seelenkörpers. Die Seele lebt unabhängig vom Körper. Also beeinflusst du, oder wenn ich rede als Hypnotherapeut, ein Wesen, das nicht in diese Dimension gehört, das nur meine Worte hört, aber auch nur deswegen, weil es in deinem Körper ist und verschaltet ist mit deinem Ohr und Innenohr. Das ist ein Phänomen des Menschseins. Das muss man sich klarmachen, du hast Körper und Seele, das sind immer zwei Dimensionen, die miteinander verquickt sind."

S.: „Vom Prinzip her ist es mir klar, aber es ist noch mal ein Unterschied zwischen dem Verstand, der das weiß, und dem eigenen Erleben. Es ist eine andere Wahrheit, eine innere Wahrheit. Das hat eine andere Tiefe und die Wahrheit wird **so unumstößlich wahr** für mich, dass ich sie nicht mehr anzweifele, weil ich es selbst klar erlebt habe. Es ist dann kein äußeres Wissen oder Nachplappern mehr, weil ich es irgendwo gelesen oder gehört habe. Es ist mir durch meine Erfahrungen schon sonnenklar, dass Seele und Körper zwei verschiedene Sachen sind. Ich sehe die Verflechtungen und weiß aus eigener Erfahrung um sie und trotzdem brauche ich noch mal und noch mal und noch mal und immer noch mal den Beweis, um den Zweifler in mir zu überzeugen. Verstehst du?"

H.: „Wie oft in deiner Arbeit, im Alltag erfährst du, dass die Seele und der Körper getrennt sind?"

S.: „Gar nicht. Nur in tiefer Meditation oder in Träumen, aber im Alltag bei normalem Wachbewusstsein nicht. Da ist es eher so, dass die Seele im Körper ist, nicht dass sie der Körper ist, sondern sie ist im Körper, besitzt einen Körper, hat einen Körper, ist darin gefangen, also wie im Gefängnis, aber kommt da eben nicht raus.“ *(Ich erfahre beides nicht getrennt, sondern immer zusammen, und weiß, dass ich im Gefängnis sitze, kenne jedoch den Ausgang nicht.)*

H.: „Wir reden über ein schwerwiegendes Thema. Das kannst du mit kaum jemandem besprechen. Und allein dieses Reden darüber geht auch tief in die Seele hinein. Der Körper ist ein Spiegelbild der Seele. Ich mit meinem Leben und meiner Subjektivität bin ein exaktes Spiegelbild meiner Seele. Das spürt man dann ganz tief.“

S.: „Es ist mir ganz klar, dass der Körper ein Spiegelbild der Seele ist. Die Schmerzen auf der Körperebene drücken den seelischen Schmerz aus.“

H.: „Aber du hast keine Erfahrung, es ist nur ein intellektuelles Wissen?“

S.: „Ich habe Erfahrung im Behandeln – mich selbst und unzählige Klienten. Indem die Seele geheilt wird, verschwinden die Körpersymptome, wenn das Thema, was sie ausdrücken wollten, erfasst und gelöst wurde. Und ich habe die Dreiteilung von ‚Körper-Seele-Geist‘ in der ersten Dunkeltherapie tief erfahren. Ich spürte auf ganz subtiler Ebene genau den Zusammenhang zwischen seelischer Anspannung und daraus resultierender körperlicher Spannung oder Schmerzen, z. B. im Bauch, Rücken, Kopf usw. und auch jetzt im Dunkeln sehe und fühle ich sehr genau die Verbindung zwischen Körper und Seele und wie beide miteinander verflochten sind und untereinander in Wechselbeziehung stehen. Es gibt keinen Zweifel mehr in dieser Richtung, dass das so **ist**.“

H.: „Aber doch hast du gesagt, da fehlt etwas …“

S.: „Ich spüre klar die Abhängigkeit und die Wechselwirkungen zwischen Körper und Seele **innerhalb** des Körpers, als ob die Seele nur **im** und mit dem Körper leben kann. Aber ich habe bisher kaum die Erfahrung gemacht, außer beim Schweben und Fallen und Ähnliches, dass die Seele **außerhalb und unabhängig** vom Körper sein und leben kann.“

[06/2010: Bei allen außerkörperlichen Erfahrungen, die ich bis dahin gemacht hatte, war kein so starker Eindruck entstanden, der sofort alle Zweifel endgültig aus dem Weg geräumt hätte. Alles hatte nicht die Kraft wie bei der Erfahrung mit der Lichtfrau, wo jeglicher Zweifel innerhalb von Sekunden vollständig ausgeräumt wurde, ob es so etwas wie Lichtwesen gibt oder nicht. Mir war damals nicht bewusst, dass die

Erfahrung mit der Lichtfrau bereits der „indirekte" Beweis ist – ich hatte sie ja als Energiewesen, also körperlos und dennoch von sehr lebendiger strahlender Kraft erfahren.]

H.: „Wenn du oft daran denkst, dich da tief einfühlst, ist das die Vorbereitung dafür, dass sich, wie wir gestern und heute gesehen haben, die Seele öfter mal abtrennt vom Körper. Sie tut es eh dauernd, nur man merkt es nicht. Also muss man die Seelenabtrennung nicht erzeugen, sondern feststellen, dass es dauernd passiert."

S.: „Wie? Offensichtlich fehlt mir die Wahrnehmung dafür."

H.: „Indem du viel darüber nachdenkst, das untersuchst, auch intellektuell dich beobachtest, andere beobachtest. Dann wird sozusagen eine Aura geschaffen, ein Umfeld, wodurch dann der Abtrennungsvorgang der Seele vom Körper gelegentlich oder öfter mal auch ins Bewusstsein kommt."

S.: „Die Seele trennt sich nicht nur nachts vom Körper, sondern auch am Tage?"

H.: „Ja, in Miniaturintervallen, dauernd. Es gibt die zwei Wege: Bewusst die Seele ablösen oder das gar nicht wollen, sondern nur beobachten, **wie** sie sich dauernd ablöst. Das ist mehr der passive, volksnahe Weg. Der andere ist mehr der Weg des Yogis, das ist nicht für jedermann."

Holger beendet das Gespräch und verabschiedet sich.

Ich gehe baden und ins Bett … und schlafe sehr schnell ein.

23. Tag – Das letzte Gespräch

Nachts, noch ist alles dunkel draußen. Ich denke an meine Söhne und daran, wie oft sie sich streiten. Das löst einen tiefen Gefühlsprozess aus, der meine Mutter, meinen Vater und meinen Bruder betrifft. Am Ende fühle ich mich sehr erleichtert, viele Dinge der Herkunftsfamilie gegenüber aus- und angesprochen und richtiggestellt zu haben. Ich fühle mich aufgeräumt in mir selbst.

[06/2007: Hinter Geschwisterstreitereien steckt häufig der nicht offen ausgetragene Streit zwischen den Eltern und/oder Großeltern – um der „Harmonie" willen. Kinder sind der Spiegel der Eltern.]

Ich spüre, dass der Morgen in Kürze heraufdämmert, schließe das Badfenster, setze mich zur Meditation und meditiere bis zum Frühstück.

Mit großem Appetit stürze ich mich auf das Ei, die Tomaten und das Toastbrot. Mühelos und zügig verschwindet alles in meinem Magen. Lecker!

Bis zum Mittag meditiere ich weiter, zwischendurch laufe ich die Tai-Chi-Form. Nach dem Mittagsmahl bin ich so müde, dass ich seitdem nur noch liege, döse und schlafe – ich hatte ja nachts auch nicht geschlafen.

Gespräch mit Holger

Astralbänder

Holger erscheint zu unserem Austausch und ich frage ihn, was mich in der Nacht sehr bewegt hat: „Du sagtest gestern über die Ruheschicht, dass die ganz tief sei, zum Geist gehöre und die Materie sich dagegen wehre, weil das für sie den Tod bedeute. Ist das so zu verstehen, dass man real stirbt, wenn man im Geist ankommt? Oder ist es nur das Ego, das stirbt?"

H.: „Nein, du musst dir das so vorstellen: Du hast deinen Körper, von dem „etwas" wie ein Draht zur Seele geht; ein Astralband – oder auch mehrere feine Fäden – geht entweder von der Stirn oder dem Nabel oder von verschiedenen Chakren usw. aus. Das können teilweise einige Leute sehen. Und solche Bänder gehen auch von der Seele zum Geistkörper. Werden diese gekappt, bist du tot. Solange sie nicht gekappt sind, bist du noch lebendig."

S.: „Also in der Meditation kann ein Mensch nicht sterben?"

H.: „Nein. Jetzt, im Leben, sind wir ja diese drei Körper. Wir denken nur, wir sind im Wesentlichen physischer Körper, das ist aber ein Trugschluss. Wir sind zur selben Zeit psychische Wesen. Wir denken, wir fühlen – das ist die psychische Welt. Dann sind wir aber noch mehr – reiner Geist. Im Grunde ist auch das permanent präsent, aber da das ein so weites Feld ist – das geht gewissermaßen über deinen Augenhorizont hinaus –, nimmst du es, obwohl es das stärkste ist, gar nicht als Feld wahr.

Unser Hauptproblem als menschliche Wesen ist, dass wir diese drei Zustände – Körper, Seele, Geist sind ja Dimensionen – nicht klar erkennen und so tun, als seien wir nur Körper. Aber das Geistfeld kann man fast nicht beschreiben, weil das *alles* ist. Das Leben selbst, was du jetzt Daseinspunkt nennst, das SEINS-Gefühl insgesamt, ist quasi nicht fassbar und dafür müssen wir uns ein bisschen präparieren. Dahin wollen uns alle Religionen mit ihren verschiedenen Methoden führen, das Geistfeld oder auch das Psychefeld stärker wahrzunehmen. Manche Leute, musst du bedenken, haben gar keinen Kontakt zur Psyche. Sie denken, sie sind nur Körper. Selbst diese Verbindung haben sie verloren. Mit denen hast du es im Wesentlichen zu tun. Aber wer die Psyche verloren hat, hat auch den Geist verloren, also beides."

S.: „Genau. Mich hatte dein Satz ‚Wenn du im Geist ankommst, bedeutet das für den materiellen Körper den Tod' irritiert. Es machte mir keinen Sinn, zu meditieren, um dann real zu sterben."

H.: „Nein, natürlich nicht. Es gibt zwei Möglichkeiten. Jetzt, so, wie wir hier sitzen, sind wir Geist, Psyche und Körper. Und es gibt noch eine zweite Möglichkeit. Ich verliere ein bisschen meinen Kontakt zum Körpergefühl, bisschen meinen Kontakt zur Seele und bin dann primär bewusst für das Geistige. Der erste Schritt ist, wenn du im Daseinspunkt bist. Da hast du nicht mehr so ein Gefühl für den Körper, was der macht, oder deine psychischen Strukturen sind auch weggefallen. Deswegen bist du aber nicht tot."

S.: „Wie du es jetzt erklärst, ist das anders als vorher und o. k. für mich."

Ich berichte Holger, dass ich gestern mit meiner Übung nicht weit kam, weil ich schnell eingeschlafen war. „Das ist immer die Gefahr bei Müdigkeit, schnell einzuschlafen – keine Chance, wach zu bleiben."

H.: „Ja, deswegen der Meditationssitz. Das ist schon genau überlegt."

Lähmende Müdigkeit und Schlaflosigkeit

S.: „Ansonsten hatte mich fast die ganze Zeit über eine lähmende Müdigkeit erfasst. Nachts war ich zwar hellwach, war aber unfähig, zu meditieren. Manchmal hatte ich innere Prozesse, manchmal lag ich auch einfach nur dösend herum, da waren nicht mal Gedanken da, das Gehirn hat einfach nicht gearbeitet. Am Tage war ich total müde und alles war schwer. Es ist so etwas Lähmendes, wo **alles**, selbst Sich-Aufrichten,

Zum-Klo-Gehen oder Den-einen-Meter-zum-Tisch-Laufen, allergrößten Kraftaufwand gekostet hat. Da war überwiegend eine ‚Alles-ist-schwer'-Energie. Das kenne ich sonst von mir so nicht. Gelähmt müde."

H.: „Aber wenn ich komme und du sprichst mit mir, bist du top."

S.: „Dein Kommen zieht mich da heraus, aber das hält danach nicht an. Nach unserem Gespräch war ich immer froh, sofort ins Bett zu können. Obwohl ich tagsüber nur herumlag, war ich abends wie erschossen."

H.: „Das geht allen so. Obwohl sie nichts zu tun haben, sind sie trotzdem erschöpft. Es ist an sich ein normaler Prozess, in diese Phase des Vor-sich-hin-Dämmerns zu kommen. Anders kann das in der Dunkelheit, ohne Abwechslung, gar nicht sein. Aber bei den meisten dauert das nur kurz."

Holger verwies darauf, dass diese Phase in meinem Fall ungewöhnlich lange anzuhalten schien und dass er dafür auch keine unmittelbare Erklärung finden könne.

S.: „Wie kann ich das nur beschreiben? Es war ein Zustand, wo absolut **alles** träge ist. Ich konnte sogar zugucken, wie die einzelnen Gedanken die Nervenbahnen entlanglaufen. Im Allgemeinen kenne ich meinen Verstand so: Die Gedanken sind blitzschnell, wie ein schneller Fluss, sodass sie nicht überschaut und schon gar nicht einzeln erfasst werden können – nur einzelne Gedanken werden bewusst, die meisten nicht. Bildlich gesehen sind die Gedanken normalerweise wie ein schnelles Aufblitzen von Punkten, die auf unübersichtlich sich kreuzenden Bahnen blitzschnell hin- und herfließen. Ein ununterbrochenes Blitzlichtgewitter, ständig im Fluss, in schneller Bewegung. Im Zustand der lähmenden Müdigkeit ist alles wie in Zeitlupe. Der Körper lief auf Sparflamme, alle Bewegungen nur ganz langsam. Es kostete allergrößte Überwindung und Kraftanstrengung, mich überhaupt zu bewegen. Selbst der Verstand arbeitet dann in Zeitlupe. Die Punkte blitzten nur noch vereinzelt auf, liefen auf den sonst total unübersichtlichen und nicht erkennbaren Nervenbahnen so langsam, dass ich sie gut verfolgen und sogar die Nervenbahnen selbst, auf denen der einzelne Punkt oder Gedanke entlangfloss, erkennen konnte – das ist ganz erstaunlich. Und die Trägheit."

H.: „Wie war denn das Raum- und Zeitgefühl?"

S.: „Ich hatte den Eindruck, ich habe ein gutes Zeitgefühl." *(Es war eher ein inneres Wissen, wie spät es ist.)*

H.: „Wusstest du immer, wie groß der Raum ist?"

S.: „Ja … Gute Orientierung auch."

H.: „Das war letztes Mal auch so?"

S.: „Ja, aber auch Phasen von Orientierungslosigkeit."

H.: „Wie unterschiedlich das sein kann. An sich ein guter Zustand, so, wie du das mit den Gedanken beschreibst. Aber der Zustand sollte sich weiterentwickeln. Das hat er aber nicht getan, deswegen könnte man von einer Art Stagnation sprechen. Warum auch immer die eingetreten ist, kann ich nicht beurteilen. Man kann in jeder Phase stecken bleiben aus irgendwelchen Gründen."

S.: „Aber in diesen Phasen hat sich so viel ereignet, das mit dem Skelett, mit dem Kessel …" *(Ich verstand seinen Verweis auf die Stagnation nicht, wo doch so viel passiert war.)*

H.: „Ja. Die Phase ist an sich nicht schlecht. Aber sie hätte sich noch weiterentwickeln können. Es sind interessante Sachen passiert, aber keine Phase ist für alle Ewigkeit. Es hätte die nächste Phase kommen sollen, ist sie aber nicht. Deswegen ist es ganz wichtig, dass wir das jetzt besprechen und analysieren."

S.: „Was meinst du mit ‚nächste Phase'?"

H.: „Nächste Phase: Kein Zeitgefühl, nicht desorientiert, sondern der Raum würde größer werden – so groß wie das Universum. Das Ich-Gefühl hört auf, ist starken Schwankungen ausgesetzt, d. h., das Ich-Gefühl würde verfallen, du könntest nicht mehr so glatt sprechen."

S.: „Meine Zunge ist oft so gelähmt …"

H.: „Ja, du warst an sich am Ansatz, hätte noch bisschen weitergehen können, dann wäre die Phase durchbrochen worden. Die drückt sich dann auch noch weiter aus durch Raum-, Zeit- und Ich-Verlust, das Plasmalicht wird stärker, auch die psychischen Erfahrungen, die du hattest, Kessel usw., ziehen sich dann zurück. Solch interessante Sachen treten dann nicht mehr auf. Stattdessen kommen mehr Synergien, Einheitserfahrungen, wo sich Dinge irgendwie zusammenziehen. Ziemlich irreal, also für Außenstehende, für dich selbst gar nicht, da ist alles normal. Du verbindest Dinge, die man im Alltag überhaupt nicht verbinden kann, das würde völlig unsinnig erscheinen. Simpelstes Beispiel: Du hast eine hundertprozentige Sicherheit und ein Gefühl dafür, dass der Stuhl, in dem ich hier sitze, und die Toilette irgendwie im Grunde das Gleiche sind. Es sind natürlich gewisse Ähnlichkeiten, man kann sich auf beides setzen. Oder weiter gehend: dass der Stuhl und das Kissen darauf **eine** Sache sind. Oder wenn ich jetzt drin sitze, hast du das Gefühl, dass der Stuhl an mir fest ist. Du siehst jetzt eine Verbindung zwischen der Existenz des Stuhles und mir. Erscheint im Normalzustand völlig absurd, für dich ganz und gar nicht. Alles verbindet sich. Z. B. hörst du draußen ein Geräusch, ich komme zufällig hoch und das Essen, was du isst … alles wird zu **einer** kausal zusammenhängenden logischen Kette. Du hast dann eine ganz andere, eine supermagische Weltsicht, die dir normal erscheint, Außenstehenden allerdings nicht mehr."

Ich muss bei der Vorstellung so herzlich lachen, dass mir die Tränen kommen. „Man ist quasi verrückt und hält das für völlig normal, was es ja auch ist."

H.: „Ja, so kannst du sagen. Bei paranoiden Personen ist das ja so; die verbinden alles Mögliche miteinander und meinen das absolut logisch. Und das hast du auch in diesen Zuständen, allerdings bist du nicht paranoid, sondern hast eine tiefe philosophische Einsicht in die Natur der Wirklichkeit. Du bist auf der richtigen Seite."

S.: „Diese Erfahrungen hatte ich hier jetzt nicht, doch weiß ich genau, wovon du redest."

H.: „Da war eine Stagnation – würde ich so benennen. Aber was heißt Stagnation? Ich will mal so sagen: Du bist dort angekommen, wo du jetzt bist. In dieser zwar trüben Phase sind trotzdem all diese Dinge passiert. Das müssen wir auch wieder sehen. Wir können nicht einfach sagen: Es war eine trübe Phase, alles umsonst, sondern in dieser Phase sind all diese Dinge passiert und können auch weitgehend nun doch passieren. Ich sage ‚können', ‚müssen' nicht. Es gibt die gleichen Erfahrungen, wie du sie hattest, aber trotzdem ist man hellwach. Am Anfang ist es meistens so, dass diese Trübheitsphase kommt. Bei den meisten hellt die sich dann wieder auf. Das war bei dir nicht der Fall."

S.: „Als ich beim Skelett und im Kessel war, war ich geistig hellwach, nicht träge oder trüb. Körperlich war ich die ganze Zeit träge, aber nicht geistig. Das müssen wir vielleicht noch mal differenzieren. Also diese Trägheit bezieht sich vor allem auf den Körper."

H.: „Also können wir so sagen: Die Körperträgheit hat die Meditation, die ja zunächst auch körperlich ist, man muss sich ja irgendwie hinsetzen, verhindert."

S.: „Ja, kann man schon so sagen, vor allem nachts war es so."

H.: „Ja, das ist halt so. Der Körper muss fit sein. Deswegen gibt es ja Hatha-Yoga. Erst muss der Körper stabilisiert werden, dann kann man ordentlich sitzen. Hat alles seinen Sinn und Zweck. Wenn der Körper träge ist, kannst du nicht meditieren. Du schläfst ein und fällst um. Das ist natürlich das Normale, dass der Körper hier drin zumindest vorübergehend träge wird. Aber das war doch ein bisschen lange."

S.: „Ich glaube, das hat mit meinem Schlafmangel zu tun."

H.: „Aber warum hast du Schlafmangel gehabt?"

S.: „Das war in der ersten Dunkeltherapie auch so. Ich weiß nicht, warum. Ich habe ganz wenig geschlafen, dadurch bin ich immer müde."

Holger überlegt. „Das müsste man an sich klären."

S.: „Sobald ich einen Traum oder eine Erkenntnis oder Erfahrung hatte, war ich sofort wach. Da gibt es auch keine Aufwachphase bei mir. Entweder ich muss auf die Toilette, dann bin ich sofort wach, oder ich habe einen Traum, dann bin ich auch sofort wach und spreche das auf. Ich bekomme einfach **alles** mit an Gedanken und Träumen. Dann sagt aber irgendwann mein Kopf: ‚Es ist doch noch nachts, schlaf weiter!' Dann drehe ich mich um, will weiterschlafen, kann aber nicht einschlafen. Und so versuche ich stundenlang, noch mal einzuschlafen, um immer wieder festzustellen, dass ich noch nicht schlafe. Irgendwann ist es dann morgens und ich mache das Badfenster zu. Am Tage schlief ich auch nicht. Da waren Gedanken, die aufgestiegen sind und über die ich nachgedacht habe. Oder ich bin in einen Prozess gekommen mit dem Skelett oder dem Kessel oder mit Mutter und Vater oder, oder, oder, z. T. war ich sehr aktiv …"

Wir waren uns beide einig, dass ich nicht schlafen konnte, weil sich so viele verschiedene detaillierte Dinge in mir abgespielt hatten. Darüber hinaus hatte ich auch meine innere Haltung verändert.

S.: „Aufgrund der anderen Einstellung habe ich mich diesmal nicht mehr gezwungen, etwas zu tun, wenn ich keine Lust dazu hatte … also meine Zunge ist wirklich merkwürdig *(ich nuschle die Wörter)*. Das förderte vielleicht diese Trägheitsphasen."

H.: „Warst nicht übermotiviert. Das ist an sich die richtige Einstellung. Wie ist das denn im normalen Leben? Willst du da immer etwas machen?"

S.: „Früher war ich der Macher, jetzt bin ich viel gelassener."

H.: „Dann war es genau richtig – zu lernen, das Leben gelassen so zu nehmen, wie es kommt. Das ist auch dein Leben, diesem Leben auf die Spur zu kommen. Das wird sich bestimmt auch echoartig auf den Alltag auswirken. Ganz unbewusst kommt das dann. Da kann man insgesamt sagen: ‚So, wie es gelaufen ist, war es für dich genau richtig.' Es kann auch nicht anders kommen, als es kommt. Es gibt keine andere Möglichkeit. Der psychische Prozess ist immer stimmig."

S.: „Ja, ganz stimmig. Ich freue mich, morgen wieder rauszugehen. Es ist so viel geschehen, dafür bin ich sehr dankbar. Vor allem an diese tieferen Schichten kommt man ja im Alltag nicht heran. Es war für mich sehr wichtig, in dieser tiefen Dimension die verschiedenen Themen aufzulösen und zu integrieren."

H.: „Ja, so geht es jetzt zu Ende. Das war ein gutes Abschlussgespräch."

Holger verabschiedet sich bis zum nächsten Tag.

Rückblickend betrachtet war es heute beim Meditieren schwierig, in die Tiefe zu kommen. Ich fühle mich innerlich wieder einige Etagen höher, etwas aufgestiegen aus der Tiefe. Die Gedanken gehen oft hinaus in die Außenwelt. Ich freue mich auf morgen, habe keine Lust mehr, hier drinnen zu sein.

Ich träume, ich komme gerade vom Spaziergang zurück und sehe die drei Welpen und deren völlig erschöpfte Mutter wieder, denen ich auf dem Hinweg schon begegnet war. Ein Welpe ist schon tot, zwei leben noch. Meine Hündin Cassy knurrt den einen Welpen an und nimmt ihn ins Maul, beißt aber nicht zu. Er atmet noch, ist aber schon so geschwächt, dass er sich nicht mehr rührt. Ich überlege, was ich mit dem Welpen und der Hündin mache. Einerseits tun sie mir leid, andererseits möchte ich nicht in die Natur eingreifen.

Ich bin wach und schaue dem weißlich hellen Licht zu, das in größeren Abständen regelmäßig wie ein Leuchtturm aufblitzt und als langer handbreit aufgefächerter Lichtstrahl quer durch mein Zimmer huscht.

Die ganze Dunkelzeit über haben meine Augen mehr oder weniger stark getränt. Nicht gejuckt, nicht geschmerzt, nur getränt, getränt, getränt … sie scheinen sich gereinigt zu haben.

Mir wird nochmals ganz bewusst: Wirklich mit **aller** Aufmerksamkeit beim Essen zu sein, macht gleichzeitiges Reden unmöglich. Durch das Reden kommen andere Gedankengänge dazu, wodurch die Aufmerksamkeitsenergie vom Essensvorgang und von der Nahrung hin zu den Gedanken abgezogen wird.

24. Tag – Begegnung mit der Welt

Es regnet in Strömen. Hoffentlich hört das nachher wieder auf. Ich will doch heute raus!

In der Meditation denke ich viel daran, ob Holger mir Frühstück bringt oder nicht. Wir hatten gestern Abend darüber nicht gesprochen.

Ich nehme den strömenden Regen als Übung, im JETZT zu sein und es offen zu lassen, ob Holger Frühstück bringt oder nicht. Seine Ansicht ist ja, man müsse ohne Essen in die Natur gehen. Könnte also durchaus sein, dass er kein Frühstück bringt.

Starker Sturm ist aufgekommen. Cool, hier im Warmen und Trocknen zu sitzen. Es klingt wie eine Sintflut.

Holger war gerade hier und fragte, ob ich etwas essen möchte. „JA, na klar!!!“, jubele ich ihm zu. Das ist so belebend. Das Ego will einfach eine Stulle haben, keinen Gemüsesaft und keinen Apfel.

Wie ein hungriges Tier putze ich alle Stullen weg, die Holger gemacht hatte. Unglaublich, was der Magen schon wieder alles fasst. Ich hätte noch weiteressen können, wenn noch mehr dagewesen wäre, als ob der Magen ein Loch hat. Erstaunlich, in welcher Geschwindigkeit das Ego die Stullen in den Körper hineinschiebt.

Ein Bild zum Ego taucht vor meinem inneren Auge auf. Das Ego bildet eine dicke Himmelskruste, unter der es sich seine eigene Welt zusammenspinnt, die ihm dann als Realität, an die es glaubt, erscheint. Es sind jedoch **alles** Illusionen. Es ist nicht so leicht, die Scheinrealität als solche zu erkennen und das selbst gebaute Gefängnis zu verlassen. Die Komfortzone, die eine Scheinsicherheit und -bequemlichkeit vermittelt, müsste dazu verlassen werden.

Ich fühle mich hochgradig energiegeladen nach dem leckeren Frühstück und der Tatsache, dass ich gleich hinausgehe … Energie ohne Ende.

Die sintflutartigen Regenfälle haben nachgelassen, es tröpfelt nur noch vor sich hin. Ich habe das Gefühl, es könnte noch ganz aufhören. Aber das bisschen Regen ist kein Problem, Hauptsache keine Sintflut mehr.

Beim Tai Chi bin ich sehr fokussiert, langsam und ruhig fließe ich durch die Form. Ich stehe gut geerdet, mit tiefem Schwerpunkt und sicherem Gleichgewicht.

Ich setze mich ein letztes zur Meditation und kann mich gut konzentrieren, weil das Hungergefühl und die Angst, nichts zu essen zu kriegen, nicht mehr im Vordergrund stehen. *(Die Lähmung und die Müdigkeit sind wie weggeblasen. War das also alles nur ein Trick?)*

Im Geiste habe ich in der Zwischenzeit drei Kochbücher geschrieben, mit vielen schönen Rezepten und Fotos dazu.

Holger ist gekommen. Er führt mich mit einer dicken Augenbinde um den Kopf hinaus in den Wald und entfernt sich zügig. Ich nehme schnell den Augenschutz ab, weil ich als Erstes auf die Aura eines Menschen schauen möchte. Autsch! Ein stechender Schmerz durchzuckt mich. Der kurze Blick fängt Holger gerade noch ein, bevor er in einiger Entfernung in einer Wegbiegung verschwindet. Der Schmerz ist so groß, dass ich unmittelbar die Augen schließe, in die Hocke gehe und schützend beide Hände vor das Gesicht halte. Es ist viel zu hell, auch über dem Kopf und um den Körper herum, obwohl der Himmel mit dunklen Regenwolken bedeckt ist.

Ich bin auf einer Lichtung und lausche den Geräuschen des Waldes. Ab und zu riskiere ich einen kurzen Blick durch die Fingerschlitze hindurch. Ich sehe alles nur ganz unscharf … Aua, meine Augen! … Schmerzen hinter den Augen und im Kopf … Was ist bloß mit meinen Augen? Ich beruhige mich damit, dass dies nach so langer Dunkelheit wohl normal ist. … Wieder ein kurzer Blick … der Wald, die Lichtung …

Welch leuchtendes Grün! … bin Teil der Umgebung … in Verbindung … mittendrin … grenzenlos …

Es hat aufgehört zu regnen … mir ist schwindlig … ich torkle den Waldweg weiter … woge auf mir und in mir … ich bin die Erde, auf der ich laufe und bin die Luft, durch die ich laufe … ich laufe in mir und auf mir entlang und durch mich selbst hindurch … es sieht alles so unwirklich aus … bin wie benebelt … Und das Moos! Wie wunderschön es leuchtet!

Ich fühle mich, als hätte ich einen Presslufthammer vor den Kopf bekommen … sehe alles gestochen scharf und gleichzeitig total unscharf.

Es ist, als ob der Körper sich von allein fortbewegt … „ich" laufe gar nicht, der Körper läuft … Die Farne und das Moos strahlen höchst lebendig in sattem Grün … einfach schön … welche Kraft in diesen zarten Pflanzen!

Ganz in der Nähe höre ich Wasser plätschern. Als wäre ich betrunken, schwanke ich den schmalen nassen Grasweg, der über einen sanften Abhang zum Gewässer zu führen scheint, hinunter. Genüsslich beiße ich in die grün schillernde Birne und den rötlich flammenden Apfel, die Holger mir mitgegeben hat. Zwischendurch ruhe ich mich dankbar auf meinem Gefährten aus, einem quer im Unterholz liegenden breiten Baumstamm, auf dem ich achtsam Platz genommen habe. Ich bin immer noch benebelt, es ist ein Schock dieses Mal …

Ab und zu reißt die dunkelgrau-schwarze Wolkendecke etwas auf … sofort lugt verschmitzt ein leuchtendes Blau hervor. Selbst die dicken Regenwolken funkeln stellenweise gräulich-weißlich und wirken geschminkt. Die Sonne streckt ein paar ihrer Strahlen wie überlange golden flimmernde Fühler durch das kleine Loch am Himmel der Erde entgegen … und lässt alles um mich herum kräftiger, intensiver, fröhlicher erscheinen … Und die „Luft" … ja, wie sieht die aus? Das kann ich nicht beschreiben.

Ich bin an einem kleinen Fluss angekommen … liebliches Murmeln verzaubert die Ohren … weich und leicht schlängelt sich das flüssige Wesen durch die Landschaft, das trotz innewohnender Zartheit kraftvoll seinen Weg nimmt …

An den Stellen, wo die Sonnenstrahlen die Pflanzen liebkosen, leuchten schwere Regentropfen-Diamanten unter den teilweise hauchfeinen Blättern hervor, die, wie mir scheint, mühelos die Last tragen. Ein Flimmern und Flirren in der Umgebung, wohin ich auch schaue.

Der Weg führt bergauf. Alles ist immer noch so unwirklich … einerseits ist alles kristallklar und rein, andererseits ist es so, als ob ich jeden Moment das Bewusstsein verliere. Ich fühle mich noch immer so benommen, als hätte ich einen Hammer vor den Kopf bekommen, und lasse mich auf einer verwitterten Bank an einer sonnendurchfluteten Lichtung nieder … Das leuchtende Grün der Wiese und der Bäume verzaubert die Umgebung … einfach herrlich! Meine Haut fühlt sich samtweich an …

Nach schätzungsweise einer Stunde, die ich versunken auf der Bank verbringe, bin ich noch immer rammdösig im Kopf. Ich schaue wie durch einen Schleier auf den Wald … bin in eine andere Zeit versetzt … in die Dinosaurierzeit … die Urzeit … der Zeit entrückt … um mich herum monströse Urwaldbäume und riesige Urwaldfarne, die mich in ihrer Lebendigkeit und Größe tief beeindrucken …

Ich vergleiche mit den Erinnerungen an das Ende der ersten Dunkeltherapie, als Mitte Juli die Natur voll mit Blüten, Blumen und Farben war. Jetzt, Mitte September, finden sich nur noch vereinzelte bunte Farbtupfer im schimmernden Grün… alles sieht so ganz anders, aber nicht weniger eindrucksvoll aus.

Alles ist immer noch total unwirklich. Während ich weiterlaufe, habe ich das Gefühl, durch eine durchsichtige Wand zu gehen … nein … es ist keine Wand … alles um mich herum besteht aus diesem durchsichtigen klaren Etwas … ich laufe in einer durchsichtigen … hm … ich finde keine Worte … Nebel ist es nicht … ich gehe wie durch eine durchsichtige Masse oder Wand … es ist nicht wirklich eine Wand, aber es fühlt sich so an, als ginge ich durch einen nie endenden durchsichtigen Vorhang oder eine weiche Wand … bin da mittendrin und verbunden … laufe darin … durchsichtiges Etwas … grenzenlose Masse … **alles** enthaltend … alles durchdringend …

Ich lief langsam nach Hause, jeder Schritt ein Genuss, jede Berührung der Erde unter den Füßen tief spürend, die Bäume, Tiere und den Himmel grüßend, Holger umarmend. Ich erzählte ihm von meiner Tour und was ich erlebte. Wir unterhielten uns noch den ganzen Nachmittag auf seiner Terrasse und ich lud ihn wie versprochen zum Essen ein.

Am nächsten Tag brachte mich ein fröhlich singender Zug, durch eine bezaubernde Landschaft rasend, nach Hause. Ich fühlte mich ein paar Tage wie nicht von dieser Welt, alles war so unwirklich und doch zugleich sehr über-wirklich. Ich war vorwiegend überwältigt von allem, was ich sah, Tränen flossen selbst beim Anblick einer vom Leben so einzigartig und kunstvoll gestalteten Mücke … immer wieder demütig staunend über die Wunder der Natur, das Wunder ‚Mensch' und das Nicht-Benennbare.

Nach ungefähr zwei Wochen normalisierte sich meine Zunge, sodass ich sie wieder „normal" gebrauchen konnte.

Was bleibt, sind die Erfahrungen in den Tiefen meiner Seele …

Nachwort

Ich hatte mich ziemlich unbedarft in beide Dunkelabenteuer gestürzt, geleitet von Neugier und einem inneren Ruf folgend. Von der Landkarte über die menschliche Psyche besaß ich nur ein paar gehörte und einige erfahrene Puzzlestücke – zu wenig, um wirklich einen Einblick, geschweige denn einen Überblick zu haben. Daher konnte ich die verschiedenen psychischen Ebenen in der Dunkelheit oft weder erkennen noch zuordnen; ich bewegte mich häufig in unbekanntem Territorium und fragte mich dann, wo ich mich befand – gefangen in meinen Projektionen und im Bann der Realität der tieferen Schichten.

Einerseits mag meine Unwissenheit ein Nachteil gewesen sein – mehr Hintergrundwissen hätte vielleicht zu weiter reichenden Erkenntnissen und Einsichten geführt. Andererseits war gerade dies ein Vorteil, da ich durch meine damalige Naivität und Unbedarftheit die einzelnen Erfahrungen, vor allem die der Archetypen, in vielen Details ausgedehnt und sehr intensiv erfuhr, woraus ich wertvolle eigene Erkenntnisse über die Dreiheit Körper-Seele-Geist und deren Zusammenspiel gewann.

Die „innere" Welt zu erforschen ist vergleichbar mit dem Aufwand für Forschungen in den „äußeren" Wissenschaften. So brauchte ich mehrere Jahre an Nacharbeit, Integration der Erfahrungen und weiterer innerer Reifung, um die Erlebnisse in ihrer Tiefe besser zu verstehen und einen größeren Überblick über die einzelnen Bereiche der persönlichen und transpersonalen Ebenen zu erhalten. Es ist eine Erfahrungswissenschaft, die das ganze Leben in Anspruch nimmt. Es ist ein Weg, mein Weg, den ich in den Dienst am Ganzen stelle.

Der Dunkelaufenthalt kam einem dauermeditativen Zustand gleich. Die beschriebenen Phänomene, Träume und Erlebnisse sind auffallend ähnlich im Vergleich mit

- Autobiografien über Yogis,

- Beschreibungen im tibetischen Totenbuch,

- Beschreibungen über Nahtoderfahrungen,

- Beschreibungen Sterbender bzw. den Berichten von Hospizhelfern,

- meinen eigenen Erfahrungen in langjähriger Meditation und in der Begleitung Sterbender.

In diesem Vergleich entstand in mir das Bild, dass Meditation einer Brücke gleicht, die Leben und Tod miteinander verbindet. Da sich sowohl in der Dunkelheit als auch in regelmäßiger mehrjähriger Meditationspraxis die inneren Seins-Ebenen mit einer gewissen Gesetzmäßigkeit entblättern, könnte jeder, der das möchte, sich bereits zu Lebzeiten einen Einblick verschaffen in jene Dimensionen des Seins, zu denen die meisten Menschen im westlichen Kulturraum den Zugang verloren haben, mit denen wir aber ausnahmslos **alle** am Lebensende konfrontiert sind. Mehr eigenes Erfahrungswissen über die Seele und die darüber hinausgehenden verborgenen Welten, die jenseits des Denkens und Fühlens liegen und die ununterbrochen in die Materie, so auch die Körperebene, hineinwirken und sich dort ausdrücken, hilft, Ängste und Missverständnisse abzubauen und die großen Fragen der Menschheit zu beantworten, sodass auch auf die Themen „Krankheit und Heilung“, „Leben und Tod“ mit anderen Augen geschaut werden könnte.

Noch mit einem 49-tägigen Aufenthalt in völliger Dunkelheit liebäugelnd, erforsche ich täglich weiter die Tiefen des inneren Universums …

Sollten Sie den Impuls verspüren, mir Feedback über das Gelesene geben oder über ähnliche oder gänzlich andere Erfahrungen berichten zu wollen, dann fühlen Sie sich bitte herzlich dazu eingeladen. Ich freue mich über jede Mitteilung und Nachfrage genauso wie über Anfragen zu Vorträgen über meine Erfahrungen im In- und Ausland. Sie können meine Kontaktdaten auf meiner Website www.saskiajohn.de finden.

Saskia John

Juni 2011

Danksagung

Mein tiefster Dank geht an Gabriele Fröhlich für ihre jahrelange Unterstützung in meinem Prozess des Erwachsenwerdens, für die klaren Worte, wann immer ich ihrer bedurfte und für die Hilfe bei der Überarbeitung des Manuskriptes.

Ebenso meinen innigsten Dank an Holger Kalweit für seine Begleitung durch die Dunkelzeit, die sofortige Bereitschaft zur Dokumentation aller Gespräche und den Anstoß zu diesem Buch, auch wenn die Veröffentlichung fünf Jahre länger dauerte als ursprünglich geplant. Ohne euch beide wäre dieses Buch nicht entstanden – habt herzlichen Dank!

Großen Dank an meine Eltern, die mir bei vielen Nachfragen wieder und wieder Auskunft gaben und ihr Gedächtnis bemühten, wenn die Erinnerungslücken bei mir zu groß waren oder ich mir bestimmte Gefühle nicht erklären konnte. Vielen Dank, ihr habt mir geholfen, mich besser zu verstehen!

Besonderer Dank an Bert und Sophie Hellinger für die Weisheit, Klarheit und Intuition – von beiden fühlte ich mich in etlichen Seminaren zum Familienstellen und indirekt über die Bücher von Bert auf wunderbare Weise getragen und unterstützt. Ich konnte und kann vieles von euch lernen und in mein Herz nehmen – meinen aufrichtigen Dank dafür.

Herzlichsten Dank an Thomas Hübl, an alle aus dem TWT 1, an alle FreundInnen und alle anderen Weggefährten, die mir mit ehrlichem Feedback, kritischen Fragen, mitfühlenden Worten, erfrischenden und klärenden Readings oder einer Umarmung von Herz zu Herz die Kraft gaben, mein „Baby" tatsächlich zur Welt zu bringen. Danke euch allen!

Vielen Dank an den Verleger Joachim Kamphausen und Stephanie Ehrenschwendner für die vielen hilfreichen Hinweise und das Feedback zum ursprünglichen Manuskript. Dadurch bekam alles mehr Form und mir wurde klarer, was ich möchte. Vielen Dank!

Ich danke unseren vier wundervollen Kindern für ihre offenen Ohren, das Interesse und die Freude, die sie zeigten, wenn ich ihnen vom Buch erzählte. Habt vielen Dank!

Ein herzliches Dankeschön an sinntext literaturagentur für das Korrektorat und die große Bereitschaft, meine Wünsche umzusetzen und alles in das rechte Format zu bringen.

Saskia John

Retreat Into Darkness
A Path To Light

228 pages

Paperback	*	ISBN 978-3-95529-169-3	*	€ 14,99
Hardcover	*	ISBN 978-3-95529-304-8	*	€ 20,99
E-Book	*	ISBN 978-3-95529-298-0	*	€ 7,99

Saskia John

In the Depths of my Soul

Experiences in Complete Darkness

468 pages

Paperback * ISBN 978-3-95529-172-3 * € 20,99

Hardcover * ISBN 978-3-95529-301-7 * € 27,99

E-Book * ISBN 978-3-95529-302-4 * € 13,99